KB219944

세계문화유산 1번지

관음과 성모 그리고 페미니즘

세계문화유산 1번지

관음과 성모 그리고 페미니즘

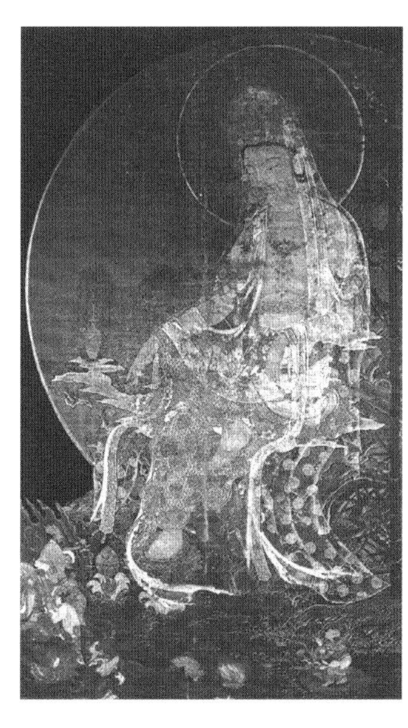

• 김희욱 지음

동연

이 글을

'지구촌 문화' 형성과 **'페미니즘'**을

실천하려는 분들에게 바친다.

책을 펴내며

더욱 열심히 예술을 추구하지 못한 일로 하느님과 인류에게 죄를 지었다.

_ 레오나르도 다 빈치의 마지막 말

요즈음 TV를 보면 독재 시대에 국민의 아편 역할로 유행시켰던 3S(섹스, 스크린, 스포츠)가 민주화된 오늘날에는 개방과 함께 보편적인 문화의 트렌드가 되었다. 더 나아가 건강, 음식, 여행으로…. 그리고 이즈음에는 BTS가 UN에서까지 인정받는 등 노래 프로그램이 대세다. 그러면서 아무리 진지한, 중요한, 수준 높은, 고급스러운 이벤트나 사건이라 할지라도 풍자, 위트, 농담을 양념으로 섞지 않는 프로그램이 없을 정도다. 그래서 시사나 뉴스까지도 그럴 정도로 전 프로그램의 코미디화가 되었다. 오늘의 세태를 간단하게, 가볍게, 이쁘게, 맛있게, 때로는 지나치게 마사지하여 보여주는 것이다. 한 가지 아쉬운 점은 이런 프로그램에 매몰되다 보니 국민의 대다수가 자신의 소질을 꽃피우는 활동을 소홀히 여기고 있다는 느낌이다.

그에 비하면 미술, 그것도 있는 듯 없는 듯한 불교와 기독교의 미술에 대한 이 글은 시대에 맞지 않는, 관심도 사라진, 어쩌면 케케묵은 발효 음식 같은 것일지도 모른다. 그런데 문화가 대세가 된 오늘날은 세계화 속에서 그 비교가 화두가 되어가고 있다. 그리고 문화란 그 바탕이 종교이니 앞으로 종교 미술, 그것도 비교에 대한 호기심은 세계화 속에서 자연스럽게 재조명되면서 크게 부각될 것이다. 왜냐하면 디지털 영상시대에는 글보다는 그림이 코드에 맞기 때문이고, 내용도 이해하기 쉬운 것은 물론 색간(色間)에 숨은 감정까지 파악할 수 있기 때문이다.

세계가 교통과 통신의 발달로 급속히 연결되면서 온 나라가 하나의 지구촌으로 되어가고 있다. 인류 역사상 가장 위대하고 진보적인 변혁이 나라 간의 문화조정으로 이루어지고 있는 것이다. 그런 가운데 문화가 긍정적으로 교류되기도 하지만 갈등적 성격의 종교를 믿는 나라 간에는 '환태평양 조산대'처럼 곳곳에 그 정치적 지각판이 대립, 때로는 치명적인 충돌을 일으키기도 하고 있다. 제국주의적 사고에서 형성된 유럽의 오리엔탈리즘(Orientalism)이 압도적인 헤게머니를 행사해 온 그간의 역사에 대해 비유럽권에서는 옥시덴탈리즘(Occidentalism)으로 오늘날의 시대성과 감수성에 맞게 대항하는, 아니 상호 조정하는 마지막 세계문화 형평운동이라 할 수 있다. 그 어느 때보다 지구촌 문화가 형성되기 위한 체제와 제도 간의 홍역 치레라 보게 된다. 이런 시대에는 무엇보다 그 정치 문화의 뿌리를 이루고 있는 세계 각 나라의 종교에서 그 문화를 비교해 보는 것이 바람직하겠다는 생각이 들었다. 종교 간에 편견이 사라지면서 소통도 이루어지게 하기 위해서다.

그래서 앞서 쓴 『세계문화유산1번지』에 대한 소프트웨어적 관점에서 그 신앙의 대중성을 모성애로 상징하는 '관음'과 '성모'를 중심으로 해서 비교해 보았다. 마지막엔 여성의 자존성을 외치는 '페미니즘'과도 연관시켜 보았다.

종교에서 구원의 내용이나 의미가 담긴 그림을 '성화'라고 한다. 그 그림을 통해 선한 사람에게는 구원이란 인센티브를, 악한 사람에게는 지옥이란 네거

티브를 준다고 신도들은 믿고 있다. 그래서 그 내밀한 도상 시스템을 통해 상과 벌의 내용을 신자들에게 알리는 것이다. 즉, 성화란 한편의 예술 작품이면서 인간이 창조자 또는 여래에 대해 느끼고, 명상하고, 깨닫고, 믿었던 진리의 요체를 자체의 황금 분할적 구도와 '정중동(靜中動) · 동중선(動中禪)'의 흐름으로 도상화한 것이다. 그러므로 성화란 예배자들의 마음을 여미게 만드는 그림 경전이다.

그런데 "신은 죽었다"며 시작된 다원주의, 기준이 사라지는 포스트 해체주의 시대에 가슴을 여미는 사람은 별로 없다. 종교 그림을 신앙으로 보면 성화이지만 문화로 보면 명화일 뿐이다. 특히 종교가 꼰대 신세가 되어가는 듯한 디지털 시대가 되면서 대부분의 MZ세대는 더 이상 성화를 신앙으로 보면서 가슴을 여미지 않는다. 더구나 근엄하고, 진지하고, 엄숙한 것을 좋아하지 않는 세대이니, 그저 단지 문화로 보면서 작품을 감상하며 당대의 신앙을 오늘의 관점에서 참고할 뿐이다. 그 대세에 따라 신앙의 대상도 점차 증발하면서 '내면'의 신앙이 대두되고 있다. 추세가 그렇다. '자발적 대의제 휴머니즘'에서 그 정화 능력을 책임진 '대의제'가 불신당하고 있는 것이다.

어쨌든 과거 수많은 불교의 성화 중에서 구원의 의미를 심혈을 들여 그린 그림은 많다. 특히 인간적으로 아름답게 나타낸 그림은 백의관음 계열이다. 동양, 그중에서도 고려 시대의 '수월관음도'(水月觀音圖)가 대표적이다. 세상에서 그 그림만큼 화려, 수려, 미려한 그림이 없다. 비원의 향내가 정중동 · 동중선으로 진하게 피어오르는 그림이다. 불화에서의 상감청자다. 아니 그 이상이다. 절절한 소망을 위해 극기적인 신앙심과 고도의 기량이 아취 수준을 넘어 사무치는 비원 속에서 하나가 될 때만이 그려낼 수, 아니 그려질 수 있는 무위의 경지에 이르렀으니 보살도 자신의 초상화를 보고 감동하지 않을 수가 없도록 말이다. 그것은 온 지성을 다해 극에서 그리면 그릴수록 깨달음이 연기화생을 통해 영기화생이 되면서 불·보살도 "선재(동자)로다"하며 찬탄할 것이라 믿었기 때문이다. 그런데 아쉽게도 이 관음도의 창작 배경과 그 역사적 발달과정에 대해서는 잘 알 수가 없다. 수많은 그림과 자료가 억불, 외침, 내란, 방화, 무관심 속에서 파괴되고, 산실되고, 해외로 반출되었기 때문이다.

그런 여건 가운데서 특히 일본으로 반출된 다이토쿠지(大德寺) 소장 〈수월관음도〉를 중심으로 해서 민족문화의 우수성과 정체성을 밝혀 보고 싶었다. 그 그림이 도상적으로나, 수준적으로나, 역사적으로도 유난히 호기심을 주었기 때문이다. 그러다 보니 부수적으로 흩어지고 잃어버린 백의관음도 계열의 그림을 찾아서 연결하게 되고, 그 족보도 얼떨결에 더듬어 보게 되었다.

기독교의 성화에서 구원의 의미를 담으면서 교리의 뼈대를 이루며 가장 대중성 있게 발달해 온 그림이 '성모상'이다. 유럽 문화의 뿌리인 기독교에서 이 같은 성모상은 억불·외침 등 수난을 당한 우리의 상황과 달리 유럽에서는 나라마다 자료가 풍부한 편이다. 그래서 성모상에 대한 도상의 변천, 즉 성모와 아기 예수가 '신성한 커플'로 포즈를 취하고 있는 그 구도와 양식의 변화 관계만 알아도 기독교 회화의 절반은 안다고 말할 정도다.

그중에서도 특히, 레오나르도 다 빈치가 그린 〈암굴의 성모〉는 당대의 사회에서 요구한 도상보다 앞서 나간 교리를 담고 있다. 그래서 이 그림은 다른 어느 성모상보다 그 구도와 양식이 특이하고 내용이 신비하다. 그것은 다른 성모상에서는 보기 힘든 정중동·동중선으로서의 '구원 시스템'이 '대속론'으로 내재되어 있기 때문이다.

법적인 문제로 20년 넘게 끌었고, 그로 인해 같은 화가에 의한 같은 제목의 또 다른 그림이 존재하게 되었다. 따라서 두 그림의 구도에서는 왜 그러해야 했는가를 분명하게 알게 해 주는 진보 신앙이 담겨 있고, 보수 신앙과의 차이점도 들어있다. 그뿐만 아니라 그 차이로 중세의 동토에서 르네상스라는 봄을 진보 신앙으로 알린 세기적인 작품이 되었다.

본 글의 주제는 관음보살 중에서 수월관음, 그중에서도 일본에 반출된 다이토쿠지 소장 〈수월관음도〉[도판 124]와 성모상 중에서도 레오나르도 다 빈치의 〈암굴의 성모〉[도판 128]에 대한 이야기다. 먼저 두 그림의 종교사적 이

해와 회화사적 위상을 위해 앞부분에 관음상과 성모상의 변천 과정을 개략적으로 언급했다. 그리고 두 그림을 분석하면서 비교하였다. 두 그림은 지금은 박물관, 미술관 그리고 다른 나라에 있지만, 당대엔 두 종교 시설에 각각 제단화로 봉안되었던 최고 수준의 가장 실제적인 성화였다. 그러므로 두 그림을 이해하게 되면 두 종교의 그림에 대한 이해의 축이 형성되고, 더불어 두 종교에 대한 어느 정도의 공통점과 상이점까지도 파악할 수 있게 된다. 나아가 두 종교 간의 소통 문화를 터득하는 데에도 도움이 될 것이다.

그림이란 역사의 전개 과정에서는 시대정신을 진보적으로 감각화시킨 것임을 깨닫게 되고, 두 그림을 통해서는 개방된 세계화 시대에 민족문화의 지평을 한 마당 넓히는, 상생으로 지구촌 문화를 형성해 내는 기쁨을 느낄 수 있다. 그리고 그림에는 두 가지가 있다. '표상'과 '의상', 즉 육안으로 보면서 느끼고 즐기는 그림과 심안 또는 영안에 의해 보여지면서 마음이 정화되고 승화되는 그림이다. 영성과 깨달음의 흐름을 자정 능력으로 터득하는 즐거움을 맛보게 되는 것이다. 그림 속 그림으로 말이다.

뭐니 뭐니 해도 우리 인간에게서 휴머니즘의 대표적인 상징은 여성성을 상징하는 모성애다. 이 모성애를 종교적으로 승화시킨 것이 불교에서는 '자비의 상징'으로 나타난 관음이고, 기독교에서는 쉐마의 비밀을 통해 '중보자'로 등장한 성모다. 따라서 어머니가 존재하는 한 관음과 성모는 영원하다. 성모상은 관음도 중 백의관음도와 흰색의 상징에서 비슷하고, 성모와 함께 있는 아기 예수와 보살과 함께 있는 선재동자의 구도에서도 서로 비슷하다.

그런데 쓰다 보니 관음과 성모에서 여성성 때문인지, 모성애 때문인지 아니면 구원의 통로를 주관해서 그런지 그동안 역사에서 소외 받아 온 '페미니즘'이 연상되었다. 자비와 사랑이 종교적으로 인간화한 관음과 성모의 모성애는 인정하면서도 그 모성애의 주체자인 여성은 '~의 딸, ~의 부인, ~의 어머니'처럼 주체자가 아닌 제2의 성으로 홀대받아 온 것이다. 페미니즘은 여성 인권의 주체성을 나타낸다. 관음보살과 성모 마리아가 바로 여성의 인권을 힐링시켜 주는 그 자체로 여겨지는 것이다. 그러니 그 모습에서 페미니즘의 성격도 바탕으로 들어 있음을 느끼게 된다. 그런데 관음과 성모의 바탕에 페미니즘이 들어 있음을 그동안 남성들은 자기도 모르게 자의적으로 간과(미필적 고의)하였고, 여성들은 가부장 체제 속에서 동면하면서 현실적으로나 신앙적으로도 깨닫지 못하고 있었던 것이다.

그런데 오늘에 이르러 선진국에서는 이미 LGBTQ까지 아우르는, 모든 루저의 평등권까지 요구하는 생태적 페미니즘으로 코스모폴리탄화되어 가고 있는 추세다. 보다 진보적인 시대정신의 화두로 부각되면서 역동적으로, 다각적으로, 미래지향적으로 확산되고 있는 것이다. 제2의 성에서 미래의 인류 문명을 신선하게 주도해 나갈 새로운 역사의 주인공으로 등장하면서다. 그래서 이 글에 페미니즘 미술을 새로운 휴머니즘 차원에서 개략적으로 덧붙여 보았다. 페미니즘을 보다 돌체 스틸 노보적 추진력을 보태기 위해 글로 쓰는 〈디너파티〉[도판 306]로 해서다.

간간이 내용과 연관되는 시대사를 크로키 하듯 가볍게 언급하였다. 살아 있는 역사는 단순한 기록이 아니라 현재화된 오늘의 거울이 되어야 하니까, 즉 그림을 넘어 우리 시대가 판문점의 악수처럼 '성화'냐 미얀마의 쿠데타처럼 '추화'냐를 가늠해 주는 살아 있는 자화상이므로 그리고 패착 속에서 신의 한 수를 깨닫듯이 의식화되기 때문이다. 또한 우리가 바라는 참된 역사는 미래지향적인 완벽한 종교적 성격이 아닌, 비록 일그러진 얼굴이라 할지라도 현실 속에서는 선재동자 같은 미소를 지향하는 휴머니즘이니까. 그러나 기억해야 할 것은 종교란 텍스트로서 현실에서 진리의 기준점이 되기도 하지만, 보다 중요한 것은 이를 넘어 콘텍스트로 미래지향의 이정표가 되어준다는 점이다.

이 글의 내용 전개를 간단히 정리하면, 불교와 기독교에서 그 신앙의 대표성을 지닌 관음과 성모를 택해 1부에서는 도상의 변천사를, 2부에서는 그중 대표가 되는 각 그림 하나씩을 택해 도상 분석을 통한 종교의 의미와 역사성을, 3부에서는 페미니즘의 실현을 위해 노력한 미술의 족적을 알리면서 동시에 '정·반·합' 원리에 따른 제3의 휴머니즘으로 업그레이드되기를, 그러면서 여성의 온전성을 관음과 성모로 품기를 각 종교에 촉구했다.

두 종교를 대표하는 인류의 영원한 미술품을 비교해 본다고는 했지만, 다소 무리가 있을 것이다. 그것은 아직도 비교는 엄두도 못 내는 깜깜이 블라인드(blind) 시대에 새로운 루트를 개척해 보고 싶어 마음이 앞서간 필자의 한계에 다다른 체력과 거친 호흡이니 비판적으로 격려하며 진정시켜 주길 바란다. 사실상 종교를 넘어 오늘날 인문학의 침체는 그 지역권의 범주에서 비교하는 답답한 도토리 키재기를 지루하게 하고 있기 때문이다.

문화의 시대가 되면서 그 시대를 주도하는 선진국들이 자국의 박물관에 다른 나라의 유물들을 특별전시하거나 전시실을 만들어 나가고 있다. 특히 미국, 영국, 프랑스, 독일 등 세계 100여 개 박물관이 그렇다. 그중엔 한국실 또는 한국 코너가 설치된 곳도 있다. 이는 과거 우리의 처지와 비슷했던 제3세계 국가들도 마찬가지일 것이다. 짚고 넘어가야 할 것은 이러한 전시는 소위 선진국들이 과거 제국주의 시대에 강탈했거나 불법으로 반출한 유물들을 전시로 합법화하려는 전략적 술수가 아닌가 하는 점이다. 제국주의 국가들은 과거 신대륙 발견에서부터 정치적으로 땅 차지하기를, 산업혁명 이후 지금까지는 경제적으로 돈 따먹기를, 디지털 시대인 지금부터는 문화적으로 맘(心) 훔치기를, 아니 DNA까지 조작하려 하고 있기에. 그러면서 한 가지 걱정되는 것이 있다. 한 세기 전, 서구 열강 체제에 소속되려고 안달하던, 즉 탈아입구(脫亞入歐)를 부르짖던 어느 한 나라가 있었다. 그런데 오늘날은 그것이 세계화의 대세 속에서 미국과 서구의 주도하에 해아몰구(解亞沒歐)가 되면서 블랙홀에 빨리듯 소용돌이처럼 이루어지고 있다는 점이다. 대표적인 예로는 최근의 코로나19 백신에서 그리고 치료약의 위력에서 알 수 있다.

그러니 세계가 해아몰구에서 벗어나 보다 조화로운 가운데 근본적으로 다양한 문화의 꽃을 피우려면 미술에 '비엔날레'가 있듯이, 모든 예술문화를 종합하는 컬쳐테인먼트로서의 '문화 올림픽' 같은 새로운 돌파구가 필요하다. 그런 길이 마련되면 세계 각 나라는 나라마다 그들의 대표가 되는 주체적인 문화를 서로 최고의 전시와 신들린 경연과 이성적인 포럼으로 (불법 반출된 문화재 등을 합리적인 조화로 이끌어 내면서) 인류문화의 꽃을 글로벌하게 피워 나가게 되리라 기대되기 때문이다. 문화 올림픽에서 생태원리에 따른 각 나라의 문화가 서로 간의 시너지 속에서 연기화생이 되어 영기화생으로 열매 맺기를 원하면서나. 그러니 이 글은 세계문화 형평운동을 외치면서 그 연대를 추구하는 것이기도 하다.

덧붙이고 싶은 말이 있다. 종교와 무관하게 그러면서도 도덕적이고 지적으로 살아가는 분들께다. 그것은 우리나라에서 동·서 문화의 균형을 이루고 있는 두 종교가 앞으로 세계화에 역할을 할 수 있도록 마치 추사 김정희 선생처럼 따가운 질책을 비판적 대안으로 제시해 주길 바란다는 제언이다.

오늘날 종교의 성향이 점차 개인적으로는 내면화, 사회적으로는 세속화, 교리적으로는 합리화, 세계사적으로는 플랫홈화 되어가는 추세다. 이처럼 세계화로 가는 제4차 산업혁명 시대에는 종교와 무관하다고 하는 사람들의 역할이 119처럼 중요해졌기 때문이다. 왜냐하면 종교가 어떤 비난을 받더라도 휴머니즘을 지키는 보루임은 물론 '자발적 대의제 휴머니즘'이기에….

그 밖의 하고 싶은 말은 『세계문화유산1번지-사찰과 성당』에서 다 했다. 어쨌든 불교와 기독교 문화를 비교해 두 번째로 쓴 이 글은 결과적으로 나에게는 그림을 통한 즐거운 구도 과정이, 나름대로 글로 그린 '심우도'가 된 셈이다. 신축년의 해에 그것도 대위법과 화성학으로 해서 최선을 다한 것이다. 나로서는 "다 이룬 것"이고, "보기에 좋은 것"이 되었다. 하지만 독자 제현들이 볼 때는 마지막 햇볕이 모자랄 것이다. 그 볕은 눈 밝고, 마음이 넓고, 영성이 맑은 분들이 쬐어주시기를 기대한다.

이 글을 쓰면서 상식적이거나 또는 보편적인 내용이 되었다고 생각되는 부분은 인용처를 생략하였다. 양해를 바란다. 제목을 『관음과 성모 그리고 페미니즘』으로 정했다. 2020년도에 먼저 나온 졸저 『사찰과 성당』에서는 하드웨어 격인 몸체로서의 '사찰'과 '성당'을 다루었다면, 이번에는 그 몸체의 중심부에서 구원의 소프트웨어 역할인 '관음'과 '성모'를 다루었다. 그러므로 『사찰과 성당』과 『관음과 성모 그리고 페미니즘』은 ♀+♂처럼 한 세트가 되겠다.

이 글은 학문적으로 쓴 글이 아니다. 세계화 추세에 맞춰 두 종교문화가 서로 비교를 통해 학문화되기를 바라면서 1부에서는 내 마음의 화두인 히말라야산맥을 종주하듯, 2부에서는 알프스의 3대 북벽을 단독 등정하듯, 3부에서는 내 마음의 큰 바위 얼굴을 인공 등반하듯 오른다는 그 같은 묵직한, 짜릿한, 서슬한 긴장감과 함께 자아실현을 느끼면서 쓴 글이다. 수준 높은 선진국이란 앞으로는 국민이 정치적 자유, 경제적 평등을 넘어 '자아실현'하면서 살아가는 문화국가를 지칭하게 될 테니. 그런 국가를 받치는 모퉁이 돌이라도 되기를 꿈꾸면서다.

더불어 '살아 꿈틀대는' 오늘의 신선한 드레싱 문화와 '젖어 묵혀 있는' 과거의 발효 문화가 서로 조화를 이루는 공생 문화를 새로운 버전으로 세계 역사에 제시하고 싶어서이기도 하다. 그래서 이 글이 아골 골짜기에 나비 짓이 되어 "소리 없는 아우성 저 푸른 해원을 향하여 흔드는 영원한 노스텔지어의 손수건"이, 아니 힘차게 펄럭이는 태극기가 되기를, 그러면서 한 단계 두 단계 접화군생(接化群生)을 향한 발자국이 되기를 바라면서다. 끝으로 이 글을 쓰도록 사랑으로 묵묵히 뒷받침해준 아내 김분희와 출판을 흔쾌히 허락해 준 동연출판사의 김영호 사장님께 감사드리며 글을 맺는다.

마지막으로 이 글은 「민족미학」 12권 2호, 13권 1, 2호(2012~2013)에 분재해 실었던 논문을 대폭 수정 보완하고, '페미니즘' 미술을 덧붙인 글임을 밝힌다.

2022년 세계가 코로나19를 극복해 가는 어느 활달한 여름이 오는 길목에서
'야~호'를 크게 외치며

김희욱 손·모·움

차례

3부 | 관음과 성모의 시대적 소명 — 페미니즘 미술을 중심으로

일러두기 | 도판 | 이 책에 수록된 도판은 거의 저작권자의 사용허가를 받았으나 몇 도판은 저작권자를 찾지 못했습니다. 확인되는 대로 허가 절차를 밟겠습니다. 몇 곳의 도판은 제목만 표기하였습니다. 인터넷에서 더 풍부한 자료를 검색해 볼 수 있습니다.

1부

관음도와
성모상에 대해서

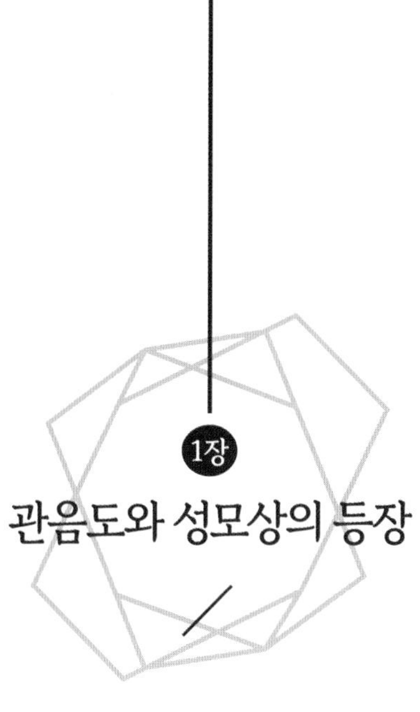

1장

관음도와 성모상의 등장

1. 관음도의 등장

이 글에서 관음도란 '백의 · 수월 · 해수' 관음보살의 그림을 의미한다. 세 보살은 시대에 따라 명칭만 다를 뿐, 모두 '물' 및 '달'과 관련된 보살이다. 그중에서도 물(水)과 달(月)에서 보듯 '수월'(水月)관음도가 그 중심이 된다.

1) 백의 · 수월 · 해수 관음도(觀音圖)란

속세의 공양 인물이 물 건너 이상정토라는 보타락가산에 계시는 관음보살에게 예불을 드리는 그림이다[도판 1].

관음보살은 33가지의 모습으로 응신할 수 있다. 수월관음은 그중의 한 분이다. 여기서 33이란 숫자는 셈본 상의 33이 아니라 의미상의 무량수를 나타낸다. 관음보살이 공양자의 신앙 수준과 기원 성격에 따라 백의, 수월, 해수, 11면, 천수천안 등 무한히 즉 세계의 인구수만큼 변할 수 있다는 능력을 상징하는 수다. 그러므로 여기서 '수월'이란 관음보살이 자신의 무한한 권능과 개성을 공양자의 신앙 수준과 그 기원 코드에 맞춰 변화되어 나타난 모습 중의 한 분이다.

도판 1 북송(960~1127)의 불국 선사 유백이 저술한 『문수지남도찬(文殊指南圖讃)』에서 선재동자가 28번째 선지식인 관음보살을 만나는 장면. 흥미로운 점은 오른쪽 위에 29번째 선지식으로 정취보살(?)이 등장하고 있어 『삼국유사』에서 '낙산 이대성 관음·정취, 조신'조를 생각하게 한다. 강희정, 『관음과 미륵의 도상화』, 학연문화사(2006), 100쪽. 도판 전재

처음부터 설명이 좀 복잡하다. 그러니 나름대로 문화재에 관심이 있다는 사람들에게 수월관음도가 무슨 그림이지요? 하고 물으면, 경상도 말로 "야가 머시라카노" 하는 사람도 많을 것이다. "금강산도 식후경"이라는 속담처럼 얼마 전까지만 해도 보릿고개를 넘기에 급급했던 우리에게 석불사(석굴암)·불국사라면 몰라도 '고려 불화', 그중에서도 백의·수월·해수관음도에 대한 관심은 사치였기에.

2010년, 국립중앙박물관에서 "고려불화대전-700년 만의 해후" 특별 전시회를 하면서 매스컴이 크게 다루었다. 그중에서 단연 〈'물방울' 수월관음도〉라 소개된 그림이 크게 주목을 받았다[도판 152]. 이런 분위기를 타고 일반 교양인들 사이에서도 '이보다 더 아름다운 그림이 있을까!?' 하고 감탄과 함께 관심을 갖는 분위기가 인터넷상에서 퍼져가는 흐름을 보았다. 반세기 전까지만 해도 허기진 배를 움켜쥐고 보릿고개를 넘었는데, 어느새 최상의 문화 향유를 즐기는 '물방울' 징검다리를 건너는 나라가 된 것이다. 내 세대가 그렇다. 후진국의 상징이던 AID 대상 우선국가에서 반세기 만에 더 이상 아름다울 수

도판 2 티베트 라싸의 보타락가산 궁전. 라싸란 신들의 땅으로 얼마 전까지 관음보살의 현신인 달라이 라마가 있던 곳이다.

없는 최고, 최상의 문화에 관심을 갖는 국민이 되어가니 얼마나 고무적인 현상인가. 2015년 말에는 프랑스의 루브르박물관에서 특별 전시한다는 뉴스까지 있었다. 우리 전통문화의 상징인 '고려 불화'도 한류의 열풍을 타고 〈모나리자〉를 넘어 곧 세계 속으로 퍼져나가게 되지 않을까 하는 기대도. 이런 것이 바로 문화 자긍심이 아닐까.

대승불교의 발달에 따라 부처님 곁에 문수, 보현, 세지, 관음 등 많은 보살이 등장했다. 그들은 부처님의 무한한 능력을 대변하는 역할을 하기 위해서다. 그 가운데 예불자의 편에 서서 공양 기원을 들어주기 위해 적극적으로 나선 보살이 관세음보살, 줄여서 관음보살이다. 세상은 중생의 절규로 가득 차 있다. 그 스트레스 또는 트라우마로 흐느끼는 고통 소리를 해결해주기 위해 노고를 마다하지 않겠다는 의지로 붙인 이름이다. 그래서 중생은 "나무 관세음보살"이라 염송 아니 주송까지 한다. 중생에게 자비심의 상징이 된 것이다. 이렇게 인기가 넘쳐나자 관음보살은 또다시 백의, 수월, 해수, 11면 등 다양한 형태의 각종 관음보살이 파생되었다. 그러면서 불교미술에 그 어느 보살 신앙보다 크게 영향을 미치게 된 것이다.

2) 관음보살의 희미한 '호적'에 대하여

먼저, 인도에서 관음보살의 첫 등장은 밀교 성립 당시 힌두교의 여러 신들이 불교의 수호신이나 보살로 승화되면서다. 기록상으로는 서기 1세기경 성립된 『화엄경』「입법계품」부터다. 선재동자가 문수보살의 안내를 받으며 53명의 선지식(善知識)을 찾아다니는 순례 이야기인데, 그중 관음보살은 28번째의 선지식으로 남인도국의 보타락가산 친견에서 나온다. 선지식이란 오늘날의 개념으로 표현하면 트라우마나 스트레스 많은 세상에서도 노블리스 오블리주를 실천하며 야생화처럼 살아가는 부처님 닮은 신지식인들이라 할 수 있다. 비슷한 시기에 간다라에서는 관음보살이 그리스화된 '상'(像)으로 조각되기도 했다.

같은 시대에 마투라 지역에서도 인도 문화 자생의 불력으로 불상을 조성했다는 주장도 있다. 불교가 발생한 인도에서는 이때부터 관음보살 신앙이 시작되었음을 추정할 수 있다. 처음으로 돌아가서 사실상 종교란 인류가 꿈속의 희망을 구원 시스템으로 내세화시켜 체계화한 것이 아닐까. 인도에서는 비슈누가 꿈속에서 브라만을 배꼽을 통해 창조하면서 종교가 발생했다니까 말이다.

다음, 중국에서는 148년경 파르티아(安息國), 오늘날 우즈베키스탄(부하라)의 왕자 출신 안세고에 의해 번역된 『불설자서삼매경』에서 '광세음'(光世音)으로 해서 처음 나온다. 이후 서진 시대인 286년 인도의 역경승인 축법호가 『정법화경』을 번역하면서부터 본격화된다. 그러면서 동진 시대 법현이 13년간 천축, 오늘날 인도를 여행(399~412)한 기록인 『고승법현전』에서, 420년경 동진의 축난제에 의해 번역된 『청관세음보살소복독해다라니주경』에서, 이후 560년경 북주의 야사굴다에 의해 번역된 『불설십일면관세음신주경』에서 그 내용들이 점차적으로 구체화, 체계화되어 오다가 수나라 지의(智顗, 538~597)에 이르러 천태교학(天台教學)이 형성되었다. 지의는 양나라 무인 집안 출신으로 나라가 망하고 부모마저 세상을 떠나자 18살에 고향 금릉, 오늘날 난징을 떠나 천태산으로 출가하였다. 그리하여 567년 『법화경』을 독송하다 삼매에 들어 마치 높이 뜬 해가 깊은 계곡을 두루 비추듯 모든 법상에 통달하게 되었다. 이를 '대소산 개오'라 한다. 579년에는 천태산 화정봉에서 참선을 통해 글로는 나타낼 수 없는 깨달음을 체득하였다. 이를 '화정봉 개오'라 하고, 이렇게 지의 대사에 의해 교(대소산 개오)·관(화정봉 개오) 겸수가 확립되었다. 그 확립이란 단어에서 알 수 있듯이 중국에서 중국화되어 나타난 불교 중의 하나가 '천태종' 이다. 『법화경』을 숭상하는 천태종이 지의 대사에 의해서 집대성되면서다[주 1]. 그러면서 그 어느 신앙보다 관음신앙이 획기적인 발전의 전기가 되었다. 천태종이 관음보살을 주존의 예불 대상으로 삼았기 때문이다.

우리나라에서는, 관음보살이 중국의 영향을 받았는지 모르겠지만, 그 영향을 넘어 해동의 백의관음으로 응신해서 나온다. 그에 대한 첫 기록이 『삼국유사』에 나오는 '낙산 설화'에서다. 그러나 설화 차원이 아닌 역사적인 기록은 우리나라에서도 천태종에서다. 여기서는 백의관음이 수월관음으로 변상되어 나타난다. 천태종은 대각국사 의천(義天, 1055~1101)이 창종한 종파다. 그 창종은 고려 숙종 2년(1097)에 개경의 국청사에서 '교관겸수'의 조화를 강조하는 천태교리를 강설하면서부터라고 한다. 교관겸수(敎觀兼修)에서 '교'란 '대소산 개오'처럼 삼라만상에 대한 이론적인 교리체계를, '관'이란 '화정봉 개오'처럼 실천적인 수행체계를 의미한다. 즉, 교(敎)란 하드웨어와 관(觀)이란 소프트웨어와의 관계 격이다. 따라서 이론과 실천의 밸런스를 강조하는 것이다.

의천은 11대 문종의 넷째 아들로, 왕실 가운데서 1명은 반드시 출가해야 한다는 당대의 법도에 따라 11살(1065)에 출가, 개성에 있는 영통사에서 공부하고 불일사에서 구족계를 받고서 1085년 중국으로 유학을 갔다. 그곳에서 인도승을 비롯한 여러 고승과 각종 종파의 교리를 담론하며 자신의 불교학을 체계 잡았다. 1086년 경서 3,000여 권을 가지고 귀국해 흥왕사에 주지로 머물며 교장도감을 설치하고 각종 불경을 출판하여 교리의 발전에 크게 기여하였다. 그리고 전국 각지의 사찰을 돌며 지도하면서 모든 불교의 법통을 이어 나갔다. 선종과 교종으로 갈등의 조짐을 보이던 불교계를 화합시키기 위해 원효의 화쟁 사상을 바탕으로 하여 우리나라 체질에 맞는 교관겸수의 천태종을 창종한 것이다. 고려 시대에는 의천처럼 왕실에서 1명은 반드시 출가를 했으니 불교가 국교나 다름이 없었다.

그런데 조선 시대에 들어와서는 숭유억불정책에 따라 그 반대가 되었다. 태종은 1406년 당시 불교의 11개 종파를 7개로 통합하고, 전국의 사찰을 242곳만 남긴 채 모두 철폐령을 내렸다. 이어 세종은 1424년, 줄어든 7개 종파를 아예 선·교, 양 종으로 축소시켜 정리하였다. 이때 양 종으로 찢기면서 천태종이란 이름이 사라지게 되었다. 사찰도 36곳으로 축소되었음은 물론이다. 이후부터 세계 최고의 수준이었던 고려의 수월관음 그림도 시들해져 갔다. 가장 효과 있는 억불정책을 시행한 것이다. 어쨌든 관음보살을 넘어 수월관음으로의 응신은 고려 시대 천태종과 연관된 대각국사 의천의 글에 처음으로 나온다.

3) '수월관음도'의 등장에 대해

현재 남아 있는 우리나라의 불화 중 가장 훌륭한 작품들은 거의 모두 고려 시대에 그것도 1300년 전후로 해서 그려졌다. 그러니 '수월관음도'가 처음으로 우리나라에 존재했다고 추정하는 시기는 더 빠를 수밖에. 남아 있는 기록상으로는 신라 하대로 접어드는 800년 전후로 보니까 그 추정은 당나라 주경현(朱景玄)이 회창(會昌) 폐불(廢佛, 845년) 사건 직전(840년경)에 지은 『당조명화록(唐朝名畵錄)』중 「신품중일인(神品中一人)」에 있는 '주방조'(周昉條)의 글을 근거로 해서다. 즉, "…貞元末 新羅國有人 於江淮 以善價收市數十卷 持往彼國 其畵佛像眞仙人物仕女皆神品也…"라는 글에서다[주 2].

풀이하면, "…신라 38대 원성왕(785~798), 39대 소성왕(798~800), 40대 애장왕(800~809) 대에 걸친 정원(貞元, 785~804) 그 말(末)에(그러니 우리에게서는 애장왕쯤에 해당될 확률이 높다), 그때 신라인들이 중국의 강회 지방에서 그림 수십 권을 후한 값으로 사서 신라로 가져갔는데, 그 그림들이 불상과 함께 도인과 선인 그리고 사녀들이 그려진 그림으로 모두가 최고의 그림, 즉 '신품'이었다…"는 내용이다. 그 불화 가운데 수월관음도가 있었다는 추정이다. 『당조명화록』과 『역대명화기』를 통해서다. 그런데 왜 하필 신라 사람이 사 갔다는 서술을 했을까? 어쨌든 그것은 당시 신라 문화가 전성기였다는 것과 신라 사람들의 그림을 보는 심미안과 감식안이 높았다는 것을 저자인 주경현이 인정하는 것이다.

이 책 『당조명화록』에 따르면 주경현은 당나라 97명 화가의 작품을 신품(神品)·묘품(妙品)·능품(能品)·일품(逸品)으로, 즉 4가지 품으로 등급을 나누어 설명을 붙였다. 여기서 '신품'이란 무위(無爲)의 경지에서 자기도 모르게 그려지는 기운 생동한 그림을, '묘품'이란 뜻하는 대로 거리낌 없이 그리고 싶은 대로 그린 그림을, '능품'이란 화법을 잃지 않고 대상대로 그린 그림을, '일품'이란 그저 그런 그림을 의미한다. 쉽게 표현하면 신품은 '혼'으로, 묘품은 '마음'으로, 능품은 '손'으로, 일품은 '붓'으로 그린 것이 되겠다. 주방의 그림이 그중 신품에 속한다고 했으니 그 그림도 혼으로 그린 당대 최고의 수준이었음을 알 수 있다. 절정에 달한 당 제국 문화의 진면목을 보여준 것이다.

그런데 또 다른 책 『역대명화기』(歷代名畵記)에서는 주방이 수월관음도를 그냥 그린 것이 아니라 창안했다고 쓰여 있다. 그래서 사 간 그림 중 불화 부분에 수월관음도도 분명히 포함되어 있었을 것이라고 추정하는 것. 그러니 이때 처음 수월관음도가 신라에 수입되어 존재했을 것이라는 주장이다. 일리가 있는 얘기다. 일반적으로 작품을 구매하는 사람들은 그 화가의 특징 있는, 또는 새로운 그림을 선호하는 것이 상식이니까. 따라서 사 간 그림은 어쩌면 창안한 원본이었을지도 모른다. 당시도 오늘날의 '크리스티'나 '소더비'처럼 국제적으로 그림을 거래하던 곳이 있었나 보다. 그림을 거래하는 컬렉션에는 그 시대의 사회적·문화적 의미와 특징이 반영되기 마련이다. 시대의 문화를 고양시키는 것은 물론 전통문화의 계승과 창조의 밑거름이 되게 하니까. 그래서 선진국에서는 컬렉션을 또 다른 창작행위로 보기도 한다. 돈은 '도깨비 방망이'이니까.

4) '수월관음'이란 명칭에 대하여

(1) 먼저 인도에서 알아보자

당시 인도에서는 아직까지 보살에 대한 교리가 발달하지 않았다. 그리고 인도 불교의 발달이 북방의 히말라야를 넘어 산과 사막으로 전개되는 실크로드를 거치면서는 자연히 해양성보다는 대륙성의 성격을 띠게 되기 때문으로 사료된다.

(2) 중국에서 알아보자

그 첫 번째 등장은 당나라의 시인 백거이(772~846)가 정치적으로 실의에 빠져있을 때 용문 향산에서 쓴 〈화수월보살상찬〉(畵水月菩薩像贊)에서다. 즉, "수월보살 그림을 칭송하다"라는 '시제'(詩題)에서다. 그런데 시의 제목만 있을 뿐 그 내용은 없다. 그래서 어떤 도상의 그림이었는지는 수수께끼다.

두 번째 등장은(첫 번째일 수도 있다) 앞에서 소개한 840~845년대에 저술로 간주되는 주경현의 『당조명화록』「신품중일인」'주방조'에 나오는 다음의 내용에서다.

> 周昉 … 今上都有畵水月自在菩薩[주 3]
>
> 주방이 그린 … 수월자재보살 그림이 당시 당나라 수도 장안(上都)에 있었다.

다음의 세 번째 등장은 지금까지의 그 어떤 기록보다 중요하다. 앞에서의 언급처럼 주방이 수월관음을 '창안'해서 그렸다는 내용이 있기 때문이다. 이 글은 대중(大中) 원년(847)에 장언원(815?~875?)이 쓴 『역대명화기』에 나온다. 그 내용에서 주방이 8세기 후반기에 '사녀화'(仕女畵)를 잘 그리는 궁정화가로 이름을 날렸다는데, '수월관음도'도 그렸다는 것이다. 그것도 그냥 그린 것이 아니라 그 도상을 '오묘하게 창안'했다고 한다. 맨 처음 나타난 그림이니 그럴 수밖에. 그런데 아쉽게도 그 그림은 남아 있지 않고 "보살이 달 같은 둥근 원안에 앉아 있으며 대나무와 함께 묘사되어 있다"는 간단한 기록이 있을 뿐이다.

장언원은 당나라 말기에 사부원외랑(祠部員外郎) 등을 역임했으며, 3대에 걸쳐 재상을 지낸 명문가 출신이다. 그가 쓴 이 책은 지금도 중국 회화사에서 교과서 같은 위상을 지니고 있다. 이 책은 10권으로, 전반부(1-3권)와 후반부(4권-10권)로 되어 있다. 전반부는 저자의 그림에 대한 관점과 총론을, 후반부는 첫 등장에서부터 회창 원년(841)까지의 화가 373명에 대한 품평을 통사적으로 서술했다. 주방(730년경~800년경)은 그중 마감 시대의 인물이었기에 마지막 권에 들어있다. 그런데 창안했다는 주장의 근거는 10권에 있는 다음의 서문에 의해서다.

> 周昉字景玄 官至宣州長史 初效張萱畵 後則小異 頗極風姿全法 衣冠不近閭里 衣裳勁簡 彩色柔麗 菩薩端嚴 妙創水月之體 /張彦遠,『歷代名畵記』卷第十 〈序文〉

> 주방의 자(字)는 경현이고, 관(官, 직위)은 선주장사(선주는 오늘날 안휘성의 선성 일대, 장사는 군사적 임무를 보좌하던 지방 공무원)에 이르렀다. 처음에 장훤의 그림을 따랐으나 후에는 조금 달라졌다. 인물의 풍모를 열심히 연구했는데, 모자를 쓴 모습과 옷차림이 서민의 모습과는 달랐다. 옷은 강한 필선으로 간결하게 처리했고 채색은 유려했다. 보살은 단정하고 위엄이 있으며 수월의 모습을 오묘하게 창안했다.

주경현이 지나치듯 언급한 『당조명화록』(845)에 비해, 이 책 『역대명화기』(847)에서 장언원은 아쉽지만, 그런대로 요점을 기록했다. 주방 개인의 화풍을 그리고 역사적인 평가를 엿볼 수 있을 정도로는 쓴 것이다.

주방, 그는 모든 그림에 뛰어났다. 그중에서도 특히 사녀화(仕女畵)에서다. '사'(仕)란 갑과 을의 관계에서 주로 갑의 계급에 속하는 사람들을 일컫는다. 그러므로 사녀화란 대체로 귀부인이나 궁녀들의 유한적 일상생활을 소재로 한 그림이다. 그런데 그가 그린 사녀화가 다행히 하나 남아 있어 그의 그림 수준을 파악할 수 있다. 〈잠화사녀도〉다[도판 19]. 비단 두루마리에 그려진 이 여인상들은 요염하고 화려하기가 양귀비 같아서 절정에 달한 당 제국 문화의 진면목을 보여준다. 인물 표현에서 그 형태와 감정은 물론 정신까지 신기로 담아내어 '주방 양식'이라는 용어까지 있다. 그래서 그를 사녀화의 일인자로 평가한다. 당 덕종(780~804)의 명으로 장경사에 벽화를 그려 절찬을 받기도 했으니, 불화에도 일가견이 있었음을 알 수 있다.

위 서문의 인용 글에는 "처음에 장훤의 그림을 따랐으나 후에는 조금 달라졌다"는 내용이다. 하지만 장훤의 사녀도는 모사본만 남아 있어 어떻게 달라졌는지 비교하기에는 아쉽다. 그는 주방보다 선배로서 천보연간(742~755)에 활동한 사녀화 전공의 궁정화가였다.

잠화(簪花)란 트레머리, 즉 얹은머리에 꽂는 꽃비녀를 말한다. 주방이 그린 이 〈잠화사녀도〉는 그렇게 장식한 5명의 귀부인과 1명의 시녀가 반려 동·식물들을 데리고 품위 있게 노는 모습인데, 반려동물은 동적으로, 사녀들은 정적으로 우아, 섬세하게 표현했다. 표현 기법은 『역대명화기』 서문에서 "옷차림이 서민의 모습과는 달랐다. 옷은 강한 필선으로 간결하게 처리했고 채색은 유려했다"는 내용 그대로다. 그의 [도판 19]를 보게 되면 다른 화가들 그림에 비해 차원이 다르기는 하다. 그러니 만약 그가 그렸다는 수월관음도가 남아 있었다면 그 그림은 〈잠화사녀도〉보다 더 화사하고 섬세하고 부드러우면서도 오묘했을 것이다. 갑(甲)의 계급인 '사녀' 수준을 넘어 성(聖)의 계급인 '보살'이란 예불 대상을 그렸으니까. 그것은 "수월의 모습을 오묘하게 창안했다"는 언급에서 짐작할 수 있다. 그런데 덕종의 절찬처럼 그린 그림이 워낙 뛰어났기 때문에 도상까지 그가 창안한 것으로 오버하는 것은 아닌가 하는 문제 제기도 있다[주 4].

(3) 우리나라에서 알아보자

수월관음이란 명칭의 첫 등장은 중국에 비해 아주 늦다. 천태종을 개창한 의천(1055~1101)에 의해서이니까. 그의 『대각국사문집』 권 18의 시제(詩題)인 "화국원공찬신화성수월관음"(和國原公讚新畵成水月觀音)에서다.

시제란 '시의 제목'인데, 이를 풀이하면 "(대각국사 의천의 형인) 국원공이 화가에게 새로(新) 그리게 해서 이룬 수월관음의 그림을 칭송(讚)하자, 대각국사 의천이 이에 대해 화답(和)했다"는 그림이다. 이로 봐서 이 수월관음도가 당시 대단히 중요한 그림이었음을 알 수 있다. 한나라의 왕실을 나타내고 종교를 대표하는 사람들이 서로 '얼~쑤' 칭송하고, '좋~다'라고 추임새까지 넣은 그림이니까. 그런데 이 그림도 아쉽게 제목만 남아 있을 뿐이다. 그래서 그 도상은 주방의 수월관음도와 마찬가지로 알 수가 없다. 그런데 이 없는 그림을 우리나라에서 그려진 첫 번째 그림이라고 추정하는 주장이 있다[주 5]. 수월관음이 천태종과 관련이 있다면 우리나라에는 의천이 1097년 개창한 것으로, 또한 『대각국사문집』 권 18의 시제에 나오는 신(新)도 창(創)의 뜻을 포함하고 있으니, 그 주장도 일리가 있다.

국원공은 나중에 고려 13대 선종(1083~1094)이 된다. 그가 국원공으로 불린 시기는 11대 문종의 둘째 아들로 동왕 10년(1056)에서 만형인 12대 순종 원년(1083) 사이로써 27년 동안의 기간이다. 그러므로 이 그림이 앞서 『당조명화록』의 기록에 따라 추정으로 소개한 정원(貞元, 785~804) 말경, 즉 800년 전후에 신라에 수입되었다는, 아니 수입되지는 않았다 치더라도 중국에서 창안된 수월관음도와는 약 280년이라는 차이가 난다. 나도 너무 난다. 당시 문물이 빠르게 오가던 양국의 관계에서 볼 때 그 긴 공백은 상식을 넘어선다. 아무튼 이로써 1083년 이전에 수월관음도가 고려에서 제작된 것만은 확실하다.

하지만 '전설'에서 가장 빠른 시대를 알리는 내용이 있다. 앞에서 지나치듯이 언급한, 일연(1206~1289) 스님이 쓴 『삼국유사』에 나오는 '낙산 설화'에서다

(순서, "(1)다이토쿠지 소장 〈수월관음도〉의 제작 배경", 301-305쪽 참조). 내용의 핵심은 신라의 의상 법사가 중국에서 귀국해 관음보살을 만난 후, 만난 바닷가 동굴 위에 절을 세웠다. 뒤이어 온 원효 법사는 (시정 여인네로 변신한) 관음과 대화 도중 분별심으로 불성의 한계를 드러낸다. 그러면서 신라 땅에 관음보살이 존재하고 있음을 본인도 모르게 증명한다는 이야기다. 의상은 보살을 알고 만났고, 원효는 모르고 만났다는 차이는 있다. 이 보살의 명칭이 처음 신라시대에는 '백의관음'[도판 117]으로, 고려 시대에는 '수월관음'[도판 35]으로, 조선시대 말기에는 '해수관음'[도판 56]으로 이어져 왔다. 오늘날은 장소에 따라 대체로 내륙에서는 '백의', 강과 호수에서는 '수월', 바닷가에서는 '해수'로 쓰는 것 같다. 이렇게 명칭은 다르나 의미는 같으므로 '백의·수월·해수'를 같은 족보의 보살로 여긴다. 그 '설화'에 나오는 '백의관음'의 첫 무대가 이 글의 베이스캠프인 낙산사 홍련암이다[도판 133, 135].

산행을 시작할 때는 몸이 안 풀려 힘이 들듯이, 첫 시작부터 설명 고개가 가파르고 까다로워서 북한산의 깔딱 고개에서처럼 힘들고, 설악산의 금강굴을 오르듯이 숨이 가쁘다. 사실 문장이 신나는 산행처럼 가볍고 경쾌해야 한다. 그런데 다니던 길이 아니라 처음 가는 공룡능선의 등줄기 같은, 용아장성의 이빨 같은 험한 릿지 코스여서 방향은 물론 길도 찾기 힘들다. 그러나 땀도 나고 몸도 적당히 풀렸으니 개척해 봐야지. 새로운 코스의 손맛, 발맛 그리고 하켄 박는, 자일 타는 쾌감과 함께 호연지기를 느끼고 즐기면서.

5) 이제는 관음보살이 계신다는 장소에 대해

인도에서 관음보살의 고향인 보타락가산은 당나라 현장법사의 여행기인 『대당서역기』(645년) 중 권 12의 「제10-17 말라구타국」 마지막 부분에 나온다. 현장 법사 그도 직접 방문한 장소가 아니라 여행 당시 전해 들은 곳이라 한다. 그러니 지금은 물론 당시에도 보타락가산은 기독교에서의 천국처럼 관음보살의 이상향을 지칭하는 전설의 대명사다. 그러니 언제나 영원한 관음신앙의 고향이 되겠다. 전해지는 장소는 현재 스리랑카와 마주하는 남인도 타밀나두주의 주도로서 항구도시인 첸나이(마드라스) 지역의 포티가이(Pothigai) 산을 추정하기도. 그 근거는 원래 중국에서 인도로 가던 남해 항로와 연관된 데에서다. 즉, 필요한 자재를 내리고, 오랜 뱃길에서 지친 마음의 휴식을 취하고, 고장 난 또는 부서진 배를 수리하고, 음식과 물과 자재를 공급받기 위해 정박하던 항구였다. 그 반가운 제난구제가 관음신앙과 결합되면서 그 지역의 상징인 포티가이 산을 보타락가산이라 했다는 그럴듯한 스토리텔링이다.

도판 3 낙산사 해수관음상. 의상이 굴에서 만난 보살을 상징한다. 1972년에 시작하여 77년 11월에 점안하였다. 높이 16m, 둘레 3.3m, 좌대 넓이 6㎡이다.

중국에서는 전설의 산과 유사하다는 절강성 해안가 바위 절벽을 택해 보타락가산으로 간주했다. 여기서 보타락가산은 중국말로는 광명산(光明山) 또는 소백화(小白華)라는 뜻이고, 중국음으로는 보타산이다. 티베트에서는 우리가 잘 아는 [도판 2]로 여기고 있다. 어쨌든 『80권 화엄경』 권 68에 "바다 위에 산이 있어 성현들이 계시는데, 많은 보물로 이루어져 지극히 청정하며 꽃과 과실수가 가득하고 샘이 못에 흘러넘쳐 모든 것이 구족하다." 『묘법연화경』 권 7에는 "관세음의 묘한 범음(梵音)과 해조음(海潮音)이 저 세간(世間)의 음(音)보다 수승하다"라고 쓰여 있다[주 6]. 그리고 현장 법사는 보타락가산에 대하여 『대당서역기』에 다음과 같이 써놓았다.

말랄야산(秣剌耶山)의 동쪽에 포달락가산(布呾落迦山)이 있다. 산길은 위험하고 바위 계곡은 가파르다. 산꼭대기에는 연못이 있는데, 그 물은 거울처럼 맑다. 그 물은 산을 감싸고 흘러 20겹을 휘돌아서 큰 강을 이루며 남해로 들어간다. 연못 옆에는 '돌로 만들어진 하늘 궁전'(石天宮)이 있는데 관자재보살이 오가며 머무는 곳이다. 보살을 보고자 하는 사람은 목숨을 돌보지 않고 강물을 건너 산에 오른다. 그곳에 도달하는 자는 아주 드물다.

기독교에서 『천로역정』 같은 분위기인데, 사실 이 같은 산세는 인도의 항구도시 첸나이 부근에서는 보기 드물다. 이 산세가 중국에서는 절강성 해안가 바위 절벽이나 천태산과 비슷한지는 모르겠지만, 우리나라에서는 어쩜 설악산이다. 험한 산길과 가파른 바위 계곡은 공룡능선 · 용아장성과 천화대 등 그 부근의 산길에 어울리고, 산꼭대기의 연못은 토왕성폭포 · 대승폭포 · 천당폭포 · 12선녀탕 등에 비견되고, 바위로 된 하늘 궁전인 석천궁은 금강굴과 딱이다. 정말 "보살을 보고자 하는 사람은 목숨을 돌보지 않고 강물을 건너 산에 오른다"는 곳과 같은 곳이다. 특히 금강굴은 비선대를 끼고 해발 600미터 지점의 미륵봉 암벽 한가운데에 있다[도판 4]. 이곳 천상에서 설악산 전경을 바라보는 호연지기는 그 어디에서도 비교할 수 없을 정도다[도판 5]. 금강산에서 만물상 능선을 바라보는 파노라마보다 더 장쾌하고, 인도에 등장하는 전설의 보타락가산 '석천궁'보다 더 좋으면 좋았지 다. 정말 이름 그대로 금강석 같은 화강암 속 하늘궁전이다.

도판 4 해발 600미터 가까이 되는 미륵암 직벽 가운데 뚫린 자연 석굴이다. 돌계단과 철계단 194개를 합치면 거의 천 계단 높이의 천상에 있다(□).

현장은 『대당서역기』에서 보타락가산 석천궁에 대해 "그곳에 도달하는 자는 아주

도판 5 금강굴 안에서 바라본 천불동 능선의 파노라마. 멀리 대청봉이 보인다. 굴의 길이 8미터에 수도하기 적당한 7-8평 정도 넓이에, 바위틈에서는 정화수까지 새어 나오는 곳이다.

드물다"고 했다. 상상의 산이니까. 하지만 설악산 금강굴에 도달하는 자는 더 드물었을 것이다. [도판 4]처럼 높은 바위 절벽 한가운데에 있으니까. 그러니 누구라도 이 굴에서 수도하면 저절로 득도하겠다. 대청봉 정상이 아득하게 보이는 호연지기의 전망 속에서 배수진을 치듯 절체절명으로 도만 닦을 수밖에 없으니까. 그것은 누구라도 그곳에 올라가 보면 알게 된다(그래서 그런지 세계적으로 유명한 수도원들이 다 그런 곳에 있다). 크기는 ±7평 정도로 원효 법사가 수도했다고 전해 온다. 지금은 철제사다리가 있지만, 당시는 어떻게 올라갔을까. 원효 법사는 우리나라 최초의 록클라이머였나 보다. 어쨌든 그래서 금강굴이란 이름도 그가 이곳에서 저술한 『금강삼매경론』에서 유래했다는 얘기다. 우리나라에서 석천궁 같은 설악산 금강굴은 원효 법사와 관계가 있고, 석해궁 같은 홍련암 관음굴은 '낙산 설화'에서 보듯이 의상 법사와 관계가 있으니 두 법사의 역할도 우리 불교 인물사에서 환상의 콤비 또는 대비였음이 사료된다.

인도에서 관음보살이 산다는 석천궁은 높은 산꼭대기 부근에 있다. 그런데 그곳이 항구도시 첸나이와 어울리면서 새롭게 바다와 관련된 관음으로 응신되었듯이, 우리나라에서도 관음보살의 주처가 돌로 된 하늘궁전 금강굴에서 일통 삼한 이후에는 바다를 지향한 새로운 관음으로 응신되면서 '돌로 된 바다궁전'(石海宮)[도판 6]으로 변한 것이라 보게 된다. 곧 석천궁인 설악산(보타락가산) 금강굴[도판 5]에서 동해변 낙산사(보타락가해) 홍련암의 관음굴로[도

도판 6 의상대에서 바라본 홍련암과 해변. 우리나라 관음신앙의 성지로, 파인 관음굴[도판 135] 안으로 파도가 무섭게 들이치며 큰 소리로 공명을 이루는 해변 지형이다. 그래서 파도 소리와 흰 포말의 모습이 관음보살의 묘한 해조음처럼 들리는 듯하다.

판 135]. 그것은 불교가 세계 각지로 전파되고, 관음신앙이 곳곳에 유포됨에 따라 앞에서 언급한 중국과 티베트는 물론 스리랑카·캄보디아·일본 등 각 나라에서도 그 33관음보살의 속성에 맞는 장소마다 진신주처(眞身住處)를 갖게 된 데에서 유추할 수 있다. 특히 해안을 낀 마을에서는 바다의 신으로, 해상(海商) 뱃사람들에게는 수호신으로 강조되었다. 우리나라 제주도 남쪽 청보리 축제로 유명한 자그마한 섬 가파도에서는 물론 최남단 마라도에서도 같은 신앙으로 존재하고 있다[도판 7].

> 거친 풍랑 험한 물길 고요히 잠재우는 해수관음 바다의 여신이여! 오랜 세월 염원해 온 가파도 상상봉에 강림하셨네. 두 손 모아 발원하오니 무명업장 모두 거두어 주시고 해수관음 고운 자태 온화한 미소로 모든 생명 보살펴주옵소서(가파도 해수관음상 설명글에서).

이렇게 바다의 여신으로 소박한 신앙이 되어 존재하고 있는 것이다.

정치·경제·사회·문화가 발달하고 바다의 성격이 덧붙여지면서 시대와 장소에 따라 '백의'라는, '수월'이라는, '해수'라는 이름을 달고 산속 '동굴'에서 '강'으로, '해변'으로 '수평선'으로 효험이 증대되면서 능력이 새롭게 새롭게 확대되고 또 확대된 것이다. 국토 끝까지.

도판 7 마라도 해수관음상. 우리나라 최남단이어서인지 가파도 관음상보다 크다. 남태평양에서 불어오는 재액을 하염없이 지켜주고 있다.

6) 노년에, 내공의 개척 등반코스가 되어

대학 시절, 낙산사는 나에게는 설악산 등반 후 갔는 '디저트 관광코스'였다. 당시 마장동에서 새벽 첫차로 떠나 "'인제'가면 언제 오나 '원통'해서 못 살겠다"는 악명 높은(삼청교육대의 훈련을 탄생시킨) 인제·원통의 군부대를 지나, 경례와 더불어 "잠시 검문이 있겠습니다"는 명령조의 인사말과 함께 소위 불순분자 색출을 위한 군 검문을 수차례 받으면서 갔다. 때로는 일방통행 비포장 산길을 돌 때 뒷좌석에서 졸다 시소 탄 듯 솟으며 떨어지기도 하면서 진부령을 넘고 속초를 거쳐 설악동에 해 떨어지기 전에 도착하던 때였다. 4년 동안 많은 추억과 에피소드를 만들면서다. 그러면서 69년 가을에는 울산암 록클라이밍을, 겨울에는 토왕성 빙폭 하단부 최초 시등을 위한 서포트 중 실수로 가파른 얼음 계곡 따라 죽음을 향해 미끄러지며 떠내려가다 겨우 피켈로 제동해 제동의 명수라는 칭찬 같은 놀림을 당하기도 하고, 현재 산장이 있는 중청과 대청 사이의 안부에서 영하 20도 이하의 눈보라 날씨에 허리까지 차는 눈을 양탄자 삼아 텐트 치고 커피를 마시며 라디오를 통해 폭설로 조난 우려의 뉴스를 웃으면서 듣기도. 그리고 귀때기청봉까지 타 대학산악부와 경쟁하듯 걷다가 돌사태 난 눈길에 설피까지 빠지던 등반의 추억들이 있다.

이렇게 불가능을 가능으로 개척하던 등반을 마치면 속초에서 목욕을 했다. 그러고는 긴장 속 등반과는 달리 이곳에선 릴렉스로 '낙산의 휴일'을 즐겼다. 그러면서 해변에서는 알퐁스 도데의 『별』 같은 추억을 갖기도 했고, 스님도 안 계시던, 홍련암 삐거덕거리던 엉성한 마룻바닥에 난, 유리도 없던 큰 구멍으로 남들이 암굴을 보니까 멋도 모르고 덩달아 들여다보기도 했다. 그때는 지금의 [도판 134]와는 달랐다.

2005년 식목일 날 낙산사가 불탈 때는 이 모든 추억도 함께 불타는 듯 안타까웠다. 그런데 또 다른 스테파네트 같았던 한 여름밤의 아름다웠던 『별』 같은 풋사랑의 '추억'이, 어느 날 '낙산 설화'에 홀려 얼떨결에 고난도의 종교미술 비교라는 '화두'로 바뀌었다. 과거의 추억에서 미래의 화두로 영기화생을 향한 연기화생이 되면서다. 맑고 경쾌한 또 다른 부활절의 종소리가 노년의 마음속에 노새 방울처럼 심금을 울리더니, 이어 저 푸른 해원을 향하여 외치는 '소리 없는 아우성'이 되면서다.

지금 생각하니 설악산 입구 주 계곡의 이름 천불동이 상징하듯, 원효 법사가 석천궁에서 수도하면서 터득한 법력이 설악산의 금강굴이 되었고, 낙산사 홍련암 밑 석해궁에서 멍울지는 흰 파도 소리를 의상 대사가 이근원통(耳根圓通)으로 깨달아 관음굴이 되게, 즉 신라화한 것이다. 풍수지리 및 지형적으로도 연결된다. 낙산사가 자리한 오봉산, 즉 '(보타)락(가)산'의 기운이 깊이 내려가 푸른 바닷속 관음굴의 힘찬 뿌리가 되었고, 설악산 금강굴의 장쾌하고 맑은 『금강삼매경론』의 법어는 골짜기마다 화불이되어 천불처럼 퍼지다 드높은 '삼존불'로 모여 '대청 · 중청 · 소청'이란 법 봉우리가 되었다. 설악산은 낙산사가 있어 금상첨화로, 홍련암 관음굴은 미륵봉의 금강굴과 더불어 환상의 콤비로 산과 바다의 법계 세계를 이루고 있는 것이다.

'낙산 설화'에서 관음보살을 못 알아본 원효 법사처럼 노년에 접어든 지금 생각하니 당시 나는 설악산과 낙산사가 석천궁인지 석해궁인지도 모르고, 금강굴인지 관음굴인지도 모르고 부처님 손바닥 안에서 천방지축으로 넘어지고, 자빠지고, 미끄러지면서 불가능에 도전하고 낭만을 즐기며 이상세계에서 놀았던 것이다. 특히 반세기 전 낙산사 홍련암에서 맛보았던 심심풀이 디저트 관광코스가 1막 2장의 인생이 된 지금에 와서는 삶의 화두가, 내 마음속의 한창 시절 울산암과 토왕성 빙폭보다 더 오르기 힘든 '블라인드 루트' 같은 새로운 내공의 개척 등반코스가 된 것이다.

2. 성모상의 등장

1) 쉐마의 비밀

대부분의 사람들은 기독교 회화를 대표하는 그림이 예수상이라고 생각하겠지만, 아니다. 르네상스 시기였던 1420년부터 1539년의 이탈리아 회화 가운데 약 90%가 종교화였는데, 그 가운데 50% 정도가 성모 마리아를 주제로 한 성모상이었다. 이것은 같은 시기에 그려진 예수상의 2배라는 것이다. 그래서 성모상에 대한 도상의 변화를 이해만 해도 기독교 회화의 절반은 안다고 할 수 있다. 또한 기독교미술의 발전 과정은 물론 그 시대의 사회 상황과 교리의 발전 과정도 이해할 수 있다. 그만큼 성모상에 대한 도상이 다양하고 숫자도 엄청나다. 유럽을 여행하게 되면 도시마다 중심가에 랜드마크로 빠짐없이 보게 되는 것이 다양한 성당들이니, 그만큼 성모상도 다양할 수밖에 없다.

원래 성모상이란 성모가 성령으로 잉태하여 성육신(Incarnation)으로 태어난 아들 예수와 함께 '신성한 커플'(Deipara)을 이루고 있는 그림을 말한다[도판 14, 68]. 따라서 그 신성한 커플에서 성모가 아기 예수를 안고 있는 자세 및 도상의 변화 관계가 성모상에서 구도와 양식의 역사적 변천이 된다. 그것은 앞으로 성모상 도상의 역사적 전개 과정에서 알 수 있다. 성육신이란 신의 아들인 예수가 인간의 원죄를 씻어주기 위해 '수태고지'라는 신비한 개입을 통해 사람의 아들 예수로 그래서 우리와 같은 인간으로 변신한 것을, 즉 태생적으로 인간과 함께하기 위해 마리아라는 한 여인을 통해 벌거벗은 갓난아기로 이 세상에 태어났다는 것이다. 이처럼 판타지 같은 아기 예수의 생의 시작에 대한 그림은 생의 종점인 십자가상에서 가시면류관을 쓰고 못과 창에 찔려 피를 흘리며 극심한 고통에 시달리는 그리스도의 망가진 얼굴만큼이나 서양미술에서는 큰 비중을 차지하는 주제였다. 따라서 그 태생의 의미를 성모상 속에 믿을 수 있게 그리는 것이 당대 화가들의 역할 중 가장 큰 임무였다.

예수 어머니의 이름인 마리아를 히브리어로 읽으면 모세의 누나와 같은 미리암(Miriam)이었다. 그것이 아람어에서 마리암(Mariam), 로마 시대에 와서는 마지막 글자가 탈락하면서 마리아(Maria)가 되었다가, 다시 영어권에서는 메리(Mary)가 되었다. 성경에서는 마리아가 남자가 아닌 성령의 작용으로 태어났다는 점을 강조하고 있다. 그러면서 명칭도 대문자를 써서 동정녀 마리아(Virgin Mary) 또는 동정녀(Virgin)라고 부른다. 그 의미는 '고귀한 여인'에서 보다 더 승화된 '성처녀'로서의 순결(virtue)이다. 이는 그녀가 하느님께 부름 받은 특별한 '소명'과 연관된다.

기독교에서 소명이란 소명을 통해 내가 하느님이 원하시는 그런 존재가 되는 것이다. 하느님은 내가 나를 사랑하는 것보다 더 나를 사랑하고 계신다고 믿기 때문이다. 따라서 하느님은 우리에게 누구를 닮았는가를 묻지 않는다. 대신에 "너는 지금 내가 만들어가는 '너'인가?"라고 물으신다. 나는 내가 되고 싶은 사람이 되는 것이 아니라 나보다 더 나를 사랑하시는 하느님이 의도하신 바의 사람이 되어야 한다는 것이다. 그 소명대로 산 대표적인 인물이 예수의 어머니 마리아다. 물론 그 삶을 소명대로 실천한 모델이 사람의 아들인 예수이고. 사실 그러기 위해서 성육신했으니까. 그것은 겟세마네 동산의 마지막 기도에서, 즉 "…그러나 제 뜻대로 마시고 아버지의 뜻대로 하소서"라는 내용에서 알 수 있다. 일반적인 소명은 그리스도인이라면 모두가 해야 하는 일이다. 그러나 특별한 소명은 영적·정신적·육체적 능력을 최고로 발휘하여 자신을 하느님께 바치는 삶이다. 성육신을 위한 수태고지는 하느님이 그녀를 위해 선택한 특별한 소명이었다. '성모'라는 명칭은 그래서 그녀의 삶에서 가장 감당하기 어려운 꼬리표였다. 성모상에는 이 꼬리표를 소명대로 잘 극복한 모성애적 육아 비전(秘傳)인 '쉐마의 비밀'이 내재되어 있다.

예수가 출생한 이후, 요셉과 마리아의 관계에 관해 다양한 전승이 교회의 역사에 존재한다. 어떤 이는 두 사람이 부부관계를 전혀 가지지 않았다고, 어떤 이는 가졌다고, 어떤 이는 예수의 형제들은 예수의 사촌들일 거라고, 어떤 이는 요셉이 결혼하기 전에 낳은 자녀라고, 또 어떤 이는 실제로 마리아가 낳았다고, 이렇게 나올만한 의문점들을 여러 가지로 다 제기하고 있다. 그러나 여기서 중요한 것은 그 어느 견해를 택하든 간에 마리아가 자녀들의 양육에 대해 무한책임을 지는 '쉐마(Shema)의 비밀'(신명기 6장 4-9절)을, 영혼의 소리를 들려주는, 즉 '여호와·하느님·야훼의 사랑을 자녀들에게 무한 강조한 모성애'에 대해서는 의견이 일치한다. 그래서 이 모성애가 '중보심'이란 교리로 업그레이드된 바탕이 되었을 것이다.

마리아가 성모로 소명받기 전의 이야기를, 역사가 아니라 스토리텔링으로 전해 오는 책이 있다. 당시 수도원과 민간에 전해지던 전설과 구전을 모아 이탈리아 제노바의 주교 야코부스 데 보라기네(Jacobus de Voragine, 1230~1298)가 1260년경 저술한 『황금전설』이다. 편집된 성격이 우리의 『삼국유사』와 유사하다. 시대도 그렇다. 그런데 성인전이다. 이곳에 성모 마리아의 등장에 대해 다음과 같이 쓰여 있다. 좀 길지만 옮긴다(윤기향 옮김, 『황금전설』, 크리스찬 다이제스트(2007), 834-839쪽, 「131-동정녀 마리아의 탄생」에서 선택해 인용).

> 동정녀 마리아는 유다 지파 출신으로 다윗 왕가의 가계에서 태어났다. 다윗의 아들 가운데는 나단과 솔로몬이 있다. 동정녀는 그중 나단(Nathan) 계열에서 태어났다. 그녀의 아버지 요아킴(Yoakim)은 안나라는 여인을 아내로 취

하였다. 안나(Anna)에게는 히스메리아(Hismeria)라는 여자 동생이 있었다. 이 동생이 바로 엘리사벳(Elizabeth)과 엘리웃(Eliud)의 어머니였으며 엘리사벳은 세례요한의 어머니다.

안나에게는 세 남편, 즉 요아킴, 클레오파스 그리고 살로메가 있었다고 전해온다. 그 남편들로부터 딸을 낳았는데 모두 이름이 마리아다. 첫 남편 요아킴에서 낳은 마리아는 예수님을 낳은 동정녀 마리아이고, 남편 요아킴이 죽자 요셉의 형인 클레오파스와 결혼하여 낳은 마리아는 후에 알패오(Alpheus)와 결혼해서 네 명의 아들을 두었다. 둘째 남편이 죽자 세 번째 남편 살로메(Salome)를 만나 낳은 마리아는 후에 세베대(Zebedee)의 부인이 되어 두 아들을 두었다.

이 모든 것이 다음 시 구절에 요약되어 있다. 세 명의 남편, 요아킴 – 클레오파스 그리고 살로메를 통해 낳았다네. 세 명의 마리아는 요셉 – 알패오 – 세베대에게 시집가서 첫째 마리아는 그리스도를, 둘째 마리아는 작은 야고보와 의로운 요셉과 시몬과 유다를, 셋째 마리아는 큰 야고보와 사도 요한을 낳았다네.

요아킴은 나사렛 마을 출신의 갈릴리 사람으로 베들레헴 출신의 안나를 만나 부인으로 맞아들였다. 안나는 임신을 하고 딸 하나를 낳았는데, 이름을 마리아라 하였다. 마리아가 3살이 되어 젖을 떼자 부모는 제물과 함께 그녀를 데리고 성전으로 갔다. 성전 주위에는 층계송(Gradual Psalms)과 부합하는 15계단이 있었는데, 성전이 언덕 위에 지어졌기 때문에 계단을 오르는 것 외에는 번제단으로 가는 다른 길은 없었다. 어린 동정녀는 마치 다 자란 어른인 것처럼 누구의 도움도 받지 않고 계단 맨 아래에 앉아 있다가 그 계단 꼭대기까지 올라갔다. 제물을 다 드린 후에 요아킴과 안나는 딸을 성전에다 두고 집으로 갔다. 마리아는 전적으로 거룩함 속에서 착실하게 자랐다. 천사들이 날마다 그녀를 방문했으며, 하느님의 환상을 날마다 즐겼다[도판 8].

제롬은 그의 크로마티우스와 헬리오도루스에게 보낸 편지에서 복된 동정녀는 자신을 위해 규율을 만들었는데, 동틀 무렵에서 제3시까지는 기도 시간으로 바쳤고, 3시부터 9시까지는 천을 짜는 일을 하였으며, 제9시부터는 쉬지 않고 천사가 나타나서 음식을 가져다줄 때까지 기도했다고 전한다. 마리아가 14살이 되었을 때, 대제사장이 성전에서 자라난 결혼 안 한 처녀들은 14살이 되면 모두 고향으로 돌아가서 법적으로 정혼한 남편과 결혼하라고 공포하였다. 다른 소녀들은 이 포고에 순종하였다. 오직 복되신 동정녀 마리아는 그렇게 할 수 없다고 하였다. 부모가 자신을 주님께 바쳤으며, 그녀 또한 하느님께 동정녀로 살겠다고 서원했다고 하였다. 대제사장은 몹시 당황하였다. 그는 서원을

도판 8 어린 마리아를 성전으로 인도. 성전 계단 앞에 사하리아가, 그 앞에 어린 성모가, 그 뒤에 양친인 요아킴과 안나가, 그 뒤에 두 명의 시중하는 동정녀가 있다. 사하리아 위에는 성전이 묘사되어 있고, 그 맞은편 모서리에는 성전으로 올라간 어린 마리아가 보인다. 마리아를 성전으로 인도하는 것을 기념하는 축제는 7세기경부터 시작되었고, 그 축제일은 11월 21일이다. 북부 러시아 1600년경. 55×46cm

이행하려는 것을 방해하여 "너희는 하느님 야훼께 서원한 것이 있거든 어김없이 지켜라"(시편 76편 11절)는 성경 말씀을 거역하게 할 의도는 없었고, 일상적이 아닌 관습을 감히 바꿀 의도도 없었다.

유대인의 명절이 가까이 다가오자 대제사장은 장로들을 모아 그들에게 조언을 청하였다. 그러나 만장일치가 안 되자 하느님께 조언을 구하였다. 기도 중 다른 사람이 다 들을 수 있을 정도로 한 음성이 들려왔다. "다윗의 가문에 혼기는 찼으나 아직 결혼하지 않은 남자가 제단에 나뭇가지를 가지고 올 것이다. 가지들 중 한 가지에 꽃이 필 것인데, 성령이 비둘기 모양으로 가지 끝에 앉을 것이다. 이사야의 예언서에 따라 이 가지의 주인이 의심할 여지 없이 동정녀의 배필이다." 다윗 가문의 요셉은 나이가 많이 들어있어 세상 물정 모르는 젊은 여자를 부인으로 맞이하기에는 어울리지 않은 듯이 보였다. 다른 사

람들은 그들의 나뭇가지들을 제단 위에 놓았지만, 요셉은 내밀지 않았다. 하느님의 음성이 예언한 것 같은 일이 일어나지 않자, 대제사장은 다시 상의해보아야겠다고 생각했다. 그때 소리가 들리기를, 아직 가지를 바치지 않은 한 사람이 동정녀가 시집갈 남자라고 말했다. 요셉이 그의 가지를 내밀자 즉시 꽃이 피더니 비둘기 한 마리가 하늘로부터 내려와 가지 위에 앉았다. 요셉이 마리아의 남편이라는 사실이 너무도 분명했다. 요셉과 마리아는 하느님이 정해준 천생연분으로 약혼식을 하였다. 요셉은 집을 장만하고 결혼에 필요한 모든 준비를 위해 자신의 고향인 베들레헴으로 돌아갔고, 마리아는 자기와 같은 나이, 같은 가문의 7명의 처녀들과 함께 결혼을 위해 부모의 고향인 나사렛으로 돌아갔다. 이는 기적을 목격한 대제사장이 그녀에게 엄명했기 때문이었다. 그런 나날 속에 그녀가 기도하고 있을 때에, 천사 가브리엘이 "아베 마리아"라고 부르며 그녀에게 나타나서 하느님 아들의 어머니가 될 것이라고 고지했다.

이 이야기는 마리아에 대한 전설로 '수태고지'가 갑자기 나타난 것이 아니라 '소명'에 따라 예정된 것임을 알려준다. 스토리텔링을 시대정신에 맞추면서 신이한 역사처럼 꾸민 것이다. 마리아 자신이 예수의 어머니가 되는 일을 자기도 모르면서 오래전부터 무의식적으로 준비한 것을 암시하기 위해서다.

사실 이 이야기는 불교 문화권에 사는 사람들에게는 믿기가 힘들다. 차라리 임신을 실패한 마리아가 예수 같은 아들을 갖게 해 달라고 빌자, 하느님이 그 소원을 들어주기 위해 천사를 보냈다는 스토리텔링이라면 오히려 더 잘 이해할 것이다. 그런데 성경에서는 마리아의 요구가 아니라 하느님의 적극적인 개입이다. 반대다. 이것이 두 종교에서 핵심적인 교리와 추동력의 차이다. 그러니 문화 차이란 원리의 차이가 아니라 각 나라의 언어와 어순처럼 사고 코드의 차이다. 어쨌든 마리아의 14살까지가 어떤 면에서는 네팔에서의 '쿠마리'와 비슷한 느낌을 갖게 한다.

2) '성모상'의 등장에 대해

이렇게 하느님의 소명을 아름답게 감당한 마리아는 수태고지를 통해 예수 그리스도를 낳은 성모가 되었다. 이후 성모가 그려지면서 성모상이 등장하기 시작했는데, 비잔틴의 전승에 의하면 이 성모상은 예수의 제자인 '성 누가'에 의해 최초로 그려졌다. 성모는 자기를 그린 이 이콘(성화)을 보면서 "이 그림과 함께 언제나 축복이 있으라"고 셀프 축언을 했다고 한다. 이후 이 그림은 그 축언 때문인지 기독교권 역사에서 (페스트 유행, 몽골의 러시아 침입 등) 중요한 사건 때마다 불가사의한 기적을 일으키는 그림이 되었다. 한 종교에 대표적인 성화라면 그 정도의 내공은 있어야 하지 않을까. 그래야 신도들이 감정이입에 의한 신앙 속 믿음으로 경배의 이미지를 견지할 수 있게 될 테니까.

성 누가는 이 성화를 고향 안디옥에서 그가 가장 존경하던 테오필로스에게 자신의 복음서 사본인 누가복음 및 사도행전과 함께 보냈다고 한다. 테오필로스는 라틴어로 '저명한, 탁월한'이란 뜻으로 당시 원로원 의원에게 주어지던 칭호여서 높은 서열의 정부 관료였을 것으로 추정한다. 이 전승은 그 후 또 다시 5세기 중엽에 에부도키아 황후가 콘스탄티노플에 있는 테오도시우스 2세(408~450)의 누이 풀케리아에게 선물로 보냈다. 로마제국 전역에 흩어져 있는 많은 신자에게 알리기 위해서였다. 풀케리아는 그 성모상을 자신이 세운 교회당에 안치하면서 곧바로 숭배의 대상이, 첫 제단화가 되었다는 얘기다[주7]. 그 그림의 직간접적인 영향이 [도판 68]로 연결된다고 볼 수 있다.

라틴어 루카스(Lucas)는 루가(Luke)로 '상승하는' 혹은 '고양되는'이란 뜻이니, 그 이름은 '빛'을 의미하는 '룩스'(Lux)에서 유래했다는 것을 알 수 있다. 성 누가는 사도의 소명을 받은 삶에 따라 자신을 이름처럼 속세보다 하느님에게 바친 빛의 사람이 되었다. 그리하여 그리스·로마에 기독교를 전파하는 데 힘썼다. 그는 그리스계 유다인으로 시리아의 안디옥에서 개업 의사였다고 한다. 그리스도의 땀에 젖은 얼굴이 마술처럼 전이되어 베로니카의 손수건에

도판 9 피에르 미냐르(1612~1695)의 〈성모를 그리는 성 누가〉. 123×102cm. 피에르 미냐르는 루이 14세 시 궁정화가였다. 트루아역사박물관(루브르미술관 위탁)

나타난 것처럼, 사람들이 흥미를 느끼던 그림들은 화가의 손이 아니라 누군가의 신비한 개입에 의해 완성된 것이라 믿었다. 성 누가가 그렸다는 성모상도 예외가 아니다. 성 누가의 그림 실력보다 성모의 자애로운 셀프 축복이 신비하게 개입되어 성모와 완벽하게 닮은 불가사의한 이적의 성모상이 되었다는 얘기이니 말이다.

이후, 동로마제국 유스티니아누스 1세(525~565)가 이교도 탄압을 위해 플라톤아카데미아를 폐쇄하였다. 이어 중세 사회로 이어지면서 갖바치처럼 취급받게 된 미술가는 평민보다 못한 신분으로 전락하였다. 따라서 전설임에도 불구하고 누가는 성모상의 창안자로서 화가들의 수호성인으로 존경을 받았다. 최초의 성모상을 그린 화가가 예수의 제자였다는 사실은 당시 사회적 신분이 낮았던 화가들에게는 상당한 위로가 되었기 때문이다. 그래서 그 전설을 기반으로 해서 성모를 그리는 성 누가의 모습을 그린 성모상도 꽤 있다[도판 9]. 그리고 그 전설을 믿어서인지 중세에 오면 화가 조합의 이름에 누가의 이름을 넣어 '성 누가 공회'라는 명칭이 많다. 화가들의 수호성인으로 존경을 받았으니.

또 다른 등장 이야기가 소수 의견으로 있다. 그것은 고대 이집트의 이시스(Isis) 여신과 관련이 있다. 초기 일반적인 성모상의 도상은 성모가 아기 예수를 무릎 위로 안고 있는 그림인데, 이는 이시스 여신과 그녀의 아들 호루스의 모습에서 따왔다는 주장이다. 당시 지중해 일대에는 이시스 여신이 아들 호루스를 무릎에 앉힌 이미지가 널리 퍼져 있었다고 한다. 아들을 온갖 위험으로부터 보호하며 훌륭하게 잘 키운 일로 모성애의 본보기가 되었기 때문이었다.

3) 성모 마리아, '중보자'로 승격

어쨌든 세상의 여인 중 모성애의 본보기에서는 소명에 순종한 성모 마리아를 앞설 자가 없을 것이다. 그것은 '원죄 없는 여성 · 여성이지 않은 여성 · 이브이지 않은 여성'으로 칭송한 〈성모 마리아의 찬가(Magnificat)〉에서 알 수 있다. 즉, 예수의 가르침과 사명 속에 나타나는 중요한 5가지는 성모의 모성애를 상징하는 '쉐마의 비밀' 속 육아 비전이라는 것이다[주 8]. 그 첫째는 마리아가 하느님의 거룩함을 찬양하고 하느님께 굶주림을 채워주실 것을 요청한 것처럼 예수도 하느님의 이름을 찬양하고 일용할 양식을 위해 기도하며 굶주린 자를 축복했다. 둘째는 마리아가 아나빔(Anawim, 경건한 빈자) 출신인 것처럼 예수도 가난한 자들을 축복하고 그들을 위해 잔치를 베풀었다. 셋째는 마리아가 불의한 권력자들의 권력이 박탈되도록 기도한 것처럼 예수도 불의한 로마제국주의의 권력과 싸웠다. 넷째는 마리아의 기도가 하느님의 자비와 긍

도판 10 프라 안젤리코의 〈수태고지〉(1440년경). 187×157cm. 수도사답게 다른 화가의 수태고지에서는 느낄 수 없는 차분한 분위기와 정숙한 아름다움을 겸손하게 나타냈다. 그래서 성모상 화가로 우뚝 섰다. 피렌체 산마르코미술관

휼을 강조한 것처럼 예수도 팔복에서 보듯 사람들에게 자비와 긍휼을 널리 알렸다. 마지막으로 마리아가 기도하던 이스라엘의 해방에 대한 관심은 예루살렘을 향한 예수의 "예루살렘아~, 예루살렘아~" 하며 애타게 드리던 기도에서 찾아볼 수 있다. 이렇게 예수의 가르침 속에는 성모의 중보자적 모성애가 녹아 있다.

전설이 아닌, 역사로 성모상이 그려지게 된 시기는 4~5세기경이다. 이때 이미 민간에까지 널리 퍼진 성모 신앙을 기독교 교리로 정립할 필요성을 느낀 교부들에 의해서였다. 특히 5세기 성모 숭배를 배격하는 네스토리우스파가 세를 뻗치자 교회는 이들을 이단으로 배척하면서 성모 숭배를 더욱 진작시켜 나갔다. 그래서 그들은 431년 에페소스 종교회의에서 마리아에게 수태고지를 통해 신을 탄생한 여자, 즉 '테오토코스'(Theotokos, 하느님의 어머니)라는 명칭을 붙였다. 여기서부터 중보자로서의 역할이 잠재적으로 전제된 것이다. 이 명칭이 부여되자, 가슴에 유방이 무수히 달린 풍요와 다산의 상징이던 이곳의 토속신인 아르테미스보다 더 인기 있는 신앙의 대상이 되었다. 그러면서 성모상이 활발하게 보급되었다는 것. 토속신앙의 인기를 제치기 시작한 것이다.

한편, 이 명칭은 당대 막달라 마리아를 견제하기 위한 정책적인 교리가 아닌가 하는 의심도 일부에서는 한다. 그러나 다르다. 예수와 성모 마리아의 관계에서 성모는 예수의 어머니이지만 종교적으로는 '중보자의 성격'을 나타낸

다. 이에 비해, 예수와 막달라 마리아와의 관계에서 막달라는 인간 예수와의 '특별한 관계', 즉 휴머니즘의 완성을 보여주고 있다. 이렇게 각각 다른 주체적인 역할이 있는 것이다.

4) 막달라 마리아, '휴머니즘'의 완성

휴머니즘의 완성이란 그 특별한 관계에 대해 『황금전설』은 「96-막달라 마리아」 편에서 성경 내용을 요약하여 전하고 있다. 예수께서 막달라 마리아에게 보이신 그 내용은 대충 이렇다.

> 예수께서 크나큰 은혜를 베푸시고, 수많은 사랑의 징표를 보이신 막달라 마리아다. 주님은 그녀에게 일곱 귀신을 내쫓고, 당신에 대한 전적인 사랑의 불을 지르셨다. 그리고 그녀를 가장 가까운 친구 중의 하나로 꼽으셨고, 그녀의 손님이 되시기도, 당신이 여행하는 중에는 그녀에게 가사의 일을 하게도 하시며, 다정하게 내내 그녀의 곁에 계셨다. 그리고 주님은 바리새인들이 그녀를 부정하다고 말할 때, 그녀의 언니가 그녀를 게으르다고 말할 때, 가롯 유다가 그녀를 낭비적이라고 말할 때, 그녀를 변호하셨다. 그녀가 눈물을 흘리는 것을 보시면 주님도 눈물을 참지 못하셨다. 그녀에 대한 사랑으로 죽은 지 나흘이나 되는 그녀의 오빠를 죽음에서 살리셨고, 그녀에 대한 사랑으로 그녀의 언니 마르다의 칠 년 동안 앓던 혈우병을 고쳐주었다.

막달라 마리아가 예수님께 한 내용은 이렇다.

> 그녀는 주님의 발을 눈물로 씻고, 자신의 머리털로 주님의 발을 닦고, 그 발에 기름을 발랐으며, 은혜의 때에 진지한 참회를 하였다. 가장 좋은 편을 택하여 주님의 발 앞에 앉아 주님의 말씀에 귀 기울였고 그의 머리에 향유를 부었다.

주님이 수난당하시던 때 십자가 곁에 서 있었으며, 주님의 시신에 바를 향기로운 향료를 준비했다. 제자들이 무덤을 떠날 때 그녀는 떠나지 않았고, …

위의 인용 글 "그녀가 눈물을 흘리는 것을 보시면 주님도 눈물을 참지 못하셨다." 그리고 "그녀는 주님의 발을 눈물로 씻고, 자신의 머리털로 주님의 발을 닦고, 그 발에 기름을 발랐으며, 은혜의 때에 진지한 참회를 하였다"를 보면 '스캔들'의 관계가 아니라 가장 드높은 '휴머니즘'의 관계였음을 알려준다. 종교적인 관계와 인간적인 관계가 조화를 이루며 녹아 있는 것이다. 이런 관계가 '생태-휴머니즘'이 아닐까. 이렇게 막달라 마리아는 언제까지나 스러지지 않는 한결같이 맑고 뜨거운 주님의 사랑과 순결한 말씀을 좇아 주님을 가장 사랑한 사람이다.

그런데 기독교에서는 막달라 마리아를 창녀로 본 적도 있다. 그것은 (누가복음 7장 37절에) '그 동네에는 행실이 나쁜 여자'가 회심하는 이야기로 나오기 때문이다. 그래서 교황 그레고리우스 1세가 창녀라 선언한 것을 가톨릭교회가 실수라고 1969년 공식 선언했다. 그런데도 〈지저스 크라이스트 슈퍼스타〉나 니코스 카잔차키스가 쓴 『최후의 유혹』에서는 창녀로 나타냈다. 소설이니까 재미있게 꾸미기 위해…. 지금도 많은 사람이 그렇게 알고 있다.

이런 외설적인 관음증이 우리 시대에 기독교 안팎에도 성행하는 것은 아닌가. 맨눈으로 보자. 막달라 마리아는 제자도의 모범이었다. 예수의 하느님나라 운동에 동행한 뒤, 끝까지 의리를 지켰고, 십자가 부활을 목격했고, 깊은 통찰과 침묵 가운데서 하느님과 소통한 사도였다. 그녀가 예수의 발에 향유가 든 옥합을 들고 와서 눈물로 씻고 머리카락으로 닦은 다음 입을 맞추고 옥합을 깨뜨려 나드 향유를 발라 드렸다. 이토록 보통 사람은 할 수 없는 극진한 사랑을 믿음으로 보인 것이다. 나드 향유는 감송향(甘松香)으로, 감송 뿌리는 히말라야에서 유래하는데, 고대부터 진통제의 재료나 유대인들의 결혼식에서 사용했다고 알려져 있다. 특이한 향기로 청량감을 주며, 쓴맛과 함께 맵고

달콤하며 따뜻하다고 한다. 그 믿음으로 죄를 용서받은 뒤, 이 여인은 하느님의 지혜를 상징하는 인물이 되었다. 이런 이유로 외경 빌립보복음서는 예수께서 "그 어느 제자들보다 사랑하셨고 그녀에게 입 맞추셨다"고 언급하고 있다. '행실이 나쁜' 외설스러운 여인에서 예수에 의해 '하느님의 지혜'로까지 고양된 여인이 된 것이다.

우리나라에서 홍등가인 집장촌을 없애려고 하자 2004년 3월 22일 그 여인들이 벌거벗고 "성노동자도 노동자다", "대안 없는 집장촌 폐쇄 즉각 중단하라"는 등의 피켓을 들고 시위하던 뉴스 장면이 떠오른다. 나로서는 처음엔 대단한 충격이었다. 지금까지 여성 주체에 의한 투쟁은 집장촌 성 노동자들의 투쟁이 거의 유일하지 않을까(?) 젠더적 공간 투쟁인 "집장촌 폐쇄 반대 운동"이 그녀들의 노동권과 주거권을 박탈당할 수 없다는 생존권 투쟁임을 말해준다. 이처럼 2004년 성매매특별법 제정 이후 그것을 둘러싼 일반 여성계와 성노동자 여성계 간에도 입장 차이가 두드러지고 있다. '노동' 문제가 포함된 집장촌 여성 계급과 포함되지 않은 비-계급적 (일반)여성들 간의 현실 인식에 대한 차이가 극명하게 드러난 것이 당시의 상황이었던 것이다[주 9]. 지금은 어떤지 모르겠지만.

인류의 영원한 이 문제를 사회가 휴머니즘의 입장에서 해결할 수 있는 방안은 없는 것일까. 문제가 있다는 것은 해결 방안도 있다는 것이 아닌가. 성매매는 여성의 육체에 대한 자기학대다. 그 학대 속에 여성문제가 가장 은폐되어 있고, 왜곡되어 있다. 이곳에 여성문제의 모든 것이 총집합되어 있는 것이다. 인류 역사에서 페미니즘이 가장 최초의 불평등이었는데, 오늘날까지 해결되지 못하고 있다. 이제야 의식화된 여성들이 독립운동처럼 가장 먼저 해결해야 할 최후의 식민지로 깨닫고 있다. 성매매가 가부장제 자본주의 사회의 상징이면서 그 모순을 교묘하게 풀고 있는 키워드라고 한다. 벌거벗고 당당하게 시위하는 그들의 항변을 올바로 잡아 예수처럼 해결해 준다면 인류사에서 막달라 마리아의 회심보다 더 멋진 '생태-휴머니즘'이 될 텐데 말이다. 페미니스트들의 해결 방안 목소리도 듣고 싶다.

얼마 전 유행을 넘어 해시태그(#)까지 달며 일상사가 될 것 같았던 미투(#Me-Too)운동이 한때의 유행(?)으로 끝나는 것을 보면서 뒤샹이 장난질 친 〈L.H.O.O.Q. 모나리자〉 그림이 떠오른다[도판 11]. 〈모나리자〉[도판 140]은 서양 미술사에서 여성의 아이콘이다. 그 그림에다 "L.H.O.O.Q=그녀의 엉덩이는 뜨거워"라고 써댔다. 이는 1차 성징인 남성이 2차 성징인 여성에게서 느끼게 되는 본능적 호기심으로 여성의 아이콘인 〈모나리자〉를 '망가트리기'라는 관점에서 추행한 것으로 보게 된다. 교황이 막달라 마리아를 종교적 관점에서 L.H.O.O.Q로 낙인찍은 것처럼, 뒤샹은 '아방가르드'라는 예술사조를 핑계로 그랬는지는 몰라도. 그림에서 미투(#Me-Too)감이다. 그런데 이 패러디 그림이 2016년 84억 4천만원에 경매되었단다.

어쨌든 이로 인해 세상에서 막달라 마리아만큼 극에서 극으로 변화된 사람도 없다. 그 회심의 행동을 극적인 변화답게 역사상 지금까지 그 누구도 하지 못한 눈물로, 머리카락으로, 입맞춤으로, 향유로 알려 주고 있다. 그것도 얼굴과 머리가 아닌 가장 더러운 발에다가. 그 이후 치솟는 막달라 마리아의 인기 때문인지는 모르겠지만 성모의 종교적 분위기를 보다 강화시키기 위해 성모 띄우기가 이루어졌다. 성경에 나오는 수태고지를 기반으로 무염시태에서 성모 대관까지, 성경에도 없는 잉태 전, 즉 '시태'에서부터 죽음 이후, 즉 '대관'이라는 영광스러운 천상으로의 부활로까지 '테

도판 11 뒤샹, 〈L.H.O.O.Q. 수염난 모나리자〉, 1919년. 조르주 퐁피두센터 소장

오토코스'로서의 일생을 교리 시스템으로 만들어낸 것이다.

이제는 막달라 마리아를 띄워도 성모의 권위에는 지장이 없다. 이미 경쟁의 상대를 넘어 완벽한 하느님의 어머니가 되어 교리상 천상의 여왕으로 하늘에 존재한다고 믿고 있으니까. 으뜸 제자인 베드로가 예수를 3번이나 배반하고, 특출 난 가롯 유다가 스승을 팔고, 똑똑하다는 도마가 부활을 의심하고, 동거 동숙하며 3년간 함께하던 제자들이 십자가 앞에서 다 도망갔을 때도 그녀는 죽음과 부활을 옆에서 지킨 영적으로 변화된 제자 중의 참 제자였다. 그러나 막달라 마리아 그녀의 말년은 천상의 여인이 된 성모 마리아와는 대조적인 삶이었다.

성모 마리아가 하느님의 소명에 순종한 여인이라면, 막달라 마리아는 예수의 사랑으로 참회한 여인이다. '순종'한 여인보다 '참회'한 여인이 더 인간적으로 느껴진다. 오늘날 종교가 그러한 양심의 카타르시스 역할을, 즉 참회의 감동을 주지 못하고 있다. 아니 뉴스를 보면 오히려 정반대의 모습을 보여주고 있다. 그래서 '자발적 대의제 휴머니즘'에서 '대의제'가 불신당하고 있는 것이다. 단테가 베아트리체를 만난 것이 르네상스에서 휴머니즘의 태동이라면 종교적인·인간적인 관계가 균형을 이루며 녹아 있는 예수와 막달라 마리아의 관계는 휴머니즘의 완성인 생태-휴머니즘의 영원한 모델이 아닐까. 그러니 공감, 선행, 사랑이 오가는 뉴스를 위해 종교를 믿는 가정에서부터 휴머니즘의 온도를 올리는 노력을 했으면 좋겠다. 정신적인 영양제로. 기독교를 믿는 가정에서는 가정예배를, 불교 신도들은 108배를, 가톨릭에서는 본명 닮기 운동을, 믿지 않는 집에서는 명상 시간을 갖는다면 세상은 조금 나아지지 않을까.

5) 성모상, 이콘

박해받던 기독교가 국교가 된 이후, 로마제국의 여러 지역에서는 예수와 성모 마리아를 중심으로 해서 성인 숭배가 시작되었다. 성모로서 그녀에 대한 조형적인 표현이 본격적으로 이루어지게 된 것이다. 전설이든 역사든 성모가 성상으로 나타나기 시작한 것이 5세기라는 점에서는 공통된다. 성상인 영어 아이콘(Icon)은 '하느님의 형상'(창세기 1장 27절)이란 뜻으로 그리스어 이-콘(E-Icon)에서 나왔다. 신성의 반영이다. 따라서 우리의 생각을 뛰어넘는 엄청나게 깊고 풍부한 영성의 샘을 신앙으로 담고 있다. 서양에서 미술사학의 아인슈타인이라 불리는 파노프스키도 성화를 "감상자를 창조자의 무한성에 침잠하게 만드는 그림"이라 했다. 그러므로 신앙의 상징인 '이콘'은 하느님과 인간 간의 친밀성을 도와주며 하느님의 신비를 명상하도록 이끌어 주는 하느님과 인간 사이의 끈이라 할 수 있다. 그래서 첫 성모의 이콘 이름이 '호데게트리아'(Hodegetria), 즉 '(하느님께로 이끄는) 길의 인도자'였다.

구약시대의 하느님은 보이지 않는 분이었다. 따라서 우리 인간으로서는 파악할 수 없는 분이었다. 그런데 신약시대가 되면서 하느님은 아들 예수를 통해 '당신의 뜻'을 분명히 드러내셨다(히브리서 1장 2절). 이로써 하느님이 인간의 삶 속에 역사하게 되었다. 예수 승천 후, 처음 1세기 동안은 어떤 형상도 없었다. 불교에서도 부처가 열반한 이후 얼마 동안 무불상 시대였던 것처럼 무성상 시대였다. 대신에 불교에서 보리수, 사슴, 대좌, 발자국 등으로 나타낸 상징처럼, 기독교에서도 예수를 상징하는 어린양, 물고기, 십자가, 종려나무, 착한 목자 등의 그림들이 카타콤에서부터 나타나기 시작했다. 그러나 국교로 인정받은 이후 4세기경부터는 경배의 대상으로써 보다는 문맹자들에 대한 교육 기능이 강조되었다. 그러면서 예수상 및 성모상이 5~6세기경부터 본격적으로 나타났다.

한편, 교회가 형성된 이후에는 (기독교가 국교로 인정받기 전 박해 속에서 유행하게 된) 이 같은 그림 숭배 풍조가 금지되기를 원했다. 신앙심은 오로지 삼위일체 및 성인들에 대한 것이지 그림이 신앙의 대상이 될 수는 없다는 이유에서였다. 그럼에도 불구하고 교황 중 교황이라 존경받는 그레고리우스(590~604)는 그림이 가치가 있다고 생각했다. 그도 그림에 대한 신앙적인 숭배는 엄단했지만, 성화가 지닌 강한 교육적인 효과는 인정하지 않을 수가 없었던 모양이다. 그리하여 교황은 마침내 처음으로 그림을 교육적인 차원에서 성경과 동등한 위치로 올려놓았다. 당대 일반 신자 거의 모두가 문맹자였던 상황에서 그들에게 성경 내용을 일깨우기에는 이보다 더 좋은 방편은 없었던 것이다.

그러면서 예수의 보조자에 불과했던 성모의 이미지가 어느덧 하느님과 인간 사이의 중보자 신앙으로 바뀌어 갔다. 성모 마리아가 하느님 앞에서 일반 교인을 대변하는 역할을 한다고, 즉 교인들이 다른 사람도 아닌 예수의 어머니에게 예배드리니 성모가 교인들을 위한 변호를 아들 예수에게, 예수는 아들된 도리로 들어주지 않을 수 없을 것으로 교인들은 기대했기 때문이다. 혈연, 지연, 학연이 그때에도(?). 아니 그보다는 신연(信緣)이 더 막강했던 모양이다. 천년왕국이 강조되던 11~12세기에 들어 연옥이 만들어지면서부터는 교리 해석도 아예 그녀에게 맞춰지기 시작하더니 13세기에 이르러서는 전성기로 신앙의 여왕이 되었다. 은총의 마리아로 찬양받는 독자적인 신앙의 대상이 되어 간 것이다. 독자적인 신앙을 갖게 된 관음보살처럼 말이다.

6) 뒷얘기

이렇게 불교의 관음상과 기독교의 성모상은 각각 신도들에게 최고의 인기를 얻어 각 종교의 신앙 대상에서 꽃 중의 꽃으로 보여주고 있다. 그러면서 두 종교는 우리나라에서 얼마 전부터 상생의 모습을 보이기 시작했다. 고무적인 현상이다. 그 가시적인 첫 모습은 고급 요정 대원각을 1995년 송광사에 시주해서 사찰이 된 서울 성북동 길상사(吉祥寺)에서부터다. 지금은 입적한 법정 스님이 주지로 개원하고, 선종한 김수환 추기경이 참석해 축하 강론을 했던 사찰이다. 그런데 이곳의 보살상도 성모 마리아의 분위기를 보여준다[도판 12]. 머리의 화만과 복장을 단순화시키고, 왼손의 정병을 아기 예수처럼 안고, 오른손엔 버들가지 대신 손을 들고 기원을 들어주려 눈을 감고 기도하는 듯한 모습에서다. 역사적으로 평가받게 될 것이다. 시주한 여인은 백석 시인과 못 이룬 로맨스를 갖고 있었다고 하니, 그 한을 비원한 것으로도 느껴진다. 의상 법사를 짝사랑하여 부석사를 창건하게 만든 선묘 낭자처럼 말이다.

도판 12 길상사의 보살. 정병을 아기 예수를 안듯 하여 성모 마리아를 연상시키는 분위기다. 그래서 불교와 기독교의 상생을 상징하는 듯하다.

이같이 이루지 못한, 아름다운 로맨스를 추억으로만 지닌 채 Let it be로 '세월을 약'으로 다스리며 살아가는 사람들이 많다. 이는 미투(#Mee-Too)와는 반대의 성격이다. 그런데 두 종교 다 그 한의 추억을 비원으로 받아주고 풀어주는 그 애통(愛痛)에 대한 신원(伸寃) 교리가 없다. 단지 사적 염불이나 골방 기도나 고해 성사 같은 개인적 차원의 카타르시스 정도다. 막달라 마리아처럼, 선묘 낭자처럼, 길상사를 시주한 여인처럼 일방적인 희정(犧呈)만 있을 뿐이다. 사람마다 아름다운 로맨스로서 꿈같았던 그 비원은 벙어리 냉가슴 앓듯 아련한 가슴 신앙으로 삭이면서 묻어야만 하는가? 그 한(恨)의 로맨스는 신앙으로 해소의 대상이 될 수 없는가? 아니, 어쩌면 그것이 더 인간적으로 세상을 따뜻하게 감싸는 시너지일지 모른다.

어떻게 쓰다 보니 성모상 등장의 의의보다는 막달라 마리아의 생태-휴머니즘을 더 변명하는 글이 되어버렸다. 나도 모르게 종교적인 중보자 성격보다 휴머니즘적인 인간미가 더 좋아서 그랬나 보다. 어쨌든 오늘날에는 그 한의 로맨스는 물론 페미니즘까지 품어 주는 관음과 성모의 새로운 역할이 필요하다.

2장

관음도와 성모상 도상의 상징

1. 관음도 도상의 상징

1) 백의관음의 수월관음화

관음보살에 대해 언급하고 있는 경전은 많다. 그중 대표가 되는『화엄경』「입법계품」은 선재동자가 53선지식을 찾아 온 세상을 순례하는 내용이다. 그 53선지식 중 관음보살은 28번째에 나온다. 그 28번째 순례 내용이 이 글의 주제다.

고려 말에 몽골(원)의 식민지 간섭이 시작되면서, 불교도 그 간섭에 따라 보수화되어 갔다. 적극적이고 혁신적인 결사적(結社的) 신앙운동 대신 친원적 회유 신앙인 예참적(禮懺的) 성격이 짙은 불교가 된 것이다. 그런 반민족적인 시기에 체원(體元, 13C 말?~14C 중반?)이 의상 법사 이래 강조되어 온 해동 신라의 이상적 백의관음 신앙을 민족적으로 계승하고자 했다. 체원은 당대 정치적 거인이며 『역옹패설』(櫟翁稗說)(1342)을 지은 이제현(1287~1367)의 형이 된다. 역옹이란 '별 볼 일 없는 늙은이'라는 뜻이고, 패설이란 '벼 속의 피처럼 쓸모없는 잡문'이라는 의미이다. "별 볼 일 없는 늙은이의 쓸모없는 잡문"이라 제목을 삼았으니 겸손 속에 촌철이 담긴 제목이다. 그래서 이 책은 오늘날도 역사와 문학에 귀중한 자료로서의 가치를 지니고 있다. 이제현은 원의 식민지 간섭을 뿌리치기 위해 반원 자주정책을 추진한 대표적인 인물이었다. 충숙왕 10년(1323)에 간신들이 '고려'라는 나라 이름까지 원의 고려 내정 간섭 기관인 정동행성(征東行省)으로 바꾸려는 책동에 반대하여 고려의 주권을 지킨 데서 알 수 있다. 같은 집안으로서 체원의 성향을 가늠하게 해준다.

『화엄경』「입법계품」에 나오는 보타락가산을 광명산(光明山) 또는 소백화(小白華)라고도 한다. 이곳에 흰 옷(娑)을 입은 백의관음이 계시는 곳이라 하여 언급되는 것이다. 그렇게 보면 소백산(小白山)이란 명칭도 같은 의미로 붙여진 이름임을 알 수 있다. 그것은 오늘날 그곳에다 천태종을 일으킨 백화도장 구인사를 세운 것에서도 뒷받침된다. 그러니 밝은 지혜를 지닌 이들이 사는 정토가 소백산, 즉 보타락가산 '백화도장'이다.

화엄사상가이면서 동시에 관음신앙 선양자이기도 했던 의상 법사가 이곳 동해의 보타락가산 낙산사에서 썼다고 전해지는 261자로 된 "백화도장발원문"(白花道場發願文)도 마찬가지다. "관음보살이 중생을 위해 정수리에 아미타불을 모신 것처럼, 저도 통일된 신라 국토가 '백화도장'이 되게 하기 위해 백의관음보살 당신을 정수리에 모시겠습니다"하고 발원한 신앙고백이다. 의상 법사가 관음보살의 참모습을 친견하기 위해 간절하게 발원한 신앙고백이자 화엄사상과 정토신앙의 진수를 보여주는 내용이다. '낙산 설화'에서 보듯이 그 발원으로 백의관음을 홍련암 관음굴에서 친견해 훗날 신라 땅이 불국토 백화도장이 되게 초석을 놓은 것이다. 이는 이후 관음신앙을, 백의관음을 시작으로 해서 수월관음·해수관음으로 확산하면서 우리나라만의 보살로 주체화한 것으로 볼 수 있다.

의상 법사 당대에는 아직 생기지 않아 그가 쓴 이 발원문에 수월관음(水月觀音)이란 이름은 없어도 '수월장엄'(水月莊嚴)이란 용어는 나온다. 이것을 고려 후기 27대 충숙왕 대(1314년~)에서 28대 충혜왕 대(~1344년)에 활약한 화엄승 체원이 충숙왕 15년(1328) 해인사에서 요점만 뽑아 재정리한 내용이 "백화도장발원문" 약해(略解)다. 여기에 '수월장엄'에 대해 다음과 같이 해설하고 있다.

> 一切衆生危苦之時 至心稱觀世音名者 大聖觀其音聲 而以種種相好 普應一切猶如月輪普現衆水 故云水月莊嚴 故經云 菩薩淸凉月 衆生心水淨等也 [주 10]

> 모든 중생이 위험한 고난에 처했을 때 마음을 다하여 관세음을 부르면 대성(大聖=관세음보살)이 그 음성을 살피고 다양한 모습으로 모두에게 응해 주심이 달이 마치 물마다 (월인천강처럼) 두루 두루 나타나는 것과 같다 하여 수월장엄(水月莊嚴)이라 한다. 그러므로 경전에서 보살은 맑고 서슬한 달이요 중생심은 깨끗한 물과 같다고 이른다.

수월관음이 한창 성행하던 고려 말에 살았던 체원은 이 글("백화도장발원문" 약해)에서 '수월장엄'을 달이 물이 있는 곳마다 하얗게 '월인천강'으로 나타나는 물속의 달(水月)로 설명하고 있다. 신라 땅에 흐르는 물(중생심)마다 보살이 달처럼 나타나 나라가 근심이 없기를 비원하고 쓴 의상 법사의 '백의'관음에 대한 수월적 찬양 노래를, 체원은 이후 주방에서 시작된 '수월' 관음이란 명칭에다 시적 감정으로 재해석하고 있는 것이다. 이는 수월관음이 불행을 방지하고 희망을 보여주는 역할에서도 째째한 보살이 아니라 스케일이 큰 대보살이라는 뜻이다. 어느 한 중생이 아니라 모든 중생이 온 나라 각 처에서 부르더라도 부르는 곳곳마다 밤하늘의 별처럼 어디에서나 동등하게 물속의 달(水月)로 고요하게 나타나 마음을 감싸 안으며 구제해 준다고 주방 이후 대각국사에서 보듯, 이미 믿었으니까. 체원이 해설을 그렇게 시적으로 해서 그런지는 몰라도 수월관음이 아직 창안되지 않았을 때 의상 법사에 의해 쓰인 "백화도장발원문"에 이미 수월관음이 잠재적으로 들어있는 듯한 느낌이다.

그래서 백의관음 속에 수월관음이, 수월관음 속에 해수관음이 연기화생으로 바뀌면서 영기화생이 되어 이어져 오는가 보다. 사실 백의·수월·해수관음에서 교리적·신앙적·외모적 차이는 크게 없다. 남해관음·자죽관음으로도 불렸다고 한다. 아무튼 명칭이 다양하게 불렸다는 것은 그 명칭에 대한 교리적 구속력이 약하다는 것을, 반면에 그만큼의 폭넓은 대중성을 반증하는 것이기도 하다. 잔잔한 연못이나 강물마다 선명하고 아름답게 비친 달님의 모습을 '수월장엄'이라 표현한 것은 차분한 시적 신앙심을 보여주는 것이다. 관음보살을 중생의 마음을 상징하는 깨끗한 물마다 맑디맑은 달님이 드러나는 장엄(莊嚴)으로 해서 '수월'(水月)이란 시적 용어로 알리니, 수월관음은 관음보살에서 한 단계 더 특화된 보살이 되겠다. 그래서 당나라 시인 백거이도, 의천 스님도 시로 칭송한 모양이다.

베토벤의 피아노 소나타 14번을 당시 시인이자 음악 평론가 랠 슈탑은 "스위스 루체른 호반에 아름답게 비친 달빛을 보는 듯하다"라고 평했다. 그 이후 〈월광 소나타〉라고 부르게 되었는데, 이를 봐서 '호반에 비친 달'에 대한 시적 영성은 종교가 다른 동서양에서도 마찬가지임을 알 수 있다. 이렇게 물에 비친 달그림자(진리의 화신)가 수월이 되어 하늘에 뜬 달(진리 본체)과 같이 있으므로 궁극적인 깨달음이란 삶 너머 본체가 계시는 서방정토에만 있는 것이 아니라 삶을 사는 '이곳'에도 응신으로 존재하고 있다는 의미다. 이는 베로니카의 손수건에 신이한 축복이 예수의 얼굴로 깃든 것처럼, 연못이나 강물에 담긴 달님이 신이한 수월관음으로 치환되는 영성적인 의미를 시적 신앙으로 나타낸 것이다. 오늘날 정월 대보름에 시행하는 축제도 어쩌면 이 신앙의 문화적 잔존이라고 보게 된다.

그 치환되는 영성적인 시적 상징을 보살의 옷에 그려진 6각형의 무늬를 상징으로 해서 알리고 있다. 그 육각 무늬는 수월의 의미에 맞게 육각수의 물

도판 13 다이토쿠지(大德寺) 소장 〈수월관음도〉에서 치마 부분. 치마에 귀갑문 같은 6각 무늬가 그려져 있다.

구조를 상징한다. 그것은 눈(雪)의 다양한 6각형 결정체를 통해서 알 수 있고, 과학적으로 분석한 물 분자에서도 증명된다. 자연의 물속에 6각형의 분자구조를 갖고 있는 미네랄 성분에서다[주 11]. 그래서 물에서 연꽃이 피고 보살로 변하는 것을 우연의 일치인지는 몰라도 이 그림에서도 6각형 무늬로 뒷받침하고 있다[도판 13]. 따라서 수월관음의 옷에 걸맞은 디자인이다. 그러므로 6각형에서 연꽃이 피어나는 것은 연기화생(緣起化生)이고, 연이어 수월관음으로 불성화되는 것은 영기화생(靈氣化生)이다. '영험스러운 기운이 생성된다'는 이 의미는 선의 업그레이드를 통한 시너지 현상을, 곧 여러 영기들끼리 협동하여 선을 확산시키는 종교적 신드롬이다.

2) 수월관음의 성육신화

이 같은 신드롬은 수월관음에서 '수월'이란 색즉시공(色卽是空), 즉 있는 듯 없는 듯한 공성(空性)을 나타낸다. 곧 지성으로 기원하는 사람에게는 감천하여 물속 달로 없는 듯이 나타나 특별한 관심을 갖는다는 의미다. 그리고 '관음'이란, 보살의 모성애적 능력을 통해 세상의 어떠한 어려움도 전화위복이 되게 도와준다는 대자대비를 개념적으로 나타내는 것이 된다. 그러니 수월관음이란 불교적 성격의 성육신이다. 간절히 기원하는 사람에게 특별히 관심을 갖는 모성애적 능력이라면 못해 줄 게 없다. 업보에 따라 고난에 처한 중생이라면 물가에서 진심으로 보살을 찾으라. 그러면 생명의 근원인 물속에서 달님이 연기화생과 영기화생에 따른 수월관음으로 신령하게 성육신으로 없는 듯이 나타나 모든 업보를 해결해 주신다는 것. 산신령이 물에 빠진 도끼를 찾는 나무꾼에게 물속에서 나타나 "이 금도끼가 네 것이냐?"했던 동화에서처럼 말이다.

수월관음에서 이 같은 신앙은 일본의 단잔진자(談山神社)에 소장된 〈고려 수월관음도〉에서 알 수 있다[도판 35]. 그림의 (향)우측 하단에 예불자가 당하는 7가지 제난의 그림이 있고[도판 36], 그 맞은 편 하단에는 예불자로 투영된 선재동자가 예불자가 그 난에 빠지지 않게 해 달라고, 또는 빠지면 구원해 달라고 기원하는 그림에서다[도판 37]. 『법화경』권 제8「관세음보살보문품」에 등장하는 다양한 업보, 즉 칠난구제(七難救濟)의 설화 내용인데, 그림의 수준이 보살과 비교하면 낙서처럼 치졸하다. 이는 사람이 어떤 지난한 어려움을 만났을지라도 "나무 아미타불 관세음보살~"을 불러라. 그러면 낙서 같은 저차원의 고통에서 아주 쉽게 벗어나게 된다는 것을 자신감으로 묘사한 것이다.

"중생이 우러나는 신심으로 나 아미타불을 10번이나 불러도 중생이 서방정토에 갈 수 없다면 나는 차라리 부처가 되지 않겠다"는 서원이 아미타불의 본원이라고 하지 않는가. 중생 구원에 자신의 존재를 걸고 있는 것이다. 따라서 염불하는 이유는 염불하는 나의 기원을 믿는 것이 아니라 염불 속에 든 칠난구제를 이루어주시는 아미타불의 그 대자대비의 본원을 믿는 것이다. 그러므로 성경에서도 (히브리서 11장 1절) "믿음은 우리가 바라는 것들을 보증해주고 볼 수 없는 것들을 확증해줍니다"라고 했다. 간단하게 얘기해서, "믿고 구하라, 찾으라, 두드리라" 그리하면 해결된다는 것이다. 부처나 예수의 위대성인 '무소부재 · 전지전능'을 믿으라는 것, 진정으로 믿으면 그렇게 된다는 '믿음'에 대한 강조다.

이처럼 희망을 줄 수 있다는 자신감과 받을 수 있다는 기대감이 서로 같은 코드로 끈끈하게 연결된 신앙 관계도 보기 드물다. 그래서 당대 국난의 시기에 거국적으로 수월관음도가 지극한 정성 속에 화려 · 수려 · 미려한 수준으로 성행할 수 있었다. 나라 이름을 고려에서 원의 행정기관인 정동행성으로 바꾸려고 의도했던 그 매국적인 시도를 강력하게 반대한 이제현과 같은 흐름임을 알 수 있다. 즉 동생은 정치적으로, 체원 자신은 종교적으로 민족적 기치를 내세운 것. 원의 식민지 간섭기였던 당대 '예참' 성향의 불교에서 '결사' 중심의 독립 지향적인 불교가 월인천강되기를 기원했다는 생각이다. 신라 불교를 해동의 이상향으로 이끈 의상 법사의 발원문을 체원이 약해로 해 고려의 민족적인 불교로 새롭게 계승하면서다. 그런데 그것은 충렬왕의 묘련사에서 그 정점을 이룬다.

이 신앙의 역사와 전통을 배제하고 오직 소헌왕후의 명복을 빌기 위해 편찬한 책이 있다. 조선 시대 아버지 세종의 명을 받아 수양대군에 의해 만들어진 『석보상절』이다. 아이러니하게도 여기에 세종이 지은 『월인천강지곡』(月印千江之曲), 즉 '물마다 나타난 관음보살에 대한 찬양 노래'가 있다. 불교를 결정적으로 무력화시킨 세종도 사랑한 왕비의 명복은 유교보다는 불교에 의지한 것이다. '낙산 설화' 이래, 물마다 월인천강으로 나타난 관음보살의 이 같은 마하살로서의 전국적인 능력을 인정하였기에 왕의 어진에서도 불보살의 그 위대한 능력을 차용하였다. 왕조시대의 왕들은 조종의 위엄을 칭송하고 덕을 사모하면서 선왕들의 유훈을 치세의 근본으로 삼은 것이다. (그런데 세상에, 오늘날도 그런 나라가 북쪽에 있지 않은가!)

그래서 고려 시대에는 궁궐 안에 경령전(景靈殿)을 설치하고 선왕의 어진과 신위를 5조(祖)씩 순환식으로 봉안했고, 조선 시대에는 전주의 경기전(慶基殿)에서 보듯이 나라 전체를 상징하는 여섯 지역(서울 · 평양 · 개성 · 경주 · 영흥 · 전주)에는 건물의 차원을 넘어 작은 궁궐 수준으로까지 건축했다. 특히 조선 시대의 어진은 그리움과 추억의 대상이 될 때는 산 사람이 되고, 환란을 극복할 수 있는 힘이 필요할 때는 신이 된다. 따라서 어진 속의 선왕은 신인가 하면 인간이고, 인간인가 하면 신인 것이다. 그래서 왕들은 어진 속의 선왕을 자신의 권위를 뒷바라지하면서 신인동체로서 현실정치에 심리적인 성육신으로 당연히 관여하는 것으로 여긴 것이다. 이 같은 현상은 기독교에서도 마찬가지다. 그래서 로마의 신 아폴로 같은 예수상은 물론 성모 마리아의 초기 그림도 황후의 초상처럼 〈옥좌의 성모〉[도판 14] 또는 〈마에스타〉[도판 94, 96] 같은 도상이 되어 현존과 권위를 나타내는 모습이었다.

놀라운 상상력으로 순수한 신앙심으로 "지성이면 감천"이라는 수월관음 신앙을 시적 영감으로 창안한 것이다. 사실 물속에 비친 달(희망)은 손(현실)으로는 영원히 잡을 수 없지만, 마음(미래)으로는 잡을 수 있다고 기대하는 것, 그 '내일모레 동동'이 바로 신앙이고 종교의 속성이 아닐까. 사실 얼마 전까지 우리의 어머니들이 달이 뜬 새벽녘에 정화수 한 그릇을 원당으로 삼은 장독대 위에 떠다 놓고 빌던 모습이 전형적인 사적 신앙으로서 이 수월관음 신앙의 원천이자 마지막 잔존이었다고 생각한다.

'달하 노피곰 도다샤 어긔야 머리곰 비취오시라' 어긔야 어강됴리 아으 다롱디리…

현존하는 백제가요 〈정읍사〉의 첫 소절이다. 언제 읽어도 내용뿐만 아니라 어휘 선택까지도 아름답고 멋진 시다. 앞말을 쉽게 풀이하면, "달님이시여 높이 높이 돋으시어 멀리멀리 밝게 밝게 비추어 주소서"다. '어긔야'와 '아으'는 감탄사, '어강됴리'와 '다롱디리'는 그 뜻이 없는 흥겨운 음악적 선율을 위한 허사다. 이 〈정읍사〉는 우리나라에서 가장 오래된 시가 중의 하나다. 행상 나간 장돌뱅이 남편이 행여 잘못될까 오는 도중 날이 저물까, 애태우며 달을 보고 두 손 모아 빌며 노래하는 백제 아낙의 치성이 담긴 당대의 국민가요로 사랑의 아리아였음을 알 수 있다. 여기서 달은 남편의 귀갓길과 아내의 마중길의 어둠을 물리치는 광명의 상징이다. 두 손 모아 비는 아낙의 마음 앞에는 정화수가 놓여 있었음이 분명하다.

여기서 정화수는 동터오는 새벽이란 희망(선재동자의 친견)과 아낙네의 지극한 기원(제난구제)이 결합되면서 신앙 행위의 매개체로 승화된다. 그래서 어머니들이 자식의 무병 무탈과 성공을 기원할 때 장독대 위에 정화수 한 그릇을 놓았다. 희망과 정성, 믿음과 기원이 신앙의 에너지가 되어 하늘의 달을 수월관음으로 담기 위해서. 이젠 옛날얘기가 되어가지만 어쨌든 정화수 신앙이 사라져가는 것은 좀 아쉽다. 핵가족에다 아파트로 그리고 과학의 시대로 변해가니 그럴 수밖에. 더구나 MZ족, X족, 딩크족, 욜로족 등이 생겨나고, 무자식, 미혼보, 비혼모 등이 나타나면서 가족의 개념도 다양하게 변화되어 가는 추세이다 보니, 이 정화수 신앙을 페미니즘 문화행사로 집단화해 보면 어떨까. 설치미술 속에 행위예술 또는 이동예술로 해서 말이다. 여성의 날에.

어느 전직 대통령 생가에 가니 그 잔존이 전시되어 있었다. 장독대 위에 달 같은 하얀 사기그릇에 담긴 그 정화수는 그저 깨끗한 물이 아니다. 꼭두새벽에 떠 온, 지성이 가득 담긴 물이므로 누구의 때도 타지 않은 희망을 상징한다. 새벽녘 달맞이 꽃길을 조심스레 풀 이슬 밟으며 샘터에서 물을 길어 온 어머니들이 먼저 찬물에 몸과 마음을 깨끗이 씻고 아무도 모르게 장독 위에 정화수 한 그릇을 떠 놓고 두 손 모아 비나리 하는 모습은 세계 그 어디에 내놓아도 살아 있는 한 폭의 '또 다른' 성모상이다. 그러니 순수한 중생심을 상징하는 깨끗한 물마다 맑디맑은 달님이 관음으로 투영되어 나타나지 않을 수가 없다. 지성이면 감천, 아니 스스로 지성에 도달하면 감천에 취하게 되기 때문이다. 이렇게 비나리 하는 어머니의 모습은 위대한 모성애이며 종교적 성격을 지닌 중보심이 아닐 수 없다. 그 순간은 바로 가족들을 위해 인간화된 관음과 성모로서의 어머니다.

세상에서 가장 간소하지만, 그러나 정갈한 마음과 지극한 정성이 가장 맑고 밝게 담긴 것이 정화수다. 그러니 이 정화수 한 그릇이 화려하고 위엄 있는 대형교회나 금 단청한 법당보다 더 진정한 신앙의 매개체가 아닐까? 그리고 앞으로는 명상으로 내면을 찾는 새로운 플랫폼 신앙으로서 거듭나게 되지 않을까. 오늘날, 값비싼 화장품과 화려한 명품 옷으로 얼굴과 겉모습은 뻔지르르 아니 '뻰지리'하게 꾸미면서도 마음은 보이지 않는다고 무시하는 많은 사람처럼, 종교도 값비싼 화장품과 화려한 옷으로 얼굴과 겉모습만 대형 건물로 그럴듯하게 꾸미고 있지는 않은지 한 번쯤 생각해 볼 일이다. 노이무공(勞而無功)으로서 말이다.

2. 성모상 도상의 상징

1) 성모상의 도상적 특징

성모상의 시작은 성모가 주인공이 아니라 신의 아들 예수에서 인간의 아들 예수로의, 즉 성육신을 설명하기 위한 보조 도구로 그려졌다. 그 이유는 신의 아들인 예수가 인간의 모습으로 태어나고 성장했음을 증명하기 위해서는 인간 어머니의 자궁에서 태어나 품에 안겨 있는 모습이 가장 좋은 방법이었기 때문이다. 그러나 태어난 예수는 아기지만 신이기 때문에 어머니의 사랑을 받는 아기가 아니라 어머니의 품에는 안겼으나 신적인 위엄을 갖춘 모습이어야 했다. 그러므로 인간인 어머니로서의 모성애와 신인 예수의 위엄 사이에서 생겨나는 모순을 잘 조화시켜 그려야 했다. 즉, 아기 예수는 성인의 비례로 그려져 아이 어른과 같은 모습이어야 했다. 또한 전능하고 완전한 작은 하느님의 모습으로 나타내어야 했음은 물론이고.

그랬기에 성모는 아기 예수를 안은 채 의자에 앉기는 했지만, 그 형식은 신의 어머니로서 천상의 권좌에 황후처럼 위엄 있는 모습이어야 했다. 물론 아기 예수는 신이기 때문에 황후 같은 성모에게 떠받들려 공경받는 모습을 갖추어야 했음은 당연했고. 이때의 아기 예수는 오른팔을 들어 손가락을 그리스어에서 V자형으로 올린 승리자의 모습이고, 성모와 아기 예수가 앉아 있는 유난히 크고 화려한 옥좌는 천상의 예루살렘으로서의 교회를 상징했다[도판 14]. 그러나 여기서 성모의 도상은 예수를 낳은 도구적 의미로 그려진 것이지,

도판 14 〈옥좌에 앉은 성모상〉(1280년경). 제단화. 콘스탄티노플에서 그려진 것으로 추정한다. 성모는 하느님의 어머니를, 옥좌는 교회를 의미한다. 목판에 템페라. 작자 미상. 워싱턴국립미술관(멜론컬렉션) 소장

주인공으로 그려진 것이 아니다. 이 도구적 도상은 기독교 회화의 근간을 이룬 비잔틴의 동방정교 성모상 속 전통과 규칙에서 초지일관 유지된 기본적 성격이었다. 그래서 성모와 예수 두 사람 간의 종교적 존엄성과 위계성을 엄격한 형식으로 포맷시켰다.

그러면서 성인의 수도 날로 불어나 지역마다 숭배되는 성인에서 그 지역을 넘어서는 성인도 생겨났고, 역할도 다양하게 분화되었다. 그래서 저마다 놓인 사정에 따라, 생업에 따라 사람들을 위해 기도하고 탄원해주는 성인이 달랐다. 성인도 효험 따라 보살에서 33응신처럼 다양화되어 간 것이다. 자연히 기독교미술의 도상은 이 많은 성인과 그들에 얽힌 전설들을 반영하면서 매우 풍부해졌다. 그러면서 성상이 상징하는 것에 대한 재조명도 긍정적인 면과 함께, 부정적인 면도 나타나기 시작했다.

공의회(Councils)란 교회가 교리상 또는 윤리상 중대한 문제가 발생하면, 그 해결과 개혁을 위해 소집하던 회의였다. 니케아 공의회(325년)가 그 첫 번째였다. 성상에 대한 갈등은 칼케돈 공의회(451년)에서다. 그곳에서 "그리스도의 신성과 인성은 구분은 되나 분리되지는 않는다"는 원칙을 세우면서 시작되었다. 즉, 숭배는 오직 신에게만. 예수 그리스도는 신성(그리스도)과 인성(예수)

이란 이중 본성을 지닌 분이다. 그런데 그림은 인성만 나타낼 수 있을 뿐, 신성은 나타내지 못하므로 그리스도를 재현한 것으로 볼 수 없다는 것. 이콘, 즉 성화의 상징성에 대한 태클이 들어온 것이다. 이성 이면의 신성을, 육안 이면의 심안을, 표상 이면의 의상을 알지 못한 것이다.

2) '성상'에 대한 엎치락뒤치락

따라서 그림으로 그리스도를 표현하는 것은 성상(Icon)이 아니라 우상(Idol)이라는 것, 이단으로 간주한 것이다. 이렇게 성상의 상징에 대한 갈등은 예수의 그림에서 시작되어 모든 성상으로 확대되었다. 691년에 개최된 트룰란 공의회까지만 해도 예수를 인간의 모습으로 묘사하는 것을 단순히 규제하는 선에 머물렀다. 이런 규제를 넘어 성상 파괴 운동으로 처음 나타난 것은 동로마제국, 즉 비잔틴 왕 레오 3세(717~741) 때였다. 726년경 에게해 연안에서 일어난 지진을 성상 사용에 대한 신의 분노 때문이라고 하면서다. 이슬람의 발전은 성상을 사용하지 않는 축복 속에서 번영을 이룬 것이라고 강조하면서. 그래서 이를 기회로 해, 절대적 군주가 되어야 하겠다는 야심으로 교회를 자신의 권위에 굴복시키기 위해 성상뿐만 아니라 성인의 유골까지도 없앨 것을 요구하였다. 이에 따라 레오 3세는 730년 성화상 파괴를 위한 칙령을 반포하였다. 이후 성상 숭배는 사탄의 행위요 우상숭배라고 선언하고 성상을 공경하는 자들을 파문하였다. 이에 대해 교황 그레고리우스 2세(715~731)는 강력히 항의를, 그의 후계자인 그레고리우스 3세(731~741)는 731년 로마에서 공의회를 소집하여 성상을 파괴한 자들을 반대로 파문하였다. 그러면서 성상 파괴에 대한 정치적·종교적 갈등이 증폭되어갔다.

그러다 레오 4세(775~780)가 사망한 후 그의 미망인인 이레네 황후가 어린 아들 콘스탄티누스 6세(780~797)의 섭정을 맡으면서 변화가 일어났다. 이콘의 부활을 공개적으로 천명하기 위해 787년 니케아에서 공의회를 소집하게 된다.

여기서 에페소스공회의(431)에서 붙인 성모의 명칭인 '테오토코스'를 공식으로 확립한다. 즉, 신을 잉태한 하느님의 어머니로 그리고 성상 사용도 다시 인가되었다. 성상은 그림 자체(表像)가 아니라 그림이 나타내고 있는 원래의 본상(意像)을, 즉 살아생전의 예수를 기린다는 점에서 정당하게 사용될 수 있었다.

그러나 레오 5세(813~820)는 815년 다시 성상 파괴를 명령하고 수많은 수도사를 해임·추방·처형하였다. 이 박해는 다음 왕인 미카엘 2세(820~829)와 테오필루스(829~842) 황제 때까지 계속되었다.

테오필루스 황제의 미망인인 테오도라가 어린 아들 미카엘 3세의 섭정을 맡으면서 843년 콘스탄티노플에서 개최된 공의회에서 다시금 인정하였다. 성상이냐 우상이냐, 100여 년 동안 성육신의 비(非)에서 엎치락뒤치락하다 성육신의 시(是)에서 그 시비가 해결된 것이다.

이콘을 공경하는 것은 이콘 자체의 이미지가 아니라 그 이미지 뒤에 있는(골로새서 1장 15절) 원형을 향하기 때문이다. 성상이 영적인 경험에 이르게 하는 중요한 수단으로 쓰인 것은 로마에서 국교가 된 이후에는 오랫동안의 전통이었다. 그래서 초기 기독교도 로마제국에서 그림을 통해 사방으로 유포되면서 널리 퍼져나갔다. 그 전통을 비잔틴 왕들은 무시한 것이다. 재미있는 것은 이콘 파괴는 왕들이, 인정은 섭정했던 왕대비들이 했다는 점이다. 우리나라 조선 500년의 역사에서도 억불정책은 왕들이 했지만, 숭불 신앙은 왕실 여인들, 특히 (대)왕대비들의 힘이 컸다. 동서양을 넘어 정치는 남자가, 종교는 여자가 크게 영향 미친 것을 알게 된다.

3) '성상'에 대한 합의

결론적으로 하느님의 모습을 그리지 않는 데에는 성상 반대파 쪽의 의견에 따라 합의를 보았다. 그 누구도 그분을 볼 수 없기에. 그러나 예수에 대해서는 성상 지지파들의 입장이 관철되었다. 그리스도가 성육신을 통해 인간 예수가 되었으므로 인간의 모습으로 묘사되어야 한다는 시(是)의 관점에서였다. 이에 따라 왕들이 우상이라 강변했던 다른 이콘에 대해서도 경배하게 되었다. 신에 대한 숭배는 예배(worship)이고, 이콘에 대한 존경은 경배(veneration)라고 그 성격과 등급을 구분하면서다. 이 공의회에서 이콘 사용에 대한 논거로 3가지가 제시되었다[주 12]. 우선 초대교회의 전통이 이콘 사용을 허락했다. 둘째, 예수의 인카네이션, 즉 육화 자체가 이콘의 사용을 정당화한다. 셋째, 이콘 사용은 신도들에게 신앙적으로, 교육적으로 효과가 있다는 것으로 정리하면서였다.

특히 성상 옹호론자들은 인간은 시각 경험을 통해 가장 강렬한 체험을 한다고 한다. 그래서 성상을 바라보는 그 자체만으로도 다른 무엇보다 신을 더 효과적으로 이해할 수 있다고 주장했다. 고전 라틴어 'Perspicuus'는 '시선에 (그림) 자신을 (관람자에게) 숨김없이 제시하는 것'을 뜻한다고 한다. 견(見)이 아니라 관(觀)으로 볼 때, 즉 육안으로 보는 것을 넘어 심안으로, 영안으로 보게 될 때, 보이지 않던 것이 개입되는 현상성을 나타낸다는 것이다. 곧 내가 보는 것에서 더 나아가 그림이 나에게 보여주는 것으로, 반전의 역설성이 나타난다고. 성상이란 시각을 통한 이해는 이렇게 현상성(懸象性)이기 때문에 지배자이든 피지배자이든 간에, 먹물이든 백지이든 간에 남녀노소를 넘어 모든 이들이 은사를 받을 수 있다는 것이다. 성상과 신 자체는 구분되나, 성상에 행하는 예배나 경배는 궁극적으로 신에게 전달되는 것이지 그림 자체에 머무는 것이 아니라고. 곧 성경을 통해서 신앙심이 고양되는 것은 종이가 아니라 거기에 쓰인 말씀에 의해서이며, 나무 십자가에서는 나무가 아니라 거기에 반영된 예수님의 대속을 명상하는 십자가와 마찬가지라고 하면서다. 골로새서 1장 15절에 따르면, "그(예수)는 보이지 아니하는 하느님의 형상"이다. 즉, 표상(見)의 예수에서 의상(觀)의 그리스도로. 그러니 성상 파괴를 주장하는 사람은 눈에 '보이는 것'만 보는 수준을, 성상 옹호를 주장하는 사람은 그림이 '보여주는 것'까지 이해하는 수준이 되겠다. 그러면서 성상은 시각 교리화를 통해 가장 강렬한 믿음을 갖게 한다는 분위기가 형성된 것이다.

이후 성모상은 중세 후기에 이르러서는 개별화·체계화와 함께 여러 유형으로 발전하면서 변모해 갔다. 즉, 길의 인도자이신 호데게트리아(Hodegetria) 성모상을 전형으로 해서 각 지역의 전설 신앙과 연결되면서다. 그래서 승리를 가져온다는 니코포이아(Nikopoia) 성모상으로, 애무라는 뜻으로 인간적인 친근함을 느끼게 하는 엘레우사(Eleousa) 성모상으로, 두 손을 하늘을 향해 벌리고 기도하는 블라케르니오티사(Blacherniotissa) 등등 관음보살의 다양한 응신처럼 성모상도 여러 유형으로 변모되어 갔다. 각각 다른 그 유형은 오늘날 각각 다른 역사적 변천을 지닌 유럽의 성당마다 봉안되어 있으니 그 변화된 상징을 감상해 보는 것도 의미가 있다. 이 같은 변모 과정은 8~9세기 성상 파괴 논쟁에 대한 승리 이후에 더욱 고조되었다. 신의 어머니에 대한 숭배가 유행되면서 개인적인 숭배를 넘어 시대적·교리적 상황이 다른 지역으로도 널리 그것도 집단적으로 확산되었기 때문이다.

전통적으로 가톨릭에서 성모 마리아는 (불교에서의 관음보살처럼) 어느 예배 대상보다 훨씬 더 많은 애정을 대중적으로 받고 있는 성인이다. 성모 마리아가 가지고 있는 모성 이미지는 중생에게 심판자로 재림할 권위와 위엄에 찬 예수보다 훨씬 자애롭고 친근한 존재로 생각했기 때문이다. 그래서 모든 기도는 그녀의 중보를 통해 하느님에게로 향했다. 이러한 성모 숭배가 보다 더 강화된 것은 레오나르도 다 빈치가 활동하던 15세기 후반, 그녀의 '무염시태' 교리가 새롭게 본격화되면서부터다.

4) 또다시 '성상' 파괴

16세기 종교개혁이 유럽에 퍼지면서 성상 파괴가 또다시 일어났다. 교황 바오로 3세는 그 어느 공의회보다 대규모 차원에서의 트리엔트 공의회(1545년)를 소집했다. 이는 1054년 서방 교회와 동방 교회가 갈라질 때보다 더 심각하고 충격적인 사건이었기에. 그곳에서 반종교개혁, 즉 친교황적 관점에서 모든 결정이 이루어지면서 가톨릭이 개신교와 갈라지는 포맷을 교리와 행정으로 확실하게 갖추게 된 것이다. 어쨌든 종교개혁을 시작한 것은 마르틴 루터(1483~1546)였으나, 이후 성상 파괴 운동에 불을 당긴 것은 카를슈타트(1486~1541)였다. 루터도 그림을 통해 신을 숭배하다 보면 그림과 그 그림이 상징하는 표상과 의상의 경계가 모호해져서, 결국에는 의상보다는 표상을 곧 그림 자체를 숭배하게 된다는 지적을 했다. 이미지는 사람들에게 실재를 왜곡하거나 거짓을 실제처럼 보이게 하는 착시성이 있기 때문이다. 그래서 사람들은 가끔 실재 세계와 이미지 세계가 모호해지면서 혼동하기도 한다. 오늘날은 그 같은 착시성을 이용함은 물론 한 단계 더 나아가 '없는' 또는 '아닌' 이야기까지도 팩트인 양 조작하여 사람들을 '가짜 뉴스'로 속이고 있다. 그런데 그 효과가 얼마나 있을까. 평소에, 비상시에, 선거 때마다 민심이 천심이 되어 진실이 밝혀지고 있으니.

카를슈타트는 1510년 루터가 근무했던 비텐베르크 대학에서 신학박사 학위를 받았으며 루터의 사상에 깊이 공감했다. 그러더니 그의 정책은 공감을 넘어 루터보다 훨씬 급진적이 되었다. 그래서 루터와는 끝내 의견 차이를 좁히지 못하여, 1522년에 들어 루터는 공개적으로 카를슈타트의 노선을 반대한 후 비텐베르크를 떠나자 그가 이곳에서 종교개혁운동의 주도권을 쥐기도 하였다. 그러나 카를슈타트도 루터의 후원자였던 프리드리히 3세의 영토인 작센에서 떠날 수밖에 없게 되어, 이후 스위스의 취리히와 바젤로 가게 된다. 이를 계기로 그의 반(反) 성상 사상은 츠빙글리(1484~1531)와 스위스의 재세례파에게 받아들여진다. 그러면서 성상 파괴는 개신교가 장악한 특히 독일어권과 네덜란드에서 전개되었다. 16세기 중반에 취리히에서 처음으로 성상 파괴 운동이 일어났다. 이런 급진적인 문화 테러적 반달리즘은 1566년 8월이 되자 우상숭배 말살이라는 구호 아래 네덜란드 전역으로 퍼져갔다. [도판 15]처럼. 이후 개신교 지역에서는 교회 안에 제단화를 설치하지 않았다. 이때부터 벽에 아무런 장식이 없는 '흰 벽 혁명'이 이루어지게 된 것이다. 그 역사적인 전통은 오늘날도 이어지고 있다. 그래서 신교에서는 교회에 성화가 없다. 세계 개신교에서 가장 정통성을 주장하고 보수성을 강하게 지키면서 업(up)시킨 나라가 네덜란드다. 그것은 얼마 전까지 남아프리카공화국에 존재했던 '아파르트헤이트'에서 이해할 수 있다.

반면, 가톨릭에서는 신앙교육의 전통적 상징이던 그림을 적극적으로 독려하여 종교개혁의 충격에서 벗어나 새롭게 도약할 수 있었다. 성당에 들어서면 성인들의 구원을 향한 능력의 발산이 그림이나 조각으로, 특히 제단화, 스테

도판 15 네덜란드 앤트워프 성모 대성당의 성화를 파괴하는 신교도의 모습(1566년 8월 20일). 프란스 호헨베르흐의 동판화. 프로테스탄트의 성상에 대한 파괴 수준을 알려준다. 1588년경. 27.6×18.6cm. 런던 대영박물관 소장

인드글라스, 천장화로 장대하게 펼쳐진다. 그 화려함과 생동감 넘치는 바로크 미술에서의 극적인 감정 표현이 오늘날 선망과 흥미가 종합된 드라마나 영화 같은 역할로 당대 신도들의 신앙을 업(up) 시켰기에([도판 85, 95, 189] 참조).

5) 그림은 영성적 테라피

사실 교회를 그림으로 장식하는 것은 교회의 몸인 예수의 성격(聖格)에 맞게 치장하는 것이다. 그것을 뒷받침하는 내용이 신약성경에서도 다음과 같이 나온다.

> (3)그때에 마리아가 매우 값진 순 나르드 향유 한 근을 가지고 와서 예수의 발에 붓고 자기 머리털로 그 발을 닦아드렸다. 그러자 온 집 안에 향유 냄새가 가득찼다. (4)예수의 제자로서 장차 예수를 배반할 가리옷 사람 유다가 (5)"이 향유를 팔았다면 삼백 데나리온은 받았을 것이고 그 돈을 가난한 사람들에게 나누어 줄 수 있었을 터인데, 이게 무슨 짓인가?" 하고 투덜거렸다. … (7) 예수께서는 이렇게 말씀하셨다. "이것은 내 장례일을 위하여 하는 일이니 이 여자의 일에 참견하지 말라. (8)가난한 사람들은 언제나 너희와 함께 있겠지만 나는 언제나 함께 있지는 않을 것이다"(요한복음 12장 3-8절).

막달라 마리아의 예수님에 대한 지극한 공경, 믿음, 사랑의 나(르)드 향유 단장이 그림을 통해 예수님을 상징하는 교회 치장의 싹이 된 것. 이는 모든 기독교인의 신앙을 상징하는 것이기도 하다. 그래서 그 치장은 장식을 넘어 신앙의 원천이 되어야 하며 〈암굴의 성모〉처럼 신성한 것으로 나아가게 하는 은총의 수단이 되어야 한다.

성경에 나오는 김에, 믿거나 말거나 한마디. 가롯 유다는 향유값이 300데나리온이라며 투덜거리면서 아까워했다. 당시 이 돈은 로마 병사 1년 치 봉급이었다고 한다. 징병제인 우리나라 군 제도에서 병장 수준으로 계산해도

2021년 월 608,500원×12=7,302,000원이다.

그리고 성인은 죽어도 살아있는 자들을 위하여 기도하고 탄원할 수 있다고도 생각했다. 그 내용은 다음의 성경 구절에 나타난다.

> (23)부자가 죽음의 세계에서 고통을 받다가 눈을 들어 보니 멀리 떨어진 곳에서 아브라함이 라자로를 품에 안고 있었다. (24)그래서 그는 소리를 질러 "아브라함 할아버지, 저를 불쌍히 보시고 라자로를 보내어 그 손가락으로 물을 찍어 제 혀를 축이게 해주십시오. 저는 이 불꽃 속에서 심히 고통을 받고 있습니다"(누가복음 16장 23-24절).

그래서 예수뿐만 아니라 성인에 대한 그림과 조각까지도 교회에 장식되었다. 이렇게 성화는 당대 "낫 놓고 ㄱ자 모르는" 신도들을 가르칠 뿐만 아니라 스스로 깨닫게도 했다. 단순히 그림에 머무르는 것이 아니라 그것을 보는 이들로 하여금 기도하고 어떤 행동을 하도록 감동시키고 자극하기 때문이다.

오늘날 종교미술은 단순한 시각적 신앙을 넘어 그 심리적 기능에 주목하여야 한다. 우상으로 보기보다는 영성에 도달하기 위한 테라피(therapy), 즉 치료기능으로 이해해야.

> 수천 개의 말로도 내 진짜 감정 하나를 붙잡지 못할 때가 있다. 하지만 그림은 말이 아니라 '느낌'으로 다가선다. 그러므로 그림 앞에 서면 사람들은 내면이 그 어느 때보다 솔직하게 드러나게 되는 이유다. 결과적으로 그림은 스트레스를 풀어 주고 트라우마를 치료해 줘서 마음을 편안하게 해 준다. 이는 그림을 감상하는 사람들의 달라진 뇌파로도 확인된다.

미술 치료에 대해 김선현은 그의 책 『그림의 힘(1)』 머리말 중에서 위와 같이 설명했다. [도판 16]에 대해서는 같은 책(68~71쪽)에서 다음과 같이 설명한다.

도판 16 폴 고갱의 〈기도하는 브르타뉴의 여인〉(1894). 캔버스에 유채. 65.3×46.7cm

여인이 기도를 하고 있습니다. 뒤의 배경이 어두운 단색이 아니고 세속의 사물들로 둘러싸여 있어, 무언가 큰일을 앞두고 기원하는 모습으로 보입니다. 하지만 극도의 긴장감보다는 편안함이 느껴집니다.

여기엔 우선 '노랑'의 힘이 눈에 띕니다. 우리가 자연에서 언제 노랑을 보나요? 여물은 곡식과 빛나는 태양의 고유색이 바로 노랑입니다. 곡식이 수확의 기쁨을 주고 태양이 무한한 에너지를 발하는 것처럼, 노랑은 항상 밝음의 본성을 내포하는 색입니다. 실수할까 봐 두려운 마음들, 부정적인 생각들을 몰아내고 밝고 긍정적인 사고를 하도록 돕지요. 그동안 수많은 화가들이 희망의 상징물에 노란색을 넣어왔고 그 때문에 노랑의 힘은 알게 모르게 우리의 경험에 축적돼 온 측면도 있습니다.

고갱이 여인에게 입힌 옷은 또 어떤가요. 화면을 꽉 채울 만큼 품이 넉넉하고 풍만합니다. 옷의 질감도 따뜻한 벨벳처럼 느껴져 그 보드라운 품에 안기고 싶은 생각이 듭니다. 이처럼 색채나 질감 등 시각에 들어오는 요소는 심신 전체의 이완에 영향을 미칩니다. 중요한 미팅, 면접, 또는 시험을 앞두고 쉽게 긴장을 하는 사람이라면 이 그림에 편안히 마음을 내려놓기 바랍니다.

사물이 아름답다고 평가할 때는 뇌 전두엽 중에서도 보상계인 눈 뒤의 내측안와 전두엽이 활성화되는 것이 관찰된다. 보상계란 도파민, 엔돌핀 같은 신경전달 물질을 통해 희망과 행복을 느끼는 뇌의 영역이다. 시각으로 인지된 그림이 사람의 감정이나 심리상태를 좌우하는 뇌에도 영향을 미쳐 행복감을 불러일으킨다는 얘기다.

6) 음악도 영성적 테라피

중세에 교회에서 악기는 사악한 기운을 부른다고 여겨 사람의 목소리로만 찬양했다. 그것이 아카펠라다. 그 부르는 찬양대를 당시 교황인 그레고리우스의 이름을 따서 그레고리안 성가대라 했다. 성당도 설계하면서 돌로 천장을 첨두아치로 높게, 장축형으로 길게 지어 건물 전체가 훌륭한 울림통 역할을 했다. 동굴에서 외치면 울리듯이 탁월한 음향효과를 만들어낸 것, 성능 좋은 스피커였다. 그래서 소리가 퍼져 천장에 닿아 반향해 울릴 때까지 기다리며 한 소절씩 부름에 따라 그레고리안 성가는 천상의 노래처럼 깊은 공명과 엄숙함을 지닌 신비스러운 찬양이 되었다. 다만 아쉬운 점은 일반 대중은 라틴어로 부르는 그 성가대의 합창 내용을 이해할 수 없었다. 그래서 더 신비하게 여기기는 했지만.

가톨릭과 달리, 종교개혁 지지자들은 예배드리는 사람 모두가 함께 이해하고 함께 찬양하기를 원했다. 그래서 그들의 찬송은 부르기 어려운 그레고리안 성가 대신 당대의 인기 있는 노래나 민요 가락에다 가사를 바꾼 콘트라팍툼(contrafactum), 즉 노래가사 바꿔부르기다. 이를 줄여서 노가바 라고한다. 그림에 대해서는 부정적이었지만, 음악에 대해서는 개방화·대중화·노가바를 전폭적으로 실시했다. 파격 그 자체였다. 마르틴 루터도 음악이 복음 다음으로 신앙심을 고취시킨다고 했다. 그래서 사람이라면 누구나 '만인사제'라는 관점에서 함께 부르는 찬송을 위해 아예 코랄이라는 합창곡도 새로 만들어 30여 곡을 작사·작곡까지 했다. 그레고리안 성가를 넘어 오늘날 서양음악의 대중화를 위한 기반까지 닦은 것이다. 그래서 그를 종교개혁의 주인공으로서는 물론 복음찬송의 아버지라 부르기도. 이후 그레고리안 성가의 멜로디에 새로운 가사를 붙인 코랄들이 대거 만들어졌다. 훗날 바흐는 이 코랄을 바탕으로 하여 300여 곡의 칸타타를 만들고 수난곡도 작곡하였다. 그래서 하느님의 말씀을 대중이 함께 듣고 함께 찬미할 수 있었다.

우리나라에서도 기독교가 들어오던 초기에는 유명한 멜로디에 노(래) 가(사) 바(꿔 부르기)로 찬송했다. 많지만 한 예를 들면, 영국의 민요 Amazing Grace(1779)의 멜로디에 가사를 붙인 〈나 같은 죄인 살리신〉(1900년)이란 찬송가 305장이다. 구한말 당시 강대국의 노래 힘까지 빌린 것이다. 그러면 그만큼 심리적으로 내가 믿는 종교에서 힘이 느껴지게 된다고 믿었기 때문이리라. 오늘에 이르러서는 마음에 안정을 취하거나 고양시키는 가곡, 민요, 대중가요도 종교적으로 개사하면 충분히 찬송가 자격이 있지 않을까. 아니 친근감이 없어도 세계화를 위한 의도에서 그렇게 부르는 곳도 있다.

놀랍게도 그 예 가운데 우리의 〈아리랑〉 멜로디가 1949년부터 Music Korean folk melody로 소개되면서 미국연합북장로교회에서 찬송가 228장으로 불리고 있다. 심지어 우리나라 애국가도 〈Christ, you are the fullness〉라는 제목으로 실렸다니, 세상이 그렇게 변해간다. 음악뿐만 아니라 이제는 일반 그림에서도 '테라피'라는 용어가 나오면서 전문화된 다양한 미술치료 기제로,

대체의학으로 발전하고 있다. 치료의 보편성을 인정받고 있는 것이다. 그러니 성화에서는 불설가지가 아니겠는가. 어쨌든 가톨릭은 교회를 그림으로 치장했고, 프로테스탄트는 음악으로 찬양했다. 이 같은 종교음악과 종교미술이 서양 예술문화의 뿌리가 되었음은 물론, 오늘날에는 대중문화로 널리 변화 발전하면서 세계화에도 바탕이 되고 있다.

7) 불교에서도 갈등이 있었다

그 대표적인 것이 앞에서 언급한 '회창 폐불 사건'. 이 사건은 당나라 무종(845년) 8월에 일방적으로 단행한 것인데, 도교와의 갈등 때문이었다. 원래 중국은 도교가 국교의 역할을 했다. 그 분위기에 불교가 들어왔다. 두 종교는 비슷하면서도 다른 교리를 지녔다. 그래서 인도에서 불교가 중국에 들어와 경전을 번역할 때 일부 애매한 형이상학적인 용어는 도교의 용어를 차용했다. 불교를 중국 사람들의 사상이나 생활 속에 활착시키기 위해서는 이미 알고 있는 도교의 용어를 차용하지 않으면 전파하기가 쉽지 않았기 때문이다. 이 같은 현상을 '격의'(格義)라고 하는데, 그 의미는 '(그 나라 문화 코드에) 맞추어 적응한다'는 의미다.

그 용어 차용의 예를 간단히 들면, 불교에서 공(空)은 도교에서의 무(無)를 빌려, 열반(涅槃)은 불사(不死)로 번역했다. 의미의 뉘앙스는 크게 다르지만, 개념은 비슷했기 때문이다. 그랬기 때문에 융합과 절충도 이루어졌지만, 당시 사람들에게 신앙의 혼란도 일으켰다. 그것은 이후 동방의 기독교라는 네스토리우스(경교)가 들어올 때도 그랬다. 그때는 불교의 용어를 차용했다. 기독교가 도교보다는 불교와 더 교리 시스템이 유사했기 때문이다. 어쨌든 측천무후(624~705)가 무주혁명(武周革命, 690~705)을 통해 중국에서 최초의 여제가 되면서 이 관계에서 갈등이 촉발되었다. 그녀는 나라 이름을 당(唐)에서 주(周)로 고치고, 혁명의 정통성을 위해 불교를 국교로 삼았다. 이 분위기에 불교에서는 왕실과 보조를 맞추면서 돈황석굴(96호)에서 보듯이 측천무후를 환생한 미륵불로, 용문석굴 봉선사동에서 보듯이 비로자나불까지도 측천무후로 조성해야부까지 한 것이다. 그러면서 불교의 융성과 사원의 증가로 승려들의 파워가 강해진 것.

무종(840~846)이 즉위한 후 주위에 친도교적 인물들이 포진하게 되었다. 그들은 현실에서 통치의 위협과 무주혁명 때 불교에 당한 수모를 잊을 수가 없었다. 그래서 당시 전국적으로 26만 명의 승려를 환속시켰고 4,600여 개소의 사찰을 폐찰시켰다. 오늘날로 얘기하면 모택동에 의한 '문화대혁명'에 버금가는 것이었다. 그런데 당시 무종의 연호가 회창(會昌)이어서 '회창 폐불 사건'(845)이라 부른다. 이처럼 불교에서 폐불 사건은 다른 종교와의 갈등에서 이루어진 것이라면, 기독교에서 성상 파괴 사건은 같은 종교 내에서 발생했다는 점이 다르다. 인카네이션(성육신)에 대한 개념이 이중적이기 때문이었다.

기독교와 유사한 성상 갈등의 예가 있기는 하다. 그러나 차원이 다르다.

『증일아함경』에 보면 석가 부처님 살아생전에 상미국의 유전왕과 코살라국의 파사익왕이 각기 전단목과 자마금을 사용하여 불상을 만들었다는 말이 나온다. 이에 대해 추사 김정희 선생은 "부처님이 자신의 모습을 나무와 금으로 만드는 일을 허락한 것은 곧 방편이라고 하면서, 중생은 눈에 부처님의 모습이 보여야 믿음이 강해지므로, 자신이 입멸한 뒤에도 불법을 퍼트리기 위해서는 불상이 필요하다고 생각한 것이다"라고 문경 소재 김넝사의 현판인 대성암 화악대사진영(華嶽大師眞影)에다 썼다.

그렇기 때문에 화악 스님의 진영을 그린 것도 스님의 선맥이 널리 이어지기 위해서는 진영이 필요한 것이라고 말한 것이다. 진영의 제작은 '이무애사무애'(理無礙事無礙), 즉 본체계와 현상계가 서로 충돌하지 않고 융합하는 세계다. 쉽게 말해서 화악 스님 자신은 본체계이고, 진영은 스님의 현상에 불과한 것이기는 하지만 법맥을 전하기 위한 방편이므로, 진영을 그렸다고 해서 이 둘이

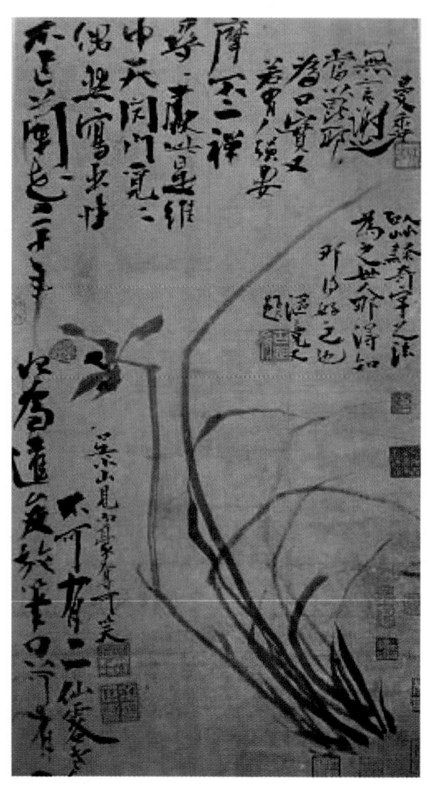

도판 17 추사 김정희의 〈불이선란도〉(不二禪蘭圖)(1844년). 개인 소장. 54.9×30.6cm. 유마 거사가 선을 침묵으로 나타낸 것처럼 추사도 같은 마음을 불이선란 그림으로 나타냈다.

서로 모순되는 것은 아니라는 지적이다.
추사 김정희 선생이 불교 이론에 얼마나 해박한지 이해할 수 있는 대목이다. 이 현판은 추사 선생이 쓴 유일본으로 지금 김천 직지사 성보 박물관에 보관되어 있다(신대현 지음, 『한국사찰 현판(2)』 298~300쪽 인용).

위의 인용 글은 불교를 믿지는 않았지만 관심이 많았던 추사 김정희(1786~1857)의 평이다. 그는 '상'(像)이란 하나의 '방편'인데 그걸 굳이 우상으로 보려는 것도 문제가 아니겠느냐고 하면서 마무리하였다. 불교인보다 더 예리하고 정확한 평을 대중의 눈높이로 보여 주었다. 백파 선사와의 논쟁에서 보듯 해동의 유마 거사로 칭송되었다니까, 또한 그의 대표적인 〈불이선란도〉란 그림에서도 알 수 있다[도판 17]. 오랫동안 외부와 문을 닫고 깊숙한 탐색 후 시공의 내면을 성중천(性中天)으로, 그래서 선(禪)과 난(蘭)이 둘이 아니라는 제목대로 추구한 작품이기에. 그것은 바람에 흔들리는 잎과 달리 휘지 않는 그 자신의 내면을 '불이선란'으로 나타낸 꽃대에서 상징한다. 유마 거사처럼 말이 없는 경지다. 위의 인용 글은 기독교의 성상 파괴사건, 즉 우상이냐 성상이냐를 따지는 차원을 넘어서 있다. 기독교에서 용서할 수 없는 성상 문제를 불교에서는 '이무애사무애', 즉 만물의 이치가 막힘과 걸림이 없는, 여기서는 표상과 의상의 융합으로 보기 때문이다. 어쨌든 가톨릭에서는 성상 문제를 표상과 의상이란 방편으로 해소하기는 했지만, 신교인 프로테스탄트에서는 아직도 프로테스탄트다.

또 다른 차원의 에피소드, 멋진 웃음을 주는 갈등 관계(?)가 있어 소개한다.

> 단하(739~824)는 당나라 고승으로, 그에 대한 '단하소불(丹霞燒佛)'은 유명한 고사다.
> 어느 겨울날 스님이 혜림사에 갔는데 날이 너무 추워 법당에 있는 목불을 도끼로 쪼개어 불을 지폈다. 절의 스님이 이를 몹시 나무라자 단하 스님은 막대기로 재를 뒤적이면서, "석가여래를 화장하여 수많은 사리가 나왔다기에 나도 이 부처님에게서 사리를 얻으려는 것이요" 하니, 절의 스님이 힐난하며, "목불에서 무슨 사리가 나온단 말이요?" 하였다. 그러자 단하는 "사리가 안 나올 바에야 나무토막이지 무슨 부처님이요?" 하였다고 한다(위와 같은 책, 300~301쪽에서 인용).

오늘날도 정치적인, 종교적인 이유로 폐불된 예가 많이 있다. 대표적인 장소가 유네스코문화유산에 등재된 '노천' 박물관이라 부르는 경주 남산이다. 폐불을 넘어 기가 막힌다. 이는 선가에서 "부처를 만나면 부처를 없애라"는 임제선사의 게송과 그 말을 실천한(?) '단하소불'의 에피소드와는 차원이 다르다. 방편으로, 테라피의 기능으로, 소통과 상생으로, 즉 생태적으로 보지 못한 부끄러운 폐불들이었기 때문이다. 사실 종교란 인(간)성의 정화를 위해서는 필수적이다. 그런데 '방편'이란 용어가 믿는 자와 안 믿는 자 간에서 그 접점에 위치한 용어로 느껴진다. 기독교는 예수님의 영성을, 불교는 부처님의 불성을 닮아가기를 원하는 사람들의 모임이다. 하지만 누구나 예수나 부처처럼 될 수 없다. 예수나 부처가 아니기 때문이다.

사람마다 지능 지수가 있듯이, 마찬가지로 영성 또는 불성에도 영성 지수,

불성 지수가 있다. 아니 인성 지수라는 용어가 피부에 더 와 닿는다. 예수와 부처의 인성 지수가 완벽한 100이라면, 일반 신자들도 그에 준하는 지수를 가지고 있다. 따라서 나는 나의 인성 지수를 활짝 꽃피우기 위해서 노력하면 된다. 그 방법이 예수를 믿는 자는 예수를 방편으로 해서, 불교를 믿는 자는 부처를 방편으로 해서 나 예수를, 나 부처를 신앙으로 다듬어 나가면 되는 것이다. 채송화는 가장 채송화답게, 해바라기는 가장 해바라기답게 꽃피면 되듯이 말이다. 단하 스님이 "목불을 만나 목불을 태운 것"은 그리고 선가에서 "부처를 만나면 부처를 죽이라"는 말로 전해 오는 것은 그런 의미를 대변한다. 부처의 불성을 방편으로 내 마음의 불성을 닦아야 한다는 의미다. 나는 나니까.

어느 종교이든 그 종교에서 교주의 존재 이유는 나의 인성 지수를 활짝 꽃피우기 위한 방편일 뿐이다. 그 예배자의 롤모델이 불교에서는 53선지식을 통해 깨달음을 얻은 선재동자 또는 유마 거사이고, 기독교에서는 "여자가 낳은 사람 중 그보다 큰 인물이 없다"는 세례요한이다. 그리고 현존에서는 자재자(自在者)로서의 '나'이고, 또 다른 "I am who I am"으로서의 '나'다. 모든 사람 각자의 마음이 '만인사제'이고, '만인불성'으로서의 '나'니까.

종교를 안 믿는 사람도 방편이란 수단을 통해 테라피의 기능으로, 소통과 상생으로 명시되지 않은 자기 종교를 자기도 모르게 믿고 있다고 할 수 있다. 그래서 종교도 사람 수만큼 있다. 인간은 불완전한 존재이므로 누구나 종교인이 될 수밖에 없는 것이다. 그래서 종교는 '자발적 대의제 휴머니즘'이다. 인간이 홀로라 느끼는 불안한 마음이 온 우주와 연결되어 있다는 생태적인 마음으로 안정될 때 종교와 나는 하나가 된다. 그것은 종교와 무관한 사람도 마찬가지다. 종교란 사람이 우주와 교감하는 원리이고, 인간과 인간 간에 상생을 위한 제도이니까.

8) 종교의 기원, 꿈과 신화

꿈과 신화들도 사람이 우주와 교감하고 인간 간에 상생을 염원한다는 것을 상징적 형태로 알리고 있다. 꿈과 신화는 인간으로서 우리가 경험하게 되는 내면의 정서적·영성적인 체험을 심오한 깊이와 극적인 드라마로 묘사해 주는 것이다. 꿈의 세계와 신화의 세계를 조사해보면 내면 깊은 곳에 우리 모두가 인간으로서 공유하고 있는 무의식의 유산이 드러나기 시작한다고 한다. 꿈과 신화는 우리가 삶의 의미를 발견하고 재생하는 노력 속에 살아있는 예들이기 때문이다. 그러므로 꿈과 신화는 우리가 개인으로나 집단으로나 발전해 온 문명에 대한 '무의식적인 원형들'(archetypes)을 드러낸다[주 13]. 푸코에 따르면 일종의 에피스테메, 즉 시대마다 어떤 사조나 경향을 형성하는 사회적 무의식 체계, 곧 인식의 조건이다. 이 '무의식적인 원형들'이 종교가 생겨나면서 지역마다 문화 차이에 따라 다양한 신이 되었고, 그 '내면 깊은 곳'이 종교의 세계가 된 것이라 보게 된다.

그러므로 꿈과 신화를 보다 의식적으로 만나면 다른 어떤 노력으로도 얻을 수 없는 창의적인 상상력과 자아실현에 이를 수 있다. 그 꿈과 신화에 대한 사람들의 집중적 관심이 의식적으로 나타난 것이 세계적으로는 알타미라 동굴 벽화[도판 213]와 라스코 동굴 벽화[도판 216]라고 그리고 우리나라에서는 반구대에 있는 대곡리 암각화[도판 217]와 천전리 암각화[도판 218]라고 보게 된다. 동굴 벽화와 암각화를 통해 우주와 관계하는 의식 가운데 먹거리가 해결되자 점차적으로 발전하며 단계화·유형화되면서 소원 풀이로 나타난 열매가 원시 무속 종교가 아닐까? 이후 떠돌이 생활에서 강 중심으로 정주 생활하면서 발전하여 나타난 정치적·경제적·사회적 구조에서 역동성으로 나타난 열매가 인류의 대표적인 (4대) 문명이고, 이즈음 단순한 소원 풀이에서 '구원시스템'을 갖추고 등장한 종교가 오늘날의 불교·기독교 같은 고급종교라고. 즉, 자연신에서 인격신으로의 변화다.

'노각성 ᄌ부줄'이란 제주 지역의 설화와 관련된 말이다. 영어로는 'The Road to the Sky'라고 한다[주 14]. 하늘로 통하는 길이다. [도판 18]에서 북두칠성으로 이어지는 하늘길은 아득히 먼 허공으로 뻗어 있으나 조그만 붉은 점으로 표시된 그곳이 어디인지는 분명하지 않다. 당시 제주도민 각자의 마음속에 있는 꿈이 아닐까? '노각성 ᄌ부줄'은 제주의 창세 신화에 나오는, 하늘과 땅 사이를 이어주는 줄이라고 한다. "하늘에서 내리넌 빛이 생명을 얻어 땅으로부터 감아 올라가 하늘 천지왕의 옥좌 오른쪽 모서리에 칭칭 감겨 있는 밧줄, 이 하늘길을 노각성 ᄌ부다리 또는 노각성 ᄌ부연줄"이라 불렀다는데, 강요배가 그린 〈노각성 ᄌ부줄〉이란 작품에 보이는 줄이 바로 그 줄이다. "그 길은 신과 인간이 만나는 길이며, 망자가 이승의 미련을 버리고 저승으로 고이 갈 수 있는 길"이라고 제주의 민속학자이자 시인인 문무병은 풀이한다. 빛과 어둠, 신과 인간, 삶과 죽음, 이승과 저승을 이어주는 이 하늘 올레길를 정갈하게 닦아 "신의 길을 바로잡는 일, 신의 질서를 좇아갈 수 있는 이승의 질서를 회복하는 과정"이 바로 제주의 굿이다. 그리고 이승과 저승 사이의 광막한 벌판(제주 말로 '미여지벵뒤')의 가시나무에 이승의 옷을 걸어 놓고 떠나지 못한 채 헤매는 중음신들을 달래주거나 또 다른 생명으로 환생하도록 소명감으로 도와주는 역할이 무당의 제례 의식 절차에서의 엑스타시다. 이 같은 시스템의 원리는 원시종교이든 현대종교이든 아프리카인이든 미국

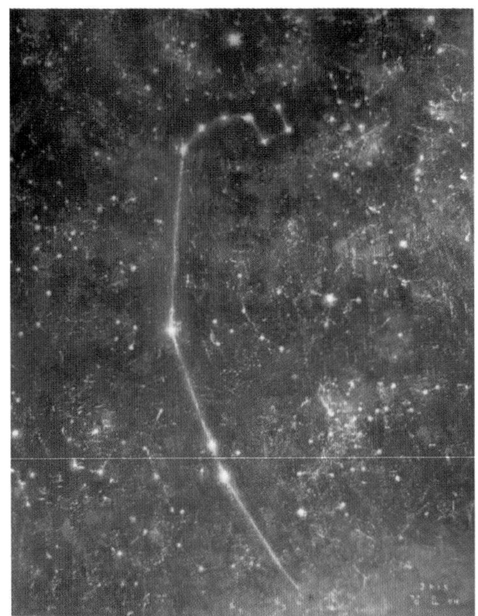

도판 18 강요배가 그린 제주의 〈노각성 ᄌ부줄〉 작품. 도판 전재

인이든 종교의 세계에서는 보편적이다. 다만 그 시스템의 구조에서 문화 코드의 차이일 뿐. 그러니 종교를 믿는다는 것은 불안한 무의식의 꿈속에서 구원 시스템으로 매뉴얼화한 의식의 꿈속으로 들어가는 것과 같다.

이렇게 원시종교 형태인 〈노각성 즈부줄〉에서 좀 더 구원 시스템을 논리적으로 체계적으로 매뉴얼화한 것이 오늘날의 불교나 기독교 같은 종교다. 그 종교에서 구원 시스템을 주최하는 자는 부처나 하느님이지만 주관하는 실세는 불교에서는 관음보살이고 가톨릭에서는 성모 마리아라고 믿고 있다.

3장

관음도와 성모상의 도상 변천

1. 관음도의 도상 변천 — 수월관음 계열을 중심으로

1) 중국

(1) 보살의 의미와 능력

보살(菩薩)이란 보리살타(菩提薩埵)의 줄임말이다. 이 말은 산스크리스트어 보디삿트바(bodhisattva)를 중국식 발음대로 음사한 것. 여기서 '보리'는 보디에서 나온 말로 '깨달음을 추구하는'이란 뜻이고, '살타'는 삿트바로서 '중생'이란 뜻이니, 보살이란 진리를 추구하며 중생을 위한 보시 곧 '상구보리하화중생'(上求菩提下化衆生)의 상징이다. 인간적으로 말하면 '노블리스 오블리주'의 본을 보이는 사람이다.

관음보살은 인도에서 탄생했다. 밀교뿐만 아니라 힌두교의 영향을 받아 앞에서 언급했듯이 대략 서력 기원 전후로 본다. 그러면서 서진 시대 이전에는 '광세음보살', 쿠차국의 구라마즙은 '관세음보살', 중국의 현장 법사는 '관자재보살'이라 번역하였다. 현장 법사가 번역한 '자재'(自在)란 '스스로 존재한다'는 힌두교의 최고 신인 시바(Siva)와 비슈누(Visnu)의 의미를 한역한 것이다[주 15]. 대승불교에서는 세상과 연결되어 있음을 강조하여 '관세자재 · 관세음자재'라고도 한다. 그러니 보살 중의 보살, 즉 대보살 또는 마하살이라고도. 이렇게 다른 보살보다는 인기가 있지만, 그러나 부처님과는 비교가 안 된다. 그것은 마치 낮에 나온 초승달과 같다.

『관무량수경』에서는 관음보살의 모습과 능력을 다음과 같이 설명하고 있다.

> 관세음보살의 얼굴은 염부단금색(閻浮檀金色)이며 미간호상은 칠보색을 갖추었고 팔만사천 광명이 흘러나온다. 하나하나의 광명에는 무량무수의 백천화불이 있다. 하나하나의 화불에는 무수화불이 시립하며 자재롭게 시방계를 가득 채우는데, 팔은 홍연화색으로서 팔십억의 미묘한 광명으로서 영락을 삼으며 그 영락 중에는 일체의 모든 장엄한 일들이 두루 나타난다. 그리고 수장(手掌)은 오백억잡연화색이요, 손끝은 팔만사천 그림이 되어 도장 찍은 듯한데 하나하나의 그림은 팔만사천색이요, 하나하나의 색은 팔만사천광을 낸다. 그리고 그 빛은 유연하게 일체를 두루 비춘다. 그 보수(寶手)로 중생을 접인하는데 발을 들면 발아래는 천폭윤문(天輻輪文)이 있어 자연히 화하여 오백억광명대를 이룬다. 발을 내리면 금강마니화가 있는데 펼치면 가득 차지 않은 것이 없다. 그 외에 신상(身相)과 중호(衆好)를 구족하였는데 부처와 다름이 없으나 오직 정상에 육계와 정상이 보이지 않음이 세존에 미치지 못한다. 이것을 관세음보살의 진실색신(眞實色身)을 관상하는 방법이라 한다[주 16].

위에 인용한 내용이 무슨 말인지 잘 모르겠다. 보살의 모습과 그 능력이 과장의 차원을 넘어 있으니. 기독교식으로 간단히 표현하면, '전지전능하시고 무소부재하신 보살'이란 의미다. 한마디로 끝내주시는 분. 그러니 당대의 중생마다 모든 소원의 해결을 이 관음보살에게 기대한 것은 지극히 당연하다. '마하살'이니.

(2) 수월관음보살의 등장과 주방의 도상 추정

이 관음보살에서 파생되어 응신된 보살 중 하나가 이 글의 주인공인 수월관음보살이다. 그런데 수월관음보살의 도상 연원에 대해서는 잘 알 수가 없다. 그 이유는 기원의 형태가 인도에는 없고, 경전에서는 그 의궤가 확실하지 않음에 있다. 그러나 『화엄경』「입법계품」에서 선재동자가 관세음보살을 만나 법문을 듣는 모습은 분명히 있다. 그 내용이 다음과 같이 묘사되어 있다.

> 고되고 지루한 여행 끝에 보타락가산에 이른 선재동자는 지체없이 관세음보살의 처소를 찾아갔다. 관세음보살은 산 서쪽 시냇가에 온갖 기이한 나무와 가지가지 향기로운 풀이 우거진 가운데 높다랗게 놓여 있는 금강보좌 위에 가부좌를 맺고 앉아 한량없이 많은 보살들에게 법을 설하고 계셨다(국립중앙박물관 간행, 『고려불화대전』 112쪽에서 인용).

수월관음은 중국에서 이 관음의 모습에서 변화된 보살이고, 그 장소는 이 보타락가 '산'의 광경에서 보타락가 '물'의 장소로 바뀐 도상이다. 그런데 이 관음도에서 상(像)의 창출에 영향을 준 것은 공(空)사상이라고 한다. 당시는 그림자처럼 보이지만 만질 수는 없다고 생각했으니. 그리고 창시된 시점은 현장 법사(602~664)의 서역행(629~645) 이후에 해당한다. 현장 법사는 인도에서 가져온 것은 '경상'(經像)이고, 불교는 '상교'(像敎)라 했다. 이 같은 관점은 인도 불교의 도상을 중국식 도상으로 창안해내는 데 중요한 역할을 하였다[주 17]. 이

도판 19 〈잠화사녀도〉. 당(8세기). 주방 그림. 비단에 채색. 세로 46cm×가로 180cm. 5명의 귀부인과 1명의 시녀가 목단, 나비, 꽃, 백학, 개 2마리와 각각 노니는 모습이다. 이 그림을 통해 그가 창안했다는 〈수월관음도〉의 분위기를 추정할 수 있다. 중국 랴오닝성박물관 소장

상황은 일종의 토착화 과정을 나타내는 것이라 보게 된다.

현장 법사가 이렇게 인도식 관음보살을 중국식으로 의궤화해 나타낸 600년대 중후반의 시기는 주방이 처음으로 수월관음 도상을 창안한 시기(800년 전후)와는 100여 년의 터울이 있다. 그런데 주방이 창안했다는 그림은 "보살이 달을 상징하는 둥근 원안에 앉아 있으며 대나무와 함께 묘사되어 있다"고 한다. 그러니 이 그림은 어떤 경전에 의한 것이라기보다는 당대 신도들의 달과 대나무를 사랑했던 신앙관과 심미관에 따른 도상이 되겠다. 그 신앙관과 심미관을 주방이 시대의 신앙 성격에 맞게 도상을 알아서 만든 것으로 보게 된다. 경전 상의 의궤가 불분명하니까. 어쨌든 이렇게 어떤 특정한 경전의 의궤에 구속됨이 없었기에 그 도상은 이후 전승 과정에서도 당대의 신앙관과 심미관에 따라 계속 조정되면서 다양하게 변화되어 왔다. 그것은 가톨릭에서 성모상의 변화 발전과 역사적 흐름이 비슷하다[도판 73~96 참조].

주방이 〈수월관음도〉의 도상을 창안했다는 기록은 있지만, 그림은 남아 있지 않다. 그 큰 원인으로는 '회창 폐불 사건'이라 보게 된다. 창안되자마자 철퇴를 맞았으니. 주방은 채색 공필화를 잘 그렸으므로 창안한 도상은 수묵이 아니라 [도판 19]처럼 화려한 채색 그림이었음이 분명하다. 주방이 어떤 모습의 수월관음도를 그렸는지는 미스터리지만, 그가 그린 〈잠화사녀도〉를 통해

도판 20 잠화(꽃비녀)의 확대. [도판 19] 중 (향) 왼쪽 가산석 앞에 있는 미인이다. 이 사녀는 잠화는 물론 그 위에 부야오(步搖)까지 치장했다. 그래서 걸을 때마다 흔들리게 해 아름다움이 금상첨화가 되게 했다.

그 수준을 짐작해 볼 수 있다.

이 그림은 5명의 귀부인이 학, 목단, 나비, 꽃, 개를 반려로 한가한 여유 속에서 우아하고 품위 있게 노니는 풍속도다. (홀을 든 1명은 시녀다) 미녀들을 통통한 얼굴에 길고 가느다란 손가락, 투명한 숄, 우아한 몸매 등 화려하면서도 섬세하게, 당대 양귀비 같은 요염한 미인의 전형으로 그렸다.

즉, 늘씬한 키에다 하얗게 분칠한 얼굴에 작고 오똑한 코, 앵두 같은 입술, 가늘고 긴 눈에 새카만 눈동자, 그에 비해 눈썹은 짧고 뭉툭하게 그렸다. 자연 눈썹이 아니다. 아미라고 하는데, 당대 귀부인과 궁녀들에게 유행했던 전형적인 화장술이었단다. 특히 높이 없은 새카만 트레머리의 중앙을 꽃비녀로 장식했다. 그리고 종이와 비단으로 만든 화려하고 큼지막한 연꽃, 작약, 목단, 부용을 부야오(步搖)로 꽂아 이 꽃들이 의미하는 길상과 부귀가 걸을 때마다 머리 위에서 그 하늘하늘한 떨림이 앞머리에서 흔들리는 꽃비녀 장식과 함께 우아한 가운데 요염하게 보였을 것이다.

이 꽃비녀 장식은 북위에서 시작되었는데, 수·당에 이르러서는 황후는 12개, 황태자비는 9개, 5품 이상 명부(命婦, 국가로부터 받은 귀족 여인들의 작위)의 꽃비녀는 등급에 따라 5개 이상을 꽂았다[주 18]. 이렇게 귀족 여성들에게는 비녀의 수가 품계와 등급의 상징이었으니, 꽃비녀의 위상을 알 수 있다. 그래서 그림의 제목이 〈잠화사녀도〉인 모양이다.

이 같은 묘사에서보다 업그레이드된 얼굴이 수월관음도의 모습이라 보게 된다. 그러니 '화만'도 여기에서 영향을(?)[도판 141, 142]. 그런데 이 〈잠화사녀도〉 그림에서는 늘어진 술이 3개 정도로 보이니 우리의 궁궐식으로 표현하면 상급 무수리 정도의 여인들이다. 옷의 무늬는 잠자리 날개 같은 투명한 숄

자락에 감싸인 가운데 가득 비치면서 보인다. 그런데 번잡하기보다는 섬세하고 화려하다. 장언원이 평한 대로 "옷차림이 서민의 모습과는 다르다." 이 그림 속에는 속이 비치는 투명한 옷, 보조개 표현 등 농밀하고 풍만한 모습으로 반려동물과 꽃을 다루면서 권태로운 시간을 보내는 사녀들의 심리와 정서를 잘 나타냈다.

당시 일반 화가들이 그린 부녀자들의 그림은 주로 열녀이거나 효녀 등 서민들의 교육적인 목적을 위한 그림이어서 대체로 엄숙하고 진지한, 경직된 그림들이었다. 그런 딱딱한 분위기와 다르게 주방은 사녀화 전문가답게 사녀들을 통해 자연스럽게 부드럽고 우아한 귀부인들의 그림으로 나타낸 것이다. 그 자연스럽게 나타낸 도상을 중국에서는 그의 이름을 붙여 '주방 양식'이라고 한다. 주방은 귀족 출신으로 그런 분위기에 젖어 살면서 귀부인들의 생활 모습을 자연스럽게 나타낼 수 있었다. 따라서 그가 그린 〈수월관음도〉가 남아 있다면 더 오묘했을 것이다. 귀부인들과는 차원이 다른 성스러운 보살을 그렸으니까. '회창 폐불 사건'이 아쉬울 뿐이다.

(3) 현재 남아 있는 수월관음도 중에서

가) 마천진의 〈천수천안관세음보살좌상〉[도판 21]

현재 중국에 남아 있는 수월관음도 중 연대가 올라가는 작품은 대부분 돈황에서 발견된 것으로 당 말에서 오대 사이의 그림들이다. 그중 연대가 확실하면서 오래된 그림 중의 하나가 〈천수천안관세음보살좌상〉이다. 이 그림은 후진 고조 때 천복 8년(943) 돌아가신 어머니의 영가천도를 위해 아들 마천진이 당대의 화가를 시켜 그리게 해 희사한 것이다. 그림의 하단 가운데에 쓰인 공양명을 통해 알 수 있는데, 이렇게 자세히 화면 위에 쓰인 그림도 희귀하다. 그림 수준에서는 주방과는 비교가 안 된다. 그런데 이 그림 오른쪽 아래에 수월관음보살의 도상이 나타나 있다[도판 22]. 수월관음보살이 이 그림에서는

도판 21 〈천수천안관세음보살좌상〉 후진 고조 (天福八年銘, 943). 감숙성 돈황 막고굴 17(장경동)굴 출토. 비단 위 그림. 123.5×84.2cm. 마천진이 돌아가신 어머니의 명복을 빌기 위해 이 그림을 공양했다. 현존 수월관음도의 등장 중 가장 오래된 그림이다. 프랑스 기메동양박물관 소장

'천수천안관세음보살'이란 주인공의 권속에 있다. 이는 수월관음이 주인공으로 독립되기 전에는 이 보살의 보조 역할을 했다는 과도기적인 증거다. 그리고 의궤적으로도 수월관음이 관음보살에서 '천수천안관세음보살'보다 나중에 파생되었음을 알려주는 것이기도 하다.

도판 22 〈수월관음부살〉 [두판 21]의 (향)오른쪽 아래에 있는 그림으로 수월관음의 탄생과 성격을 대표적으로 보여주는 귀한 그림이다.

3그루의 대나무와 2개의 죽순을 배경으로, 삼면 보관을 쓴 얼굴에 오른손엔 버들가지를 쥐고, 왼손엔 약병을 들었다. 약왕보살 성격이다. 그런데 버들가지를 들고 있어서 버들가지가 없는 약왕보살보다 더 효험 있는 치병과 구원을 위해 창안한 보살로 보게 된다. 하단에 공양명을 중간에 두고 그 좌우에 수월관음과 어머니를 마주 보게 해 어머니의 영가 천도를 위한 효심을 읽을 수가 있다. 고려의 수월관음도와 비교하면, 치유를 기원하는 신탁자로서의 선재동자가 없고, 보살도 치유 능력을 상징하는 눈보다 화사한 투명한 흰 사라를 걸치지 않았다. 그리고 소의경전(교과서)도 없이 창안되어 나오면서 그 의궤가 모호함은 물론 나라 간에도 문화 수준과 신앙관의 차이로 당연히 도상들이 달라진 것이다.

나) 돈황 장경동의 〈수월관음도〉[도판 23]

동시대인 10세기 중엽 또는 그 이후에 그려진 그림으로서 [도판 21]보다 진전된 수월관음도가 하나 남아 있다. [도판 23]이다. 앞에서 설명한 프랑스 기메 동양 박물관에 소장된 마천진의 [도판 21]에 비해 지금 설명하려는 [도판 23]은 영국 대영 박물관에 소장되어 있다. 그런데 두 그림 다 발견된 장소가 같은 돈황 장경동 17굴이었다. 이렇게 소장하고 있는 나라가 각각 다른 것은 제국주의 당시의 약탈 경쟁상황을 알려주고 있는 것이다.

어쨌든 이 [도판 23] 그림에서 위(上)는 서방정토를 천개(보개)로 상징했다. 보살의 그림에 천개를 표현했다는 것은 그만큼 정성을 들였다는 의미다. 그런데 그 천개가 입체감 나는 듯한 평면 그림이다. 천개의 초기 양식을 보여준다.

가운데(中)에는 연꽃이 핀 물결이 잔잔한 호수 가운데 보타산의 의미를 담은 바위가 있다. 그 위에 3면형 모자 정수리에 아미타 화불이 붉게 새겨진 보관을 쓴 수월관음이 앉아 있다. 달 속의 신선처럼 친밀감과 함께 [도판 22]보다는 가슴을 펴고 얼굴을 든 세련된 자세다. 그런데 그림의 규격과 도상 분위기가 도교의 〈고사도〉(高士圖)와 유사하다. 그것은 "바깥은 군자의 유학을 기본으로 삼고, 안으로는 보살행을 수행한다"는 거사 불교의 구호와 보살의 모습이 인도의 관음과 같은 화려한 왕자 모습이 아니라 중국의 고결한 선비 같은 모습에서 알 수 있다[주 19]. 이러한 변화는 신선종(新禪宗)과 신유학(新儒學)의 유행에 따라 귀족문화에서 점차 평민문화로 확산되는 시대 상황에서 나타나게 된 것이다[주 20]. 불교가 인도에서 중국으로 넘어온 이후 점차 중국인의 가치관에 부합되면서 토착화·세속화되어 나타난 것을 알려준다. 그러다가 송·원대에 이르게 되면, 완전히 수묵으로 그린 수월관음도가 나타난다. 그러니 [도판 23]은 도상에서는 변했지만, 채색에서는 아직 수묵으로 바뀌기 전 과도기상의 그림으로 보게 된다. 이 보살도 [도판 22]와 마찬가지로 머리엔 삼면보관을, 오른손에는 버들가지를, 왼손엔 약병을, 뒤쪽에는 3그루의 대나무와 붉은색으로 된 2개의 죽순이 있다. 수월관음의 도상에서는 둘 다 같다. 다르

도판 23 〈수월관음도〉. 10C 중엽. 오대. 82.9×29.6cm. 돈황17(장경동) 굴에서 발견. 수월관음이 암좌 위 달 속에 앉은 듯하다. 대영박물관 소장

다면 [도판 23]에서는 수월관음이 독립된 주인공으로 나타나 있다는 것이다. 그만큼 수월관음보살에 대한 신앙이 독립되면서 주체적으로 그려지면서 보편화되어 갔음을 알려준다. 그리고 중국에서 대나무는 3그루가 공통적이다. 이는 수월관음도의 교과서 격이라 볼 수 있는 『불설고왕관음경』에 그 의궤가 게송으로 적시된 데에서 알 수 있다[280-281쪽 참조].

아래(下)에는 비단 천을 덮은 제단에 향로와 기물이, 그 왼쪽(향우)에는 이 그림을 봉헌한 산자가 등잔을 들고 있다.

이 [도판 23] 그림은 이렇게 상중하로 구분한 전체 도상에서는 물론 천도를 위한 구도에서도 마천진의 [도판 21] 그림보다 한 단계 업그레이드된 교리를 보여준다. 수월관음이 보조가 아닌 주인공으로 나타난 도상에다 마천진의 그림에서는 볼 수 없는 장면이 있기에, 즉 화면 오른쪽 (향좌) 달 같은 둥근 신광 위에 검은 모자를 쓰고 붉은색의 옷을 입은 망자가 있다.

그가 서방정토에서 영생의 약병(?)을 들고, 좌우로 두 시녀를 대동하고 제트기처럼 구름 꼬리를 만들며 빠르게 나는 구름에 올라탄 채 수월관음보살 쪽으로 내려오고 있다. 그 대각선으로 해서 맨 아래 화면 왼쪽(향우) 구석에는 검은색의 모자와 옷을 입은, 이 그림을 봉헌한 산자가 등잔을 들고 수월관음의 매개를 통해 그 망자와 만나기를 기원하고 있다. 기독교식으로 표현하면 "요단강 건너가(go) 만나리"다. 그런데 어쩌면 이것은 돌아가신 분의 환생까지, 즉 "요단강 건너와(come) 만나리"를 기대한 것인지도 모른다. 그것은 이 그림에서 망자가 구름을 타고 내려오는 위치와 의미가 아미타불이 서방정토에서 현실로 내려오는 〈내영도〉에서의 구도와 위치 및 그 의미이기 때문이다.

이는 또한 이 그림이 발견된 '돈황석굴'과도 연결된다. 굴을 개착할 때 현실 환생을 빌며 조성한 굴이 많다니까. "개똥밭에 굴러도 이승이 저승보다 좋다"는 속담처럼 극락이 좋을 것 같아도 가보면 별것 아니라는 그리고 죽은 자가 내세에서 극락을 보장받는다 해도 미운 정 고운 정 속에서 인간들끼리 인간답게 살던 휴머니즘이 적성에 맞는, 그래서 이승이 더 좋다는 암시다. 이렇게 제례를 통해 산자와 망자의 혼이 수월관음의 매개로 만나게 되는 것은 물론, 더 나아가 망자가 현실 용화수 아래로의 환생이란 불가능한 영역까지 맞춤 도상으로 기대한 신앙임을 느끼게 된다.

이 [도판 23] 그림에서 망자가 구름 타고 내려오는 곳까지 위(上)를 생략하면, 기본 구도에서는 고려의 수월관음도와 큰 차이가 없어 보인다. [도판 35]와 비교해 보라. 따라서 이 그림은 도상이 어느 정도 확립된 이후의 그림으로 볼 수 있다.

다) 카라호토 유림굴의 〈수월관음도〉[도판 24]

또 하나, 오대 이후 카라호토 유림굴에서 발견되어 지금은 러시아의 에르미타주 박물관에 소장된 서하 시대의 〈수월관음도〉가 있다. 그림이 낡고 색채가 많이 떨어져 나가 잘 알아볼 수는 없는데, 문명대 교수는 『한국불교회화사』 674

쪽에서 다음과 같이 설명하고 있다.

도판 24 중국 서하 시대 (1032~1277) 〈수월관음도〉. 견본 채색. 101.5×59.5㎝. 러시아 에르미타주 박물관

"수월관음보살은 기암괴석의 석굴 속에서 두 그루의 대나무를 배경으로 암반 위에 왼쪽으로 약간 틀면서 유희좌로 앉아 있다. 그 왼쪽에는 3단의 층층암 위에 버들가지를 꽂은 정병이 투명한 수반 위에 놓여 있고 구름을 탄 동자가 보인다. 아래쪽 절벽 아래에는 연꽃이 핀 연못이 보이고, 대안에는 번을 꽂은 말 두 마리와 악기를 연주하고 춤을 추는 가무 연주단, 그 옆 구름 위로 동자를 거느린 용왕으로 보이는 인물이 관음에게 공양을 올리고 있어서, 대덕사 소장 〈수월관음도〉의 구도와 거의 일치하고 있는 것이다." 이어, "대덕사의 수월관음도는 『법화경』의 내용을 반영했다고 생각되는 에르마타주 박물관 〈수월관음도〉에 화엄적인 선재동자가 첨가되고 남쪽 보타락가산을 상징하는 산호초 등만 보충하는 선에서 구도를 나타내었다고 생각된다." 따라서 "고려 수월관음도는 카라호토 등 서역 수월관음보살도의 특징을 직접적으로 수용했을 가능성이 짙다고 생각된다."

이렇게 문명대는 이 그림을 중국이 아니라 서역적 분위기임을 시사하고 있다. 그래서 그런지 색채, 구도 등 도상 분위기가 특이하다. 보살의 방석도 색다르다. 아라비아산 양탄자처럼 보인다. 어쨌든 관음이 계시는 곳을 신비감으로 증폭시키려 한 특징이 있다. 사막 속 오아시스처럼 말이다.

(4) 중국의 수월관음도 정리

800년 전후 당나라 주방에 의해 제작되기 시작했지만 845년 회창 폐불 사건을 계기로 이후 10세기 중반까지 100년 정도 침체되었다. 그러다가 후진, 오대, 서하 시대에 이르러서는 [도판 21, 23, 24]처럼 적지 않게 채색 그림으로 발견된다. 소의경전이 없으니 지역과 시대에 따라 도상이 다양하게 나타난 것이다. 그러다가 도교의 영향을 받으면서는 수묵화 분위기로 변해간 듯하다.

본격적으로는 송대에 이르러 수묵화로 바뀌었는데, 이는 당대 귀족불교가 신선종의 등장으로 대중과 가까워지면서다. 그러면서 선종의 영향으로 부처의 형상을 그리기보다 불교의 공성과 수행을 강조하는 표현으로 바뀐다. 그리고 사대부 계층이 등장하면서 그들의 영향으로 고사도(高士圖)와 비슷해진다. 다른 불보살에 비해 수월관음이 수묵화로 많이 그려진 것은 불교의 중국화 과정에서 만들어진 도상 또한 공사상을 선화(禪畵) 성격으로 표현하면서라 보게 된다. 이처럼 수묵 수월관음은 송대에 등장해 원대에까지 많이 그려졌다. 그런데 많이 그려졌다는 수묵화는 보이지 않는다. 긴 세월 동안 외침 · 화재 · 유실도 원인이겠지만 1960년대에 휩쓸었던 모택동에 의한 문화혁명의 영향도 무시하지 못할 것이다.

2) 일본

(1) 가마쿠라시대(1185~1336) 백의관음도

채색은 보이지 않는다. 그렇지만 가마쿠라시대에 수묵으로 그린 백의관음도가 많이 제작되었다[주 21]. [도판 25] 그림은 백의를 여유 있게 걸치고 바위 위에 정좌하고 있는 관음상이지만[도판 26], 왼쪽의 하단 맨 끝에 그를 경배하는 선재동자가 자그마하게 그려져 있다[도판 27]. 그래서 『화엄경』「입법계품」

에서 설법하는, 보타락가산의 금강대좌 위에 반가부좌하고 있는 백의관음 계열의 수월관음임을 알 수 있다. 뒤쪽에는 대나무 4그루와 오른쪽 위에는 폭포수가 설악산의 대승폭포처럼 시원하게 떨어지고 있다. 폭포와 관음 사이, 관음의 오른쪽 옆 낭떠러지 끝에는 아슬하게 버들 같은 가지를 꽂은 정병이 배치되어 있으며[도판 28], 바위 아래 낭떠러지 수면 지역에는 물안개가 계곡을 신비한 공간으로 만들며 퍼져나가고 있다. 이 같은 그림을 일본에서는 수묵화의 유행과 함께 백의의 맑고 깨끗함에 흥미를 가진 선종 계열에서 즐겼다. 이 그림은 일본 초기 수묵화의 한 예이며 백의관음으로서는 지금까지 가장 오래된 그림에 속한다고 한다(일본에서는 수월관음이란 명칭을 쓰지 않는지 보이지 않는다. 대신에 백의관음 또는 양류관음으로 표현한다). 매우 숙달된 수묵 기법을 사용하여 심오한 공간을 묘하게 표현하고 있다는 점에서 가치가 있는 작품이다.

도판 25 작자 미상의 일본 가마쿠라시대(13C~14C) 〈백의관음상〉. 채색이 아니라 수묵 수월관음도다. 나라(奈良)국립박물관 소장

이 그림은 14세기 초 가마쿠라시대 난젠지 절에 거하던 야쿠오 돗켄(釣翁德儉, 1244~1319)이 당시 송에서 귀국한 후 그린 그림으로 추정하고 있다. 그림 윗부분에 있는 칠언절구의 찬(讚)도 그의 게송이다. 그 찬의 게송은 다음과 같다.

媥水活時楊栅青(반수활시양책청) 얼룩 얼룩 물오를 때 버들 울타리도 푸르고

善財童子會不貪(선재동자회불탐) 선재동자는 만나 탐하지 않네

中見色眼穀開勢(중견색안곡개세) 가운데를 보니 안색은 정성스럽게 열리는 형세인데

竹岩下盤石上耳(죽암하반석상이) 대나무 바위 아래 반석이 귀 쫑긋해 듣고 있네

관음보살의 설법에 바위까지 예를 갖추고 듣고 있다는 게송 내용과 백의에 맑고 깨끗한 분위기의 도상 내용으로 볼 때, 이 그림은 선종(禪宗) 계열로 생각된다. 하이쿠에서 볼 수 있듯이 역설법으로 의미를 일깨우는 일본풍의 분위기가 잘 나타나 있다. 암벽, 두광, 폭포 등 도상에서는 중국의 수묵화와 비슷하다. 이는 가마쿠라시대에 지도자 등 무사 계급이 신앙했던 일본의 불교와 송·원 시대 지식인 계층이 믿었던 중국의 불교가 그 성향에서 서로 비슷했기 때문으로 볼 수 있다. 물론 그림을 그린 주인공이 송에서 공부하고 귀국한 후 그렸기 때문임은 물론이고.

그런데 이 그림을 동시대 고려의 수월관음도와 비교하면 다르다. 먼저 색상에서다. 고려는 칼라, 일본은 수묵. 그러나 구도상에서는 대단히 흡사하다.

도판 26 화관이 족두리 모양이다. 이는 [도판 33]과 비슷하다. 보살은 선정에 들었는지 지그시 눈을 감고 있다.

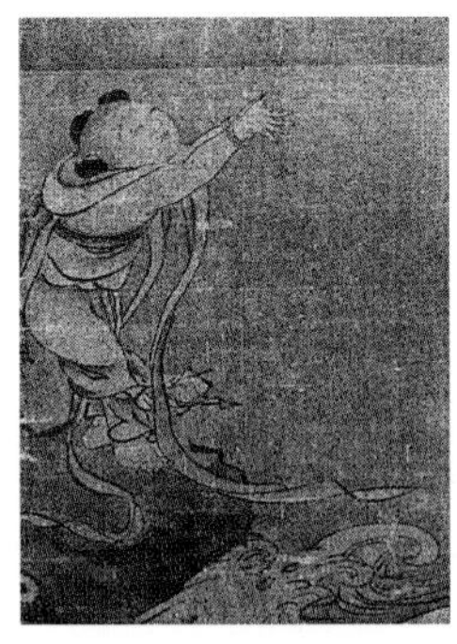

도판 27 고려의 그림에서는 선재동자가 엎드리거나 다소곳이 서 있는 모습이 많은데, 여기서는 보살을 쳐다보며 천진난만하게 반가워하는 모습이다.

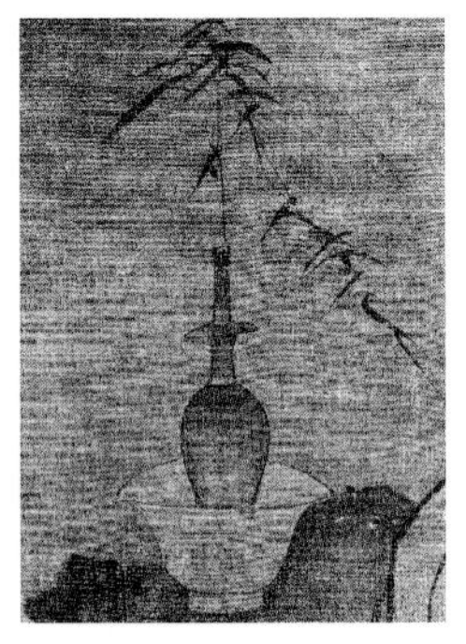

도판 28 고려에서는 버들가지인데, 일본은 대나무 가지처럼 그렸다.

즉, 관음보살의 앉아 있는 모습[도판 26]과 선재동자의 모습[도판 27] 그리고 고려 정병과 비슷한 병에 꽂혀 있는 나뭇가지[도판 28]와 그 놓여진 위치 등에서 그렇다([도판 35] 참조).

하지만 자세히 보면 많이 다르다. 먼저, 고려의 수월관음도에 비해 보살의 크기가 작다. 그리고 사라는 화려하지도 투명하지도 않다. 아니 반대로 소복 차림이다. 특히 배경에서도 고려에 비해 폭포가 강조되어 산수화처럼 보이는 수려한 깊은 산속이고, 수미단은 절벽에서도 돌출된 바위로 부각되어 있다. 그리고 보살은 눈을 지그시 감고 선정에 들어있는데, 선재동자는 그 보살을 향해 응석 부리듯 웃으며 두 팔을 뻗으면서 친견을 요구하고 있다. 이 같은 선재동자의 친견 응석을 도외시하고 선정에 든 의도가 궁금하다. 고려의 수월관음도에서는 보살과 선재동자 간에 친견 교류가 주제로서 하이라이트인데, 그 점과 반대이기 때문이다. 그러니 그것은 아마도 이 그림이 선재동자 중심의『법화경』성격에서 선종 성격의『화엄경』으로 변해가는 과도기상의 성격을 보여주는 것으로 보게 된다. 그리고 정병에서도 물을 따르는 주둥이가 없고, 꽂힌 나무의 줄기와 잎사귀에 힘이 들어 있어 부드럽게 곡선을 그리며 휘어지는 버들가지가 아니다([도판 149] 참조). 그래서 대나무 같아 보이는 점에서도 다르다.

자세히 보면 이렇게 고려의 수월관음도와 도상에서 구도, 내용, 분위기가 많이 다름을 알 수 있다. 이는 당시 두 나라 간의 시대정신에 따른 신앙 성격의 차이에서 나타난 도상이라 볼 수 있다. 고려에서도 비슷한 시기에 수묵으로 그린 수월관음도가 있었다고 이규보(1168~1241)가『동국이상국집』에 남겼다고 한다. 그 그림은 어떤 도상이었는지는 모르지만, 전해 오는 그림은 없다.

(2) 무로마치(室町) 시대(1336~1573) 백의관음도

[도판 29]는 일본에 이름이 퍼진 중국 화승 목계(牧溪)의 그림을 14세기 일본 화승 모쿠안 레이엔(?~1345)이 모사한 백의관음도로 보고 있다. 명칭에서

도판 29 일본 무로마찌시대(14C) 화승 모쿠안레이엔(黙庵霊淵)의 〈백의관음상〉. 견본 수묵화 182×60cm 미국 프리어새클러미술관

도판 30 관음보살의 상투는 높게 묶였고 묶은 끈은 어깨에서 팔꿈치까지 늘어뜨려져 있다.

모쿠안(黙庵)은 이름이고, 레이엔(靈淵)은 법명이다. 그는 일본 초기 선종사원의 화승 중 대표적인 인물이다. 이 그림은 미국 프리어&새클러미술관에 소장되어 있다.

앞의 그림처럼 둥근달을 상징하는 꽤 큰 두광의 중심점에 머리를 두고 관음보살의 상투는 높게 묶였고, 묶은 끈은 어깨에서 팔꿈치까지 늘어뜨려져 있다. 얼굴의 형상은 원숙하고 매끄러우며 오관이 맑고, 특히 눈매가 눈을 지그시 감은 앞의 야쿠오 돗켄의 그림과는 반대로 빼어나다. 상반신은 오른쪽으로 약간 틀어 암석 위에 편안히 앉아 있으면서 등은 바위 쪽으로 약간 돌려 기대었고, 왼손 팔꿈치는 바위 위에 얹고 오른손으로는 뭔가 설법을 의미하는 수인을 나타내고 있다. 백의 자락은 자연스럽게 아래로 길게 늘어뜨려져 있다. 그래서 바위 위이지만 앉은 모습이 편안해 보인다. 그런데 이 그림에서는 가장 중요한 치료의 상징인 버들가지와 정병 그리고 기원 의탁자인 선재동자가 보이지 않는다. 아무도 없다. 대신에 간단하던 게송의 내용이 많아졌다. 백의 계열의 수월적 관음이 선종의 영향을 받아 점차 도상이 깊이로 깊게 단순화되면서 선재동자 대신 게송으로 도상의 분위기를 알리는 듯하다. 그러면서 그림에서 관음 신앙적 요소는 생략되고 화엄 신앙적 요소로 변한 도상이 되었다.

소장 미술관 측은 설명과 해설을 다음과 같

이 하고 있다.

"인도 남쪽 바다에 있다고 말하는 신화로 엮인 낙원 동산인 보타락가산에 거주하고 있는 백의관음의 좀 더 특별한 표현이다. 이 형상은 선불교도들에게 특히 인기가 있었다. 일본 모쿠안은 중국에서 스승인 리아오안 칭규에게 배웠다. 문자 그대로 관음의 이 그림은 상단에 리아오안이 지은 글이 설명되어 있다. 출처에 대한 정보는 현재 알려진 바가 없다"라고.

중국의 문헌과 해석은 이렇다.

"14세기 무로마치시대 화승 모쿠안 레이안 그림이다. 관음보살의 기른 상투는 높게 돌리고 묶어 드러난 끈은 어깨를 거쳐 팔꿈치 뒤로 돌렸다. 얼굴의 형상은 원숙하고 매끄러우며 오관은 맑고 빼어나다. 신의 자태는 온화하여 있는 그대로의 참모습이 고요하다. 상반신은 암석 위에 기대어 있고, 드러낸 자세는 편안하게 보인다. 백의는 자연스럽게 아래로 늘어뜨리고 옷주름은 간결하면서도 막힘이 없이 자연스럽다."

이 그림은 일본에까지 이름난 13세기 후반 중국 화승 목계(牧溪)의 작품인데 14세기 일본의 저명한 화승 모쿠안(默庵)이 다시 모작하였다. 그는 가마쿠라 말기인 남북조시대의 저명한 수묵 불화사였다. 가옹(可翁) 그리고 철주덕제(鐵舟德濟)와 어울려 영향을 끼친, 일본 초기 선종사원의 화승으로 대표적인 인물이다. 1320년~1330년까지 원나라에 들어가 머물며 공부하였다. 당시 일본의 선승은 고림의 선사들을 찾아가 스승으로 삼았는데, 당연히 모쿠안도 그들을 공경하려 하였다. 그러나 스승으로 삼으려 한 목계 선사가 이미 열반하여서인지, 다른 고림의 선사인 리아오안 칭규를 찾아갔다.

게송의 마지막 부분이 "세상사에 오는 게 없고, 가는 게 없고, 배우자가 없고, (그래서 없음이)끝 없음이여"라는 것을 볼 때, 이 그림도 역시 앞의 그림처럼 선종 계통의 백의관음으로 보인다. 선재동자가 있는 과도기상의 변화를 암시한 앞 그림의 흐름을 이어받아 여기서는 예불자가 아무도 없는, 그래서 정착된 선종 성격의 분위기를 보여주면서다.

이 그림 속 게송은 다음과 같다.

六圓然中滿月慈容

육원(六圓)이 분명한 가운데 달이 들어찬 자혜로운 모습인데

亦根車用一性藐通

역시 근본이 되는 수레 쓰니 하나의 성정이 통하네.

香水海廣廣波浪盤

향기로운 물이 넓니넓은 바다에 물결 서리고

陀帀迊迊禪風摋五

등성이를 빙 두른 선풍(禪風)은 오행(五行)을 줍네.

獨金悕淸泰散泉

오직 금(金)은 깨끗함을 원해 샘에서 크게 흩어지고

吼普迪聲靜是而謂

소리 높여 두루 인도하는 소리는 고요하니 이것으로 말하네.

如幻閃薰開修至剛

환영과 같이 번뜩이는 향초에 수양을 여니 굳셈에 이르고

三昧不動夲際適室

삼미(三昧)는 움쩍도 않아 근본을 집에서 맞이하네.

十有而無來無去無妃無終緊也

세상사에 오는 게 없고 가는 게 없고 배우자가 없고 끝이 없음이 반듯이 필요 하나니.

比丘 ○ ○ ○ ○ 人

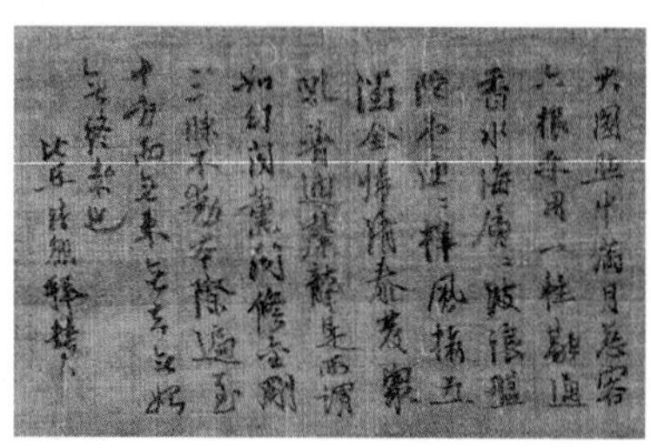

도판 31 원문은 "六圓然中滿月慈容 亦根車用一性藐通 香水海廣廣波浪盤 陀帀迊迊禪風摋五 獨金悕淸泰散泉 吼普迪聲靜是而謂 如幻閃薰開修至剛 三昧不動夲際適室 十有而無來無去無妃無終緊也"

성월(惺月, 1949~) 스님에 따르면, 선시(禪詩)는 시정(詩靜), 시어(詩語), 선리(禪理)가 조화를 이루며 응축되어야 한다고 한다. 우리나라에서도 고려 후기 선시의 태두인 혜심 진각 국사의 선시를 기본으로 한 그림이 있을 만한데 보이지 않는다. 어쨌든 이 게송은 마지막 시구에서 일체가 공(空)이란, 즉 색즉시공을 얘기하며 마무리하고 있다.

3) 원나라

[도판 32]는 관음의 주거지인 보타락가산의 바위에 새집처럼 여러 겹의 길상초를 방석처럼 폭신하게 깔고 백의관음이 유희좌로 해서 자연스럽게 정면을 향해 앉아 있는 그림이다. 백의관음은 흰 옷으로 머리부터 발아래까지 몸을 감쌌는데, 그런 모습은 중국 송대에서부터 활발히 그려지면서 한반도와 일본뿐만 아니라 원나라에도 전해졌다. 그런데 손과 발은 나와 있다. 하지만 그 손가락과 발가락에 살이 없다. 앙상한 뼈만 있는 듯이 어울리지 않게 그려져 있다. 고행의 모습이라면 얼굴도 그래야 하지 않는가. 어쨌든 이로써 13~14세기 당시 동북아시아에서는 공통적으로 백의 계열의 관음보살을 향한 신앙과 함께 각 나라의 문화 코드에 따라 다양한 도상들이 널리 그려졌음을 알 수 있다.

[도판 32] 원나라 14세기 백의관음상. 중요문화재. 견본착색 족자. 99.1×40.3cm. 중국 원시대 홍무10년(정사) 14세기(1377). 일본 나라국립박물관

그런데 본그림에서 관음에 특이한 것이 몇 군데 있다. 먼저 머리 위의 화만 장식이 그렇다. 보통 관음보살의 화만에는 정면에 아미타불이 그려지는데, 이 보살에는 흰·검은 이중 테로 나타낸 원형의 받침 이개를 고이고 그 위에 원형 구슬을 올리

도판 33 관음보살의 화관이 수건 같은 덮개에 덮여 있다. [도판 121] 참조

고 그 위에 보자기형 덮개를 천개처럼 장식해 놓았다[도판 33]. 이 같은 족두리 모양의 화만 양식은 [도판 26]에서도 유사하다. 그런데 우리나라에서도 탑의 상륜부에 그와 유사한 양식이 있다고 생각된다. 보물 799호로 지정된 8.67m 높이의 공주 마곡사 5층탑 위 상륜부 풍마동(風磨銅)이 그렇다[도판 121]. 화만의 성격이 티벳의 라마교계 불교에서 청동제 보탑이라는 그 풍마동과 유사하게 보이니까. 이는 크게 원나라가 당대 아시아를 넘어 세계 대부분을 평정한 영향으로도 보인다.

풍마동은 동합금으로, 그 위에 도금해 태양과 바람이 잘 통하는 곳에 두면 이글거린다고 한다. 지금은 도금이 벗겨져 있다. 이 풍마동 속에 사리기를 넣는다고 해서 금동보탑이라 부르기도 한다. 임진왜란 때 도난당했다는데, 1972년 해체 수리 시 동향로와 문고리가 발견되었다고 한다. 이 풍마동이 합금 성분으로 보아 고려 시대 탑을 세울 때 함께 조성했다는 얘기와 소수 의견으로는 1782년 대광보전 화재 시 파손되어 새로 얹었다는 얘기가 있다. 원의 식민지 간섭이 끝난 조선시대인데도 그렇게 했다는 의견이다. 어쨌든 수준 높은 금속 공예를 보여주고 있다.

그런데 베이징 중심부 묘응사에 백탑이 있는데, 원나라 세조가 세운 전형적인 라마교 탑이다. 높이가 50.9m가 되어 베이징의 랜드마크로 존재하고 있는데, 그 탑을 그대로 축소하면 마곡사의 풍마동 모습 그대로다. (그 모습은 네팔의 스얌부나트탑과도 비슷하고, 미얀마의 수도 양곤 중심부 언덕마루에 98m로 존재하는 셰다곤탑 모양과도 그렇게 보인다). 3층 전각형 건축물 위에 원형 복발 이개를, 그 위에 보주를 올리고 산개로 된 풍마동 형식으로 마무리 지었다. 라마교 양식으로 보는데, 근원적으로는 간다라 지역의 불탑 양식이라는 연구도 있다. 이 양식이 원나라 대에 실크로드를 통해 고려에 들어왔다는 주장이다. 이야기가 딴 곳으로 흘렀다.

어쨌든 [도판 33] 백의관음보살의 화관이 풍마동에서 원형 복발과 유사하다는 생각이다. 관음보살의 몸 자체도 부처를 상징하는 탑처럼 간주하여 그렇게 탑의 상륜부처럼 머리 위를 장식했다는 생각이 드니까. 그것은 티베트 불교의 영향을 받은 것으로 볼 수 있는 동남아에서도 흔히 볼 수 있는 모습에서 뒷받침된다. 우리나라에서 원의 영향을 받은 라마교계 풍마동이 상륜부에 남아 있는 탑은 마곡사탑 외에 속초의 낙산사 7층탑[도판 120]이 그렇다. 긴 귓밥에는 원형 귀걸이를, 목에는 원형 구슬을 꿴 흰색의 목걸이를 걸쳤다. 그런데 끝이 치켜 올라간 눈이 부자연스럽게 위압적인 인상이다.

보살의 오른쪽 옆에 기괴한 떡갈(?)나무가 보이는 등 보타락가산에 대한 묘사는 비슷한 시기에 고려·중국·일본의 그림에 그려진 도상과는 많이 다르다. 왼쪽 어깨 뒤 정병에는 줄기에 마디가 있어 대나무로 보이는 가늘고 긴 가지가 꽂혀 있고[도판 34], 그 정병은 수반 안에 놓여 있는데, 우리의 눈에는 매우 설다. 그 대나무는 [도판 28]과 연결된다. 그런데 그 대나무는 [도판 124]의 고려 수월관음도의 대나무와 그 위치 및 크기가 반대다. 고려의 수월관음도에서는 대나무 중에서도 가장 굵고 높이 자라는 왕대나무 2그루가, 그것도 관음보살보다 앞쪽에 강조되어 그려져 있으니까. 그런데 이 그림에는 선재동자도 보이지 않는다. 이렇게 여타 작품과 많이 다르다. 그러니 그만큼 신앙의 성격이 원나라적 특징을 주체적으로 나타내는 것으로 보게 된다.

원이 티베트의 라마교를 국교로 신봉한 것을 고려하면 당시 티베트로부터 영향을 받아 소화시킨 백의관음보살이다. 앞에서 언급한 원의 고려 간섭 시기에 혜영이 저술한 『백의해』(白衣解)에 어울리는 예참적 백의관음을 상징으로 해서 말이다. 어쨌든 눈 끝도 치켜 올라가 있어 자비심과는 거리가 멀다.

이런 류의 백의관음이 고려에 좋지 않은 영향을 끼치자 이에 대항하며 민족적 성격의 수월관음도가 풍미하게 되었다고 보게 된다. 이 도상의 수준과 반대가 되는 화려, 미려, 수려한 최전성기의 그림으로 해서 말이다. 부처님 공덕으로 이기면 정신적 승리의 보상은 물론 민족적 승리까지 기대하면서였을 것이다.

오른쪽 윗부분의 묵서는 관음의 공덕을 찬(贊)하고 있다. 찬자인 해엽에 대해서는 잘 알려져 있지 않으나 화풍으로 보아 이 그림은 홍무 10년(1377)에 그려진 것으로 추정하고 있다. 이 그림에 대해서는 훗날, 보다 더 정확한 해설과 평가가 나올 것이다.

도판 34 버들가지(?)와 대나무가, 그중 정병 속에는 대나무만, 정병은 수반 안에 있다.

지금까지 살펴본 백의관음계 수월관음도를 정리하면, 도상적 연원은 중국에 있고, 일본은 중국의 아류에 그쳤다. 원나라는 급격한 흥망성쇠답게 어느 한 시대에 거대하게 나타났다 바람처럼 사라졌다. 이에 반해 신앙성과 예술성에 균형을 맞추며 당시 세계 최고의 수준으로 끌어올린 나라는 고려였다. 중국은 자기네 '주방'의 수준을 이어가지 못한 것이다. 일본에서는 가마쿠라시대에 송으로부터 수월관음도가 전해지면서 도상과 화법이 중국의 수묵 수월관음도와 별로 차이가 없다. 특히 일본은 섬나라여서 전해진 그림들이 잘 남아 있는 편이다. 그래서 역으로 일본의 수묵 수월관음도를 통해 중국의 수묵 수월관음도를 유추하며 이해하게 된다.

그리고 수묵 수월관음도는 고려에서도 있었다고는 하나, 전해지는 작품은 없다. 어쨌든 중국이나 일본에 비해 크게 발달하지 않았다. 그것은 수월관음도에 대한 정치적·문화적 차이 때문이라 본다. 지식인 계층이나 무사 계급에서 수묵을 좋아한 중국·원·일본과 다르게 당시 고려에서는 에카르트의 언급처럼 '예술이라는 마법'에 걸린 시대였으므로 채색이 사랑을 받았기 때문으로 보게 된다.

4) 고려

(1) 신라 백의관음과 백화도장 월지에서 출발

고려 수월관음도의 족보는 신라 백의관음도에서 출발한다고 생각한다. 우리나라에서 자력성과 타력성이 합쳐진 관음보살의 전형은 '낙산 설화'에서 볼 수 있다. 보살 신앙은 일반적으로 타력성인데, '설화'는 이 신앙을 의상과 원효를 통해 자력성과 습합시켜 백의민족의 상징인 해동의 백의관음으로 창안했기 때문이다. 따라서 이 '설화'는 관음신앙 전개에서 한국적 특징을 주체적으로 보여준다. 그것은 두 법사 모두 화엄사상가이면서 관음신앙 선양자이었기에 가능했다. 그 구체적인 증거가 [도판 35]이다. 신라에서 고려로 이어지면서 '관음신앙' 속의 칠난구제 '설화' 내용이 [도판 36]처럼 그 그림 (향) 오른쪽 아래에 그려져 있음에서다. 그리고 역시 '화엄 신앙' 속의 선재동자가 [도판 37]처럼 관음보살 그림 안에 등장하고 있음에서이기도 하고.

우리나라에서 수월관음도의 시작은 앞에서 언급한 것처럼 800년 전반에 신라에 들어왔을 것으로 추정하는 '주방'의 그림에서부터다. 그러나 백의 → 수월 → 해수라는 신앙상의 변상을 고려한다면, 보다 앞선 시작은 671년 '낙산 설화'에 등장하는 백의관음에서부터라 볼 수 있다. 어쨌든 남아 있는 실질적인 수월관음에 대한 첫 자료는 이후 280년이라는 긴 공백을 거친 후, 고려 중기에 대각 국사 의천의 기록에 나타났다. 그러니 백의에서 수월로 명칭이 바뀌게 된 것은 주방의 수월관음도가 그 영향을 직간접적으로 끼친 것만은 분명하다. 그 수월관음은 앞에서 언급한 것처럼 국원공이 "얼~쑤" 칭찬을 하고 대각국사 의천이 "좋~다"라고 추임새를 넣었다는, 시제로만 전해지는 그 그림이다.

그 그림 이야기가 남아 있는 우리의 자료상에서는 수월관음도에 관한 첫 언급이다. 고려 13대 선종이 된 의천의 둘째 형이 국원공이라 불린 시기가 1056~1083년의 기간이니, 그 그림은 그 때에 그려진 것이다. 그 그림이 지금

도판 35 일본 단잔진자(談山神社) 소장 〈수월관음도〉. 견본채색. 110.0×57.7cm. 이 작품은 『화엄경』「입법계품」에서 선재동자가 관음보살을 방문하는 모습과 『법화경』「관음보살보문품」에 나타나는 '칠난구제' 내용이 한 화면에 함께 그려져 있다. □-〈칠난설화〉 그림 [도판 36]

도판 36 [도판 35-□의 칠난설화 도상] 나찰귀, 맹수와 독사에 쫓기는 사람. 도적에게 화를 당하는 사람. 목에 칼 찬 사람. 병상에 누운 사람. 화마에 휩싸인 가옥 등인데, 정성으로 그린 보살 그림에 비하면 유치하기 짝이 없다. 제난이 별 볼 일 없다는 뜻이다.

도판 37 단잔진자 〈수월관음도〉의 선재동자. [도판 35]에서 (향) 왼쪽 아래 모서리에 있다. [도판 35-○]

까지 남아 있었다면 그 도상은 어떠했을까? 주방의 그림과 함께 궁금해진다. 주방의 그림은 수월관음도의 시작이고, 의천과 관련된 이 그림은 우리의 자료상에서 '첫' 수월관음 그림이기에.

그런데 우리가 지금 무심코 부르고 있는 경주의 안압지라는 이름은 1975년 발굴조사 때 유물들이 수습되면서 서라벌 당대에는 월지(月池)였음을 알게 되었다. '달(이 보살처럼 나타나 비치는) 연못' 곧 '수월적(水月的)인 연못이라고. 그래서 2011년부터 관광안내도, 이정표, 안내판에서부터 건물은 왕세자가 거주하던 '동궁'이라고, 그 정원이었던 안압지는 '월지'라 소개하고 있다. 즉, '동궁과 월지'로. 당대에 이렇게 부르게 된 것은 신라가 삼국을 갓 통일한 후 그 시대 정신을 새롭게 마련하기 위해서라고 보게 된다. '낙산 설화'에서 의상의 '백화도장발원문'을 통해 응신한 해동의 주체적인 백의관음보살로 전 국토를 '백화도장' 불국정토로 확산시키려는 의도였다고. 그렇게 국토 통일에서 다음 단계인 정신 통일을 시도한 것은 자연스러운 순서이며 당연한 순리다. 그것은 또한 '낙산 설화'(671년)와 월지(674년) 및 동궁 조성(679년)의 타이밍이 순차적으로 부합되고 의상 법사의 역할이 왕실과 관계되기 때문이기도 하다. (모든 불교권의 왕들이 존경하는 아쇼카 왕도 국토 통일 후 정신 통일을 위해 불교를 수용해 성공했던 것처럼, 신라도 국토 통일 후 백화도장화를 기도한 것이다)

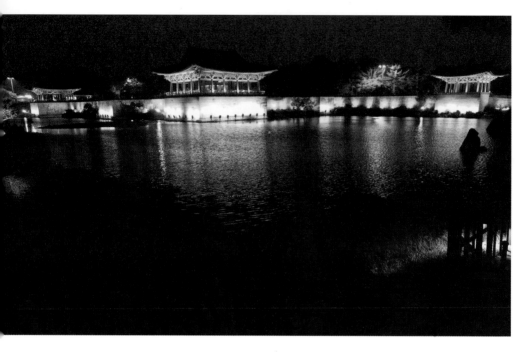

도판 38 동궁과 월지에서 월지 야경. 지금은 온갖 화초와 진귀한 짐승은 없고, 연못에 달빛보다 현란한 조명을 비춰 달이 들어설 자리도 없다. 밤에 불빛으로 인공의 이상정토를 조성하고 있다. 그래서 지금은 관광객들이 제일 많이 다녀간다.

자장 율사가 선덕여왕에게 삼한일통을 위해 황룡사 9층탑 건립을 건의했던 것처럼, 의상 대사도 정신적 삼한일통을 위해 전 국토의 백화도장화를 문무왕에게 건의한 것으로 추정하게 된다. 이는 분명히 화엄사상가이면서 동시에 관음신앙 선양자이기도 했던 그가 이곳 동해의 보타락가산 낙산사에서 지어 바쳤다고 전해지는 261자로 된 "백화도장발원문"(白花道場發願文)이 증명한다. 즉, "관음보살이 중생을 위해 정수리에 아미타불을 모신 것처럼, 저도 신라 국토가 '백화도장'이 되게 하기 위해 백의관음보살 당신을 정수리에 모시겠습니다" 하고 발원한 신앙고백이기 때문이다. 이는 종전까지 외침에 대한 안보의 염려감에서 벗어나 이제부터는 통일된 신라를 백화도장이란 불국정토로 만들고, 그곳에 어울리는 백의민족이 사는 나라로 만들겠다는 간절한 소원을 신앙심으로 발원한 자신감을 상징한다. 신라가 삼국을 합친 후, 『삼국사기』 문무왕 14년(674)조 2월에, "동궁 안에 못을 파고 가산을 만들어 온갖 화초를 심고 진귀한 짐승을 길렀다"고 했다. 바로 백화도장, 이곳에 백의관음보살이 수월적으로 드러나는 동궁의 '월지'를 시작으로 해서 신라를 현실 불국토로 확산시키려 한 것이 분명하다. 통일신라 전성기를 이룩한 후 백화도장 현실 불국정토의 핵심이 된 이곳에서 나라의 경사스러운 날을 맞이하여 축하연을 열고, 귀빈을 접대하고 연회장소로 쓴 것이다. (이곳을 훗날 신앙의 중심지로 나타낸 기록은 적잖게 있다). 그 백화도장 불국정토의 마무리는 77년 후인 751년 불국사 조성에서 그 가시적인 대단원을 이루었다고 보면서다.

문무왕 또한 어떤 왕이었는가? 죽어서 혼으로까지 통일된 신라 불국정토를 지키려고 바다의 문무용왕이 되기 위해 불교식으로 다비해 수중 능으로 조성하라고 부탁했을 정도였으니. 그렇게 하면 용이 된다고 믿었던 어떤 교리적 근거가 있었던 모양이다. 그 이야기가 실제로 감은사의 건축구조로 이어지고, 전설로는 만파식적으로까지 연결되는 것을 보니. 이렇게 '수중릉, 감은사, 만파식적'이 유기적으로 연결되고, 의상 대사의 발원문과 왜와 신라 간의 갈등 관계가 뒷받침해 주는 것이다. 당시 두 나라는 (지금 우리의 비무장지대처럼) 현해탄을 앞에 두고 서로 최고의 긴장 관계에 있었던 것이다. 그것은 일본의 역사에서도 증명된다.

어쨌든 그곳 월지에서 발견된 보상화문전은 통일신라 전돌 중에서도 가장 세련되고 화려한 무늬다. 그러므로 이 전돌이 깔린 동궁의 건축 수준도 보통이 아니었음을 추정할 수 있다. 당시 신라 건축물 중 최고 수준이었을 것이다. 그 연못에 달빛이 비치니 그 장소가 바로 『80권 화엄경』에 나오는 바로 그 이상정토가 된다. 그러니 동궁에서 월지가 백의관음보살이 계시는 '백화도장'의 센터였음이 분명하다[도판 38]. 이 월지를 중심으로 백의관음이 동심원처럼 전국적으로 파급되면서 통일신라 전성기에 이르러 서라벌이 '사사성장탑탑안행'(寺寺星張塔塔雁行), 즉 '절들은 밤하늘의 별처럼 펴져 있고, 탑들은 기러기 날

도판 39 바간 박물관에 그려진 바간의 수투파 전경 일부. 사사성장탑탑안행(寺寺星張塔塔雁行)의 모습을 보여준다. 왼쪽 멀리 가장 높은 스투파가 탓빈유 사원이다.

아가듯 줄지어 솟은' 백화도장 불국정토가 된 것이다.

이 같은 표현은 누구인지 모르지만, 당시 글쓴이가 경주 남산에 올라가 본 서라벌의 파노라마였을 것이다. 그 파노라마를 지금은 볼 수 없지만, 그 비슷한 분위기를 미얀마의 바간(Bagan)에 가면 느낄 수 있다. 아프리카의 사바나 초원 같은 평원 지대에 크기가 다르고 재료가 다를 뿐만 아니라 각양각색의 건축양식과 구조로 이루어진 엄청 많은 파고다가 일출과 일몰의 빛을 받으며 실루엣처럼 반짝이는 그 장관 같은 모습에서다[도판 39].

세계가 인정하는 최고의 고려 불화는 신라시대 의상 법사가 기원한 "백화도장발원문"에서 시작된 백의관음보살 발원 신앙, 주방의 오묘한 도상 분위기, 위지을승의 필의 기법, 실크로드의 다양한 국제 문화의 영양분, 신라의 이상적 사실주의 양식 등을 동심원으로 연결하고 이를 민족적으로 주체화시키면서 세계 최고의 그림이 될 수 있었다. 그중에서도 수월관음도가 대표적이다. 특히 이 글의 주제가 되는 그림은 그 정점을 보여준다. 그 그림은 뒤에서 자세히 설명한다.

(2) 먼저 고려 불화에 대한 주변적인 내용

'204,693점'. 국외소재문화재재단이 파악하고 있는 국외 소재 문화재 현황이다. 2021년 4월 1일 기준이며, 22개국 735개 처에 흩어져 있다. 그중 일본에 89,498점이나 반출되어 있다. 일제강점기가 가장 큰 이유였다. 그중에서 고려 불화는 160여 점 정도라고 한다. 우리나라에는 13점뿐인데, 일본에는 무려 106점이나 있다. 그래서 이 글을 쓰는데 주제가 되는 그림은 물론 참고가 되는 그림들까지도 거의 일본이 소장한 그림들이다. 가치가 있는 좋은 것만 쏙쏙 빼내어 가져갔으니 말이다. 기타 유럽과 미국에 17점으로 해서 136점 정도가 공개되어 있다. 20여 점은 아직 행방을 모른다. 이 그림들이 모두 아직도 학문적으로 미개척, 아니 사장되어 있다. 이제 글로벌 시대를 맞이하여 본 글이 미술사의 세계화를 본격적으로 여는 한 알의 밀알이 되었으면 한다.

공개된 그림 중, 수월관음도는 46점 정도다. 그중 우리나라에는 6점이 있다. 국립중앙박물관, 아모레퍼시픽, 우학문화재단[도판 41], 호림박물관에 각 1점씩 그리고 리움미술관에 2점이 있다. [도판 40]은 그중의 하나다. 이 그림들도 고려 말, 원의 식민지 간섭 기간에 그려진 작품들이 대부분이다. 그런 아픔이 서려 있어서 그런지 이들 그림만큼 극락의 향내가 진하게 피어오르는 그림은 보기가 쉽지 않다. 이는 이 그림들이 극한의 상황에서 극기적인 신앙심과 고도의 기량이 하나가 된 가운데 절절한 소망을 담아 그려냈기 때문이다. 그래서 그런지 기의 모두가 수려, 화려, 미려하기가 사치를 넘어선, 생을 걸고 눈물로 그린 그림들이다. 그러니 이때의 수월관음 그림들이 독자적이고 독창적인, 그래서 세기적인 명품들이 많이 나타날 수밖에 없었다.

도상에서는 용도가 다르지만, 그 분위기, 기법, 수준에서는 고려의 [도판 124] 〈수월관음도〉가 주방의 [도판 19] 〈잠화사녀도〉와 유사함을 느끼게 된다. 즉, 〈잠화사녀도〉에서 잠화의 머리 장식이 고려의 〈수월관음도〉에서는 보살이 쓰고 있는 화만의 장식과 비슷하고[도판 141], 그 하늘거리는 꽃의 떨림 기법은 〈수월관음도〉에서 보살의 머리 좌우에서 앞으로 돌출된 원형 떨림 장식과 유사하고[도판 142], 나비를 쥔, 꽃을 든, 어깨의 옷깃을 살짝 든, 강아지 노리개를 쥔 여인네들의 손가락 자태는 〈수월관음도〉에서 수정염주를 쥐고 있는 긴 손가락의 율동미와 비슷하고[도판 206], 의상에서 반투명 숄 안에 비치는 화사하고 섬세한 원형 꽃무늬는 〈수월관음도〉에서 보살의 투명한 흰 사라와 그곳에 시문된 연화당초원문과 유사하다[도판 143]. 그리고 강아지가 막대에 술 장식을 단 노리개를 향해 꼬리를 들고 힘있게 달려들며 앙칼지게 짖어대는 듯한 귀여운 모습은 꾸부정한 자세에 티 없는 동심으로 깨달은 미소를 묘묘하게 짓는 선재동자의 귀여운 모습을 연상시키기에 충분하기 때문이다[도판 155]. 이 같은 흐름은 정원 말기에 주방의 〈수월관음도〉가 신라에 들어왔다는 추정을 간접적으로 뒷받침해 주는 것이기도 하다. 그러나 고려의 〈수월관음도〉가 주방의 〈잠화사녀도〉보다 장식이 화려하고, 분위기에서 무게가 있고, 의미에서 내공이 깊게 잠재되어 있다. 비원을 담은 종교적인 현상성 그림이기 때문이다.

어쨌든 주방이 창시했다는 그림은 "달을 상징하는 둥근 원안에 앉아 있으며 대나무와 함께 묘사되어 있다"는 특징의 기록이 있고, 고려의 수월관음도는 하나의 원본을 답습한 듯 모두가 달과 대나무를 중심으로 한 유사한 도상들이다. 따라서 신라인들이 중국 강회 지방에서 주방의 그림을 사 갔다는 언급에서 또는 그 간접적인 영향으로 볼 때, 고려는 그 주방 스타일을 '비잔틴'의 성모상처럼 비슷한 한 가지 도상을 모델로 정통성을 유지하며 계승했을 가능성도 없지는 않다. 어디까지나 추정이다. 의상이 친견한 해동백의 관음도의 영향도 물론 고려해야 하겠지만.

(3) 수월관음도에 나타난 고려 불화의 특징

먼저 전반적인 특징은, 보살이 온갖 영락으로 치장한 머리부터 발아래까지를 수월의 상징인 투명한 흰 사라로 전신을 화사하게 감싼 모습이다. 그 모습으로 물 위 (보타)락(가)산을 상징하는 바위섬에 달을 배경으로 하여 앉아 선재동자의 예불을 받는 도상이다. 그래서 그 달빛이 보살을 비추어 드러난 모습이 그 어느 보살보다 우아하고 화사하고 부드럽다. 가까이서 자세히 그림을 살펴보면 화려함과 섬세함 또한 극치다. 잔물결 위에서 사치스럽게 치장한 장식과 그 위에 투명한 흰 사라에 시문한 온갖 무늬가 섬려하고 미려하다. 그러니 고요하고 어둑한 법당이나 내불당에서는 '지금·바로' 눈앞으로 구원하러 나올 듯 느꼈을 것이다.

구도에서의 특징은 엄격한 상하 2단이다. 위(上)에서는 보살이 대각선의 시선을 한 측면관에 부드러우면서도 엄격하게 반가부좌를 하고 있다. 아래(下)에서는 선재동자가 보살에게 예불을 드리고 있고, 그 분위기는 천진난만한 재롱으로서의 동심이 담긴 예법 자세를 다양하게 보여준다. 그리고 측면성의 대각선 구도는 어머니처럼 편안하게 다가오라고 부드러운 자세로 따뜻하게 친밀감으로 예불자를 이끌어 준다. 정면성의 구도에서 느끼게 되는 왕 같은, 아버지 같은 권위감이 없기 때문이다. 그래서 고려 수월관음도의 구도는 거의 대부분 대각 시선으로 한 측면성을 보여주고 있다. 그 따뜻한 분위기 속에서 '친견'이 이루어지는 모습으로 말이다.

색채에서의 특징은 음양오행설을 기반으로 한 5가지 원색만을 사용해 밝고 화사한 색조가 바탕을 이루고 있다. 실크 화면의 뒤에 칠을 한 배채법의 영향으로 700여 년이 지난 지금까지 박락이 그렇게 심하지 않다. 또한 금니를 이용한 복층법으로 입체감까지 주어 오늘날까지 아름다움을 전해준다.

문양에서의 특징은 여러 가지로 다양해 그 문양이 표현되는 곳마다 의미가 다르다. 조밀하게 세련되게 원숙하게 그려져 있어 사치의 수준을 넘어있다. 얼마나 미려하고 수려하고 화려하고 우아한지를 알려준다. '예술이라는 마법'에 걸린 것이다. 특히 수월관음도의 트레이드 심볼인 투명한 흰 사라는 착시로 엠보싱 효과까지 나타내고 있다. 이는 지혜를 상징하는 백의와 이를 양식적으로 화려·수려·미려하게 나타낸 문양이 투명성과 엠보싱 효과와 합쳐진 것으로 '투명한 백의' 양식이 된 것이다. 수월관음의 상징인 마엽 무늬를 바탕천으로 해서, 그 위에 같은 것처럼 보이나 다 다른 연화당초원문을 극세필로 화려하게 눈의 결정체보다 더 세밀하게 그려 넣었을 정도다[도판 143, 145]. 자연의 섬세한 눈(雪) 결정체보다 인간의 신앙심이 더 섬세하다는 것을 알려준다. 기원하는 꿈속의 서방정토를 영탄미로 보여주는 것이다. 지성에서 우러나오는 마음으로 예불드리면 부처님도 감동하게 되면서 제난구제가 저절로 이루어질 수밖에 없다고 믿은 신앙의 발로다. 이 투명한 흰 사라에 극세필의 문양은 다른 나라 어느 곳에도 없는, 고려 불화에서만의 고유한 특징이다. 경전을 바탕으로 지혜와 치유의 능력을 극으로 반영한 것이다.

장소에서의 특징은 관음보살의 주처인 보타락가 산(山)이 아니라 수월관음의 주처에 맞는 아름다운 보타락가 '도'(島)로 창안했다. 그 배경에서의 특징은 종유석, 대나무, 파랑새, 연꽃, 산호, 수파 심지어 계곡까지 등장한다. 그 분위기에다 수미단을 극락으로 나타내기 위해 바위 형태의 중요한 선과 면도 금칠했다. 그래서 이상정토인 '보타산' 바위섬이 입체화되면서 돋보인다. 그리고 보살의 재능기부 도구인 버들가지와 정병을 각각 손에 들고 있기도 하지만, 수미단 바위의 가장 포인트가 되는 관음보살 뒤로 기묘하게 뻗어나간, 그것도 가장 진하게 금칠한 벼랑의 끝부분 위에 버들가지를 정병에 꽂아 숨긴 듯이 부각시켜 놓기도 하였다. 수미단의 가장 끝에다 치유의 신비한 힘을 숨긴 채로 말이다[도판 149].

이 보살의 주 무대가 앞에서 언급했듯이 『화엄경』의 「입법계품」이다. 그 내용에서 선재동자는 53명이나 되는 각 분야에서 경지에 이른 선지식을 찾아다니며 질문한다. '대승의 도와 행을 배우고 닦는 방법'을 묻는 것이다. 그러면 선지식들의 답은 주특기에 따라 가지각색이지만, 결론은 같다. 한마디로 '생태적으로 살아라' 그것은 53번째로 선지식의 마무리 역할을 하는 보현보살이 결론으로 "(쌀알 같은) 미물 속에도 우주가 들어있다"는 대답에서 알 수 있다. 사실 쌀의 이면을 생각해 보면 그냥 쌀이 된 게 아니다. 그 한 톨의 쌀알 속에는 구름이 들어있고, 비가, 태양이, 바람이 퇴비와 함께 들어있다. 그들이 없으면 벼가 자라지 못하기 때문이다. 또한 그 속에는 농부의 아침, 점심, 저녁이, 논에서 이웃들이 품앗이하며 정겹게 먹던 참이 정담과 함께 들어있다. 그리고 그 속에는 농부가 세상을 희망과 함께 걱정하며 보고 듣던 신문이, 라디오가, 티비가, 더 나아가 FTA 체결과 얼마 전(2015년 11월 14)에는 그 극복을 위해 온

몸으로 싸웠던 백남기 같은 농부의 인생이, 동학의 '백산죽산' 및 그와 유사한 역사적 사건들과 함께 우주와 자연을 아우르며 들어있는 것이다. 우주의 모든 생명체가 생태로 서로 순환을 이루며 존재하고 있기 때문이다. 그렇다면 원(元)의 식민지 간섭 시기에 집중적으로 그려진 고려 수월관음도에서 선지식을 찾아가는 선재동자는 어떤 생태 정신을 깨닫기 위해서였을까? 그것은 당대의 고려가 지혜롭게 풀어야 했던 역사적 상황 속 시대정신이었다.

문치주의를 숭상하고 귀족문화가 성행했던 고려 시대의 수월관음도는 화려한 색채와 정교한 필선으로 시대에 맞게 그려냈다. 그것은 그 시대의 예술이 그 어느 시대보다 화려하고 섬세하고 정교한 청자와 같은 귀족적인 아취를 넘어선 데서도 알 수 있다. 당시 우리나라가 역사상 사치, 화려, 우아, 섬세, 미려함이 미시적인 면에서 가장 높은 수준에 도달해 있었다니까.

한국에서 20년간(1909~1928) 선교사로 활동한 후, 세계 최초로 『조선미술사』(1929)를 저술한 독일인 신부 에카르트(Andreas Eckardt, 1884~1974)도 그 책에다 썼다. "고려 시대는 실제로 일상생활의 구석구석에 이르기까지 '예술이라는 마법'에 걸려 있었다"라고. 그 평가는 무엇보다 당대 식민 상황을 벗어나고자 한 종말론적 기복신앙에 따른 열망이 '마법'에 걸린 듯이 지극하였음을 나타내는 것이다.

이 같은 분위기에서 [도판 35]에서 보듯 그리고 [도판 124, 152, 193, 194]에서 알 수 있듯이 수월관음도가 정점의 수준에서 세계 최고의 명작으로 그려졌다. 그것은 수월관음이 물이 있는 곳곳마다 두루두루 멀티로 나타나는 장엄적 요소 때문이고, 그 장엄적 요소가 다른 어느 신앙의 대상보다 친밀감과 대중성과 효험성을 민족적으로 보여준다고 믿었기 때문이며, 그 믿음은 사무치는 비원에서 고도의 기량으로 그린 그림에서 나온다고 신앙했기 때문이다. 그러면서 여래와 동등한, 그러나 여래보다 친근한, 그래서 여래보다 자비로운 독존으로 묘사했다. 그리고 『고금화감』을 지은 원나라의 탕구와 『도회보감』(1365년)을 지은 하문언이 고려 불화에 대해 서로 비슷하게 "관음상이 심히 공교하고 필의는 흐르는 듯 유려하다"고 평가했다. 그것은 고려 불화가 다양한 문화적 교류의 산물임을 증거하는 것이다. 교류 장소인 실크로드는 당대 로마, 아랍, 인도, 중앙아시아, 중국의 문화를 원제국을 통해 습합하고 원융을 이뤄내던 거대한 세계문화의 용광로였음은 물론이다. 그러므로 고려 불화는 당시의 세계화 속에서 신앙 수준 아니 신앙의 경지를 그림으로 가장 잘 나타낸 종교적 문화 상품이었음은 당연했다.

(4) 삼성미술관 리움과 우학문화재단 소장 〈수월관음도〉

가) 삼성미술관 리움 소장 〈수월관음도〉[도판 40]

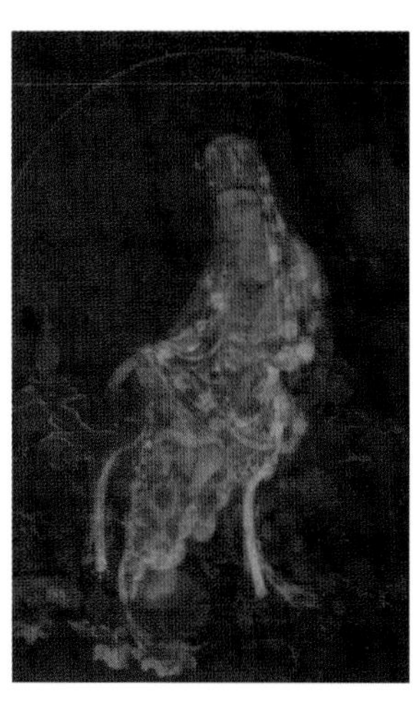

도판 40 고려 〈수월관음도〉. 비단에 채색. 53×85cm. 보물 제926호. 삼성리움미술관 소장

고려 시대에는 수월관음도가 많이 제작되었다. 도상(圖像)의 원전은 남인도의 바다에 면한 보타락가산의 연못가 바위에 앉아 선재동자의 방문을 받고 있는 관음보살의 모습에서다. 이 수월관음 그림도『화엄경』「입법계품」의 내용을 도해한 것으로 전통적인 의궤의 도상을 따른 작품이다.

화면 오른쪽 아래에서부터 비스듬히 사선으로 뻗어나간 기암 위에 관음보살이 오른쪽 다리를 왼쪽 무릎 위에 올려놓고 앉은 반가부좌의 자세다. 얼굴은 오른쪽 하단 모서리에 있는 선재동자를 바라보고 있다. 보살 뒤에는 한 쌍의 청죽(青竹)이 보이고 묘하게 뻗어나간 바위 끝에는 버들가지가 꽂힌 정병이 놓여 있다. 그 주위를 커다란 광배가 원형으로 모두를 둘러싸고 있는데, 특이하게도 두광이 보이지 않는다. 이렇게 이 그림은 선재동자를 바라보는 관음의 친견 시선을 중심으로 해서 짜임새 있는 구성을 보여준다. 선재동자를 내려다보고 있는 관음은 풍만한 얼굴에 섬세한 이목구비를 갖추고 있다. 그리고 내려다보는, 가는 눈과 작은 입 등에서는 부드럽지만 근엄한 표정이 엿보인다. 오른손은 무릎 위에, 왼손은 바위에 팔을 기대고 반가부좌로 편안하게 앉은 자세는 깨달은 자의 모습을 조용히 보여주고 있는 것이다. 보관에서부터 내려와 전신을 감싸고 있는 눈송이 같은 투명한 사라는 보살의 화려하면서도 우아함을 배가시키고 있다. 사라 등 의복에 수놓인 치밀한 무늬뿐만 아니라 목걸이, 팔찌, 보관의 화려한 장식은 보살의 고귀함을 돋보이게 하고 있다. 또한 바위의 기이한 구불거림과 화면 아래의 산호, 기화(奇花) 등의 표현은 관음이 살고 있는 보타락가산의 특징을 잘 보여준다. 이러한 모든 표현은 치밀한 구성과 흐트러짐 없는 유려한 필선, 은은하면서도 화려한 색감 등이 조화를 이루며 당시 불화의 양식을 수준 높게 보여주는 것이다.

이 관음도는 특히 서구방이 그린 [도판 194] 〈수월관음도〉(1323년)와 도상 수준과 양식이 거의 일치하고 있어 고려 후기(14세기)에 제작된 것으로 추정한다. 이 같은 세계적인 고려 시대의 수준 높은 수월관음도는 지금 대부분 일본에 남아 있는데, 이 그림은 다행히 국내에 있어 우리 문화의 긍지를 알려주고 있다.

나) 우학문화재단 소장 〈수월관음도〉[도판 41]

14세기 고려 수월관음도 1점이 1991년 소더비에서 14억 2천만 원에 경매되었다. 이제 그 가치를 세계 미술 시장에서도 인정하기 시작했다는 것을 알 수 있다. 나라를 잃어버렸을 때는 역사에서 쓰레기처럼 취급받던 그림이, 나라가 정치적으로 독립되고 경제적으로 수혜국에서 시혜국으로 발전하면서는 그림도 세계화 속에서 상한가를 치는 증권처럼 부각되면서 상승해 가고 있음을 보여주는 것이다. 쓰레기냐? 상품이냐? 작품이냐? 명품이냐? 하는 평가도 국력의 수준과 비례한다는 것을 알 수 있다. 이 그림은 국내에 반입된 후 보수 작업을 거쳐 1998년 10월 10일 보물 1286호로 지정되어 지금은 장충동 소재

우학문화재단에 소장되어 있다. 이 그림이 2018년 3월 3일(土) KBS-1의 '천상의 컬렉션' 프로그램에서 소개된 바 있다.

(5) 중국과 고려의 수월관음도 비교 - [도판 23]과 [도판 35]를 중심으로

가) 먼저, 차이점을 보자

도판 41 고려 〈수월관음도〉. 비단에 채색. 우학문화재단 소장(보물 1286)

첫째는 화면의 구도에서다.

고려의 그림에서는 주인공인 수월관음은 위(上)에, 선재동자는 아래(下)에 이렇게 상하로 나뉘어져 있다. 이에 비해 중국의 그림은 상중하로 되어 있다. 즉, 수월관음을 가운데(中)로 해서 위(上)로는 극락세계를 상징하는 캐노피 같은 천개 장식과 망자를, 아래(下)로는 현실을 나타내는 장식과 예불의 주인공인 공양자를 나타냈다. 고려 수월관음도에서는 중국의 [도판 23]처럼 '위'(上)에 해당하는 (천개로 이상정토를 나타낸) 도상은 없다. 위가 아니라 선재동자를 상대화해 물 건너 보살이 있는 장소 자체가 보타락가산 이상정토라는 의미다. 이는 각 나라 국민이 수월관음을 신앙하는 세계관의 차이다.

둘째는 지물의 내용과 쥔 방법에서의 차이다.

남아 있는 고려의 수월관음도에서는 버들가지와 정병을 각각 손에 든 경우가 있지만, 주로 버들가지를 꽂은 정병을 수미단 뒤편 벼랑 끝 바위 위에 놓은 형의 그림이 대부분이다. 이에 비해, 중국의 수월관음도는 한 손엔 버들가지를, 다른 손에는 뚜껑이 있는 작은 약단지를 든 한 가지 형의 그림이다. 버들가지를 정병에 꽂은 그림은 보이지 않는다. 이는 치유에 대한 방법의 차이를 보여주는 것이다.

셋째는 그림의 용도 차이에서다.

대체로 고려의 그림이 산 자를 위한 그림이라면, 중국의 그림은 망자를 위한 그림이다. 고려에서는 상단의 관음보살과 하단의 예불자가 대각선으로 해서 예법을 갖추고 긴밀하게 친견으로 소통하고 있다. 망자가 없다. 이에 반해, 중국의 그림에서는 망자가 산자보다 더 중요한 위(上)에 위치하고 있다. 그래서 고려 그림이 현실에서 친견을 통한 산자의 제난구제를 강조했다면, 중국의 그림은 망자의 영가천도를, 나아가 환생까지도 기원했다.

넷째로 물결의 표현 차이에서다.

고려 그림에서는 대체로 강과 바다가 만나는 기수지역을 그렸는데 중국에서는 호수로 보인다. 일렁이는 파도 무늬가 아니다. 그리고 연꽃은 있지만 산호는 없다.

나) 공통점도 있다

첫째로 이 그림들이 일반 신자들을 위한 공적인 그림이 아니다. 왕실과 귀족들이 그들 집안 상황과 맞는 기원을 드리기 위해 그린 사적 차원의 그림들이다.

둘째는 그래서 맞춤 도상들이다. 그것은 중국에서는 마천진이 어머니의 영가천도와 명복을 빌기 위해 발원한 특이한 도상과 화기에서[도판 21] 그리고 망자와 산 자 가족 간의 요단강 건너가 또는 건너와를 중시한 독특한 구도에서 알 수 있다[도판 23]. 일반 중생이 기원드릴 수 있는 보편적인 도상이 아니다. 이 사적 차원의 맞춤 도상의 전통은 고려의 수월관음도에서는 물론 조선 시대 수월관음도가 사라질 때까지 이어졌다.

이 같은 공통점과 차이점은 수월관음이 다른 어느 변화 관음보다 특성이 업그레이드된, 아니 버전이 다른 보살임을 의미한다. 이상화된 신라의 해동백의관음을 바탕으로 해서 수월관음으로 대중화된 고려에서는 민족적인 정신으로, 게다가 최극성의 맞춤 도상으로 발전시켜 보여주는 것이다. 세계 최고 수준의 작품으로 말이다. 그 수준은 동시대 문학으로 비교하면 우리나라 선시의 태두였던 진각 국사(眞覺國師) 혜심(慧心, 1178~1234)의 세계 그 어디에서도 볼 수 없는 '심층적 역설'인 선시(禪詩) 이상의 경지였고[주 22], 도자기로는 같은 시대 세계 최고의 상감청자 그 이상의 상감 수준이었다고 보게 된다. 이는 아취 수준이 아니라 절절한 소원 성취를 위한 비원의 대상이었으니까. 에카르트 신부가 "예술이라는 '마법'에 걸려 있었나"라고 평한 것은 적절한 언급이다. 선시도 상감청자처럼 세계화 속에서 휴머니즘이 마법에 걸리게 되면 가장 수준 높은 'K불교문학'으로 인정받게 될 것이다. 아니, 세계 최고 수준의 새로운 시 영역인 선시로. 그 마법을 위해 문학계에서 특히 불교계의 관심을 기대하게 된다.

5) 조선 시대 – 전기

수월관음의 모습은 보타락가산을 상징하는 바위섬 위에 흰 투명 사라를 몸 전체에 두르고 앉아 있는 자태가 트레이드마크다. 이 투명한 흰 사라는 하얀 달빛이 맑은 물에 투영된 청정한 이미지와 상통함은 물론 혼탁한 번뇌를 깨끗하게 정화시켜 백화도장을 만들어 내는 연꽃의 상징이기도 하다. 이같이 수월관음을 상징하던 투명하고 화사한 흰 사라가 조선 시대에 들어와서는 불투명한 백의로, 그러면서 점차 씁쓰름하게 사라져 갔다. 억불정책으로 여러 가지 탄압을 받으면서다. 그러나 아이러니하게도 억불정책의 주체세력인 왕실 및 지배계층에서는 왕조가 망할 때까지 사적으로 불교를 믿었다. 그것은 조선의 마지막 황태자 영친왕 이은의 만수무강과 왕위 계승을 비는 대흥사 감로탱에서 알 수 있다[도판 61, 62]. 현실에서는 정치적으로 강력하게 억불정책을 실시하면서도 생활 속에서는 은밀하게 불교를 염치없이 믿은 것이다. 그들이 불교를 '불편한 진실'로 만들어 놓고서 말이다.

사대부 양반들은 "불교가 인륜을 끊고 세상 밖에서 허무하고 괴이한 윤회

설로 사람을 기만하고, 승려들은 일하지도 않고 백성들의 노동에 기생충처럼 붙어살면서 교화를 핑계로 혹세무민하는 존재"라고 매도했다. 그 핍박은 조선 중엽에 이르러서는 극에 달하였다. 그래서 관에서 사찰을 엄격하게 관리하였음은 물론 범어사 낭백 선사의 기록(1719년)에 따르면 승려들을 억압하기 위해 국가에서 사찰에 부여한 부역의 종류만도 40여 종이나 되었다. 그래서 수행은 돌볼 겨를도 없이 이 잡역 저 노동에 동원되거나 양반들의 관광 가이드, 종이 공급 등 뒷바라지하기에 바빴다. 그러면서도 왕실에서는 여전히 왕실의 평안과 재앙의 소멸, 후사 문제, 수명장수, 죽은 왕과 왕비의 명복 등을 빌기 위해 내밀히 사찰을 찾았던 것이다. 그것은 불교에 비해 유교가 태생적으로 인간의 생로병사에 관한 원초적인 욕구를 해결해 주지 못하기 때문이었다. 그래서 태종도 궁중 부녀자들이 사재를 털어 행하는 공양은 어디까지나 사적인 일이므로 제지할 명분이 없다고 관용적인 태도를 취했다. 따라서 척불정책 속에서도 불교가 존재할 수 있었다. 공적으로는 억압하면서 사적으로는 묵인한 것이다.

그러면 조선 시대 억불정책 속에서 백의·수월·해수 관음 계열의 그림들이 어떻게 변해갔는가를 살펴보자.

고려 시대까지는 불교가 주도하는 인도 문화의 사고방식인 심신이원론(心身二元論)의 관점을 견지했다. 즉, 육체와 정신은 다르기 때문에 자세가 굳이 바르지 않고 윤왕좌나 유희좌처럼 편안하게 하더라도 정신만큼은 올바른 관점을 유지할 수 있다고 본 것이다. 그러나 성리학이 지배 이데올로기가 된 조선으로 넘어오게 되면서는 심신일원론(心身一元論)의 관점이 일반화된다. 심신일원론에서는 육체의 바름이 곧 정신의 올바름을 나타내는 것이므로 전기 조선 불화에서의 구도는 반듯한 좌우대칭에 정면의 자세를 보이게 된 것이다. 이와 같은 관점의 차이로 인하여 고려 불화에서 볼 수 있었던 측면관의 자세와 구도는 이후 조선 시대에 이르면서 경직된 정면 도상으로 변하게 되었다. 이를 통해 시대정신에 따라 변화하는 예술의 면모를 확인해 볼 수 있다.

그리고 조선 시대에 들어 숭유억불정책 속에서 유교의 충효 강조에 따른 여파로 불교에 조상 숭배 요구가 비중 있게 반영되었다. 제사 강조에 따른 망자 천도 불화가 급증하게 된 것이다. 그에 따라 감로탱이란 새로운 도상이 생겨나고, 명부전의 역할이 커지게 되면서 명계에서의 사자 심판과정도 체계적인 교리로 정리되게 되었다. 더불어 자구책에 따라 좀 더 많은 시주를 위해 일반 중생에게도 법당 출입이 개방되었다. 그와 함께 예불 장소의 면적을 확대하기 위해 불전을 뒤로 물리면서 후불탱화로서 건강과 행복을 추구하던 백의·수월관음 계열의 불화가 줄어들어갔다. 그러면서 망자천도를 위한 감로탱이 전국적으로 널리 유행되면서 현재 우리나라에서만 존재하는 불화가 되었다.

(1) '바이린지' 소장 〈수월관음도〉(1427년)

원래 어느 절에 있었던 그림인지는 모르지만, 세종 9년에 그린 그림이다. 지금은 일본 후쿠오카현 구루메시의 바이린지(梅琳寺)에 있다. 일본 천황의 연호인 향화(享和) 3년(1803)이란 묵서명이 있는 삼나무 상자에 천보(天保) 7년(1836)의 감정서와 함께 보관되어 있다. 따라서 이 그림은 적어도 1803년 이전부터 소장되어왔음을 알 수 있다. 그림은 비단에 채색을 했는데, 현재 화면의 가장자리가 약간 잘렸고, 채색은 심하게 벗겨져 있다. 그림도 살아남기에 고생이 무척 심했던 모양이다. 수월관음의 머리 높이까지 바다와 하늘이 만나는 수평선을 소실선으로 넣었고, 넘실거리는 파도를 깊고 얕게 색상으로 나타내 원근감으로도 묘사했다. 그래서 바다가 아득하게 전개되는 느낌이다. 따라서 해수관음처럼 보인다. 끝없는 수월관음의 능력을 암시하는 것으로 해서다. 그런데 보일 듯 말 듯 은은한 신광에 비해 짙게 칠해진 두광에 테두리를 밝은 실선으로 분명하게 나타낸 것이 특이하다.

작품 아래의 모서리에는 '화기'가 있는데, 그 내용은 다음과 같다. "宣德二年丁未七月一族主晉陽姜氏南陽洪氏". 이 내용을 통해 선덕 2년 정미, 즉 조선 세종 9년(1427) 7월 1일에 이름은 없이 본관이 진양인 강 씨와 남양인 홍 씨

두 여성의 시주로 이루어진 것을 알 수 있다[주 23]. 당시 여성에게는 이름이 없었다. 이 그림은 조선 시대에 그려진 불화 중에서는 시기가 빠른 작품에 속한다. 여기서 수월관음이 일반 신도를 위한 사찰용이 아니라 특정 가족을 위한 원찰용으로 그린 그림임을 알 수 있다. 그것은 화기에서 '족주'(族主)라는 용어와 '진양강씨남양홍씨'(晉陽姜氏南陽洪氏)가 증명한다.

도판 42 일본 바이린지(梅林寺) 소장 〈수월관음도〉 (세종 9년, 1427). 123.5×60.5cm. 비단 위에 채색

이 그림은 비단 위에 채색된 그리고 귀한 물감이 사용된 점과 묘선의 유연한 테크닉 등을 감안할 때, 수준 이상의 작품이다. 이를 통해 주인공인 시주자도 상당한 신분의 여성임을 알 수 있다. 이 바이린지(梅林寺) 소장 〈수월관음도〉 전체에서 관음의 치맛자락, 구름 형태, 파도 무늬에 보이는 구불구불하게 겹쳐진 세련된 주름 수준은 고려 불화 못지않다. 그러나 탄력성이 좀 결여되어 있는 것은 원본이 아닌 도판 수준의 그림으로 비교해도 알아볼 수 있을 정도다. 이 그림에서 관음상은 바다에 솟아 있는 보타산 암좌에 드물게도 왼쪽 다리를 오른쪽 무릎 위에 걸친 모습으로 앉았고, 오른손은 바위의 표면을 짚고 왼손은 무릎 위에 얹은 자세다. 그런데 손에는 수정염주 같은 친견 선물이 없는, 빈손이다. 크기도 고려의 수월관음도에 비해 작아졌다. 경전에 쓰인 관음보살의 크기라는 "8억나유타항하사유순"에서 '유순'만큼 줄어든, 8억나유타항하사… 느낌이다. 억불정책에 따라 그만큼 보살의 위상이 격하되었음을 알리는 것이기도 하다.

수월관음에서 머리에 쓴 화만 중앙에는 아미타여래의 화신불이 붉은 색조로 묘사되어 있고, 옷은 투명한 베일을 걸치고 있다. 그리고 몸에는 목걸이, 귀걸이, 팔찌 등의 장신구로 화사하게 치장하였다. 둘레가 잘리고 안료가 떨어져 나가, 정확한 묘사 내용은 파악하기 힘들다. 하지만, 암좌 뒤편 바위 위에는 수월관음의 재능기부 도구인 정병에 버들가지가 꽂혀 있고, 화면 상단 좌측에는 동녀 1인을 거느리고 구름을 타고 내려오는 천부형 인물이 묘사되어 있고, 관음보살 아래의 왼쪽[향우]에는 선재동자가 희미하게 있다. 이들은 둘레가 잘리고 안료가 떨어져 나가, 정확한 묘사 내용은 알아보기 힘들다.

그런데 오른쪽 [향좌] 아래 3명의 여성 예불자는 다행히 그런대로 정확하게 남아 있다[도판 43]. 그래서 이 그림은 드물게도 순수한 여성 신앙을 가감 없이 드러내 보여주는 귀한 그림이다. 그 세 여인 중, 맨 앞의 귀족풍으로 치장한 여성이 이 그림의 주인공이다. 그녀는 옷은 최고의 멋을 부렸고, 아주 높게 올린 검정색 하트형 가체머리엔 금색 매듭 장신구가 화사하면서도 기품 있게 치장되어 있다. 손에는 하얀 손수건을 들고 경건하게 무릎을 꿇었다. 그런데 뒤에서 보이는 측면관이다. 전해 오는 그림 중 예불자가 여성이라는 것과 그들 모두를 뒷모습의 측면관으로 그린 그림으로는 유일하지 않을까. 뒷모습은 슬픈 감정을 보여주는 것이라고 하니, 측은한 마음을 그림에까지 담아 나타냈다. 뒷모습은 동시에 장옷처럼, 이슬람의 히잡처럼 얼굴을 숨기기 위한 배려의 방법으로도 보인다.

공손히 모은 두 손엔 공양물 대신 손수건을 강조한 것으로 보아 이 여인은 눈물로 무언가 간절히 염원하는 모습인데, 매우 긴장된 자세다. 눈물보다 더 찡한 공양물이 또 어디 있으랴. 그리고 긴장된 자세보다 더 경건한 예불 또한 없다. 어쨌든 염원이 크면 클수록 긴장되기 마련이다. 뒤의 두 여인은 주인공 여인의 불공을 지성으로, 보다 경건하게 드릴 수 있게 뒷바라지하는 시녀로 보인다. 주인공이 되는 이 여인은 화기를 바탕으로 왕실과 혼인 맺은 가문을 조사한 결과 원윤의생의 부인 남양 홍씨로 알려졌다[주 24]. 그리고 그 기원 내용은 간절한 아들 점지 소망과 세종 9년(1427) 5월 9일에 강화로 귀양 간 남편이 풀려나기를 염원하는 그림이다(진양 강 씨에 대해서는 더 조사가 필요하다).

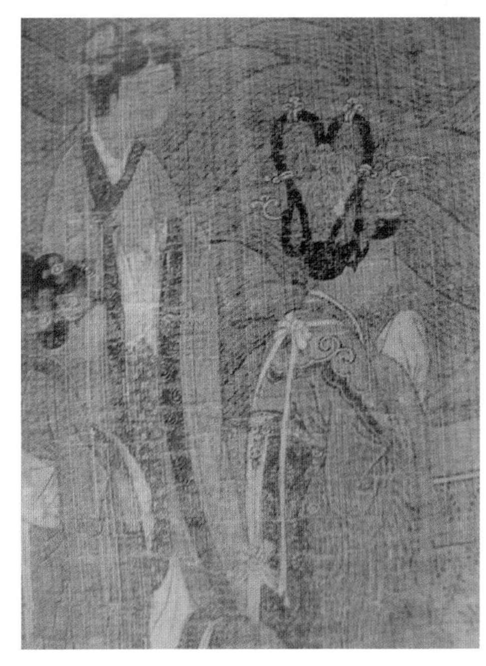

도판 43 바이린지 소장 〈수월관음도〉에서 공양드리는 맨 앞의 여주인공. 머리 모양이 성대하고 옷차림이 성장과 함께 정성을 다한 부인이 꿇어앉아 하얀 손수건을 손에 들고 슬픈 얼굴로 불공을 드리고 있고, 뒤에는 하녀들이 서 있다.

인터넷에서 검색해 보니, 남편이 되는 원윤의생(元尹義生)에서 원윤은 왕실의 대군이나 군의 양첩 장자에게 주던 서양에서의 공작, 백작처럼 명예 성격의 높은 작호다. 의생은 이름으로 이무생, 이복생과 함께 모두 2대 정종(1398~1400)의 서자들이다. 이렇게 세종의 종형제 중의 한 사람이었던 이의생은 형제끼리 어울려 기생들과 음란한 행위를 한 것이 들통난 것이다. 그리고 태종이 죽었을 때는 이들이 광대를 모아놓고 노래하고 춤추고 술을 마셨다. 서자로서의 한풀이와 왕권을 멋대로 주물렀던 작은 아버지인 태종이 미워서 그랬는지는 몰라도, 왕실의 치욕이 아닐 수가 없었다. 그래서 세종이 이무생은 백천으로, 이복생은 원주로, 이의생은 강화로 귀양 보냈고, 관련된 기생들은 곤장으로 치도곤하고 각 지역으로 돌려보낸 사건이었다.

아들을 낳게 해달라는 소원과 왕실로서의 음란한 간통 행위 그리고 태종이 죽었을 때 가무를 즐긴 죄로 귀양 간 남편에게 특별사면이 주어지도록 바라는 것은 당시 아녀자의 소원으로는 가장 절절한 염원이 아닐 수가 없었다. 그것은 그녀 자신이 하얀 손수건을 손에 들고 슬픈 얼굴로 무릎을 꿇고 앉아 예불 공양하고 있는 자세에서 그리고 수월관음이 다른 그림처럼 선재동자를 바라보는 것이 아니라 측은한 얼굴로 이 여인을 직접 바라보는 모습에서 충분히 알 수 있다.

특히 조선 당대 아들 소원은 신앙 그 자체였다. 그래서 산신·용왕·삼신을 찾아다님은 물론 부적으로 몸에 지니기까지 했다. 또한 그 지극정성은 사찰에 봉안된 기존의 불화 앞이 아니라 그 염원에 맞는 맞춤형 수월관음을 남편이 귀양 가자마자 그렸다는 점이다. 그것도 다른 그림들처럼 보살 앞에 위탁자인 선재동자가 아니라 당사자 자신이 직접 불공드리는 모습으로 해서다. 아니 선재동자가 있음에도 불구하고(그런데 선재동자의 역할은 낡아서 잘 알아볼 수 없다). 그것은 진귀한 공양물보다 손수건을 통한 눈물로 솔직하게 숨김없이 자신의 심정을 공양한 그림에서 충분히 이해된다. 인간의 감정 표현 중 가장 솔직한 것이 눈물이니.

수월관음도 전체 중에서 여성 예불자 본인이 직접 그림에 나타나 이 같은 솔직한 신앙 감정의 표현을 맞춤으로 나타낸 것은 지금까지는 이 그림뿐이다. 그만큼 왕실 여인으로서의 체면을 버린, 그러면서도 유지하며 비원을 절절하게 상징하게 했다. 뒤에서 보이는 측면관 기법으로 커버해서 말이다. 그것은 사적인 맞춤 그림이기에 가능했다. 그리고 남편이 서자라는 소외된 원(怨) 많은 삶과 그녀 또한 그 같은 남편과 함께 사는 한(恨) 많은 여인이었기에 더더욱 가능했던 도상이다. 여자이기 때문에 유교 사회에서 감당해야 하는 한에 대한 해소를 위해 은밀한 신앙으로 특히 서자를 배필로 한 왕실 여성들 사이에 많이 퍼져 있는 기록에서 유추할 수 있다.

오늘날도 그렇지만 특히 조선 시대 여인들에게는 불교가 삶의 한을 풀어주는 필요·충분적 신앙의 대상이었다. 그러니 종교는 여자들이 먹여 살린다는 농담이 나올 만도 하다. 고고한 윤리를 엄하게 강조하던 성리학 시대 초기에 음란한 간통 행위로 귀양 간 남편이다. 부끄러운 예불이니 남의 눈에 띄며 사찰에 다니는 것도 대외적으로는 몸을 사릴 만하다. 그러니 어느 절에 있었던 그림인지는 알려져 있지 않으나 한양 부근에 또는 집 안에 원당을 차렸을 가능성이 높다. 시장과 도지사 등 '미투' 사건에서 알 수 있듯이 상류 지도층에서 성범죄가 들통나면 얼마나 쪽팔리는가. 그리고 얼마나 큰 파장을 정치적으로 사회적으로 불러오는가? 선거비용으로 막대한 세금까지 낭비하게 만들면서다. 그러니 극단적인 선택까지 하는 뉴스도 나오는 것이다. 그런데 그 극단이 매가 날아오자 자기 눈에만 안 보이면 된다고 머리만 숨는 꿩 수준으로 여겨진다.

지배 계층들이 가장 바라는 절절한 염원을 그 염원에 맞게 사적 차원에서 맞춤형으로 그렸음은 고려에서는 물론 조선에서도 알 수 있다. 그런데 그 그림들을 발원한 발원자 중에는 왕실과 관련된 여인들이 많았다. 이것은 정치적인 억불정책 아래에서 괘씸죄에 걸릴 수 있는 남자보다 어느 정도 신앙 활동이 자유로웠기 때문이다. 아무튼 조선 시대에 불화가 그런대로 남게 된 공로는 왕실 여인들의 간절한 불심 때문이라 할 수 있다.

이 바이린지 소장 그림은 고려 불화를 계승하면서 새로운 요소를 가미한 조선 초기 작품인데, 그 화법 상에는 다음과 같은 특징이 있다[주 25]. 첫째, 얼굴의 표현에서 반 측면을 취하고 있는 관음의 얼굴이 고려 불화와 동일하나 윤곽선 없이 밋밋하게 나타내고 있다. 둘째, 옷 주름의 표현에서 치맛자락이 구불구불 겹쳐진 것은 고려 불화의 양식을 계승하고 있으나 탄력성이 결여되어 있다. 셋째, 구름무늬의 표현에서 수평선에 접하는 구름은 엷은 채색을 사용하여 부드럽고 가벼운 적운문으로 나타낸 뒤 그 가장자리에는 동일 계열의 색을 농담의 정도에 따라 층을 형성하여 구름의 공간 층을 형성하고 있다. 이러한 채색법은 이후의 작품에서는 거의 확인할 수 없다. 넷째, 파도무늬의 표현에서 전후좌우로 구불구불 물결치는 파도의 유동성은 물론이고, 파도 간에 무게 있는 동적인 물결을 나타내 마치 심해를 나타낸 듯하다. 이는 고려 불화의 파도 무늬를 계승한 것을 알 수 있다. 이와 같은 얼굴, 옷 주름, 구름 무늬, 파도 무늬는 화법상에서 고려 불화의 화법을 계승하고 있지만 세련미와 완숙도에서는 못 미치고 있다.

그러나 화면구성에서는 고려의 엄격한 정형성의 관음상 분위기와는 달리, 좋게 말해서 자유스러운 분위기를 자아내고 있다. 고려 수월관음도의 경우에는 화면에 극대로 크게 부각된 관음이 자기 발 언저리에 극소로 작게 묘사된 예불자를 대하기 위해 고개 숙여 아래를 바라보고 있다. 그에 비해 본 작품의 경우는 크기가 많이 줄어든 관음이 고개를 짐짓 세운 채 시선만 아래로 예불자에게 향하고 있다. 정면관이기 때문에 더욱더 그렇게 보인다.

이 그림을 [도판 124]와 비교해 보면, 예불 주인공이 왕이 아닌 왕실 서자 집안이라는 점, 남자가 아닌 여자라는 점, 공양물이 금은보화가 아니라 눈물이라는 점에서는 대조가 된다. 그러나 오른쪽엔 시녀가 있다는 점과 왼쪽엔 선재동자가 구경꾼(?)이라는 점에서는 같다. 둘레가 잘리고 안료가 떨어져 나가, 아쉬운 곳이 많지만, 그래도 이처럼 화풍에서는 고려에서 조선으로 넘어가는 시기에서 그 계승과 퇴보의 특징을 알려주고, 화기에서는 조선 초기 왕실 여인들의 보편적이고도 전형적인 남편과 아들에 대한 원과 한을 신앙적으로 알려주는 귀한 작품이다.

(2) 무위사 극락보전 벽화, 백의관음도(1476년)

초기에는 다른 불화와 함께 고려의 관음신앙이 계승되면서 그런대로 이어져 갔다. 그 대표적인 그림이 전남 무위사 극락보전 후불벽 뒤에 그려져 있는 〈백의관음도〉다[도판 44]. 이 그림은 1476년으로 보고 있으니, 앞의 (1) 바이린지 소장 〈수월관음도〉보다 49년 늦게 그려졌다. 무위사는 신라 진평왕 39년(617년)에 원효 대사가 창건한 절이라고 한다. 617년이면 원효 대사가 태어난 해이고, 또한 당시는 삼국통일이 되기 전인데 말이다. 어쨌든 여러 차례에 걸쳐 공사가 진행되면서 이름도 수차례 변하다가 무위사가 되었다.

그중 가장 중심이 되는 건물이 맞배지붕으로서의 극락보전이다. 이 건물은 목조로서는 보기 드물게 지금부터 거의 600년 전 조선 세종 12년인 1430년에 지어졌으며, 앞면 3칸, 옆면 3칸 총 9칸의 규모다. 맞배지붕으로서는 1308년에 지은 수덕사 대웅전에 이어 가장 오래된 건물이다. 따라서 이곳 건물 벽 따라 그려진 적지 않은 그림들은 고려의 영향이 남아 있는 조선 초기 불화이므로 그 연구에 중요한 자료가 되고 있다. 그래서 건물이 국보 13호로 지정되었다.

도판 44 월출산 무위사 극락보전 내의 아미타삼존불 후면 뒷벽에 그려진 〈백의관음보살〉(보물 1314호). 오른쪽 눈높이에 유자량이 1197년 지었다는 오언율시의 게송이 있고(46-□), 그 맨 아래에 공양드리는 노비구가 있다(45-○).

맞배지붕은 건물을 옆면에서 볼 때 지붕이 사람 인(人)자 모양이다. 그래서 지붕을 받치기 위해 장식하여 짠 공포 구조가 기둥 위에만 있어 간결하면서도 세련된 기법을 보여주고 있다. 이렇게 주심포 양식에 단아하고 소박한 측면 벽은 기둥과 도리가 만나 이루는 공간분할이 절제된 아름다움을 보여준다. 이 건물은 고려 후기 무량수전의 아기자기한 곡선적 공간분할에 비해, 간결하면서 짜임새 있는 균형을 직선으로 잘 이루고 있다. 건축에서 그 같은 변화도 유교의 영향으로 보게 된다. 그래서 건물도 조선 초기의 양식을 수준 높게 갖춘 건축물로 주목받고 있다.

내부는 바깥과 달리 화려한 단청으로 극락세계를 나타내 대조적이다. 수미단 위 〈아미타삼존불〉(국보 313호)을 비롯해서 그 둘레의 벽면에 직접 그린 그림들이 많다. 그중 하나가 이 글의 주제가 되는 〈백의관음보살〉(보물 1314호)이다. 그러니 이 그림도 다른 벽화와 함께 극락보전이 완성된 해(1430)에, 아니 조금 지난 1476년에 그린 것으로 보고 있다.

이름난 곳은 다 그러하듯이 이 그림에도 전설이 있다. 즉, 이 그림을 그리러 한 노인이 법당에 들어가면서 49일 동안 안을 들여다보지 말라고 당부했다고 한다. 그런데 49일째 되던 날, 절의 주지 스님이 조급증을 참지 못해 약속을 어기고 문에 구멍을 뚫고 몰래 들여다보았다는 것이다. 그러자 화룡점정을 위해 마지막으로 관음보살의 눈동자를 그리고 있던 한 마리의 파랑새가 붓을 입에 물고는 어디론가 사라졌다고 한다. 전설에서 신들은 소통 수단으로 봉황이나 파랑새를 타고 이동한다고 한다.

그러니 그림을 화승이 아니라 보살이 그린 택이다. 아니면 화승이 그린 후 마지막 화룡점정을 위해 보살이 파랑새를 보내 마무리한 의미이기도 하다. 이는 성모 그림을 성 누가가 그린 후, 성모가 셀프 축언을 했다는 의미와 같다고 보게 된다. 그러므로 날아간 파랑새도 그 역할을 신묘하게 마친 후 날아갔다는 신이성을 스토리텔링화하여 강조한 것이다. 보통 그림이 아니란 얘기다.

그런데 그 그림에서는 파랑새가 보살의 곁이 아니라 노비구의 어깨 위에 앉아 있다고 한다. 사라지더니 역할이 바뀌어 다시 날아온 모양이다. 이제는 예불자의 기원 공양에 힘을 보태주기 위해서다. 그러니 파랑새가 중보의 역할을 하는 셈이다. 그런데 그림이 낡아서 파랑새의 존재는 확인하기 힘들다. 하지만 그림에 쓰인 게송이 증명하고 있으니. 그리고 이 그림에서 보살은 언제나 물 및 달과 함께 그래서 수월(水月)로 나타나는데, 이곳에서는 산 위로 등장한다. 밤하늘을 호수로 만들면서다. 그래서 산 이름이 다름 아닌 '달이 뜬다'는 월출산(月出山)이다.

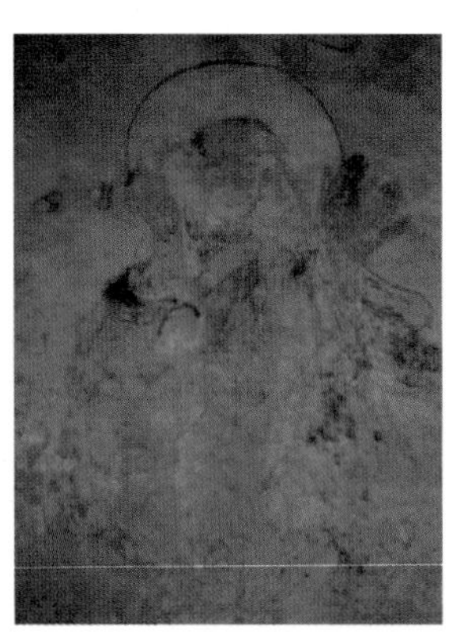

도판 45 백의관음보살에 나타나는 선재동자를 노비구로 나타낸 것은 이 그림뿐이다[도판 44-○].

월출산을 보라. 그 영험하게 생긴 산 자체를 이상정토로 여긴 것이다. 이는 1550년 인성왕후가 인종의 명복을 빌기 위해 이자실을 시켜 그려, 같은 산 도갑사에 봉안했던 그 유명한 〈32관음응신도〉가 뒷받침한다. 월출산을 배경으로 32곳의 능선 및 계곡마다 각각의 기원 특징을 나타내며 보살이 응신한 장소로 그렸으니까.

이 백의관음보살의 도상은 능선과 계곡이 아니라 보타락가산 월출산 정상 일렁이는 구름바다 위, 한 떨기의 연꽃잎 위에 둥근 달을 신광으로 해 서 있다. [도판 152]만큼 참신한 도상이다. 얼굴도 오른쪽 아래로 약간(3/4) 시선을 돌린 채 두 손을 교차해 앞으로 모아 오른손엔 버들가지를, 왼손에는 정병을 들었다. 장식은 간략한 옷 주름, 팔찌, 큼직한 2단의 가슴 치장용 목걸이를 했다. 힘 있는 활달한 필치로 바람에 심히 흩날리는 듯한 옷차림으로 해서 달님 속에 그려져 있다. 아래에는 무릎을 꿇은 노승이 손을 크게 모아 합장하려는 자세로 그려져 있고([도판 45] 참조), 게송에는 어깨 위로 파랑새가 그려져 있다는데, 어떤 자세인지는 확인하기 어렵다. 이 새는 '낙산 설화'에서 처음으로 언급되면서 이후 백의관음 계열에서는 [도판 205]처럼 기이한 자세가 전통이 되면서 등장한다. 이 벽화 오른쪽 관음보살 눈높이에 다음과 같은 오언율시의 게송이 있다[도판 46].

해안고절처(海岸孤絶處) 중유낙가봉(中有洛伽峰)
대성주불주(大聖住不住) 보문봉불봉(普門逢不逢)
명주비아욕(明珠非我欲) 청조시인봉(靑鳥是人逢)
단원창파상(但願蒼波上) 친첨만월용(親瞻滿月容)

바닷가 외딴 한가운데 낙가봉이 있다네
관음은 머문 듯 머문 바 없고 정토는 만날 듯 만날 수 없다네
구슬은 바라는 바 아니나 파랑새는 바라는 바이네
오직 원하는 것은 푸른 물결 위 보름달 친견이라네

관음보살은 자취 없이 머무는 보살이다. 달뜨는 모든 강에 달그림자 맺히

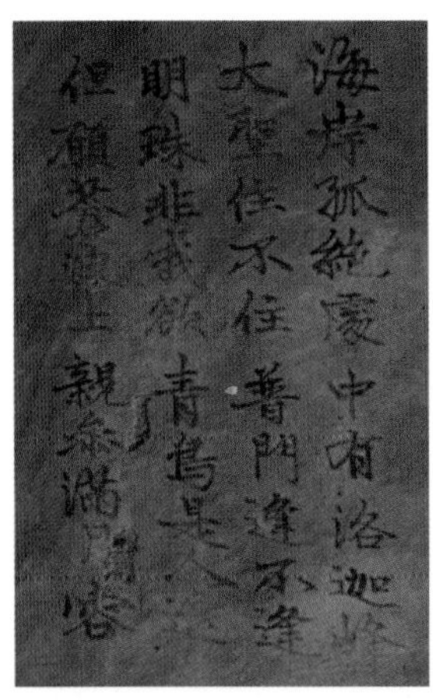

도판 46 〈무위사 백의관음보살〉 오른쪽에 새겨진 오언율시. 유자량의 게송이라 하나 두 책에 나오는 유자량의 시와 6글자가 다르다[도판 44-□].

듯이 밤하늘의 별 같은 모든 곳의 중생을 보듬어 품어준다. 그러니 그의 가르침은 언어 넘어 소리 없는 공(空)으로 전해온다.

이 그림의 오언율시와 똑같은 내용의 게송이 서거정이 편찬한 『동문선(東文選)』(1478)과 이행 등이 편찬한 『신증동국여지승람(新增東國輿地勝覽)』(1530)에도 나온다. [도판 44]의 그림에 나오는 게송과 두 책에 나오는 오언율시의 내용은 같으나 한문은 6글자가 다르다. (※두 인용 시에 각각 밑줄 친 부분 참조해 비교).

두 책 속에 〈낙산사〉(洛山寺)라는 제목으로 나오는 게송은 다음과 같다.

해안고절처(海岸高絶處) 중유낙가봉(中有洛迦峯)
대성주무주(大聖住無住) 보문봉불봉(普門封不封)
명주비아욕(明珠非我欲) 청조시인봉(靑鳥是人逢)
단원홍파상(但願洪波上) 친첨만월용(親瞻滿月容)

두 책에 실린 오언율시는 한문도 내용도 똑같은데, 이상하게도 지은이가 각각 다르다. 『동문선』에서는 석익장(釋益莊)이 지었다고, 『신증동국여지승람』에서는 유자량(庾資諒)이라고. 그런데 식견자들은 무위사 극락보전 벽화의 게송은 석익장보다는 유자량으로 보고 있다. 그는 생몰연대와 행적이 자세하게 나오는데, 석익장은 생몰과 행적이 불분명해서 그런가. 그런데 사찰에 그려졌으니 스님이 더 적격이지 않을까. '낙산 설화'의 원조인 의상 대사로 보는 주장도 있다. 이렇게 지금까지는 모두가 주장일 뿐이다.

유자량(庾資諒, 1150[의종 4]~1229[고종 16])은 고려 후기의 문신으로 성품이 정중하고 말이 없었다고 한다. 16세 때부터 유가(儒家)의 자제들과는 물론 무인(武人)의 자제들과도 교제를 하였다. 그래서 정중부의 난 때 화를 면하였을 뿐만 아니라 그와 교유하던 문인들도 모두 화를 면하였다. 집안 찬스인 음보(蔭補)로 직위에 올라 행정을 밝게 잘 처리하여 이후 내·외직을 두루 역임하였다. 1213년 상서좌복야(尙書左僕射)가 되어 은퇴하였다. 이후에는 재상들과 기로회(耆老會)를 만들기도 하면서 부처를 독실히 신봉하였다. 당대 예불자로 선정하기에 적당한 모델로도 보인다.

석익장(釋益莊)은 고려 후기의 스님이란 내용 외에 거의 알려지지 않은 사람이다. 그런데 『동문선』(제27권 제고[制誥])에 "익장원이담령대헐각위선사관고"(益莊元伊淡靈大歇各爲禪師官誥)가 실려 있다. 이 글을 지은 사람이 이규보(1168~1241)이다. 익장 스님이 활동하고 있을 때 내려진 문서로 본다면 이규보와 비교하여 석익장 스님은 유자량과 비슷한 시기에 활동했던 선사로 보인다. 『신증동국여지승람』에는 선사가 지은 기(記)(낙산사 기) 한 편이 전한다. 낙산사의 창건 설화를 주요 소재로 한 것인데, 그 기문은 다음과 같다.

> 양주(襄州) 동북쪽 강선역 남쪽 동리에 낙산사가 있다. 절 동쪽 두어 마장쯤 되는 큰 바닷가에 굴이 있는데, 높이는 1백 자가량이고 크기는 곡식 1만 섬을 실는 배라도 용납할 만하다. 그 밑에는 바닷물이 항상 드나들어서 측량할 수 없는 구렁이 되었는데, 세상에서는 관음 대사(觀音大士)가 머물던 곳이라 한다. 굴 앞에서 오십 보쯤 되는 바다 복판에 돌이 있고, 돌 위에는 자리 하나를 펼칠 만한데 수면에 나왔다 잠겼다 한다. 옛적 신라 의상 법사(義相法師)가 친히 불성(佛聖)의 모습을 보고자 하여 돌 위에서 전좌 배례(展坐拜禮)하였다. 27일이나 정성스럽게 하였으나 그래도 볼 수 없었으므로, 바다에 몸을 던졌더니, 동해 용왕이 돌 위로 붙들고 나왔다. 대성(大聖)이 곧바로 속에서 팔을 내밀어, 수정염주(水精念珠)를 주면서, "내 몸은 직접 볼 수 없다. 다만 굴 위에서 두 대나무가 솟아난 곳에 가면, 그곳이 나의 머리꼭지 위다. 거기에다 불전(佛

殿)을 짓고 상설(像設)을 안배하라" 하였으며 용(龍) 또한 여의주와 옥을 바치는 것이었다. 대사는 구슬을 받고 그 말대로 가니 대나무 두 그루가 솟아 있었다. 그곳에다 불전을 창건하고 용이 바친 옥으로써 불상을 만들어서 봉안하였는 바, 곧 이 절이다. 우리 태조께서 나라를 세우시고, 봄가을에 사자(使者)를 보내 사흘 동안 재를 실시하여 치성하였고, 그 후에는 갑령(甲令)에 적어서 항상 하는 항규(恒規)로 하였나. 그리고 수정염주와 여의주는 이 절에 보관해 두어 보물로써 전하게 하였다. 계축년에, 원(元) 나라 군사가 우리 강토에 마구 들어왔으므로 이 주(州)는 설악산에다 성을 쌓아 방어하였다. 성이 함락되자, 절 종[奴]이 수정염주와 여의주를 땅에 묻고 도망하여 조정에 고하였다. 침입군이 물러간 후에 사람을 보내 가져다가 내전(內殿)에 간수하였다. 세상에 전해 오기로는, "사람이 굴 앞에 와서 지성으로 배례하면 청조(靑鳥)가 나타난다" 하였다. 명종(明宗) 정사년에, 유자량(庾資諒)이 병마사가 되어 시월에 굴 앞에 와서 분향 배례하였더니, 청조가 꽃을 물고 날아와서 복두(幞頭) 위에 떨어뜨린 일이 있었는데, 세상에서는 드물게 있는 일이라 한다" 하였다(『신증동국여지승람』 권 44, 양양도호부조 불우 낙산사 조).

선사가 유자량과 비슷한 시기에 생존한 1200년대 초라면 이 기문은 『삼국유사』(1281)의 '낙산 설화'보다 반세기 정도 먼저 쓰인 내용이다. 『삼국유사』와 달리 이곳에서는 원의 침공한 정황까지 쓰여 있다. 익장 선사의 이 낙산사 기문 내용의 마지막 문장을 근거로 해서 무위사 벽화에 쓰인 오언율시를 유자량의 시로 보고 있음을 추정할 수 있다.

그리고 2008년 봄에 전라남도문화재위원회(제1분과)가 국보 가치가 있다고 평가하여 2009년 4월에 국보 신청서를 문화재청에 제출하였다. 그 자료에 따르면 "유자량이 게찬을 지은 1197년(정사년) 이후부터 전래되다가 무위사 극락보전이 완성되는 1476년경 벽화에 묵서되었다. 그 뒤 『동문선』(1478년) 또는 『신증동국여지승람』(1530년)에 등재된 것이 분명해진다"라고 하였다. 벽화의 게송이 유자량과 관계가 있는 것으로 하여 제출한 것이다[주 26].

6) 조선 시대 – 중기

(1) 내소사 대웅보전 벽화, 〈백의관음보살〉(1633년)

내소사는 전라북도 부안군 진서면 석포리의 관음봉 아래에 있는 절이다. 관음봉을 능가봉이라고도 하는 까닭에 능가산 내소사라 부르기도 한다. 633년(백제 무왕 4년) 백제의 승려 혜구두타가 창건하여 처음에는 소래사(蘇來寺)라 하였다. 그러다가 내소사로.

사람들에게 내소사는 '참 멋진 절'로 각인돼 있다. 먼저 일주문을 들어서면 쭉쭉 뻗은 전나무 숲길이 강원도 월정사처럼 아름답다. 그런데 월정사와 달리 일주문 안, 즉 진입공간 상에 심었으니 전나무 숲도 교리적인 차원에서 심었다는 의미가 된다.

이 숲길은 일주문에서 천왕문에 이르기까지 진입공간 중 가장 긴 600m 정도에 약 700그루의 전나무가 좌우로, 그러니 약 20m 간격으로 심어져 있는 셈이다. '한국의 아름다운 길 100선'에 뽑히기도 하였다. 이 전나무 숲은 400년 전에 조성되었다고 한다. 내소사가 임진왜란 때 피해를 입고 난 후 복구하면서 전나무를 심었다고 하니까. 다행히 6·25전쟁 때 피해를 입지 않아 오늘날에 이르러 무성하게 되었다. 그런데 어떤 이는 해방 직후

도판 47 내소사 대웅보전 뒷벽에 그려진 〈백의관음보살〉. 배경에서 (향)오른쪽에 선재동자[도판 48]가, (향)왼쪽에 예불자[도판 49]가 보인다. 도판-내소사 홈페이지에서 전재

에 심었다고 한다. 굵지 않은 나무의 수령으로 봐서는 후자가 더 근거가 있겠다. 길옆에 표시해 둔 전나무 숲 안내판의 여러 가지 이야기를 읽으며 걷는 것도 좋다.

전나무는 늘 푸른 침엽수로 피톤치드가 많다. 피톤치드(phytoncide)란 '식물의'를 뜻하는 'phyton'과 '죽이다'를 뜻하는 'cide'의 합성어다. 식물이 자신의 생존을 위협하는 박테리아, 곰팡이, 해충을 퇴치하기 위해 의도적으로 품어내는 살생 효능을 가진 유기 화합물이다. 나무가 자기 보호를 위해 스스로 내뿜는 자연 항균 물질로, 그중 테르펜이라는 성분이 숲속의 향긋한 냄새를 뿜어낸다. 이렇게 식물에는 살충 및 항균 작용을 하는 피톤치드가 사람에게는 중추신경의 흥분을 완화시키는 진정 효과가 있어 혈압 강하, 아토피 치료 등 광범위한 효과를 주고 있다. 또한 이곳 전나무 숲길에서 특유의 침엽수 향을 맡으면 감정이 차분해지고 기분이 상쾌해지면서 평온한 마음이 된다. 최고의 예불 자세를 저절로 갖추게 하는 진입공간이다. 그래서 전나무를 심었나 보다.

그 마음으로 전나무 숲을 지나 마주하게 되는 도량의 모습은 비밀스러운 사원을 만나는 듯한 기분이 들게 한다. 그래서 천왕문을 통해 경내로 들어갈 때는 긴장된 마음에 피톤치드의 효과까지 더해져 한층 더 차분하면서도 경건한 몸과 마음이 된다. 이어 법당 앞 계단을 오르면 햇빛을 온몸에 담고 있는 1300년 고찰의 중심 건물인 대웅보전이 환하게 팔을 벌리듯 마당을 품으로 해서 반겨준다.

이 대웅보전은 임진왜란 시, 화를 당한 후 조선 인조 11년(1633)에 청민 대사가 절을 재건할 때 건축한 것이라 전한다. 규모는 앞면 3칸, 옆면 3칸이며 팔작지붕이다. 지붕 처마를 받치기 위해 기둥 윗부분에 짠 공포구조가 기둥 위뿐만 아니라 기둥 사이에도 있는 다포 양식이다. 그 양식에서 밖으로 뻗쳐 나온 부재들의 포개진 모습은 옛 건축의 특징을 잘 보여주고 있다. 보머리에는 용이 물고기를 물고 있는 모습을 나타내 법당의 효능을 더해 준다. 더구나 공예 가치가 높은 문살 조각과 독창적인 장식물은 불교 건축양식의 가치를 보다 높여주고 있다. 그곳에서 은은하게 울려 퍼지는 목탁 소리와 염불 소리가 실내 분위기를 엄숙하고 그윽하게 이끈다.

다른 절도 그렇지만 특히 이곳 문창살에는 연꽃, 국화꽃 등 여러 꽃 모양이 단아하고, 소박하게 조각되어 특이하면서도 무척 아름답다. 장엄 하나하나에도 그 가치가 높다. 단청이 퇴색되어 나뭇결이 그대로 드러난 꽃잎이 결 따라 살아 움직이는 듯해 한국적인 아름다움을 지닌 최고의 창살 무늬로 평가받고 있다. 우리나라의 창살 무늬를 대표한다. 그래서 이 대웅보전은 건물 전체가 보물 제291호이기도 하다. 이곳 창살에도 다양한 물고기로 치장했다면 보머리에 새겨진 용과 더불어 바다 용궁 속 대웅보전이 되었을 텐데.

도판 48 내소사 대웅보전 뒷벽에 그려진 〈백의관음보살〉에서 (향)오른쪽의 선재동자가 머리 위 파랑새의 인도에 따라 친견을 하고 있다. 바위 위에는 정병에 버들가지가 꽂혀 있고, 앞에는 왕대나무가 관음보살의 존재 처를 알리고 있다.

도판 49 내소사 대웅보전 뒷벽에 그려진 〈백의관음보살〉 (향)왼쪽에 그려진 예불자가 보타락가산 암벽 사이의 계곡에서 예불드리고 있다.

법당 천장은 우물 정(井)자로 짜 맞추었다. 그래서 우물반자라고 한다. 불상 후불 뒤쪽 벽면 전체에 이 글의 주제인 〈백의관음보살〉이 좌상으로 그려져 있다[도판 47]. 그런데 그 같은 그림은 앞에서의 무위사 극락보전의 후불벽에도, 순천 동화사 대웅전 후불벽에도, 전북 고창의 선운사 대웅전의 후불벽에도, 공주 마곡사에는 대광보전 비로자나불 후불벽에 〈백의관음도〉가 그려져 있다. 그런데 이곳 내소사의 〈백의관음보살〉 그림이 우리나라에서 가장 크다고 한다. 답답하고 좁은 뒷길 행도에서 고개를 높이 꺾을 정도로 쳐다보게 해 그렇게 느껴지는 모양이다. 따지자면 마곡사의 〈백의관음보살〉이 더 크다. 눈으로 보기에도 마곡사 대광보전은 높은 천장에서 아래까지 거대하게 꽉 찬 모습으로 시원하게 그려져 있고 뒤의 행도도 널찍해서 그림도 훤하게 보인다. 이처럼 법당 불상 뒤 어둡고 비좁은 통로 후불벽에 그림을 그린 이유는 우요삼잡, 즉 오른쪽으로(右繞)로 세 번 돌게(三匝) 하며 예불드리게 하기 위해서다. 본존불에 따른 또 하나의 예불을 백의관음보살로 해 특별히 추가한 것이다. 다른 어느 사찰보다 백의관음의 신통력을 '+1'로 해 예불자의 소원성취를 더 높이려는 의도로 볼 수 있다.

이 그림에서는 [도판 48]과 [도판 49]에서 보듯, 선재동자와 예불자가 보살의 뒤로 물러나 배경 속에 좌와 우로 숨어 있듯 작게 그렸다. 그런데 그 산수 배경이 이전의 화법하고는 다르다. 산수화풍이 새로운 양식으로 도입된 것 같이 바위들을 날카롭게 각지게 그렸다. 그래서 초기 민화풍으로 보인다. 그리고 기존까지의 그림에서는 신앙의 주체자가 보살 앞에 그려져 보살과 친견하는 모습이었는데, 이 그림에서는 보살의 뒤쪽에 그려져 예불자가 보살에게 일방적으로 예불드리는 방식이다. 쌍방이 서로 소통하는 친견 장면은 사라졌다. 이 같은 변화는 특정 예불인을 위한 그림에서 벗어나 일반 중생을 위한 보편화된 신앙을 보여주는 것으로 생각된다.

그것은 백의관음보살좌상의 눈길에서도 뒷받침된다. 행도에서 일반 중생이 보살의 눈을 보며 우요삼잡하면 보살의 눈길이 따라온다는데, 그 눈길을 바라보면서 소원을 빌면 이루어진다는 전설이 전해 오니까. 내가 무엇인가를 간절히 염원하며 관음보살을 바라보는 것에서, 관음보살이 나의 염원을 들어주는 눈길로 변하는 역전의 눈길이 되니까 그리니 그렇게 느껴질만도 하다. 그렇다면 일종의 신앙 속 '줄탁동시'(啐啄同時)에 의해 이루어지는 기원성취 현상이다. 소원을 특별한 방법으로 성취시켜 주려는 내공의 능력을 암시한 기법 중의 하나로 볼 수 있다. 이 정도의 솜씨를 나타낼 수 있는 사람이라면 보통 화승이 아닐 텐데 그에 대한 내력이 없는 것이 아쉽다. 눈길이 따라오는 이 같은 현상을 서양 미술에서는 '모나리자 현상'이라고 한다. 〈모나리자〉의 눈도 그런 모양이다.

어쨌든 그래서 내소사를 찾는 많은 신도는 저마다의 소원이 이루어지기를 기원하며 찾아온다. 이 그림은 임진왜란 후 청민 대사가 대웅보전을 새로 중수할 때인 1633년에 그려진 것으로 볼 수 있다. 백의관음보살이 월출산 무위사에서는 극락보전에 있는데 이곳에서는 대웅보전에 있다. 마곡사에서는 대광보전에 그려져 있으니 그 정해진 의궤가 없는 모양이다. 절대적 의궤가 아니니까.

(2) 운흥사, 〈수월관음보살〉(1730년)

조선 중기 이후부터는 척불정책의 보편화에 따라 후불벽화 성격인 백의·수월관음 신앙도 스스로 알아서 자제되면서 눈에 잘 띄지 않게 되었다. 그런데 수월관음이 희귀하게 그려진 곳이 있다. 그중의 한 곳이 경상남도 고성 소재의 운흥사(雲興寺)다. 구름을 흥하게 일으키는 절(?), 절 이름치고는 특이하다. 교리적이기보다는 시적이다. 왜 운흥사라 했을까? 그리고 그 그림의 위치도 지금까지처럼 후불벽이 아니라 특이하게도 법당 안 측면 벽에 있다. 더구나 이곳의 그림은 당대 유명한 금어였던 의겸(義謙, 1690?~1760?)이 영조 6년(1730)에 그린 작품이다. 이렇게 당대 최고 화승이 그린 그림에다 봉안된 위치가 기존의 후불벽의 위치와 다르고, 절 이름도 특이하다. 그래서 궁금증이 더해진다.

이 그림은 내소사 그림보다 거의 100년 늦게 그려졌다. 그린 사람에 대해서는 생몰년과 출생지는 물론 그 외의 신변에 대해서도 알려진 바가 별로 없다. 모든 화승이 다 그렇다. 유명한 금어였던 의겸까지도 그러니…. 조선 왕조는 『승정원일기』나 『조선실록』 같이 왕과 관련된 부분에서는 세계의 그 어느 나라보다 기록을 많이 남긴 나라였다. 하지만 예인·재인에 대한 기록은 무시

도판 50 경남 고성 운흥사의 〈수월관음도〉(원본). 의겸 그림. 2.4×1.72m. 그림이 낡아 1998년 4월 이후부터는 관할 본사인 쌍계사 성보 박물관에 위탁해 보관 전시하고 있다. 보물 1694호이다.

했다. 특히 화승들에게는 억불정책으로 더더욱 인정하지 않았기에 불교의 자료에서나마 다행히 언급되고 있을 뿐이다.

소략하게 전해 오는 내용을 보면, 이 그림을 그린 의겸은 숙종부터 영조(1710년경~1760년경)까지 지리산 지역을 중심으로 활약하면서 많은 작품을 남긴 조계산문의 대표적인 화승이다. 전라남도 순천의 조계산을 중심으로 송광사, 실상사, 천은사, 흥국사 및 경상남도 쌍계사, 운흥사, 청곡사 등의 사찰에서 수월관음도, 영산회상도, 팔상도, 나한도, 감로탱화, 괘불도 등 다양한 주제의 불화를 그렸다. 알려진 것만 30점 정도다. 그의 영향은 이렇게 전라도와 서부 경남 지역에까지 미쳐 차후 보수적인 전통적 화풍 형성에 크게 기여하였다. 1720년 후반에는 '붓의 신선'이란 뜻을 지닌 호선(毫仙)이란 명칭을, 1730년 후반~1740년대 초에는 '절정기에 달했다'는 화승의 최고 존칭인 존숙(尊宿)이란 칭호를 받을 만큼 당대를 대표하는 금어였다. 그의 제자로는 쾌윤, 사신, 긍척 등으로 조선 중후기의 불화 양식에 큰 영향을 미쳤다. 당대 통도사의 임한파와 더불어 불교 화단에서 양대 산맥을 형성하였다.

그의 그림은 안정감 있는 구도에 짜임새 있는 구성, 생명력 있는 정치한 세선을 사용해 섬세하게 인물을 묘사했고, 수묵담채적 경향과 격조 높은 색조 그리고 따뜻한 진채를 사용하여 깔끔한 분위기라는 평대로 그려진 그림이 〈운흥사 수월관음도〉다[도판 50]. 화면 중앙에는 파도 위에 솟은 수미단 바위에 유희좌로 앉아 정면을 바라보는 수월관음이 큰 신광과 작은 두광을 배경으로 하고 있다. 그런데 다른 그림에 비해 신광보다 두광을 아주 밝게 그렸다.

[도판 42]와는 반대의 색조다.

머리엔 구슬로 장식된 화려한 보관을 쓰고 있으며, 붉은 색조의 구슬 장식이 머리에서부터 가슴 넓이 전체와 발아래는 물론 수미단 밑에까지 드리워져 있다. 수월관음의 트레이드 심볼인 투명한 흰 사라가 흐지부지해지면서, 그 대신 붉은 색조의 구슬 장식으로 바뀐 느낌이다. 화려, 수려, 미려했던 거시적 신앙이 사치, 간결, 요점이란 미시적 신앙으로.

왼쪽(향우) 아래에는 남녀 공양 인물이 꽃구름 같은 배를 타고 있다[도판 52]. 그 위 수미단 바위 끝에는 버들가지가 꽂힌 특이한 보라색 정병이, 그 위의 공간에는 파랑새가, 그런데 꽃은 물지 않고 있다. 오른쪽(향좌) 일렁이는 바다 위에는 연잎을 탄 선재동자가 있고, 그 위 바위에는 이상정토를 나타내는 대나무가 있다.

꽃구름 같은 쪽배를 탄 남녀 공양 인물을 보면 부부로 보인다. 귀티 나게 차려입은 젊은 여자가 공양물을 금 그릇에 받쳐 들고 앞장섰는데, 그 공양물은 빨간색과 파란색으로 된 4개의 여의보주다. 남자는 홀을 들고 뒤따르는데, 그 모습이 특이하다. 점잖은 자세에 나이도 지긋하다. 붉은색 옷에 황금색 요대를 한 것으로 보아 왕처럼 보인다. 타고 있는 배도 보통 배가 아닌 꽃구름 모양에서도 뒷받침된다. 그런데 홀을 들었다는 것은 자신보다 윗사람에게 예를 취한다는 표시가 아닌가. 그러니 숭유억불정책을 쓰면서도 왕은 내키지 않지만, 부처를 기원의 대상으로 삼은 모양이다. 그것은 선재동자를 날카롭게 째려보는 위세에 대해 선재동자는 다소곳이 합장하며 겸손한 표정으로 친견을 안내하는 자세에서 알 수 있다. 왕이 홀을 든 이 같은 자세는 [도판 187]에서도 나타난다.

그런데 그 억불정책에 따른 자격지심 때문인지, [도판 124]처럼 왕으로서 자신 있게 앞장서지 못하고 왕비 뒤에서 홀을 들고 따르는 친견 모습이 조금은 눈치 보는 공양이다. 반면에 앞장선 여자는 트레머리를 화려하게 치장하고 친견 자격증으로 보이는 여의보주를 가슴 앞에 자랑하듯 바구니를 두 손으로 받쳐 들어 친견을 하이패스 통과하듯 하려는 당당한 자세다. 그래서 바이린지 소장 그림에서처럼 꿇어앉아 눈물로 공양을 드리는 여인의 예불 자세와는 확연히 다르다. 그런데도 선재동자는 이 도도한 부부 공양 인물을 지극히 공손한 자세로 맞이하고 있고, 수월관음은 이 전경을 위에서 흐뭇한 미소로 바라보고 있다.

전체 그림은 조선 시대의 특징인 녹색과 붉은색을 주조로 해서 섬세함과 은은함으로 도상을 대비시켰다. 고려 시대에 그려졌던 수월관음도의 도상을 그런대로 갖추고 있는 편이다. 하지만 고려 시대의 수월관음도에서는 측면 자세가 보편적이라면, 조선 시대에서는 좌우대칭의 정면 자세를 취한 점이 다르다. 그것은 앞에서 언급했듯이 권위적 엄격성을 심신일원론(心身一元論)으로 강조한 성리학의 영향이라 보고 있다. 이 같은 유교의 영향은 왕릉에서 정자각의 의미가 담긴 통도사 대웅전 등 다른 불교 건축이나 그림에서도 보이고 있다. 친견에서도 바이린지 소장 그림과는 다르게 선재동자를 통한 간접 친견 구도다.

도판 51 현재 운흥사 법당에 봉안된 〈수월관음도〉 (1998년 모사본). 세로 2.4×1.72m.

크기에서도 보살이 고려 불화보다 아니 바이린지 소장보다도 줄어든 크기다. 신장이 무한한 능력의 크기를 상징하는 '8억나유타항하사유순'에서

도판 52 현재 운흥사 대웅전에 봉안된 〈수월관음도〉에 공양자로 그려진 부부. 시대와 복장으로 봐서 영조와 정성 왕비로 보인다. 왕비가 든 쟁반에 4개의 보주가 들어있다. [도판 51]에서 공양자 부분 확대

반 이상 줄어든, 그래서 '항하사유순'은 사라지고 '8억나유타…' 정도의 크기로 보인다. 그리고 존숙의 명칭을 가진 화승의 그림이라 할지라도 채색한 솜씨가 고려의 수월관음도에 비해 단순화, 도식화되어 미려, 그윽한 멋은 찾기 힘들다. 그러면서 고려 수월관음도보다 보살의 크기도 줄어들었고, 자세도 측면관에서 정면관으로 변했고, 친견도 정성을 다한 공양물 절차는 사라지고 형식적 절차인 자동 친견 패스로 변했다. 시대가 내려올수록 그만큼 신앙적으로는 지성성과 경건성이, 작품 제작에서는 기법성과 효험성이 옅어진 것을 느낄 수 있다.

그런데 지금 이 그림은 낡아 관할 본사인 쌍계사 성보 박물관에 보관되어 있고[도판 50], 이곳은 대신 모사한 그림이 봉안되어 있다[도판 51]. 모사한 그림은 의겸의 원본 그림에는 비교가 안 된다. 그림의 크기와 구도는 같으나 색조와 분위기에서는 원본보다 도식화, 무속화된 느낌이다.

우리나라의 사찰은 거의 세 스님, 자장·원효·의상 대사가 창건했다고 자랑하고 있다. 이곳 운흥사도 문무왕 16년(676)에 의상 대사가. 주목할 만한 것은 임진왜란 때 이 지역 승병들의 본거지였다는 것이다. 사명 대사의 지휘 아래 6,000여 명의 승병이 운흥사에 머물렀으며, 충무공이 작전 차 세 번 방문하였다고 한다. 그 때문인지 이 사찰에서는 그 이후 왜적과 싸우다 숨진 승병들의 넋을 기리기 위한 영산대재를 지내고 있다[도판 53]. 숙종 때부터 지금까지 매년 음력 2월 8일에. 임진왜란사의 기록에 따르면 이날 가장 많은 승병이 전사했다는 것이다. 그런데 이 기록과 다르게 현재 운흥사에서는 음력 3월 1일부터 3일까지 3일 동안 지내고 있다. 그중 마지막 날에 산사음악회를 더하여 영산재를 가장 크게 한다. 승병을 중심으로 지방 의병, 관군, 수군들의 영혼과 호국영령의 넋을 기리고, 또한 오늘날 대한민국의 국태민안을 위해서다.

임진왜란(1592~1598년) 후에 운흥사는 화원 양성소로 이름을 날렸는데, 이때 불화를 잘 그리기로 이름난 의겸을 배출하였다. 이후 의겸 스님은 이 운흥사에서 화사 집단을 이끌면서 18세기 중반에 전성기를 이루었다. 그런데 이곳 법당 본존불 좌우에 왕비와 왕세자의 축원패가 있다. 왕의 축원패도 있었는데 지금은 쌍계사 성보 박물관에 있다. 축원패란 살아있는 왕족의 수복과 무병장수를 비는 것이므로 이곳이 당대 왕실의 원찰이었다는 증거다. 이 그림이 1730년에 그린 것이니, 그림에서 공양 예불자인 남녀 주인공은 당대의 왕과

도판 53 운흥사에서 열린 291회 영산대재. 매년 음력 3월 1일에 지냈는데, 2021년에는 코로나19 때문에 6월 19일 올렸다. 우리나라에서는 가장 역사가 깊은 그리고 의미 있는 영산재인데, 참석자가 적어 분위기가 썰렁한 것이 아쉬웠다.

왕비임이 자명해진다.

왕조시대에는 왕의 후계가 중요했다. 그래서 왕실의 만수무강과 왕위 계승을 비는 발원은 그 어느 왕대에서도 존재했다. 특히 영·정조 때는 후손이 귀해서 왕자를 기원한다는 명목으로 전국 유명 사찰에 원당 설치가 유행했다. 일단 왕실의 인가를 받아 원당이 되면 사찰 중흥에 커다란 기회를 잡을 수 있었으니까. 청나라 건륭제까지도 1789년 1월 13일 자신의 팔순을 축하하러 북경에 온 조선 동지사를 통해 정조에게 자손이 번창하기를 기원한다며 〈복자도〉(福字圖)를 선물했다니까.

그래서 그런지 축원패가 있는 사찰이 적지 않게 있다. 이곳 운흥사도 그중의 한 사찰로 볼 수 있다. 억불정책하에서는 이같이 알아서 기는 아부성 방식이 당대 불교가 살아남기 위한 서바이벌이었던 것 같다. 영조 6년(1730)에 수월관음도는 물론 괘불, 변상도, 감로탱 등 그림이 세트로 이루어지고, 축원패도 왕, 왕비, 왕자에서 보듯 왕실 세트로 완성되었다. 이 축원패 셋트가 불화 셋트의 조성 성격을 진하게 알리고 있다. 나무에 우수한 필체와 함께 길조와 장생을 상징하는 동식물이 세련된 디자인에 화려한 색상이 격조 있게 칠해진 귀한 축원패다.

도판 54 운흥사 본존불 불단에 봉안된 왕세자 축원패. 나무로 된 축원패에는 봉황이 조각되어 있고, 양각으로 세련되게 '세자저하수천추'(世子邸下壽千秋)라 새겨져 있다.

수미 불단에 놓인 이 축원패에서 왕비의 패에는 봉황문 그리고 운문과 여의문이 용과 결합한 그림으로, 글은 금니에 양각으로 '왕비전하수제년'(王妃殿下壽齊年)이라 쓰여 있다. 왕세자의 패에도 같은 봉황이, 글은 '세자저하수천추'(世子邸下壽千秋)라 새겨져 있다[도판 54]. 왕의 축원패에는 '주상전하수만세'(主上殿下壽萬歲)라는 글이 가장 크고 화려하게 쓰였을 것이다. 그런데 왕의 축원패는 쌍계사 박물관에 보관되어 있어서 여기서는 볼 수 없다. 우리가 알고 있는 죽은 사람의 담백하고 쓸쓸한 분위기의 위패와는 반대다. 아니 차원이 다르다. 정성껏 공들인 것으로 봐서 왕실에서 주문했거나 절에서 최고 정성으로 만들어 왕실로부터 허락받았음이 분명하다. 괘불, 수월관음도, 감로탱 등이 축원패와 함께 모두 1730년에 제작된 것이니 당시의 왕과 왕비 그리고 아들을 위한 것임을 알 수 있다. 아들이라면 사도세자의 이복형인 효장세자(1719~1728)가 죽은 뒤 2년 후다. 이해가 된다. 그러니 수월관음도에 부부로 보이는 공양 인물에서 왕은 영조에, 왕비는 정성왕후다. 그녀는 축원패대로 수명은 그런대로 누렸지만, 왕자는 낳지 못했다. 그래서 왕은 정빈 이씨를 제1후궁으로 얻어 효장세자를 낳았다. 효장세자는 영조가 즉위하면서 경의군이 되었고 다음 해 7살에 세자로 책봉되었다. 그러나 10세에 장가가던 날 설사로 영문 모르게 앓기 시작하더니 2달 후 창경궁 진수당에서 죽는다. 영조의 슬픔이 컸던 모양이다. 효장세자의 임종에 대해 이렇게 직접 기록했다.

> 임종이 가까우매 내 얼굴을 그의 얼굴에 대고 나를 알겠느냐고 부르자, 희미하게 응답하는 소리를 내며 눈물이 뺨을 적셨다. 아! 마음이 아프다. 아! 내가 덕이 없어서 믿는 것이 오직 너뿐이었고, 성품도 좋아 동방에서 복의 근원이 되기를 바랐는데, 어찌 나이 겨우 10살에 이 지경이 될 줄 알았겠는가?

그러면서 "왕위라도 내놓을 테니 세자만은 구해 달라"고 천지신명께 간구까지 했다고 한다. 영조는 효장세자가 이름 모를 병으로 죽자, 40을 넘은 나이에 제2의 후궁인 영빈 이씨를 얻어 둘째 아들을 얻게 된다. 1735년이었다. 운흥사에서의 치성 덕분으로도 볼 수 있겠다. 얼마나 좋아했을까. 그가 효장세자의 이복동생인 장헌세자다. 그런데 그는 아주 비극적으로 죽는다. 뒤주에 갇혀서다. 그가 죽으면서 바뀐 이름이 '사도세자'다.

1728년 효장세자가 죽고, 7년 후 장헌세자가 태어나자, 영조는 너무도 좋아 돌도 되기 전에 세자로 책봉했다. 그리고 2살 때부터 왕세자 수업을 실시했다. 타고난 총명, 온후, 호방한 성격으로 궁궐의 총아였다. 허나 성장하면서 학문보다는 무술과 그림을 더 좋아했다. 재인 기질이 드러난 것이다. 하나뿐인 아들에 대한 영조의 과도한 기대는 급격한 실망을 갖게 되었다. 그래서 왕의 경험을 쌓게 하고자 대리청정을 시켰다. 그랬더니 세자의 진취적이고 진솔한 성품은 탕평책을 구축해 온 영조의 조정을 뒤흔들었다.

심기가 뒤틀린 영조는 신하들이 보는 앞에서 장헌세자를 면박하고 이에 강직하게 맞서는 세자는 결국 아버지 영조의 눈 밖으로. 한번 미운털이 박히게 되자 장헌세자에 대한 구박은 도를 넘어섰다. 더구나 세자보다 어린 정순왕후가 세자에 대한 비행과 난행을 과장해서 영조에게 보고하게 되고, 생모인 영빈 이씨도 아들의 비정상적인 행동을 눈물로 이실직고하기에 이르렀다. 그러다 손자의 빼어난 자질을 확인한 영조는 세자를 건너뛰어 손자인 세손에게 왕통을 전해주고자 하는 마음이 생겨났다. 그리하여 영조는 장헌세자를 '존재 자체가 역모'라고, 이에 세자는 정서적 건강이 무너지게 된다.

영조는 천한 무수리의 소생이란 자신의 신분에 대해 열등감을 극복하지 못했다. 그래서인지 왕위 계승에 후궁에서 얻은 장헌세자로는 만족하지 못했다. 장헌세자 개인에 대한 불만도 컸음은 물론이다. 그래서 정성왕후가 죽자(1757) 대군을 낳겠다는 작심으로 새장가를 들었다. 3년 후, 자신보다 51세나 어린 여인을 왕비로 맞으니 그녀가 표독하고 당찬 정순왕후다. 그녀의 나이는 15세. 그러나 왕자는 점지되지 않았다. 영조의 그 주책 같은 결혼에서 정통성 있는 왕위 계승을 위해 처절하게 최선을 다하는 모습을 보게 된다.

영조는 천한 무수리의 소생이란 신분적 콤플렉스, 왕세자 책봉에 대한 붕당 소용돌이, 왕자 시절 역모에 몰렸던 위기, 이복형 장희빈의 아들 경종의 독살 의혹을 극복한 후 왕위에 올랐다. 이렇게 산전수전의 역경을 뚫고 자수성가한 인물들은 거의 다 자기 방식에 강렬한 확신을 갖게 된다. 그 확신과 세자에 대한 평소의 불만이 쌓인 상황에다 나경언의 고변 사건을 빌미로 (장헌) 세자는 염천의 궁궐마당 뒤주 속에서 죽었다[도판 55]. 모든 고통을 그대로 아

도판 55 뒤주. 원래 뒤주는 곡식(쌀,콩,팥)등을 담아 보관하는 용기다. 주로 쌀벌레가 생기지 않는 회화나무로 만든다. 이곳에서 사도세자는 들어가 갇혀 죽었다. 이 도판은 수원 화성에 진열된 뒤주이다.

니, 보다 느리게, 슬로우 템포로 경험하면서다. 칠흑 같은 뒤주에서 "아바마마"를 목 놓아 부르며 애원하다가. 영조는 곧 이를 후회하고 천추의 한을 간직하며 '후회한다'는 의미로 사도(思悼)라는 시호를 내렸다. 그래서 장헌세자에서 사도세자가 된 것이다.『한중록』에 따르면 사도세자(장헌세자로서)는 1762년 5월 윤달 13일(양력 7월 4일) 뒤주에 들어가 5월 20일(양력 7월 11일)에 죽었다. 우리 국민이라면 누구나 알고 있는 기막힌 사건이다. 하지만 내용을 제대로 아는 사람은 많지 않다. 당시 신하들도 암묵적인 금기로 '쉬쉬'해야 했으니까.

수원의 화성 행궁에 가니 뒤주 체험하는 곳이 있다. 감옥소의 독방 체험과는 비교가 되질 않았다. 이곳 뒤주에서는 1일이 아니라 1시간도 못 있을 것 같다. 그런데 그곳에서 배고픔, 답답함, 갈증, 분노, 회한이 겹치고 합쳐지면서 꼼짝할 수도 없고 보이지도 않는 뒤주 속에서 처절하게 굶어 죽어갔다. 8일 동안이었지만 그보다 몇 배 더 긴 고통을 겪으면서다.

영조는 아버지로서, 왕으로서 두 자식에 대해 애와 증을 극과 극으로 맞대응한 인물이다. 효장세자가 10살의 어린 나이에 죽어가자 자기 얼굴을 아들의 얼굴에 맞대며 "나를 알겠느냐"고 안타까워하며 흐느꼈다. 아들의 눈물을 자신의 뺨에 적시며 "아! 마음이 아프다"며 아버지로서의 애(愛)를 지순함으로 나타냈다. 그에 반해 장헌세자에 대해서는 '존재 자체가 역모'라며 세계사에 그 유례가 없는 뒤주에 가둬 죽였다. 증(憎)을 무한으로 자행한 것이다. 정말 천륜에 반한 사건이다. 왕위 계승 같은 정치적 갈등은 어쩌면 조폭 세계보다 더 잔인하다. 효장세자에 대해서는 아버지로서 인간적으로, 장헌세자에 대해서는 왕으로서 정치적으로 한 선택이겠지만. 장헌(사도)세자가 8일간 뒤주에서 죽어갈 때 아버지로서 그의 마음과 왕으로서의 그의 마음은 어떤 차이가(?). 극과 극으로써의 사례, 연구감이다.

한편, 정조가 아버지 사도세자에게 바친 효심은 지극함을 넘는다. 융릉(隆陵)과 화성(華城)에서 알 수 있다. 정조 자신도 완성 후 감격에 겨워 눈물을 흘렸다고 하니 왕이 백성에게 보인 모델로서 왕 자신의 정려각이라는 생각이 든다. 수원 화산(花山)의 형국은 800개의 봉우리가 산을 꽃봉오리처럼 둘러싸며 보호하는 형세라 한다. 양주 배봉산에 있던 아버지 수은묘(垂恩墓)를 이곳으로 천장해 그 가운데 씨방자리인 혈(穴)에다 모신 것이다. 그리고 부근에 있는 갈양사(葛陽寺)를 원찰로 삼았다. 그 후 용이 반룡농주(盤龍弄珠)하며 승천하는 꿈을 위해 크게 중수하고 원찰 이름을 용주사(龍珠寺)라 개칭했다.

용상에 오르지 못하고 이무기로 죽은 아버지를 위해 조산을 여의주 모양으로 조성했다. 그리고 다른 왕릉에서는 문인석의 모자가 사모관대인데, 융릉에서는 왕관 무늬로, 그 앞엔 봉황을 새겨 놓았다. 무덤 치장을 통해 용상에 오른 것으로 나타낸 것이다. 그리고 화성을 축성하고 행궁도 지었다. 사도세자가 왕세자 시절 평양 밀행으로 그렇게 갈구했던 이상향을 화성에다 백성이 원했던 개혁과 대통합으로 '잘살아 보세'를 추진한 것이다. 조선 최초의 계획 신도시를 시도한 것. 그러고는 어머니의 환갑을 이곳에서 맞이하였다. 그 그림이 김홍도가 그린 〈수원화성원행도〉로 남아있다.

당시 융릉 조성 비용이 18만 냥, 수원읍 이주와 화성 축성 공사비는 87만 냥이었단다. 이것을 오늘날 화폐단위로 환산하면 대충 10조 이상은 들었을 것으로 추정한다. 그러나 그 꿈은 원인 불명으로 갑자기 승하해 거품이 되고 말았다. 이 같은 정조의 꿈을 몰락시킨 것은 15세에 영조의 둘째 왕비로 들어와 당시 대왕대비였던 정순왕후였다. 그녀에서부터 시작된 수렴으로서의 세도정치는 이후 안동 김씨, 풍양 조씨로 계승되면서 나라가 망할 때까지 계속되었다. 더 이상 왕이 다스리는 나라가 되지 못했다. 세도 왕국으로 변하면서 망국으로 이어진 것이다.

아무튼 구름이 저 높은 뒷산의 와룡산으로 크게 모여 그 산 아래에 있는 운흥사의 부처님 보호 아래 왕손이 잉태되어 퍼지고 번져서 구름처럼 흥하게 되기를 발원한 것에서, 산의 이름과 절의 명칭도 이해가 된다. 그리고 당대 최고의 화승이 그린 것도, 그림의 위치가 후불벽이 아닌 것도 여기서 이해된다. 왕을 상징하는 제주가 권위상 후불벽 뒤에서 발원할 수 없기에. 와룡산에서 용은 왕을 상징하니, 그 발원대로 얼마 안 되어 사도 아니 장헌세자가 태어났다. '세자저하수천추'를 빌었으니 얼마나 기뻐했을까. 이로 인해 이 사찰도 중흥의 기회를 잡았으리라. 운흥사 법당의 격조가, 품위 있음이 여기서 이해가 된다. 그런데 비극적인 뒤주 사건이 발생했으니.

2021년 291회 호국영령과 국태민안을 위한 영산재를 열었다. '291회'라니, 이는 숙종이 아니라 영조 6년(1730년)부터 시작했다는 계산이 된다. 임진왜란 직후부터가 아니라 영조에 의해 수월관음 그림이 그려진 그해부터다. 왕실의 기원 행사는 천기가 누설되지 않게, 영산재는 거대하게 하다 영조가 죽은 후 왕실 기원 행사는 자연 해소되고, 영산재만 오늘날까지 지속되고 있는 것이다. 오늘날 우리나라에서 시행하는 영산재 중 가장 의미 있고 그 역사도 길지 않을까. 그럼에도 불구하고 참석자가 민망하게 적어 분위기가 썰렁하다.

지난 2016년 10월 7일 제44회 영산대재가 경주 불국사에서 있었다. 법흥왕, 표훈대성사, 김대성 재상, 박정희 대통령, 월산성림대성사를 위한 영산대재 및 재난(지진) 소멸 기원제였다. 그런데 불국사를 세운 경덕왕과 초대 주지였다는 신림 대사가 없다. 왜? 진행 순서에서도 스님들의 개회·헌화·삼배·독송·기원문 등은 있으나 영산대재에서 가장 중요한 스님들의 바라춤이 없다. 전문 춤꾼들에 의한 살풀이춤과 관세음보살 춤으로 대체한 듯하다. 가장 하이라이트이므로 대체될 춤이 아닌데. 앙꼬 없는 찐빵처럼 느껴졌다.

영산재와 비슷하다고 볼 수 있는 서양의 레퀴엠(Requiem), '죽은 이를 위한 미사'에서 모차르트가 작곡한 연주 순서와 비교하면 쌈박하지 못하고, 규모와 영험성도 그렇다. 레퀴엠 진행 순서는 1) 입당송, 2) 자비송, 3) 부속가,

4) 봉헌송, 5) 거룩하시다, 6) 복되시다, 7) 하느님의 어린양, 8) 교제로 되어 있다. 순서의 리듬은 서로 엇비슷하다. 죽은 이들의 혼을 기리는 영산재이니만큼 형식적이어서는 안 된다. 그러니 스님들이 직접 부처님께 바라춤으로 고하는 영산재가 되어야 한다. 삼보로써 스님의 의무이며 영산재에서의 생명이며 돌아가신 분에 대한 예의이니까.

7) 조선 시대 – 말기

(1) 현등사, 〈수월관음도〉(1850)

현등사 〈수월관음도〉는 관음전의 백의관음보살상 뒤에 후불탱으로 걸려 있다. 청색 바탕에 녹색과 붉은색을 주조 색으로 해서 금니와 흰색이 부분적으로 강조된 그림이다. 그런데 2011년 보존 수리 중, 종이 위 그림인데 배접지속 복장(腹藏)에서 〈관음원문〉이 발견되면서 그림에 대한 제작 연대와 화승, 발원자, 발원 내용 등을 알 수 있게 되었다. 그래서 이 그림의 위상을 [도판 158]과 견주게 된다.

그 역사성을 위해 복장(服藏) 속 사리함에 해당하는 후령통(候鈴筒) 안의 원문(願文)에서 가장 관심이 가는 부분만을 옮겨 본다.

> '至誠奉祝 朝鮮國王大妃殿下 戊辰生趙氏 謹遣臣尙宮辛丑生玄氏尙宮庚戌生柳氏等 敬請良工新畵成‥觀音一部‥憲宗‥仁哲孝大王丁亥生完山李氏仙駕 上生兜率頓 證法王大妃殿下辛卯生洪氏 玉體安康 聖壽萬歲 永無疾患 無憂快樂 德嬪邸下壬辰生金氏貴體 安康福壽增長'/출처: 법보신문(http://www.beopbo.com)

이 글은 당시 왕실 최고 인물들의 옥체 안녕을 위한 발원문이다. 즉, 1850년 4월에 왕대비 조(趙)씨가 23세의 나이로 일찍 죽은 아들 헌종(憲宗,

도판 56 가평 현등사 관음전 〈수월관음도〉(1850년). (별칭: 해수관음탱). 달 같은 중앙의 원형 안에 관음보살은 기암괴석 위에 유희좌로 앉아 있고, [향](좌)로는 정병과 버드나무, (우)로는 대나무가 묘사되어 있다(경기도 유형문화재 제198호). 비단 바탕에 채색. 174.5×210.5cm

1827~1849)의 극락왕생과 왕비 홍씨와 후궁 경빈 김씨의 옥체 안강과 수복 증장을 빌기 위해 상궁 현씨와 유씨를 현등사에 보내어 수월관음도를 그리게 했다는 내용이다. 즉, 구한말 마지막 세도정치의 여걸 왕대비 조씨(신정왕후 조씨, 1808~1890)가 발원하여 그린 그림이다. 신정왕후는 23대 순조의 세자 효명(1809~1830년)의 빈으로 1819년 간택되어 1827년 헌종을 낳았다. 어쨌든 이토록 자세하게 조성 과정과 목적 그리고 당대 역사에서 중요한 인물들의 이름이 나오는 화기는 드물다. '역사성'이 선명하게 드러나 있다. 발원문에는 '해수관음탱'이란 명기까지 있어, 이 명칭이 수월관음보살의 별칭이라는 사실까지 알 수 있게 되었다.

신정왕후의 아버지는 조만영이고, 증조부는 대마도에서 고구마를 들여온 이조판서 조엄이다. 대리청정하던 남편이 왕위에 오르지 못하고 1830년 일찍 죽었다. 그래서 아들을 순조의 세손으로 책봉, 1834년 24대 헌종으로 즉위하였다. 그리고 그해에 남편 효명세자를 익종으로 추숭하고, 신정왕후 그녀는 왕대비가 되었다. 1849년 아들 헌종이 죽자, 대왕대비인 순원왕후는 외가인 안동 김씨와 결탁하여 강화도령으로 알려진 사도세자의 서자를 25대 철종(1849~63)으로 왕위를 계승하게 하였다. 1857년 시어머니 순원왕후가 죽자 왕실의 최고 어른인 대왕대비가 되었다. 정식 명칭은 효유대왕대비이나 조대비로 통칭했다. 그러면서 세도정치 시기에 풍양 조씨 세력을 대표하는 인물이 되었다. 1863년 철종이 죽자 왕위 계승자를 26대 고종(1863~1907)으로 결정하고 수렴청정을 하였다.

이처럼 그녀는 3대 왕 아니 4대 왕의 죽음과 3대 왕의 즉위에 직간접적으로 관여하며 구한말 세도정치의 한가운데서 왕실 강화와 위상을 높이기 위해 주력하였다. 그에 따라 체제의 신분 질서를 흔드는 천주교를 박해해 프랑스 신부 등 119명을 투옥하고 김대건 신부도 새남터에서 처형하였다. 이것이 기해박해(己亥迫害)다. 당대 시대 상황은 외척들이 정권 유지를 위해 왕위 계승 등 장난질 치면서 국내 정치는 물론 서양의 배들마저 자주 출몰해 나라 밖까지 어수선한 상황이었다. 당대는 이렇게 대내외적으로 흉흉한 시대였다.

이 수월관음도는 그 같은 시대 상황의 한가운데에서 그려졌다. 그래서 별칭으로 '해수관음탱'으로 부르게 된 것 같다. 이양선 출몰을 막아 달라 기원하면서다. 그래서 그런지 이양선 출몰처럼 그림도 (도상에서 평안을 간절히 바란다는 강조가 오히려) 번거롭고 어수선하다. 짙은 청색 바탕에 금은니(金銀泥)로 그린 점이 특징이다. 도상 구성에서도 이전에는 볼 수 없던 매우 이색적인 작품이다. 화려하고 산만하면서 무속적인 분위기까지 엿보인다. 달을 상징하는 배광 안에 수월관음이 꽉 차게 들어있다. 수월관음은 화면 중앙의 검은색 원형 두광과 단순화시킨 화염 무늬 신광을 배경으로 하여 기암괴석 위에 앉아 있다. 머리에는 화려한 화관을 쓰고 있으며, 그 화관 속 법당 형태의 중앙에 화불로 아미타여래를 좌상으로 나타냈다. 네모난 얼굴은 퇴락되어 선명하지 않지만 길고 작은 코에 조그맣게 오므린 입 등은 조선 후기 불화에 나타나는 특징으로 보게 된다.

관음보살은 암좌에 왼쪽 무릎을 세우고 편안하게 윤왕좌로 앉아 있다. 그 오른편으로 괴석과 정병이 배치되고, 정병에 버들가지 같지 않은 가지가 꽂혀 있다. 그 가는 가지에는 가지보다 무거워 보이는 파랑새 한 마리가 앉아 있고, 그 앉은 관음조 파랑새에게 또 다른 파랑새가 위에서 날아드는 보기 드문 도상이다. 그러니 교리의 의궤를 넘어 번잡하면서도 어수선하다. 관음의 능력을 상징하는 장엄 역할에서 관음조끼리 따로 서로 즐기는 분위기로 이탈하게 되니까. 정병도 독특하다. 편병 형태다[도판 57]. 그 몸통에는 팔괘가 태극 문양 둘레에 시문되어 있다. 지금까지 다양한 형태의 정병이 나타났지만, 이 같은 기형에 문양까지 그려진 정병은 없었다. 더욱이 정병의 가늘고 긴 목에는 '관심수'(觀心水), 즉 '마음을 비추어 보는 물'이라는 무속적 성격의 명문까지 쓰여 있다. 이 같은 도상은 지금까지의 그림 중 유일한 그림으로 그 의미가 예사롭지 않아 보인다. 반대편인 암좌 왼쪽의 암봉에는 쌍 대나무가 자라고 있다. '낙산 설화'의 전통을 따르기는 따른 것 같다.

화면은 수평선을 이루는 수파 위를 가로지르며 걸쳐 있는 구름으로 상단과 하단을 구획 짓고 있다. 구획 짓는 구름을 타고 동서남북을 상징하는 사해용왕이 일렬로 각각 화염보주, 홀, 뿔, 깃발 모양의 지물을 들고 서 있다. 이 같은 도상도 예전에는 없었다. 관음보살을 둘러싸고 있는 달 같은 배광 바깥으로는 백의관음 형상을 한 10명의 화신이 다양한 하화중생의 몸짓을 하면서 나타나 있다. 이 같은 도상도 예전에는 없었다. 석불사에서 모든 비원을 감당하는 방편으로 새긴 10대 제자들의 각기 다른 비원 모습이 느껴진다. 이는 수월관음의 능력을 극대화시킨 방편적 도상으로 보인다.

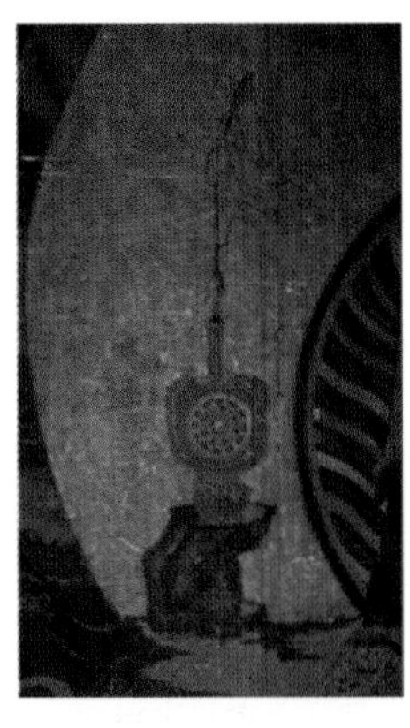

도판 57 현등사 〈관음전 수월관음도〉(향좌)에 8괘까지 넣어 그린 관심수 편형 정병. 버들가지 위에 파랑새가 앉아 있다.

화면 하단에는 짙푸른 바다가 포말을 일으키며 넘실대는 물결이다. 이양선들이 경적과 시커먼 연기와 총포, 대포를 쏴대며 오가는 심상치 않은 시대를 심상치 않은 도상으로 나타낸 것 같다. 그래서 별칭을 해수관음으로 명기한 것이 분명하다. 넘실대는 바다를 잘 지켜달라는 간곡한 기원을 새롭게 담고 있는 것으로 보이기 때문이다.

도판 58 현등사 관음전 〈수월관음도〉. (향좌)아래에 있는 왕실 부부와 선재동자

보살을 기준으로 그 아래 파도 물결 가운데 왼쪽(향우)에 두 인물이 있는데, 모자를 쓰고 뭔가 쌍보주처럼 보이는 공양물을 들고 있는 사람은 여자로, 머리를 위로 묶고 짧은 홀을 든 사람은 남자로 보인다. 그들은 보살 앞에서 보살을 쳐다보기보다는 서로 마주 보며 대화하는 듯하다. 그 오른쪽(향좌)에는 맨 앞에 선재동자처럼 보이는 키가 작은 꼬마가 트레이드마크 같은 머플러를 바람결 따라 두르고 보살을 향해 합장하고 있다[도판 58]. 그 옆에는 모자를 쓴 남자가 홀을 받들고 있고, 그 맞은 편에는 여자로 보이는 사람이 왼쪽과 똑같이 머리를 위로 묶고 공양물을 받들고서는 보살을 향하기보다 홀을 든 남지와 대화하고 있다. 좌우 각각 두 쌍의 부부 같은 인물들은 서로 복장도 같고, 들고 있는 지물도 같다. 일반적인 설명글에서는 용왕 부부로 보고 있으나 내가 보기에는 좌우 양쪽 다 왕과 왕비, 즉 부부로 보인다. 그러니 도상에서 좌우 양쪽의 왕실 부부들은 조대비 자신과 남편이었던 효명세자(익종) 그리고 아들 헌종과 그의 며느리가 보살에게 공양드리는 모습으로 말이다. 그런데 눈길은 보살과 따로 놀고 있다. 선재동자 혼자만 예불드리는 구도로 해서다.

이 그림은 왕대비 신정왕후 조씨가 특별히 발원한 수월관음도다. 그래서 10명이나 되는 관음 화신을 비롯하여 사해용왕, 특이한 편병에 8괘 태극마크가 새겨진 관심수 정병 그리고 관음조도 2마리 등 지금까지 여타 수월관음도에서는 볼 수 없었던 독특하고 유별난 도상이다. 발원의 효능성을 높이려고 불교의 교리를 넘어 무속적 신앙까지 담아 나타낸 것으로 보인다.

이처럼 이 그림에서부터 지금까지 정형화되어 내려오던 전통적인 의궤로서의 도상에, 여러 가지 특이한 요소를 번잡하게 덧붙이면서 이후 국력의 쇠잔과 함께 흔들리며 무속화되어 가는 분위기를 느낄 수가 있다. 한 가지 아쉬운 점은 퇴은당 유경, 송암당 태원, 월하당 세원 등의 화승이 이 관음도를 제작했다는 기록은 발원문에 있는데, 천기누설로 생각했는지 도상에 대한 설명은 없다는 점이다.

이 그림은 조선 후기 정순대왕대비에서 시작된 세도정치가 조선 말기 신정대왕대비까지 지속되면서 왕권이 실추되고 권력이 분산되고 누수되면서 점차 식민지라는 나락으로 떨어지는 변곡의 급하강 흐름을 느끼게 한다. 특이한 도상으로 최선을 다했지만 그림이 흉흉한 시대를 반영해서 산만하고 어수선한 것이다. 그림의 크기도 처음으로 세로(174.5cm)보다 가로(210.5cm)가, 즉 폭이 넓어지면서 발원을 위한 불교적 그림에서 복을 비는 무속적인 성격으로, 그러면서 [도판 63]에서 보듯 점차 장식을 위한 세속적인 그림으로 변하는 계기를 처음으로 보여주고 있다.

도상에서도 공양자에게 친견받으려는 보살의 어떠한 상징이나 표시도 없고, 공양자들도 보살 앞에서 친견은 생각지도 않는 듯 서로 따로 놀고 있다. 천상병의 시 〈귀천〉에서 "…나 하늘로 돌아가리라 / 노을빛 함께 단둘이 기슭에서 놀다가 / 구름 손짓하면은 …"에서 그 '구름 손짓'이 보살의 도상에서 없고, 공양자들도 노을빛 기슭에서 논다고 구름 손짓엔 관심이 없는 눈짓이다. 그동안 모든 수월관음도에서는 그 손짓과 눈짓이 하이라이트였는데 말이다. 어쨌든 이 그림은 역사성, 시대성, 특히 희소성에서 그리고 복장에서 '관음원문'이 나왔다는 데에서 의미가 크다. 특히 그 원문에 '해수관음탱'이란 명칭이 있다는 데에서 귀한 가치를 지닌 그림이다.

(2) 범어사 관음전, 〈백의관음보살〉(1882년)

도판 59 범어사 관음전의 〈백의관음보살도〉(1882년). 분위기에서는 현등사 〈수월관음도〉를 따르면서 무속성을 보여주고 있다. 규격에서도 가로 폭이 세로 폭과 같아지면서 발원용에서 장식용으로 변해가는 것도 그렇다. 부산광역시 지정 유형문화재 제53호

크기가 2미터가 넘는 방형에 원형으로 그려진 비교적 큰 작품이다[도판 59]. 비단 7폭을 연결해서 그렸다. 관음상은 정면을 바라보고 해수면 위로 솟은 암좌를 오른손으로 짚고, 왼손은 무릎 위에 걸친 편안한 유희좌다. 여기서는 이전까지 유지해 오던 정면상이 아니다. 관음이 입고 있는 흰 사라는 보관에서부터 양 어깨를 감싸고 발아래로까지 곡선을 이루며, 몇 가닥으로 나뉘어 흘러내리는데, 영락 장식들이 그 흐름을 같이 하고 있다. 그런데 아랫배 부근에서 삼태극 무늬가 영락 장식을 마감하고 있는 것이 눈에 도드라진다. 이는 현등사 수월관음도의 편병에 그려진 무늬와 연결된다. 특히 관음이 앉은 암좌는 금문 바탕에 녹청 안료로 인화문을 묘사해 화려함을 더하고, 그 위 바위 면에는 백색 바탕의 인화문을 흩트리고 있어 이색적이다.

관음의 왼쪽 발 언저리에는 관음에게 경배하는 합장형의 선재동자를 배치했다. 그 반대쪽에는 허리를 다소 구부리면서 관음을 향해 예불드리는 두 명의 인물상이 있다. 그 위 관음의 오른쪽 어깨 뒤편 암좌에는 금색 정병이 놓여 있고, 그 뒤편에 삼족 청색 향로가 배치되어 있다. 그 위에서는 파랑새 한 마리가 내려오고 있고, 그런데 정병에는 버들가지가 없다. 관음의 광배 주변에는 대나무와 구름무늬가 배경을 이루고 있고, 바위 맨 아래에는 파도의 흰 포

말이 다양한 무늬를 이루며 역동적으로 휘감고 풀면서 무섭게 치대고 있다. 속세를 상징하면서다.

도상을 감싸는 큰 원은 홍·청·황 삼색으로 테두리를 삼았고, 원 밖은 여러 색으로 된 서기 어린 구름 무늬로 우주 공간을 상징하고 있다. 전체적으로 화면의 채색이 밝고 화려하며 백색 안료와 금분이 눈에 두드러진다. 화풍에서 보살과 암좌 사이를 나타낸 노련한 곡선 기법이 민중의 그림인 혁필의 전조를 나타내는 듯한 새로운 작품이다.

지배 계층과 달리, 피지배 민간 계층에서는 억불정책하에서도 여전히 관음신앙이 널리 성행했다. 그러나 그 신앙 분위기는 억불 분위기와 어수선하고 흉흉한 시대 분위기에 따라 점차 무속화되어 간 흐름이다. 이 범어사 관음전의 백의관음보살이 그것을 현저하게 보여주고 있기도 하다. 이 같은 무속화 분위기는 내소사 백의관음도의 배경에서 처음 민화풍으로 엿보이기 시작하더니 현등사 〈수월관음도〉에서부터 눈에 띄기 시작했다. 화면 밖 아랫부분의 좌우에 있는 기록에 의하면 이 백의관음보살도는 숭정(崇禎) 기원후 다섯 번째 임오(壬午), 즉 조선 고종 19년(1882)에 조성된 것임을 알 수 있다.

이렇게 현등사 수월관음도의 분위기를 따르면서 무속성을 보다 더 현저하게 보여주고 있다. 이 같은 분위기의 도상은 고려 전성시대 수월관음 도상에서 조선 후기에 이르면서 나타나는 퇴락화 과정에서의 특징이다. 그리고 이 그림만의 특징이 도상에 나타나 있다. 그것은 백의관음 전체가 달을 상징하는 원 안에 다 그려져 있다는 사실이다. 지금까지 보살만이 들어 있었는데, 여기서는 등장인물과 도상 배경 전체가 원 안에 다 배치되어 있는 것이다. 이 같은 관음상은 예전에는 없었다. 이는 보살만의 정토 세상을 넘어 모든 중생에게도 정토를 개방한, 즉 불교적 도상 의궤에 무속적 개방 분위기가 섞인 것을 보여주는 것이다. 당시 관음신앙의 대중화는 무엇보다도 수많은 관음신앙과 관련된 서적들이 간행된 데에서 그리고 그 내용 대부분이 기층 민중과 관련된 무속적 영험담인 것에서 알 수 있다. 이 같은 영험 체험은 신앙의 극치이며 신이

도판 60 강진군 백련사에서 내려다본 전경. 절의 사적비는 보물 제1396호로 조선 숙종 7년(1681)에 세웠다. 비문은 앞면에는 백련사의 중수, 원묘 국사의 행적과 백련 결사에 관한 내용이 있다.

한 느낌이다. 그것은 제난구제와 밀접한 관음신앙에서 두드러진다.

조선 말기, 그 끝에 이르면 지배층들의 불교 신앙은 번잡스러워지면서 최후로 가는데, 그에 반해 기층 민중의 관음신앙은 보다 주체적인 초발심적 모습을 보여준다. 그 대표적인 예가 민중이 스스로 판을 벌인 관음 결사 신행 단체인 묘련사(妙蓮社) 운동이다. 고종 9년(1872)에, "부처님 본래의 가르침대로 돌아가자"는 마지막(?) 신앙 결사 운동이었다. 기독교로 말하면 거대한 신앙 대부흥회 같은 것이다.

삼국시대 이후 불교의 역사에 결사 운동이 다양하게 있었다. 특히 통일신라 당시 전 국토의 백화도장화는 의상 대사의 주도로 국사나 고승을 통해 이어지면서 정치적으로 구체화, 전국화, 지속화한 것으로 보게 된다. 하지만 정치가 혼란에 빠지는 혜공왕 대 이후부터는 기독교에서의 수도원 운동처럼 신앙적, 생활적, 학문적으로 대 사회를 지속적이고 체계적으로 이끌어내는 운동 차원으로까지는 펼쳐내지 못했다. 이후 고려에 들어와서도 결사 형태의 관음신앙 활동 및 수행은 대부분 특별한 목적과 의지를 가진 고승들이 앞장서서 이끌어 왔다. 기록상 그 대표적인 인물이 고려 중기 간화선의 강조에 따라 지배 계층에서 인정받았던 보조국사 지눌(知訥, 1158~1210)이다. 지눌이 수선사(修禪社)를 통해 선종을 개혁하여 오늘날의 조계종을 확립하던 그 비슷한 시기에, 상대적으로 정토신앙을 내세워 일반 백성들에게 지지받았던 원묘 국사 요세(了世, 1163~1245)의 백련사(白蓮社)를 들 수 있다[도판 60].

원묘 국사 요세는 처음 보조 국사 지눌의 요청으로 오늘날 승보 사찰인 송광사에서 정혜쌍수를 요체로 하는 수선사 도량 운동을 함께했다. 그러다가 이는 지배 엘리트를 대상으로 하는 포교라 생각하고, 자신은 근기가 낮은 무지렁이 일반 민중을 위해 천태지관, 법회삼매참, 정토왕생을 요체로 하는 백련사(白蓮社) 백화도량 신앙결사 운동을 (강진의 정약용 유배지 옆에 있는) 백련사(白蓮寺)에서 1232년 펼쳤다. 금세 참여자가 수천 명이나 되었다. (여기서 '寺'는 절 자체를, '社'는 그 절에서 행한 신앙결사 운동을 의미한다)이에 고려 23대 고종(1213~1259)은 1237년 그에게 선사의 법계를 내렸고, 백련사의 외호에 힘써 무량수불을 봉안하고 금자『법화경』을 선물로 주었다. 원묘 국사 요세는 마음이 곧 정토인 유심정토사상을 지향하여 고려말로 접어들며 기울어가는 당대를 신라 전성기 당시에 이룬 백화도장 불국정토로 회복하고자 평생을 바쳤다.

현재의 백련사는 신라 말에 창건되었다고 전해지며 1211년에 원묘 국사 요세에 의해 중창되었다. 조종저(趙宗著, 1631~1690)가 찬한 이 절의 사적비는 보물 제1396호로 조선 숙종 7년(1681) 5월에 세웠다. 비문은 앞면에는 839년 구산선문 중 성주산문을 개창한 무염(無染) 선사(800-888)가 창건했다고, 그 후 백련사의 중수, 원묘 국사의 행적과 백련 결사에 관한 내용 등이 있고, 뒷면에는 이곳 백련사에 있는 동백나무 숲이 아름답다는 기록이 남아 있다. 정약용이 유배 당시 자주 오갔다는 이 동백나무 숲도 오래되었음을 알 수 있다.

한편, 보조 국사 지눌에 이은 진각 국사 혜심(慧諶, 1178~1234)에 이르러 지식인 및 지배층에 성행하던 수선사의 사세가 기울게 되었다. 그것은 원에 의해 최씨 무신정권의 기세가 꺾이면서부터다. 수선사는 무신정권 당시 지배 계층에서 좋아했던 모양이다. 어쨌든 나라가 기울게 되니 그 지배 계층이 신앙했던 결사 운동도 꺾일 수밖에 더 있으랴.

반면에 일반 백성과 함께했던 백련사 백화도량 운동은 원의 간섭기에는 수선사와는 반대로 더 커지고 흥해지면서 왕권과도 연결된다. 1284년에 충렬왕이 자신의 원찰로 묘련사(妙蓮寺)를 오늘날 개성시 삼현리에 창건하여 이곳을 천태종의 결사체인 백련사의 분원 도량으로 삼은 것에서 알 수 있다. 그리하여 묘련사는 원묘 국사 요세가 실시한 천태사상을 전국에 크게 알리는 중심 사찰 역할을 하였을 것이다. 기록이 없어 잘 알 수는 없지만, 으레 바람 앞에 등불이 되어가는 종묘사직의 안녕을 이곳에서 내밀하게 빌었을 것이다. 그러니 충렬왕의 원찰인 묘련사에다 당대에 성행한 고려 불화 중 체제적, 민족적, 현실적인 성격을 화려, 미려, 수려하게 교리로 담은 극상품의 〈수월관음도〉를 모범적으로 봉안하였음은 추론의 여지가 없다. 그것은 왕실에서 원찰보다 비중이 적은 원당인 신효사에다 희대의 〈법화경 사경 보탑도〉[도판 209]를 봉안한 것에서 추론할 수 있다. 조선에 들어와서도 초기에는 무학 대사의 제자였던 함허 스님(涵虛, 1376~1433)에 의해 아미타불을 칭념하는 염불향사 결사 운동 등이 있었다. 그러나 억불정책 속에서 세종대에 이르러 종파의 통폐합으로 불교가 축소되었다. 그러면서 천태종은 불교의 족보에서조차 그 명칭이 사라지게 되었다. 이후 불교에서 결사 운동은 없어졌다.

그러다 거의 500년 후 앞에서 언급한 조선 말기, 그 끝자락에서 일어난 묘련사 결사는 스님이 아닌 재가 신도, 즉 거사들의 셀프 주도로 조직되고 운영되었다는 데에 그 의미가 각별하다. 그런데 이름을 고려 충렬왕이 세운 묘련사와 같게 한 것은 무슨 의도였을까. 그 시대적 역사성이 코드로 통해서이지 않았을까. 고종 15년(1878)에 인가(印伽) 거사가 쓴 관음경전인 『관세음보살묘응시현제중감로』(약칭, 『제중감로』)에 의하면, 이 결사는 한성 묘련사의 여러 도반이 삼각산 감로암에서 정진회를 고종 9년(1872) 만들면서부터 시작되었다. 그 내용은 화엄, 법화, 정토, 선 등 대승경전의 주요 사상을 총섭한 10품의 법문으로 구성되어 관음신앙의 일반적인 성향과는 달랐다. 그만큼 묘련사는 관음신앙을 통해 불교 교리는 물론 궁극적으로 휴머니즘의 완성까지 추구한 것이다. 그리하여 고종 9년(1872) 겨울부터 12년(1875) 여름까지 감로암 등 여러 곳에서 단을 개설하여 11차례의 법연(法筵)을 가졌다. 그러면서 관음보살의 시현법을 이어받아 법연의 내용을 『제중감로』라는 소의경전으로 완성한 것이다. 그런데 아쉬운 점은 이 결사가 3년 조금 넘게 지속되다 말았다는 점이다.

이렇게 불교가 소외되고 배척당하는 가운데에서도 피지배계층인 민간에서는 관음신앙이 오히려 더 뿌리 깊이 내려갔다. 나라가 어지러워지고 백성들이 살기 힘들고 고달파지면 정치에 기대하기보다 종교를, 그중에서도 가장 친밀감 있는 관음신앙을 더 찾게 되기 때문이다. 그러면서 관음신앙은 [도판 56, 59]에서 보듯 지배층이든 피지배층이든 무속적인 분위기로 나타나게 되었다.

마지막 묘련사 정진회 결사가 삼각산 감로암에서 이처럼 지속되지 못한 근원적인 이유는 프로와 아마의 차이로 보게 된다. 그것은 기독교에서도 오십보 백보다. 무교회주의를 이끌던 함석헌 선생 같은 분이 세상을 뜨자 무교회주의도 무교회가 되었고, 종교개혁의 근본정신인 만인사제론에 근거한 평신도 중심의 비담임 교회를 만들어도 묘련사처럼 유지하기 어려운 실정이다. 그런대로 오늘날 성공적이라면 지금은 세계화로 교세를 이룬 워치만 니(Watchman Nee, 1903~1972)가 세운 '지방교회' 정도가 다소 긍정적으로 평가된다.

그러나 예배 분위기와 그 역할에서 미래 교회의 롤모델은 존재론과 당위론, 즉 텍스트와 콘텍스트의 밸런스를 지닌 부산에 있는 '믿음교회'가 만들어가고 있다고 본다. 앞으로 종교의 역할은 믿음으로 교회나 법당 등에서 의례적으로 행하는 예배 의식을 '방편'으로 해서 믿음교회처럼 새롭게 넘어야 한다. 그래서 이웃 속 결사 운동으로 수도원 운동처럼 스며들어야. 이제는 비종교인들과 함께 모든 국민 각자 자아실현을 모색하고, 페미니즘 같은 불편한 진실을 해결하는 생활신앙 속 문화운동으로 스며들어야 한다.

어쨌든 세계 최고를 이루었던 고려 수월관음도가 억불정책에 따라 조선 후기에 들어와서는 질이 떨어질 대로 떨어지더니 민간신앙과 섞이면서 무속적인 신앙 분위기로 변질되어 갔다. 그러면서 수월관음 신앙이 가정마다 정화수 신앙으로 갈 데까지 변해 가게, 우리 역사의 아픔과 그 궤를 함께하면서 말이다.

(3) 대흥사 〈감로탱〉(1901년)

수월관음 신앙은 맥이 끊겼다

수월관음 신앙은 고려 시대에 전국적으로 크게 성행했다. 그러다가 조선 시대에 들어오면서 숭유억불정책에 의해 축소되다가 결국은 사라지게 되었다. 이러한 망국적 시기를 전후로 해서 불교가 제 능력을 발휘하지 못하게 되자 다른 종교가 우후죽순 생겨났다. 즉, 서양에서는 앞서 들어온 천주교와 갓 들어온 기독교가 그리고 국내에서는 동학, 증산교, 원불교, 대종교 등 수많은 신흥종교가 민족적인 성격을 띠며 만들어졌다.

도판 61 대흥사 〈감로탱〉(1901년). 비단 바탕에 채색. 208.5×208.5cm. □=[도판 62]

한편, 왕실 및 지배층들은 그들의 통치 이데올로기인 유교를 종교라고 주장했지만, 백성들은 인정하지 않았음을 알 수 있다. 사실 [도판 62]를 보면 그들도 유교를 종교로 생각하지 않았음을 알 수 있다. 『사서오경』이라는 경전과 공자라는 교주는 있을지는 몰라도 유교는 종교의 필수적 요소인 내세가 없고, 신자들이 모여 함께 드리는 예배 의식도 없다. 제사가 예배 의식이라 치더라도 만인 구원의 교리가 아니라 양반 계급들 자기네 족보에 따른 집안만의 구원이란 점에서 보편적 종교로서의 한계를 갖고 있는 것이다. 그러니 태종도 궁중 부녀자들이 유교에서 벗어나 사재를 털어 부처님께 행하는 예불은 어디까지나 사적인 일이므로 제지할 명분이 없다고 관용적인 태도를 취했던 것. 그래서 조선 519년 동안 불교 망가트리기의 척불 정책 속에서도, 국란의 와중에서도, 무속적 성격과 결부되면서도 민중의 관음신앙은 쿠바의 흑인들이 모진 인권 탄압과 못매 속에서도 견디어 낸 산테리아 신앙처럼 존재할 수 있었다. 그만큼 민중의 기질은 잡초처럼 모질고 맷

도판 62 [도판 61]에서의 중단 부분(□부분). 구한말 국가 안위와 4살 난 황태자 영친왕(1897~1970)의 만수무강을 부처님께 빌기 위해 살아 생전 시 예수재의 성격으로 빌었던 재임을 '英親'[향좌]과 '皇太子'[향우]의 글을 통해 알 수 있다. 영친왕에서 '왕' 자를 안 보이게 한 것이 눈에 띈다. 천기누설을 피하기 위해서라 보여진다. '축원패'보다 더 기원을 확대하면서 강조한 '축원탱'의 성격을 나타내면서.

집은 스폰지처럼 좋은 것이다.

반면에 지배층이 좋아했던 백의관음보살 계열, 특히 수월관음 신앙은 구한말 나라가 망해가자 맥이 끊겼다. 그러면서 마지막엔 왕실도 한계를 드러내었다. 마지막 왕세자 아니 (대한제국이 되었으므로) 황태자 영친왕의 만수무강을 빌었던 그림에서 알 수 있다. 전통으로 행하던 수월관음도가 아닌 '감로탱'인 것에서 알 수 있다[도판 61]. 즉, 맞춤 신앙으로 수월관음에게 전통적으로 왕실의 번영을 빌던 그 신앙마저 흉흉하고 어수선한 시대 속에서 사라지자 피지배계층의 마지막 신앙의 의지처였던 감로 신앙에다 그 '맞춤' 감로탱으로까지 눈치 보며 하향한 것이다. 황태자 영친왕에서 '왕'의 글자를 숨기면서다[도판 62]. 원래 감로탱이란 어떤 그림인가? 죽은 자의 영혼을 이상세계로 천도해 달라고 소원하기 위하여 조선 중기에 새로 만들어진 그림이 아닌가. 그 같은 그림에다 왕실이 잘되기를 간절히 원했으니 그대로 된 것이다. 1910년에. 인로왕보살의 인도에 따라 역사 속으로 영가천도됐으니까.

이같이 같은 관음신앙이라도 민중적 성격의 보편적인 관음신앙은 식민지라는 태풍 속에서도 잡초처럼 견디며 살아났지만, 지배층이 선호한 수월관음 신앙은 맥이 끊긴 것이다. 이는 고려 말기에 원의 식민지 태풍 속에서도 민중의 백련사 결사 운동은 살아났지만, 지배 계층의 수선사 결사 운동은 사라진 것과 같은 현상이다. 더 거슬러 올라가면 신라 중후반기부터 민중 신앙의 상징이었던 분황사와 지배 계층 신앙의 상징이었던 황룡사의 관계와도 비슷하다. 오늘날 황룡사는 법등이 꺼진 지 오래되었지만, 분황사는 지금까지도 법등을 이어가고 있는 것에서다.

8) 근대 이후 – 식민지 시대 그리고 오늘날

(1) 식민지 시대, 고희동의 〈양류관음도〉(1929년)

그는 어릴 때(1903), 관립 한성외국어학교에 다녔다. 그곳에서 프랑스어 교사이자 도예가인 레미옹이 초상화를 스케치하는 것을 보고 서양 그림에 관심을 갖게 되었다. 학교를 졸업한 후 궁내부 주사로 들어가 프랑스어 번역과 통역하는 관리가 되었다. 그러면서 궁을 드나들던 서양화가들의 그림을 보고 서양화를 더 잘 알게 되었다. 을사보호조약이 맺어지면서 조선이 외교권을 박탈당하자 이에 충격을 받고 관직을 그만두었다. 그리고 1909년 일본에 유학하여 서양화를 공부했다. 1914년 휴학 기간 중 한국에서 발간된 잡지 「청춘」의 표지 그림을 그렸는데, 이것이 한국인 최초로 그린 서양화가 되었다. 그 주인공이 우리나라 최초의 서양화가로 평가받는 춘곡 고희동(1886~1965)이다. 1915년 학업을 마치고 귀국할 무렵 미술이라는 단어가 처음 생겨났다.

도판 63 고희동의 〈양류관음도〉(1929). 관음보살이 성인 크기로 작아지고, 선재동자 및 공양동자의 모습은 상대적으로 커졌다. 규격도 가로 폭이 길어 예불용에서 벗어나 장식용이 되었다. 종이에 수묵담채. 170×280cm. 서울 홍익대학교박물관

그런데 그가 1920년대 사람들이 "닭똥으로 그림을 그린다" 하며 서양화를 이해하지 못함에 따라 동양화로 그린 〈양류관음도〉(1929)가 있다[도판 63]. 그는 궁내부에 있을 때, 동양화를 마지막 어진이었던 조석진·안중식에게 배워 서양화와 동양화를 모두 터득한 화가였다. 그가 동양화로 전환한 것은 동서양의 기법을 모두 아우르는 새로운 미술을 위한 적극적인 방향 전환이었다고 평하는 사람도 있다. 그가 말한 "그림에 있어서는 동서양이 다르지 아니하며"에서 보듯, 한국미술의 발전을 위해 서양화 기법 수용의 당위성을 역설하였다는 것이다.

그러니 이 그림 〈양류관음도〉는 서양화의 사실적 기법과 구도를 사용해 동양화로 완성시킨 새로운 역사화로서의 가치를 지닌 귀한 그림이다. 이 작품은 유학 시 스승이었던 구로다 세이키의 대표작 〈옛이야기〉의 구도 일부를 차용하여 옛 조선 시대 관음보살 그림을 당대 조선인의 정서에 맞게 현재화해 그린 것이라고 평가하기도 한다. 어쨌든 이 그림은 고희동의 작품 중 유일한 관음도다. 그런데 어떻게 해서 그리게 되었는지 그 연유는 알 수 없다.

이 그림은 전통적인 수월관음도에 비하면 그 도상의 종교적 성격은 생동감 있는 풍경으로 그 내용은 다행히 현재적인데, 아쉽게도 장식적이다. 파도가 평화롭게 일렁이는 어느 비밀의 섬 같은 이상정토 보타락가산 해안에서 양류 가지를 든 보살이 예불동자에게 자신의 분신 같은 재능기부의 바탕인 정병 자체를 아예 선물로 내어주는 것으로 그렸다. 즉, 독립운동을 위한 금강저 같은 선물로. 일제라는 시대적 상황과 그의 민족주의 정신, 그 정신에 맞는

수월관음이란 점에서 그리고 고려말 당시의 원과 일제강점기 당시의 정치적 상황이 연결되면서 그렇게 이해되는 것이다. 그림이 세로 170×가로 280cm 라는 크기와 붓 터치에서 보듯이 상당히 정성을 기울인 작품임을 알 수 있다. 어떤 이유로 이렇게 적지 않은 큰 그림을 정성 들여 그렸는지가 궁금하다.

아쉬운 것은 종교성을 벗어나 있다는 점이다. 그것은 거대한 관음보살이 성인 크기로 작아진 것에서, 반면에 남순동자와 선재동자는 상대적으로 커진 것에서. 즉, 보살, 선재동자, 공양 인물이 각각 현실의 크기가 되었으니, 보살의 절대 능력을 상징하던 '8억나유타항하사유순'이 완전히 증발된 것이다. 그래서 종교화로서 예불자와 피예불자 간의 능력의 차이가 사라졌다. 규격도 예불용인 세로축에서 장식용인 가로축이다. 예불자가 예불 대상자를 우러러보는 도상이 아니라 서로 대등한 관계가 되었으니 이 같은 규격의 변화는 현등사 〈수월관음도〉에서부터 나타났다. 따라서 독립운동도 장식적으로 느끼게 된다. 긍정적으로 표현한다면 나라의 독립을 사적 차원에서 마음속으로 염원하는 자위용이다. 예불용이면 일제에 의해 탄압을 받게 되니까(?).

이는 [도판 79] 그림의 성격과 비슷하다. 둘 다 예배용이기보다는 장식용이기에. 그러나 미술사의 관점에서 보면 다르다. 극과 극으로. [도판 79]는 르네상스 전성기에 나타난 수많은 예배용·비예배용 그림 중의 하나로써 당시 예배용이 아닌 선물용 그림이라면, [도판 63]은 억불정책에 따라 예불용 그림이 족보상에서 고사된 시기에 마지막으로, 그마저 예불용 같은 장식성 그림이니까.

고희동 그는 우리나라에서 서양화가로는 최초의 인물이었지만 〈양류관음도〉를 현재화의 관점에서 그린 화가로 오늘의 시점에서는 마지막 인물로 평가할 수 있겠다. 수월관음도를 일본에서는 양류관음도라 부른다는데, 그 일본적 성향의 이름을 붙였다. 일제강점기에 그린 영향 때문이리라. 삶을 왜곡시키는 난세란 그런 것이다. 어쨌든 작품이 고유한 민족문화의 종교적 가치까지 온전히 담아내지 못한 것이 조금은 아쉬울 뿐이다.

(2) 제주도 관음사 '백의 · 수월 · 해수' 관음상(20세기 말)

도판 64 제주도 관음사 극락전 (목불)관음보살상. 1698년 제작되어 영암 성도암에서 개금, 해남 대흥사에 봉안되었다가 1908년 제주 관음사를 재창건한 봉려관 스님이 1925년 대흥사 말사인 제주 관음사로 옮겨온 것으로 기록되어 있다. 제주특별자치도 유형문화재 제16호

해발 650m에 이르는 한라산 중산간 지대 관음사 주차장에서 내려 일주문 앞에 서서 천왕분을 중심축에 맞추어 보라. 그러면 역사가 일천한 절에 비해 관음사가 범상치 않게 보인다. 전국 사찰에서 이런 신선하고 중후한 전경은 보기 드물다. 범어사와 비슷한 건축 양식인 일주문에서 108개의 편마암 좌상의 부처가 방사탑(防邪塔) 위에 좌우로 꽉 차게 도열해 있다. 편백나무 숲을 배경으로 100미터가 넘는 평지 길에 입구 진입에서부터 기를 넘어 승으로 긴장감을 갖게 한다. 사천왕문을 지나 오르막길을 오르면 관음사를 창건처럼 무에서 유로 중창한 해월당 봉려관 스님에 대한 행적비가 눈에 띈다. 그 옆에는 조각상이, 또 그 옆에는 3년간 그녀가 정진 수도한 해월굴이 보존되어 있다. 돌에 새겨진 행적비에는 "한라산 관음사 개산조 해월당 봉려관 스님의 행적비"라는 제목으로 다음과 같이 쓰여 있다.

"스님은 1865년 제주시 화북동에서 태어났다. 34세가 되는 1899년 우연히 한 노인으로부터 관음보살상을 받은 인연으로 출가, 해월굴에서 6년여 용맹정진 끝에 크게 깨달았다. 이에 제주불교를 중흥코자 서원, 1907년 전남 대흥사를 찾아 믿기 어려운 기적을 행함으로써 청봉 화상을 계사로 유장 스님을 은사로 비구니계를 수계, 이듬해 1월 제주로 내려와 1908년 관음사를 창건, 개산조가 되었다. 법화사, 불탑사, 법정사, 월성사, 백련사 등을 중창 또는 창건하고 국내 대덕 스님을 초청, 정법홍포에 매진하였다. 또한 법정사 무오항일의 중심에 서서 활동 자금을 지원했으며, 그 외 여성의 사회참여에도 선구적 역할을 하였다. 1936년 세수 71세 법납 37세로 입적하시니 슬퍼하지 않는 이가 없었다. 봉려관 스님은 조선조 억불정책으로 인한 200여 년간의 무불 시대를 마감하고 이 땅에 불교를 일으켜 세운 제주 불교 중흥조요 선각자요 애국지사이시다"라고.

그러니 봉려관 스님을 모르면 관음사를 이해했다고 할 수 없다. 그러니 스님의 내력 중 중요한 부분만 자세히 살펴보자. 스님은 넉넉한 집안에서 태어나 유교 집안의 현국남과 18세에 결혼해 3녀 1남을 낳아 행복하게 살았다. 아이가 아프던 어느 날 탁발 시주 온 스님에게 건강 소원을 빌자, 스님이 등에 멘 바랑에서 목조 관세음보살을 내 주어 받은 인연으로 불교와 접하게 되었다. 선비의 아내가 집안에 불상을 모신다는 남편의 타박에 1900년(36세) 출가했다. 6년간 산천단에서 기도 정진하다, 보다 본질적으로 큰 역할을 감당해야겠다는 각오로 해남 대흥사에 갔다. 그곳에서 문둥병을 앓고 있던 주지 스님의 상좌를 고치는 믿기 어려운 기적을 행하였다. 그 기적으로 여자로서는 어려웠던 비구니 수계를 받아 정식 스님이 되었다. 그날이 1907년 12월 8일 부처님이 깨달음을 얻은 성도재일이었다. 억불 시대 말기, 근대 최초의 비구니로 제주에 돌아와 처음엔 대흥사 제주 포교원으로 시작했다. 그러면서 여러 가지 우여곡절을 겪다 지금 이곳 관음사 해월굴에서 용맹정진하며 1908년 10월 복원하고 1909년 봄, 관음사를 창건했다.

구전에 따르면 사실 이곳은 고려 성종(981~997) 시대 지리서에 괴남절(관음사), 은중절로 불리던 절터라고 쓰여 있었다고 한다. 그리고 기록상 제주에서 고려 시대부터 불교문화가 융성했던 사실은 『고려사』 1034년(덕종3), 수도 개경에서 열린 팔관회에 탐라 사신이 참석했다는 기록에서도 알 수 있다. 그런데 1702년 제주 목사 이형상이 억불정책을 실시하면서 민속 사당과 함께 모든 사찰을 폐사시켜 제주도는 200년 이상 무불교 시대였다.

도판 65 제주도 관음사의 부조 〈수월관음보살상〉. 현재 우리 나라에서 수월관음상을 부조로 나타낸 것은 이 불상뿐이다.

어쩌면 제주도는 탐라국 시대에 해로를 통해 남방 불교가 전해졌을 가능성이 높다. 그것은 여러 신화, 전설, 민담에 암시되어 있다. 그리고 고구려·백제·신라가 고대국가로 성장하던 시기에 섬을 뜻하는 탐(耽), 나라를 뜻하는 라(羅), 즉 섬나라 탐라국이 세워졌다. 당시 강력한 지배 계층이 섬 전체를 같은 문화권으로 해서, 섬이라는 지리적 특성을 이용해 백제, 신라, 왜, 당과 해상의 중심적 위치에서 주도적으로 교류하면서 국제적인 해상활동을 했으니 남방 불교의 영향이 미쳤을 가능성은 충분히 있다. 그러니 어쩌면 불교 수용이 육지보다 더 빨랐을 수 있다.

그녀는 독립운동에도 관심이 있었다. 대흥사에 있을 때 스님 6명과 의병 30여 명이 일본 경찰에게 살해되는 장면을 목격하면서란다. 그래서 1910년 나라가 망하자 관음사를 물려주고 항일무장 독립운동의 거점으로 사용하기 위해 법정사를 1911년 세웠다. 그리고서는 차력 훈련을 하던 강창규, 김연일, 방동화 스님에게 거사하게 하면서 필요한 자금 지원, 물품 조달, 연락책 등의 역할을 하며 항일 무장투쟁을 뒷바라지하였다.

그 결과 그들은 "우리 조선은 일본에 탈취당해 괴로워하고 있다. … 1918년 10월 7일(음, 9월 3일) 새벽 4시에 하원리에 집합하라. 그래서 10월 8일 제주향(시)을 습격하여 관리를 체포하고 일본인을 추방하자"는 격문을 띄웠다. 그 기치 아래 강창규, 김연일의 지휘하에 법정사 신도와 마을 장정 400여 명이 화승총과 곤봉으로 무장하고 시내로 내려와 전선 전주를 절단하였다. 원래 1차 목표는 서귀포 순사 주재소였으나 여의치 않아 중문리 순사 주재소를 방화하였다.

그러나 일본의 지원군이 오면서 66명이 체포되었다. 이들은 모두 광주지법 목포지청에서 재판받아 1919년 2월 4일, 10년 형 등을 받았다. 이 항일 독립투쟁은 1919년 3·1운동보다 5개월 먼저 발생하여 항일의 싹을 최초로 틔운 사건이라는 데 그 의의를 둘 수 있다. 지금 법정사 인근 의열사에는 이들의 영정이 모셔져 있다.

봉려관 스님은 이후, 보다 적극적으로 포교하기 위해 산에서 마을로 내려와 제주중앙포교당을 세워(오늘날 동문시장 한가운데, 이도리 1362번지) 여성들을 위한 부인회, 소녀회를 만들어 여성 교육에 힘썼다. 그러면서 관음사를 중심으로 동서남북에 절들을 세웠다. 그러던 어느 날 1936년 5월 29일 버섯국 두 숟갈을 먹다 갑자기 입적했다고 한다. 해월당 봉려관 비구니는 제주 불교의 중흥조였고, 무장 항일운동의 배후 인물이었으며, 제주 여성 교육을 처음으로 시작한 개척자이기도 하였다.

그러나 이곳은 1948년 4·3사태가 벌어지면서 전략적 요충지가 되어 격전에 휘말리게 되었다. 특히 1949년 2월 12일에 무장대와 토벌군이 맞붙으면서 모든 건물이 소실되었다. 이후 1969년 중창이 시작되어 오늘의 모습이 되었다. 4·3사건이란 1947년 3월 1일 경찰의 발포 사건을 기점으로 하여 1948년 4월 3일 남로당 제주도당 무장대가 무장 봉기한 이래 1954년 9월 21일 한라산 입산 금지가 풀리면서 전면 개방될 때까지 제주도에서 발생한 무장대와 토벌

도판 66 제주도 관음사의 해수관음보살상

군 간의 무력 충돌 및 그 과정에서 수많은 주민이 희생당한 사건을 말한다.

그런데 이곳에 '관음사'라는 이름답게 관음보살 계열의 대표 격인 세 보살이 다 있는 것이다. 극락전(현재는 지장전)에는 관음보살[도판 64]이, 야외 미륵대불 아래에는 수월관음보살[도판 65]이 그리고 일주문 옆 석조대불 뒤에는 해수관음보살[도판 66]이 있다. 그중 [도판 65와 66]은 언제 조성한 것인지 절에서도 정확하게 알지 못한다. 수십 년 전이라는 말만 전한다. 겨우 반세기 정도 흐른 1969년 이후일 텐데 말이다. 역사에 대한 인식이 좀 그렇다. 부조로서 [도판 65]와 같은 수월관음보살 조각상은 전국에서 이곳밖에 없다. 이 부조상은 제주도 전체를 보타락가산으로 생각한 것 같다. 제주도 그 보타락가산 해변에는 거북이, 잉어, 연꽃 등 모든 생명체를 상징하는 생명들이 파도를 타면서 약동을 보여주고 있다. 그 위 한라산을 상징하는 섬 위에 수월관음보살이 수미단으로 삼아 반가부좌같이 앉아 있다. 머리 위에는 구름무늬로 부드러운 천개를 나타냈고, 파랑새가 강조되어 공중에서 보살에게 예불드리고 있다. 그런 분위기 속에 원형 백록담을 두광으로 한 보살이 선재동자에게 수정염주 대신 커다란 연꽃 한 송이를 친견 선물로 내려 주는 장면을 나타내는 도상이다. 거친 화산석을 그런대로 잘 다듬었는데, 화기가 없다는 것이 아쉽다. 그리고 해수관음상도 크지는 않지만, 인공호수를 만들고 그 가운데 조성해 놓은 곳도 이곳뿐이다. 바다가 보이지 않아서 그런가? 다른 곳은 다 바다를 바라보는 상들이니.

이같이 해동신라의 백의관음보살 계열인 〈백의 · 수월 · 해수〉 관음보살이 한 곳에 모두 다 있는 곳은 우리나라에서 가장 처음 백의관음보살이 나타난 관음의 성지 보타락가산을 상징하는 낙산사와 가장 남쪽 태평양을 향한 제주도 이곳 한라산의 관음사, 이렇게 두 곳뿐이다.

(3) 포항 항해사, 수월관음 반가사유상(2012년)

수월관음보살상이 오늘날 새로 부활하고 있는 곳이 있다. 대각국사 의천 이후 현란한 조명처럼 명멸하다 조선 시대 이후 스럼스럼 명멸해 간 천태종이 1966년 8월 13일 상월 원각 대종사에 의해 새롭게 피어난 것도 이 같은 흐름에서다. 대종사의 속명은 박준동(朴準東, 1911~1974). 백화꽃이 만발하다는 소백산 그중에서도 4번째 봉우리에서 뻗어 나온 연화승지에다 『제중감로』를 바탕으로 백화도장 구인사라는 백화꽃을 피워낸 것이다. 조선 초기 세종에 의해 역사 속으로 사라져간 천태종이 다시 그 모습을 드러낸 것은 시절 인연에서 보면 자연스럽다.

새로운 천태종은 관음보살을 부르는 마음가짐이 이전과는 다르다고 한다. 일반적인 관음 염송(念誦)이 아니라 일심칭명으로서의 관음 주송(呪誦)이라는 것. 일심칭명은 곧 자기 정화의 행법이며 대승불교의 귀결점인 불이(不二)의 전일성(全一性)을 체험하는 것이란다. 그것은 자력적 수행을 의미한다. 즉, '주송'으로 관세음보살을 마음으로 취해 일심으로 부르면 그 가운데서 염불과 선을 함께 체험하게 되고 모든 불교의 교리를 습득하게 된다는 것이다. 이는 대각 국사 의천의 핵심인 '교관겸수'를 보다 쉽고 간결하게 현대화시킨 교리라고 보게 된다. 더 거슬러 보면 '관세음보살'이라는 그 글자에 친견과 구제의 힘을 담고 있는, 즉 의상 법사가 받았던 불가사의한 수정염주와 여의보주 같은 그 기이한 체험 신앙에 집중하기 위해서다.

'선'(禪)과 '교'(敎)는 새의 양쪽 날개와 같다. 그것은 부처님이 열반하면서 '선'의 '오'(悟)는 가섭의 마음에, '교'의 '경'(經)은 아난의 머리에 축복을 내린 것에서 알 수 있다. 이런 의미에서 일심칭명으로서의 관음 주송 신행은 수월관음에서는 '월인천강'처럼, 선교쌍수에서는 '새의 양쪽 날개'처럼 불교의 모든 사상과 그 실천을 하나로 아우르는 통섭적인 신앙이다. 그러므로 천태종이 앞으로 주존을 수월관음보살로 드러내어야 한다. 이것이 대각 국사 의천의 신행

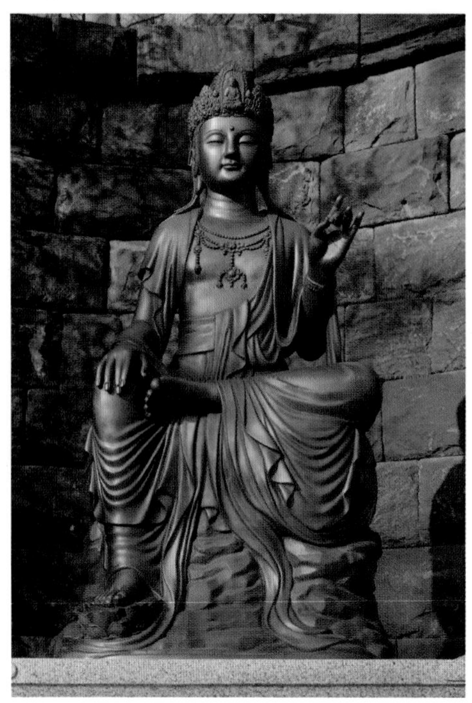

도판 67 포항 황해사에 봉안된 수월관음좌상. 봉안 취지의 내용에는 "'천강유수천강월'이란 관음의 응신을 물에 비친 달(수월)에 비유한 것이다. 이렇게 보면 모든 물에 응신한 관음을 통칭하여 '수월관음'이라 부를 수 있다. 이에 따라 황해사는 중생의 간절한 바람에 자비로 그 몸을 나타내는 관음의 모든 응신을 하나로 집약한다는 의미로 자비동산에 수월관음 존상을 모셨다"라고 쓰여 있다. 불기 2556(2012) 10월 10일 설치했다.

을 계승하면서 사적 신앙을 넘어 공적 신앙으로 현재화시키는 것이 된다. 과거 고려 시대의 찬연했던 수월관음도가 현대적으로 부활하는 흐름으로 해서 보다 의식 있게 주체적으로 그러면서 주송적인 신앙으로 가기를 기대한다.

그런데 수월관음을 도(圖)가 아니라 상(像)으로 봉안했다는 포항의 황해사 얘기를 듣고 2014년 찾아가 보았다[도판 67]. 의상 법사가 옥으로 된 여의보주로 낙산사에 조성한 관음상의 존재는 알 수 없지만, 선재동자가 없는 등신불보다 조금 큰 그것도 독특한 반가부좌상이었다. 수월관음도상에 의궤가 없으니 이해는 가지만 그래도 "그 관음의 모든 응신을 하나로 집약했다"는 내용에 대한 수월관음적 도상이 보이지 않는다. 수인이 그것을 상징하는지는 모르겠으나 [도판 65]와 같은 모든 응신을 교리로 담아내는 물과 관련된 도상이 아니기 때문이다.

보면서 불교의 법맥을 오늘의 시대정신에 맞게 현재화한 합천 해인사 성철 스님의 부도가 그리웠다. 다이토쿠지 소장 〈수월관음도〉를 개인적으로 심혈을 기울여 크기 및 도상 그대로 모사한 그림도 있기는 하다. 그런데 그 그림에는 아쉽게도 현재성이 없고 정중동이 보이지 않는다. 모사보다는 오늘의 시대정신을 담은 현재화된 역동적인 현대감각을 지닌 작품이 나와야 한다. 교리, 도상, 화두가 세계화 분위기와 조화를 이루는 그런 수월관음보살을. 그것이 그 어느 그림과도 비교할 수 없는 수월관음도의 족보를 주체적으로 우리의 불교 회화사에 되살리는 길이며, 세계 불교계에 그림으로 새롭게 기여하는 것이 되기에.

몇 년 전, 전주에 가보았다. 그곳 경기전의 어진박물관에 조선 시대 왕의 초상화가 신상처럼 위엄 있게 태조(1), 세종(4), 영조(21), 정조(22), 철종(25), 고종(26), 순종(27)으로 해 왕위 순서대로 전시되어 있었다. 한옥마을 어느 골목길의 안내판에는, "황손의 집(承光齋): 대원군의 증손자이자 대한제국을 선포(1897년)하신 고종황제와 명성황후의 직계 손자이신 황손 이석 님이 사시는 곳이다. 승광재는 대한제국의 연호인 광무(光武)에서 빛 '광(光)' 자와 뜻을 이어간다는 이을 '승(承)' 자를 따서 '고종황제의 뜻을 이어가는 곳'이라는 의미에서 지어진 이름이다"라는 설명이 붙어 있었다.

문화해설사의 얘기에 의하면 고종의 자녀들은 순종 · 의친왕 강(堈) · 영친왕 은(垠) · 덕혜옹주 등이 있는데, 이석은 그중 다섯째인 의친왕 이강의 아들이 된단다. 들어가 보았다. 구한말 황실의 희미한 흑백 사진들이 처마 따라 볼품없는 액자로 빛바랜 채 초라하게 줄지어 걸려 있었다. 어진박물관에 진열된 신 같은 선대 왕들의 초상화와 비교해 보니 애처롭기 그지없다. 사라져가는 왕실의 마지막 잔영은 그렇다. 나라를 망하게 함으로써 모든 국민을 수난과 고난과 역경으로 몰아넣고, 국가적으로는 말로 표현할 수 없는 정신적, 물질적, 역사적 손해를 보게 하지 않았는가. 더군다나 결과론적으로는 분단에까지 이르렀으니.

차라리 볼품없는 사진으로 황실의 혈통임을 초라하게 증명하기보다는, 마지막 황실로서 그의 대표적인 노래 〈비둘기 집〉의 가사인 "비둘기처럼 다정한 사람들이라면 장미꽃 넝쿨 우거진 그런 집을 지어요"처럼 분단된 국토가 평화를 상징하는 비둘기처럼 다정한 통일국가가 되기를 기원하며 [도판 124] 같은 맞춤형 〈수월관음도〉를 발원해 '얼쑤~, 좋다~'의 추임새와 감탄사가 나올 수 있는 그림을 대표적인 사찰에 봉헌할 의향은 없는지? 그것이 그나마 사라져 가는 왕실로서 대미를 장식하는 의미가 아닐까. 그것은 영친왕이 황실의 계승을 위해 마지막 안간힘을 소승적으로 소비한 [도판 62]와는 의미가 반대된다.

"노병은 죽지 않는다. 다만 사라져갈 뿐이다"라는 맥아더 장군의 말처럼, 조선 왕조의 발자국을 회한과 함께 국민의 가슴에 대승적으로 남기며 사라져 가는 것이 될 테니….

2. 성모상의 도상 변천

성모상의 구도와 양식은 다양하다. 먼저 제단화로 봉안한 비잔틴(동로마)의 동방정교에서는 그렇지 않지만, 이를 이어받은 서로마 가톨릭에서는 그 변천 과정이 중보의 역할과 방식에 따라 다양하게 나타나 있다. 그래서 간단하게 설명하기가 힘들다. 따라서 미술사적 차원이 아니라 필자 나름대로의 시대 흐름과 성육신의 생애 그리고 성모의 일생에 따라 구분했다. 성모상 전체를 간단히 체계 있게 설명할 수 있고, 쉽게 이해할 수 있게 하기 위해서다.

구분의 명칭은 '백의관음 계열'의 관음도와 형평성에 맞춰 필자가 임의로 구분해 붙였다. 따라서 이곳에서 설명하는 성모상은 얼마 안 되는 백의관음 계열과는 반대로 수많은 성모상 중 그 임의 시기를 대표하거나 상징하는 그림의 예일 뿐이다. 그리고 전설상 최초로 그렸다는 성 누가의 성모상도 주방의 〈수월관음도〉처럼 기록으로만 전해져 어떤 그림인지는 알지 못한다.

1) 동방정교에서의 성모

(1) 러시아의 발전

예수의 제자 중 안드레아가 1C 중엽, 복음 전파를 위해 동유럽 쪽으로 갔다. 드네프르강 유역의 구릉지대에서 성당과 수도원의 환상을 보게 되면서 이곳에 큰 도시가 세워지리라 축원했다는데, 그곳이 키예프로서 오늘날 우크라이나 지역으로 러시아의 모태라고 한다. 초기의 러시아 역사는 각색된 전설이나 수수께끼 같은 이야기로 전해져 왔기 때문에 정확하지 않다.

어쨌든 역사에서도 러시아는 드네프르강 상류에 위치한 키예프 공국에서 시작되었다. 창시자는 북유럽 노르만 출신으로 880년 남하한 올레크였다고 한다. 그 이후 증손자 블라디미르 1세 때 강성해졌다. 그는 비잔틴제국 로마

노스 2세의 여동생인 안나와 결혼하면서 988년 비잔틴제국의 동방정교를 국교로 받아들였다. 그러면서 키예프 공국의 모든 사람은 동방정교로 개종했다. 국교가 된 것이다. 『원초연대기』에 따르면 당시 왕 블라디미르는 유대교, 가톨릭, 이슬람교, 동방정교 중에서 어떤 종교를 선택할 것인지 고민했다고 한다. 그래서 종교 사절단을 보내 각 종교의 예배 의식에 참관해 본 후, 그중 동방정교 예배의 아름다움에 반해 선택했다고 한다.

아마 콘스탄티노플 성소피아 사원에서의 부유성화 같은 햇빛과 장대하고 성스러운 건축, 성스러운 그림 그리고 수많은 촛불이 휘황찬란하게 빛나는 그 거룩한 분위기에 반했을 것이다. 그리고 로마 가톨릭에서는 개종하면 라틴어 사용을 요구했으나 동방정교에서는 모국어 사용을 허락한 것도 개종의 큰 배경이 되었다고 한다. 당시 기독교는 가톨릭과 동방정교로 갈라지기 전이었으나 신앙의 문화가 서로 달랐기에 그들에게 맞는 코드의 종교 문화를 신앙으로 선택한 것이다. 역으로 비잔틴의 동방정교로서는 슬라브족을 개종시킨 것이 역사상 최대의 공헌이 되었다.

이후 1037년 이름이 같은 성소피아 교회를, 건축양식도 비잔틴 양식으로 세우면서 이 교회는 2세기 동안 러시아정교회의 중심이 되었다. 러시아의 '콘스탄티노플'을 상징한 것이다. 그리고 그리스 문자의 영향을 받은 키릴문자가 보급되면서 각종 종교 서적을 포함하여 그리스와 로마의 많은 문헌이 번역되었다. 역사적 사건도 기타 여러 문화도 문자로 기록되었다. 이렇게 비잔틴제국 문화의 영향을 받아 러시아문화가 눈부시게 발전한 것이다. 그러면서 러시아는 민족적 자긍심과 강력한 황제 권력을 중심으로 영토를 점점 확장하기 시작했다. 이후에는 러시아식으로 건축양식이 토착화되면서 곳곳에 많은 교회가 들어섰다. 그러다 1113년에는 키예프 왕가의 공후들이 분열되면서 블라디미르-스즈달, 모스크바, 노브고로트, 스몰렌스크 등 여러 도시국가로 독립되면서 키예프 공국은 쇠퇴하였다. 그러나 문화적으로는 오늘날까지 이어져 대표적인 블라디미르의 우스펜스키 성당과 드미트리 성당 등 수많은 성당은 물론 페체르스키 수도원 등 180여 개의 수도원이 세워졌다. 이러한 수도원 및 성당은 비잔틴제국에서 유행한 프레스코화, 모자이크화 등으로 장식되어 건축물의 내부가 아름답다.

이렇게 발전하던 러시아는 13세기 타타르족 몽골의 침입을 받으면서 키예프는 1263년 멸망하였다. 이로 인해 남러시아 지역은 황폐해졌다. 이때 블라디미르-스즈달의 작은 요새에 불과했던 모스크바가 1380년 킵차크한국의 침입 때 지형적으로 안전한 북동부의 위치에 있으면서 '타타르의 속박'이라는 몽골 지배 시기에 새로운 중심지로 성장하게 되었다. 다행히 몽골은 종교에 관대했다. 그래서 몽골에 200여 년 이상 지배받으면서도 러시아의 동방정교회는 타타르 몽골의 종교 관대 정책에 힘입어 모스크바 공국과 협조하면서 열렬한 신앙으로 확산되어 나갔다. 그 확산은 수도원 중심으로 이루어지면서 민족성도 형성하게 되었다.

그러던 중 1453년 비잔틴제국이 오스만 제국에 의해 무너졌다. 한편 모스크바 공국도 이반 3세 때 몽골의 지배로부터 1480년 독립하게 되었다. 이어 모스크바 공국 중심으로 단일국가를 이루면서 점차 제국으로 발전하였다. 뒤를 이은 이반 뇌제, 즉 이반 4세(1530~1584)부터는 나라 이름도 러시아로, 왕의 명칭도 '차르'라 불렀다. 차르라는 말은 로마 황제 카이사르에서 차용했는데, 고대 러시아에서는 비잔틴의 황제를 가리키는 말이었다. 그래서 비잔틴제국 멸망 후, 러시아는 스스로 종교와 정치에서 비잔틴제국의 계승자라고 선언하고, 러시아 황제가 동방정교의 수장 자리를 이었다. 그러면서 이 시기부터 러시아 사람들은 모스크바를 제3의 로마라고 불렀다. 제1 로마는 이탈리아의 로마, 제2의 로마는 비잔틴제국의 콘스탄티노플, 이어 모스크바를 제3의 로마로 자처하면서 영원히 무너지지 않을 것이라 자신하며 로마제국과 비잔틴제국의 계승자임을 자임한 것이다. 그러면서 비잔틴제국의 종교였던 동방정교는 아드리아해를 기준으로 해서 그 동쪽 지역에 널리 퍼졌다. 오늘날 동유럽이라 부르는 곳이다.

(2) 가톨릭과 동방정교의 분열

콘스탄티누스 대제는 324년 리키니우스 군대를 밀비우스 다리에서 물리쳐 로마제국을 통일했다. 그 후 광대해진 제국을 하나의 수도를 중심으로 통치하기에는 너무 크다고 생각했다. 그래서 새로운 로마를 위해 동방에 또 하나의 수도를 건설하기로 마음먹었다. 그래서 동로마의 수도로 선정한 곳이 유서는 깊지만 쇠퇴한 그리스의 옛 식민 도시 비잔티움이었다. 이 도시가 콘스탄티노폴리스, 즉 콘스탄티누스의 도시 콘스탄티노플이 되었다. 지중해와 흑해를 사이에 두고 유럽과 아시아가 만나는 교차점에 세웠으므로 콘스탄티노플은 자연히 서방과 동방이 만나는 교통의 요지가 되었다. 테오도시우스 황제 이후 당시 기독교 세계는 5대 교구, 즉 로마, 콘스탄티노플, 예루살렘, 안티오키아, 알렉산드리아로 나뉘었다. 그러면서 서로마의 중심에 있는 로마 교회와 동로마의 중심에 있는 콘스탄티노플 교회는 정치적인 문제와 교리적인 문제로 갈등하게 되었다.

476년 서로마제국이 멸망했지만 로마 교회는 새로운 정복자 게르만인들을 기독교화해서 라틴 기독교 세계를 만들었다. 한편 동로마 비잔틴제국은 콘스탄티노플을 수도로 해서 그 뒤로도 천 년 이상 잘 유지되었다. 이러한 정치적 상황의 변화에도 불구하고 로마 교회는 예수의 수제자인 베드로의 순교지에 세워진 교회가 모든 교회의 수위권을 가져야 한다고 주장했다. 이 주장은 천 년 이상 로마제국의 정통성을 계승하고 있다는 자부심을 가진 비잔틴제국의 황제와 대립할 수밖에 없었다. 이후 동로마도 7세기 중엽 이후 이슬람 세력이 팽창하면서 소아시아와 팔레스타인, 이집트가 이슬람의 세력권으로 떨어지자 위협을 당하게 되었다. 그러면서 로마와 콘스탄티노플 간의 대립이 더 격화되었다. 그러더니 863년 콘스탄노플의 포시우스 총대주교를 니콜라오 1세 교황이 파문하고, 1054년에는 콘스탄티노플의 총대주교 체룰라리우스가 로마교황을, 이렇게 서로 파문하면서 역사적으로 분열을 선언하기에 이르렀다. 이때부터 로마를 중심으로 서유럽을 통괄한 서방 교회는 로마 가톨릭으로, 콘스탄티노플을 중심으로 해서 동유럽으로 확장한 동방교회는 동방정교로 나뉘게 되었다. 가톨릭을 상징하는 베드로와 동방정교를 상징하는 안드레아가 얼마나 슬퍼했을까.

두 교회의 대립 원인은 일차적으로는 종교적인 문제에 기인했다. 첫째로 정교회는 로마교황의 우선적인 지위를 인정하지 않았다. 교황도 다른 교구의 대주교들과 동등한 가운데 상임의 지위를 갖는다고 보았고, 교황의 무오류설을 부인했다. 둘째로 정교회는 성직자와 평신도 간의 역할 구분이 엄격하지 않았으며 성직자들 사이에도 상명하복적인 위계질서가 강요되지 않았다. 그래서 평신도들도 설교를 할 수 있었고, 교회 업무와 선교 사업에도 적극 참여할 수 있었다. 셋째, 결혼한 성직자에 대해서도 정교회는 로마 가톨릭에 비해 관대한 편이었다.

그러나 두 교회의 분열에는 정치적인 요인도 중요하게 작용했다. 비잔틴 제국 황제는 정교 일체의 수장으로서 교회에 대한 통제권을 지니고 있었다. 그는 다른 교회뿐만 아니라 로마 교회에 대해서도 계속 감독과 간섭을 시도했으며, 앞에서 언급했듯이 730년 레오 3세는 성상 파괴령을 발표하여 동방교회뿐만 아니라 로마 교회의 반발까지 사기도 했다. 그것이 결국 로마 교회가 (비잔틴 황제의 영향권에서 벗어나) 정치적인 독립을 갖기 위해 프랑크 왕국과 손을 잡는 계기가 되었다. 그러면서 가톨릭은 세속왕권과 견제 및 균형을 이루면서 오늘에까지 이르렀다. 가톨릭과 동방정교의 대립과 분열은 표면상으로 종교적 차이, 정치적 이해관계에 따른 것이지만 그 뿌리는 그리스와 로마 간의 문화 차이에까지 거슬러 올라간다.

이후 1453년 5월 29일, 비잔틴제국이 이슬람 제국 오늘날 터키에 함락되어 그 이름도 오스만튀르크로 바뀌었다. 동시에 동방정교를 상징하던 역사적인 성소피아대성당도 이슬람 사원으로 바뀌게 되었다. 함께 내부에 아름답던 기독교 성상들도 이슬람의 글자와 무늬로 훼손되면서 교세가 크게 축소되었다. 그러면서 동방정교는 동유럽에서 계속 이슬람의 간섭을 받으며 19세기까지 침체 상태에 머물게 되었다. 반면에 가톨릭은 서유럽의 정치권과 함께하면서 지리상의 발견을 등에 업고 세계화를 이루게 되었다.

19세기 이후 터키의 세력이 쇠퇴하면서 정치적 독립을 획득한 15개 국가의 정교들은 콘스탄티노플 교회의 간섭에서 독립을 선언하였다. 이후 동방정교도 그 나라의 이름을 붙이게 되었다. 터키는 이스탄불 정교회, 이집트는 알렉산드리아 정교회, 시리아는 안티오키아 정교회, 예루살렘 정교회, 그 외는 나라 이름과 같은 러시아정교회, 그루지아, 그리스, 루마니아, 불가리아, 세르비아, 키프로스, 알바니아, 폴란드, 체코슬로바키아 정교회로 자치를 누리며 연합체 형태를 갖추게 되었다. 이후 정교도 각 국가의 흥망성쇠에 따라 부침하면서 오늘날의 모습이 되었다. 그중 그 부침에 그런대로 크게 영향을 받지 않고 이어온 나라가 러시아다. 그래서 오늘날 정교의 성모상도 그 어느 곳보다 러시아에 잘 남아 있다.

한편 터키는 20세기에 들어 서양의 교회 회복 압력을 피하기 위해 성소피아대성당을 박물관으로 바꾸면서 무마되었지만, 그 잠재된 갈등은 지금도 계속되고 있다.

(3) 러시아 정교에서 '성모'

이-콘(E-Icon)이란 영어로는 아이콘(Icon)으로 성화, 특히 비잔틴에서 시작된 동방교회의 성화를 지칭하는데, 오늘날에 와서도 그 중요성은 계속되고 있다. 이 말은 앞에서 언급한 것처럼 '하느님의 형상'(창세기 1장 27절)을 뜻하는 그리스어 이콘에서 나왔다. 이 이콘은 하느님과 인간 간의 친밀감을 도와주며 하느님의 신비를 명상하도록 이끄는, 하느님과 인간 사이의 끈이라고 할 수 있다. 성화에서 특히 성모상은 성 누가가 그렸다는 〈길의 인도자이신 성모〉(호데게트리아) 성화를 기본으로 하여 시작되었다. 그래서 2~3세기를 경 그리스·로마의 최상 패널에서 발전해 4~5세기경부터 동방교회를 중심으로 퍼지기 시작하더니 앞에서 보았듯이 8~9세기의 성화상 논쟁을 거친 후 본격적으로 유행하였다. 이콘은 숭배의 대상이므로 그 양식에 변함없이 대대로 이어져 왔다. 명암도 천상의 빛을 인간에게 가시적으로 체험할 수 있도록 조절된 상태여서 그림자가 존재하지 않는다. 빛도 금박으로 내적인 빛, 즉 초월적 정신 공간을 화면에 창출했다. 따라서 세상의 그림과는 다른 그림이다. 러시아는 제7차 공의회 200년 후에 동방정교를 받아들였으므로 비잔티움에서 이미 포맷이 완성된 도상을 수용하게 되었다. 당시 이콘은 '신비의 미' 속에 아주 깊은 신학과 영성을 담고 있는 색채 신학으로 신앙의 상징이었다. 그래서 한 폭의 아름다운 이콘은 수만 권의 신학 서적보다 신에 관해 더 많은 것을 담고 있다고 믿었다. 따라서 보는 순간 느낌으로 감동을 주는 명화와 달리 이콘은 읽는 성화이기에 상징과 의미의 해석이 필요하다.

정교회의 신학적 견해는 가톨릭과 개신교의 사도신경과 달리, 니케아신경을 바탕으로 모든 이콘은 거룩하고 신비롭다고 인정한다. 이 때문에 러시아에서는 이콘이 있는 곳은 어디에서나 경건하게 기도를 올리고 이콘에 입맞춤하는 정교인들도 심심치 않게 볼 수 있다. 이콘을 봉안하는 제단의 성화대는 러시아에서는 대개 5단으로 이루어진다. 각 단에는 배치 원칙에 따라 이콘이 봉안되는데, '그리스도, 성모, 데이시스, 최후의 만찬, 4대 복음사가'의 이콘은 반드시 포함된다.

동방정교는 전통을 고수해서 로마 가톨릭에 비하면 이콘의 도상에 큰 변화가 없다. 지금까지 당대 고려의 수월관음도처럼 엄격하게 전통을 지키며 계승되고 있는 편이다. 그중 어떤 이콘들은 특별히 역사적으로 선택받았는데, 〈블라디미르 성모〉와 〈카잔의 성모〉가 그 대표적이다. 그 성모상을 보자.

가) 블라디미르 성모

성모가 아기 예수를 안고 있는 모습을 그린 성모상은 비슷한 구도로 수없

도판 68 러시아정교의 〈블라디미르 성모〉. 이 성모상은 기독교에서 성모상의 원조로 보고 있다. 모스크바 트레티야코프미술관

이 많지만 그중 가장 대표적인 것이 〈블라디미르 성모〉 상이다. 이 성모상에는 온갖 기적의 이야기가 전설로 전해 오기 때문이다. 그래서 비잔틴미술을 통틀어 가장 성스러운 성보상 중의 하나다.

러시아 이콘들 가운데 가장 많이 숭상되는 〈블라디미르 성모〉상은 비잔틴 양식으로 언제인지 모르지만, 콘스탄티노플에서 그려졌다. 그 후 키예프로, 키예프에서 1161년 블라디미르에 와 그 이름이 붙게 되었다. 마지막으로는 1395년 모스크바로 가져와 지금까지 모스크바에 있다. 당시 러시아는 도시국가들의 군웅할거(群雄割據) 속에서 통일을 이루지 못하고 있었다. 그런데 13세기에 접어들면서 끔찍한 생지옥이 펼쳐졌다. 아무도 그들이 누구인지, 어디서 왔는지, 그들의 언어가 무엇이며 어떤 종교를 가졌는지 아무것도 몰랐다. 그들은 그저 타타르라고 했다. 1223년 처음으로 타타르 몽골군이 칭기즈 칸(1162~1227)을 선두로 엄청난 힘으로 몰려와 잔혹한 살인을 자행하고 러시아를 유린했다. 통일되지 않은 도시국가들은 러시아 민중을 보호해 줄 힘이 없었다. 어서 예수가 재림해 이 도탄에서 구해 주길 바랄 뿐이었다.

그러다가 크게 명성을 떨치게 된 것은 타타르의 티무르가 1395년 모스크바를 침입했을 때의 일이다. 이에 모스크바 공국 사람들은 이 이콘을 블라디미르 공국에서 급히 빌려왔다. 그리곤 모스크바 공국 사람들이 왕과 함께 그 이콘 앞에서 밤새 울면서 기도했다. 그러자 기도에 효험이 있었는지 그날 밤

적장인 티무르 꿈에 성모의 군대가 나타났다고 한다. 다음날 모스크바 공국 사람들이 이 그림을 군기로 앞세우자 타타르군대가 성모의 군대로 알고 놀라 물러났다고. 그래서 전쟁에서 전투를 치르지 않은 채 승리하게 되었다는 얘기다. 이 기적에 놀란 모스크바 공국 사람들은 이 이콘을 블라디미르로 돌려주기를 거부했고, 결국 모스크바가 계속 간직하게 되었다는 이야기다.

이 이콘의 기적은 1451년과 1480년 타타르 무리들이 또다시 침입했을 때도 반복해서 나타났다는 것이다. 그러면서 200년 이상 지배하던 타타르 몽골을 격퇴하고 독립된 통일 국가 러시아를 이루게 되었다. 이 위업을 연대기 기록자들은 〈블라디미르 성모〉가 가진 기적의 힘과 연관시키고 있다. 중세 시대 기적에 대한 러시아 민중의 믿음도 서유럽에서 흑사병에 대한 기적처럼 실로 굳건했음을 알 수 있다. 이렇게 러시아가 바라고 바라던 통일국가도 이 성모상의 기적을 통해 이루게 된 것으로 믿고 있다. 심지어는 1941년 독일군이 모스크바로 진격해 왔을 때도 스탈린이 이 이콘을 (종교를 인정하지 않는 공산국가인데) 비행기에 실어 주변 상공을 비행하도록 하자, 며칠 뒤 독일군이 퇴각했다는 믿거나 말거나 스토리텔링도 있다. 그래서 러시아에서는 〈블라디미르 성모〉를 수호상으로 모시고 있다. 얘기대로라면 당연히 그럴 만하다.

아기 예수를 안고 있는 성모상은 많지만 〈블라디미르 성모〉만큼 슬픔을 담은 그림은 거의 없다고 신도들은 믿고 있다[도판 68]. 가슴을 찡하게 만드는 가장 깊고도 아름다운 눈빛을 슬픔의 원형으로 담고 있다. 그려진 지 수세기가 지났지만, 아직도 그 빛이 바래지 않는 슬픔의 원형으로 남아 있다. 이 성모상은 오늘날까지 중세 미술뿐 아니라 비잔틴미술을 통틀어, 아니 가톨릭과 정교 전체 속에서도 가장 아름답고 성스러운 성모상의 원조로 인정받고 있다. 지금 이 그림은 트레티야코프 미술관에서 가장 효과적인 조명을 받으며 슬픈 성모의 모습을 더욱 찬연한 슬픔으로 보여주고 있다.

이콘이 영어로는 아이콘(icon)이다. 중세 미술에서 아이콘의 역할은 글을 몰라 성경을 읽을 수 없었던 신도들에게, 컴맹이라도 아이콘 덕택에 컴퓨터를 쉽게 사용할 수 있듯이, 교리와 성인의 가르침을 이해하고 신의 존재를 느끼게 해주는 역할을 했다. 중세인들에게 이콘은 이처럼 '보이지 않는 것들에 대한 육화된 감성'을 상징했다. 사람이 이콘을 그린 것이 아니라 신이 사람의 손을 도구로 빌려 '신 스스로 자신을 드러낸 것'이라고 생각한 것이다. 따라서 이콘화 특히 성모상은 신의 세계가 현현한 것이므로 감상의 대상인 예술 작품이 아니라 기도의 대상이며 숭배의 대상이었던 것이다.

1995년 〈블라디미르 성모〉가 블라디미르 공국에 온 지 600년을 맞이해서 대대적인 연구가 실시되었다. 연구를 통해 이 성모는 15세기까지 4번 손댄 것으로 드러났다. 제작 방식은 신의 천지창조 순서에 따라 그렸다고 한다. 그래서 신이 인간을 만들기 전에 빛과 어두움, 자연을 만든 것처럼 그림에서도 인물보다 배경을 먼저 그렸다고 한다. 이 배경은 영원한 신의 나라를 상징하므로 금으로 칠했다. 예수가 입고 있는 옷은 로마 패션인 토가다. 이 의상은 초기 기독교미술에서부터 볼 수 있다. 고대 그리스·로마의 미술 양식이 그대로 이어져 온 것이다. 기독교가 유럽으로 퍼져가면서 그리스·로마 시대의 원작에서 복사본을, 복사본의 복사본을 그리게 되면서 사실적인 묘사가 변형되어 갔다. 그러면서 새로운 도상이 생겨났다. 특히 사실 묘사를 중시하는 회화 감각이 아니라 문양을 아름답게 배열하는 디자인 감각으로. 그러면서 성모의 이마 가운데를 상징하는 두건 가운데 불보살에서 백호 같은 눈꽃 모양의 문양이 나타났다. 그 문양은 성모가 고개를 숙여도 안 숙인 위치에 그려진다는 점이 특징이다. 이 별은 성녀를 그린 것인지 성모를 그린 것인지를 구별하는 중요한 기준이기도 하다. 이 별이 이마 외에 양어깨에도 그려져 있는 것은 성모가 예수를 낳기 전에도, 낳을 때도, 낳은 후에도 동정임을 상징한단다. 이는 가톨릭에서의 무염시태와 연결된다.

그림의 의미는 뒷면까지 이어진다[도판 69]

뒷면에 그려진 그림은 성모가 슬픔에 빠진 이유를 알려 준다. 먼저 직육면체 모양의 왕의 권좌가 그려져 있다. 이렇게 주인공 없이 빈 의자만 있는 것은 보이지 않는 신의 현존을 상징한다. 그리고 최후의 만찬, 그리스도의 무덤, 부활, 나아가 재림 시 최후의 심판을 할 때 앉을 의자를 의미하기도. 그리고 함께 그려진 십자가, 창, 못은 그리스도의 수난과 대속을 상징한다. 이는 또한 성부·성자·성령이란 삼위일체를 상징하기도 하고, 이렇게 모두 예수의 수난과 관계가 되는 것이다.

도판 69 블라디미르 성모의 뒷면에까지 그림이 그려져 있다. 이것으로 보아 벽걸이용이 아니라 성당에서 신자들이 이 이콘 주위를 돌며 기도하게 하기 위한 성화였음을 알 수 있다.

더구나 뒷면까지 그려진 것으로 보아 이 성화는 벽걸이용이 아니라 성당 안에서 신자들이 이 이콘의 주위를 돌며 기도하게 하기 위해서였음을 알 수 있다. 그래서 신도들은 성모의 슬픈 눈빛을 보고 기도하고, 또 돌면서 그 슬픈 이유를 생각하게 하면서 기도하게 했다. 당시 중세 사람들은 성모를 가까이하는 것이 예수그리스도에게 나아가는 가장 쉽고도 안전한 길이라 생각했다. 슬픔을 지닌 사람이 다른 사람의 슬픔을 이해할 수 있다. 아들을 잃은 어머니의 슬픔보다 더한 슬픔이 세상에 어디에 있으랴. 더구나 성모의 아들은 이 성모상 앞에서 탄원하는 이들을 위해 죽은 것이다. 그러니 어찌 교감이 일어나지 않을 수 있으랴. 그러니 때때로 기적의 발화 이야기가 생겨나기도 하는 것이다. 어쨌든 이렇게 그림의 의미가 뒷면에까지 나타나 있는 성화는 없다. 성화의 내공을 보여주는 것이기도 하다.

이 성모상이 봉안되었던 블라디미르 우스펜스키 대성당은 12세기 안드레이 보골류프스키 치세 때 세워졌으나 곧 1185년 화재로 소실되었다. 원상 복원이 불가능해 기둥은 그대로 둔 채 벽만 새로 세웠다. 그래서 화려함보다는 벽면을 하얗고 깨끗하게 단장하여 지금에 이르고 있다. 교회 중앙의 천장 아치에는 천재 화가 안드레이 루블료프(1360~1430)가 그린 〈최후의 심판〉 그림이 있다.

안드레이 루블료프의 〈삼위일체〉[도판 70]

러시아를 위한 그의 그림에는 이 〈최후의 심판〉 그림보다는 〈삼위일체〉가 더 유명하다. 모스크바의 '삼위일체 성세르기 대수도원'을 위해 그린 성화상이다. 성삼위일체를 강조하기 위해서였다. 성화의 세 인물은 부드럽게 흐르는 듯한 움직임 안에서 서로 결합하고 있다. 서로 상대에 대한 어떤 지배권도 존재하지 않는다. 세 인물의 숙인 고개와 자세는 침묵 속에 동요 없는 평화의 모습이다. 가운데 천사는 오른손으로 희생된 짐승의 피가 담긴 성배를 가리키고 있는데, 이것은 성자의 자발적인 희생을 상징한다. 파스카의 신비, 즉 구원의 은총인 삼위일체를 나타내는 것이다.

도판 70 안드레이 루블료프의 〈삼위일체〉(1420년경). 목판화에 템페라. 142×114cm. 트레티야코프미술관

동방교회 성화 규범에 성부 하느님은 그릴 수 없는 것이 기본 원칙이다. 아무도 볼 수 없기 때문이다. 성자 예수도 성육신으로만 그릴 수 있었다. 그러다 보니 삼위일체를 성화로 표현하기 위해서는 마므레 상수리나무 곁에서 믿음의 조상 아브라함에게 나타난 세 사람(창세기 18장 1-16절)을 성삼위일체에 대한 상징적 묘사로 차용했다[도판 70]. 그러나 이 그림에서는 아브라함은 보

이지 않는다. 안드레이 루블료프는 작품에 엄격한 양식에다 온화한 분위기와 명상적 깊이를 가미시켜 종교화의 표본이 되게 하였기 때문이다. 이후 명상적 깊이는 시대를 초월하여 후세 화가들을 매료시켰다.

그가 활동하던 시대는 모스크바가 타타르 몽골군의 침입을 결정적으로 물리치고 러시아가 패권을 쥐고 새로운 역사를 여는 시기였다. 이 그림에는 세 천사가 위격에서 차이가 드러나지 않는다. 그래서 성부·성자·성령이란 삼위일체로서의 본질적인 동질성을 완벽하게 형성해 냈다고 평가받는다. 모두 고개를 숙이고 조용히 상대방의 얘기를 경청하는 천사들이 서로 대등하게 어깨를 맞대고 있는 모습은 세계 미술사에서는 보기 드문 지극한 평온과 완벽한 조화를 보여주는 작품이라 평한다.

모스크바 공국은 만형으로 200여 년간의 몽골 침입으로 피폐해진 주변 국가들을 통일과 화합 정신으로 끌어안는 정책을 펼쳤다. 루블료프의 이 내적 일치를 향한 〈삼위일체〉 그림에는 모스크바 공국이 형님 국가로서 내미는 따뜻한 화해와 우의가 담겨 있는 것이다. 이는 러시아인으로서 혈맹의 동질성과 통일의 열망을 의미한다. 이로써 루블료프는 비잔틴의 영향에서 벗어나 가장 격조 높은 주체적인 러시아 이콘화를 완성했다. 그래서 러시아인들은 그를 '러시아 르네상스'와 연관시킨다. 그의 작품에는 러시아에서는 처음으로 러시아 민족 전체를 끌어안으려는 휴머니티가 빛나고 있기 때문이다. 신을 위해 존재하던 예술을 러시아인을 축복하는 예술로 변화시킨 것이다.

독일 신학자 몰트만은 자신의 저서 『삼위일체와 하느님 나라』에서 자신의 삼위일체를 '사회적 삼위일체론'이라 칭하며, 루블료프의 이 이콘이 자신의 삼위일체론의 정수를 보여준다고 했을 정도다. 1988년 러시아 정교는 그를 성인으로 추대했고, 영화로도 만들었다.

나) 카잔의 성모

1579년 7월 8일 모스크바에서 500마일 거리에 있는 볼가강 유역의 한 도

도판 71 〈카잔의 성모〉 성모는 머리를 아기 예수 쪽으로 숙이고, 예수는 서서 정면을 바라보며 축복을 주는 모습이다. 카잔의 성모에서는 예수의 왼손과 성모의 두 손은 묘사하지 않는다.

시 카잔에서 대화재가 발생했다. 이후 성모가 마트로나라는 8세 난 소녀에게 꿈으로 나타나 이 성상이 묻혀 있는 곳을 몇 번이나 가르쳐 줬다. 소녀와 어머니는 꿈에 가르쳐 준 그 장소에 가서 화재로 황폐화된 곳을 팠다. 그랬더니 방금 제작한 듯한 색깔이 생생하게 반짝이는 '성상'을 진짜로 발견하게 되었다는 성모상이다[도판 71]. 이 소식을 들은 많은 사람이 카잔의 성모를 대성당으로 모셨다. 전설에 따르면 이 이콘은 원래 콘스탄티노플에서 얻어왔으나 1438년 분실했다가 140여 년이 지난 1579년 소녀의 꿈을 통해 다시 발견된 것으로 보기도 한다.

카잔의 테오토코스, 즉 하느님의 어머니라고 알려진 이 〈카잔의 성모〉에도 〈블라디미르 성모〉에서의 기적 같은 이야기가 있다. 즉, 이 이콘은 1612년에는 폴란드의 침략을 막았고, 1709년 스웨덴의 침략 그리고 1812년에는 나폴레옹과 싸우는 군대에 큰 용기를 주어 승리할 수 있게 했다는 이야기다. 그러면서 이 성화는 러시아인들의 사랑을 받게 되었다.

동방정교에서 이콘은 기본적으로 믿음과 영성의 수양 도구로 사용되기 때문에, 정형화된 구도와 수학적인 인체 비례와 신학적인 의궤의 의미를 엄격하게 적용한다. 심지어 인물이 입고 있는 옷의 색깔이나 들고 있는 도구, 펼쳐 들고 있는 두루마리 경전에도 모두 각각의 의미가 있기 때문에 이콘의 도상은 가톨릭과 달리 수백 년 동안 크게 변하지 않았다. 창작은 절대 금지되어 있기에. 그러므로 동방정교에서 이콘 화가들은 예술가라기보다는 오히려 전문 장인에 더 가깝다.

중세 러시아에서는 이콘을 그리는 화가들이 사제 서품을 받은 신부나 수도자들이었다. 이들이 이콘을 그릴 때는 (불화도 마찬가지이지만) 사순 시기에 준하는 금식기도를 하고, 이들이 사용하는 물감에도 축복을 내렸다고 한다. 오늘날 수도원에서도 여전히 계율을 엄격히 지키며 이콘을 그리는 수도자들을 쉽게 찾아볼 수 있다. 그렇게 정성이 담긴 내공으로 그리니 이콘에 기적이 연기화생으로 나타나면서 영기화생이 된다고 믿게 될 수밖에. 이 성화에는 이렇게 서품을 받은 신부나 수도사들이 그려서 그런지 아쉽게도 어느 화가가 그렸다는 설명이나 낙관이 없다. 상품으로는 물론 자신도 자랑처럼 드러내지 않기 때문이다.

1917년 러시아혁명이 일어나기 전까지 시골의 교회에서 대성당에 이르기까지, 농부의 집에서 차르의 궁전에 이르기까지 러시아인이 거주하는 곳에는 반드시 동쪽 모서리를 가장 신성하게 치장해 성모상을 모셨다. 그곳을 이코노스타시스라고 부른다. 그리곤 일상생활에서부터 국가의 위난에 이르기까지 이 성모상 앞에서 황제나 농부, 어린이나 노인, 남자나 여자 모두가 기도했다.

그리고 러시아에서는 정교회 신자이든 아니든 가정집을 방문하면, 방문자는 그 집의 동쪽 모서리에 있는 이코노스타시스를 찾아가, 모신 그 이콘에 성호를 긋고 공경을 표하는 것이 예법이다. 그곳에는 적어도 3가지의 이콘을 모신다. 삼위일체나 예수그리스도의 이콘, 성모 마리아의 이콘 그리고 그 가정을 수호하는 성인의 이콘이다. 그러므로 이콘 공경은 가톨릭보다 정교회에서 더 강한 편임을 알 수 있다.

① 두 성모상의 도상에 몇 가지 차이점이 있다

[도판 68과 71]에서, 먼저 〈블라디미르 성모〉는 성모가 아기 예수를 품에 안고 있는 모습이지만, 〈카잔의 성모〉에서는 아기 예수가 독립된 가운데 성모의 보호를 받으며 앞에 당당하게 서 있는 모습이다. 그러니 〈블라디미르 성

모〉에서는 성모와 아기 예수가 능력의 시너지를 직접적으로 함께 공유하는 관계라면, 〈카잔의 성모〉에서는 각각으로 해 간접적으로 공유하는 관계다.

특히 성모가 아기 예수를 안고 있는 〈블라디미르 성모〉의 구도는 러시아어로는 '자비로운'의 뜻을 가진 '우밀레니에'에 속한다고 한다. 이 이콘에서 성모 마리아는 아기 예수에게 친근한 듯이 얼굴을 맞대는 구도이다. 성모의 표정은 아주 슬퍼 보인다. 이는 예수그리스도의 수난을 예견하기 때문이다. 이에 반해 아기 예수의 천진난만한 표정은 수난의 고통을 이겨내고 부활할 것이라는 희망을 상징하고 있다. 그리고 황금빛 하늘은 천상 왕국의 영원성을 상징한다.

또 다른 차이가 있다. 〈블라디미르 성모〉가 예루살렘에서 콘스탄티노플을 거쳐 들어온 수입산이라면, 〈카잔의 성모〉는 소녀의 꿈속 계시에 의해 국내산으로 토착화해 발견된 의미의 성화라는 것이다.

이콘은 전통적으로 널빤지 위에 천을 붙인 다음 그 위에 금박을 입히고 가루 물감을 달걀흰자에 풀어 템페라 기법으로 그렸다. 칠에도 앞에서의 언급처럼 절차가 있다. 그 절차대로 칠하고, 마지막에는 광택이 나는 일종의 천연 래커로 마무리했다. 이렇게 해야 이콘이 단단해지면서 번쩍이게 되기 때문이다. 완성한 이콘은 미사 시 성당에서 사용하는 기름 등불과 촛불, 향의 연기로 인해 세월 따라 점점 검게 변하게 되어, 보통 100년 정도에 한 번씩 덧칠했다고 한다.

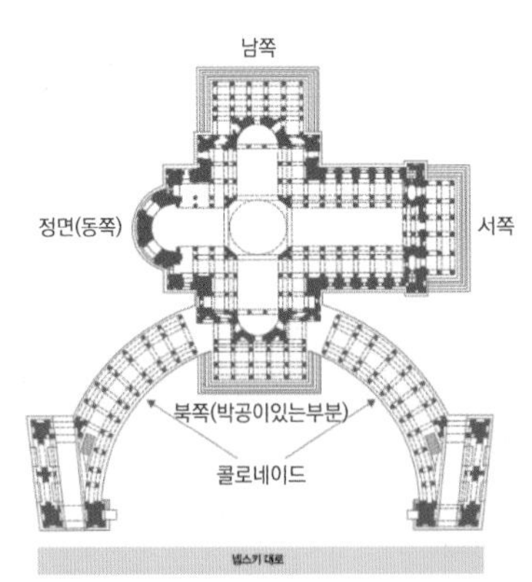

도판 72 〈카잔의 성모〉를 모신 이 카잔 성당은 1801년부터 1811년까지 10년에 걸쳐 농노 출신인 건축가 안드레이 보로니힌에 의해 세워졌다. (도판-인터넷에서 전재).

② 카잔 성당

이 카잔 성당은 1801년부터 1811년까지 10년에 걸쳐 건축가 안드레이 보로니힌(1759~1814)에 의해 세워졌다[도판 72]. 상트페테르부르크 넵스키의 중심이 되는 메인 대로변에 위치하고 있다. 이 성당은 기적의 힘을 가졌다고 여겨지는 〈카잔의 성모〉를 봉안하기 위해 세운 것. 그러니 러시아에서 가장 숭배받는 이콘 중의 하나임을 알 수 있다. 카잔 성당을 건축한 안드레이 보로니힌은 스뜨로가노프 가문의 농노 출신이었는데, 이 가문에는 보로니힌의 재능을 발견하고 모스크바로 데려와 건축가 수업을 받게 했다.

이 성당의 특징은 로마의 성베드로 대성당의 축소판이라 불릴 만큼 외부에 네 줄로 늘어선 콜로네이드 회랑 기둥이 눈에 띈다. 화려한 실내는 28쌍의 코린트식 기둥으로 이루어져 있다. 이곳에 1812년 프랑스 나폴레옹과의 전쟁에서 노획한 군기와 휘장들이 보관되어 있다.

러시아에서 성바실리 성당이 기독교적 양식과 이교적 색채가 뒤엉켜 변덕과 환상으로 러시아의 모든 문화적 다양성과 모순적이고 극단적인 민족성과 지정학적 다원주의를 녹여냈다면, 그리스도 부활 성당이 양파 모양의 독특한 지붕을 보여주었으며, 성이삭 성당이 황금빛 찬란한 돔으로 존재감을 과시했다면, 이 카잔 성당에서는 94개의 코린트 기둥으로 된 콜로네이드가 단연 돋보인다. 마치 큰 날개를 활짝 펼쳐 사람들을 포근히 감싸 안으려는 듯한 형태는 신의 너그러운 사랑을, 아니 여기서는 '카잔 성모'의 넓은 품을 상징한다.

그래서 이 성당 안으로 들어가면 길게 줄 서 있는 모습을 볼 수 있다. 〈카잔의 성모〉를 친견하려는 줄이다. 이 성모상의 원본은 1579년 마트로나라는 소녀에 의해 발견된 이후 발견 장소에 기념으로 세운 테오토코스 수도원에 이어 이 성당에 보관되어 있었다. 그러다 공산당에 의해 훼손되었다. 지금의 성모상은 모작인데 원본보다 더 화려하다. 그 도상은 〈길의 인도자로서의 성모〉(호데게트리아)에서 변상된 것으로 본다.

러시아 정교는 성당도 가정집에서의 '이코노스타시스'처럼 제단을 동쪽에 배치한다. 그렇게 하자니까 카잔 성당의 측면인 남쪽이 넵스키 대로(상트페테르부르크의 중앙 대로)를 향하게 되어서 대로에서 보게 되는 그 측면을 그냥 밋밋하게 건축할 수 없었다. 그래서 [도판 72]처럼 콜로네이드로 만들었다. 그래서 측면이지만 정면처럼 웅장한 콜로네이드가 되었다. 그 위치의 정통성이 얼마나 중요한지를 보수적인 전통으로 알려주고 있다. 이 콜로네이드는 로마의 베드로 대성당을 모방한 것으로 돔형 지붕도 함께 모방했다. 성베드로 대성당은 콜로네이드가 천국의 열쇠 모양으로 해 진입로 축선상과 연결되어 있지만, 카잔 성당에서는 신도들이 오는 방향이 측면이기 때문에 그곳을 성모의 품으로 느끼며 맞이하게 했다. 그 오소독시(orthodoxy, 정통주의)가 이 성당을 그렇게 특색 있는 형태로 짓게 한 것이다.

2) 가톨릭에서의 성모상

(1) 옥좌의 성모

가) 호데게트리아 성모에서 '궁정 양식'의 성모로

서로마제국의 가톨릭 성모상은 동로마(비잔틴)제국 동방정교 성모상의 영향을 받아 시작되었다. 그 본격적인 시작은 호데게트리아(Hodegetria, 길의 인도자) 성모상에서부터다. 성모상을 처음으로 그린 사도 누가의 그림이 호데게트리아 성격의 성모상이었다니 당연하다. 그 그림을 앞에서 언급했던 것처럼 누가가 테오필로스에게, 이후 그 그림이 콘스탄티노플의 테오도시우스 2세의 누이 풀케리아에게 갔다. 여기서 성모상을 교회에 안치하면서 제단화가 시작되었다. 이렇게 해서 성화가 비잔틴제국 성모상에서 시작하게 된 것이다. 어쩜 그 도상의 원조가 [도판 68]이라 추정하기도 한다.

그 이후 언제인지 기록엔 없으나 조금 변한 도상이 나타났다. 〈카잔의 성모〉 비슷하게 아기 예수는 성모의 무릎에 앉아 오른손의 두 손가락을 위로 펴 예배자에게 축복하는 자세로, 성모는 왼팔로 아기 예수를 안고 오른손으로는 예수가 주인공임을 나타내면서 신의 어머니로서 웅장하고 화려한 옥좌에 앉은 자세로서다. 그러나 그 모습은 여전히 성모보다는 아기 예수의 신성을 엄격하게 강조하는 경직된 도상이다. 그래서 아기 예수의 모습은 건장하고 근엄한 성인 비례의 아이 어른 모습이다. 어린애 같은 재롱이나 미소 같은 인간적인 표정은 전혀 볼 수 없다. 성모도 신의 아들 예수, 즉 성육신을 설명하기 위한 도구적 역할로 그려졌을 뿐이다. 그래서 인간적인 다정한 어머니의 얼굴이 아니다. 결연한 눈빛에 찬 숭고한 모습의 로봇 같은 여인이다. 금색이 상징하는 배광으로서의 아우라는 그녀가 천상에 속한 존재임을, 앉은 의자는 천상의 예루살렘을 나타내는 것이다. 인간 마리아가 아니라 번데기의 허물 같은, 즉 '테오토코스'(하느님의 어머니) 같은 도구적 역할을 강조하기 위해서다. 인간적인 속성이 완전히 배제된 오직 아기 예수의 신적인 정신성과 성모 마리아의 보조적 도구성만 강조한 이콘이었기 때문이다. 그 모습에 해당되는 대표적인 성모상이 [도판 14]이다. 중세 시대 신앙의 근본주의적 보수성을 느낄 수 있다.

다음으로 등장한 도상은 '궁정 양식'으로서의 성모상이다.

그 도상은 서로마 쪽 프랑크 왕국, 그중에서도 오늘날 프랑스에서였다. 동로마 동방정교에서 도구적 성격의 전통과 규칙을 강조한 이콘과는 다른 성모상이 처음 생겨난 것이다. 이렇게 지금까지와는 질적으로 다른 성모상이 생긴 원인은 당시 성모 공경의 전례와 관련이 있다. 그것은 아기 예수의 신성성을 수식하는 도구적·로봇적 역할로서의 성모보다는 하느님과 인간 사이의 중개자 역할을 주체적으로 하는 성모로서의 재능기부가 새롭게 요구되면서부터였다. 그 변화는 우아한 성모로 파리를 중심으로 시작되었다. 이른바 '궁정 양식'으로서의 성모상이다. 서서히 진행되다 생트샤펠 왕실 성당을 지은 성왕 루이 9세(1214~1270) 시대의 문화적 절정기에 그의 적극적인 후원으로 본격화되었다.

미술 작품의 수요가 왕실과 영주계급을 넘어 기사 및 세속 중산 계층으로까지 점차 확대되면서 성모상도 그들의 취향이나 선망에 따라 변하면서다. 즉, 신학이 본질적인 것을 고수하는 역사라면, 예술은 본질의 조형적 표현에서 창조적 변화를 추구하는 역사이기 때문이다. 그러므로 신학에서는 이성의 논리를 통해 동일성이 확고하게 자리 잡는다면, 예술에서는 새로운 시대정신이 시대에 따라 감성을 통해 배양되기 때문이다.

처음에 그 같은 변화로 이끈 것은 '십자군 전쟁'의 영향이 컸다. 동로마 비잔틴 정교의 구원 요청에 서로마의 가톨릭이 동로마 교회보다 우위에, 동시에 황제들보다 높은 위치에 설 수 있다는 호기로 이용코자 한 것이다. 그래서 교황 우르바노 2세가 1095년 클레르몽 종교회의에서 "신이 이것(예루살렘 성지 회복)을 원하신다"고 호소했는데, 그 한마디에 열렬한 반응을 얻은 것이다. 영주들은 새로운 영토를, 상인들은 경제적 이익을, 농민과 농노들은 봉건사회의 중압에서 벗어나고자 적극 호응했다.

이 십자군 전쟁은 무분별한 신앙과 오합지졸로 뭉쳐 부작용도 컸지만, 이로 인해 동방 물품들이 유럽에 전해졌다. 이에 따라 농노들 사이에서 직업이 분화되면서 상인, 화가, 건축가 등 수공업자들이 생겨났다. 그러면서 도시가 본격적으로 형성되기 시작했다. 사람들이 도시에 모이다 보니 인간으로서의 자존감을 느끼게 되면서 휴머니즘적 차원에서 개인이란 존재가 부각되게 되었다. 그리고 기사들은 용맹성과 함께 신앙을 미덕으로 삼는 교육을 받았다. 어쩌면 서구 엘리트 교육의 시작이라 볼 수 있다. 이들 기사의 위상이 높아지면서 기사도 정신이 나타나게 되었고, 그 정신이 성모 숭배로까지 전이되었다.

이렇게 형성됨에 따라 개인의 존재 가치가 부각되고, 기사도 정신이 성모 숭배와 연결되면서 지금까지 감정도 없이 신처럼 묘사되던 예수의 몸에서 '인간적'인 감정이, 도구적 로봇 같던 성모의 몸에서 '여성성'이 나타났다. 이처럼 르네상스 같은 새로운 기운이 움트면서 성모상도 비잔틴의 호데게트리아 '옥좌 양식' 풍에서 파리풍의 '궁정 양식'으로 변하게 되었다. 근본주의적인 보수적 동방정교와 달리 가톨릭에서는 양식의 변화가, 그래서 성모상에서 도상이 달라지기 시작한 것이다.

나) 고딕 전기

중세 기독교인들은 천국을 갈망했다. 그래서 교회 건축도 지상에서 신의 존재를 느낄 수 있는 높은 공간을 지향하면서 고딕양식의 특징이 되었고, 죄의 용서를 받고 천국에 가기 위해 고행의 순례길을 걸었으며, 목숨까지 걸고 십자군 원정에도 가담하게 되었다. 그러면서 딱딱한 〈옥좌의 성모〉가 우아한 궁정 양식으로 변하면서 전성기 고딕미술로 나아가게 되었는데, 그 추동의 역할을 한 것에서는 두 가지가 있었다.

하나는 신학적으로 1112년 시토 수도회의 성 베르나르두스(1090~1153)가 성모 마리아를 모성애의 완성자로 해서 시토 교단의 '수호성인'으로 삼으면서부터다. 이때부터 성모에 대한 숭배가 퍼지기 시작했다. 이것은 천태종이 관음보살을 주존의 예불 대상으로 삼은 것과 같은 효과다. 그 후 베네딕트회, 도미니쿠스회, 프란체스코회 같은 서유럽의 중요한 수도원 승단들이 성모 공경에 열광적으로 힘을 가세하면서 유럽 전역으로 확산된 것이다. 그들은 무엇보다도 하느님과 인간 사이에서 '쉐마의 비밀'을 지닌 성모의 모성적 사랑을 중보의 역할로 강조했다.

사실 기독교 문명사에서 가장 탁월한 금자탑은 수도원 제도였다. 수도원의 발흥은 기독교 발달에 놀라운 축복이었다. 그 활동의 특징은 성경에 대한 깊은 신앙심을 바탕으로 해서 건축, 도로, 도량, 교육, 행정, 유전학, 해부학, 천문학 등 당시 모든 분야를 과학적으로 연구하여 사회 발전을 앞에서 이끌었다. 또한 그들은 신라의 시대정신을 이끌던 화랑도처럼, 전 국토의 백화도장화를 이끈 신라 고승들처럼, 성경에 나오는 기드온 정병처럼 담대하게 복음을 전파한 일당

도판 73 파리 노트르담성당의 파사드(전면) 중앙에 보이는 장미창을 배경으로 천사의 호위 속에서 대관을 쓴 성모상. 노트르담성당을 대표하는 중기 고딕 시대의 성모상이다. 성당이 성모 마리아에게 바쳐진 것을 의미한다. 그리고 오늘날까지 각 나라 성당에 세워진 성모 마리아 상의 표준이 되었다.

백의 전사들이기도 했다. 그러면서 유럽은 기독교를 바탕으로 로마제국에서 형성된 사회적·문화적 토양 안에서 라틴어를 기반으로 서서히 하나가 되어갔다.

시토 수도회의 중심인물인 베르나르두스는 부르고뉴에 있는 퐁텐느 성에서 귀족이면서도 매우 경건한 부모에게서 태어났다. 그의 부모는 6명의 아들과 1명의 딸을 두었는데, 아들 6명 모두 수사가 되었으며, 딸 역시 수녀회에 서원하였다. 당시는 자녀를 하느님께 바치는 것을 최고의 출세와 영광으로 삼았고, 이 같은 기회는 귀족 가문들만 접근할 수 있었다. 자본주의 시대인 오늘날은 돈을 잘 버는 직업이 최고지만, 기독교가 지배하던 중세에는 신을 섬기는 직업을 최고의 가치로 여긴 것이다.

어머니가 세 번째 아들 베르나르두스를 임신했을 때, 등이 붉은 하얀 개 꿈을 꾸면서 그는 하느님 집의 파수꾼이 될 것이라는 계시를 받았단다. 그의 이름 베르나르두스(Bernardus)에서 베르(ber)는 '우물' 혹은 '샘물'이라는 말에서, 나르두스(nardus)는 솔로몬의 아가서 주해서에 따르면, 성질이 따뜻하고 향긋한 냄새가 나는 소박한 풀의 이름에서 유래했다. 그래서 그런지 이름의 뜻 그대로 그는 남을 대하는 태도에 있어서는 소박한 풀처럼 겸손했고, 말씀에서는 교리가 흘러나오는 샘물이었으며, 지식은 깊은 우물 같았고, 명성의 향기는 향긋하게 달콤했다고 한다.

베르나르두스는 22살이라는 젊은 나이에 30명이 넘는 동료를 데리고 시토 수도원에 들어갔다. 수도원장이 클레르보에 수도원을 세우게 하고 베르나르두스를 그곳 수도원장으로 임명했다. 그러면서 그는 성모를 수호성인으로 삼으면서 계시받은 꿈처럼 파수꾼이 되어, 많은 기적을 행하고, 160여 개의 수도원을 세우고, 여러 책을 편찬했다. 그 후 영적 후배 수도사들이 지켜보는 가운데 63년의 삶을 산 후, 영원한 안식에 들어갔다. 우리나라로 비유하면 대각국사 의천과 비슷한 시대에 비슷한 역할을 한 것이다.

이 같은 배경 속에서 1144년, 생-드니 성당을 신호로 고딕양식이 나타났다. 그러면서 노트르담을 거치고 13세기 고딕 절정기에 세워진 샤르트르, 랭스,

아미앵 성당에서 보듯이 모성애의 꽃으로 중보심을 상징하는 원형 스테인드글라스, 즉 장미창을 통해 성모상이 궁정 양식으로 만개하게 된다. 이 당시 가톨릭에서는 마리아 숭배가 앞에서의 언급처럼 기사도 정신과 결부되면서 정통성의 비잔틴 양식에서 벗어나 점차 인간적으로 감정적으로 사랑스러운 여인으로 변모되어 간 것이다. 엄격하고 위엄스러운 옥좌가 부드럽고 아름다운 장미꽃으로 변했다.

도판 74 치마부에의 〈마에스타〉. 좌우에 있는 8명의 천사와 아래에 있는 4명의 예언자가 가운데에 있는 주인공 성 모자를 감싸고 있다. 종교화에서 금 사용은 신의 성스러움과 종교의 위대함을 위해 사용했다. 중세의 전형적인 성모상 구도다. 피렌체 우피치미술관

이러한 성모 숭배는 프랑스 전역에 세워진 '노트르담'(Notre-Dame)이란 이름으로 봉헌된 대성당에 잘 나타나 있다[도판 73 참조]. 이 이름이 들어간 성당의 명칭은 프랑스어로 '우리들의 숭고한 여인'이란 뜻. 그래서 '성처녀'로서 더 없이 순결하고 자애로운 성모 마리아에게 바치기 위해 건축한 교회를 의미한다. 연꽃이 불교를 상징하듯이, 장미꽃은 기독교에서 성모와 관련된 꽃이다. 성모 마리아의 신앙을 상징하는 묵주 기도인 로사리오(rosario)도 로사(rosa), 즉 장미에서 나온 이름이다. 묵주 기도를 창안한 사람은 성 도미니크다.

그래서 성모의 오른쪽 뒤에 성 도미니크가 등장하는 그림도 있다. 중세 시대 성모는 구원의 중개자로서 유럽 전체에 걸쳐 가장 사랑받는 신앙의 주인공이 되었다. 그러면서 성모를 수호성인으로 삼는 단체들이 크게 늘어나고, 그녀에게 바쳐지는 성당들이 고딕 시대에 많이 세워지기 시작했다. 그중 가장 대중적으로 일반에게 알려진 성당이 파리의 노트르담대성당이다.

다른 하나는 신앙적으로 성모상에 '인간적인 감정'이 자애롭게 스며들기 시작하면서부터다. 그런데 이 같은 변화를 결정적으로 일으킨 사람은 인간

도판 75 조토의 〈모든 성인의 성모〉(1306~1310). 325×204cm. 이 그림은 피렌체의 오니산티 성당의 제단화였다. 오니산티란'모든 성인'이란 뜻. 피렌체 우피치미술관.

의 감정을 뛰어나게 표현하면서 르네상스를 예고한 이탈리아에서 회화의 아버지라 불리는 조토 디 본도네(1267~1337)였다. 아이들은 어머니 왼쪽 가슴에 안기면 안정감을 느낀다고 한다. 배 속에 있을 때부터 어머니의 심장 박동 소리를 듣고 자랐기 때문에 아이가 어머니의 심장 박동 소리를 들으면 자장가처럼 안정감을 느껴서 태어나서도 무의식적으로 그 소리가 잘 들리는 왼쪽 가슴에 안기기를 바란다는 것이다.

조토도 그리스도가 예수라는 인간으로 태어났기에 예외가 아니게 그렸다. 근엄한 작은 하느님에서 심장 박동 소리를 듣기 원하는 인간 아기 예수로 말이다. 이후 성모상도 '신의 어머니'라는 엄격함에서 벗어나 점차 사람 냄새가 느껴지는 여성성을 지닌 '인간 마리아'로 변모하게 되었다. 부동의 자세로 정면만 바라보던 로봇 같던 성모가 생동감으로 다양한 인간적인 포즈를 취하게 되는 것도 이즈음부터다. 그는 성모상에서 성모를 근엄한 신의 어머니가 아니라 귀족풍의 품위 있는 여인으로 표현했다. 성모가 옥좌에 앉아 있어도 우아하면서도 자애로운 어머니의 모습이며, 성모의 무릎 위에 있는 아기 예수도 인간적인 감정이 깃든 모습이 된 것이다.

이태리 피렌체의 우피치미술관에 가면 조토의 그림이 그의 스승이었던 치마부에(1240?~1302?)의 성모상인 〈마에스타〉[도판 74]와 함께 첫 전시실의 중앙에 있다. 〈모든 성인의 성모〉다[도판 75]. 두 그림을 비교해 보면 이전까지는 볼 수 없었던 성모를 인간의 모습으로 그려낸 첫 작품임을 알 수 있다. 아기를 안고 있는 어머니의 모습이 자연스럽고 당당하다. 자세히 들여다보면 성모의 입가에 〈모나리자〉 같은 미소가 잔잔히 일 듯하다. 그만큼 조토는 성모를 [도판 14]의 그림처럼 뻣뻣하게 로봇처럼 그리기만 하던 중세 미술의 전통에서 벗어나, 아직 경직된 분위기는 남아 있지만 사랑스럽고 따뜻한 인간적인 모습으로 그려내려 했다. 그래서 단테를 문학에서 르네상스의 신호를 올린 사람으로 말한다면, 조토는 그림으로 연 사람이라고 한다.

대다수 피렌체 사람들이 굳게 믿고 있는 이야기에 따르면, 조토는 피렌체에서 북쪽으로 수 킬로 떨어진 베스피냐뇨라는 작은 마을에서 가난한 농민의 아들로 태어났다. 12살 때의 어느 날, 그는 양들을 돌보면서 바위에 석필 조각으로 어린 양의 모습을 그리고 있었다. 그때 마침 그곳을 지나던 치마부에라고 하는 나그네가 걸음을 멈추고 소년을 지켜보았다. 대번에 소년의 천재성을 알아본 그는 소년의 아버지를 찾아가서 아들을 화가로 만들라고. 그리하여 조토는 당대의 거장인 치마부에와 연결되었다. 그러면서 그 유명한 파도바의 아레나예배당 그림을 통해 위대한 예술가로 발돋움했다.

단테 알리기에리(1265~1321)도 『신곡』에서 "이제 조토의 시대가 왔으니 스승의 명성도 사라져간다"라고 했고, 화가이면서 동시에 미술사의 아버지라 불리는 조르조 바사리(1511~1574)도 『미술가 열전』에서 "조토에 의해서 미술이 다시 태어났다"라고 했다. 그것은 오늘날 미술사가들도 인정하고 있다. 그림에 종교성을 넘어 현실성과 사실성까지 담았기 때문이다. 그는 중세 회화 양식이 너무 평면적이고 딱딱하여 생동감이 없다고 했다. 동방정교의 이콘처럼 말이다. 중세 시대에는 전통적인 형식과 종교적 목적에서 벗어난 도상이나 분위기는 일체 허용하지 않았기 때문이다. 그래서 오늘의 수준에서 보면 그림이

어딘가 어설프고 로봇처럼 딱딱하게, 때로는 비현실적으로 느껴지기도 한다.

반면에, 조토는 자신이 실제로 본 자연과 사물을 그대로 그렸다. 특히 형상에 대한 정확한 관찰에 토대를 두고 빛과 그림자를 이용해 인간의 감정을 효과적으로 원숙하게 표현했다. 인체에 다양한 동작과 자연스러운 입체까지 나타냈다. 즉, 인물에 실재감을 부여한 것. 종교의 경건한 주제와 일상의 인간 감정을 결합하여 종교성을 살리면서도 현실적인 인물로 묘사한 것이다. 그리하여 그때까지 전혀 변화가 없던 종교 중심의 회화 양식을 무너트리면서 휴머니즘을 향한 위대한 개척자라는 명성을 얻게 되었다. 허나 그것도 외적 표현에서의 변혁 수준 정도였다. 그림에 시대정신은 담지 못한 것이다. 당시만 해도 그는 신분상 그림을 그리는 일종의 수공업에 종사하는 피지배 기능인이었을 뿐이었기에. 그러나 그의 장례는 화가로서는 최초의 국장으로 치러졌다고 한다.

당대에는 대중 도서관도 없었고, 미술관도 영화관도 물론 DVD도 페이스북도 카톡도 없었다. 많은 사람이 함께 보는 그림, 함께 듣는 음악은 그 어디에도 없었다. 오직 대성당만이 그림, 조각, 벽화, 스테인드글라스 등을 볼 수 있는, 음악을 그것도 천상에서 들려오는 듯한 찬양을 아카펠라로 들을 수 있는 유일한 예술의 전당이었다 (이는 오늘날까지도 교황청의 시스티나 합창단을 통해 이어지고 있다). 이렇게 현실성과 사실성을 바탕으로 한 조토의 그림으로 인해 성모에게 인간성이 부여되면서 그의 그림은 오늘날의 영화나 SNS상에서처럼 인기를 얻게 되었다. 그러자 이후의 화가들도 앞다투어 성모를 마리아라는 현실 속의 한 여인으로 그리기 시작했다. 그러면서도 숭고미를 잃지 않게 그렸다는 사실이 중요했다. 그랬기에 다음 단계의 회화사를 향한 선도적인 그림이 될 수 있었다. 그때까지 화가라는 직업은 푸줏간에서 일하는 사람이나 갖바치같이 사회에서 무시당하면서도 혼자서 그려야 하는 외로운 직업이었다. 하지만 조토는 그 길을 개척하며 당당하게 걸었다. 그리스·로마 이후 오랫동안 잊히고 단절되었던 인간적인 묘사를 본격적으로 다시 시도한 최초의 예술가로서 말이다. 그는 시대의 진정한 선구자였다.

다) 고딕 후기

고딕 후기에 이르러, 성모상에서의 공통점은 성모와 아기 예수 모두 생동감 넘치는 미소와 자연스러운 동작을 취하면서 '행복한 정서'를 띠게 된다. 예수는 전 생애에서 어린아이였던 이때만 그런대로 인간적인 행복을 누린 것 같다. 이 인간적인 내부 감성과 감각적인 외부 감정은 행복, 온화, 다정, 우아, 세련 등으로 요약할 수 있다. 자연스럽게 모든 행복한 정서가 다양하게 절충되어 간 것이다. 그래서 이 시기의 성모상은 성모와 아기 예수가 취하는 동작에 따라 복잡한 양상을 띤다. 그래서 유형을 분류하기가 쉽지 않다. 그렇지만 성모와 아기 예수 간의 인간적으로 오가는 내적·외적 표현을 보고 구분의 기준을 삼을 수 있다. 이에 따라 행복한 정서를 크게 두 가지로 나눈다. 동방정교의 성모상으로 예를 들면 하나는 손, 발, 얼굴 등이 직접적으로 신체 간에 맞닿는, 즉 〈블라디미르 성모〉 같은 유형이고, 다른 하나는 성모와 아기 예수가 시선, 미소, 기도 등을 통해 내적으로 맞닿는, 즉 〈카잔의 성모〉같이 간접적으로 공유하는 유형이다.

도판 76 프라 필리포 리피의 〈성모상과 두 천사〉(1465년). 95×62cm. 청순하면서도 고운 성모가 의자에 앉아서 기도를 드리고, 살이 통통한 아기 예수는 두 천사에 들려서 어머니를 향하여 있고, 예배자를 바라보고 있는 천사의 얼굴에는 천진난만한 경건성이 어려 있다. 피렌체 우피치미술관

시선, 미소, 기도 등을 통해 간접적으로 정서를 교류하는 모습은 프라 필리포 리피(1406~1469)의 〈성모상과 두 천사〉[도판 76]가 그렇다. 청순하게 고운 성모가 그림 앞의 의자에 앉아 두 손 모아 아기 예수에게 경배를, 살이 통통한 아기 예수는 두 천사에 들려서 성모에게 안기려 하고 있다. 중보자로서의 기도하는 성모의 인간적인 마음과 하느님의 소명을 내재한 아기 예수의

신적인 마음이 서로 쉐마의 비밀을 통해 경건하면서도 따뜻하게 교류되는 행복한 정서를 표현한 것이다.

리피는 사제의 신분이었지만, 수녀였던 루크레치아 부티와 관계를 맺어 아들과 딸을 낳아 파문을 일으켰다. 이 그림에서 성모는 그의 부인이 모델이고, 아기 예수도 그의 아들을 모델로 그렸다고 전한다. 남이야 뭐라고 비난해도 가정은 행복했던 모양이다. 이렇게 행복한 정서를 분위기 가득 담기게 그릴 수 있었으니까.

신체 접촉을 통해 직접적으로 정서를 교류하는 그림은 〈겸손한 마리아〉[도판 77]를 통해서 알 수 있다. 성모가 아기 예수를 조심스럽게 안고, 아기 예수는 젖을 먹고 배가 부른지 성모의 가슴을 손으로 만지며 아래를 바라보고 있다. 이 모습은 [도판 14]처럼 비잔틴 시기 〈옥좌의 성모〉에서 V자형으로 축복을 내리던 신으로서의 아기 예수 손이 쉐마의 비밀을 받아들이는 인간적인 손으로 변형된 것이다. 그리고 성모가 아기 예수의 발, 또는 옆구리를 만지는 것에는 신학적 상징이 숨어 있다. 예수가 십자가에 못 박힐 때 손과 발에 생길 성흔의 자리를, 창에 찔려 죽음을 확인당할 때 허리에 생길 성흔의 상처를 모성애적인 슬픈 마음으로 만짐으로써 아기 때부터 예수가 받아야 할 수난을 미리 암시한 것이다. 즉, 행복한 정서를 신체적 접촉으로 나타낸 이면에는 역설적으로 이 같은 대속의 아픔이 서려 있다. 이렇게 고딕 전기에서 후기로 갈수록 인간적인 감정이 자라면서 내면에서 르네상스의 싹이 자라났다.

(2) 땅 위의 성모

가) 피사넬로의 〈겸손한 마리아〉

십자군 전쟁 이후, 14세기를 지나 15세기를 맞이하면서 이탈리아는 유럽의 다른 나라에 비해 일찍부터 도시가 발달하고 상업이 번성했다. 그러면서 사람들의 사고도 현실적, 이성적으로 변해 갔다. 그럼에 따라 사람들은 신앙에 있어서도 천상에 만족하지 않고 지상에서의 행복도 추구하게 되었다. 이때부터 성모의 그림도 옥좌에서 내려와 땅에 앉는 유형이 나타났는데, 이 같은 마리아를 '겸손한 마리아'라고 한다. 성모상 그림에서 새로운 패러다임, 즉 '옥좌의 성모'에서 '땅 위의 성모'로.

피사넬로의 〈겸손한 마리아〉가 그렇다[도판 77]. 이 도상은 마리아의 목에서 힘이 좀 빠진 부드러운 곡선에 발그레한 볼을 가진 인간적인 모습이고, 통통한 아기 예수는 성모의 무릎 위에서 조심스럽게 균형을 잡고 있다. 그런 가운데 성모는 아기 예수가 칭얼대는 듯한 재롱을 두 손으로 감싸며 쉐마의 비밀로 달래는 상황에서 인간적인 친밀감을 읽을 수 있다. 이렇게 마리아는 옥좌에서 내려와 천사의 축복 속에서 세속인들이 발을 딛는 땅 위에 앉아 있다. 사람들의 신앙이 현실적, 이성적으로 되어감에 따라 거룩한 옥좌에서 내려와 천사의 축복 속에서 에덴동산을 상

도판 77 피사넬로의 〈겸손한 마리아〉(1420~1422). 50×33cm. 베로나 카스텔베키오미술관

징하는 꽃밭에 앉는 성모상이 나타난 것이다.

이 그림 〈겸손한 마리아〉 도상을 당시 사람들은, "너희 중에 으뜸가는 사람은 너희를 섬기는 사람이 되어야 한다. 누구든지 자기를 높이는 사람은 낮아지고 자기를 낮추는 자는 높아진다"(마태복음 23장 11-12절)는 내용으로 마리아의 겸손함을 나타낸다고 믿었다. 어린아이를 데려다 "누구든지 내 이름으로 이런 어린아이를 받아들이면 곧 나를 받아들이는 것이며 또 나를 받아들이면 나를 보내신 분을 받아들이는 것이다. 너희 중에서 제일 낮은 사람이 제일 높은 사람이다"(누가복음 9장 48절)라는 내용은 예수 자신의 동심을 나타낸다고 보았다. 즉, '겸손'한 성모의 품에 안긴 '동심'의 아기 예수를 전형으로 해 모델로 나타낸 것이다.

피사넬로, 그의 본명은 안토니오 피사노(1395~1455)다. 이탈리아의 피사에서 출생했으나, 북부 이탈리아인 베로나에서 성장하고 그곳에서 활동했다. 후기 고딕의 장식적인 양식과 초기 르네상스의 탐구적 휴머니즘이 자연스럽게 혼합된 그림을 그렸다. 그는 고대 이래 처음으로 초상화를 하나의 미술 장르로 인식하고 그것을 본격적으로 개척했다. 그래서 북부 밀라노에서부터 남부의 나폴리에 이르기까지 여러 궁정에 초대받아 군주들과 귀족들의 초상화를 그려주거나 초상 메달을 제작해 주면서 명성를 얻었다. 그는 또한 중세 시대에 최초로 누드모델을 소묘로 그렸다(1425). 당시 여성을 누드로 그리는 것은 '파리 아카데미'의 경우 1759년까지는 공식적으로 허용되지 않았다. 에덴동산에서 유혹의 상징인 원죄와 관련되었기에. 그런데 그 금기를 깼다. 그래서 그런지는 몰라도 당시 그는 인문주의 학자들로부터 극진한 찬사를 받은 유일한 화가였다.

나) 슈테판 로흐너의 〈장미 넝쿨의 성모〉

도판 78 슈테판 로흐너의 〈장미 넝쿨의 성모〉(1450년경). 51×40cm. 이 그림에서는 다른 성모상에서는 볼 수 없는 성모의 대관과 가슴에 동정녀를 상징하는 유니콘 브로치가 화려하다. 그리고 성부·성자·성령의 축복 속에 천사들이 성모를 찬양하고 있다. 콜로뉴월라프-리하르츠미술관

슈테판 로흐너(1400~1451)가 그린 〈장미 넝쿨의 성모〉도 성모가 땅에 내려와 앉은 그림이다[도판 78]. 성모상 중 이 그림만큼 화려하고 복잡한 그림은 드물다. 이 그림의 도상을 보자. 장미는 성모를 상징한다. 따라서 장미 넝쿨을 배경으로 한 것은 성모로서의 정신적인 아름다움과 마리아의 육체적인 아름다움을 나타낸 것으로, 동정녀의 깨끗한 영성과 어머니의 따뜻한 모정을 부각시켰다. 그러면서 이 그림에서는 다른 어느 성모상보다 다양한 치장이 눈에 띈다. 특히 화려한 두광 속에 찬란한 대관을 씌우고 천사의 시중을 받게 하여, 땅 위지만 하늘의 여왕으로 나타냈다. 이처럼 지상에서 화려한 대관을 쓴 성모는 희귀하다. 그리고 가슴에 꽂은 커다란 브로치에는 신화 속의 동물인 유니콘이 새겨져 있다. 유니콘의 생김새는 나선형 뿔에 푸른 눈, 산양 털에 갈라진 발굽, 수소의 꼬리를 가졌다고 한다. 그러면서 전체적으로는 일각수의 백마로 묘사된다. 전설에 따르면 순결의 상징으로 성결한 처녀만이 '일각수'를 만질 수 있으며, 그 일각수 뿔은 만병통치약이라고 알려졌다. 이런 민간 신앙이 후에 기독교의 알레고리에 흡수되면서 성 처녀의 태내에서 성육신을 품은 성모를 상징하게 되었다.

맨 위 중앙에 있는 하느님은 심판자라기보다는 착한 할아버지와 같이 인자한 모습이고, 그 아래에는 흰 비둘기 모양의 성령이 있다. 여기서 하느님은 성모에게 천상의 대관을 씌워 주고 축복하고 계신다. 총명한 눈빛에 성결한 표정인 아기 예수는 손에 대속의 상징인 사과를 들고 있는데, 이는 에덴동산에서의 선악과를 상징하면서 새 아담을 나타내는 것이다. 그러나 성경에는 그 어디에도 원죄를 불러일으킨 지혜의 나무 열매를, 사과라고 하지 않았다. 이 나무를 사과라고 여긴 데에는 여러 설이 있는데, 그중 대표적인 것은 라틴어에서 장모음의 사과(Malum)가 악, 죄의 뜻을 가진 철자와 같은 단모음이 있어서 선악과 지혜의 나무에 과실을, 사과라고 여겼다는 설이다.

여담으로, 인류의 역사를 바꾼 다섯 개의 사과가 있다는 얘기를 농담 반 진담 반으로 한다. 그 첫째는 이브의 사과, 둘째는 뉴턴의 사과, 셋째는 윌리암 텔의 사과, 넷째는 세잔의 사과, 다섯째는 스티브 잡스의 사과라고. 어쨌든 다른 열매보다 사과가 역사에서 어떤 위대한 상징의 대표로 많이 쓰이고 있다. 여섯째는 누구에 의한 어떤 역사를 바꿀 사과일지는 모르겠지만 대한민국에서 나왔으면 좋겠다.

하느님을 중심으로 해서 좌우의 두 푸토(putto), 즉 아기 천사가 황금빛 휘장을 펼쳐서 붙잡고 있다. 이는 성소에 있는 성모가 지성소에 계시는 하느님의 소명에 전적으로 순종하며 쉐마의 비밀을 이룬 것을 의미한다. 아기 천사들이 발코니처럼 기대고 있는 낮은 돌담은 하느님 외에는 출입을 금지한다는 고결한 정원을 나타내는 것으로, 고결은 성모의 성결한 동정을, 정원은 에덴동산을 상징한다. 사과를 들고 있는 아기 예수와 아기 예수의 얼굴만한 유니콘 브로치를 단 성모에게 뒤 오른쪽 3명의 아기 천사는 돌담을 기대고서 찬양을 드리고, 같은 뒤 왼쪽 3명의 아기 천사는 꽃과 과일을 바치고 있다. 그 모습이 천진난만한 동심에서 우러나오는 찬양과 소꿉장난 같은 공양이다. 귀엽기가 그지없다.

그 앞의 좌우에는 앙증맞게 생긴 4명의 푸토가 악기를 연주하며 찬양을 드리고 있다. 오른쪽 앞의 천사는 휴대용 올겐을, 그 맞은 편 천사는 하프를, 그 뒤의 좌우에 있는 푸토는 둘 다 기타의 전신인 류트를 연주하고 있다. 여호와 하느님을 시로 찬양하는 '시편'을 연주하는 것이 되겠다. 아기 천사들로 구성된 약식 오케스트라와 합창단이다. 이는 오늘날 오케스트라와 대규모 합창단이 성가곡으로서의 대단원인 〈할렐루야〉를 찬양하는 것보다 더 거룩한 찬양이다. 죄 많은 인간의 찬양이 아니라 아기 천사들의 찬양이니까. 이 같은 푸토들의 공양, 찬양, 연주를 그림에 앙증맞게 나타낸 것은 신도들에게 지금까지의 엄숙하고 경건한 성모상에서는 느낄 수 없는, 상쾌한 기분으로 부담 없이 감상하며 예배드리게 하기 위해서였다. 즉, 수태고지로 아기 예수를 낳은, 그래서 테오토코스라 불리는, 보통의 여인들과는 격이 다른, 그 높은 턱을 없애기 위해 인간적인 따뜻한 감정으로 신도들에게 친밀감을 갖게 한 것이다.

슈테판 로흐너는 독일의 바덴 뷔르템베르크주의 메르스부르크에서 태어났다. 이후 그는 쾰른에 정착하여 이탈리아의 혁신적인 사조를 접하면서 문화적으로 새로운 지평을 넓힐 수 있었다. 그는 후기 고딕 양식에 속한 후진적 독일에서 그림을 시적인 부드러운 분위기로, 사랑스럽고 화사한 색감으로, 살아 움직이는 듯한 생명력으로 높여 쾰른 양식을 초기 르네상스 양식의 기반이 되게 하였다. 부드러운 양식을 기본으로 해 성서 이야기를 서정적으로 화사하게 표현해 낸 것이다. 시적인 장식으로, 동화 같은 분위기로, 장미꽃이 가득한 정원을 배경으로 해서 겸손하게 땅 위에 앉아 있는 테오토코스 성모로, 아니 그보다는 인간 마리아로 말이다.

옥좌의 성모에서 아기 예수가 '신'의 아들을 상징한다면 땅 위의 성모에서는 '인간'의 아들을 나타낸다. 그래서 이 유형의 성모상은 르네상스 시대에 이르러 본격적으로 유행했다. 특히 르네상스를 이끈 3명의 천재 화가 다빈치, 미켈란젤로, 라파엘로가 많이 그렸다. 본 글의 주제가 되는 다빈치가 그린 〈암굴의 성모〉도 땅 위의 성모에 해당하고[도판 128], 미켈란젤로가 원형으로 특이하게 템페라로 그린 〈톤도 도니〉도 빼놓을 수 없다[도판 79].

도판 79 미켈란젤로의 〈톤도 도니〉(1504~5년). 목판의 템페라. 직경 120×120cm. 톤도(Tondo)란 원형을, 도니는 주문자의 이름을 말한다. 원래의 이름은 '성가족'이었다. 우피치미술관

특히 〈톤도 도니〉는 친구인 피렌체의 명문가이자 양모 직물업자 아뇰로 도니가 마달레나 스트로치와 1504년 1월 31일 결혼하자 그 기념으로 그려줬다고, 또 다른 추정은 도니가 그의 딸 마리아의 탄생을 축하하기 위해 주문한 그림이라고도 한다. 그것은 아기 예수와 함께 있는 아기 요한의 그림은 당시 자녀의 탄생을 기리는 선물로 많이 오갔기 때문이다. 즉, 아기 예수와 함께 있는 아기 요한을 당시 주문자들은 불교에서의 선재동자처럼 자신들의 아기로 투영시켜 대리만족하면서다. 그리고 이 시기에 톤도로 그린 그림이 축하용 쟁반으로 실내 장식에 많이 사용되었다는 점도 그 추정에 무게를 더 실어준다. 따라서 이 그림은 결혼 선물용 또는 딸 탄생 축하용이었다. 성모에게 경배하고 예배드리는 제단화가 아니라 쉐마의 비밀을 완수한 이상적인 어머니로의 삶을 일반 엄마들도 닮아가기를 기원하며 집 안에 걸던 장식용 그림이다.

양모 직물업을 하는 친구의 부탁을 받은 것이어서인지 화려한 염색에 햇살을 받게 한 옷의 재질이 화사하게 빛난다. 또한 친구의 가족 상황을 염두에 두어서 그런지 예수가 성모의 품이 아니라 어깨 위에 올라가 있다. 성모상에서는 등장하지 않는 요셉을 뒤에 배치해 그로부터 성경을 읽던 성모가 아기 예수를 넘겨받게 한 것이다. 요셉 부부가 모범적인 부부애를 나타내며 아들 예수를 높이 들어 서로 받들어 모시는 구도를 특이하게 강조해 표현했다. 도니 가족들도 성 가족처럼 그렇게 받들라는. 그러니 이 장식용 그림은 예배용의 성모상과는 구도가 다를 수밖에.

그림에 요셉이 있으므로 수태고지 및 성육신과도 맞지 않는 것이다. 그저 오랜만에 모인 예수의 가족을 나타내고 있다. 마리아와 요셉은 세상의 모든 부모에서 모범의 상징이며 그들의 순종, 순결, 순명은 하느님에 대한 헌신을 의미한다. 그래서 이 그림의 처음 이름이 '성 가족'이었나 보다.

이 그림은 미켈란젤로가 시스티나 예배당 천장화를 그리기 이전에 그린 유일한 그림이다. 천지창조에는 많은 에너지가 필요해서 그런가. 시스티나 천장화의 인물들은 주어진 임무에 힘이 넘쳐 있다. 이 그림에서도 성모가 남성적 골격으로 여걸처럼 그려졌다. 두 그림 모두 근육질의 골격으로 연결되는 것을 보니 이 그림 〈톤도 도니〉는 시스티나 천장화를 그리기 위한 몸풀기 작품으로 여겨진다. 두 그림을 통해 천지창조는 하느님이 하시지만, 예술 창조는 인간이 한다는 르네상스 정신을 역동적으로 자신 있게 보여주는 것이다. 그렇게 생각하니 이 작은 그림이 바로크 시대에 일그러진 진주처럼 뒤틀리듯 표현한 동적 근육질의 '원조'로 보이기도 한다. 이 그림을 그린 후에 시스티나 성당의 천장에다 그 놀라운 〈천지창조〉를 그렸으니. 인체의 근육을 입체로, 동적인 근육질로, 그래서 조각처럼 그렸다. 그의 전공답게.

(3) 통고의 성모

가) 루벤스의 〈십자가에서 내려지는 그리스도〉

연대기 순으로 다음의 도상은 죽은 아들을 안고 슬픔에 잠긴 성모상이 되었다. 아기 예수가 아니라 성인 예수가 십자가상에서 죽어 내려와 성모 마리아의 무릎 위에 안긴, 이를 '통고(痛苦)의 성모', 라틴어로는 '피에타'(Pieta)라고 부른다. 경건함(piety)과 측은함(pity)이 합쳐진 의미다. 청소년기의 예수 모습은 보기 힘들다. 종교적 의미가 적기 때문이다. 아기 예수에서 (청소년 예수를 뛰어넘어) 성인 예수로 변하면서 행복했던 시절이 시련의 상징인 통고로 바뀐 것. 아기 예수가 성모의 품에 안겼을 때 성모가 수난을 암시하며 만지던 옆구리와 손과 발, 그 성흔의 상징이 십자가에 못 박히는 수난으로 현실이 되었기 때문이다.

성모 마리아의 무릎에 안기기 전인 '십자가상에서 내려지는 예수'의 그림도 이 유형에 속한다. 먼저 루벤스의 〈십자가에서 내려지는 그리스도〉를 감상해 보자[도판 80]. 이 그림은 네덜란드의 안트베르펀 대성당의 제단화로 그렸다. 당시 제단화의 위치는 신부가 비사 시 빵을 두 손으로 올렸을 때 신도들의 눈높이에서 빵과 예수가 겹쳐지는, 즉 빵이 예수의 살로 변하게 된다는 화체설을 느끼게 하는 높이였다.

그 높이의 이 그림을 보면서, 죽은 예수가 십자가상에서 성모의 무릎에 안기기 전에 먼저 십자가의 품에 안겼다는 느낌이 든다. 하느님의 소명을 완수한 거룩한 죽음이기에 치욕의 십자가가 영광의 십자가로 변상되는 것이다. 그것은 죄에 따른 개인적 차원의 벌(罰)이 아니라 인류의 대속에 따른 정치적인 형(刑)이기에 십자가상(上)에서의 상(賞)으로 느껴지는 것이다. 그런데 십자가의 가로대가 아래로 처져 있다. 그것은 사실대로 묘사한 것이 아니라 믿음의 진실을 묘사한 것으로 본다. 세상 죄를 남김없이 자기 것으로 삼아, 지고 가는 예수의 무게를 가로대를 쳐지게 해 의미화한 것이다. 보이지 않는 영적 의미까지 살려낸 그림이다.

이렇게 한 차원 다르게 그린 것은 인물 배치에서도 그렇다. 예수를 따르는 사람들이 십자가를 배경으로 타원형을 그리며 예수를 감싸는 구도이기 때문이다. 그 배치를 보면 십자가 꼭대기에 올라가 쇠못을 뽑아 예수를 조심스럽게 내리는 사람은 아리마대 요셉의 하인 또는 고용된 인부로 보고 있다. 그 아래에서 시신을 부축하는 수염을 길게 기른 나이 든 사람은 로마 총독인 빌라도에게 시신 처리 허락을 받은 아리마대 요셉으로 보고 있고. 당시 사형당한 시신을 다루려면 로마 총독에게 공식 허가를 받아야 했다. 허가를 받아낸 아리마대 출신의 요셉은 우리나라의 국회의원과 같은 유다교 최고 의결기관인 산헤드린의 의원이었다. 빌라도는 이런 힘 있는 사람의 청을 거절하지 못하

도판 80 루벤스의 〈십자가에서 내려지는 그리스도〉(1612년). 인물들을 예수의 시신을 휘감는 흰색 수의를 중심으로 해서 에워싸면서 연결시켜 제 각각의 역동적인 자세를 취하게 했다. 동적인 요소를 적절히 배합하여 화면에 긴장·조화·균형을 이끌어 내는 바로크 양식을, 즉 트리엔트 공의회에서 제시된 반종교개혁을 옹호하는 입장을 잘 나타냈다. 안트베르펀대성당의 제단화였으나 지금은 대영박물관 수장

여 예수의 시신을 수습하도록 허락한 것이다. 십자가 뒤쪽에서 흰 수의를 입에 물고 예수의 늘어진 왼팔을 붙잡으며 내리는 나이 든 사람은 니고데모로 본다. 그는 예수를 체포하기로 결정한 성전 회의에서, 그 결정을 반대하면서 "도대체 우리 율법에 먼저 그 사람의 말을 들어보거나 그가 한 일을 왜 했는지 알아보지도 않고 죄인으로 단정하는 법이 어디에 있소?"(요한복음 7장 51절)라고 예수에게 소명의 기회를 주라고 항의한 사람이다. 하지만 그에게 돌아온 것은 "당신도 갈릴래아 사람이란 말이오? 성서를 샅샅이 뒤져 보시오. 갈릴래아에서 예언자가 나온다는 말은 없소"(요한복음 7장 52절)라는 조소 어린 힐난뿐이었음을 성경은 예수의 시국사건을 종교재판의 시원으로 해서 알리고 있다.

예수 아래에서 내려지는 예수의 시신을 흰 수의로 받으면서 성모 마리아를 바라보는 젊은 남자는 요한으로, 이 그림에서 가장 중요한 포인트다. 삶을

마감한 그리스도의 몸은 녹색조의 창백한 흰색이고, 요한이 입고 있는 옷은 붉은 핏빛이다. 그래서 십자가상에서 내려지고 받는 관계 속에서 색조가 서로 부드러운 보색을 이루며 포인트를 강렬하게 발산시키면서 뜨거운 감정을 불러일으키고 있다. 그 옆, 예수의 못 자국 난 발을 어깨로 받는 금발의 여자는 예수의 발을 눈물로 씻고 머리털로 닦고 나(르)드 향유를 바르면서 어루만지던 막달라 마리아다. 그리고 그 위 요한과 눈을 수평으로 맞추면서 어머니를 상징하는 파란 옷을 입은 여인은 성모다. 그녀는 두 팔을 들어 예수의 시신이 처절하게 내려오는 현장을 안타까운 몸짓으로 요한에게 감독하는 모습이다.

이렇게 나이 든 위 네 명의 남자들은 차분하게 예수를 내리는 역할을, 젊은 요한은 자신 있게 예수를 받아 내는 역할을, 세 여인은 예수의 망가진 처참한 모습에 안타까운 표정으로 어쩔 줄 몰라 당황해하면서 자기 역할을 다하고 있다. 역할에서도 세 부분으로, 즉 '내리는, 받아 내는, 당황해하는' 그 특징을 잘 나타냈다. 이처럼 루벤스(1577~1640)는 십자가를 중심에 두고 에워싼 인물들을 각각의 역동적인 표정과 자세와 역할을 하게 배치하여 긴장감을 고조시키고 있다. 단위 사물의 묘사를 넘어 전체 구도에서도 정적·동적 요소를 적절히 배합하여 화면에 긴장, 조화, 균형을 뒤틀리듯 또 다른 근육처럼 이끌어 내어 바로크 양식을 잘 나타냈다.

한 차원 다르게 그린 것은 구성에서도 그렇다. 인물들을 상·중·하, 세 부분의 배치는 물론 예수의 시신을 휘감는 흰색 수의를 중심으로 해서 십자가 길이에 따라 타원형처럼 연결시켰다. 트리엔트 공의회에서 제시한 친교황적인, 즉 반종교개혁을 옹호하는 단결된 위세도 구성으로 잘 나타낸 것이다. 십자가에 달린 모습보다 내려지는 모습에서 예수 죽음의 실상을 더 충격적으로, 총체적으로 표현한 것이니. 곧 십자가에서 "유다인의 왕"이란 죄목으로 '조롱' 당함(누가복음 23장 38절), "아 목마르다" 하고 목마름을 '호소'함(요한복음 19장 28절), "엘리 엘리 라마 사박타니"(나의 하느님이여 어찌하여 나를 버리시나이까)라고 소리친 '절규'(마태복음 27장 46절). 이 같은 조롱, 호소, 절규가 합쳐진 표현은 십자가에 달린 모습에서보다 내려지는 과정에서, 즉 여러 사람의 애도와 함께 내적으로 공유하는 시너지 속에서 더 깊이 나타낼 수 있었기 때문이다. 그중에서 이 조롱, 호소, 절규의 아픔을 "다 이루었다"는 예수의 마지막 말과 함께 '통고'로 느낀 사람은 그 누구보다 성모다.

사실 이 통고의 수난은 33년 전, 성모가 아기 예수를 성전에 봉헌했을 때 예언자 시므온이 이미 (누가복음 2장 22절-38절에서) 예언했다. 아들의 아픔을 절제해 승화시키기에는 너무 감당하기 힘들어 실성한 듯, 그러나 절제된 성모의 슬픔은 절제된 만큼 강렬한 모성애의 표현이다. 이는 신·구교 간의 종교적 갈등을 가장 극렬하게 겪고 있던 당대 네덜란드의 현실을 감안한다면 교황 측을 지지하며 그 어려운 현실을 극복하고 있는 루벤스 자신의 신앙심을 잘 표현한 것이라 높이 평가할 만하다.

그러나 그에게 아쉬운 것은 그가 절대 권력의 보호를 받으며 그려서 그랬는지, 그의 그림에는 대체로 역사의식과 시대정신이 결여되어 있다. 역사적, 시대적 갈등에 대한 고민과 아픔이 없는 것이다. 이는 반종교개혁의 편에 서서 르네상스 정신을 무임 승차한 탓이 크다. 그래서 르네상스를 몸과 마음으로 체험한 다빈치의 〈암굴의 성모〉나 미켈란젤로의 〈로마의 피에타〉, 〈최후의 심판〉이나 라파엘로의 〈아테네 학당〉 같은 역사적으로 위대한 그림에는 이르지 못한다.

여담으로, 만화 영화 〈플랜더스의 개〉에서 화가 지망생이었던 주인공 네로가 존경하던 루벤스의 그림을 성당에서 죽어가면서 바라보던 장면이 바로 이 제단화다. 이 그림은 성당의 커튼 속에 있어 금화 한 잎이 있어야만 볼 수 있었다. 네로는 가난과 절망 속에 죽기 직전 마음씨 좋은 성당지기 아저씨의 도움으로 이 그림을 보며 감동한다. 죽으면서 구원에 대한 깨달음을 느끼면서다. 오늘날은 사진을 통해 복제된 그림으로 얼마든지 볼 수 있다. 허나 복제된 그림에서는 이상하게도 깨달음에 대한 감동이 잘 느껴지지 않는다. '보는 것'에서 '보여줌'으로의 역전성이 없어져서 그런가 보다. 줄탁동시에서 줄은 있는

데 탁이 없으니.

나) 미켈란젤로의 〈로마의 피에타〉

> 네가 어렸을 때 너는 달콤하고 사랑스러운 네 입술로 내 뺨을 부비고, 내 가슴에 묻혀(※내가 속삭여 주는 '쉐마의 비밀'을 자장가로 들으며) 잠을 잤다. 그러나 이제 너는 차디찬 시체가 되어 내 두 팔에 안겨 있구나. 예전엔 내 무릎 위에서 뛰어놀았으나 이제는 뻣뻣한 채 내 무릎에 놓여 있구나[주 27].

'통고의 성모'에 대한 도상학적 의미에 대해 어느 한 설교집은 위와 같이 표현했다. '통고의 성모'에 대한 압축된 지극히 인간적인 회한의 감정 토로다. 이 감정을 가장 잘 토로한 작품이 〈로마의 피에타〉다[도판 81]. 기독교의 교리에 따르면 예수는 인간의 죄를 대신하여 죽었다. 따라서 우리가 죽인 예수를 애도하는 성모를 바라보면 우리들은 저마다 '미안한 죄책감'을 갖게 된다. 사실 '피에타'란 우리의 죄 때문에 희생된 예수의 '수난'과 성모의 '통고'를 죄책감과 함께 미안한 마음으로 되새겨 보라는 종교적 감화의 역설적 표현이다. '통고의 성모' 그림의 목적은 여기에 있다. 성경에는 피에타에 대해서 자세히 언급하지는 않지만, 많은 미술가가 이를 주제로 작품을 제작했다. 아들의 죽음을 슬퍼하는 성모의 모정을 모성애로 보여주기에 가장 좋은 주제였기 때문이다.

피에타는 처음 14세기 독일에서 금요일 밤의 예배 의식에서 시작되어 서유럽으로 확대되다가 르네상스에 이르러서는 가장 중요한 종교적 이미지 중의 하나가 되었다. 독일의 피에타가 성모로서의 통고를 인간적인 원색적 감정으로 호소하는, 즉 슬픔의 정점을 그린 작품이라면, 미켈란젤로의 작품은 예수의 희생을 어머니로서 감내한 모성애를 신학적으로 절제한 그림이다. 독일적 도상을 이탈리아적 신학으로 재해석한, 즉 미켈란젤로가 "신의 어머니는 지상의 어머니처럼 울지 않는다"고 재해석했듯이 그의 〈피에타〉가 그렇다. 조용히 머리 숙인 성모는 동적인 요소 없이 하늘을 향해 벌린 왼손만이 간접적으로 고통을 절제해 알리고 있다. '통고'와 더불어 '기품'을, 극과 극인 두 감정을 극기로 조화시키려는 성모의 모습을 스콜라 미학으로 해서 처연한 아름다움으로 담은 것이다. 이 같은 표현은 그리스도의 십자가 희생에 따른 속죄의 의미를 감상자가 경건한 마음으로 되새겨 보라는 표현이다. 그 작품이 〈로마의 피에타〉다.

성모가 너무 젊고 아름답다는 비판을 하자, 미켈란젤로는 "성모는 신에게 선택된 이래 그 순결의 아름다움을 영원히 간직한 분이 아니신가"라고 응수했다. 인간의 몸은 영혼의 담지체에 지나지 않으므로 영혼이 순결하면 몸도 자연히 순결한 아름다움을 간직하게 되는 것이라고 말하면서다. 플라톤의 이데아론과 토마스 아퀴나스의 신학이 조화를 이룬 스콜라 미학 정신을 주저 없이 피력한 것이다.

즉, 어릴 때(6세) 돌아가신 그리운 어머니에 대한 잊을 수 없는 추억을 플라톤의 '이데아론'과, 성모 마리아의 지고한 신학적 소명인 '쉐마의 비밀'을 바탕으로 해서 절묘하게 조화시켜 조각했다. 그러니 〈로마의 피에타〉에는 미켈란젤로의 어릴 적 어머니에 대한 아련한 추억이 성모 마리아 속에 스콜라 미학으로 담겨 있는 것이다[도판 82]. 그래서 타 작품에서처럼 과장된 감정 표현으로 오열하는 마리아가 아니라 차원이 다른 신성함이 가슴 깊이 새겨지는 느낌을 정신적 오르가즘으로 아파테이아apatheia를 깨닫게 한다. 극기로 깊이 있게 영성에 잠긴 스콜라 미학의 성모로 말이다. "예수께서 다시 소리를 크게 지르시고 영혼이 떠나간" 아들의 시체를 안고, 말로 설명할 수 없는 혼절의 감정까지 묻은 성모로 그렸다. 눈물을 삼키고 슬픔을 절제하며 품위를 잃지 않는 성모 마리아로. 그래서 이 〈로마의 피에타〉를 피에타의 최고로 삼고 있다.

성모는 양팔을 'ㄴ'자 모양으로 위를 향해 들고, 예수는 몸을 그 반대인 'ㄱ'

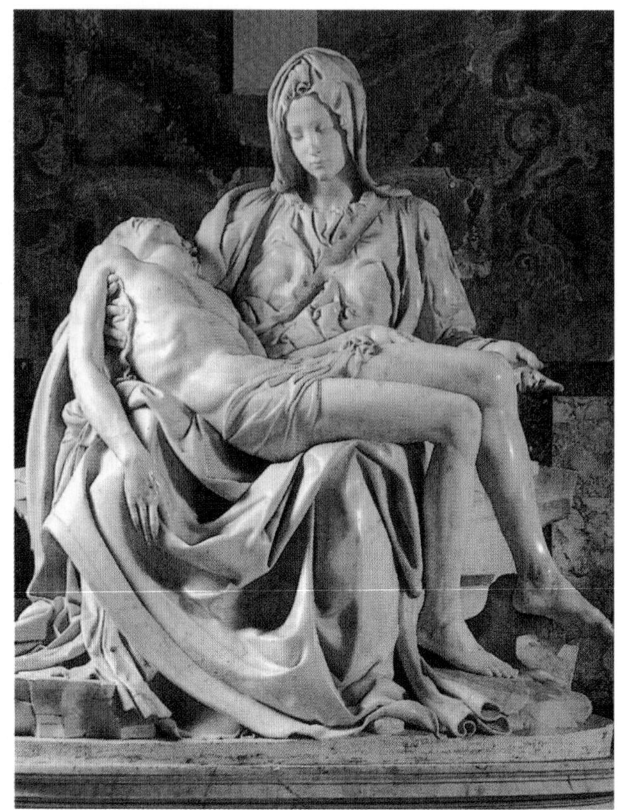

도판 81 미켈란젤로의 조각 〈로마의 피에타〉(1498~99). 높이 175.3cm. 본래 피에타란 '불쌍히 여기다'라는 의미의 라틴어다. 그러나 미술에서는 죽어 축 늘어진 아들 예수의 시신을 성모가 무릎 위에 안고 슬퍼하는 모습의 그림이나 조각을 가리킨다. 바티칸 성베드로대성당 소장

자 모양으로 땅을 향해 늘어져 있어 전체적으로는 십자가의 의미를 상징한다는 해설도 있다. 하지만 그보다는 조각의 모습 그대로, 가로로 누운 예수를 십자가 대속의 상징인 고통의 대들보로, 세로로 앉은 성모를 그 대들보의 균형을 '통고'와 '기품'으로 잡는 기둥으로 하여 조각했다. 십자가에서 내려진 예수의 몸을 무릎에 받친 채, 힘 있게 안고 있는 성모의 표정은 순진무구한 동시에 처연해 보인다. 성모의 시선은 감상자를 향해 있으나 눈은 내리감고서 시간과 장소를 초월한 듯한 깊은 선정에 잠겨 있다. 반면에 인간의 몸으로 태어나 주어진 고난의 잔을 마시고 편안히 그러나 오랜 고통에 지쳐 반쯤 입을 헤 벌린 예수의 망가진 모습은 보는 이로 하여금 숙연하게 한다. 그 망가진 아들을 놓지 않

겠다는 듯이, 예수의 겨드랑이 아래로 오른손의 손가락을 넓게 펴 힘이 들어간 다섯 손가락 각각의 마디마디 속에는 성모의 모정이 전율이 되어 실핏줄처럼 전해 온다[도판 83]. 하지만 하늘을 향해 벌린 왼손에서는 인간으로 어찌할 수 없이 감당해야만 하는 예정된 운명에 심장이 마비되듯 아파옴을 느끼게 된다. 통고를 어찌할 수 없이 맞이해야 하는 '하느님의 어머니' 성모로서의 운명과 그 통고 속에서 기품을 힘겹게 마디마디로 버티어 내야 하는 '인간의 어머니' 마리아로서의 모정을 밸런스로 잘 유지하고 있다.

도판 82 십자가에서 내려진 예수의 몸을 무릎에 받친 채, 힘있게 안고 있는 성모의 표정은 순진무구한 동시에 처연해 보인다. 성모의 시선은 감상자를 향해 있으나 눈은 내리감고서 시간과 장소를 초월한 듯한 깊은 선정에 잠겨 있다.

무엇보다도 돌덩어리를 종잇장 다루듯 성모의 옷주름을 풍성하면서도 너울너울 겹쳐서 새겨낸 부드러운 곡선이 경직되고 딱딱한 예수의 앙상한 뼈 및 마른 육체의 곡선 같은 직선과 대조되면서 조화를 이루어 낸 솜씨는 감탄과 경외를 넘어서 있다. 이는 '정신에 내재하는 영성 이미지'를 대리석이라는 질료로 구체화한 것이다. 미켈란젤로 그는 자신이 기도로 조각할 돌덩어리에 영적 형상을 품어 넣으면 그것이 생명력을 지니면서 바위 속에서 조각으로 드러난다고 했다. 작품을 시작할 때 자신이 구상한 이미지를 이미 바위가 자기 결 따라 바위 속에 스스로 '내보여 줌'을 깨달으며 작품을 시작한다는 것이다. 이는 베토벤이 교향곡 9번, 귀가 먹은 상태에서 우러나오는 혼의 소리에 귀를 기울이며 작곡한 〈합창교향곡〉과 같다. 이는 또한 불보살에 다양한 색채로 성과 속이 직관으로 하나 되게 하여 만다라, 즉 깨달음으로 몰입하게 한 〈수월관음도〉의 '색채 조형'과도 비슷하다.

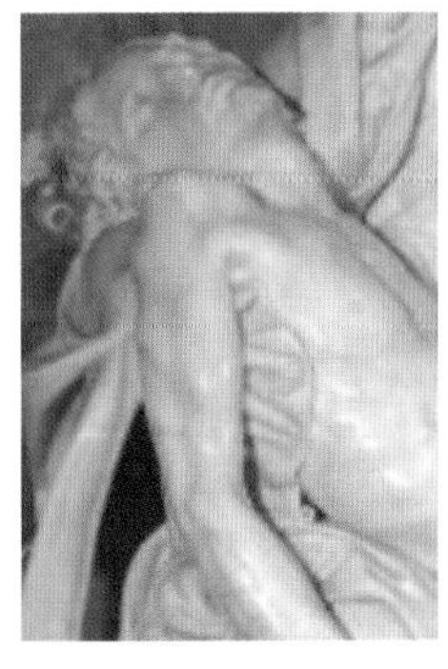

도판 83 예수의 겨드랑이 아래로 오른손의 손가락을 넓게 그리고 힘있게 뻗고 있다. 다섯 손가락 각각의 마디마디 속에는 성모의 모정이 전율이 되어 실핏줄처럼 전해 온다.

바사리에 의하면 어떤 사람이 어느 조각가의 작품이 마음에 들었지만, 작품에 서명이 없어 누구의 작품인지를 궁금해하는 것을 미켈란젤로가 목격했다고 한다. 그날 밤 성모의 가슴에 대각선으로 두른 동정 같은 띠에 '피렌체인 미켈란젤로 부오나로티가 만듦'이란 글을 낙관으로 새겨 넣었다는 것이다. 그러나 띠와 새긴 글이 유기적으로 어울리는 것으로 보아 미켈란젤로가 돌연히 새겼다기보다는 처음부터 띠에 서명했음을 추측할 수 있다고 반박한다. 어쨌든 그의 모든 작품에서 처음이자 마지막으로 새겨 넣은 낙관이다. 유일한 서명 작품인 이 〈로마의 피에타〉는 초기 르네상스를 마감하고 예술적으로 더욱 진전된 중기 르네상스를 연 작품으로 평가받고 있다. 이처럼 시대가 변하게 되면 변한 그 시대의 사회와 역사적 성격에 따라 종교도 부응하면서 신앙도 따라갔다. 성모상의 도상도 그 시대의 사회와 역사의 성격에 맞게 그 역할이 다양하게 변해 간 것이다.

이 대리석 〈로마의 피에타〉는 프랑스 왕 샤를 8세가 로마교황청에 대사로 파견한 장 드 빌레르 추기경의 주문으로 산타 페트로닐라 예배당의 벽감에 봉안하기 위해 제작되었던 것이다. 주문자가 프랑스인 추기경이라서 미켈란젤로는 당시 이탈리아보다는 독일, 프랑스 등 알프스 북쪽에서 유행하던 도상, 즉 성모가 무릎 위에 죽은 아들을 팔로 안아 누인 피에타 형식을 선택한 것으로 보고 있다. 그런데 주문한 추기경은 작품이 완성되는 것을 보지 못하고, 직전(1499년 8월)에 세상을 떠났다.

이 예배당은 바티칸의 성베드로 대성당의 남쪽에 있었다. 그런데 대성당을 크게 확장하면서 그 성당이 헐리게 되는 바람에 새로 신축된 성베드로 대성당 입구 안쪽의 왼쪽(향우) 벽면에 자리 잡게 되었다. 지금은 방탄유리로 보호하고 있는데, 1972년 5월 21일 어느 정신 이상자가 "내가 예수다"라고 외치며 망치로 내리쳤다. 그 깨진 조각을 관광객이 몇 개 가져가, 성모의 코는 등에서 일부를 떼어내서 복원했다. 이후 유럽에서는 웬만한 미술관, 박물관마다 검색대를 설치하게 되었다.

다) 미켈란젤로에게는 〈피에타〉가 몇 개 더

도판 84 〈론다니니 피에타〉 죽기 며칠 전까지 최후의 내공으로 다듬은 미켈란젤로의 마지막 작품(1564. 2. 15.) 높이 195cm. 밀라노의 스포르체스크성 소장

그중에 빼놓을 수 없는 것은 그가 1564년 2월 18일 죽기 이틀 전까지 마지막으로 조각한 피에타가 있다. 미완성으로서의 〈론다니니 피에타〉[도판 84]다. 이 작품은 앞의 〈로마의 피에타〉(1499)와 여러 면에서 대조가 된다. 즉, 〈로마의 피에타〉가 겁 없이 한창 잘나가던 젊은 전성기 시대의 작품이라면, 이 〈론다니니 피에타〉는 그로부터 65년이 지난 인생의 모든 풍화를 겪은 후 죽음을 바라보고 힘없는 떨리는 손으로 조각한 마지막 작품이기 때문이다.

전자가 아름다운 균형과 대칭을 기반으로 한 구도라면, 이 작품은 비대칭일 뿐만 아니라 더하여 균형 잡기 어려운 비균형의 구도이기도 하다. 그리고 전자가 르네상스인들의 부활을 희망한 성(聖)으로서의 피에타라면, 이 작품은 미켈란젤로 자신의 죽음에 대한 명상을 속(俗)으로 나타낸 피에타라는 점이다. 그리고 전자가 성모의 무릎 위에 예수가 놓여 있는 수평적 배치라면, 이 작품은 반대로 예수가 성모를 아니 미켈란젤로 자신이 업고 있는(?) 오버랩된 형태의 수직적 배치라는 점이고, 전자가 성(聖)이지만 남에게 보여주기 위한 속(俗)의 세계라면 이 작품은 신을 향한 자신의 영(靈)의 세계를 지향한 작품이라는 점 그리고 전자가 아름다운 균형과 완전한 기법을 나타냈다면 이 작품은 모든 균형과 기법은 사라지고 절절한 간구만을 윤곽으로 나타낸 조각이라는 점이다.

구십 평생 격변기의 어려운 시대를 겪으며 감당해야 했던 한 위대한 천재 조각가 겸 화가의 인간적인 고독과 회환 그리고 영광의 상념들이 〈로마의 피에타〉에서 〈론다니니 피에타〉로 변하게 만들었다. 즉, 신에게 작품을 바치는 공즉시색의 피에타에서 신에게 나를 바치는 색즉시공의 피에타로, 가장 르네상스적인 작품으로 자신의 존재를 마무리하며 만든 것이다. 각각 스콜라 미학과 휴머니즘 미학을 전형적으로 보여주고 있다는 생각이다.

신앙에서 이 같은 전환점의 계기는 64세 때 페스카라 후작 부인인 비토리아 콜론나(Vittoria Colonna)를 만난 이후부터라고 한다. 그에게 그녀는 단테에게 베아트리체와 같은 여인이었기에. 경상도 말로 '가로 늦까'. 그래서 십자가 아래에서의 성모 마리아가 십자가 곁에서의 콜론나로 오버랩되는 것이다. 결과론적으로 미켈란젤로는 '미완성적인 완성' 같은 표현을 추상으로 제시해 미술 양식의 미래를 제시 아니 선취했다고 보게 된다. 미완성으로 우리들에게 더 풍요로운 상상의 날개를 넘겨준 것이다.

(4) 중보의 성모

성모상이 여러 가지 유형으로 다양하게 발달하고 있었다. 그 가운데 '중보의 성모'가 처음으로 크게 부각된 것은 '천년왕국설'이라는 종말론에 의해서였고, 전성기를 넘어 일반화하면서 널리 유행된 것은 흑사병이라는 대재앙 때문이었다.

가) 중보의 성모, 천년왕국설에서부터 유포 시작

그 원인으로, 내적으로는 프랑크 왕국이 분열되고, 외적으로 북쪽에서는 바이킹이 침략해 내려오고, 동쪽에서는 유목민족인 마자르족이 달려와 습격하고, 남쪽에서는 이슬람의 사라센인들이 지중해를 장악한 후 피레네산맥을 넘어오려 하기 때문이다. 이로 인해 상공업은 후퇴하고 도시는 쇠퇴하고 약탈당하면서 무정부 상태에 도달하게 되었다. 수도사들은 이런 상황을 요한계시록의 종말 사상인 천년왕국이 도래하기 위한 통과의례로, 즉 최후의 심판과 결부시켜 위안을 얻으려고 했다.

여기서 상식적으로 알아야 할 것은 10세기에서의 1,000과 천년왕국에서의

1,000은 의미가 다르다는 것이다. 천년왕국에서 '천년'은 10세기를 상징하는 숫자상의 천이 아니라 '영원하다'는 의미, 그러니 영원한 왕국이란 의미다. 그런데 숫자상으로 생각하는 사람들이 많다. 디아스포라 이후 오늘날 다시 건국한 이스라엘을 성경에 나오는 이스라엘로 착각하는 것처럼 말이다.

이 사상은 이후 종말을 두려워하는 교인들 스스로의 속죄에 대한 신앙적 행동으로 나타나면서 일찍이 볼 수 없던 순례 열풍으로 전개되었다. 살아오면서 알게 모르게 지은 죄, 특히 7가지 대죄(교만, 식탐, 음욕, 분노, 질투, 탐욕, 나태)에 대한 속죄 열풍이 불어 닥친 것이다. 성경(요한계시록 14장 1-5절)에 나오는 상징적인 144,000명 안에 들어가기 위해서였다. 그 숫자는 최후의 심판에서 천년왕국에 들어갈 수 있는 참된 신앙인으로서의 TO를 의미한다고 한다. 그 근거는 12지파(구약)×12제자(신약)×1,000(구원받는 하느님 백성의 상징 수)이라는 그럴듯한 근거로 겁을 준 것이다. 그래서 인생의 한 시기에 생업에서 물러나, 최후의 심판 날 영혼 구원을 위한 신의 자비를 미리 빌기 위해, 몇 달 또는 몇 년이 걸릴지도 모를 위험하고도 험난한 여정의 머나먼 순례길을 떠나는 것이 기독교인들의 평생 목표가 되었다. 이에 따라 성지순례는 생애에 한 번은 꼭 가야 할 가장 중요한 신앙의 의례가 된 것이다. 메카 순례에서 보듯 이슬람에서는 지금도 그렇다.

순례길에는 예수님을 명상하는 예루살렘 순례길, 베드로를 기억하는 로마 순례길도 있었다. 하지만 그 대표가 되는 예루살렘 순례길은 이슬람에 장악되어 갈 수가 없었다. 그에 따라 야고보를 추모하는 산티아고데콤포스텔라 순례길이 새로 개발되면서 당대에는 지리적으로나 여건적으로 점차 그 대표적인 순례길이 되었다. 이 길에 대한 개발 기록은 1070년부터 보인다. 주로 유명 인사들이 순례를 통해 경험한 여러 가지 기이한 일들을 통해 알려지면서다. 초기에는 특히 클뤼니 수도원장 위그와 갈리스토 2세 교황(1119~1124) 등이 전해 주는 기적적인 얘기들의 영향이 컸다. 그러면서 순례길 따라 하루 거리인 ±30km마다 마을이 형성되면서 교회가 세워졌다. 세워진 교회들은 주로 〈최

도판 85 미켈란젤로의 〈최후의 심판〉(1537~1541) 13.7×12.2m. 바티칸 시스티나 성당의 제단 벽화다. '죄의 중보자'의 역할을 하는 성모가 예수의 오른편에 붉은 옷에 푸른 치마를 입고 있다(□). 최후의 심판을 엄하게 진행하는 예수와는 자세가 반대다. 즉, 염소를 상징하는 왼쪽으로 내려다보는 예수의 시선에 비해 성모의 시선은 양을 상징하는 오른쪽으로 그리고 두 손을 위·아래로 힘차게 펼쳐 최후의 심판을 엄하게 진행하는 예수의 동작에 비해, 두 손을 X자로 가슴 안으로 모아 교차한 모습으로 그리고 힘있게 서 있는 예수의 두 발에 비해 성모의 두 발은 안으로 오그려 포갰다. 이 같은 자세를 미켈란젤로는 천국으로 인도하는 성모의 '죄의 중보자'의 자세라고, 지옥으로 심판하는 예수의 심판 자세라고 생각했다.

후의 심판〉 도상이 파사드에서 정문 위 팀파눔에 반원형으로 부조되면서 순례 양식 교회가 되었다. 이 순례 양식 교회마다 순례자를 위한 숙박시설인 알베르게가 등장하기 시작했다. 그리하여 이 길을 통해 백 년 넘게 확산되면서 〈최후의 심판〉이 기독교미술을 상징하는 조각과 그림으로 자리 잡았다. 이 순례길에서 들리게 되는 교회마다 조각된 〈최후의 심판〉은 7가지 대죄를 짓고 있다고 생각하는 중세 기독교 신자들에게는 가장 두려운 도상이었다. 누구든 7대 죄 안에서 자유롭지 못하니까. 이는 천년왕국설이 무섭게 퍼져가던 당대의 종교적 분위기를 잘 반영하는 것이다.

이처럼 천년왕국에 들어갈 수 있는 최종의 통과의례는 최후의 심판이었다. 이 최후의 심판에서 '연옥'에 있는 대부분의 인간들을 위해 빌어줄 성인이 요구되면서다. 그래서 '중보의 성모'가 전 유럽에 〈최후의 심판〉을 계기로 널리 유행하게 되었다. 그것은 이 순례길 따라 세워진 성당마다 해시태그(#)처럼 팀파눔에 연결되면서 조각된 〈최후의 심판〉이 뒷받침한다. 그리고 당대 널리 회자되었다는 프란체스코 수도회 수사였던 레오 형제의 다음과 같은 꿈 내용이 증명한다.

레오는 하늘로 오르는 사다리 두 개를 보았다. 하나는 피같이 붉은색이었고 다른 하나는 백합같이 흰색이었다. 붉은 사다리 위에는 성난 그리스도가 있었다. 성 프란체스코가 무서워하지 말고 올라오라고 레오 형제들을 손짓하며 부르고 있다. 그들은 올라가려 하였지만 번번히 떨어지고 말았다. 프란체스코가 그리스도에게 기도하였지만 그리스도는 그의 상처를 내보이며 "네 형제들이 내게 이렇게 하였다"라고 고함치셨다. 성 프란체스코는 다시 내려와 형제들을 백합 같은 하얀 사다리로 데리고 갔다. 사다리 위에서 웃으며 반겨주는 성모 마리아가 있음을 보고 형제들은 힘 안 들이고 무사히 올라갔다[주 28].

그리고 중보자로서의 대단원은 '성모 대관'에서 이루어졌다.

어쨌든 〈최후의 심판〉 도상은 11~12세기 로마네스크 양식에 따른 '산티아고데콤포스텔라' 순례길에 세워진 성당들을 거치면서 기독교 회화를 대표하는 그림으로 자리 잡았고, 이후 새로운 건축양식인 고딕 성당에서부터 유럽에 대중화되기 시작했다. 그 후 13세기 고딕 성당의 전성기를 보여주는 파리 근교, 즉 우리의 경기도 역할과 같았던 일-드-프랑스 지역에서 그 화려한 꽃을 피웠고, 그 도상은 성베드로 대성당 곁에 있는 시스티나성당의 제단 벽에서 미켈란젤로에 의해 대단원을 이루었다[도판 85]. 얼마 전 우리 시대의 '휴거'처럼 '천년왕국설'이 거품으로 끝난 이후, 이 길은 몇백 년 동안 폐허 비슷하게 방치되었다. 그러다가 1980년대 세계화와 함께 웰빙과 연결되면서 순례길이라기보다는 슬로우 시티 개념으로 세속화, 명상화, 힐링화되면서 오늘날 인기리에 새롭게 유행하고 있다. 미래의 종교 성향을 자연스럽게 암시하면서다.

나) 이후, '페스트'의 영향

현실적으로 지푸라기라도 잡으려는 절망감이 천년왕국설 같은 종교적 차원을 넘어서게 되었다. 온몸이 검게 변하며 죽는다고 해서 흑사병(黑死病, Black death)이라고도 하는 이 질환은 당시 사람들에게 죽음에 대한 공포, 비참, 절망을 체험하게 했다. 이 병은 사회와 경제뿐만 아니라 나아가 교회 제도는 물론 인간의 정신세계까지도 뒤바꾸었다. 아니 중세라는 체제가 무너지게 되는 진도 9 이상의 지진 역할을 한 것이다.

도판 86 파리의 노트르담 성당 중앙 정문에 새겨진 〈최후의 심판〉 도상. 최후의 심판 과정을 마태복음 25장 1-13절에 나오는 10 처녀의 내용을 테마로 삼아 당시 문맹자였던 일반 신도들에게 입체 만화처럼 연결해서 엄숙하고 경건하게 설명하고 있다.

유럽 전역을 무섭게 휩쓴 이 죽음의 전염병에 대한 첫 기록은 1346년에 나타났다. 쟈니벡이 이끄는 타타르족 킵차크한국의 군대가 크림반도에 위치한 이태리 제노바 상인들의 무역 근거지인 카파를 포위할 때 시작했다고 전한다. 그들은 견고한 성벽을 뚫지 못하자 흑사병으로 죽은 시신을 투석기를 이용해 성안으로 날렸다. 세계 역사상 최초의 세균전이 시작된 것이다. 제노바 상인들은 비참한 상태에서 병으로 검게 변해 죽는 모습을 보고 놀라 황급히 후퇴하여 배를 타고 콘스탄티노플을 거쳐 본국으로 돌아가게 되었다. 자기들도 모르게 오늘날 코로나19처럼 페스트균을 지닌 채 말이다.

그러면서 유럽에 불행이 시작되었다. 즉, 이 병은 1347년 10월 시칠리아와 제노바에 도착하였고, 이어 프랑스의 마르세이유항을 거치면서 석 달 뒤엔 프랑스는 물론 이탈리아와 스페인 본토에, 1348년에는 북쪽으로 네덜란드, 영국, 독일, 스칸디나비아로 퍼져갔다. 그러면서 10여 년 동안 유행되면서 서유럽 인구의 1/3에 해당하는 3,500만 명이 사망하였으며, 전체적으로는 6~7,000만 명이 죽었다고 한다. 가장 극심할 당시 베네치아에서는 하루에 600명이나, 그러면서 이탈리아 인구의 절반 가까이가. 이에 비하면 오늘날의 에이즈, 사스, 메르스, 지카 바이러스는 장난 수준이고, 지금 야단인 코로나19도 치사율에서는 그렇다.

사람들은 당시로서는 이 질병의 원인을 알 수 없었을 뿐만 아니라 급작스럽게 닥친 무시무시하고도 끔찍한 이 대재앙을 도저히 이해할 수가 없었다. 그래서 분노한 신이 오징어 게임처럼 쏘는, 보이지 않는 저주의 화살에 맞으면 걸리게 된다고 믿게 되었다. 그러면서 사람들은 남모르게 저지른 잘못에 대한 죄책감에 사로잡히게 되었다. 그래서 당시는 [도판 87] 같은 그림의 장면이 성당마다 현실이었다. 〈순례자의 성모〉라는 이 그림에서는 성모가 두광은 있지만 신발은 신지 않은 이웃집 부인 같은 평범한 성모다. 순례자도 평생 가난하게 살다 어디서 왔는지 발에는 흙 묻고 굿은살 배긴 노부부가 어두운 밤에 찾아왔다. 그런데 성모를 만나는 순간에 빛이 쏟아지는 기적이 나타났다. 그러면서 무식한 노부부는 안도감과 함께 기쁨의 표정을 보인다. 어쩜 고칠 수 없는 병이나 해결할 수 없던 고민이 빛을 통해 해결되는 의미를 나타냈다.

도판 87 카라바조의 〈로레토의 성모〉(1604~1605). 260×150cm. 성모를 만나는 순간 빛이 쏟아지는 기적이 나타났다. 이 그림이 예배당에 걸렸을 때, 기존의 권위적이고 신성한 성상의 의궤에서 벗어났기에 비난의 소동이 있었다. 로마 산타고스티노 성당 카발레티 예배당 소장

이 흑사병이 로마를 휩쓸고 있을 때, 교황 그레고리우스 11세(1370~1378)는 수호 성상을 들고 흑사병 퇴치 구호를 외치며 도시를 순회하는 행렬을 하도록 하였다. 그런 행렬을 하던 어느 날 교황은 주님의 천사가 크레스켄티우스 성 꼭대기에 서서 피 묻은 칼을 닦아 칼집에 넣는 것을 보게 되었다. 그러면서 역병이 종식된 것을 알게 되었다고 전설은 기독교적으로 채색하여 전한다.

흑사병으로 인한 인구의 감소는 영주들의 소득 감소로 봉건제가 해체되는 길로 나아갔다. 그리고 흑사병으로 희생당한 사제 대체에 하향평준화가 나타났을 뿐만 아니라 수많은 사람이 죽어가는 목전의 상황에서 신앙은 헛된 희

망이란 의식이 퍼져갔다. 이렇게 중세라는 시대는 봉건제의 기반 역할을 한 영주의 몰락에서 외부적인 균열이, 가치관을 형성해 온 기독교에 대한 실망 속에서 내부적인 균열이 이루어지면서 해체가 일어나게 된 것이다.

대재앙 이후 사람들은 새로운 인생을 찾게 되었다. 흑사병이 퍼지기 전 중세 유럽 사람들은 인생을 즐기는 것에 죄책감이 있었다. 그런데 이후부터는 어느 순간에 찾아올지도 모르는 죽음이라는 불청객과 마주치기 전에 살아 있음에 대한 적극적인 긍정이 시작된 것이다. 그것이 오늘날 욜로족 같은, '카르페 디엠'(carpe diem), 즉 '현재를 즐겨라'였다. 물론 그 긍정은 향락적, 소비적이 아니라 주어진 삶에 대한 인간적, 탐미적인 자세에서였다. 이것은 단테가 베아트리체를 연모하며 추구했던 돌체(Dolce)적 삶의 흐름과 연결되어 르네상스 정신의 또 다른 한 축을 이룬다. 이에 따라 신앙도 휴머니즘으로 향하던 당시의 사회와 역사의 요구에 종교적으로 부응하는 역할을 하게 되었다. 이 같은 흐름은 가난, 겸손, 복종을 실천한 성모를 그들의 수호성인으로까지 업시키는 계기가 되었다. 그리고 이 같은 분위기를 만든 것은 당대 신앙생활에 강력한 힘을 발휘하던 프란체스코 수사들의 역할이 컸다.

성모 마리아의 죄의 중보자로서의 참된 효능은 무엇보다 그녀의 버진, 즉 성적인 순결함에서 나온다고 생각했다. 그래서 많은 기독교인, 특히 여성들은 마리아를 통해 하느님은 동정과 순결한 삶을 가장 기뻐하신다는 영향을 받았다. 다시 말하면 성모 마리아는 중세 시대 교회를 이끈 교부들에 의해 '고결한 이상적 여성상'으로 상징되어 온 것이다. 만일 여성 및 수녀들의 주도에 의해 상징되어 왔다면 어떤 성격의 성모 마리아로 존재하고 있을까. 모르기는 몰라도 '미투'가 없는 아니 페미니즘 세상을 위해, 위선적인 교부들과 위력적인 귀족 남성들을 향해 외치고 함께 연대하고 투쟁하는 성모가 되었을지도.

다) 마리아의 생애, 세 가지 초월적 여성성

그 첫째는 마리아가 원죄 없이 잉태되었다는 '무염시태'이고, 다음은 신의 아들 예수를 낳았다는 '수태고지'이며, 마지막은 죽은 이후 승천해서 천상의 여왕이 되었다는 '성모 대관'이다. 이렇게 세 가지는 성모상 도상의 변천을 나타내면서 교리적으로도 연결된다.

① 먼저 '무염시태'(The Immaculate conception)부터 보자[도판 88]

사실 무염시태가 생의 순서에서 볼 때, 가장 먼저 교리화되었어야 하는데 가장 늦게 되었다. 성경 상의 이야기가 아니라 '성모 대관'과 함께 교부들의 필요에 의해 후대에 만들어진 교리였기 때문이다. 무염시태란 성모 마리아는 깨끗한 무흠 순결 속에서 잉태되고 태어났다는 의미다. 한마디로 원죄가 없다는. '수태고지'에서 예수가 무흠 순결한 원죄 없는 성모의 몸에서 잉태되었음을 강조하기 위해서였다.

당시, 무염시태에 대해서 도미니크회와 프란체스코회 간에 논쟁이 있었다. 그 논쟁의 포인트는 원죄가 씻겨지는 시점이었다. 학문적인 도미니크회는 마리아도 인간인 이상 어머니의 배 속에 잉태될 때는 원죄를 지니고 있었다. 하지만 출산 순간에 태중에서 그 원죄가 씻기는 은총을 입었다는 주장을 했다. 반면에, 몸으로 체험하는 감성적 신앙을 중시하는 프란체스코회에서 마리아는 태어나기 전부터 이미 신의 어머니로 선택되었다. 그렇기 때문에 어머니 안나의 배 속에서 잉태 순간부터 원죄가 씻기는 은총을 입었다는 주장이었다.

이 교리는 레오나르도 다빈치 시대에 본격적으로 야기되었는데, 어쩌면 그 배경은 기독교가 종교재판, 십일조 강요, 면죄부 판매 등으로 신도들의 불신이 커지자 그 불신을 무마하기 위한 조치가 아니었나 하는 생각도 든다. 종교개혁 직전에 만들어진 것에서 그렇게 유추되는 것이다. 사실 중세 당대의 체제 유지를 위해 존재한 종교재판은 오늘날 우리 시대의 시국 재판과 비슷한 성격이었다. 이 재판의 가장 큰 목적은 이성의 판단에 따른 개인의 사상과 양심의 권리를 박탈하는 것이었다.

이 무염시태 교리는 이미 14세기 이후 유럽에서는 보수 신앙을 지지하는 사람들에서부터 시작되었다. 그 힘이 점차 확산되면서 밀라노에서는 1475년 프란체스코 수도회의 수장인 시스토 4세가 신학 논쟁의 불을 지폈고, 1477년에 이 교의가 허용되었으며, 1496년 소르본 신학대학에서 인정했다. 반종교개혁이 한창이던 1661년에는 가톨릭에서 '이단이 아니다'라는 결론을 내린 후, 1854년에서야 교황에 의해 프란체스코회에서 주장한 '잉태되는 순간부터'로 해서 교리로 인정되었다.

도판 88 엘 에스코리알 수도원의 <무염시태>(1660~1665년) 바르톨로메 에스테반 무리요(1617~1682) 그림. 무염시태 그림에는 처녀성을 상징하는 백합과 함께 개선 행진을 상징하는 종려나무가 아기 천사와 함께 등장한다. 캔버스에 유채. 프라도미술관(스페인 마드리드)소장

② '수태고지'(The Annunciation)를 보자 [도판 10, 89, 180]

아래의 내용은 수태고지에 대한 성경 내용이다(누가복음 1장 26-38절).

(26)엘리사벳이 아기를 가진 지 여섯 달이 되었을 때에 하느님께서는 천사 가브리엘을 갈릴래아 지방 나자렛이라는 동네로 보내시어 (27)다윗 가문의 요셉이라는 사람과 약혼한 처녀를 찾아 가게 하셨다. 그 처녀의 이름은 마리아였다. (28)천사는 마리아의 집으로 들어가 "은총을 가득히 받은 이여, 기뻐하여라. 주께서 너와 함께 계신다" 하고 인사하였다. (29)마리아는 몹시 당황하여 도대체 그 인사말이 무슨 뜻일까 하고 곰곰이 생각하였다. (30)그러자 천사는 다시 "두려워 말라. 마리아, 너는 하느님의 은총을 받았다. (31)이제 아기를 가져 아들을 낳을 터이니 이름을 예수라 하여라. (32)그 아기는 위대한 분이 되어 지극히 높으신 하느님의 아들이라 불릴 것이다. 주 하느님께서 그에게 조상 다윗의 왕위를 주시어 (33)야곱의 후손을 영원히 다스리는 왕이 되겠고 그의 나라는 끝이 없을 것이

다" 하고 일러 주었다. (34)이 말을 듣고 마리아가 "이 몸은 처녀입니다. 어떻게 그런 일이 있을 수 있겠습니까?" 하자 (35)천사는 이렇게 대답하였다. "성령이 너에게 내려오시고 지극히 높으신 분의 힘이 감싸 주실 것이다. 그러므로 태어나실 그 거룩한 아기를 하느님의 아들이라 부르게 될 것이다. (36)네 친척 엘리사벳을 보아라. 아기를 낳지 못하는 여자라고들 하였지만, 그 늙은 나이에도 아기를 가진 지가 벌써 여섯 달이나 되었다. (37)하느님께서 하시는 일은 안 되는 것이 없다." (38)이 말을 들은 마리아는 "이 몸은 주님의 종입니다. 지금 말씀대로 저에게 이루어지기를 바랍니다" 하고 대답하였다. 그러자 천사는 마리아에게서 떠나갔다.

수태고지는 위의 내용처럼 천사 가브리엘이 마리아를 찾아와 (31절)"이제 아기를 가져 아들을 낳을 터이니 이름을 예수라 하여라" 곧 "당신이 메시아의 어머니가 되리라"고 말하는 극적인 대화를 나타낸 것이다. 그중에서 마지막 (38절) "이 몸은 주님의 종입니다. 지금 말씀대로 저에게 이루어지기를 바랍니다." 이 결론을 베르나르두스는 다음과 같이 주석하였다[주 29]. "어떤 사람들은 하느님 말씀을 입으로, 어떤 사람들은 귀로, 또 어떤 사람들은 손으로 받아들인다. 그러나 마리아는 말씀을 천사의 인사를 통해 귀로 받아들였으며, 믿음을 통해 마음으로, 그것을 고백함으로써 입으로, 그녀 안에 육신을 가짐으로써 자궁으로 받아들였다"라고. 마리아가 하느님의 종이 되어 수태고지를 몸과 마음과 영혼이 일체된 '몸, 맘, 영'으로 받아들였다는 것. 성육신을 수태할 자격이 있다는 강조를 위한 주석이다.

당대의 화가들은 위 수태고지 대화 속 마리아의 표정과 행동에서 다섯 가지 특징을 이끌어 냈다[주 30]. 첫째는 당혹했다(처녀가 그 말을 듣고 놀라). 둘째는 곰곰이 생각했다(이런 인사말이 어찌된 영문인고 생각함에 따라). 셋째는 의심을 품고 물었다(나는 사내를 알지 못하는데, 어떻게 그런 일이). 넷째는 순종했다(이 몸은 주님의 종입니다. 지금 말씀대로 저에게 이루어지기를). 그리고 다섯째는 천사가 떠난 후에 자신의 성스러워진 지위를 찬양했다(※하느님의 독생자를 잉태한 기쁨으로).

도판 89 〈수태고지의 마리아〉(1475) 안토넬로다메시나(1430~1479). 목판에 유채. 푸른 미사보를 쓰고 계시 내용을 읽는 중인 그녀의 표정에서 동요의 감정이 읽힌다. 즉, 몸 안에서 어떤 기적이 일어나는 상징을 오른손으로의 접근 금지와 미사보의 끝단을 여미는 왼손의 제스처에서다. 시칠리 팔레르모국립미술관

수태고지는 성경 상 가장 중요한 내용이며, 르네상스 예술에서 최고의 인기를 끌었던 주제 중의 하나였다. 그래서 유명한 화가라면 거의 빠짐없이 작품을 남겼다. 대표적인 화가들을 보면, 다섯 가지 특징 중 각기 자기 취향에 맞는 특징에 초점을 맞추어 그렸다[주 31]. 필리포 리피와 보티첼리는 첫째와 셋째의 특징을 받아들여 과장된 몸짓과 지나친 당혹스러움으로 표현했고, 프라 안젤리코는 넷째 특징을 위해 겸손에 초점을 두었다[도판 10]. 이처럼 보통 화가들은 위의 특징을 다 표현하기 힘들었던 모양이다. 그러니 가장 표현하기 좋은 극적이고도 효과적인 특징의 장면을 자기 취향에 맞게 선택해서 그릴 수밖에. 그런데 다빈치는 이 특징을 다 표현했다고 본다[도판 180]. 왼손을 올린 것은 첫째인 당혹스러움을, 얼굴을 평온하게 깃들게 한 것은 둘째인 곰곰이 생각하는 것을, 오른손(가락)을 묘하게 하여 성경책에 얹은 것은 셋째인 확인을 위한 묘한 의심을, 부드러운 눈빛은 넷째인 순종의 상징으로, 이후 마지막에 "말씀대로 저에게 이루어지기를 바라는" 확신에 찬 다섯째를 천사가 들고 온 흰 백합을 성처녀로서 받아들이는 것으로 그렸다고 본다.

천사가 없는 그림도 있다. 시칠리의 팔레르모국립미술관에 소장되어 있는 안토넬로 다메시나의 〈수태고지의 마리아〉(1475)가 그렇다[도판 89]. 그녀가 성경을 읽고 있는 수태고지에 대한 하느님의 계시 내용이 그대로 몸속에서 이루어지고 있음을 가브리엘 천사 대신 성령으로 알리고 있는 것이다. 그러니 이 그림 속에는 성모의 다섯 가지 특징이 포괄적으로 다 들어있는 것으로 봐야 하

겠다. 동일한 성경 내용이지만 시대가 다르고, 성향이 다른 화가들에 의해 그 내용을 각기 다르게 받아들이므로 다양한 그림이 많이 그려진 것이다. 그래서 수태고지 그림에는 시대에 따라 다른 구도와 양식이 가장 많이 담겨 있다.

③ 마지막으로 '성모 대관'(The Coronation of the Virgin)을 보자[도판 90]

스토리텔링으로 가득 찬 성인전인 『황금전설』은 성모의 선종과 승천에 대해서 가장 자세히 쓰여 있다. 이 책에 의하면, 예수의 부활승천 이후 사도들이 땅끝까지 복음 전파를 위해 세상 여러 지역으로 떠난 후 동정녀는 시온산 근처에 있는 한 집에 머물렀다. 다른 기록에서는, 에페소스로 거처를 옮겨 요한복음의 저자인 성 요한과 함께 선종 시까지 살았다는 전승도 있다. 그곳 아르테미스 신전의 유적 근처에는 성모 마리아가 선종할 때까지(근거는 없지만) 살았다고 주장하는 집도 유적으로 남아 있다(그런데 이 이야기를 따르면 '성모 대관'으로 연결되지 않는다).

시온산 근처의 한 집에서 아들 예수를 추모하며 아들이 생전에 다녔던 거룩한 장소들을 순례했다. 즉, 태어나고, 자라고, 세례받고, 시험받고, 기적을 행하고, 복음을 전파하고, 병 고치고, 금식하고, 기도하고, 고난받고, 죽으시고, 장사되고, 부활하여 하늘로 오른 곳곳의 장소를. 추억을 신앙으로 회상하면서다. 그러니 순례길은 성모 마리아가 처음 시작한 것이 되겠다. 이처럼 순례란 혼자 하는 것이다. 둘이서 하면 여행이고, 셋 이상이면 관광이다.

도판 90 라파엘로(1483~1520)의 〈성모 대관〉 (아래)무덤 속 깊은 잠에서 깨어나 승천한 후, (위)예수님으로부터 왕관을 받는 모습(승천과정은 생략되어 있다). 바티칸미술관 소장

도판 91 〈회개하는 막달라 마리아〉 1560년대 티치아노 베첼리오(1490?~1576?)의 그림. 막달라 마리아가 만년에 생트봄 동굴에서 고행과 명상을 했다는 전설에 따라 그렸다. 순결한 모습에 향유 단지와 바니타스, 즉 인생의 덧없음을 상징하는 해골이 있다. 캔버스에 유채. 러시아 에르미타주박물관 소장

성모는 그러면서 예수를 따르던 무리와 함께 여생을 아들을 사모하며 보내다 깊은 잠에 떨어진다. 가톨릭에서는 전통적으로 성모 마리아의 선종을 '깊은 잠'이라 부른다. 전승에 의하면, 성모의 선종이 다가오자 천사들이 곳곳에 흩어져 전도에 전념하고 있던 사도들을 불러 모아 그녀의 선종을 지키고 장례를 치르게 했다고 한다. 세계 최초의 국제적 성격의 장례식인 셈이다. 사도들이 성모를 장례 지내고 매장하려는데, 이때 예수가 천사 군단을 이끌고 어머니의 영혼을 맞이하러 하늘에서 내려온다. 이는 아미타여래의 '내영도'를 생각하게 한다. 다시 살아난 성모를 천사들이 받들어 올리고, 사도들이 직시하는 가운데 성모가 엘리야처럼 하늘로 올라갔다는 것이 성모승천의 전승이다.

성 제롬은 8월 15일에 승천했다고 한다. 그래서 그런지 가톨릭에서는 이 날을 교리로 명시함으로써 공식 승천일이 되었다. 그래서 가톨릭 국가에서는 이날을 축하하고 있기도 하다. 승천에서 예수는 '스스로 올라감'으로, 성모는 '들어 올려짐'으로 구분한다. 하늘로 올려진 후 성모는 성부·성자·성령의 축복 속에서 아들 예수로부터 천상의 여왕을 상징하는 왕관을 수여받는데, 이를 '성모 대관'이라 한다[도판 90].

에피파니우스(Epiphanius, 315~403)에 따르면 "그녀가 14살에 예수를 잉태하고, 15살에 낳으셨으며, 아들과 함께 33년을 사시고, 예수 승천 후 24년을 성지 순례하며 더 생존해 계시다가 72살의 나이로 깊은 잠에 드셨다"고 한다. 성모 대관도 무염시태처럼 성경이나 외경에는 등장하지 않지만, 중세 시대에

새롭게 등장하게 되었다. 반종교개혁의 강화에 따라 성경뿐만 아니라 전승도 교리로 인정한 트리엔트 공의회의 법령에 의해 마리아를 하늘의 여왕으로 여기는 신심이 시각화되면서다. 성모 대관은 성모 마리아의 생애에서 영광스러운 정점을 이루면서 일생의 대미를 영원히 장식하는 것이다.

도판 92 상리스 성당 파사드 정문 위 팀파눔에 최초로 새겨진 성모 대관(1191년 6월 16일)

막달라 마리아는 참회의 성인으로 일찍부터 기독교인들의 사랑을 받아왔다. 전하는 말에 따르면, 막달라 마리아는 예수 승천 후 광야를 떠돌며 소유도 욕망도 부질없음을 깨닫고 동굴 속에서 지내며 전도하다 삶을 마무리했다고 한다. 그래서 그런지 그렇게 그린 그림이 있다[도판 91]. 티치아노가 그린 그림이다. 그는 눈물 어린 경건성과 알몸이란 관능성을 적절한 비율로 담아 막달라 마리아의 성과 속을 나타냈다. 화면에 그림을 그리던 르네상스 화가에서 화면에 드라마처럼 그리는 바로크 화가로 바뀌면서 더 극적으로 드라마틱하게 나타낸 것이다. 이는 뒷날 교회 권력이 비대해지면서 종교개혁이 일어나자 가톨릭이 막달라 마리아를 7대 대죄(교만, 탐욕, 색욕, 분노, 폭식, 질투, 나태)와 결부시키면서 악덕의 화신으로 여긴 것이라고 한다. 그러면서 고해성사의 중요성을 강조하며 참회의 성인을 본받게. 그래서 참회의 성인답게 긴 머리카락을 늘어뜨리고 참회하는 표정으로 그렸다. 주변에는 막달라 마리아의 삶을 상징하는 해골 향유 등을 두는데 이 그림에서도 그렇다. 성경 상이나 교회사의 흐름으로 볼 때는, 부활의 첫 증인으로서 예수승천 이후 성모 마리아 못지않게 예수가 생전에 다녔던 장소를 순례하며 최후의 심판을 위해 곧 재림할 것을 기대하고, 재회할 기쁨 속에서 살았을 것 같은데 말이다.

살아온 삶에 비해 그 말로가 성모 마리아와는 믿기지 않을 정도로 대조적이다. 성모 마리아의 생애가 절대 지존인 하느님의 점지에 의한 주체적인 소명대로 살았다면, 막달라 마리아의 생애는 드라마틱한 삶을 산 예수처럼 생태휴머니즘으로 살았다고 보게 된다. 그럼에도 불구하고 예수 승천 이후에는 교황 그레고리우스의 견해에 따라 창녀로까지 매도당하였다. 너무 막달라 마리아를 격하시켰다. 취소했다고는 하지만, 이는 수천 년 동안 모든 기독교인에게 잘못 인식시킨, 그래서 언론중재법에서 명예훼손에 해당하는 어마어마한 고소감이다. 오늘날에는 참회의 여인이 아니라 교황청에 대해 페미니즘을 촉구해야 하는 상징적인 여인으로 여겨진다.

성모 대관이 프랑스에서 조각으로 처음 새겨진 곳은 일-드-프랑스 지역에 있는 상리스(Senlis) 대성당 팀파눔에서다[도판 92]. 이 성당은 1191년 6월 16일 완성되었다. 그 이후부터 성모 대관이 독자성을 지니면서 성당마다 나타났다. 그러면서 당대 민중의 다양한 신앙의 눈높이에 따라 유럽 각 나라로 퍼져갔다. 성당의 조그만 기도실에서부터 두오모인 대성당에 이르기까지 확산되어 간 것이다. 제단에는 그림으로, 파사드 정문 위의 반원형 공간 팀파눔에는 조각으로, 창에는 스테인드글라스로 위치도 바뀌고 크기도 확대되면서 다양한 도상으로 퍼져 나갔다. 그 대표적인 두오모가 시에나시에 있는 산타마리아 아순타 대성당이다[도판 93]. 두오모(Duomo)란 라틴어로 '신의 집'이란 뜻을 가진 '도무스(domus)'가 원형이다.

도판 93 시에나의 산타 마리아 아순타 대성당. 이 성당의 제단화는 두초가 그린 〈마에스타〉[=도판 94]로, 스테인드글라스 장미창에는 〈성모승천〉[=도판 93-①. 95]으로 그리고 파사드의 정상에는 〈성모 대관〉[=도판 93-②]으로 해서, 즉 성모 마리아의 성상이 건축구조의 높이 순서에 따라 성당 안에서 성당 밖으로 해서 하늘나라로 연결되는 과정을 보여준다.

지역의 성당 중 주교좌

가 시무하는 가장 큰 성당을 그렇게 불렀다. 튼튼하게 지은 대성당, 즉 두오모는 당대 사람들에게 위기에서는 노아의 방주 같은 심리적인 안정을, 빵과 포도주로 이루어지는 성찬식에서는 심리적인 카타르시스를 느끼게 했다. 그리고 미사 순서에 들어 있는 경건한 각종 전례 의식과 건축, 조각, 그림, 스테인드글라스 속에 들어 있는 예술적 환상들이 서로 시너지를 이루며 조화를 이루고 있는 연기화생에 따른 영기화생의 총합이었다. 예수의 신학적, 도덕적, 역사적, 문화적 지식 전체를 구현하고자 두오모에다 신앙의 열망을 총체적으로 표현한 것이다.

이탈리아의 시에나는 12세기에 독립 공화국이 되어 은광으로 경제가 번창하면서 번영의 길로 들어서게 된다. 그래서 13세기 후반에서 14세기 중반에 이르는 시기에 유럽에서 가장 중요한 예술의 중심지가 되었다. 시에나의 가장 높은 언덕에 자리 잡은 산타마리아 아순타 대성당은 9~10세기경에 처음으로 세워졌다. 1058년 니콜라오 2세를 교황(1058~1061)으로 선출한 추기경단 회의가 시에나 대성당에서 열리게 됨을 계기로 1229년 새로운 성당을 다시 짓게 되었다. 막바지에 페스트로 중단되었다가 1380년 완공하였다.

대성당 제단에는 당대 국민 화가로 존경받던 두초(Duccio, 1255~1318)가 그린 〈마에스타〉가 있었다[도판 94]. 당대 유럽에서는 대표적인 제단화였다. 두초는 1308년 10월 9일 당시 최고의 제작비(금화 3,000 플로닌)를 받으며 시에나 시민으로부터 성모상의 새로운 양식인 〈마에스타〉를 주문받은 것이다. 금화 1 플로닌이 25$에 해당한

도판 94 두초의 〈마에스타〉(1308~1311). 214×412cm. 성모의 좌·우에는 여러 성인·성녀들이 무리를 이루어 성모와 함께 시에나 시의 안녕과 번영을 위해 기도하는 모습이다. 마리아가 앉은 옥좌 아래에 다음과 같은 기도문이 적혀 있다. "성모 마리아여 시에나에 평화를 주시옵고…" 두오모 오페라박물관 소장

다니 오늘날 우리의 화폐 단위로 환산하면 $당 어림 1,200원을 잡아 9,000만 원이 좀 넘는다. 많아 보이지 않는다. 그러나 700년 전 당시의 화폐 가치는 오늘날과는 비교할 수가 없을 테니.

이제 성모는 아기 예수를 안고 많은 성인에 둘러싸여 존경받는 '존엄한 자', 즉 마에스타(Maesta)라고 불리기에 이르렀다. 이 제단화는 거룩한 하느님의 이머니인 성모가 시에나시에 특별한 재능기부로 평화를 가져다주기를 기원하면서 시에나 시민들이 두오모에 봉헌한 것이다. 이 그림에서 성모의 좌·우에는 여러 성인·성녀들이 무리를 이루어 성모와 함께 시에나 시의 안녕과 번영을 위해 기도하는 모습이다. 그런데 그림 속 성인들과 천사들의 표정 및 동작이 다 다르다. 다양한 인물들임을 알리는 것이다. 그중 주인공인 성모의 모습은 달걀형의 얼굴, 긴 코와 작은 입, 길게 늘여서 그린 체형과 포즈는 전형적인 비잔틴 양식이며, 또한 가장 중요한 인물을 가장 크게 그리는 당시의 관행대로 성모가 크게 강조되어 있다. 비잔틴이 추구한 힘과 위엄 그리고 시에나의 근본정신인 부드러움과 신비주의가 적절하게 조화된 걸작으로 찬미된 그림으로 본다.

주문받은 지 약 3년 후인 1311년 7월 9일에 이 제단화의 제막식을 거행했는데, 그 규모가 장난이 아니었다. 당시 시에나 시의 일지(日誌)는 이 제막식이 시에나 대성당만의 단순한 종교행사가 아니라 시에나라는 도시국가 전체가 함께한 대규모 축제였음을 다음과 같이 전해 주고 있다.

> 대성당에 이르기까지 이 그림의 뒤를 따르기 위해 상점도 문을 닫았다. 그 행렬에서 앞에는 추기경, 신부, 수도사들이, 그 뒤를 당시 시에나의 공동 통치자였던 9인의 시의원이, 이어 시청 직원들, 시민들, 여자들, 아이들이 순서대로 따랐다.

이들은 끝없는 자비심으로 우리를 모든 재난과 악으로부터 보호하는 동시에 시에나를 적의 손으로부터 지키시는 성모 마리아를 연호하며 행진하면서

기도하였다. 〈마에스타〉는 성모 마리아의 재능기부가 이제는 종교상의 역할을 넘어 정치적인 역할로까지 간 것을 보여주는 것이다.

도판 95(93-①) 시에나 대성당의 장미창 스테인드글라스. (하)성모 선종→(중)성모 승천→(상)성모 대관이 그려져 있다. 장미창은 1144년 생-드니 성당에서 처음, 그래서 고딕 양식이 시작된 성당이 되었다. 장미는 지혜의 꽃으로 성모를 상징할 뿐만 아니라 원은 신성의 상징이다. 이 시에나 대성당의 장미창은 1287년에 주문받아 이탈리아인이 최초로 만든 스테인드글라스라고 한다.

대성당 맨 앞의 제단에는 이 〈마에스타〉[도판 94]가 맨 뒤, 즉 성당 정문 위 파사드 중앙에는 장미창[도판 93-①]이. 이 창에 스테인드글라스로 성모의 '선종, 승천, 대관'이라는 연속된 장면을 '하, 중, 상'이란 순차적인 위치 변화로 나타냈다[도판 95]. 그 후 파사드의 최고 높이에서 승천을 암시하며 성모 대관으로 마무리했다[도판 93-②]. 즉, 제단에서 〈마에스타〉로 시에나 시민을 축복한 후, 장미창을 통해 선종, 승천, 대관을 거쳐 천국의 상징인 성당 최정상에 이르러 마지막으로 가장 큰 성모 대관 그림으로 승천해 하늘에서의 대관을 암시하며 삶을 영광스럽게 마무리한 것처럼 해서 말이다. 건축구조에서 높이 순서에 따라 성당 안 낮은 곳에서 밖으로 점차 높게 이으면서 시에나 시민에 대한 축복과 자신의 승천을 영원한 현재진행형으로 지금도 알리고 있다. 인류 역사의 모든 스토리텔링 중에서 가장 큰 고난과 가장 위대한 영광의 삶을 산 여인이리라.

이를 통해 지금까지 성모상에 대한 도상의 흐름을 (발생 시기는 다르지만) 이해하기 쉽게 그녀의 일생 순서에 따라 정리하면, '무염시태 → 수태고지 → 옥좌의 성모 → 땅 위의 성모 → 통고의 성모 → 중보의 성모 → 마에스타 → (성모선종·성모승천) → 성모 대관'으로 연결되는 것을 알 수 있다.

지금까지 성모에 관한 교리가 유럽 성당 발달의 역사에서 성당마다 장님 코끼리 만지듯 단편적인 성모상으로, 즉 그 성당의 역사와 기호에 맞는 성모상으로 각각 그 부분만 강조하며 표현되어 왔다. 그러다 이곳 시에나 대성당에서 땅 위 성모상의 대단원인 마에스타와 성모 생애 축복의 대단원인 '선종, 승천, 대관'을 통해 성모상 전체의 구도와 양식의 흐름을 잘 알 수 있도록 마무리해서 보여주고 있는 것이다. 성모상에 대한 단편적인 퍼즐에서 체계적인 단계에 따라 대단원을 이루는 완성된 퍼즐로 해서다.

④성모상을 총정리하면

성모가 아기 예수의 성육신을 위해 '테오토코스'라는 도구적 관점에서 처음으로 나타나기 시작해, 점차 주체적으로 중보적 역할을 하다, 마지막에는 성경을 넘어섰다. 즉, 성경에 없는 생의 시작 이전인 무염시태와 역시 성경에 나오지 않는 죽은 이후인 성모 대관으로까지 성모에 대한 신앙의 영역을 시스템화하여 확대한 것이다. 가톨릭에서 성모 마리아에 대해서 가지고 있는 교리에 대

도판 96 시모네 마르티니의 〈마에스타〉(1315~1317). 960×763cm 성모의 발밑 기단부 앞면에 성모가 말하는 형식으로 쓰인 명문이 있다. "좋은 정치보다 나를 즐겁게 하는 것은 없다"라고. 즉, [도판 94]에서는 시에나 시민이 성모에게 간구하는 것이라면 이 제단화에서는 성모가 그에 대한 대답 격이다.

한 비중을 알 수 있다. 어쩌면 불교에서의 관음보살보다 더하다. 관음보살은 주특기가 33으로 나뉘어 전문화되어 있음에 반해, 성모 마리아는 혼자서 모든 신자의 기원을 소화하고 있으니. 아무튼 700여 년 전, 시에나 시민들은 시에나를 '마리아의 도시'라고 자랑스럽게 불렀다. 그러면서 그들의 가장 큰 희망인 전쟁에서의 승리까지도 모스크바 공국의 시민들과 마찬가지로 성모에게 청하였다. 중보자로의 능력이 종교적 차원을 넘어 정치적 차원으로 나아간 것이다.

당시 시에나의 공회당이었던 팔라초 푸불리코 회의실 한쪽 벽면에도 두초가 그린 그림과 비슷한(?) 구도로 시모네 마르티니(1284?~1344)가 그린 〈마에스타〉(1317)가 있다. 프레스코로 벽면을 꽉 채운 가로 960×세로 763cm다. 크기가 두초가 그린 시에나 대성당의 〈마에스타〉보다 거의 3배나 더 크다[도판 96]. 아마도 성모상 중 실내 그림에서는 가장 클 것이다. 이 그림에도 두초의 그림처럼 성모의 발밑 기단부 앞면에 성모가 말하는 형식으로 쓰인 명문이 있다. "좋은 정치보다 나를 즐겁게 하는 것은 없다." 이 명문은 성모의 중보자 역할이 성당 속 성화의 역할을 넘어 정치는 물론 생활 속까지 이른 것을 의미한다. 미술사에서 성모상을 교리적으로나 작품적으로 그리고 대중화의 관점에서 대단원을 이룬 작품이라 평가할 수 있겠다.

이 이후부터 성모상은 성당의 영역을 넘어 일반 건물의 회의실, 나아가 각 가정의 방마다 걸어두게 되었다. 러시아에서 집마다 이코노스타스가 있는 것처럼 '대중화의 완성'을 이룬 것이다. 그러면서 전승도 성경처럼 교리로 인정한 트리엔트 공의회의 법령을 통해 예수의 영향권에서 벗어나 독자적인 중보자로 발전하였다. 이후, 러시아 정교에서 〈블라디미르 성모〉와 〈카잔의 성모〉가 각 가정의 이코노스타스에 걸렸던 것처럼 다양한 성모상이 모든 가정 속에 자리 잡으면서 시민혁명, 산업혁명 이전까지 전 유럽에 퍼지게 되었다. 그러면서 마음, 생활, 대중 속으로 확산되면서 신앙이 윤리로, 상식으로, 법으로, 문화로 일반화되어 간 것이다. 그 흔적으로 가장 대표적인 예가 성모의 이름 메리(Mary)가 여성들의 이름으로 보편화된 데에서 알 수 있다.

도판 97 〈콜롬버스의 아메리카 상륙〉 유럽의 침략자들은 한 손에는 칼, 다른 한 손에는 십자가를 들고 원주민들의 전통 종교를 가톨릭으로 강제했다.

(5) 산테리아 성모

콜럼버스를 시작으로 해 수많은 탐험가들은 남아메리카에 새로운 항로를 개척한 후 그 침략한 신대륙에 가톨릭 신앙을 전파해야 한다는 소명감을 사명감으로 가졌다. 그래서 오만해진 사명감에 따라 가장 먼저 쿠바를 정복한 스페인은 원주민의 토착 종교와 관련된 성물을 먼저 빼앗아 부수거나 태워버리고 그들을 가톨릭으로 강제로 개종시켰다. 그리고 새로 끌고 온 서아프리카인들도 노예로 취급하면서 가톨릭을 강요했다. 그에 대해 끌려 온 서아프리카인들은 고향의 전통 신앙에서 오리샤 신령들의 어머니인 예마야를 가톨릭의 성모로 투영시켜 그들의 성모 마리아로 받아들였다. 이는 떠나온 자신들의 고향을 그리워하고, 조상과 교통하려는 욕구에서 나온 것으로, 그것이 산테리아 성모의 시작이다.

산테리아는 스페인어로 성인(또는 신)이라는 의미의 '산토'(Santo)와 어미형 집합명사인 '리아'(ría)가 합쳐져 '성인 숭배'라는 의미를 가진다. 그들은 이 말을 그들 종교의 이름으로 만들었다. 그러므로 산테리아 성모는 현재 아프리카-쿠바인 및 아프리카-카리브인들이 고향 아프리카에서 믿던 민간신앙이 쿠바에서 가톨릭과 습합되면서 만들어진 성모다. 신령을 뜻하는 '오리샤(Orishas)의 규율', 또는 제례 의식에 나이지리아 요루바족 방언을 사용하여 '루쿠미(Lucumí) 종교'라고도 한다.

스페인 지배기에 서아프리카 일대인 나이지리아, 베냉, 토고 등지에서 끌려온 아프리카인과 그 자손들이 믿었던 자신들의 전통 부족 신들을 가톨릭과 습합시켜 만든 것이다. 이들 중 다수를 이루고 있던 요루바족이 자신들의 부족 신들을 가톨릭 성인의 모습으로 절충하면서 바꾼 것. 그들은 노예로 붙잡혀 비록 자유는 잃었지만 그들의 카타르시스 역할을 하는 전통 종교만은 포기할 수 없었다. 그래서 강요된 가톨릭에서 그 구성 요소들을 섞어 새로운 숭배 방식을 만들었다. 가톨릭 성인과 아프리카의 정령 신들인 오리샤를 결합한 것이다. 이 습합으로 가톨릭 성인들은 각각 특성과 능력이 비슷한 아프리카 신들과 연결되게 되었다. 정령숭배에 뿌리를 둔 오리샤들이 가톨릭 성인들의 이름으로 재등장하게 된 것. 하지만 예배 의식과 관습은 아프리카에서 행해지던 그대로 유지됐다. 이렇게 뒤섞음으로써 끌려온 이들은 본래의 신앙을 유지하는 동시에 가톨릭 개종자처럼 보일 수 있었다. 그러니 하드웨어는 가톨릭이고 소프트웨어는 전통 신앙이다. 이렇게 공식적으로 성당에서는 가톨릭의 성모를 믿었으나 사적으로 집에서는 그들의 전통종교인 오리샤를 믿었던 것이다.

세월이 흘러 스페인에서 독립한 이후, 산테리아 신앙도 자유롭게 개방되었고, 1950년에는 합법적인 종교로까지 인정받았다. 그러다 1959년 카스트로의 사회주의 혁명 이후 정부가 종교를 탄압하면서 신자의 수가 많이 줄었다. 하지만 1991년 소비에트연방이 무너지면서 종교에 대한 금지령이 없어지고 1998년 교황 요한 바오로 2세가 쿠바를 방문한 뒤 신자가 다시 늘어나고 있는 추세다. 그러나 이끄는 중심 조직이 없어 신자 및 사제에 대한 통계는 없다.

현재 산테리아 종교는 민간신앙으로 전해지고 있으며 제례 의식은 쿠바의 전통 문화로 자리 잡았다. 산테리아에는 가톨릭 성인의 모습을 한 천둥 신, 바다 신, 강의 신 등 수많은 정령으로서의 오리샤들이 있다. 그 오리샤들의 어머니인 예마야를 가톨릭의 성모 마리아처럼 믿고 공경했다. 그러면서 원주민과 메스티소·물라토·흑인

도판 98 어느 가정에 소박하게 차려진 산테리아 제단(김수우 제공)

등 여러 인종이 공존하는 만큼 산테리아 예배 의식과 신상 등도 현지 풍습에 맞게 변했다. 그런 가운데서도 의식의 공통적 요소로는 행사가 있는 집에 저녁에 모여 사제의 드럼에 맞춰 춤추기를 통한 무아지경에 빠져들기, 제물 공양, 성령처럼 강림하는 로아(loa)라는 신을 몸속에 받아들이기 등이다. 쿠바에서 이 같은 산테리아 종교현상은 아프리카-라틴이나 원주민-라틴인들이 사는 남아메리카에서도 비슷하다. 아프리카의 토속신앙, 아메리카 원주민들의 전통신앙이 가톨릭 신앙과 습합되고 융화되어 있는 것이다.

예배의 형태로는 이렇게 희생제물을 바치고 신을 위해 북 치면서 춤추고 노래하며 치유하는 과정을 거친 후, 신령인 오리샤의 뜻을 산테로(santero)라고 하는 흰 옷을 입은 사제(주술자)가 점을 치는 의식을 통해 해석한다. 신자들은 기도, 음악, 적절한 의식, 제물 등을 드린 후 오리샤에게 자신들의 희망 사항을 간청할 수 있다. 그 간청에 대해서는 사제와 상담 또는 예언으로 그리고 전통 약재를 통해 직접 치료를 받기도 한다. 이렇게 일상적인 산테리아 의식들은 성당이 아니라 집에서 행해진다. 그동안 비합법적인 종교였으니 신앙 공동체의 단위는 집이었다.

사제의 역할을 하는 흰 옷을 입는 산테로들은 예배 행사를 하는 집에다 제단을 만들고, 그 위에 인형 같은 예마야를 상징하는 마리아를 놓는다[도판 98]. 참석한 사람들은 신들을 기쁘게 하려고 그 제단에다 꽃이나 럼주, 케이크, 시가, 헌금 등을 바친다. 의식은 생활 속에서 일어나는 문제의 근원을 밝히고 해결 방법을 제시해 주는 것으로 진행된다. 이웃 간에는 산테리아를 통해 하나의 큰 가족이라는, 기독교에서 심방 같은 공동체적 느낌을 얻는다. 특히 생일이나 결혼, 장례 등을 할 때 공동체적으로 보다 크게 행해진다. 희생제물로는 닭, 염소, 산비둘기 등을 잡아 기념한다. 그래서 길을 가다 보면 목이 없는 닭 등 가축들이 일정한 간격으로 흩어져 있는 것을 보게 된다. 우리로 말하면 전통 종교에서 제사 지낸 후 길에서 귀신 맞이하는 물밥 같은 것이다.

산테리아에서 음악은 빼놓을 수 없다. 북을 쳐서 신들을 불러내는데, 우리가 예배 성격에 맞는 찬송가를 부르듯 신들마다 좋아하는 특유의 리듬이 있어 그 북소리에 맞춰서 기도드리고 춤도 춘다. 그러면서 음악과 춤과 영성이 하나가 되면서 종교적 엑스터시를 추체험하는 것이다. 기원 내용과 리듬은 다르지만 때로는 우리의 살풀이, 씻김굿 등과 유사하기도 하다. 이후 아프리카 제식용 타악기의 리듬은 시간이 흐르면서 라틴 음악에 스며들었고, 이는 쿠바에서 세련된 음악으로 활착되었다. 그러므로 오늘날 쿠바 음악의 기원은 산테리아에서 시작된 셈이다. 그래서 산테리아는 쿠바 음악에서 그 다양성과 혼종성을 잘 보여준다.

그래서일까. 쿠바인은 음악을 머리로 이해하는 것이 아니라, 몸으로 체득한다. 그냥 몸으로, 가슴으로 느끼는 경외가 그들에게는 바로 신앙이다. 그러므로 그들에게 종교와 예술은 삶의 균형추다. 사람과 사람, 사람과 자연, 사람과 신들 사이에 있는 조화를 몸의 리듬으로 이해하는 것으로, 몸속에 있는 자기 리듬을 따라 사는 것이 바로 신과 동일시되어 사는 삶이다. 그들에게는 그 리듬이 모순 많은 일상의 문제를 이겨내는 힘이 된다. 이는 어쩌면 인격신을 믿는 천주교보다 더 근원적인 종교성이라 생각한다. 그러면서 우리에게 서양에서 들어온 가톨릭을 동학으로 주체화해 천도교를 믿는 믿음 상황과 비슷하다고 보여진다. 천주교에서 이름이 뜻하는 대속자 주님을 모시는 것이 아니라 천도교란 이름처럼 진리를 깨달음에 의식으로 모시고, 그 의식의 흐름 따라 해방된 존재로 사는 것이 도(道)와 동일시하는 삶인 것처럼 말이다.

얘기가 딴 데로 갔다. 아프리카인들이 아메리카에 강제로 끌려왔을 때, 그들의 종교는 지하로 숨어든 반면, 그들의 신들은 이처럼 기독교의 성인들로 변용한 것이다. 그것이 산테리아 신앙을 갖게 된 배경이고, 그 형태는 오늘에까지 이르고 있다. 그 신앙이 독립 국가가 된 지 100년이 넘은 지금도 그대로 과거의 역사를 담아 유지되고 있는 셈이다. 그 종교를 나라에서는 합법적으로 인정했고, 교황의 방문 뒤엔 늘어나는 추세라고 한다. 그러니 산테리아 성모는 가톨릭에서 볼 때는 돌연변이지만 포용한 셈이다.

역사가 변하고 바뀌면서 오늘날 쿠바에서 종교는 가톨릭 신자가 통계상으로는 75%라고 하지만, 교회 출석 신자는 5%도 되지 않는다. 이는 종교로서 유교는 2%이지만 90%가 유교문화에 젖어 있다는 우리의 기성세대와 비슷하다. 그래서 아바나를 대표하는 1777년 식민화 전성기에 완공한 커다란 성 크리스토퍼 주교좌 대성당에는 미사 시 참석 신도는 겨우 10명 내외다. 대신에 관광객 신자가 4~50명이나 된다. 파이프 오르간이 고장인지 반주자가 없는지 찬양 반주도 피아노로 하고 있다. 쿠바에서 그렇게 도도하고 오만했던 가톨릭의 오늘의 모습이다. 그래도 우리의 서원보다는 낫다.

(6) 격변기의 성모

격변기에 나타난 성모 그림은 역사 속에서 기독교의 역할을 적극적으로 비판하던 비신자들의 반기독교적인 우롱 섞인 도상들이다. 따라서 이 성모상들은 성화로 채택되지 않는 세속적 그림들이다. 그러나 역사적 흐름에서는 그 현상을 언급하지 않을 수가 없다. 외부에서 제3자들이 당대 기독교의 위상을 객관적인 관점에서 평가한 것이므로 대 사회에 대한 성찰의 계기로 삼아야 한다. 이처럼 성당에 봉안된 성모상과는 다른 성모상들이 세상에 보다 크게 유행한다는 것은 종교와 현실이 그만큼 엇박자로 나가고 있다는 증거다. 그런데 이 같은 현상은 오늘의 시대에 오면서는 엇박자를 넘어 무관심화되고 있다. 가장 불행한 사람은 잊힌 사람이라고 하는데, 종교가 그렇게 되어가고 있는 것은 아닌지? 이처럼 프랑스 혁명에서부터 본격적으로 표출된 엇박자는 오늘날 MZ세대에 와서는 말이 필요 없게 되었다.

가) 혁명기의 성모, 〈세상의 기원〉으로 우롱

오늘날 유럽에서는 〈마에스타〉 같은 고전적 형태의 성모상은 더 이상 보기 힘들게 되었다. 증발한 것이다. 그만큼 종교의 영향력이 줄어든 것을 의미한다. 아니 소리 없는 실망의 대상이. 그것은 텅 비어가는 유럽의 성당들이 보여준다. 이렇게 된 배경에는 콜럼버스·마젤란 등 탐험가들의 탐험을 통해 더 이상 지구조차도 신이 창조한 우주의 중심이 아니라는 것이 서서히 드러나면서였다. 그리고 지금까지 믿어 왔던 자연의 모든 것이 그저 상대적인 것일 뿐, 결코 절대적이 아니라는 것을 알게 되면서부터다. 그러나 보다 근본적인 배경은 18세기부터 유럽에서 엄청난 질풍노도의 격변, 그것은 볼테르, 몽테스키외 등 계몽주의자들에 의해 시도된 인간으로서의 주체적 자아 발견에서 시작되어 시민혁명에서 분출되면서 산업혁명으로 이어졌다.

그리하여 정치·경제·사회·문화 등 모든 부문에서 진도 7이상의 지진이 일어나면서 사회적인 모든 위상이 재정립되지 않을 수 없게 되었다. 절대 무오성으로 견고한 성채 역할을 하던 교회의 권위도 이 지진으로 허물어지기 시작했다. 더불어 그동안 막강한 힘을 자랑했던 왕실, 귀족, 교부들의 자리도 시민계층을 중심으로 한 부르주아, 노동자, 농민으로 넘어가는 계기가 되었다. 그렇게 되면서 성화에도 근본적인 혁신이 아니 혁명이 나타나게 된 것이다.

그런 가운데 무엇보다 기독교에 결정타를 날린 것은 1859년에 간행된 한 권의 책, 『종의 기원』이었다. 과학적인 이론으로 제시된 찰스 다윈(1809~1882)의 이 진화론은 기독교인들이 절대적으로 믿었던 성경의 창조론을 회의하게 만들었다. 세계 인구의 84%가 종교를 신봉한다고 한다. 찰스 다윈 탄생 200주년을 맞이하여 2009년 PEW연구센터 포럼에서 세계인들이 믿는 여러 종교를 상대로 진화론에 대한 설문조사를 했다. 그랬더니 불교는 81%, 힌두교는 80%, 기독교는 77%, 무종교는 72%, 가톨릭은 58%, 동방정교는 54%, 무슬림은 45%, 몰몬교는 25%, 여호와의 증인은 8% 그리고 미국인은 48%가 동의하는 것으로 나타났다.

화가 중 이 진화론에 가장 앞장선 대표적인 인물이 구스타프 쿠르베(1819~1877)였다. 쿠르베는 어린 시절부터 이미 공화주의자였던 가족의 영향 속에서 성장했다. 그는 평소 종교에 혐오감을 가졌는지 다윈의 『종의 기원』보다 빠른 1855년 "나는 천사를 그리지 않는다. 천사를 본 적이 없으니까"라고 우롱 섞인 선언을 했다. 사실주의자라고는 하지만, 거룩하게 생각하고 있는

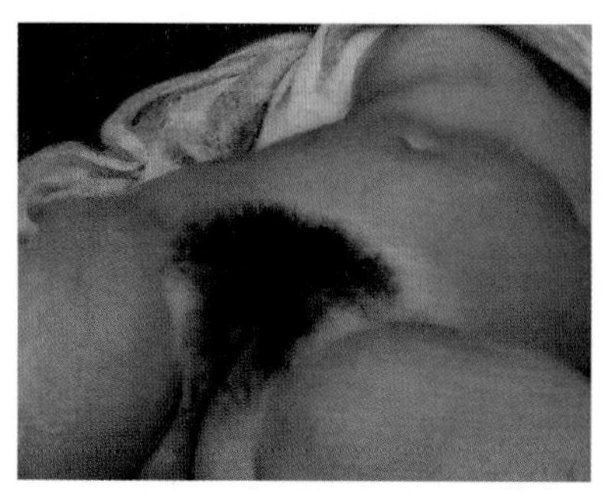

도판 99 구스타프 쿠르베의 〈세상의 기원〉(1866). "나는 천사를 그리지 않는다. 천사를 본적이 없으니까"라던 그는 기독교에 결정타를 날린 찰스 다윈의 『종의 기원』의 영향을 받았는지 그림의 제목을 그렇게 붙였다. 파리 오르세미술관 전시

사회 분위기를 무시하고 앞장서서 종교를 매도하기에는 쉽지 않았을 것이다. 아니 기독교에 대한 반항의 차원에서인지는 모르겠지만 신체에서 여성의 상징인 동시에 표현에서의 절대 터부였던 곳을 노골적으로 그렸다[도판 99]. 파리로 이주해 온 전직 터키의 외교관 카알리베이의 요청에 의해서 그렸다고도 한다(이 그림이 아니라 물의를 일으켰던 〈수면〉이라는 얘기도 있다). 시민혁명이란 도도한 시대정신 속에서 종교적 혁명까지 감정적인 차원으로 의도했는지는 모르겠지만 당시 그 같은 그림은 세상에서 처음이리라. 당대 일부 기독교인들은 이 누드 그림을 역대에 가장 추한 그림이라 비난하기도 했다. 하지만 시대 분위기에서도, 지금까지 그가 그려온 그의 그림 성향에서도 그 같은 추화라고 동조하기에는 쉽지 않다.

그의 작품 중 〈세상의 기원〉보다 먼저 그린 〈오르낭의 장례식〉(1850)이란 그림이 있다. 자기 고향 오르낭이란 시골에서 진행되는 어떤 보통 사람의 장례 모습과 그 식에 참석한 일반 주민들을 묘사한 그림이다. 여기에서 그는 고향 사람들을 자유·평등·박애라는 혁명사상을 지닌 의식이 앞서가는 사람으로 여겼는지는 몰라도 장례식에 참석한 그들을 마치 역사적인 장면에 등장하는 영웅이나 왕족같이 모뉴멘탈(monumental)한 대화면(3.15×6.88m)에다 경건하고도 거룩하게 그렸다. 그런데 그것이 그림의 크기에서, 역사적이란 주제에서, 엄숙한 상황적 묘사에서 당대에 회화 장르에 따른 계층 질서를 어지럽힌 것으로 힐난받았다. 그 사실적 묘사를 주제넘는 짓이라고, '어디, 감히 상놈이'처럼 말이다. 그 같은 그림은 지배 계층들의 절대 권한과 영역에 속하는 것이라는 꼰대 같은 주장을 하면서다. 지금은 명화로 대우를 받지만.

이 그림 〈세상의 기원〉도 마찬가지다. 여기서는 대상에 대한 사실적 묘사가 중요한 것이 아니라 어떻게 제목을 붙였는가가 더 중요한 것이다. 그러니 그 역사적 '역설성'이 대단한 것이다. 이 같은 그의 삶은 모든 사람이 부러워하는 레지옹도뇌르 훈장을 거부한 자세에서도 드러난다. 나는 구스타프 쿠르베를 근대판 조토로 평가한다. 근대 종교화의 변곡에 진앙지 역할을 했으니까. (지금 이 그림은 프랑스 파리의 오르세 미술관에서 가장 인기있는 그림이 되었다.)

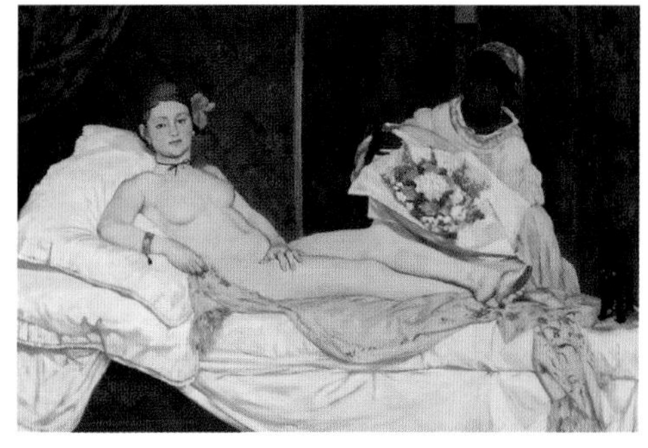

도판 100 마네(1832~1883)의 〈올랭피아〉(1863). 원색의 강렬함, 고전적 규율을 무시한 모델의 포즈, 강렬한 색채의 대비, 전통적 주제의 폐기, 사실 폭로에 따른 논란으로 비난의 대상이 되었다.

도판 101 티치아노의 〈우르비노의 비너스〉(1538). 귀족 남성들의 관음증을 만족시키기 위한 의도에서 베네치아의 실제 여성을 신화로 이용한 그림

당시 진보적인 화가들은 누드를 이상적으로 아름답게 그리는 제도권 미술계의 풍조에 반감을 가졌다. 그런데 이 그림은 아카데믹한(?) 누드화의 위선을 벗기고자 했던 마네의 [도판 100] 〈올랭피아〉(1863) 보다 더 여성의 누드를, 그중에서도 터부의 핵심인 음부를 당시 표현하지 않던 체모까지 적나라하게 구체적으로 드러내며 부각시켰다. 그러니 이 그림 〈세상의 기원〉은 미술계를 향한 반항을 넘어 무엇보다 앞에서의 언급처럼 기독교에 대한 반항, 아니 조롱이었음이 분명하다. 그것은 제목을 찰스 다윈의 『종의 기원』에 견준 데에서 드러난다.

〈세상의 기원〉이란 제목에서 보듯이 이 그림의 심저에는 혁명정신답게 지배

도판 102 고야의 〈벌거벗은 마야〉(1803). 서양미술사 최초로 실제 모델을 누드로 그렸다.

도판 103 앵그르의 〈그랑드 오달리스크〉(1814). 이국적인 분위기로 터키 궁전 밀실에 있던 왕의 관능적 욕구 충족을 위해 대기하던 궁녀들의 누드를 그린 도상이다.

층 중심 유럽문화의 바탕이 되는 기독교에 대한 반발심이 강하게 풍자적으로 내재되어 있는 것이다. 허구라서 그리지 않는다던 천사를 대신해서, 터부 중의 터부를 깨고, 엄연한 사실이니 사실주의자로서의 자부심으로 세상에 극사실로 공개한 것이 아니었을까. '엿 먹어라'라는 마음으로 모델의 얼굴은 숨긴 채, 누구를 상징하며 말이다. 구체제를 이끈 깡 보수 기독교에 대한 질타를 담고 있는 것이다. 어쨌든 아무리 질풍노도(疾風怒濤)에 갈기분천(渴驥奔泉)의 격랑기라 할지라도 그런 반발적 혐오감이 그의 심저에 없으면 도무지 용기를 낼 수 없는 터부이기에.

당시 시민혁명 주도 세력은 혁명으로 성당을 파괴 또는 접수하고는 그 이름을 '이성의 신전'이라 비아냥거린 데에서도 뒷받침된다. 로베스피에르를 비롯한 혁명주도자들은 기존 종교를 힐난하고 대항하면서 이성을 중시하는 '이성교'를 믿었다니까. 종교개혁의 시대에 같은 종교를 믿는 프로테스탄트들이 가톨릭에 증오의 감정을 갖고 [도판 15]처럼 행동했는데, 혁명 시대에도 마찬가지였다. 아니 오히려 더했다. 그것은 교회를 파괴하면서 혁명과 관계없는 레오나르도 다빈치의 무덤까지 교회 마당에 묻었다고 파괴한 것에서 알 수 있다. 종교를 인정하지 않던 포이에르바하보다 더 감정적으로 의식적으로 〈세상의 기원〉을 그렸다고 이해하게 되는 것이다. 성당을 이성의 신전이라 희롱한 것처럼, 세상도 하느님이 창조한 것이 아니라 우롱하면서다.

〈올랭피아〉라는 그림은, 겉으로는 티치아노의 〈우르비노의 비너스〉[도판 101](1538) 같이, 고야의 〈벌거벗은 마야〉[도판 102](1803), 앵그르의 〈그랑드 오달리스크〉[도판 103](1814) 같이 귀족 남성들의 관음증을 만족시키던 그간의 누드 그림에 대한 역설적인 결정판이다. 즉, 티치아노가 신화라는 이름을 빌려, 고야가 서양미술사 최초의 모델을 세워, 앵그루가 이국적 분위기를 차용해 남성들의 관음증을 만족시켰던 수준을 넘어, 마네는 당시 실제 창녀의 대명사였던 '올랭피아' 그 이름을 아예 제목으로 삼아 관음증의 신비를 공개적으로 처음 긁어낸 것이다. (〈올랭피아〉 그림의 실제 모델은 신실한 화가 빅토린 뫼랑이다) '성경'에 있어 종교적이라는, 전설상에 나오는 '여신'이라는, 딴 나라의 '이국적' 문화라는 고상한 핑계로 누드를 숨어보던 음탕한 마음을 정당화하려는 당대 상류사회의 위선적인 관음증에 대해, '올랭피아'라는 창녀의 이름으로 위선이란 불륜의 이불을 도발적으로 '확 제친 것'이다. 즉, 과거의 누드와 달리 〈올랭피아〉의 도전적인 '응시'를 통해 관람객의 음탕한 마음이 들킨 것 같은, 숨어 즐기면서 행하고 보던 관음증에 수치심을 느끼게 하면서다.

지금까지 모든 누드모델의 눈이 관음증을 즐기는 남자의 시선을 피했는데, 마네의 이 그림은 그렇지 않은 것이다. 손으로는 성경을 거룩한 척 가슴 앞에 들고서 위선의 못된 역사를 자행해 온 당시 프랑스 지도층까지 '불편한 진실'을 느끼게 했다. 지금까지 미끈한 여체를 훑으며 즐기던 누드모델에서 "뭘 봐"하며 질책하는 모델로 역전시킨 것이다.

그 비슷한 분위기를 쿠르베는 한 단계 더 나아가 이성의 눈으로 종교의 위선성을 확 벌거벗겨 우롱한 것이다. 이는 혁명기에 시민 계급들이 성당을 접수하고 '이성의 신전'이라 우롱한, 아니 파괴한, 더 나아가 마당에 묻은 죽은 사람들의 무덤까지 훼손한 정서와도 비견된다. 그러니 〈올랭피아〉는 서양의 '일반' 미술사에서, 〈세상의 기원〉은 '종교' 미술사에서, 그 시대 정신을 같은 시대에 적나라하게 노골적으로 제치며 나타낸 것이 된다. 그 배경은 사회의 도덕적 해이와 종교의 꼰대 역할 때문이라 보게 된다. 그래서 에밀자벨이란 등산가도 1876년『어느 등산가의 회상』에서 알프스의 웅혼한 고딕 성당 같은 산군을 보며 "신앙을 잃어가는 우리들의 세기를 통탄한다"고 썼다.

나) 절충적, 팜므적, 혁신적인 성모

이후부터 대부분의 화가들은 더 이상 사실주의를 벗어난 종교적 주제에는 관심을 갖지 않게 되었다. 갖더라도 절충적으로, 팜므적으로, 혁신적으로 갖게 되면서 야지와 조소의 감정이 쿠르베처럼 솟구쳤다가 여진처럼 완화되면서 사라져가는 파동적인 흐름을 그림으로 보여주면서다. 혁명의 함성과 그 메아리의 파동을 함께 하면서다.

도판 104 밀레의 〈만종〉(1857~1859). 원제목은 〈앙젤뤼스〉. 유화. 55.5×66cm. 노동이 인간에서 나온 것이라면, 신앙은 하늘에서 내려온 것임을 지평선 너머 교회당에서 울리는 앙젤뤼스를 통해 알리고 있다. 그림은 종소리에 맞춰 저녁 기도를 드리고 있는 모습. 파리 오르세미술관 소장

이제는 종교성을 나타내더라도 밀레의 〈만종〉[도판 104]처럼 신을 직접 표현하지 않는 성화가 나타나기 시작한다. 대신 인간의 경건한 태도나 그림 속의 분위기로 나타내게 되면서다. 종교성이 내재되어 가기 시작한 것이다. 그것은 그가 친구에게 쓴 다음과 같은 편지에서 알 수 있다. "이 〈만종〉은 옛날 우리가 밭에서 일할 때, 삼종기도를 알리는 앙젤뤼스 종소리가 울리면 할머니는 잊지 않고, 우리로 하여금 하던 일을 멈추게 한 후 꼬박꼬박 삼종(오전, 오후, 저녁)기도를 드리게 하셨지." 그러니 이 그림은 어느 날 밭일을 하다 멀리 보이는 교회당에서 앙젤뤼스를 알리는 저녁 종소리가 울리자 할머니가 그 종소리에 맞춰 드리던 기도를 밀레가 자기의 신앙으로 추체험해 그린 것이다.

그런데 애초 이 그림에는 이 같은 농촌에 아름다운 서정적 풍경이 아니라 농민의 고달픈 현실이 그려져 있었다고 한다. 긴 겨울의 추위와 굶주림을 이기지 못하고 죽은 어린 아기를 땅에 묻기 전에 어린 영혼이라도 풍요로운 세상에 천도되기를 기원하며 기도하는 가난한 농촌 부부의 모습이었다는 것이다. 그런데 사회적 혹평을 우려하는 친구의 권유로 바구니 안의 어린아이 시체를 감자로 대체하게 되었다는 것이다. 그래서 빈곤과 사투하며 살아가는 농부들의 어두운 시대를 암시했을 '죽음의 묵시록'이 '경건의 묵시록' 그림으로 180도 바뀌게 되었다는 것. 그래서 루브르박물관에서 자외선 투시 검사를 해본 결과 관 같은 모양은 나왔으나 그 외에 뒷받침할 도구나 장치가 없어, 그 주장은 지금은 인정되지 않는 여운으로 남아 있다. 어쨌든 쿠르베의 그림이 노동자를 위한 사실주의였다면, 밀레의 그림은 농민을 위한 사실주의였다. 이들 두 화가의 그림을 통해 두 화가의 마음에 기독교에 대한 애증이 적극적으로, 소극적으로 갈등하면서 교차된 것을 감지할 수 있다. 당시의 시대정신을 직시하며 대변한 것이기도 하다.

이어 인상파가 등장하면서 그림을 색으로 그리는 시대에서 빛으로 그리는 외광파가 등장하게 되고, 대상을 대상대로 그리는 시대에서 조형으로 그리게 되면서 고유색이 부정되고, 나아가 또 다른 무시할 수 없는 배경은 '개인전 시대'가 시작되면서 지금까지 교회나 성직자들에 의한 주문 '상품'에서, 점차적으로 화가 개인에 의한 창작 '작품'으로 변화된 이유도 크다. 그러면서 성화에서도 그 범주가, 그 구도가 그리고 그리는 테크닉에도 획기적으로 변화가 일어났다. 종교적 매뉴얼에 억지로 맞추기보다 종교성이 자연스럽게 우러나오는 분위기로, 인물도 백인 중심에서 탈피하는 분위기로, 기도 자세도 그 지역 토착 종교의 자세로, 성모도 백인 금발에서 그 지역의 원시적 생명력을 지닌 원주민 여인으로, 표현도 역설적으로 전환되기 시작했다.

그 같은 획기적인 변화에 따르며 절충적으로 온건하게 그림을 그린 화가가 고갱이다. 그는 '왜 백인만 신성해야 하는가?'라는 의문을 품고 방황하다가

도판 105 폴 고갱(1848~1903)의 〈이아 오라나 마리아〉(마리아를 경배하며)(1891). 캔버스 유채. 113.7×87.6cm. 서양의 기독교 관점에서 벗어나 타히티 원주민을 성모상으로 삼은 작품. 성모에 대해 재해석을 하게 했다. 뉴욕 메트로폴리탄 소장

고흐와 헤어져 타히티에 갔다. 그곳에서 제도화된 유럽인들보다 더 거짓 없이 자연 그대로 살아가는 원주민을 보면서 그들을 성인으로 그렸다. 〈이아 오라나 마리아〉가 그렇다[도판 105]. 역사적 타이밍으로는 이 당시가 유럽에서는 국가들이 제국주의가 되어 경쟁적으로 유럽을 넘어 세계로 향하던 시점이기도 했다. 그림에서 가브리엘 천사는 노란 날개로, 성모는 아기 예수를 어깨 위에 태우고 있는 갈색 머리의 원주민 여인으로 그리고 이들이 성모와 아기 예수라는 것을 머리 위의 두광으로 알리고, 갈색의 천사 2명을 경배하게 하면서 나타냈다. 고갱은 백인의 관점에서 제국주의에 의해 잃어버린 인간성을 자연의 섭리로 되찾기 위해 페루, 파나마, 타히티 등을 방황하기도 하였다. 그는 그의 작품인 〈우리는 어디서 와서, 무엇이 되어, 어디로 가는가〉 (1897~1898)에서 보듯 원시 속에서 병든 영혼을 치유하는 열반의 경지를 추구했다. 그러다 1903년 3월 마르키즈 군도의 작은 섬 히바오아에서 병마와 외롭게 싸우다 그곳 공동묘지에 묻혔다.

이후 팜므적으로 대표적인 그림은 뭉크의 〈마돈나〉(1894)[도판 106]에서, 그러면서 종교의 비종교화 경향이 강·온의 흐름을 타고 나타나면서 오늘에까지 이르고 있다. 뭉크는 '팜므적'으로 표현한 〈마돈나〉를 통해 종교가 사람들을 (한때 공산주의가 종교를 인민의 아편이라 여겼던 것처럼) 마약 같은 파멸로 이끄는 사악한 팜므파탈로 보았다. 황홀경에 빠진 여인의 표정으로, 유혹적이면서도 위협적인 모습으로, 성적 희열에 잠긴 에로틱한 누드로 꿈결 같은 공간을 떠돌게 하면서다. 채색 석판화로 된 그림에서 그녀가 '성모'라는 것을 '마돈나'

라는 그림의 제목과 함께 머리 위에 띠처럼 흐르게 한 붉은색 계열의 후광으로 알리면서다. 오른쪽 테두리 아랫부분에는 뭉크 자신으로 보는 해골 또는 태아 같은 기묘한 작은 형상이 또 다른 불안의 아이콘으로 그려져 있다. 그리고 그 사방으로는 정자를 닮은 형태들을 떠다니듯이 그려 놓았다. 자신의 정액으로 그렸다는 것에서 보듯이, 어쩌면 구스타프 쿠르베보다 더 신랄하다.

도판 106 뭉크(1863~1944)의 〈마돈나〉(1894). 성모는 순종과 믿음으로 하느님의 부르심에 응답한 순결과 성스러움의 상징이다. 그런데 뭉크는 성모를 성과 사랑에 사로잡힌 죽음의 여인으로 그려 기독교를 우롱했다. 노르웨이 오슬로 뭉크미술관 소장

살바드로 달리(1904~1989)의 혁신적인 〈포트 리가트의 성모〉(1949)는 교회가 현대 사회의 부조리와 세계대전의 비참함 등 생명성에 대해 회피하자 성모의 재능기부도 더 이상 인간의 부조리 문제를 해결해 줄 수 없다는 능력의 한계를 혁신적으로 아니 쿠데타적 도상으로 보여주고 있다. (미국 밀워키 미술관 홈페이지를 검색해보면 알 수 있다.) 그럼에도 불구하고 세상은 초현실과 종교가 결합된 이 그림을 위대한 종교화 중의 하나로 꼽는다. 찬란한 기독교 역사를 상징하는 로마의 웅장한 개선문이 여섯 조각으로 동강 나고, 공중에 떠 우주의 미아처럼 변해가는 가리비 같은 조개껍데기는 성부를, 그 아래 비둘기의 알 같은 모양은 성령을 가리키고, 성자인 아기 예수는 성모의 뚫린 배 안에서 사산으로 상징되어 있다. 삼위일체의 의미를, 오늘날 기독교의 위상을 초현실적으로 해서 극명하게 보여주고 있는 것이다. 달리의 이 초현실적 그림은 종교에서 충격받아 실망으로 나타난, 그래서 정신 착란적 성격을 빌린 방어 기제가 아닐까.

달리의 이 쿠데타적인 그림은 보수적인 신학자들 사이에서 혹독한 비판을 면치 못했다. 게다가 일부 신학자들은 달리가 성모 마리아를 아내 갈라의 얼굴을 이입시켜 그렸다고 비난했다. 종교화의 성스러운 존재마저 지나치게 개

인적인 취향으로 왜곡시켰다는 얘기다. 그것은 제목에서 알 수 있다. 리가트 항구가 있는 어촌이 그의 고향이니 〈리가트항의 성모〉는 달리의 아내 갈라를 의미하는 것이 된다. 그런데 미술의 역사에서 그 같은 예는 많다. 리피도, 라파엘로도, 심지어 뒤러는 자신의 자화상을 예수처럼 그렸다. 의상을 모르고 표상만으로 폄하하는 것이다. 달리, 그가 아무리 초현실주의자이고 쿠데타적 노상으로 까불어 봤자 예수의 손바닥 안에 있을 뿐이다.

그러면 달리는 왜 아내 갈라를 성모로 그렸을까. 달리는 17살에 마드리드의 산페르디난드 미술학교에 입학하면서 정식으로 미술 공부를 시작한다. 그의 기인 기질은 어린 시절 눈에 보이는 형상과 머릿속의 상상을 몽환적이고 유니크한 시각으로 융합해 내는 자질에서부터 초현실주의 미술의 거장이 된 것을 이해할 수 있다. 하지만 어릴 때 그는 이로 인해 정신병자 취급을 받았다. 이런 달리를 이해하고 감쌌던 사람이 다름 아닌 아내 갈라였다. 달리의 천재성을 알아본 갈라는 그가 작품 활동에만 전념할 수 있도록 물심양면으로 돌봤다. 달리가 화가로서 세계적인 명성을 얻게 된 데에는 10년 연상의 유부녀로서 아내가 된 갈라의 이 같은 헌신적인 힘이 절대적이었다. 그러니 그에게 성모는 마리아가 아니라 갈라였다. 이처럼 오늘날의 성모는 변하고 있다. '땅 위의 성모'에서 하늘에 오른 '대관의 성모'가 아니라 '내조의 성모'로 현재화되어 가고 있다.

달리 그는 이렇게 말했다. "나는 하느님은 인정하지만 믿지는 않아요." '하느님은 인정하지만 믿지는 않는' 그러니 그에게 종교는 신앙이 아니라 문화다. 신앙은 문화의 내용이고, 문화는 신앙의 형식이니. 그래서 그의 그림을 깊이가 결여된 잘 훈련된 미국 프로 야구팀 선수 같은 그림으로 평가하기도 한다. 어쨌든 앞으로 종교화는 그 내용 때문에 종교적인 것이 아니라 그 계시적 내용이 표현되는 양식에 따라 종교적이 되는 것으로 봐야 한다. 종교의 의미를 세계화·대중화·세속화, 더 나아가 '종교의 비종교화' 추세에 따라 넓게 봐야 한다. 따라서 휴머니즘의 차원에 의해 추동된 그림이라면 성과 속의 구분을 넘어, 즉 피카소의 〈게르니카〉는 물론 〈한국에서의 학살〉 같은 그림도 종교화로 보아야 한다.

(7) 오늘의 성모

최근 아날로그 신앙에서 벗어나 디지털 신앙으로 변하는 또 다른 흐름이 있다. 1997년 런던의 "센세이션" 전시회에서 첫선을 보인 뒤, 1999년 뉴욕 브루클린미술관은 뉴욕에서 "센세이션"을 다시 전시했다. 이곳에서 사람들에게 가장 '센세이션'을 일으킨 작품은 크리스 오필리(1968~)의 〈성처녀 마리아〉(1996)였다. 크리스 오필리는 1998년 터너상을 받으면서 미술계에 알려졌는데, 그는 영국 사회의 소수 인종으로 나이지리아 출신이다. 터너상은 영국이 한 해 동안 펼친 미술가들의 작품을 평가한 후, 그중 '새로운 미술적 시도'를 대표적으로 나타낸 화가에게 해마다 주는 상이다. 1984년에 제정되었다.

이 그림은 성모 마리아를 흑인의 얼굴에다 한쪽 가슴을 아프리카를 상징하는 코끼리의 똥으로, 그 위에 니스를 칠하고, 포르노 잡지에서 오려낸 창녀를 상징하는 여성들의 성기에 날개를 달아 작품 속에서 아기 천사인 양 둥둥 떠 있듯이 희화화한 일종의 콜라주 방식으로 그린 그림이다. 이는 겉으로는 순종하면서 속으로 반항한 산테리아 성모를 우습게 넘어선 것이다. 쿠르베의 〈세상의 기원〉보다 한 단계 더 희화화한 것이라 보게 된다. 노골적을 넘어 우회적으로 도상뿐만 아니라 재료마저 희롱하며 성모 망가트리기를 시행한 것이다. 이젠 정액을 넘어 똥도 그림의 재료가 되었다. 오필리의 그림이 그래도 동물 중에서 가장 크고 권위 있는 코끼리의 똥을 썼으니, 앞으로는 가장 작고 미움받는 동물의 똥을 사용하는 그림이 나올지도.

이는 그가 이 그림을 '서양의 타락한 양심에 저항'하는 취지로. 즉, 흑인 출신으로 백인문화의 아이콘인 성모에 대한 재조명을 또 다른 〈세상의 기원〉으로 정치적 성격의 미술로 나타내 보여준 것이다. 다시 말하면 이 그림을 통해 "나는 똥으로 더럽혀지고 창녀처럼 취급당하는 흑인 성모를 '성 처녀 마리아'로 믿어요"라고 외치는 것이다. 옥시덴탈리즘이 오리엔탈리즘에게 던지는 일종의 역설적인 '엿 먹어라'다.

1999년 당시 뉴욕의 루돌프 줄리아니 시장은 이런 작품을 전시하는 미술관 측에 마땅한 조치를 취하겠다고 위협했다. 그러자 언론들은 사설을 통해 시장의 발언은 표현의 자유를 침해하는 것이라고 항의했다. 이로 인해 더 많은 관람객이 전시장으로 몰려왔다. 현실을 대변하는 화가들의 관점에서는 성모 망가트리기를 통한 종교에 자극 주기이니, 이 추세는 기존 교회에서 성(聖)의 임계점을 자각할 때까지 가게 될 것이다. 종교뿐만 아니라 우리들 각자가 품고 있는 성별, 인종, 환경, 루저 등 작은 이들에 대한 깡 보수적인 선입견이 변할 때까지가 아닐까. 이는 르네상스 당시 인본주의를 선도적으로 추구했던 천재 화가들의 역할과 비슷하다. 그러니 문제는 화가가 아니라 종교와 사회와 역사를 이끄는 당시 줄리아니 뉴욕시장 같은 지배 계층의 편향된 선입견인 것이다. 지금 그 대표적인 인물이 'KKK단' 후예 같은 백인 우월주의자들을 넌지시 지지하던 미국 대통령이었던 트럼프가 아닐까. 줄리아니는 2020년 미국 대통령 선거 시 트럼프의 법률변호사였다. 오필리의 이 그림은 1999년 영국 크리스티에서 290만 파운드, 우리 돈 51억 원에 경매되었다.

오늘날 사회는 이렇게 비인간적인 부조리가 점증되면서 확산되어 나가는 데에 반해, 종교가 제 역할을 못 하자 인간의 통렬한 분노의 감정이 종교의 공의적 성격과 함께 환상적, 풍자적, 극단적 분위기와 결합하고 있다. 그러면서 카라바조처럼, 쿠르베처럼, 마네처럼, 뭉크처럼, 달리처럼, 오필리처럼 원색적인 풍자적 분위기 속에서 종교의 비종교화 경향을 띠며 그려지고 있는 것이다. 아도르노는 이렇게 말했다. "예술 작품이 가하는 사회 비판의 영역은 고통이다." 화가들에게 작품은 피와 살이니까. 그 고통의 영역이 오늘의 성모상에서는 성모 마리아를 통해 기독교 자체를 역 터부적으로, 절충적으로, 변태적으로, 쿠데타적으로, 디지털적으로 풍자하는 고통의 아이러니다.

그런데 종교 담당자들은 오늘의 종교가 이같이 환쟁이들에 의해 비판받고, 사람들에게 무시되어가고 있는 사회 변화를 이해하지 못하고 있다. '찻잔 속의 태풍'이라 무시하는 건지는 몰라도. 위기를 알리는 그래서 거듭남의 경고음인데도 말이다. 성직자들이 이렇게 안주하자 많은 교인이 교회를 떠나고 있다. 뉴스를 보면 그럴 수밖에. 교회에서 부끄러운 사건들이 드러나면서 고고했던 교회의 청순한 이미지가 오늘날 빙하처럼 깨지면서 녹고 있는 것이다. 요즈음 텅 비어 가는 유럽의 교회와 최근 우리나라 교회를 보면 종교에 대한 설문조사에서 부정적인 결과가 뒷받침하고 있다.

2015년 우리나라에서 기독교 신도만 신·구교를 합하면 11,762,585명이라는데, 2050년에 이르면 3~400만으로 줄어들 것이라 한다. 그러나 가속이 붙는다면 더 급격히 줄어들 것이다. 사실 현재 교회는 30~40대부터 현격히 줄어들고 있다. 그 이유는 젊은 신자들은 4차 산업(지식)혁명의 영향으로 포스트디지털적 신앙을 지니기 시작하면서 신앙의 코드가 물리적으로 변하는 것이 아니라 화학적으로 달라지고 있기 때문이다. 그런데 기성 종교계의 현실은 어떤가? 오늘날은 종교의 힘보다는 과학기술의 힘이 일방적으로 영향을 미치고 있기 때문인가. 유전자 조작으로 만들어 내는 GMO 식품이 인간을 임상실험의 대상으로 삼는 데도 무덤덤하다. 환경파괴도 임계점까지 가야 하는가. 이러다 진도 8 이상의 중세의 흑사병보다 더 큰, 공룡을 사라지게 한 것 같은 대재앙이 닥치는 것은 아닐까.

무엇보다 휴머니즘과 환경파괴 등 생명의 본질을 훼손하는 심각한 윤리문제를 공론의 장으로 끌어내어 사회적 합의를 이끌어 내는 데 종교가 앞장서는 것이 빛과 소금의 역할이 아닌가. 종교가 소명 받은 시대정신을 잃어버리고 제 역할을 하지 못하니 사람들로부터 소외되고 시대로부터 꼰대라고 왕따를 당하는 것은 당연하다. 그러니 의식이 앞서가는 중생이 종교 대신 진보성향의 사회단체를 만들어 빛과 소금의 활동을 대신하게 되는 것이다.

그러면서 그들에 의해 시대에 맞는 새로운 모델이 성인(聖人)처럼 등장하고 있다. '구원'의 대속자로 십자가에 못 박힌 예수에서, '공의'의 대속자로 역사의 현장에 못 박히는 보통 인간으로 말이다. 더 나아가 시대의 주인공이 '내일모레 동동'의 구원자가 아니라 매일매일의 불의 속에서도 정의를 잃지 않고 평범하게 살아가는, 진리를 위해 분신하는, 이웃과 함께 촛불을 드는 보통 인간으로. 그래서 결정적인 순간에는 우리들 스스로가 백의관음이란 깨어 있는 백의민족이 되는 것이다. 그렇다. 이 같은 흐름이 100여 년 전 종교에 대해 "신이란 인간의 소원이 존재로 대상화된 것"이라고 주장한 포이에르 바하나, "인민의 아편"이라 적대시한 마르크스나 근래 "만들어진 신"이라 자극하는 리차드 도킨스의 비판을 넘어 세계 속 비종교인들의 지지를 받는 것이다.

오늘날 종교적 의미는 교회에서 이루어지는 것이 아니라 역사 속에서 사랑이 현재화되어 가고, 정의가 현실화, 영혼이 내면화되어 가는 흐름 속에 있다. 즉, '믿음'이 '방편'과 융화되면서 교회를 넘어 '인간의 인간에 의한 인간을 위한' 주체적 신앙이 현재화되기 위해 역사 속에서 용쓰는 진행형이다. 본회퍼의 표현대로라면 "종교의 비종교화"다. 이 같은 '신도의 비신도화' 성격이 앞으로의 종교사에서 어떤 기류로 정해질 것이다.

현대인들은 하늘에 하느님이 계시는지, 계신다면 어느 하늘에 계시는지 아무도 궁금해하지 않는다. 우주선이 달에도, 외계에도 갔지만 하느님에 대한 언급은 없었다. 이 같은 분위기에서 그리스어의 Theos(神)와 Sophid(智)의 결합으로 나타난 신지학(Theosophy)이, 즉 기독교가 동양의 여러 사상과 결합되면서 예수를 통한 구원보다 내적 사유를 통해 구원을 찾고자 하는 흐름이 나타나고 있다. 이제는 신을 교회에서 예배형식을 통해 만나는 것이 아니라 만인사제의 관점에서 누구나, 언제, 어디에서든 기도와 명상을 통해 만나고자 하는 추세로 되어가고 있다.

그래서인지 그림에서도 기하학적·비기하학적인, 즉 모든 형상성을 초월한 새로운 조형 기법으로서의 '색면 추상'(Color-Field Abstract)이 등장했다. 그렇게 그린 화가가 마크 로스코다. 그는 1903년 라트비아 태생으로 1923년 전란을 피해 미국으로 갔다. 그래서 공식적인 미술 공부를 거치지 않았다. 신화와 심리분석에 관한 탐구를 했다. 1920~30년대 사회상을 통해 인간의 삭막한 감정을 표현했으나, 이후엔 기존의 재현적 표현보다는 색감을 통한 정서 전달이라는 추상적 표현에 몰두하게 되었다. 그 같은 변화 속에서도 그가 집중한 관심은 '인간'이었다. 색면추상이란 추상표현주의의 한 갈래로, 눈에 보이는 대상 대신 색채만으로 인간의 드라마를 정서로 드러내는 것이다. 따라서 의미를 구체적인 형상보다 색채 조형으로 표현한 것. 그는 타인의 얼굴을 직접적·구체적으로 묘사하면서 생길 수 있는 형상의 윤리적 훼손을 크게 염려했다. 그래서 색면으로 보이는 것에서 보이지 않는 것으로의 이행을 스스로의 윤리적 요청으로 받아들여 색면추상이 이루어진 것이다. 외관을 그려 윤리적으로 왜곡하게 되거나 훼손을 동반하지 않는 순수한 인간적인 가치를 드러내고 싶어 했기에. 색채 조형으로 그리는 그 과정에서 윤리적 훼손을 넘어 오히려 숭고미를 새롭게 깨닫게 된 것. 즉 저녁노을에서 느끼게 되는 숭고함이란 자연의 대상 속에 들어있는 속성이 아니라 인간의 순수한 마음에서 촉발되는 감정이라는 것을.

도판 107 〈마크 로스코 채플〉(1971). 삶, 힘, 영혼을 상징한 붉은 계열, 죽음, 회개를 나타낸 검정으로 이뤄진 색면추상 작품들이다. 이들은 내부의 은은한 빛이 비치는 가운데 대조를 이룬다. 세상에서 가장 강렬하면서도 감동적인 영혼의 대성당으로 만들었다. 채플 건축도 초기 기독교의 전통인 8각을 기본으로 해 갤러리이면서 영혼의 안식처가 되게 회화와 교회를 일체화해 신성 공간화했다. [도판 189]와 대조된다.

그래서 로스코의 작품은 색의 아름다움을 보여주는 데 그치지 않고, 보이는 색감과는 다른 것으로 번짐을 통해 이행시키는 힘을 보여준다. 그 보이는 힘을 통해 보이지 않는 인간적인 가치를 다시 말하면 존재하지만 표현 불가능한 숭고를 드러내는 것. 그것이 바로 로스코가 보여준 색면이란 효과다. 즉 투명하게 겹겹이 쌓아 올린 색의 면과 면 사이에는 미세한 색의 떨림이 존재한다. 어떤 형태와 이미지도 색과 면 이상으로 감정을 표현할 수 없다고 여기면서다. 그 색과 면을 보노라면 어느새 색, 면 너머의 공간을 경험하게 되고 그 순간 경이로운 감동을 느끼게 된다. 사실 바네트 뉴먼도 마찬가지지만, 마크로스코가 그리고자 한 것은 숭고한 대상이 아니다. 고대 그리스 조각이 인간의 이상형을 통해 인간을 신으로, 중세 유럽에서는 건축으로 대성당을 지었다면, 마크로스코는 회화 자체를 숭고한 대성당으로 창출한 것이다.[도판 107]

로스코의 이 '색면 회화'는 색이 내면으로 침잠하기도 하고, 터너의 그림처럼 대기의 산소가, 아니 로스코 그의 예배당 그림처럼 종교의 산소가 되어 생명력을 머금고 살아 움직이기도 한다. 신비로운 번짐을 통해 형이상학적인 명상의 깊이로 우리를 초대하는 것이다. 그는 말했다. "우리는 작품 앞에서는 침묵이다. 침묵이야말로 보이는 것에서 보이지 않는 심연으로 넘어가게 만드는 최고의 행위다"라고. 즉 공(空)의 그 영원한 심연의 긴장 속에서 숭고의 미가 촉발되는 것이라고. 이렇게 종교의 역할을 지적 사유 작용을 통해 명상케 하는, 즉 형식은 추상이지만 내용은 의미적으로 나타내는 추상표현주의가 되었다.

이런 변화에 그 어느 종교보다 기독교가 앞서가는 것 같다. 그러나 각 종교도 종교마다 지닌 고유한 문화 코드에서 새로운 문화 코드를 창출하며 각개 약진하는 추세다. 앞으로 그 방향의 추동성은 과학화, 방편화, 명상화가 아닐까.

기독교에서 이 같은 추상표현의 원조는 그리스도의 부활 사건에 있다. 제2차 바티칸 공의회의 전례 개혁에서는 부활주일을 파스카 주일(Dominica Paschae)이라고 하는데, 그리스도의 부활로 인해 마침내 죽음이 정복되고 새 생명으로 넘어서는 대전환의 날이 시작되기 때문이다. 기독교 역사상 최고의 주일이 된 예수가 부활한 날 새벽의 무덤을 보자.

> 안식 후 첫날 일찍이 아직 어두울 때에 막달라 마리아가 무덤에 와서 돌이 무덤에서 옮겨진 것을 보고(요한복음 20장 1절) … 막달라 마리아가 당황해 베드로와 다른 제자들에게 달려가 보고하자, 베드로와 옆에 있던 두 제자도 함께 무덤으로 달려갔다. …먼저 온 두 제자는 무덤에 이르러 구부려 세마포 놓인 것을 보았으나 들어가지 않았고, …시몬 베드로가 무덤 안에 들어가 보니

세마포가 놓였고 또 머리에 쌌던 수건은 세마포와 함께 놓이지 않고 딴 곳에 쌌던 대로 놓여 있더라…(요한복음 20장 3-8절).

그들은 눈에 보이는 세마포와 수건만 보았지, 추상표현으로 부활한 예수는 보지 못한 것이다.

그들은 성경에 그가 죽은 자 가운데서 다시 살아나야 하리라 하신 말씀을 아직 알지 못하더라(요한복음 20장 9절).

그러므로 신앙이란 육안으로 보이는 무덤 안의 차원을 넘어 심안·영안으로 보다 심층적인 믿음으로 보아야 하는 것이다. 그래야 내가 줄탁동시의 기적을 주체적으로 깨달으며 알에서 깨어 나와 '부활의 증인'이 될 수 있다. 눈으로 믿으면 기복신앙이, 마음으로 믿으면 깨달음의 신앙이 되는 것이다. 구원 시스템을 추구하는 것은 욕계적 삶이고, 깨달음을 추구하는 것은 색계적 삶이고, 공으로 십자가로 진리 그 자체가 되는 것은 무색계인 아파테이아(Apatheia)에 존재하는 것이다.

(8) 소명의 성모

지금까지 화가들의 그림을 통한 종교 비판은 카타르시스적인 종교의 역할이 사라져간다는 지적이다. 그러나 대부분의 선하게 살아가는 일반 소시민들은 기독교인·비기독교인을 넘어 한을 품어 주는 성모를 존경하는 사람들이 대부분이다. 따라서 [도판 43] 같은 여인들은 물론이고, 어머니들이 자신의 모성애를 넘어 더 큰 모성애를 상징하는 보살이나 성모에 기대는 신앙심은 변함이 없다. 무엇보다 [도판 108]처럼 말이다. "주여…뜻대로 키우소서"라며 상품상생의 삶을 기원하는 글이 뒷받침한다. 이 성경 글은 정화수 같은 모든 어머니의 모성애적 신앙을 기독교적인 쉐마의 비밀로 암시하는 것이다. 이 글은 마태복음 26장 39절에 있다. 즉, "아버지, 아버지께서는 하시고자만 하시면 무엇이든 다 하실 수 있으시니 이 잔을 저에게서 거두어 주소서. 그러나 제 뜻대로 마시고 아버지의 뜻대로 하소서"다. 이는 예수가 성육신으로서의 삶을 마무리해야 하는 순간이 다가오자 불안감과 함께 지금까지 살아온 삶이 과연 소명에 따른 옳은 길이었는가를 회의하며 겟세마네(올리브산)에서 고뇌에 찬 마음으로 우러러 하느님 아버지께 올린 지상에서의 마지막 기도 내용이다.

사진의 글은 예수가 하느님께 드린 기도문 중에서 마지막 문장인 "…그러나 제 뜻대로 마시고 아버지의 뜻대로 하소서"의 신앙 감정을 전형적인 기독교인으로 삶을 산 어느 어머니가 자식을 위해 주체적으로 녹여 낸 글이다. 하느님의 소명에 맡기기를 원하면서다. 남편까지 모든 것을 다 빼앗기고 잃어버린 6.25라는 십자가상에서 자식을 위해 통절하게 우러나온 "엘리 엘리 라마 사박다니"임을 사진 속에 스민 절박하게 인용한 성경 내용에서 알 수 있다. 삶 자체를 내면의 신앙으로, 바이린지의 주인공처럼 자신을 주체적인 공양자로, 아니 한 단계 더 나아가 헌공의 '공양물'로 나타내 기원한 것이다. 6.25란 한국전쟁은 3.8 따라지들과 그 비슷한 어머니들을 이 같은 신앙을 갖게 만들었다. 모성애 신앙보다 더 격이 높은 소명의 신앙을 사명으로 해 중보심을 갖고 있는 (모성애의 대모인) 성모와 오버

도판 108 인간적 커플의 〈모성상〉(1952) "주여…뜻대로 키우소서" 평범한 어느 어머니가 "엘리 엘리 라마 사박다니"로 절규하며 절제된 소명 신앙으로 모성애를 승화시켰다. 일종의 레디-포토 성모상이다.

랩되어 주님께 간구하는 신앙을.

그리고 지금까지 우리나라는 휴전이란 잠재된 위기가 만성이 되어 있다. 그런 가운데 북한의 핵실험에서 보듯, 남한의 사드 배치 여론에서 보듯, 평창 올림픽 북한 특사에 대한 여야의 애증에서 보듯, 휴전이란 평화 속의 만성 불안감을 해소하려는 바람을 가지고 많은 국민은 종교 생활을 하고 있다. 그것이 우리나라에서 종교가 특히 기독교가 성행하고 있는 큰 이유 중의 하나이다. 그러니 앞으로 남·북의 흐름과 북·미의 영향에 따라 신앙의 성격도 신도의 수도 서서히 때로는 급격히 변하게 될 것이다.

마지막으로 덧붙인다면, 인공지능과 세기의 바둑 대국을 보면서 바둑의 알파고처럼 종교도 '알파교' 같은 인공지능의 종교가 메타버스 속에 만들어지지 않을까 하는 생각이 든다. 디지털 신앙의 코드와 맞아지면서다. 즉, 각 종교의 교리, 경전, 주석서, 설교집, 예화 등등을 입력시켜서 코드에 맞추면 예배자 신앙 코드에 맞는 최상 및 최선의 설교를 들을 수 있게 될 것이다. 나아가 보편적인 모든 종교의 신과 교리를 입력시킨다면 그 누구도 부인하기 힘든 지상의 종교를 습합시킨 아니 하나로 원융화된 종교가 창출되지 않을까. 그것은 사람을 능가하는 알파고처럼 사람을 리드하는 토론까지 할 수 있는 인공지능 로봇의 개발에서 전망된다.

또한 종교마다 알파교 자동판매기를 만들어 가게의 밴딩머신처럼 목 좋은 위치에 놓게 될지도 모르겠다. 인스턴트 플랫폼 교회로. 그러면 각 종교를 믿는 개인들이 자기의 종교 판매기에 헌금으로 쩐을 넣은 다음 기원 바코드를 클릭하면, 그에 대해 가장 알맞게 계시한 답이 시원한 사이다처럼 '덜커덕' 떨어지며 내용이 나오는 세월이 올지도. 과학과 지식혁명에 따라, 신앙의 코드가 달라질 수밖에 없다. 집이 가상현실로 천국이 될 테니까. 개인화된 스마트폰으로 연락을 하듯 종교에서도 원자화된 교인으로 변해가게 될 것이다. 그러니 '공중'전화 부스가 사라졌듯이, '공중'의 대형교회도 인스턴트 플랫폼 교회로, 가상현실로, 증강된 전자 교회로 바뀌지는 않을까.

사실 세계가 인간의 의지와는 관계없이 진행되던 근대 이전에는 종교가 성행했다. 그러나 스마트폰 같은 지성적 영향으로 해명되고 있는 오늘에 와서는 종교의 경건성이 분해되고 있는 것만은 사실이다. 그렇다면 앞으로 그런 경건성이 사라지고 휴머니즘이 증발된 패스트푸드 같은 기복 행위를 과연 종교라고 할 수 있을까. 점보는 것이 미신적 장난 재미라면, 알파교나 가상현실에 의지하는 것은 과학적인 장난 재미가(?). 이러다가 앞으로 종교가 과학의 놀이문화로 희롱화되어 가는 것은 아닐까. 제4차 산업혁명의 등장으로 인해 종교라는 큰 암장에 안개가 걷히면서 거대한 블라인드 루트가 하프 돔처럼 나타나고 있는 것만은 분명하다.

더구나 오늘의 사회현실은 어떤가. '천민' 자본주의다. 그 가장 극명한 말이 "돈도 실력이다"라는 말이고, '오징어 게임' 같은 사회다. 그리고 '천민 휴머니즘'이다. 그 가장 상징적인 예가 "돈 없는 너의 부모 원망해라"는 말이다. 이렇게 극단적인 현상들이 시대상을 대변하는 표상이 되고 있다. 돈 많은 자는 '돈도 실력'이라고 말하면서 빳빳하게 농단하고, 돈 없는 자는 '자살도 옵션'이라고 한강 다리 난간에서 마음을 떨구면서 몸까지. 사회가 '천민'에 의해 희롱화되어 가고, 개인이 '가상'에 의해 마취당해 가는 사회가 되고 있다. 더구나 여러 가지 사건을 특히 국정농단 사건과 그 여론을 보면서 도덕적인 사회가 비도덕적인 가짜뉴스에 끌려가는 듯한 기분이 들 정도였다.

이런 사회에서 종교가 정수기 역할을, 각성제 역할을 해야 하지 않을까. 그런데 뉴스를 보면 그 자정 능력을 상실해 가고 있다는 느낌이다. '천민 크리스천'이 되면서 '천민 기독교'가 되어 가고 있는 것이다. 어느 방송을 보니, 모 교회 목사의 세습과 관련된 뉴스를 보도한 후, 이런 코멘트가 나온다. "기독교가 그리스에 가서는 철학이 되었고, 로마로 가서는 제도가 되었으며, 유럽에서는 문화가 되었는데, 미국으로 가서는 기업이 되더니 한국에 들어와서는 대기업이 되고 말았다"라고. 우리와 결부시켜 기독교 역사를 한 문장으로 잘 요약하고 있다. 그래도 '소명'의 성모가 되어야지 '천민'의 성모가 되어서야 되겠는가?

지금 우리는 대중 매체와 사이버 매체의 천개 속에 살고 있다. 그러니 종교적 계시를 그 천개 속으로 수용해 대중문화의 신학으로 받아들이고 사이버 매체로도 전개해 나가야 할 것이다.

이상, 수월관음도와 성모상의 변천을 통해서 몇 가지 특징이 도출된다.

수월관음도를 우리나라 중심으로 해서 보면, 첫째로 도상의 크기에서는 절대적 능력을 상징하는 "8억나유타항하사유순"이 억불정책 이후 점차적으로 작아지기 시작하더니 오늘날에 와서는 현실의 인간 크기로 변했다. 즉, 전지전능이란 절대적 신앙의 대상에서 장식적 위안의 기호 대상으로 변해간 것이다.

둘째로 도상의 성격에서는 신라에서 백화도장 불국토의 전국화란 차원에서 시작되었으나 고려에 대한 원의 식민지 간섭 시기에는 절절한 독립 염원 속에서 항몽 신앙과 함께 기복적인 극과 극의 차원으로 변했다. 그러다 조선에 들어와서는 억불정책에 따라 폐사당하고 소외되더니 후기에는 점차 무속 신앙처럼 그리고 말기에는 장독대 위의 정화수 신앙으로까지 변해갔다.

셋째로 도상의 수준에서는 신라를 거친 고려 시대에 이르러 실크로드를 통한 다양한 문화가 융합된 세계적인 인류 최고의 그림을 이루었다. 그 후 조선 시대에 이르러서는 억불정책으로 해서 다양했던 세계 최고 수준의 화법이 점차 형식화, 무속화, 퇴락화되더니 근대에 이르러서는 종교성을 상실하면서 아예 상장폐지되고 말았다. 오늘날에 와서는 새롭게 싹트고 있으니 기대해 보게 된다.

성모상의 변천에서,

첫째는 도상의 흐름이 춘추전국시대처럼 자유자재로 온갖 모습으로 다양하게 양껏 발전하다가 근대에 이르러 계몽사상, 시민혁명, 산업혁명 속에서 변곡점을 찍으며 급속하게 하향하더니 오늘날에 와서는 돌이킬 수 없는 대세로 서서히 축소화되고 있다.

둘째는 도상의 성격에서 고대에는 성모상이 이콘으로 절대적 신앙의 상징이었다. 그런데 중세에 이르면서는 정치적 소용돌이에 휘말리며 성화냐 우상이나 찬반 갈등을 거치더니, 르네상스 이후부터는 휴머니즘을 기조로 하는 도상들이 등장했다. 시민혁명, 산업혁명 이후 제국주의가 경쟁적으로 발흥하는 근대에 와서는 종교에 대한 평가절하가 대세가 되면서 물리적으로 도상 망가트리기가 갈 데까지 갔다. 그러더니 오늘날에 이르러서는 화학적으로 풍자와 함께 센세이션화, 가상화되어 가는 추세다. 질적·양적으로 침체되어 가는 기독교의 위상과 그 궤를 함께 하면서 말이다.

오늘날은 믿음 중심의 아날로그 신앙을 대신해서 방편 중심의 디지털 신앙으로, 그래서 교회를 벗어나 만인사제·만인불성의 주체적 신앙에 따라 자연 속에서 순례를 또는 트래킹하는 가운데 명상하면서 종교적 분위기를 체험하는 추세다. 그것은 세계 각 곳에서 과거 교회가 우후죽순 생겨났듯이 트래킹이라는 이름으로 생겨나는 '순례길'이, '슬로우시티길'이, '12사도길' 등이 예보하고 있다.

기성종교는 '죽느냐, 사느냐'라는 기로의 시대를 맞이하고 있다.

앞으로 세계화 시대에서 기성종교의 교리는 우리 인간을 넘어 '생태'(eco)가 중심이 되어야 한다. 생태란 다름을 차별로 그래서 갈등으로 몰아가는 폭력이 아니라 상생으로 그래서 평화로 이끄는 원리이다. 다시 말하면 인간 중심의 세계화가 아니라 모든 생명 중심의 세계화가 될 때 온 세계는 화이부동(和而不同) 속에서 '꽃비'가 내리는 생태 세상이 이루어지게 된다. 그래서 두 종교를 비교하는데 그 바탕을 생태원리에 두었다.

그 바탕이 불교에서는 선재동자의 구도 순례를 통한 해맑은 미소 속에 들어있고, 기독교에서는 하느님의 창조 질서를 에코-휴머니즘으로 천착하는 세례 속에 들어있다. 그러므로 앞으로는 "한 톨의 쌀알 속에도 우주가 들어있다"는 그 위대한 보편적 가치를 느끼고, 그 베아트리체를 생태신앙으로 찾아야 한다. 그럴 때 세계의 종교가 지속 가능하게 된다. 우선 불교와 기독교만이라도 먼저 그 생태원리에 앞장서야 한다는 마음이다. 그래서 거친 호흡이, 서툰 문장이 되었다. 그동안 종교가 인문학의 알파요 오메가였다면, 앞으로는 보다 기저를 이루고 있는 생태학의 처음과 끝이 되어야 하기 때문이다. 그래야 종교가 과학적 휴머니즘 역할은 물론 그 문화가 김대성을 넘고, 가우디를 건너 새로운 생태문화의 꽃을 지구촌이라는 정원에 그득하게 피워낼 수 있다.

불교에서 한 가지 아쉬운 점은 기독교에 비해 빛과 소금으로서 대 사회와의 교류가 소극적이라는 점이다. 성모의 그림을 보면, 근대 혁명기에 이르러서는 세속 문화와 교류되면서 세속화와 함께한 생활 속 신앙을 느끼게 된다. 이에 비해 보살의 그림은 단순하고 단선적인 흐름이다. 세속화와 함께 뒹군 생활 속 문화가 없다. 있다면 신라시대 원효 대사에게 흰 옷 입고 나타났던 두 여인뿐이다. 이는 신라 이후에는 대 사회와 함께하는 결사 운동이 적었기 때문으로 생각된다. 마지막 결사 운동이었던 제중감로의 묘련사 정진회의 활동이 아쉬운 것이다.

역사에서 서양은 기독교 문화가 세속화되면서 '마음껏 데리고 놀다가 제자리에만 놓아도' 하는 콘텍스트적 성격이라면, 불교 문화는 세속화는 엄두도 못 낸 그저 교리에 순종만 하는 텍스트적 성격뿐이었다. 영화 〈빠삐용〉에 나오는 마지막 장면에서 기독교는 스티브 맥퀸의 역할이라면, 불교는 더스틴 호프만의 역할과 같다. 그러니 그 역사에서는 시민운동과 같은 민중의 꿈, 힘, 저력의 폭발력이 결사적(結社的)으로 오늘날로 예를 들면 '페미니즘' 같은 외침이 래디컬하게 나올 수가 없었다. 까불어봤자 "부처님 손바닥 안"이라는 넉넉한 명언이 교리처럼 있음에도 불구하고서다.

살아있는 종교란 신도들이, 중생이 제아무리 까불어 봤자 부처님·예수님 '손바닥 안'이라는 넉넉한 품을 가진 신앙문화를 갖추고 있어야 한다. 그럴 때 중생이 자기 종교 속에서 천방지축으로 마음껏 뒹굴다, 경상도 사투리로 '어라, 이기 아이네' 부정을 부정으로, 즉 더 강한 긍정으로 깨달으며 휴머니즘에 대한 찬양을 오도송으로 더 힘있게 부르게 되는 것이다.

4장

수월관음도와 성모상의 주체적 의미

1. 다이토쿠 소장 <수월관음도>의 주체적 의미

관음보살의 성지라는 양자강 앞바다 보타산의 불긍거관음원을 보면 관음보살은 제난을, 그중에서도 해난을 염려하는 바닷가 사람들의 신앙에서 시작된 것을 알 수 있다. 이는 절체절명의 해난에서도 생명을 구해줄 수 있다는 보살의 자신감과 뱃사람들의 믿음이 서로 결합해 생긴 코드 신앙이다. "중생이 우러나는 신심으로 애타게 나를 부르는데도 내 나라 서방정토에 오지 못한다면 나는 차라리 여래가 되지 않겠다"는 서원이 아미타불의 본원이라고 하지 않는가? 그러니 그 협시보살인 관음은 말할 것도 없다.

큰 바다를 항해하다 태풍이나 높은 파도를 만나 배가 표류하거나 난파되어 나찰귀의 나라에 떨어지게 될 상황일지라도, 모든 뱃사람이 함께 소리 내어 "나무~아미타불관세음보살"을 진정으로 부르면, 관음보살이 구원의 재능을 천수천안으로 아니 그 이상의 능력으로 발휘한다고 믿었던 것이다. 그것은 그 이면에 어떠한 긴박한 상황에 부딪치더라도 관음보살을 믿고 분별력을 갖게 되면 자신을 보호할 수 있는 자신감이 생기게 된다는, 즉 호랑이에게 물려가도 정신만 똑바로 차리면 자신을 보호할 수 있다는 의미다. 지금도 부정적인 큰일이 벌어지면 불교인들은 언제 어디서든 "나무아미타불 관세음보살"을 차분하게 부르고, 긍정적인 희망이 생기면 기독교인들은 "아멘, 주! 예수여"를 흥분한 듯 소리높여 크게 부른다. 때론 적극적인 개입을 원하며 부르짖기도. 상반되는 상황에서 그 길고 짧은 단어를 느리고 빠르게 외치는 속도와 높고 낮은 억양 그리고 그 표정에서 두 종교의 긍정성과 부정성에 대한 방점 차이가 드러난다. 두 종교의 성격을 단적으로 보여주는 것이다.

우리나라에서 관음신앙이 시작되는 낙산사 홍련암과 관련된 '낙산 설화' 스토리텔링은 중국의 보타산 불긍거관음원의 조음동과 연결된다. 이 관음신앙의 강렬한 전파력이 서해를 넘어 동해안까지 카톡했음을 낙산 설화 속의 의상 대사를 통해 알 수 있다. 7~8세기 당시 스님 중 의상 대사의 신앙 스마트폰 성능이 가장 좋았던 모양이다. 그런데 한 가지 의문점은 어떻게 중국과 왕래가 빈번하던 서해가 아니고 한적한 동해였을까? 671년이면 백제가 멸망한 이후인데.

카톡 신호를 보낸 중국의 옛 명주, 오늘날 닝보(寧波, 영파) 동쪽 바다에 있는 보타산 섬은 위치상 당대 동아시아 최대의 무역선이 오가던 뱃길이었다. 그것은 닝보에 있는 천봉탑(天封塔)의 지궁(地宮, 사리공 대신 기단 아래에 지하 창고를 만들어 각종 공양품을 보관)에서 신라시대의 불상이 발견된 데에서도 알 수 있고, 당시 국가 간에 외교 역할을 담당했을 오늘날 대사관에 해당하는 고려 사관 건물터에서도 알 수 있다. 그렇게 중요한 뱃길에 있었기에 제난 특히 해난 구제의 상징으로 보타산에 있는 절, 불긍거관음원에서는 이름대로 모두 관음보살을 봉안했다. 그래서 당시 보타산은 명실상부한 관음보살의 성지가 된 것이다.

지형상에서도 그 해안에 조음동(潮音洞)이란 굴이 있다. 이름의 뜻 그대로 그곳에 들이치며 파열음으로 울리는 격노한 파도가 근처에서 해난을 일으키는 모든 파도를 대표한다고 보았다. 그와 같은 것을 홍련암에서도 마룻바닥에 난 창을 통해 관음굴 속을 보면 실감할 수 있다. 비슷하다. 그래서 카톡했다. 두 법당은 해안 지형의 공간 구성은 물론 관음보살과 관련된 스토리텔링에서도 비슷한 것이다. 그러니 규모의 차이는 나지만 바닷가 절벽 위에 세운 불긍거관음원과 낙산사 홍련암의 역할도 비슷할 수밖에. 즉,『법화경』에 "관세음의 해조음이 세간의 음보다 수승하다"고 했으니, 그 해조음으로 세간의 해난을 일으키는 모든 격노한 파도를 잠재우게 해달라는 의미다.

오늘날도 보타산은 중요 좌표로의 역할은 유효하다. 세계 최대 허브인 상하이가 이 항과 마주 보는 곳에 있기에. 반면에 해운의 거대화, 과학화로 인해 관음보살의 손길은 해난에 대한 구원으로서의 상징성보다 관광객을 부르는 거대한 손짓으로 세속화되었다. 예나 지금이나 장사는 문명의 씨앗을 뿌리는 원동력이다. 의상 대사의 관음신앙 전파에도 당대 상인들의 힘이 스폰서로 크게 작용했을 것이다. 그 바닷길에 오늘날도 온갖 무역선과 다양한 관광객들이 하루도 쉬지 않고 오가고 있다. 이처럼 역사는 불연속적이지만 끊이지는 않는다.

그림에서 알 수 있었지만 주방이 수월관음도를 창안(800년 전후)한 이후, 당대의 그림이 중국과 신라에 하나도 남아 있지 않은 것은 외침, 탄압, 갈등 그리고 방화, 산실된 때문이다. 그림뿐이 아니다. 신라의 천년 역사라는 서라벌 경주를 보면, 제대로 남아 있는 문화재라고는 없다. 깨끗하게 싹쓸이됐다. 오직 올망졸망 기생 화산 같은 155개의 무덤만 대능원이란 이름으로 남아 천년을 대표하고 있다. 신라가 망한 이후 고려·조선을 거쳐 오늘날까지 역사적인 명맥만 유지한 채 천년 동안 무관심하게 방치되어 온 것이다.

깨끗하게 사라진 서라벌이 8~9세기 당시엔 100만 도시였단다. 정말 믿기 어렵다. 그러나 당시 17만 8,936호(戶)라는 끝자리까지 정확한 가구 수에, 불교 건축물이 "사사성장탑탑안행"(寺寺星張塔塔雁行)이라 했으니 믿지 않을 수가. 그

찬란했던 신라 천년의 문화가 오늘날은 네크로폴리스가 되어 있다. 당시 중심지였던 반월성, 동궁과 월지, 황룡사 일대만 사람 손이 탈 수 없는 초석, 주춧돌만 남아 보호받고 있을 뿐이다. 그러니 알려지지 않은 변두리는 말할 것도 없다. 특히 남산의 숨은 능선과 계곡 따라 오르면 누구의 짓인지 모르지만, 불상과 탑들이 아직도 무너진 그대로, 아니 파괴되어 널려 있다. 건물이 사라진 명당지 사찰 터엔 지금은 찾는 이도 없다. 오직 잡초 우거진 무덤이 주인 행세를 하고 있고, 멧돼지가 자기 영역이라고 힘 있게 비벼댄 털들이 고목의 수피가 벗겨져 나온 진액에 붙어 있다. 작디작은 야생화만이 파묻힌 탑 기단부 곁에서 무심하게 피어나 바람결 따라 서로 꽃잎을 비비고 부비며 살랑살랑 한들거리고, 무성한 잡초 속에는 고라니의 배설물이, 그리고 산비둘기와 꿩들이 무언가를 쪼다 인기척에 놀라 화들짝 날아간다. 야생 동식물들의 천국이 된 것이다. 오늘날에 와서는 불교를 그렇게 못살게 굴던 조선 시대의 서원도 마찬가지다. 어떤 이끼 낀 건물 지붕엔 기왓장이 깨진 채 잡풀이 자라고, 비가 새어들어 대들보가 썩고 있다. 먼지가 뽀얗게 쌓인 대청마루엔 들쥐 발자국이 찍혀 있고, 차가운 바람이 문짝을 을씨년스럽게 삐거덕 울리고 있다. 하염없이.

도판 109 신라 기왓장에 부조로 나타낸 천년을 이어 온 미소. 그래서 '천년 미소'라고 부른다. 경주박물관

알퐁스 도데(1840~1897)의 단편소설 『시인 미스트랄』에 이런 내용이 있다. "옛날에는 왕녀들이 사용했고 지금은 목동들밖에 알아듣지 못하는 말, 4분의 3 이상이 라틴어로 되어 있는 그 아름다운 시들을 프로방스어로 미스트랄이 내게 읽어 주는 동안 나는 내심 이 시인에게 탄복을 금치 못하고 있었다."

숫막새에 새겨진 신라의 언어와 역사를 상징하는 그 '천년 미소'[도판 109]를 신라어로 알고 싶어 하는 사람들이 경주에 많다. 〈모나리자〉의 그 미스테

도판 110 괘능으로 더 많이 알려진 38대 원성왕릉의 모습이다. 서역의 모습을 한 무인상이 있는데, 이를 헤라클레스가 사자와 함께 불교에 편입되면서 인력왕상이 되었다고 보기도 한다.

리하다는 '미소'에 대한 관심보다도. 이 위대한 폐허 터 서라벌에서 옛날을 그리워하는 사람들이 시인 미스트랄처럼, 문화해설사처럼, 마지막 신라인처럼, 아니 환생한 신라인처럼 주체적으로 새롭게 눈을 뜨고 있으니 다행이다.

주방의 그림이 수입될 당시 신라는 38대(785~799) 원성왕릉(괘릉)에 배치된 서역인의 조각상을 통해 국제화 시대였음을 알 수 있다[도판 110]. 그러니 수월관음도가 통일신라 중·하대에 크게 유행했다고 보게 된다. 아니, 하지 않았다 하더라도 국원공이 찬한 수월관음도가 그려지기 전에 국내에 존재했을 가능성은 충분하다.

그렇게 추측하는 근거가 몇 가지 있다.

첫째는 주방의 수월관음도가 정원(貞元, 785~804) 말경에 신라에 수입되었든 아니든 당시와 그 이후 국원공의 요청에 의해 그려진 시기까지(1083년), 그 사이가 무려 250년이 넘는다. 아니 [도판 21, 23] 그림과 비교해도 100년 이상의 차이가, 그 공백이 길어도 너무 긴 것이다. 문물이 번창하게 오가던 국제화

시대였는데 말이다.

둘째는 대각국사 의천의 형인 국원공이 화사를 시켜 새로 그리게 했다고 해서 그 자리에서 바로 수월관음이 창안되는 것이 아니다. 창안했다 하더라도 첫 시도에서 국원공의 '찬(讚)'과 의천의 '화(和)'가 '얼쑤~, 좋다~' 하기는 쉽지 않은 것이 상식이다. 더구나 그들의 높은 감식안을 고려해 볼 때. 따라서 이미 유행되어 있던 수월관음 도상을 국원공이 어떤 목적을 위해, 누구인지 모르지만, 당대 최고의 화사에게 특별히 요청해서 그렸다고 볼 수 있다. 지금까지 발견된 국내의 사료 중 단지 가장 오래된 기록일 뿐이라고 보게 되는 것이다.

셋째는 원(元)나라 탕후의 『고금화감』과 하문언의 『도회보감』(1365년)에 의해서다. 두 책 다 고려 시대의 관음상이 똑같은 당나라의 유명한 화가 위지을승(尉之乙僧, 7세기)으로부터 영향을 받았다는 다음과 같은 기록에서다[주 32].

外國畵, 高麗畵觀音像甚工 其源出唐尉之乙僧 筆意流而至于繼麗

외국의 그림에서, 고려의 관음상은 심히 공교한데, 그 근원은 당나라 위지을승에 있어서처럼 필의가 흐르는 듯 유려하여 이것이 고려에 계승되기에 이른 것이다.

즉, "흐르는 듯 유려한" 위지을승의 필의가 고려 수월관음도의 심히 공교한 필의와 맥이 통하는 것으로 보고 있다. 그리고 이 문장에서 여러 가지를 유추하게 된다. 우선 신라 당대의 존재 여부는 생략하더라도, 탕후와 하문언의 글에서 고려 불화가 당시 송·원의 영향에서 이미 벗어나 독창적 스타일을 이룬 것을 알 수 있다. 위지을승의 화법에는 3가지 특징이 있는데[주 33], 그중 굴철반사(屈鐵盤絲)는 대상의 기복에 따라 선에 변화를 주는 기법이고, 조의출수(曹衣出水)는 물에서 바로 나온 듯한 착의처럼 옷을 몸에 밀착되게 그리는 기법이며, 요철법(凹凸法)은 일종의 음영법이다. 고려 수월관음도 속에 이 '선에 변화를 주는 기법'이, '몸에 밀착된 옷처럼 그리는 기법'이, 그 '음영법'이 주체적인 필의 기법으로 독창적인 스타일로 들어있다는 것이 아닌가.

위지을승은 서역 우전(于闐) 출신으로 당나라 장안에서 활동했다. 당시 주경현은『당조명화론』에서 그를 염립본과 함께 신품 화가로, 이후 오도현에게 영향을 주었다고 평했다. 위지을승·염립본·오도현·주방 모두 신품 화가들임을 알려준다. 당대 이같이 유명한 화가들의 영향을 받았다고 하는 것은 고려 불화가 국원공 이전에 국제화 속에서 다양한 문화적 교류를 통해 영양분을 공급받으며 수준 높게 피어난 아름다운 산물임을 뒷받침하는 것이다.

넷째는 앞에서의 언급처럼 고려 〈수월관음도〉의 기법과 수준이 주방의 〈잠화사녀도〉 분위기와 유사하기 때문이다. 따라서 정원 말에 들어와 신라 귀족사회에서 알게 된 수월관음 신앙은 그 후 크게 유행했다고 볼 수 있다. 그것은 수입되자 곧이어 신라가 망할 때까지 왕위 쟁탈을 위해 귀족들이 암투를 벌리며 합종연횡을 일삼던, 곧 전성기가 꺾이던 시대였기에. 그러니 귀족들은 신변안위를 위해 호신용 불화 앞에서 기원을 드리지 않을 수가 없었다. 고려 〈수월관음도〉가 원의 식민지 간섭이란 정치적 난세에 집중적으로 유행한 것과 비교해 보면 국가 보위 및 신변 안위와 관련된 불화였음이 자연스럽기 때문이다. 이러한 근거를 통해 국원공이 칭찬하고 의천이 화답한 〈수월관음도〉(1083) 이전에 그려진 수월관음도가 있었을 것이라는 추정은, 보다 신빙성이 있다 하겠다.

한편, 중국에서 수월관음보살에 대한 도상은『불설고왕관음경』의 내용을 교과서로 삼고 있는데, 그 게송(偈頌)의 내용은 다음과 같다. 게송이란 부처님의 덕을 높이고 기리는 노래 시다. 이것이 기독교로 말하면 칸타타나 찬송가다.

> 해중용출보타산(海中湧出普陀山) 관음보살재기간(觀音菩薩在其間)
> 삼근자색위반려(三根紫竹爲伴侶) 일지양유주진풍(一枝楊柳□塵風)
> 앵무함화내공양(鸚鵡銜花來供養) 용녀헌보보천반(龍女獻寶寶千般)
> 각답연화천잉현(脚踏蓮花千朶現) 수지양류도중생(手持楊柳度衆生)

바다 가운데 보타산이 치솟았는데 관음보살이 그곳에 계시네
세 그루 자주대 곁에 두고 버들잎 한 가지는 세속 티끌 씻어주네
앵무새는 꽃을 물고 공양하고 용녀는 보배 보배 가져와 바치네
발로 연화 디뎌 많은 꽃 피워내고 손으론 양류 들어 중생 제도하네

우리의 낙산 설화 내용과 관련된 [도판 124]의 다이토쿠지 소장 〈수월관음도〉는 중국의 이 『불설고왕관음경』에 나오는 게송의 내용과 비슷하다. 도상을 단지 고려적인 성격으로 변용시킨 것으로 보고 있을 뿐이다[주 34]. 그렇게 보는 이유는 이 그림의 구도가 이 게송의 내용과 거의 같은데, 부분적으로만 다르기 때문이다. 즉, 중국 『불설고왕관음경』의 도상 내용에는 자주색 대나무가 세 그루 나오는데, 우리의 다이토쿠지 소장 그림에서는 낙산 설화의 내용대로 2그루의 대나무가, 앵무새는 파랑새로, 용녀는 용천팔부시종으로 나온다. 따라서 우리의 다이토쿠지 소장 그림의 도상이 중국의 보타산 불긍거관음원의 조음동에서 낙산사 홍련암의 관음굴로 해 주체적으로 변한 것으로 보게 되는 것이다.

이 같은 고려의 주체적인 도상 전개에다 탕후나 하문언의 평처럼 중국의 그림보다 격조 높은 화풍은 우리의 불화가 국제화의 영향 속에서 주체화하면서 토착화되어 간 것을 증명하는 것이다. 그것은 당시의 수월관음도가 공통적으로 보여주는 묘선의 힘과 색채의 농담과 기교 등 고려 시대 김우(문), 서구방 같은 관정화원(官廷畵員) 사이에서 풍미했던 자연주의적 화풍에서 온 것을 알 수 있는데[도판 193, 194], 이는 통일신라시대의 이상적 사실주의 양식을 계승하고 있는 것이기도 하다[주 35]. 따라서 고려 전성시대의 불화 특히 이 글의 주제인 다이토쿠지 소장 〈수월관음도〉는 주방의 오묘한 〈수월관음도〉 분위기, 위지을승의 필의 기법, 중국의 『불설고왕관음경』에 나오는 도상 내용, 실크로드에서의 다양한 국제 문화의 영양분 그리고 신라의 이상적 사실주의인 해동 백의관음 양식을 바탕으로 해서 고려적 수월관음보살 양식으로 주체화시켜 나타낸 것이라 보게 된다.

2. 〈암굴의 성모〉의 주체적 의미

1) 르네상스의 도래 배경

르네상스(Renaissance)란 14세기에서 16세기에 걸쳐 이탈리아에서 일어나 전 유럽으로 퍼진 예술과 학문에서의 혁신적인 문예부흥 운동이었다. 그 알맹이는 이전까지의 신본주의를 벗어나 인본주의로서의 인간성 존중과 개성의 해방을 부르짖은 문화혁명이었다. 이 운동은 이탈리아의 피렌체에서 진앙지가 되어 프랑스, 독일, 영국 등 전 유럽으로 퍼져 나갔다. 그러면서 지역마다 특색 있는 문화를 형성하여 근대 유럽문화 태동의 기반이 되었다. 르네상스의 기본사상은 인문학이 발달한 고대 그리스·로마 시대를 문화의 절정기라고, 이에 비해 중세는 신에 의해 인간의 창조성이 철저히 무시된 '암흑시대'라고 보았다. 따라서 문명의 재흥과 사회 발전은 다시 고전 인문학의 부활을 통해 가능하다고 주장했다. 이런 생각은 당시 단테, 보카치오, 에라스무스 등 인문주의자들이 가지고 있던 확신이었다. 그들은 학문만의 부흥이 아니라 인간의 지적, 창조적 능력을 '돌체 스틸 노보'(Dolce Stil Novo)로, 즉 '상큼하고 신선한 스타일'로 새롭게 활성화시킨다는 신념에 가득 차 있었다.

단테가 베아트리체의 아름다움을 이성으로 또는 육감적으로 느낀 것이 아니라 휴머니즘이라는 새로운 시대의 돌체로, 지선(至善)으로, 재금(在錦)으로 발견한 것이다[도판 111]. 그러면서 인간의 감정이 통제되던 중세에서 인간적인 삶이 노래되면서 아름다운 사랑을 신선하게 찬미하는 새로운 문학 장르가 태동하게 되었다. 이 같은 태동을 키운 주인공들이 르네상스의 문을 연 것이다.

갈릴레오 등 앞서가는 과학자, 예술가들은 오늘날 시국사건 같은 종교재판 등 엄혹한 중세 말기를 겪으면서도 그들의 자유와 권리가 교회에 종속되어 있는 것이 아니라는 각성을 견지하면서다. 즉, 신본주의를 극복하는 세계관이 형성되면서 인간으로서의 주체적인 개인이 탄생하게 되면서다. "그래도 지구

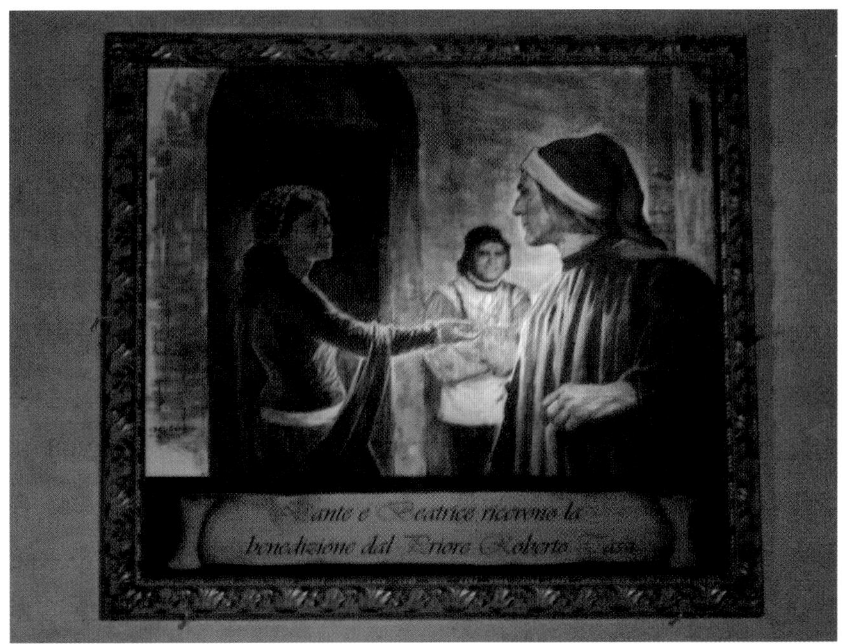

도판 111 단테가 베아트리체를 피렌체의 산타 마르게리타 성당(일명 '단테 성당')에서 새로운 시대의 돌체로, 지선(至善)으로 재금(在錦)으로 만났다. 그 만남의 장면이 단테 성당 뒷벽에 그림으로 걸려 있다. 이 만남에서 르네상스가 잉태되었다고 알리고 있다.

는 돈다"는 등 불편한 진실을 이성적으로, 과학적으로 소신껏 알리는 랩 같은 읊조림 속에서. 이 나비짓 같은 읊조림이 르네상스를 거쳐 훗날 계몽주의라는 거대한 돌풍이, 시민혁명이라는 허리케인이 되면서 역사를 뒤집은 것이다. 이어서 오늘날도 또 다른 돌체 스틸 노보로 커져야 하지 않을까? 그러면서 앞으로의 인류사는 종교 속 비과학적·비이성적인 요소들에 대한 끝없는 과학적·이성적 읊조림에 따른 휴머니즘의 발전과정이 될 것이라 보게 된다.

본격적인 르네상스는 1453년 5월 29일 동로마, 즉 비잔틴제국의 멸망으로 시작되었다. 당대 세계 문화의 중심지였던 콘스탄티노플의 함락은 이탈리아에 고전주의를 부활시키고 부흥시키는 후폭풍을 몰고 왔다. 이 후폭풍으로 메가트랜드가 이루어지면서 과거 그리스·로마에 대한 재조명과 함께 휴머니즘에 대한 재해석이 르네상스의 주류문화가 된 것이다.

이 같은 시대에 다빈치가 고향 빈치를 떠나 피렌체에서 안드레아 델 베로키오의 도제가 된 때(1467년경)가 대략 15세 전후였고, 미켈란젤로가 기를란다요 작업실에 들어간 때(1488년경) 나이도 13세 정도였다니 비슷한 또래였다. 이 당시 피렌체의 인구는 약 5만 정도. 이들이 휴머니즘을 시대정신으로 담아 르네상스를 그림으로 꽃피우면서 피렌체에서 자이언트의 시대가 열리게 된 것이다. 그것은 얼마 후 라파엘로가 당시 인문학을 총망라해서 바티칸 교황청에다 그린 〈아테네 학당〉에서 알 수 있다.

유명한 화가이자 본격적인 세계 최초의 미술사가였던 조르조 바사리는 고대 세계의 몰락 이후 쇠퇴한 미술이 조토에 의해 부활되었다고 하여 '재생'이라는 말을 사용했다. 볼테르(1694~1778)는 14~15세기 이탈리아에서 학문과 예술이 '부활'했음을 지적했고, J.미슐레(1798~1874)는 당대 유럽을 문화적으로 새로운 시대라고 하여 처음으로 프랑스어로 '재생, 부활'의 뜻을 지닌 '르네상스'라는 용어를 썼다. 이 명칭은 야코프 부르크하트의 명저 『이탈리아 르네상스의 문화』라는 책 제목에 의해 대중화되기 시작했다. 독일의 철학자 엥겔스(1820~1895)는 전성기 르네상스 시대를 이렇게 설명했다. "인류가 이전에는 결코 경험해 보지 못한 가장 위대하고 진보적인 변혁의 시기였다. 이런 변혁을 위해서 사고력, 열정은 물론 재능과 기량에서도 걸출한 능력을 지닌 거인을 필요로 했다. 결과 수많은 거인을 탄생시킨 이른바 거인의 시대가 도래한 것이다."

르네상스적 휴머니즘과 개성 주의가 예술가의 신분을 상승시키고 여성 화가의 사회 진출을 움트게 했지만, 여성적 멍에를 계속 머리에 이게 함으로써 여성 미술을 차별화한 것도 르네상스부터다. 문화개혁과 종교개혁을 통한 르네상스의 혁신은 남성의, 남성에 의한, 남성을 위한 혁신이었다. 르네상스의 인간 해방은 여성 해방만은 성취하지 못했다. 만일 다빈치, 미켈란젤로, 라파엘로도 여자로 태어났다면 르네상스는 세기적인 문화로 꽃피우지 못했을 것이다.

2) K · 르네상스의 세계화

최열 지음, 『이중섭 평전』, 돌베개(2014) 351쪽에 다음과 같은 글이 있다.

> 김규동은 자신이 피카소를 좋아한다고 하자 이중섭은 "내가 보기에 피카소는 혁명가입니다. 그는 화가라기보다는 한 개의 살아있는 거대한 야수 같은 존재입니다. 나는 피카소 같은 존재를 받아들이는 프랑스 사람들을 더 높이 평가하고 싶습니다"라고 말했다. 이에 대해 김규동이 "피카소처럼 열심히 그려야 하지 않느냐"고 되물었고, 이에 대해 이중섭은 "기력과 의욕이 없어졌다"면서 "그림을 그리면 누가 밥 먹여 줍디까. 병 고쳐 준답니까. 그림을 그리고 산다는 일이 부질없는 일 같기도 하지만 남의 등에 업혀 사는 것도 한도가 있습니다"라고 탄식했다고 한다.

세계사 속 냉전의 소용돌이에 민족이 갈라지고 휘말리면서 불행하게 발생한 한국전쟁으로 인한 피난 시절의 우리 현실이었다. 천재가 병나고 미칠 수밖에 없는. 천재들이 나타난다고 시대가 축복받는 것이 아님을 알 수 있다. 천재들이 마음껏 재능을 펼칠 수 있는 멋진 환경과 메디치 가문처럼 힘 있는 지원이 필요한 것이다. 그런데 수년 전 우리 시대의 블랙리스트는 무엇을 의미하는가? 세계가 문화로 경쟁하는 지구촌 시대에 말이다. 르네상스는 천재들이 나타나 시대가 축복을 받은 것이 아니라 천재들이 마음껏 재능을 펼칠 수 있었던 멋진 환경을 시대가 거대하게 제공했기 때문에 생겨난 것이다. 그래서 그들도 평범한 천재가 아니라 거대한 야수 같은 천재가 될 수 있었다. 앞으로는 우리나라도 비운의 이중섭이 아니라 야수 같은 이중섭이 될 수 있는 문화정책과 더불어 메디치 가문을 넘어선 민간 차원의 지원 시스템이 필요한 것이다.

오늘날은 더 다른 거인의 시대다. 교통과 통신의 발달이 지구를 촌으로 만들고, 그 속에서 새로운 스타들이 지구촌을 향해 보다 스케일이 큰 르네상스의 문을 세계 각처에서 동시에 줄탁하고 있기 때문이다. 그 무대 위에서 노래 같지도 않게 생각했던 K·Pop이 우리도 모르게 어느새 BTS 등에 의해 '돌체 스틸 노보'로 세계의 젊은이들을 하나로 만들고 있고, TV 드라마와 〈기생충〉, 〈미나리〉 등의 영화가, 〈오징어 게임〉 같은 넷플렉스가 재미, 풍자, 호기심을 세계 속에 공유시키고 있다. 문화 코드도 아날로그에서 디지털로 변모시키면서다. 이처럼 구시대가 해체되고 새 시대가 도래하게 되면, 이성적인 이데올로기보다는 감성적인 예능에서부터 그 싹이 먼저 트게 된다. 그러면서 감성적인 결이 이성적으로 양식화되면서 체질화되는 것이다.

지금 우리 시대가 그렇다. K·Pop에 이어 다음 단계는 K·C(Classic) 문화와 함께 세계 문화를 통섭할 K·W(World) 문화가 품위 있게 21세기의 문화를 선도해 나가게 될 것이라 기대한다. 세계에서 그 역할을 선도할 수 있는 적격의 나라가 현재는 우리 대한민국이다. 우리나라가 그동안 그런대로 동서양의 지식과 문화를 균형 있게 쌓아왔고, 유일하게 남과 북의 경제를 다 거친 경험을 갖추었다. 그러면서 우리의 역사적 성격과 능력이 그 길의 루트를 모색하고 화합시키는 방법과 기법의 DNA를 노하우로 두루 갖추게 되었기 때문이다. 그것을 우리 자신도 모르다 한류를 통해 비로소 깨닫게 된 것이다. 낙산 설화에서 원효 법사가 자기도 모르게 백의관음을 친견한 것처럼 말이다.

이제는 한류의 힘을 알았으니 보다 높게, 보다 멀리, 보다 오랫동안 지속시킬 수 있는 에너지를 내공으로 충전해야 한다. 그러기 위해서 우리는 한때 인상파 화가들에 의해 일본의 '우키요에'가 유럽 화단에 영향을 끼쳤던 그런 우연을 기대해서는 안 된다. 보다 주체적으로, 전략적으로, 전방위적으로, 화쟁적으로 준비해야 한다. 그 최고의 방법은 한국미를 세계 문화와 비교하거나 세계적인 양념으로 버무려 세계 '미'(味)로 레시피해 내는 것이다. 그래야 K·W 문화가 된다. 그리하여 세계화에서 문화공유의 고속도로인, 아니 하늘길인 인터넷과 스마트폰을 통해 세계 속에 대중화시켜야 한다. 현재 우리의 그 위력은 모든 계층을 넘어서 있고, 세계 문화를 공유케 하는 마력을 갖고 있기 때문이다. 그래서 오늘에 맞는 스마트문화를 만들어 내야 한다.

말이 나온 김에, 아무래도 세계화에 올림픽만큼 종합적으로 크게 영향을 미치는 매머드 스포테인먼트는 없을 것이다. 학술과 연행을 통한 컬처테인먼트로서의 '문화올림픽'은 만들 수 없을까. 그러면 나라마다 다양한 문화 육성은 물론 메달을 향한 신들린 경쟁 및 갈라 경연도 볼만할 텐데. 그렇게만 되면 지구촌이 각각 4년마다 아니 2년마다 번갈아 육체미와 함께 정신미로 아름답게 조화를 이루는 세계 문화의 축제가 되지 않겠는가. 그 신호를 먼저 청와대(?)에서 문화 대통령으로서 온 세계에 보내면 어떨까. 해마다 한 번 정도 세계의 뮤지션들을 초청하거나 참가 신청을 받아 전국의 적당한 장소마다 장르별로 나누어 공연하는 것이다. 오바마 시대 백악관에서는 그들 차원에서 주로 영어권 클래식 뮤지션들을 위주로 공연했으니, 우리는 선진·후진 그리고 민속음악에서 합창을 넘어 전 장르까지 아우르는 세계 모든 나라의 음악을, 그래서 균형 있게 편성하여 인터넷으로 알리면 좋겠다.

3) 〈암굴의 성모〉에서 주체적 의미

지금까지의 설명에서처럼 무염시태에서 수태고지를 거쳐 성모 대관에 이르기까지 다양한 모습의 성모상이 등장하였다. 그러면서 성모가 영원한 천상의 품격을 지닌 성모상으로 정형화된 것은 르네상스부터다. 그 성모상을 만인에 대한 따스하고 사랑스러운 여인으로, 세계인의 어머니로 자리 잡게 한 대표적인 인물은 라파엘로 산치오(1483~1520)라고 얘기하고 있다. 르네상스 전성기의 미술이 이룩한 완벽하고도 아름다운 조화는 라파엘로의 성모상을 통해 꽃피면서 이루어졌다고 인정하기 때문이다. 라파엘로는 피렌체에서 예술적 전통에 고취되면서 피렌체의 화풍을 발전시켰다. 성모상에서도 성모의 자태나 피라미드형 구도 등에서는 다빈치의 영향을 받았으나 소화하여 독자성으로 나타냈다.

도판 112 라파엘로의 〈의자의 성모〉(1513~1515). 직경 71cm의 톤도(원형) 양식으로 그려진 그림. 좁은 공간 안에 배치된 성모, 아기 예수, 아기 요한의 모습이 조화 속에 아름다움을 이루는 명작이다. 너무도 유기적이면서도 사랑스러운 성모와 아기 예수 그리고 아기 요한의 표정으로 인해 당시의 사람들은 라파엘로가 이 그림을 마리아의 출현을 직접 목격하고 그렸다고 믿을 정도였다. 바티칸박물관 소장

[도판 112] 〈의자의 성모〉는 그가 그린 성모상 중, 아니 지금까지 모든 화가가 수없이 그린 성모상 중 단연 최고다. 어둠 속에서 고요하고 신비로운 아름다움을 드러내고 있는 성모 마리아의 모습은 사진처럼 윤곽선을 그리지 않고 처리한 수푸마토 기법 덕분이다. 그 기법으로 성모와 아기 예수, 아기 요한의 모습을 자연스럽게 조화시켰다. 성모의 표정은 현실적인 행복과 애정의 반영으로 종교성이 배제되어 있다. 또한 그 배제는 아기 예수에게 옷을 입힌 모습에서도 알 수 있다. 이는 르네상스의 인본주의 정신을 잘 나타내고 있는 것이다. 정가운데 동을 표현하고, 성스러운 가운데 속의 미를 살려낸 라파엘로 예술의 정수다. 요염한 듯 당당하고 세속적인 듯 성스러움을 잃지 않은 이 성모야말로 라파엘로가 그의 애인 아랍계 빵집 딸 라포르나리나를 통해 창조한 르네상스 시대의 이상적인 여인이었다. 분위기에서 밖으로 풍기는 아기 예수의 고귀성, 아기 요한의 아기 예수에 대한 내면화된 신뢰성 그리고 성모의 이국적인 미녀상이 서로의 특색을 보여주면서 조화를 이루고 있다. 성적·속적 이미지가 조화되어 이상적인 이미지를 보여주는 작품이다. 신을 위한 인간의 존재에서 르네상스가 인간을 위한 세계관으로 역전시켜 르네상스를 수립하였는데, 그것을 이 〈의자의 성모〉가 대표해서 상징으로 알리고 있다. 그림으로 인본주의를 이루어 낸

것이다. 그래서 라파엘로를 서양미술사상 최고의 성모상 화가라고 한다.

인본주의 성모상의 완성을 이룬 라파엘로에게 가장 큰 영향을 준 사람은 다빈치였다. 그의 이상미는 무엇보다도 인간의 영혼을 심오하고 생생하게 표현하는 것이었다. 특히 그는 성모의 몸에 중보자로서의 심오한 영혼을 인본주의적 관점에서 담으려고 노력하였다. 그것은 "보이지 않는 영혼의 움직임을 내면적인 운동성과 표정의 변화를 통해 드러내는 것이야말로 화가의 의무"라고 말한 것에서 알 수 있다. 그 같은 의도로 그린 대표적인 그림이 〈암굴의 성모〉다. 그것은 전통적인 성모상과는 아주 다른 도상에서 알 수 있다. 즉, 지금까지의 성모상 중, 그의 말대로 "보이지 않는 영혼의 움직임"을 인본주의적 관점에서, 표정, 눈짓, 손짓, 몸짓이란 '성상적' 교리의 체계로 그리고 구원을 '시스템'이란 과학적인 방법으로 해서 "내면적인 운동성과 표정의 변화"를 그림 속의 동영상으로 나타낸 최초의 그림이니까[도판 188]. 그러므로 〈암굴의 성모〉야말로 라파엘로의 〈의자의 성모〉를 넘어 그 어느 성모상보다 위대한 그림이다. 성모상에서 대단원을 이룬 것이다. 〈최후의 심판〉 그림에서 미켈란젤로가 시스티나 성당의 제단 벽화를 통해 대단원을 이룬 것처럼[도판 85]. 보다 자세한 주체적 의미는 뒤에 나오는 제작 배경에서 설명한다.

이처럼 대부분의 나라가 세계 역사의 이정표 중에서 가장 부러워하는 것 중의 하나가 신 중심의 문화를 인간 중심의 문화로 전환시킨 르네상스다. 그런데 르네상스에서 아쉬운 점은 여성들의 역할이 없었다는 점이다. 만일 여성들에게도 다빈치, 미켈란젤로, 라파엘로 같은 천재들이 나타날 수 있는 페미니즘 사회구조였다면 인류 역사상 가장 롤모델이 되는 생태-르네상스 문화가 되었을 것이다.

4) 'K · 르네상스'를 추구한 단체, '양서조합'

1970년대는 유신독재가 하늘 무서운 줄 모르고 서슬 퍼런 '긴급조치 9호'라는 악법으로 인권을 탄압하던 암울한 시대였다. 그래서 민주화 요구는 입에 담을 수도 없었다. 그러나 사막으로 들어가면 갈수록 신기루가 더 아름답게 보이고 오아시스가 더 그리워지듯이, '타는 목마름'으로 민주주의를 꿈꾸는 사람들의 이심전심은 지하의 물처럼 교회에서, 시민단체에서, 사회단체에서, 대학가에서 서로를 부르고, 찾고, 만나고자 하는 재야권적 분위기가 스스로 형성되고 있었다. 그것은 물이 지하로 스며들면 땅속에서 서로 만나 연결되게 되는 것과 같은 본성적 욕구였다.

그즈음에 몇몇 기독 청년을 중심으로 이 같은 만남의 장을 종합적으로 이룬 곳이 부산에서 1978년 4월 2일 생겨났다[도판 113]. 좋은 책 곧 '양서'(良書)라는 상품과 '협동조합'이라는 시스템이 환상의 콤비로 결합되어 만들어진 세계 최초(?)의 소비자 '양서판매이용협동조합', 줄여서 '양서조합'이었다. 이 양서조합 운동은 김광일 변호사와 최성묵 목사의 지원하에 김형기와 김희욱이 앞·뒤로 중심이 되어 50여 명으로 시작하였다. '협동서점'이란 사업자 등록을 내고 책방을 연 것이다. 처음에는 교회 청년을 중심으로 한 알음알음의 인맥으로 해서 점차 대학가, 시민단체, 사회단체, 일반 직장인, 주부층, 자영업자, 불특정 일반시민을 회원으로 엮어나갔다. 그러면서 활동이 알려지더니 채 1년도 안 되어 전국적으로 번져갔다.

도판 113 1978년 4월 2일, 부산 YMCA 강당에서의 창립총회 장면

당시 '양서와 협동조합의 콤비'는 개인적으로 3명 이상 모일 수 없는 '집시법'이란 엄처시하의 유신시대에 '신의 한 수' 같은 단체였다. 특히 부산에서 처음 생긴 양서조합 운동은 회원이 600여 명까지 증가하면서 '부마민주항쟁'에서 활성단층의 진앙지 역할로 정치적 르네상스의 시동을 걸었다. 그러나 그 표피적인 활동만이 30여 년이 지난 뒤, 〈변호인〉이란 영화를 통해 맛보기처럼 소개되었을 뿐이다. 그 본질적 창립 취지였던 문화적 르네상스에서는 1979년 11월 계엄하에서 강제로 해산당해 그 역할은 미완에 그쳤지만, 그 민주화의 역사적 역할은 다한 것이다[도판 114]. 그 활동 이후 핵심 인맥들은 부산환경운동연합 등 여러 진보 단체를 만들어 내고 활성화시키면서 지금까지 이어져 왔다.

도판 114 양서조합이 비상계엄령 하에 강제 폐쇄당한 후(1979. 11) 오늘날 그 역사적 평가를 받아 부산시립박물관 부스에 전시된 모습(2017)

〈변호인〉 얘기가 나왔으니, 이 영화는 '부림 사건'에 대한 변호사로서 노무현의 역할을 그린 내용이다. 그는 부림 사건 전만 해도 민주화가 뭔지 몰랐고, 알았어도 그 운동에 신경을 껐던 사람이었다. 양서판매이용협동조합을 만들 때, 창립 조합원으로 동참해 줄 것을 변호사 사무실에 찾아가 요청해도 외면했다. 그러면서 요트를 즐겼다. 3년 후, 부림 사건이 터지면서 당시 당국의 눈치를 보면서 변호해 줄 용기 있는 변호사가 귀했다. 그래서 천방지축으로 수고하던 김광일 변호사의 요청으로 처음엔 거부하다 부림 사건의 변호인이 되었다. 노무현 변호사가 판사를 그만두고 변호사를 시작할 때 그 실습을 위해 김광일 변호사 사무실에서 6개월간 시보로 일한 인연 때문이다.

마지막에 막차로 막내로 그것도 타의 반, 자의 반으로 들어와 변론하게 되면서 소위 의식화되었다. 이 사건을 계기로 변호사는 소승적 삶에서 대승적 삶으로 바뀌게 된 것. 그러면서 1988년 YS의 국회의원 후보 재야 할당 긴급 요청에 따라 김광일 변호사의 추천으로 부산 동구에서 국회의원이 되었고, 이어 모순 같은 독재 시대에 의식화로 분출된 그 바보(?) 같은 열정을 통해 국민에게 감동을 주자 노빠부대가 만들어지면서 대통령이 되었다. 현실의 추화(醜畵)를 성화(聖畵)로 만들어 나가는 데 앞장서면서다.

나는 노변을 생각하면 〈자이언트〉 영화에서의 제임스 딘의 제트 역할이 떠오른다. 생이 비슷하기 때문이다. 60년대 당시 제임스 딘은 '이유 없는 반항의 상징'으로 청소년들의 스타를 넘어 우상이었다. 노빠들에게처럼. 그러나 인기 속에는 거품이 들어 있기 마련이다. 인기가 존경으로 이어져야 역사가 된다. 어쨌든 김광일은 노무현의 인기를 청출어람 아닌 거품으로 치부하고 마지막 민주화 록클라이밍에서 루트화인딩에 실패하면서 떨어졌고, 노무현은 노빠들의 앵커 속에 정상에는 올랐으나 자신의 그릇 감당에 실패했다. 그러면서 부엉이바위 사건은 노빠신화 살리기와 맞바꾼 셈이다. 이 사건은 살이 낀 꿈을 영원한 미궁으로 만든 것 같다는 생각이 든다. 그럴수록 분명히 역사로 분석하고 평가해야 한다. 어쨌든 두 사람을 비교하면 김광일은 모세에 해당하고 노무현은 여호수아로 생각된다.

이 부림사건은 판례 역사상 유례없는 10여 년에 걸친 재심의 재심, 즉 대법원에서 '재, 재심'으로 해서 2018년 8월 30일에 무죄 판결로 종결되었다. 40년 전에 보잘것없었던 양서조합의 민주화 날갯짓이 부마항쟁으로, 5.18과 6.10으로 이어지더니 오늘날 촛불 혁명을 통해 사필귀정이 된 것이다. 그런데 그 '재심'의 변호사도 노빠의 지지를 이어받고 촛불의 힘을 덤으로 받아 대통령이 되었다. 그런데 임기가 다한 지금에 이르러 문 정권에 몇 가지 아쉬운 점이 있다. 그것은 이번 대선을 통해 다 노출되었지만. 특히 블랙 아이러니를 만들어 낸 것이다. 즉 순수한 의도에 액이 끼면서 상반된 결과가 나타난 것.

어쨌든 양서조합은 우리의 역사와 보통 인연이 아니다. 이렇게 민주화운

양서협동조합

1978년 4월 11일 보수동 책방 골목에 1,000원의 출자금을 내면 누구나 조합원이 되어 책을 빌려 볼 수 있는 양서협동조합이 설립되었다. 조합 설립과 함께 부산의 진보적인 시민들과 학생들이 모여 들었다. 이들은 어학연구, 지역 사회 개발, 학술 연구 등의 소모임을 만들고 강연회를 통해 조합원을 확대해 나갔다. 1979년 9월 양서협동조합의 조합원 수는 501명, 출자금은 500만원을 넘겨 경영 흑자를 남기기도 했다. 좋은 책 보급을 매개로 한 이러한 협동조합 운동은 학문마저 이데올로기의 잣대로 재단되던 군사독재 시절 지식인들의 갈증을 해갈하는 단비와도 같았다. 하지만 조합의 활동성과가 커질수록 정부 당국의 감시가 심해지고, 판매가 금지되는 책들이 늘어갔다. 1979년 11월에는 부마 민주항쟁의 배후로 지목되면서 조합원 300명이 연행되고, 조합은 강제 해산 당했다. 이후 1981년 공안 당국의 조작극 '부림사건'으로 다시 양서협동조합원 수십 명이 구속되며 탄압은 계속됐다. 이 시기 양서협동조합 운동은 대학가는 물론 부산 지역의 여론 형성을 주도해가는 민주화 운동의 산실이었다.

도판 115 부산 양서(판매 이용)협동조합을 소개한 위의 도판글

동의 심층을 향해 꼬리에 꼬리를 물고 파고 들어가면 숨겨진 보물처럼 나오게 되는 것이 양서조합이다. 결과적으로 양서조합은 역사에서 우리나라가 민주화로 나아가는데 모퉁이의 머릿돌 역할을 한 것이다. 양서조합과 관련된 얘기들은 역사적으로 알아둘 만한 역동적인 비사이므로 따로 얘기해야 좋을 것 같다.

과거 '국화와 칼'이 일본의 근대화를 상징했다. 그들은 국화(천황의 문장)를 위해 칼(사무라이)을 제국주의로 결집시켜 사꾸라처럼 화려하게 피워 반인륜적 잔인한 근대사를 세계사에 남기려다 폭망했다. 그런데 그 꿈을 다시 피우려고 시대착오적인 노력을 야스쿠니신사를 정점으로 해서 하고 있다. 우리는 일본과 반대로 국력을 인류의 번영과 자아실현을 향한 'K·문화'로 모아 내공을 쌓아야 한다.

만일 양서조합이 강제로 해산당하지 않았더라면 신라시대의 화랑도 같은, 중세 시대의 수도원 같은, 피렌체의 메디치 가문이 키운 르네상스 사단 같은 역할을 하면서 지금쯤은 'K·문화'를 넘어 'K·르네상스'를 향해 폭넓고 다양하게 웅비하는 데 큰 역할을 하는 단체가 되었을 것이다. 지금이라도 세계사에 K·르네상스를 퍼트리는 나라가 되어야 한다. 이미 그 추진력은 점화되지 않았는가!

그러면서 한 가지 바람이 있다. 오늘의 시대에 맞는 스마트한 문화를 양

서조합을 거울삼아 다시 만들어 보는 일이다. Youtube 형식으로 말이다. 'GoodBook' 네트워크를 협동조합 형태로 해서. 돈보다는 의식화된 앞서가는 창조적인 사람들의 국제적인 연대가 중요해졌으니까. 그래서 세계 역사를 감시하고 올바로 뒷받침하는 세계적인 재야권을 만들어 보는 것이다. UN과 상대적인 역할로 해서다. 출자회원을 모집해 그 출자금으로 협동조합 형태의 회사를 세워 세계화에 SNS 문화로 기여하는, 즉 e-양서를 출판해 판매하고, 음악을 공연하고, 그림을 전시하고, 학술을 토론하고, 문화 뉴스를 방송하여 개인이 운영하는 SNS와는 차별화된 새로운 르네상스를 세계화 속에서 만들어 보는 일이다. 이 운영이 커지면 인터넷상의 국제적인 대학도 세우고, 'SNS 문화올림픽'도, 나아가 글로벌 'SNS 르네상스'까지 이루어 내는 또 다른 세계 문화의 진앙지 역할을 해 볼 수 있지 않을까. 그러면서 지금 미국과 유럽 중심으로 세계 문화를 끌고 가는 분위기에서 벗어나 세계 각 나라의 문화가 형평성으로 융화된 문화를 만들어내는 역할을 하면서다. 세계 문화를 주도하는 그런 온·오프 상의 새로운 르네상스를…. 7학년이 넘어선 나에겐 희망 사항일 뿐이겠지만.

이번 대선에서 정치·경제·사회에 대한 토론 주제는 있었는데 문화를 주제로 한 토론은 없었다. 그래서 매스컴에도 건의하고 싶은 것이 있다. 그것은 문화의 시대를 맞이해서 문화에 대해 국민이 심층적으로 관심을 가질 수 있는, 꽤 괜찮은 전문 문화 뉴스 프로그램을 마련해 보라는 것이다. 그래서 그날그날 국내 및 국제적으로 이슈가 된 작품, 전시, 공연, 상영이나 나아가 먹거리, 패션, 관광 등 모든 문화적 요소까지 망라한 이슈들의 내용에 대한 의미, 수준, 특징, 성격, 방향에 대해서 역사적인, 현재적인, 미래지향적인 관점에서 지적하고 토론하고 평가하고, 마지막에는 글로벌 정신에 맞춰 코멘트로 비전을 제시해 주는 그런 프로그램 말이다. 그렇게 한다면 모든 국민의 재능은 물론 잠재적인 소질도 '자아실현'을 향해 관심을 일깨우는 자극제가 되면서 저절로 문화국가로서 세계를 선도하는 나라가 될 것이다. 2021년 7월 3일 스위스

제네바에서 열린 제68차 UNCTAD(유엔무역개발회의) 이사회의 마지막 날 회의에서 설립 57년 이래 처음으로 대한민국을 개도국에서 선진국으로 인정한다는 뉴스를 보면서다.

더 중요한 것은 정부에 국민의 소질을 계발할 수 있는 인문학 정책도 마련해 보라고 요구하고 싶다. 지금과 같은 편향된 노래 중심이 아니라 국민이 지닌 문학, 예술, 평론, 논문, AI 등등 휴머니즘을 업시킬 수 있는 예술문화에 대한 각종 소질의 창작 작품을 공모해서 시상도 하고 기회도 주는, 그래서 모든 국민 각자가 나름대로 자아실현의 기쁨을 느끼는 그런 종합 비타민과 같은 정책을. 그런 프로가 생긴다면 국민의 삶은 소질 계발에 몸과 함께 뇌가 춤추게 될 것이다. 사실 문화국가란 각종 시스템이 국민 각자의 자아실현을 효과적으로 뒷받침해 주는 나라가 아닌가.

지금까지 세계를 리드하고 있는 서양도 문화 분야에서 한계를 드러내고 있다. 그동안 문화의 바탕이었던 기독교의 영성이 썰물처럼 동력이 빠졌기 때문이다. 이제 기독교에 새로운 변화가 필요하다. 그 새로운 동력을 찾기 위해 어떤 변화를, 나아가 세계화 시대정신에 따라 타 종교와 연대도 WCC 차원에서 요구할 것이다. 서양의 모든 문화예술이 각 분야에서 한계에 허덕이고 있기 때문이다. 음악에서는 더 이상 새로운 변화가 없다. 클래식도 매년 귀에 익은 비슷한 그 연주에 그 노래일 뿐이다. 미술도 그렇다. 이제 동양권의, 라틴권의, 아프리카권의 음악이 서로 어울리고, 그림이 서로 조화를 이루는. 그래서 물리적으로 화학적으로 섞이는 시대가 되었다. 미래에는 특히 페미니즘 예술이 기대된다. 그동안 참았던 잠재적 힘이 내공으로 압축되어 있기 때문이다.

그리고 동양권의 문화가 새롭게 기지개를 켜야 한다. 붓글씨도 새로운 장르로 살려내고 국악도 새로운 버전으로 변해야 한다. 우리 국민은 오리엔탈리즘에 주눅 들거나 선진문화를 부러워하지 말고, 우리 문화에 대해 자긍심으로 관심을 높이면서 선진문화를 동적인 양념으로 레시피하면서다. 그래서 선진문화국가를 지름길로 이루는, 삶의 보람과 자아실현을 맛보는, 그래야 정치적

·경제적 민주주의를 넘고 건너 문화적 민주주의를 세계에 퍼트리는 민들레 홀씨가 될 수 있다.

어쨌든 세속적인 듯 그러나 성스러움을 잃지 않으면서 성모상의 휴머니즘을 이루어 낸 〈의자의 성모〉처럼, 성모에 성상학적인 에스페란토를 '구원 시스템'으로 담아낸 〈암굴의 성모〉처럼, 르네상스 정신을 오늘에 맞게 '현재화'한 그런 주체적인 생태-르네상스 문화를 염원해 보게 된다. 피렌체가 아닌 우리 각자의 고향과 조국 대한민국에서. 미래의 주인공으로 시대정신을 이끌어 세계사에 새로운 르네상스를 창조해 내는 그런 염원을 말이다.

2부

다이토쿠지 소장 〈수월관음도〉와 레오나르도 다빈치의 〈암굴의 성모〉

지금까지의 글은 '관음'과 '성모'의 등장에서 오늘날까지의 도상 변천을 개괄적으로 나열하였다. 각 종교에서의 관음과 성모의 도상적 위상과 신앙적 의미를 역사 속에서 느끼게 하기 위해서였다.

이제부터는 관음과 성모의 그림 중, 역사상 가장 의미 있는 대표적인 그림을 하나씩 선정해 분석하고 종합해 본다. 그 그림은 [도판 124]와 [도판 128]이다.

1장 두 그림의 제작 배경

1. 다이토쿠지 소장 <수월관음도>의 제작 배경

본 글의 주제가 되는 다이토쿠지 소장 〈수월관음도〉는 '낙산 설화'와 연관되어 있다. 그러므로 그 그림을 알기 위해서는 설화의 내용을 먼저 알아야 한다.

1) 낙산 설화의 내용

의상 대사가 낙산사를 창건하게 된 연기에 대해서는 1281년 일연 선사가 지은 『삼국유사』 권3 탑상 제4 "낙산 이대성 관음·정취, 조신"이란 제목의 내용에 나온다. 제목을 풀이해 보자.

먼저, 제목에서 처음 단어인 '낙산'은 '(보타)락(가)산'을 줄인 말로, 여기서는 오늘날 낙산사와 홍련암이 있는 오봉산을 상징한다. 오봉산이란 신선들이 노

도판 116 의상대. 관음보살을 친견하기 위해 의상이 좌선하며 "백화도장발원문"을 지었다는 곳이다. 낙산사와 홍련암을 창건하고 관음상을 조성할 때 명상하던 곳으로도 전해지고 있다.

니는 신령스러운 산을. 그래서 〈일월오봉도〉에서처럼 임금의 후불탱화 같은 역할을 하였다. 그것은 우리의 만 원짜리 지폐에 세종대왕과 함께 그 배경으로 그려진 것에서 증명된다. 그러니 불교의 보타락가산이 조선 오백 년의 숭유억불 기간 중 유교적 명칭인 오봉산으로 바뀐 셈이다. '아' 수준에 '어' 수준이니까.

다음, '이대성'은 두 보살, 즉 그 뒤에 나오는 '관음'과 '정취' 보살을 지칭하는데, 그 내용은 의상 법사와 원효 법사는 '관음보살'을 친견했고, 범일 조사는 '정취보살'을 만났다는 얘기다.

그리고 마지막 단어인 '조신'은 당시 신라 사람의 이름이다. 덧붙이는 성격의 내용인데, 그는 당시 서라벌 세규사에 속해 있던 명주의 장사(莊舍) 관리인이었다. 그곳에서 오늘날 양양 태수 김흔공의 딸에게 반했다. 그래서 의상 법사와 원효 법사가 친견한 낙산사 관음보살 앞에서 그 낭자와 함께 살게 해 달라고 지성으로 빌었다. 그러나 그녀는 얼마 뒤에 다른 사람에게 시집갔다. 조신은 소원을 들어주지 않는 관음보살을 원망하며 날이 저물도록 울다가 관음상 아래에 쓰러져 잠이 들었다. 그러자 관음보살이 꿈에 나타나 인생이란 주어진 삶의 궤도를 벗어나면 쪽박을 차게 된다는 것을 설법으로 깨닫게 해 주었다는 이야기다. 의상 법사가 조성한 관음보살의 영험능력을 한 번 더 상기시키기 위한 목적으로 덧붙였다고 보게 된다.

그 제목에서 낙산 설화는 의상 법사·원효 법사와 관련된 것으로, 내용은 다음과 같다.

昔義湘法師 始自唐來還 聞大悲眞身住此海邊崛內 故因名洛山 蓋西域寶陀洛伽山 此云小白華 乃白衣大士眞身住處 故借此名之 齋戒七日 浮座具晨水上 龍天八部侍從 引入崛內 參禮空中 出水精念珠一貫(給)之 湘領受而退 東海龍亦獻如意寶珠一顆 師捧出更齋七日 內見眞容 謂曰於座上山頂 雙竹湧生 當其地作殿宜矣 師聞之出崛 果有竹從地湧出 乃作金堂 塑像而安之 圓容麗質 儼若天生 其竹還沒 方知正是眞身住也 因名其寺曰洛山 師以所受二珠 鎭安于聖殿而去.

後有元曉法師 繼踵而來 欲求瞻禮 初至於南郊 水田中 有一白衣女人刈稻 師戲請其禾女以稻荒戲答之 又行至橋下 一女洗月水帛 師乞水 女酌其穢水獻之 師覆弃之 更酌川水而飮之 時野中松上有一靑鳥 "呼曰休醍[醐]和尙" 忽隱不現 其松下有一雙脫 鞋 師其到寺 觀音座下又有前所見脫鞋一雙 方知前所遇聖女乃眞身也 故時人謂之觀音松 師欲入聖崛 更覩眞容 風浪大作 不得入而去….

이 내용의 우리말은 이렇다.

옛날 의상 법사가 당나라에서 돌아오자 곧 관음보살의 진신이 이 해변 어느 굴 안에 산다는 말을 듣고, 이곳을 낙산이라고 이름을 붙였다. 대개 서역에 보타락가산(寶陀洛伽山)[주 36]이 있기 때문이다. 이를 소백화(小白華)라고도 했는데 백의 대사(白衣大士)의 진신이 머물러 있는 곳이기도 했기 때문에 그 이름을 빌려서 붙인 이름이다.

의상이 (※"백화도장발원문"으로) 재계(齋戒) 후 7일 만에 좌구를 새벽 물 위에 띄웠더니 용천팔부(龍天八部)[주 37] 시종(侍從)들이 굴속으로 안내해 들어가므로 공중을 향해 참예하니 수정염주(水精念珠) 한 꾸러미를 내준다. 의상이 받아서 물러 나오는데, 동해의 용도 여의보주(如意寶珠) 한 알을 바친다. 이에 의상이 받들고 나와 다시 7일 동안 재계하고서야 관음의 참모습을 보게 되었다.

이에 관음이 말한다. "좌상(座上)의 산마루에 한 쌍(雙)의 대나무가 솟아날 테니, 그곳에 불전을 지어야 한다." 법사가 그 말씀을 듣고 굴에서 나오니 과연

도판 117 홍련암 벽의 백의 대사(관음). 전설대로 보타락가산(소백화)을 진신주처로 삼는 보살이다. 사라는 하얀 달을 이미지화한 백의관음을, 이후 논 가운데, 다리 밑에 등장한 백의 여인으로 신라화한 여인으로 보게 된다.

대나무가 땅에서 솟아나 있다. 그래서 그곳에 금당을 짓고 관음상을 만들어 모시게 되었는데, 그 둥근 얼굴과 고운 바탕이 마치 자연 그대로의 모습과 같았다. 대나무가 다시 사라지므로 그제야 관음의 진신이 살고 있는 곳임을 알았다. 이 때문에 그 절 이름을 낙산사(洛山寺)라 하고, 법사는 자기가 받은 두 구슬을 성전에 봉안하고 그곳을 떠나갔다.

의상 법사(625~702)가 떠난 후에 원효 법사(617~686)가 뒤를 이어 와서 이곳에 예하려 하였다. 처음에 남쪽 교외에 이르니 물속 논 가운데서 흰 옷을 입은 여인(白衣女人)이 벼를 베고 있었다. 법사가 희롱 삼아 그 벼를 달라고 청하니, 여인은 벼가 잘 영글지 않았다고 희롱하듯 대답한다. 또 가다가 다리 밑에 이르니 한 여인이 월수백(月水帛)을 빨고 있다. 법사가 물을 달라고 청하자 여인은 그 더러운 물을 떠서 준다. 법사는 그 물을 엎질러 버리고 다시 자기가 냇물을 떠서 마셨다.

이때 들 가운데 있는 소나무 위에서 파랑새 한 마리가 그를 불러 말하기를, "불성을 깨닫지 못하는 승려로구나." 그러고는 갑자기 숨어 보이지 않는데, 그 소나무 밑에 신 한 짝이 벗겨져 있다. 법사가 절에 이르자 관음보살상의 자리 밑에 전에 보았던 또 다른 신 한 짝이 벗겨져 있으므로, 그제야 전에 만난 여인이 관음의 진신임을 알았다. 때문에 당시 사람들은 그 소나무를 관음송(觀音松)이라 했다. 법사가 성굴(聖崛)로 들어가서 다시 관음의 참모습을 보려고 했으나 풍랑이 크게 일어 들어가지 못하고 그대로 떠나갔다.

도판 118 〈의상 대사 영정〉. 조선 영조 43년(1767)에 그린 것이어서 조선 후기 불교회화 연구에 중요한 자료가 되고 있다. 범어사 소장(부산시 지정 유형문화재 제55호)

신화나 설화는 이야기 형식으로 된 상징기호다.

인간사에 대하여 비현실적, 비논리적, 비과학적인 이야기로 꾸며진 판타지 형식이다. 복잡하게 얽힌 긴 사연을 신이하게 나타내려다 보니 그렇게 은유로 된 판타지로 표현할 수밖에. 그래서 설화란 황당무계한 신비 코드로 각색되기 마련이다. 본 글의 주제가 되는 그림은 다른 수월관음도와 달리 이 낙산 설화의 내용과 역사적으로, 도상적으로 관계가 있다. 따라서 이 그림 속에도 낙산 설화 같은 영험 내용이 신이하게 표현되어 있음을 짐작할 수 있다. 그 영험을 풀어내는 것이 이 장에서의 주제다.

설화에 보타락가산이 나온다. 『화엄경』「입법계품」에 나오는 산으로, 설화 내용대로 소백화(小白華)라고도 부른다. 흰 꽃이 만발하다는 뜻. 이곳에 흰 옷 입은 진신, 즉 백의관음이 계시는 곳이라 하여 언급되는 것으로, 여기서 보리의 마음인 흰 꽃처럼 존재하는 것이 백화도장에서의 영성이다.

2) 낙산 설화의 주인공, 의상 법사

그가 재계(齋戒) 7일을 두 번(14일)이나 거친 것은 관음보살을 만나기 위한 절차다. 즉, 첫 번째 재계는 친견 자격을 취득하기 위한 발원문으로서의 공양 단계다. 설화에는 발원문 제목과 내용이 나오지 않지만, 역사에서는 나온다. 261자로 된 "백화도장발원문"이다. 제목에서 알 수 있듯이 통일된 새로운 신라 국토가 백의관음보살 친견을 통해 '백화도장'이 되기를 기원한 발원문이다. 이를 통해 수정염주와 여의보주를 첫 재계 공양 단계에서 받았다. 의상 법사가 공양 글로 발원한 이 친견 신심을 정토의 관음보살과 용궁의 용이 인정한 것. 그리하여 두 번째 재계 공양은 첫 재계에서 발원문을 통해 받은 수정염주와 여의보주를 자격증으로 해서 직접 친견하는 단계다. 친견 절차가 체계적이고 기간도 꽤 걸린다. 불공에는 친견 종류에 따라 공식적인 절차와 기간이 정해진 모양이다. 예불에는 대개 3배, 108배, 1,000배, 3,000배, 10,000배가, 친견에는 14일, 천도재는 49일, 서방정토 발원을 향한 미타정토발원 공양은 10,000일이, 그런데 그 만일회는 27년 4달 25일이니, 모르기는 몰라도 종교상 세상에서 가장 긴 예배 형식이 아닐까.

'발원문'이란 수행에 대한 의지와 서원을 담은 글이다. 의상은 이 "백화도장발원문"에서 백의관음보살이 정수리에 아미타불을 모시는 것처럼 나도 백의관음보살 당신을 정수리에 모시겠다고 비원한 신앙고백이다. 즉 진리와 관음보살을 세세생생 스승으로 모신다는 것, 스승과 마찬가지로 제자로서 십원육향

도판 119 낙산사 원통보전에 봉안된 관음보살

(十願六向)과 대자대비의 능력을 갖추어서 그 교의를 돕겠다는 것이 주요 내용이다[주 38]. 먼저 백의관음보살에게 목숨을 다해 귀의함을 밝힌 다음 큰 서원을 간절하게 표명하고 있는 것이다. [도판 118]은 의상 법사의 내력을 잘 파악한 화사가 평소 그의 수행의 다부진 모습을 부드럽게 잘 나타냈다. 그러니 초발심은 더 다부지고 신선했을 것이다. 선묘 낭자가 홀딱 반했다니까.

설화에서 "좌상의 산마루에 한 쌍의 대나무가 솟아날 테니 그곳에 불전을 지어야 한다"는 것은 예불하는 곳 위 대나무가 솟는 곳이 진신주처라는 상징이다. 그러니 불교에서 대나무가 있는 곳은 성스러운 명상의 장소가 된다. 그래서 그림에 반드시 나온다. 의상 법사는 보살에게 받은 계시를 의상대[도판 116]에서 명상하며 법당을 설계하고 관음상을 구상했을 것이다.

그리하여 대나무가 솟아난 곳에 홍련암 법당을 짓고 용으로부터 받은 옥으로 된 여의보주로 관음상을 만들어 봉안했다. 그 관음상은 제목에서 살폈듯이 원망하는 조신에게 꿈으로 나타나 삶의 궤도에서 벗어난 짝사랑이란 불행을 자초하는 헛된 것임을 깨닫게 설법했다는 영험담만 전해올 뿐, 지금은 존재하지는 않는다.

그런데 고려 시대 이규보(1168~1241)가 이 관음상에 대해 복장물을 넣으면서 '수월수상'(水月水相)이라 언급했다니 그때 이미 신라에서의 백의관음이 수월관음으로 변상된 것을 알 수 있다. 지금 홍련암[도판 133]과 원통보전에 봉안된 관음보살[도판 119]에 대해서는 그 내력에 대한 어떤 설명도 없다. 그러나 낙산사에서의 관음은 그 전통의 관음으로 봐야 한다. 그리고 관음의 "그 둥근 얼굴과 고운 바탕이 마치 자연 그대로의 모습과 같았다"는 것은 관음보살이 의상의 "백화도장발원문"을 들어 주어 백의 여인, 즉 흰 옷을 입은 신라 여인으로 응신했다는 은유다. 그것은 상대적으로 당시 신라 여인 스스로가 백의관음보살임을 자각했다는 상징이다. 그것은 서양에서도 비슷하다. 많은 부모가 딸이 마리아를 닮으라는 의미에서 이름을 너도나도 메리(Mary)로, 그래서 그 이름이 보편화된 데에서 알 수 있다. 따라서 의상의 "백화도장발원문" 공양 내용이 "대

도판 120 〈낙산사 7층석탑〉 고려양식을 계승한 조선 전기(세조, 1466~1468)의 탑. 탑신과 상륜부가 파손되었지만 라마교 양식이다.

나무가 다시 사라진 것"처럼 갓 통일된 신라에 그대로 발 빠르게 퍼지면서 정착되었음을 암시하고 있다. 홍련암 관음굴을 통해 해동의 백의관음이 보타락가산 낙산사에 진신주처로 정착된 후, 서라벌의 '월지'를 통해 동심원처럼 급속히 퍼지면서 "사사성장탑탑안행"처럼 대중화, 이상화되어 전 국토가 '백화도장'으로, 그래서 백의(관음보살)민족이 사는 불국토가 되었음을 『삼국유사』를 지은 일연 선사가 설화를 통해 알리는 것이다. 흰색은 태양을 상징한다. 우리 민족이 그 빛을 숭상하는 원시신앙을 가지고 있었다. 그것은 [도판 220]에서 보듯 태양을 상징하는 겹 동심원, 그 추상적 기하학무늬에서 그리고 『동이전』이 편찬된 3세기에 쓰인 내용에서 알 수 있다. 선사시대부터였음을.

그리고 의상 법사가 관음보살에게서 받은 수정염주와 용으로부터 받은 여의보주를 성전에 봉안하고 떠났다는데, 봉안은 주로 탑에 한다. 신라 당시는 모르겠으나 지금의 탑은 고려 양식이라는 7층석탑이다[도판 120]. 탑은 부처님을 모신 대웅전 앞에 있는데, 낙산사에서는 도판에서 보듯 관음보살을 모시는 '원통보전' 앞에 있다. 보기 드문 경우다. 그만큼 백의관음보살의 위상을 강조한 것이다. 그것은 같은 관음보살을 모시는 '원통전'이나 '원통대전'보다 더 부각시킨 법당 이름에서도 알 수 있다. 우리 사찰에서 가장 대표가 되는 보배로움의 뜻을 가진 '원통보전'(圓通寶殿)이니까. 그만큼 이 사찰이 관음보살의 성지임을 원조로 특별히 알리는 것이다.

그런데 지금 이 7층석탑이 우리의 탑 양식과는 다르다. 원나라 라마교계다. 두 탑의 상륜부[도판 121]가 증명한다. 라마교계 탑 양식은 현재 우리나라에 이렇게 2개가 있다. 이곳의 탑이 원래는 3층이었다고 한다. 그러니 이는 어느 시기의 탑에 어떤 사연이 있었음을 알리는 것이다. 그리고 두 구슬을 원나라 공주에게 바쳤다는 알 수 없는 이야기도 있다. 『삼국유사』에서는 다음과 같이 설명하고 있다. "의상 법사가 받은 두 보주는 국가의 신보로 지정되어 몽골의 침입으로부터 보호하기 위해 1254년 양양성으로 옮겼다가 1258년 11월경 야별초 10명의 호송으로 궁궐창고에 보관했다"라고. 이렇게 탑 속에 있다. 공주에게 바쳤다. 궁궐창고에 있다는 이야기다. 지금은 어디에(?).

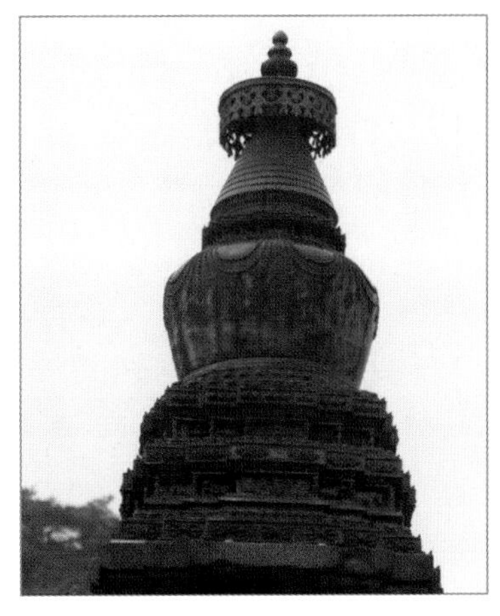

도판 121 마곡사 5층석탑 상륜부 전경. 낙산사 7층 탑의 상륜부는 [도판 120]처럼 일부가 남아 있으나 풍마동이라 부르는 이 탑의 상륜부는 더 크고 자세하고 온전하다.

3) 원효 법사를 통한 마무리

원효 법사의 내용은 얼핏 보면 의상 법사 이야기에 뒤따르는 디저트 수준처럼 보인다. 하지만 아니다. 내용이 더 인간적이어서 맛깔스럽다. 원효 대사는 낙산사 가는 도중 현신한 관음을 논에서 그리고 다리 밑에서 만났지만, 본인은 알아보지 못했다. 관음 진신(眞身)이 의상 법사와의 친견을 통해 신라 여인으로 현신(現身)한 것을 원효 법사는 상상하지 못한 것이다. 그 흰 옷 입은 시정의 여인네가 바로 관음 현신임을 깨우치지 못했을 뿐만 아니라 오히려 먼저 희롱까지 했다. 보살의 성육신이니까 요석공주보다 더 매력이 있었던 모양이다. 건물 법당에서 친견을 위해 드리는 준비된 신앙보다 생활 법당인 삶의 현장에서 갑작스럽게 만나게 되는 친견이 더 어렵다는 의미다.

도판 122 〈원효 대사 영정〉. 125.2×93.5cm. 모사본. 비단 위에 채색. 좀 꺼벙한 듯 명철한 모습은 파계와 깨달음을, 즉 양극의 조화를 이룬 삶을 보여주는 듯하다. 성보박물관 소장

보살은 친견을 위한 성스러운 존재로 법당에만 있는 것이 아니라 들판에서 벼를 베는 평범한 여인으로, 시냇가에서 빨래하는 일상의 여인으로, 즉 우리 삶 속에 우리들의 눈높이 수준으로 현존한다는 것을 전혀 예상치 못한 것이다. 이웃 속에 여인들의 모습으로 존재한다는 것을, 즉 시정의 여인들 모두가 바로 보살이란 말이다. 그러니 모든 이웃, 즉 만나는 여인마다 보살이라는 충고다. 해골에 담긴 물까지 마신 후 '일체유심조'(一切唯心造)를 터득한 원효 대사가 흐르는 물에 시정 여인네의 월수백 빤 물을 더럽다고 버리는 분별심을 보인 것. 이에 보살이 파랑새를 통해 깨닫게 한 것은 그 분별심을 각성케 한 것이다.

앞서 언급한 고려 유자량의 시와 조선 임금 숙종의 시를 보면[481쪽], 파랑새를 만나야만 보살을 친견할 수 있음이 전제되어 있다. 그러니 파랑새는 소원을 이루게 해 주는 희망의 상징이다. 다른 전설에 따르면 의상 법사도 파랑새의 안내를 받아 바다에 솟아오른 홍련에서 관음보살을 친견했다. 그런데 원효 법사는 낙산 설화에서 같은 새에게 오히려 분별심에 대해 지적당하고 있다. 이를 볼 때 낙산 설화는 재미있게도 친의상·반원효적 관점에서 쓰인 것으로 보게 된다. 그 관점의 의미는 뒤에서 언급한다.

원효 대사에게 관음보살이 자신의 여성성을 분명하게 드러냈다. 여성이라 희롱하는 원효에게 성평등이라는 깨우침이다. 그것은 원효의 희롱 시비에 여인들이 대등하게 맞서는 아니 오히려 한 수 위인 내용에서 알 수 있다. 보살의 여성성은 온갖 영락으로 치장한 불화에서 알 수 있다. 하지만 평소 생활 법당에서는 "흰 옷 입고 벼를 베는 여인"에서, "빨래하는 여인"에서 보듯이 신라가 의상의 "백화도장발원문"을 통해 불국정토가 되면서 신라의 여인들이 백의관음보살로 변했음을 깨달았어야 했지만 그러지 못했다. 인내천(人乃天) 아니 인내불(人乃佛)인데. 그래서 원효 법사의 분별심 이후(?) 사찰에서는 모든 여신도를 '보살님'이라 부르는 계기가 된 것은 아닐까. 그것은 모든 여신도가 비로행, 미래향, 금강심 같은 자신의 보살명을 자긍심으로 지니는 것에서 뒷받침된다.

좀 꺼벙한 듯 명철한 [도판 122]의 모습이 위의 내용과 잘 어울리는 느낌이다. 요석공주가 분황사에서부터 반한 것은 그 어리바리한 외모가 아니라 "누가 자루 없는 도끼를 빌려주겠는가? 나는 하늘을 떠받칠 기둥 자루를 만들리라"는 그 멋진 프로포즈에 홀딱 반해 자루 없는 도끼가 되지 않았는가. 그러니 원효가 동침한 것은 파계가 아니라 동량, 즉 설총을 얻기 위한 '방편'이었다. 그의 호 그대로 그의 삶은 어디에서나 구애받지 않는 '무애'(无涯)였으니.

분별심이란 원효가 득도한 관용구인 '일체유심조'(一切唯心造)에 비추어 보면 자만심이다. 그것은 기독교의 7대 죄악에서도 가장 큰 죄에 해당한다. 성인도 인간이다. 기독교에서 원효처럼 성인으로 추앙받은 제롬도 그랬다[도판 182]. 그래서 '돈오점수'(頓悟漸修)다. 그 후 분별심을 깨우친 원효에게 더 이상 관음이 자신을 보여줄 필요가 없었다. 자기도 모르게 깨우쳤으니까. 그래서 설화는 마지막 문장을 다음과 같이 마무리하고 있다. "법사가 성굴로 들어가서 다시 관음의 참모습을 뵈려 했으나 풍랑이 크게 일어나 들어가지 못하고 그대로 떠나갔다"라고. 신라 사람들이 자기도 모르게 백의관음보살, 즉 백의민족이 되었다는, 아니 백의관음에 따른 배달 민족이란 말 없는 여운을 원효 법사에게 풍랑으로 남기면서다. 그래서 원효 법사의 분별심 이후(?) 사찰에서는 모든 여신도를 '보살님'이라 부르게 된 것은 아닐까. 불국사 종성스님(1952~)이 보살명을 분희에게는 비로행, 후미에게는 미래향, 인순에게는 금강심이라 붙여 주시니, 바로 그 심성들의 씀씀이와 어울리면서 그 이름의 보살이 되는 것이다. 그것은 모든 여신도가 자신의 심성을 상징하는 보살명을 자긍심으로 지니는 것에서 뒷받침되는 것은 물론이고.

4) '낙산 설화' 그리고 원효와 의상

의상 법사가 관음 진신을 석해궁 홍련암 관음굴에서 "백화도장발원문"을 통해 경건하게 친견했다면, 원효 법사는 관음 현신을 논과 다리 밑, 즉 생활 법당에서 흰 옷 입고 벼를 베는, 빨래하는 여인을 통해 분별심으로 자기도 모르게 만났다는 얘기다. 친견에서는 같다. 단지 '알게'와 '모르게'의 차이다. 그런데 사실 자기도 모르게 ("아!! 맞네" 하고) 뒤늦게 깨닫는 감동이 보살과의 친견을 넘어 참 자신과의 친견이 아닐까. 원효와 의상은 승(僧)으로서 불(佛)과 법(法)에 조화되기 어려운 러브스토리까지도 조화시킨 고승들이다. 즉, 원효 법사가 요석 공주와 동량을 위한 스캔들을 만끽했다면, 의상 법사는 선묘 낭자로부터 청순한 로맨스를 구애받았다. 그러나 원효 법사는 파계 속에서도 법 떠난 적 없고, 의상 법사는 짝사랑을 외면했으나 진실한 사랑을 모르지 않았다. 그것은 이 이야기가 희대의 스캔들과 지고한 로맨스 같아 보이지만 두 법사의 삶이 '화엄일승법계도'에서처럼 법으로 시작해서 불에서 마무리한 것에서 알 수 있다. 그래서 두 법사 모두 '불(佛)'과 '법(法)'을 방편으로 해서 '승(僧)'을 살았다. 파계까지 법으로 소화시킨 것이다. 그러니 조신이 파계하려 했던 짝사랑과는 차원이 다를 수밖에.

"인생이 소설 같다"는 말을 한다. 삶이 그런대로 산전수전을 겪었다는 의미다. 그런데 더 압축적으로 살면 시 같은, 좀 더 압축적으로 살면 공(空) 같은 삶이 된다고 보게 된다. 우리는 소설처럼 산 사람을 열심히 살았다고 인정하고, 시처럼 산 사람을 훌륭한 사람이라고 존경하고, 공처럼 산 사람을 선사라 하여 우러러본다. 원효 대사와 의상 법사처럼. 그 러브스토리도 우리처럼 속세-휴머니즘을 추구한 것이 아니라 예수와 막달라 마리아의 관계에서처럼 생태-휴머니즘을 터득한 것이다. 정말 두 법사는 환상의 콤비로 살면서, 양극단에서 우리를 생태-휴머니즘으로 귀결시켜 주고 있다. 그것이 또한 낙산 설화에 들어있는 법어이기도 하다.

위의 내용인 낙산 설화 스토리텔링을 도상화한 그림이 다이토쿠지 소장

〈수월관음도〉다. 따라서 이 그림도 개인적으로는 고려 당대의 공양 인물에게 친견을 통해 비원을 생태-휴머니즘으로 성사시켜 주는 주제임을 알 수 있다. 물론 역사적으로도 낙산 설화에서의 친견으로 신라가 백화정토가 된 효험을 믿고 식민지 간섭을 받고 있는 고려도 그렇게 되기를 발원한 것은 당연하다.

5) 그림에 든 항몽 사상

고려는 관료적 귀족사회였고, 불교의 이념이 초기·중기·말기 내내 견지된 우리 역사상 유일한 나라였다. 그러므로 그 같은 사회의 성격과 어울리는 불교 신앙이 시대에 따라 있었다. 즉, 초기·중기에는 귀족들의 성향에 맞는 전통적인 선종과 교종이 주도적으로 신앙을 이끌었다면, 비정상적인 원의 간섭 시대에 들어선 말기부터는 타력 신앙이 각광을 받았다. 그중 그 대표가 되는 신앙의 대상이 수월관음보살이었다. 수월관음도가 집중적으로 그려진 시기는 고려

도판 123 2만5천 평이 넘었던 황룡사 터에 9층 목탑 주춧돌만 외롭게 남아 '폐허의 미'를 보여주고 있다. 가운데 솟은 돌은 황룡사 9층 목탑의 심초석

말(1231~1392)이었다. 이 시기는 몽골의 칩입 이후 조선왕조가 성립되기 직전까지인데, 우리의 근현대사와 비슷한 수난의 격동기였다. 즉, 1231년 이후 1258년까지 28년 동안 7차에 걸친 몽골군의 침입으로 그 끈질긴 무장투쟁이 소진되면서, 왕권은 유명무실해지고 권력은 무신 군부 체제에서 원의 간섭체제에 종속되게 되었다. 물론 유명한 문화재들은 거의 파괴되거나 불탔고, 전 국토는 초토화되었다. 그래서 황룡사처럼 초석만 오늘날까지 황폐하게 800년 동안이나 남아 있는 모양이 되었다[도판 123]. 초토화된 그 위에 원나라의 식민지 간섭이 강제되면서 정치는 물론 모든 면에서 급속히 몽골화로 전환되는 격동기였다.

이런 상황에서 특히 몽골의 불교가 드세지면서 신앙은 더욱 말세적으로 흘러갔다. 불교 중에서도 몽골의 국교 역할을 한 라마교가, 즉 친원적 성격의 백의관음 신앙이 들어오면서부터였다. 그것은 식민지 간섭이 시작된 충렬왕 때의 유가 밀교 승려였던 혜영(惠永, 1228~1294)의 『백의해(白衣解)』(1270)에서 느낄 수 있다. '관음예참문'인 이 책은 보타락가산에 계시는 백의관음보살에게 무량수국에 왕생할 것을 발원하는 참회문이다. 유가승의 또 다른 관음신앙의 수용인 셈이다[주 39]. 그러니 여기서 무량수국은 원나라가 된다. '관음예참문'에서 예참(禮懺)이란 부처나 보살에게 예배하고 그동안 지은 십 악업 등의 죄를 참회하는 것을 말한다. 여기서는 혜영 스님이 1290년 원나라에 들어가 인정받고, 귀국해 국존(國尊)으로 봉해진 시대 정황으로 보아 친원 스님들의 정치적 예참이 분명하다. 마찬가지로 식민지 간섭이 시작된 충렬왕(1275~1308) 이후부터는 원에 공을 세우거나 아부하는 친원파 신하들로 채워지기 시작했다. 아무리 민족적, 주체적을 부르짖어도 대세는 식민지 상황이 되었기 때문이다. 이 분위기를 갈 데까지 블랙홀로 몰고 간 신앙이 라마교계 백의관음 정토신앙이었음은 불문가지다.

이에 따라 얼마 전 우리 민족이 일제강점기에 무엇보다 먼저 천황에 대한 신사참배를 강요당했던 것처럼, 당대 예불의 최고 발원문도 "(원 황제) 성수천장(聖壽天長) (원 황후) 영수만년(令壽萬年)"이 되었다. 마르고 닳도록 원이 고려를 지배해 달라는 뜻이다. 그러니 고려 귀족 그들의 신앙도 국가, 왕실, 민족보다는 그들 가족의 행복과 영화가 현세에서는 물론 내세에서도 계속 되기를 바라는 사적 차원의 불화들이 유행하게 되었다[주 40]. "케세라세라" 신앙으로 황폐화되어 간 것이다. 그러므로 식민지 지배자인 원(元)에 빌붙어 정치권을 장악한 권문세가들은 겉으로는 국가의 독립을 주장하면서도 속으로는 식민지로 계속 이어지기를 기원하는 이율배반적이 될 수밖에 없다. 일제강점기 친일 세력과 지주계급들도 그랬다. "해방은 왜 되간" 중얼대면서.

이에 반해, 외국 군대의 철병과 나라의 평안 그리고 국왕의 만수무강을 기원한 민족적인 그림도 있었다. 이 같은 그림은 1235년도에 그려진 오백나한도의 화기가 증명한다[주 41][도판 210]. 그 하나의 그림에서 일당 오백의 내공으로 독립투쟁하는 오백나한의 특수부대를 보는 것 같다. 그리고 우리가 잘 아는 해인사 장경각에 보관되어 있는 국보 32호인『팔만대장경』이 있다. 이 경이 지닌 불력으로 몽골군을 격퇴시키려는 국가적인 민족적인 절절한 염원에서 고종 23년(1236)부터 38년(1251)에 걸쳐 16년 동안 조성한 재조대장경이다. 총 6,815권. 경판 수 81,258매. 8만 4천 법문을 실었기에 속칭『팔만대장경』이라 한다. 세계 대장경 중 가장 오래된, 가장 체계 있는, 가장 내용이 완벽한 것으로 인정받고 있다. 그래서 세계기록유산에 등재된 것이다. 그러니 이『팔만대장경』은 항몽의 상징, 아니 그 자체가 항몽의 화신이다.

이후 식민지가 되었지만, 이 항몽의 화신을 이어받아 민족정기에 횃불을 올린 '낙산' 관음신앙이 나타났다. 고승 체원이 의상 법사의 "백화도장발원문"에서 찾아낸 것이다. 그 주체적이고도 능동적인 발원문을 체원이 "백화도장발원문" '약해'로 요점만 알기 쉽게 재해석하여 서원한 것에 대해서는 앞에서 언급했다. 이 같은 재해석을 통해 신라의 이상적 해동관음, 즉 '백의'관음신앙이 고려 중생의 이상적 '수월'관음신앙으로 계승되어 확산되도록 기원한 것이다. 원의 백그라운드를 업고 침투한 어용적인 라마교계 '예참적' 백의관음신앙[도판 32]에 대해 고려는 예참과 대비되는 '결사적' 수월관음신앙으로 맞서기 위한 몸부림이라 볼 수 있다.

도판 124 다이토쿠지(大德寺) 소장 〈수월관음보살도〉. 이 그림은 '낙산 설화'의 내용대로 민족 주체적으로 번안하여 그린 그림이다. 국가의 독립, 왕실의 계승, 정치적 안정을 부처님의 힘을 빌려 역사적, 현실적, 구체적으로 구현해내기 위해 나라의 무한책임을 진 왕이 직접 발원한 희대의 걸작품이다. 종교적으로는 '그림 대장경'이고, 정치적으로는 '그림 독립 선언서'다. 비단에 채색. 227.9×125.8cm

그리하여 이 관음신앙이 주체화되면서 민족적으로 다양하게 전개되어 갔다. 즉, 국가와 왕업의 번영 및 변고, 재액의 소진을 기원한 '낙산관음경찬소'와 포악한 외국군의 퇴각을 간구하여 관음 화상에 점안하면서 올린 '최상국양단병점안소', 양유관음·수월관음의 도상 제작 등 국가 진호를 위한 관음신앙의 사례들이 집중적으로 다양하게 나타났다[주 42]. 고려의 호국 의례 가운데서도 양류·수월관음보살에게 의지하는 비중이 그만큼 컸던 것이다.

이상의 두 흐름을 비교하면 다음과 같다고 할 수 있다. 즉, 혜영이 지은 친원적 성격의 『백의해』를 바탕으로 하는 라마교적 백의관음보살 신앙이 원의 식민지 간섭을 찬성한 어용 세력이라면, 체원의 "백화도장발원문" '약해'를 바탕으로 한 민족적 수월관음 신앙은 독립지향의 성격이라고 말이다.

한편으로 이는 원의 식민지 간섭 아래 각 개인 중생이 희망 없는 현실에서 벗어나고자 하는 마지막 몸부림의 신앙적 표현임을 유추할 수 있다. 기댈 곳은 살아있을 때는 나라의 독립이라는 현실 정토를, 죽었을 때는 기복적인 내세 정토뿐이라고 본 것이다. 이 같은 비정상적이고도 암울한 시대에 수월관음은 일체 중생이 3.1운동처럼 온 나라 각 처에서 지성으로 애타게 함께 부르짖으면 [도판 209]처럼 경문의 모든 글이 하나하나 기적처럼 글자 그대로 나타나듯이 말이다. 즉, 간구하는 지역의 물물마다 간구하는 대로 보살의 모습이 동시에 밤하늘의 은하수처럼 장엄하게 하나하나 나타난다고 믿은 민중의 결기가 응집된 신앙이었다. 이는 그 무엇과도 비교할 수 없는 지대한 희망이었던 것이다. 원의 식민지 간섭에 희망을 잃은 중생이 '수월장엄'을 '수월관음'으로 업그레이드시키고 유행시키면서 국토가 정토장엄이 되고, 정토장엄이 모든 고려 중생의 마음을 극락으로 위무해 준다고 믿었을 테니까. 그러니 물이 있는 곳곳마다 희망이 터질 듯이 꽉 찬 만월의 모습으로 고고하면서도 신비하게 연기 및 영기화생으로 그것도 은하수처럼 천강에 장엄하게 나타나는 '물속 달'(水月)이 식민지 당대에서는 가슴을 여미게 그러면서 두근거리게 하는 신앙으로 유행될 수밖에 없었다. 수월관음 신앙이 특히 원의 식민지 간섭 시대에 유행하게 된 배경에서 볼 때, 고려 전 국민이 지성으로 비원한 종교적 항몽 운동임을 알 수 있다. 고려의 채색 수월관음도가 비슷한 시대 수묵으로 퍼진 중국·일본과 다른 큰 이유가 되겠다.

"백화도장발원문"은 현존하는 유일한 신라의 주체적인 백의관음과 관계되는 찬술서다. 동시에 이 발원문은 낙산 설화를 통해 그리고 "백화도장발원문" '약해'를 통해 신라의 해동백의관음 신앙을 고려의 수월관음 신앙으로 높이고 유행시키면서 그 정신적 지평을 민족적으로 새롭게 열어나가게 했다는 데에 큰 의미가 있다. 지금 이 관음상은 남아 있지 않지만, 낙산사에서는 역사의 변천에 따라 [도판 133]처럼 백의관음으로(처음엔 용이 바친 옥으로 만들었다는), [도판 119]처럼 수월관음보살로(이규보가 그 보살을 수월수상이라고 언급했으니), 오늘날은 [도판 3]처럼 해수관음으로 이렇게 다양하게 전해지고 있다. 그러고 보니 낙산사에는 백의관음(홍련암), 수월관음(원통보전), 해수관음(오봉산 정상), 즉 백의관음 계열의 보살을 다 봉안하고 있는 셈이다. 이로써 우리나라에서 고려시대에 그려진 세계 최고 수준의 수월관음도의 연원과 그 뿌리는 의상 법사와 원효 대사의 각각 알게, 모르게 친견한 (해동)백의관음에서 유래된 것을 전설적이든 역사적이든 이해하게 된다.

오늘날의 분단도 현대판 강대국의 간섭이지 않은가. 그러니 '통일은 대박'이지만 주위 강대국들이 한반도 지각판의 변동을 쉽게 허락할까. 그러니 순차적으로 통일 이전에 먼저 자유롭게 오갈 수만 있어도 좋겠다. 또한 그래야 지각판 변동의 주체적인 힘도 확보하게 된다. 그런데 독도문제는 완전하게 해결해야 한다. 그 방법 중에 일본이 걸어오는 얍삽한 시비를 무시하고 간단하게 해결(?)하는 방안이 있다. 그것은 미국에 독도가 한국의 영토였는지 아니었는지를 공개적으로 물어보는 것이다. 미국이 1945년 8월 15일 해방될 때 분단의 남쪽을 3년간 신탁통치로 책임진, 아니 패망한 일본까지도 함께 통치했기 때문이다. 그러니 독도 영유권 시비 문제는 결과론으로도 미국의 책임이 직간접적으로 있다. 그 대답을 통해 제2의 '태프트·가쯔라' 속셈의 여부도 알 수 있고, 세계사 속 우리의 정치적 위상 정립에도 도움이 되는 것은 물론 독도문제를 기화로 우리의 국력 수준을 객관화시켜 국민에게 체감시키고 새로운 자리매김을 준비하면서 세계에 핫이슈로 알리는 좋은 기회가 될 수도 있다. 또다시 한국전쟁 같은 세계사적 분쟁의 파편이 튀지 않도록 해야 한다. 그런데 미래의 세계 제패를 꿈꾸며 새로운 냉전을 암시하는 오커스(AUKUS)가 아시아권에서 형성되고 있으니. 아니, 그 전초전이 유럽에서 러시아의 우크라이나 침공으로 현실화되고 있다. 이럴 때일수록 국민이 화랑도처럼, 결사 운동처럼 마음의 촛불을 켜고 있어야 한다. 대통령이 이번 6월 30일 NATO 정상회담에 참석한 것은 어떤 영향을 미치게 될까.

해방 직후 항간에는 "미국 놈 믿지 말고, 소련 놈에 속지 마라. 일본 놈 다시 일어나고, 되놈 되 나오니 조선 사람은 조심하자"는 얘기가 나돌았는데, 그 말은 신냉전이 형성되는 오늘날 특별히 참고된다. 그 유효성으로서의 타개책은 자력 국방에 따른 무기의 과학화이고, 외교력의 세계화이다. 지금까지 전자는 북한의 노선이었고, 후자는 우리의 노선이었다. 문대통령시에 남과 북은 UN에서 통일 대박을 위해 함께 주위의 영향권을 넘어서는 정치적 선언이 필요했는데. 그 선언의 기조는 생태-휴머니즘을 바탕으로 한 화쟁의 방정식이어야 함은 물론이다. 이번 정부도 유엔에서 결의로 유도해 낼 수 있는 능력이 있으면 좋겠다. 정치란 사간(史間)에서 사필귀정(史必歸正)의 원리를 현실적, 합리적으로 추구하는 것이니까.

역사 교과서의 '국정화'가 한때 문제로 제기된 적이 있었다. 일부 세력에서 역사의 정설(正說)을 만들겠다는 오만에서였다. 역사에 정설은 없다. 논쟁을 거쳐 시대정신에 맞는 정설(定說)만 있을 뿐이다. 따라서 관점에 따라 다른 정설의 역사서술이 있는 것이 미래지향적으로 건강한 학문이며 또한 당연지사다. 정치에서 여야가 있듯이. 그런데 국정화라는 당당한 이름에 어울리지 않게 은밀한 사람들이 비밀스러운 장소에서 꼼수로 서술한 것이 드러났다. 또한 지금까지 국민의 이름으로 임시정부 수립일(1919. 4. 13)을 건국일로 보던 역사에 태클을 걸고 있다. 건국일이 정부 수립일(1948. 8. 15)이라는 주장이다. 이는 1919년 이후 1948년까지의 역사를 낭사(浪史)로 만들려는 처사다. 그리고 그 기간에 치열했던 독립운동을 무시하려는, 부끄러운 친일 행적을 유야무야시키려는 꼼수임은 물론이다.

역사는 국민의 이름으로 당당하게 써야 한다. 근현대에 우리는 근대화, 식민지, 해방, 분단, 한국전쟁, 독재화, 산업화, 민주화, K-문화, 선진국 등, 굵직굵직한 사건들을 겪으며 압축해 온 지난한 과정이었다. 만시지탄이지만 그 사건들을 경험한 전국의 어른들이 아직 한두 분이라도 생존해 계실 때, 구술로 담아 내야 한다. 그 가장 좋은 방법은 일반 민중들의 전국 면 단위 역사를 지역 일꾼들이 초고로 만들면 군 단위, 도 단위로 묶어 역사학자들이 국사로 정리하는 것이다. 그럴 때 보편적인 민중의 역사가 탄탄하게 정립된다.

북측도 체제의 한계를 느끼고 있으므로 이제는 좌빨의 걱정 없이 객관적으로 민중의 역사를 완성할 수 있게 되었다. 좌빨의 색깔이 지워지고, 깡 보수가 순화되면서 '빨'과 '깡' 속에 들어있던 과장, 미화, 변명, 억지, 가짜의 때를 세탁할 수 있게 된 것이다. 비로소 일그러진 근현대사가 "국민의 국민에 의한 국민을 위한" '역사를 역사답게'의 근현대사가 될 수 있게 되었다.

마지막으로 남은 우리의 역사적 화두는 안으로는 냉전의 찌꺼기인 분단에서 평화를 이루고, 밖으로는 지구촌 문화에 보다 품위 있는 한류로 기여하는 일이다. 〈임을 위한 행진곡〉을 합창으로 하느냐, 제창으로 하느냐 하는 쩨쩨한 시비를 넘어 통일과 한류로 새로운 르네상스를 지구촌에 알리는 통 큰 '생태를 위한 행진곡'을 K-문화의 힘으로 작사, 작곡해야 한다. 그래서 그 행진곡을 라데츠키 등 그 어느 행진곡보다 멋진, 그래서 지구촌 사람들이 축제마다 축제 속에서 행진하며 합창은 물론 제창으로도 지구 곳곳에서 부르게 말이다. 모두 함께 부르는 합창이야말로 진정한 축제이니까.

본 글의 주제가 되는 다이토쿠지 소장 〈수월관음도〉가 지금까지의 설명처럼 고려의 역사적, 정치적, 신앙적 배경 속에서 등장한 그림이다. 그런데 이 그림에는 타 수월관음도와는 차원이 다른 특징이 2가지가 있다. 먼저, 민족의 역사와 저력이 스토리텔링으로 담긴 낙산 설화와 관련되어 있다는 점이다. 그러므로 이 그림에는 신라의 역사적, 민족적, 신앙적 배경까지 오버랩되어 있으니 민족의 저력이 두 배로 들어 있음을 알 수 있다.

또 다른 특징으로는 친견 공양을 드리는 주인공이 선재동자가 아니다. 주체적인 신앙 의식을 나타내는 국가의 존망에 무한책임을 진 왕실 인물들이라는 점이다. 그러므로 이 그림에는 고려의 수월관음도 중 그 어느 그림보다 격이 높고 진실된 그리고 민족적 저력으로 비원을 절절하게 꾸밈없이 나타낸 것을 알 수 있다. 항몽 신앙의 그림 중 대표가 되는 그림이다. 그렇다면 공양 드리러 가는 이 주인공들은? 공양 목적은? 이는 뒤에서 밝혀진다.

2. 〈암굴의 성모〉 제작 배경

레오나르도 다 빈치[도판 125](이후, '다빈치'로 명기), 그의 모든 그림은 특이했다. 그 이유는 그림의 대상을 구체적인 관찰과 주체적인 생각으로 해서 유일무이한 표현 방법을 구도로 고안해냈기 때문이다[주 43]. 그의 이런 그림 그리기 태도는 근대 과학 활동의 초석을 놓는 데도 크게 기여하였다. 이 같은 태도가 가장 전형적으로 들어 있는 그림이 이 글의 주제가 되는 〈암굴의 성모〉다[도판 128].

도판 125 레오나르도 다빈치의 자화상(1510년경). 공증인이자 부유한 지주 가문의 사생아로 태어나(1452.4.15), 서자처럼 자랐으나 세계적인 거인이 되어 프랑스 왕 프랑수아 1세의 무릎에서 죽었다(1519.5.2). 트리노 왕립도서관 소장

이 그림 속 암굴에는 4명의 주인공이 만들어 내는 신비스러운 표

정, 눈짓, 손짓, 몸짓이 어둑어둑한 묘한 바위 동굴 속의 야생식물들과 함께하고 있다. 더구나 명·암으로 된 암굴의 안과 밖이 원근감 속에서 신앙의 단계까지 순서로 만들어 내면서다. 그러므로 더 신이하다. 종잡을 수 없는 미스테리가 도상 속에 촉촉하게 배여 있는 것이다. 그래서 이 그림을 아직도 베일에 가려진 그림으로 평가하고 있다. 그 베일을 벗겨보자. 여기에서는 먼저 〈암굴의 성모〉를 그린 다빈치의 삶의 역정(逆程)을 알아보고, 그 그림 속의 베일과 함께 그의 역정(歷程)도 살펴보자.

1) 다빈치, 삶의 역정(逆程)

레오나르도 다 빈치(Leonardo da Vinci)라는 이름에서 레오나르도는 라틴어 레오나르두스(Leonardus)에서 왔다. '사람'이라는 레오스(Leos)와 '향기로운 냄새가 나는 소박한 풀'이라는 뜻의 나르두스(nardus), 그래서 '향기로운 냄새가 나는 풀과 같은 사람'을 의미한다. 다(da)는 '~으로부터'라는 뜻을 가진 전치사이고, 빈치(Vinci)는 고향 이름이다. 피렌체에서 서쪽으로 약 32km 떨어진 투스칸 지방의 마을로 우리나라의 읍 정도에 해당한다.

그는 이름 그대로 빈치에서 태어나서 이름 없는 야생화처럼 향기로운 냄새를 풍기며 살았다. 그의 성품은 물론 인격 또한 그랬던 것 같다. 그것은 산타 트리니타 광장에서 미켈란젤로와 우연히 만났을 때 까칠하다지만 20년 이상 어린, 그것도 '몰락한' 명문가(?) 집안 출신인 그에게 사생아라 일방적으로 당하는 수모 속에서도 기품있게 품위를 지키는 태도에서 알 수 있다. 그리고 조국이 아니라 프랑스에서 그것도 프랑수아 1세 왕의 품에 안겨, 죽는 데서 그렇게 느껴지게 된다. 삶에서는 태어나면서부터 사생아, 서자라는 수모를 참아야 했고, 죽을 때는 타국 왕의 품에 안긴 모습이 그의 삶의 역정(逆程)을 상징한다. 그러나 그는 세상에서 이름 있는 사람을 넘어 위대하고 거대한 세계인이 되었다. 그의 향기롭고 높은 인격은 삶의 '역정'에서 피어난 올리브꽃이었고, 위대하고 거대한 능력은 깊은 '고독'에서 다져진 낙락장송이었다.

도판 126 〈그리스도의 세례〉(1475). 신약 시대를 알리는 예수에 대한 세례 요한의 세례

다빈치는 1452년 4월 15일 토요일 밤 3시 출생했다. 당시 시간은 해넘이부터, 즉 아베마리아 종이 울리는 만종 때부터 계산했으므로 밤 3시는 밤 10시 30분경이 된다고 한다. 꽃버들의 싹이 움트고, 올리브꽃이 봉오리를 터뜨려 작고 노란 자태를 뽐내던 싱그러운 봄날이었다는 것이다.

다빈치의 아버지 세르 피에르 다빈치(Ser piero da Vinci)는 귀족도 아니었고 특별히 부유하지도 대단하지도 않았지만, 지역적 기반은 탄탄했다. 고향에서는 적잖은 과수원을, 피렌체에서는 국제간의 상업이 성황을 이루면서 계약서를 작성하고 협상 여부를 입증하고 환어음을 보관하고 결재하는 등 당시 그 중요성이 크게 부각된 공증업에 종사했다. 우리나라 근대화를 이끈, 중인 집안처럼 신지식인으로서 상업의 수레바퀴에 윤활유 역할을 했다.

어머니는 카테리나(Caterina)라는 여인으로 알려져 있다. 어머니는 다빈치의 용모로 봐서 시골에서는 보기 드물게 모나리자 정도의 아름다운 미인으로 보인다. 그녀의 아버지는 소작농이었거나 여인숙의 머슴으로 보고 있다. 다빈치를 밴 지 6개월 되었을 때, 할아버지의 완강한 반대로 아버지는 눈물을 머금고 엄마와 헤어져야만 했다. 당시는 사랑보다 신분 차이가 더 중요했기 때문이다. 그것은 당시 아이가 사생아이거나 서자일 경우 그 아이의 어머니 이름을 기록하지 않는 것에서도 알 수 있다. 옛날에는 이탈리아나 우리나라나 기타 모든 나라들이 오십보백보였음을. 그해에 아버지는 돈 많은 집안의 16세 난 알비에라 디 조반니 아마도리와 결혼했다. 카테리나 그녀도 다빈치를 낳고

1년 6개월 정도 보살핀 후, 동네의 별 볼 일 없는 남자에게 시집갔다고 한다.

다빈치는 할아버지 집에서 학교 대신 자연을 배움터로 해서 성장했다. 그러면서 아버지가 피렌체에서 주로 생활했기에 엄마가 보고 싶으면 종종 걸어서 30분 정도 걸리는 집으로 찾아갔다고 한다. 엄마에 대한 그리움을 잊지 못했기 때문에. 의붓어머니 알비에라가 1464년에 아이를 낳다 죽었고, 할아버지가 2년 후, 얼마 후에는 할머니마저 세상을 떠나게 되었다. 한창 감수성이 예민한 시기였기에 그 이별의 아픔은 다빈치에게는 몹시 컸을 것이다. 이후 다빈치는 아버지의 보호 아래 피렌체에서 새로운 삶을 살아야 했다. 다빈치가 아버지를 따라 피렌체에 간 것은 15살 전후로, 아버지와 친구였던 베로키오의 공방에 들어가 그림을 배워, 17살 때(1469년) 그린 첫 작품이 남아 있다[도판 159]. 예술가로서의 천재성이 발휘되기 시작한 것이다. 그것은 다빈치가 [도판 126] 〈그리스도의 세례〉(1475)에서 천사를 그리는 실력을 본 후 스승 베로키오가 회화에 붓을 놓고 조각에만 전념했다고 전해 오는 얘기에서 알 수 있다.

다빈치가 아버지를 따라 피렌체로 갔을 당시, 피렌체는 '중세의 런던'이란 소문처럼 이탈리아에서 가장 상업이 발달하고 생동감 넘치는 도시였다. 당시 피렌체 정치의 중심은 시뇨리아(시의회)였다. 이 의회는 8명의 시뇨리(시의원)로 구성된 최고위원회에서 모든 안건을 처리했는데, 당시 시뇨리는 메디치, 리치, 알비지, 리돌피, 파지, 피티, 발로리, 카포니, 소데리니, 우피치, 스트로치, 루첼라이 등 대 길드의 부호들이었다. 이들은 피렌체의 정권을 장악하기 위해 각축전을 벌이기도 했다. 메디치가도 예외가 아니었다. 메디치란 이름의 유래는 잘 알 수 없지만, 한때 메디컬 길드에 소속되어 있었기 때문에 조상이 의사였다고 주장하는 학자도 있다.

나이가 들면서 그의 외모는 아름다운 곱슬머리와 함께 균형 잡힌 몸매를 가진 호남으로 그리고 생각은 지성으로 우아하게 빛났을 뿐만 아니라 매우 예의 바르고 세련되고 관대한 청년으로 성장했다. 그것은 최초의 미술비평가라는 바사리가 거의 과장이다 싶을 정도로 다빈치의 외모에 찬사를 보낸 데에서 알 수 있다. 이렇게 찬사를 보냈다. "뛰어난 아름다움과 무한한 우아함이 돋보이는 사람, 사람의 이목을 끄는 눈부신 외모여서 그가 모습을 드러내기만 해도 몹시 괴로운 영혼에게 위안을 줄 정도였다"라고. 이렇게 잘생긴 금발의 소년이어서 스승 베로키오가 그리는 그림에서는 라파엘 천사에게 여행길의 안내를 부탁하는 토비아스의 모델이, 메디치 가문의 주문으로 스승이 조각한 〈다비드〉에서도 모델이 되기도 했다. 우아함의 카리스마를 지녔음을 알 수 있다. [도판 125]에서처럼 노인의 모습에서도 그 품위가 유지되고 있음을 엿볼 수 있으니까.

더구나 과학자인 동시에 기술자요, 발명가이자 해부학자에 화가, 조각가, 건축가, 도시 설계자인 것도 모자라서 식물학자, 시인, 음악가, 철학자, 작가이기까지 한 종합 예술가인 다빈치에 대해 더 이상 무슨 말을 할 수 있을까? 그러나 당시의 수준은 오늘날 우리가 이해하는 각 분야에서의 전문적 수준은 아니다. 그러니 그 수준은 우리가 평소 인정해 주는 만물박사 정도에서 그 이상이었을 것이다.

20세(1472년)에 그는 화가 조합인 '성 누가공회'에 직업 화가로 등록했고, 1477년에는 개인 작업실을 열어 1482년경까지 그림을 그렸다. 그러나 그는 피렌체 주류사회의 핵심인 '메디치 신드롬'에는 끼지 못했다. 그를 인정한 줄리아노 데 메디치와 사귀게 되자마자, 그가 파치가의 음모에 의해 피렌체의 두오모에서 그것도 부활절날 예배 도중에 피살(1478)당함으로 다빈치 그의 삶은 더더욱 외로웠고 불안정했다. 이후 오랜 밀라노 체류라는 것도 주요 원인이었겠지만 피렌체에서 신드롬의 주인공은 되지 못했다. 신플라톤주의자가 아니었다는 것과 사생아 또는 서자라는 신분도 크게 작용했을 것이다. 이후 1482년부터 1503년 피렌체로 돌아올 때까지 밀라노에서 있었다. 그중 8년을 당시 권력자 루도비코 스포르차 일 모로(1451~1508)를 위해 일했다. 루도비코는 밀라노를 '이탈리아의 아테네'로, 자신의 가문이 메디치가 같은 명문가가 되기를 원했기 때문이었다.

메디치가의 뿌리를 찾을 수 있는 가장 오래된 선조의 인물이 1201년 코뮌회의 멤버 키아리시모 데 메디치다. 이후 가문을 일으킨 아베라르도 데 메디치는 대담한 사업과 영민한 재정관리로 큰돈을 벌었으며, 그의 손주 조카 조반니 데 메디치가 1421년에 도시 장관에 기용되면서 메디치가를 사람들에게 가장 사랑받는 가문으로 만들었다. 조반니 데 메디치는 1428년 아들 코시모에게 훌륭한 가문과 함께 금화 179,221 플로린의 재산을 남겨 주었다. 600여 년 전 당시와 지금의 화폐 가치는 잘 모르겠지만 오늘날 우리나라 돈으로 환산하면 대략 50억 원 정도에 해당한다. 코시모는 농장 그리고 실크와 방모사 제품을 생산하는 공장을 상속받아 생산한 제품을 유럽은 물론 러시아, 아프리카 북부 및 중동의 이슬람 국가들에까지 수출했으며 터키인이 제조한 제품들을 수입하여 판매했다. 그는 사업에 전념하면서 정치에도 관심을 가져 피렌체가 루카와 전쟁하는 데도 그 기간 중 거액을 정부에 빌려주기도 하였다. 이후 메디치가의 번영은 교황에 즉위한 식스투스 4세(재위, 1471~1484)가 메디치가에게 지속적으로 교황청의 재정을 담당해 줄 것을 요청한 데서 알 수 있다. 이 같은 메디치가의 번영은 '일 마그니피코'(il MagniFico, 위대한 자)라 불린 로렌초 데 메디치(1449~1492)에 이르러서 정점에 오른다. 그는 메디치 신드롬을 형성하면서 피렌체 신드롬으로 업그레이드시켜 르네상스의 메카로 만들어 낸 주인공이다.

우리나라에서 메디치가와 비견되는 집안이라면 여러 집안 중 12대 만석꾼으로 노블리스 오블리주를 보인 경주 최부자집도 그중에 들지 않을까. 그 집안이 지혜롭게 이뤄낸 인물, 재물, 문물은 최씨 집안을 모범적인 가문으로는 크게 일구었지만, 아쉬운 점은 메디치가처럼 가문을 넘어 사회와 국가를 위한 정치적·문화적 역할에는 세상이 눈치를 줘서 그랬는지는 몰라도 '알아서 기었다'는 점이다. 그러나 근현대에 이르러서는 나름대로 역할을 적극적으로 했다. 즉, 상해임시정부에 독립운동 자금을 대고, 교육사업에 직접 참여한 것이다. 독립운동 자금에서는 마지막 최부자였던 최준이 해방 후 궁금한 것이 많아 김구 선생을 만나러 경교장에 갔다. 경비원에게 경주에서 온 최부자가 만나 뵙고 싶다고 전했더니, 김구 선생이 맨발로 뛰어나오다시피 하며 반겼다는 얘기가 있다. 하지만 교육사업에서는 설립한 대학의 운영권을 위탁받은 모 CEO가 사카린 사건 이후 쿠데타 독재 권력에 바치면서(?) 지붕 쳐다보기가 되었다. 오늘날 대구에 있는 모 대학이다. 노블리스 오블리주의 가문이 논(non) 노블리스 오블리주 정치지도자에 의해 증발된 것이다.

2) 조국을 떠나, 프랑스에서 말년을

476년 서로마제국 멸망 이후, 이탈리아는 강력한 절대 왕권이 아니라 도시국가의 집합체로 분열되어 이어져 왔다. 그런 까닭에 프랑스, 독일 등 이웃 국가들의 침략에 속수무책이었다. 프랑스 왕 프랑수아 1세는 이 같은 이탈리아를 침공한 후 그 예술품에 놀라고 탐이 나서 1517년 봄에 다빈치를 초대했다. 그래서 그는 또다시 피렌체를 떠나, 요즈음이라면 그가 설계한 비행기로 갔겠지만, 당나귀를 타고 밀라노를 경유해 알프스를 넘어 프랑스의 앙부아즈로 갔다. 왕은 그에게 최고의 대우와 함께 화가, 건축가, 기계 전문가로 임명했다. 만년에 프랑스 왕의 후원을 그의 명성에 걸맞게 받은 것이다. 그래서 그는 왕이 제공한 왕궁과 가까운 별장 클로뤼세성에서 말년을 마음 놓고 편안히 연구에 열중할 수 있었다[도판 127]. 오늘날로 비유하면 국빈 대우로 특별

도판 127 프랑스 앙부아즈에 위치한 클로뤼세성이다. 레오나르도 다빈치가 생의 마지막 3년을 이곳에서 보내다 죽었다.

초빙받은 화가, 건축가, 과학자다. 다빈치가 1518년 6월 19일 프랑스 국왕을 위한 파티를 클로뤼세성 정원에서 열었다. 이 파티는 다빈치가 주도한 마지막 행사로 알려져 있다.

이후 그 어느 날 다빈치는 클로뤼세성의 작업실 책상에 앉아 기하학 연구에 몰두했다. 그때 그는 미네스트론(minestrone, 밀라노식의 진한 야채 스프)을 드셔야 한다는 가정부 마투린이 다정하게 외치는 소리를 들었다. 그 말을 듣고 다빈치는 펜을 내려놓았다. 좋아하는 스프가 식기 때문에. 이후 다빈치는 그 글을 잇지 못했다. 그가 평생을 바쳐 탐구하고 글을 쓰며 수행해 온 위대한 작업은 '미네스트론~'이라는 한마디 말에 중단되었다. 식사하기 위해 일어나려다 쓰러졌다고 한다. 다빈치는 1519년 4월 23일 67회 생일이 지난 며칠 후 증인 앞에서 유언장을 작성했다. 바사리에 의하면 다빈치의 병명은 알려지진 않았지만 사망하기 전 몇 달 동안 앓았다고 한다. 아마도 고혈압에 따른 뇌졸증, 한방에서 말하는 소위 (중)풍 종류의 질환으로 본다. 아무튼 사생아로 태어난 것은 물론 생애에서도 서자처럼 불운한 천재였다. 최초의 미술사가 바사리(1517~74)는 다빈치의 참회에 대해 이렇게 적었다.

> 그는 임종이 가까웠음을 느끼고 기독교 신앙의 교리를 배우고 신성한 종교에 간절히 귀의하고 싶어 했다. 그리고 통렬하게 후회하고 한탄한 후 고해를 했다. 홀로 일어설 수 없어서 친구와 하인의 부축을 받으며 침대에서 영세를 받았다. 다빈치는 자기 예술의 추구에 더욱 열심이지 못했던 일로 하느님과 인류에게 죄를 지었다고 천재적 예술가로서의 마지막 고백을 했다.

프랑수아 왕이 소식을 듣고 방문했고, 다빈치는 겨우 몸을 추슬러 침대에서 일어나 왕에게 자신의 병과 그 증세에 대해서 어눌하게 설명했다. 국빈으로 대접한 왕에게 성과도 내지 못했으니 마지막 고백이 이해가 된다. 얼마나 미안해하며 얘기했을까. 그러다가 침묵과 함께 갑작스러운 경련을 일으키자

왕이 그에게 다가가 머리를 받쳐 주고 부드러운 말로 위로하면서 고통을 덜어 주려고 했다. 바사리는 그가 왕의 품에 안긴 채 영예로운 임종을 하였다고 적었다. 그의 고향 피렌체에서 죽지 못하고, 1519년 5월 2일이었다.

장례식이 다빈치의 희망대로 준비되지 못했기 때문에 시신은 임시로 매장되었다. 그 후 프랑수아 1세의 배려로 1519년 8월 12일에 비로소 그의 희망대로 프랑스 앙부아즈의 생 플로랑탱 궁정교회 예배당 마당에 안장되었다. 죽은 지 100일 만이다. 하지만 교회가 왕실과 관련되어 1789년 이후 프랑스 혁명 기간 동안 수난을 겪으면서 황폐해졌다. 교회는 파괴되었고, 무덤 돌을 포함한 모든 돌은 혁명의 소용돌이 속에서 성의 보수에 사용되었기 때문이다. 교회의 정원사가 묘지에 흩어진 뼈들을 샅샅이 주워 마당 구석에 묻었다고 전해지는데, 다빈치의 뼈도 그곳에 묻혔을지 모른다. 그래서 그 누구도 다빈치의 무덤을 알지 못한다. 1802년 황제 나폴레옹은 원로원 의원 한 명을 선임하여 앙부아즈의 기념물들을 복구하라고 명령했다. 하지만 원로원 의원은 생 플로랑탱 예배당은 너무 많이 파괴되어 도저히 복구할 수 없어 보인다고 보고했다.

1863년 아르센느 우사예라는 사람이 생 플로랑탱이 있던 자리를 발굴했는데, 수습한 파편 속에서 다빈치의 것으로 추정되는 묘석 조각과 거의 완벽하게 보존되어 있는 해골을 찾아냈다고 한다. 이 유골은 현재 앙브아즈성 안의 작은 생 위베르 성당 안에 묻혀 있다. 하지만 이 유해가 다빈치의 것이라는 유일한 근거는 골상학에 관심을 가진 시인이자 다빈치의 열렬한 팬인 우사예 그만의 추론일 뿐이다. 바사리는 『화가, 조각가, 건축가의 생애』에서 다빈치를 이렇게 묘사했다. "하느님이 천국에서 우리에게 보낸 사람. 그는 사람이라기보다는 신에 가까웠다"라고.

다빈치는 도덕적으로 엄격한 삶을 살았고 말과 행동에 교양미가 넘쳤다. 또한 건장한 체구에 다른 사람보다 힘이 강해 심지어 말의 편자를 한 손으로 구부러뜨릴 수 있었다고 한다. 그는 평소 호기심이 많았고 오묘한 대자연을 탐구하는 데 조금도 싫증을 느끼지 않았다. 그리고 글을 쓰거나 그림을 그리는 것을 제외한 거의 모든 시간을 혼자 깊이 사색하는 데 보냈다. 다빈치는 고독할 때 영혼이 가장 맑고 깨끗해지며, 혼자일 때 자연을 정확히 감지할 수 있다고 했다. 즉, "혼자일 때 비로소 인간은 완전한 자기 자신을 만나게 된다. 만약 누군가 곁에 있다면 반쪽의 자신만을 만날 뿐이다"라고. 그 깊은 고독에서 위대하고 거대한 능력을 선방에서처럼 내공으로 쌓은 것이다. 그런 그에게 아쉬운 점은 [도판 182]처럼 미완성으로 남긴 작품이 많다는 것이다. 그것은 불가피하거나 불운한 외부적 환경조건이라기보다는 그의 느긋한 성격과 서두르지 않는 습관에서다. 즉, 책임감 부족과 지나친 주체성 때문이라는 평이다. 어쨌거나 메디치가와 연결되었더라면 훌륭한 그림이 보다 더 많이 인류의 유산으로 남아 있었을 텐데 하는 아쉬운 점은 남는다.

그의 전체적인 삶의 흐름을 크게 정리해 보면, 거대성에 비해서는 역정(逆程)의 삶이었다. 즉, 어릴 때 사생아로 태어나 서자처럼 살면서 부모의 따뜻한 사랑을 받지 못했다. 화가로서의 활동에서도 출신 신분 때문에 '메디치 신드롬'에 끼지 못했고, 인정은 받았지만, 밀라노, 프랑스 등 피렌체 신드롬의 변두리를 돌았다. 삶의 마감도 고향이 아니라 타국에서, 그것도 중풍으로 몇 달을 고생하며 앓다가 외롭게 죽었다. 무덤마저도 프랑스 혁명의 와중에서 교회 마당에 조성한 죄 아닌 죄(?)로 황폐화되어 사라져버렸다.

그는 이 같은 역정 속에서도 고독을 넘어 영혼을 향해 열심히 살았다. 그래서 〈모나리자〉 같은 세계 최고의 그림을 그려냈다. 하지만 기독교의 관점에서 그리고 과학화라는 안목에서 보면 〈모나리자〉보다 훌륭한 그림이 이 〈암굴의 성모〉다. 역정 속의 고독을 넘어 영혼 구원을 그의 평대로 "영혼을 향한 창"을 통해 심안으로만 보이는 구원 시스템으로 도상을 창안해 냈기 때문이다. 그리고 그 누구보다 휴머니즘을 바탕으로 한 20여 년간의 법정투쟁을 통해 르네상스를 견인해 낸 대표적인 그림이므로.

3) 〈암굴의 성모〉에 들어 있는 역정(歷程)

르네상스 당시, 교회에서 주문하던 제단화는 주요 공방에서 가장 흔하게 거래되던 예술 품목이었다. 그러므로 베로키오의 도제에서 독립한 후 다빈치는 그 계약을 따내는 과정에서 선배나 동료들과 경쟁하기도 했다. 또한 제단화를 제작한다는 것이 잘못하면 불리한 법률 소송으로 이어질 수 있다는 것도 그는 잘 알고 있었다. 왜냐하면 당시 화가는 신학에 끼어들 자격이 없었다. 오직 그림을 주문하는 성직자들만이 그림의 구도와 그리고 색채 및 배치에 대해 이러쿵저러쿵 미술가에게 일방적으로 요구할 수 있었기 때문이다. 그래서 다빈치처럼 주체적인 관점에서나 신학적인 안목에서 똑똑하고 할 말이 많은 화가에게는 모든 것이 성직자에 비해 법적으로 불리했다. 그것은 787년 니케아 공의회에서 동방교회의 성상 파괴 운동을 거부하고 성상 숭배를 부활시키면서도 그 부활에 제약을 가하는 다음과 같은 법령을 제정했기 때문이다. 즉, "그림의 구상을 화가가 창작해서는 안 되며, 반드시 전통과 교회 규칙에 의해 통제되어야 한다." 따라서 이 법령에 따른 강제된 그림만 요구되었지, 창작의 자유와 권한은 주어지지 않았다.

이 같은 상황에 대해 화가들은 자존심이 몹시 상해 있었다. 게다가 예술가들의 사회적인 대우는 푸줏간이나 갖바치 비슷한 수준이었다. 르네상스의 문이 열리면서 이 같은 처우에 대해 그동안 침묵했던 예술가들이 자신들의 존재 가치와 존엄성을 주장하기 시작했다. 귀족 출신으로 만능 엘리트였던 레온 바티스타 알베르티(1404~1472)도 그의 저서 『회화론』(1435)에서, "미술가란 학식 있고, 미술작품이란 천부적 재능이 담긴 개인의 독특한 표현"이라며 역사상 처음으로 화가들의 입장을 옹호했다. 다빈치도 알베르티에게서 '미술의 과학화' 등 많은 영향을 받았다. 이후, 화가도 학자나 철학자나 과학자의 반열에 속해야 한다고 처음으로 신분 상승을 주장한 사람이 있다.

그는 최초의 인문학적 미술 비평서이자 자서전인 『코멘터리』(1447)를 저술

도판 128 레오나르도 다빈치가 그린 〈암굴의 성모(1)〉 중 중앙 패널 (1483~1485년). 1483년 4월 25일 작성된 계약서에는 1483년 12월 8일 이전에 마쳐야 한다는 조항이 있었다. 하지만 무슨 이유인지 2년이 더 걸렸다. 그리고 주문대로 그리지 않았다고 해, 또 다른 그림이 그려졌다. 그 후 이 그림은 르네상스를 기반으로 종교개혁을 예보한 역사적인 작품이 되었다. 캔버스에 유채. 199×122cm. 루브르박물관

했으며, 그 유명한 피렌체 두오모의 세례당 청동 문을 주조한 최고의 조각가 로렌초 기베르티(1378~1455)였다. 그는 조각가와 화가는 문법, 기하학, 철학, 의학, 천문학, 원근법, 역사, 해부학, 미학, 디자인, 산수 등 모든 인문과학에 대한 견고한 지식을 소유해야, 즉 만능인 곧 르네상스맨이 되어야 한다고 주장했다. 왜냐하면 용감한 군인을 잘 그리려면 전쟁술을 잘 알고 자신도 용감해야 하며, 음악가를 그리려면 음악을, 웅변가를 그리려면 수사학에 능통해야. 그러니 모든 분야를 다 잘 그리려면 만능인이 되어야. 화가의 신분 상승을 향한 엄청난 자기 실력을 전제한 것이다. 그런데 다빈치는 이런 주제들을 섭렵했을 뿐만 아니라 그 이상을 추구했다. 르네상스맨의 전형이었다.

산 프란체스코 그란데 성당은 당시 밀라노에서는 두오모 다음으로 큰 성당이었다. 그 교회에 부속된 콘체치오네 예배당은 14세기 밀라노의 유력한 지배자 중의 한 사람이었던 잔 갈레아초 비스콘티, 그의 아내인 베아트리체 데 스테에 의해 지어졌다. 1576년 파괴되어 지금은 없지만. 당시 갓 생긴, 밀라노의 부유한 가문들로 구성된 클럽이 자랑스럽게 운영하던 '원죄 없이 잉태된 성모협회'(이하 '성모협회')로부터 산 프란체스코 그란데 성당에 봉안될 제단화를 그려달라는 주문을 다빈치는 받은 것이다. 그 그림이 〈암굴의 성모〉다(그런데 부속 교회인 콘체치오네의 제단화를 수도사들이 주문한 것으로 보는 얘기도 있다).

당시 마리아가 예수를 잉태할 수 있었던 '수태고지'는 마리아의 '무염시태' 때문이라는 새로운 교의가 만들어졌다. 이 새로운 교의를 지지하기 위해 '성모협회'를 만든 것이다. 그런데 당시 만들어진 무염시태 교의에 대해서 맞니 안 맞니 하는 논쟁이 뜨거웠다. 무염시태란 마리아도 그의 어머니 안나에 의해 잉태된 순간부터 원죄에 물들지 않았다는 의미다. 당시 부부관계로 태어난 보통 사람과는 다르다는 의미를 강조하기 위해서였다. 이 무염시태 교리를 성모협회처럼 지지하는 세력들이 지배 계층에서는 많았다. 보수 신학을 강화하려는 의도였기에. 성모협회에서 그림을 주문한 의도도 성모 숭배 강화에 있었다. 르네상스 정신에 따라 진보 신학이 강화되면서 보수 신학이 불안했기 때문이었다. 그러므로 〈암굴의 성모〉에는 그 어느 그림보다 무염시태로서 '성모의 중보자' 역할을 성스럽게 강조해 줄 것을 주문자 측에서 요구한 것을 알 수 있다.

그림을 주문받은 다빈치는 〈암굴의 성모〉 그림에 대한 계약서를 작성했다. 자신과 함께 그림 그릴 프레디스 집안의 암브르조와 에반젤리스타 형제 그리고 그림 주문자인 "성모협회" 간에. 공증인으로는 안토니오 디 카피타니가 입회한 가운데서다. 1483년 4월 25일에. 이 서류에는 다빈치만이 장인 칭호가 있었다. '계약서'를 보면[주 44], 이 그림은 애초에는 다빈치가 주문받은 것이 아니라 암브로조가 받은 것으로 되어 있다. 그러니 이 그림은 암브르조가 밀라노에 갓 온 장인 신분의 다빈치에게 중요한 부분을 의뢰한 것으로 본다. 법조인의 도움을 받아 수도원장이 반은 라틴어로, 반은 통속어로 썼다. 그런데 앞부분에는 갖가지 기도문과 긴 법률이 복잡하고 까다롭게 쓰여 있고, 그 뒤에 본 그림의 주제, 구도, 구성에 대한 계약 내용을 세세히 밝혀 놓았다. 예를 들면, "중앙에 있는 두 선지자에게 둘러싸인 성모 마리아에게는 초록색 안감을 댄 군청색과 황금색 수단 옷을 입힐 것이며, 붉은색 래커를 엷게 칠한 위에 금칠을 하고…" 등등. 계약서에 이미 글로 다 그려놓은 것이다. 그리고 싶은 대로 그릴 수 있는 것이 아니었다. 그림의 도상까지도 중세라는 체제 아래에 놓아 간섭한 것이다. 그러니 화가라도 그림 그리는 것이 즐거운 것이 아니었다. 조금이라도 계약서와 다르면 책잡히니까. 다빈치가 "계약서란 화가들이 신학자들에게 우롱당하기 위해 존재한다"고 한 얘기가 이해가 간다.

계약서에는 그림을 10년 동안 보증해야 한다는 단서도 적혀 있었다. 당시는 유화가 나온 지 얼마 되지 않아 그 영구한(?) 수명을 몰랐기 때문이다. 마지막으로 이 그림은 성모 무염시태 축일인 1483년 12월 8일 이전에 반드시 끝내야 한다는 조항이 강조되어 있었다. 다빈치가 이렇게 빨리 여덟 달 반 만에 작업을 끝맺겠다고 약속할 수 있었던 것은 그가 평소에 그려진 적이 없는 이 주제를 이미 생각해 두었던 것으로 보고 있다. 그것은 [도판 182]의 그림에서 추정할 수 있다. 그런데 그 약속을 어떤 이유에서인지 지키지 않았다. 그것도 2년이나.

도판 129 계약서의 〈암굴의 성모〉 제단화와 비슷한 형태(가운데 패널이 좌우 패널보다 더 높아야 한다). 그중 가운데 패널에는 다빈치의 [도판 128] 그림이, 좌우의 패널에는 암브르조의 그림이 그리고 에반젤리스타는 그림 전체의 액자에 금칠 및 채색과 조립을 맡았다.

이 계약서는 피렌체에서 밀라노에 온 이후 다빈치에 대한 첫 기록이다. 함께 그리게 된 이들 프레디스 집안사람들은 다빈치가 밀라노 생활 초기에 가장 밀접한 관계를 유지했던 이 지역 토박이 예술가들이었다. 이 가문은 4명의 형제가 왕성하게 활동해서, 그들이 운영하는 프레디스 작업장은 한창 번성하고 있었다. 이들 가족의 구성원은 형제가 6명으로, 다양한 재주를 지녔다. 맏이인 베르나르디노는 메달과 장식 융단의 밑그림을 그렸고, 귀머거리에 벙어리인 크리스토포로는 세밀화를 잘 그렸으며, 에반젤리스타는 나무를 다루는 조각가였고, 암브로조는 화가였다. 특히 그는 왕자의 초상화, 공작부인의 그림, 막시밀리안 황제와 스포르차의 초상화를 제작하기도 하였다. 형제 중 가장 잘나가는 화가였다. 다빈치는 이들 가문과 어떻게 알게 되었는지는 알려져 있지 않으나 (장인 칭호 때문에?) 친분을 맺게 되면서 이 가문의 두 형제, 즉 에반젤리스타 그리고 암브로조와 동업자가 되었다.

〈암굴의 성모〉에 대한 계약 내용은 다른 책에서도 상세하게 서술하고 있다 [주 45]. 즉, 3단으로 된 제단화 전체에서 가장 큰 중앙단 패널 그림은 예배자의 시선을 집중시키는 도상이어야 하고, 그 구도는 천사들과 두 무리의 예언자들에 둘러싸인 성모자이어야 하며, 중앙단 패널의 날개인 좌우의 직사각형 패널에는 음악을 연주하며 노래 부르는 네 천사가 그려져야 한다는 내용이었다. 그 그림 전체의 형태는 [도판 129] 같은 식의 모양이었다. 〈암굴의 성모〉는 완

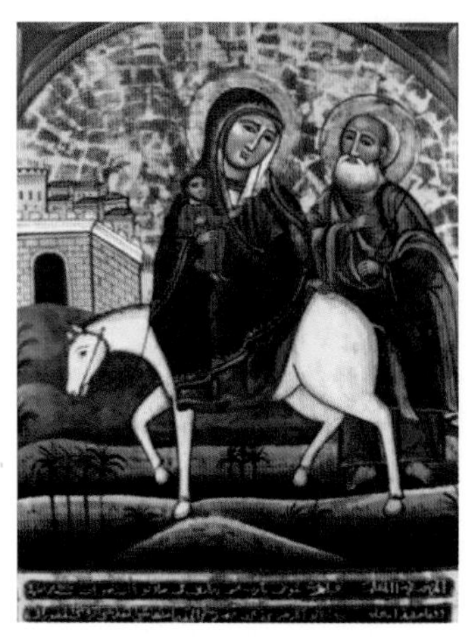

도판 130 이집트의 '아기예수 피난 교회'에 걸린 이집트로 피신하는 성 가족 그림

성 후 '성모협회'에 넘기면 그만이라는 생각으로 다빈치는 프레디스 가족의 공방에서 자유롭게 그림을 그렸다고 전해진다.

다빈치와 그의 동료들은 당시 자신들이 저임금을 받으며, 돈벌이에만 연연해하는 저질 예술가들이 아니라 최고의 장인이라고 주장하였다. 그는 이 그림의 대가로 200두카트(ducat)의 금화를 그리고 전문 감정가들에게 그림을 심사받아 좋은 평을 듣게 되면 따로 보너스를 받기로 했다. 그래서 다빈치는 그림을 인계한 후, 금화 100두카트를 보너스로 요구했으나 25두카트밖에 받지 못했다고 한다. 그림의 대가는 뒤로하고 보너스는 준 모양이다. 여하튼 그림은 감정가에게 좋은 평을 받은 것이다. 두카트는 13세기 이후부터 유럽 경제를 이끈 베네치아공화국의 금화였다. 1두카트는 4.5플로린, 1플로린은 25달러의 가치라고 하니, 1달러를 1,200원으로 환산하면 〈암굴의 성모〉 사례비는 우리나라 돈으로 2,700만 원 정도다. 보너스까지 합치면 3,000만 원이 좀 넘는다. 참고로 600년 전이다.

'유대인의 왕'이 베들레헴에서 태어났다는 말을 동방박사에게서 들은 헤롯왕은 베들레헴과 자기 영토에 있는 2살 이하의 모든 갓난아기를 죽이도록 했다. 하느님의 시종으로서 대변인의 역할을 맡고 있는 천사 가브리엘을 통해 꿈속에서 이 소식을 전해 들은 요셉과 마리아 그리고 아기 예수는 몰래 밤길을 떠났다[도판 130]. 그래서 이집트의 어느 사막에서 헤롯이 죽을 때까지 살게 된다.

다빈치는 지금까지 거의 그려진 적이 없는 이 피난 시절을 주제로 생각해 두었던 것 같다. 그래서 주제를 주체적인 관점에서 완전히 파악한 뒤에 〈암굴의 성모〉를 그리기 위한 붓을 잡았다. 그는 학자들의 책에서 얻은 지식에는 관심이 없었다. 그림의 과학화를 위해 언제나 이론을 실험을 통해 확인하였다. 그는 30세 남짓부터 생애 마지막까지 '거울 문자'라는 친필로 『노트 수고』를 남겼다. 현재 알려진 것은 약 8,000페이지다. 이 수고에는 다양한 분야에 관한 갖가지 내용이 적혀 있다. 자연 관찰, 천문, 물의 생태, 수학, 어학, 해부학, 지질학, 건축, 새의 날개, 기계나 병기의 발명, 수력에 대한 연구 등등. 이렇게 다빈치의 관심사는 놀랄 만큼 방대했다. 이 『노트 수고』에 대해 다음과 같은 평이 있다.

> 그는 자연에 대해 깊은 호기심을 느꼈고 창의적 정신으로 이 모든 것에 도전했다. 30구 이상의 시체를 해부해서 인체의 비밀을 탐구하기도 했으며, 자궁 속에서 태아가 성장하는 신비를 조사한 최초의 사람이기도 했다. 또한 파도와 조류의 법칙을 연구했으며, 곤충과 새들이 나는 것을 관찰하고 분석하는 데 수년을 보내고 언젠가는 현실화되리라고 확신한 비행기구를 고안하기도 했다. 바위와 구름의 형태, 멀리 있는 물체의 색채가 대기에 미치는 영향, 초목이 성장하는 것을 지배하는 법칙들, 음(音)의 조화 등이 그의 끊임없는 연구의 대상이었고 이것이 대기원근법 등 그의 그림 기법에 기초가 되었다[주 46].

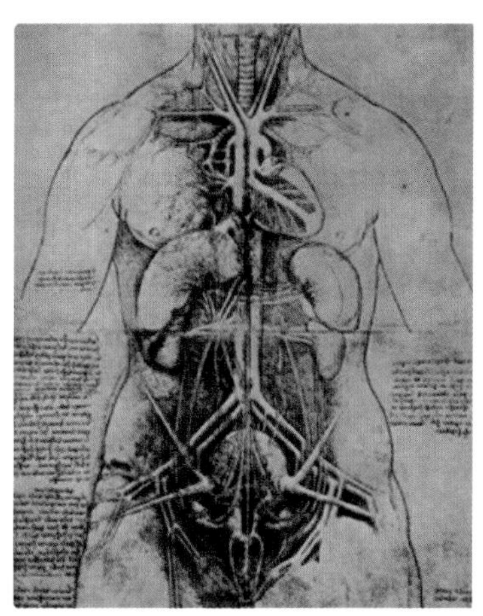

도판 131 레오나르도 다빈치의 인체 구조를 연구하여 『노트 수고』에 그린 인체 해부도

그림도 단순한 자연을 그리지 않고, 그 원인을 다양하게 따져 과학적으로 탐구된 자연을 예술로 승화시켜 그렸음을 알 수 있다. 즉각적으로 묘사된 자연이 아니라 사물의 궁극적인 원리를 파악하고 화가의 내적 감응에 매개된 자연을 보여주고자 한 것이다. 즉, 그림의 창조적 과학화였다. 〈암굴의 성모〉 그림이 그렇다. 그는 이를 위해 사물의 원인을 따져 보고, 숨어 있어 보이지 않는 영원성을

구원 시스템에서 보듯이 보여주기 위해 노력했다. 그래서 다빈치의 눈은 후세에 '영혼을 향한 창'이라고 불렸다. 다빈치가 과학화를 통해 이루어 낸 창조적인 미는 근원에 대한 궁금증을 체계적인 시스템을 통해 볼 수 있게 만드는 것이었다.

누드로 묘사되는 자세와 동작에서 몸을 정확하게 표현하기 위해서는 해부학적으로 힘줄의 모양과 작동 원리를 아는 것이 화가에게는 필수적이었다. 『노트 수고』에서 알 수 있듯이, 당시 그의 이 같은 인체 구조에 대한 해부학적 실험 연구는 그림의 정확성을 과학적으로 뒷받침하기 위해서였다. 즉, 서로 다른 뼈대, 근육, 힘줄의 위치와 생김새 그리고 그 움직임의 원리를 파악하기 위해서였다[도판 131]. 이렇게 눈으로 직접 관찰한 살아 있는 자연의 생동감을 과학적으로 살려내는 작업은 다빈치 이전에는 없었다. 기존의 형식을 되풀이하거나 남이 이미 한 것은 하지 않는 것이 그의 기질이었다. 이를 통해 이 글의 주제인 〈암굴의 성모〉 도상도 당시의 신학적 흐름에 있어서는 매우 혁신적인 구도였음을 느낄 수 있다.

그의 기질 그대로, 그래서 계약서대로 그리지 않았다. 그는 교회가 강요하는 교리에 초연했다. 성서를 주제로 그릴 때도 당대의 성서적 해석에 개의치 않고 자신이 해석하는 대로 그렸을 뿐이다. 그래서 성모의 중보심에 대한 그의 강조점은 성모가 천사, 예언자, 성인들에게 둘러싸여 단순히 존경받는 계약서상의 마에스타 구도가 되어서는 안 된다고 생각했다. 그보다는 성모가 지닌 '구원' 중보심을 체계적, 과학적, 가시적으로 느낄 수 있는 '시스템'으로 나타내야 한다고 판단했던 것이다. 예배자에게는 무엇보다 그것이 중요했기 때문이다. 따라서 성모의 중보심 강조를 4명으로 된 성상학적 교리로 해서 구원 시스템을 [도판 188]처럼 나타낸 것이 분명하다. 제단화이므로 주문자의 의도보다 사용자인 신도를 더 중요하게 생각했기에. 그래서 구체적인 관찰로 주체적인 해석을 해 유일무이한 구도를 고안해 그려낸 것이다. 사실 그런 자신이 없다면 계약서의 요구대로 그릴 수밖에 없지 않은가.

다빈치는 어떤 확신이 서면 의견을 절대 굽히지 않는 아주 고집 센 사람이기도 했다. 그래서 계약자에게도 보이지 않다가 완성된 후에야 이 그림을 공개한 것 같다. 다빈치는 이렇게 교회와 사회 전통이 화가의 자존심을 짓누르던 당시의 종교적 도그마와 사회적 차별에 대담하게 반기를 들었고, 스스로 자기의 길을 당당하게 목적을 완수하며 걸어 나갔던 비상한 힘의 소유자였다. 성모협회에서도 자기네 마음에 드는 화가로 여겨, 계약 기간을 넘긴 것을 책잡지는 않았던 것 같다. 그러나 구도와 양식을 어긴 것에 대해서는 가만 있지 않았다. 그래서 법적 다툼을 포함하여 20여 년간 싸울 만큼 다 싸운 후, 다빈치와 타협하여 두 번째 그림을 그리게 된 것 같다[도판 138]. 그것도 다빈치에게 양보를 많이 해서다. 그렇게 보는 것은 2차로 그린 그림이 성모협회에서 요구한 계약서상의 '마에스타'와 비슷한 구도가 아니라 다빈치가 1차로 그린 그림의 구도와 양식에 가깝기 때문이다.

그는 권력과 금력에 얽매이지 않은 최초의 자유로운 예술가로 활동했다. 이 같은 그의 강력한 정신력은 일반인들에게는 경외와 감탄의 대상이 되었다. 그는 미술가의 임무는 더 철저하게, 더 열정적으로, 더 정확하게 눈에 보이는 세계의 원리를 탐구하는 것이라고 했다. 본 글의 주제가 되는 〈암굴의 성모〉가 그 같은 열정으로 그려진 그림 중의 하나다. 성모협회에서 강요처럼 일방적으로 요구한 주제의 내용보다 더 효과적인 구도, 형태, 상징을 과학적인 기법으로 담아 주체적으로 그렸다. 그리고 이 도상을 지키기 위해 20년 이상 싸워 나갔다. 이처럼 이 그림은 당대 교회적 도그마와 사회적 차별에 반기를 들고 나간 그의 그림 중 대표가 되는 그림이었다. 계약서대로면 그가 그린 중앙 패널에는 [도판 94]처럼 성모자가 좌우 패널에 있는 천사들과 두 무리의 예언자들에 둘러싸여 있어야 했다. 그러나 그는 자신의 성상학에 따라 4명만 그렸다. 즉, 성모와 아기 예수를 제외하고는 천사는 1명에, 계약서상에 있어야 할 예언자는 없고, 계약서에 없는 세례 요한을 아기 예수에 맞춰 아기로 그렸다[주 47]. 예수보다 6개월 형이니까.

4) 〈암굴의 성모〉 속에 들어 있는 베일

이 작품에 대해 서구의 미술사학자들은 몇 가지 문제를 제기하고 있다. 그러면서 그 문제는 앞으로도 결코 해결되지 않을 베일 속의 미스터리로 생각하고 있다. 즉, "왜 천사가 보는 이의 시선을 끌기 위한 형식적인 손짓을 하는지?", "왜 아기 요한이 가장 중요한 위치에 놓였는지?" 등에 대해서. 그러나 이 같은 미스터리는 이 그림에 내재되어 있는 구원 시스템을 파악하지 못한 데에서 나올 수밖에 없는 의문점들이다.

괴테는 "도대체 저게 뭐지. 뭘 그린 거야? 왜 저렇게 그렸을까? 생각되는, 그 의문을 풀려면 ① 그 의도가 무엇인지? ② 그 의도가 작품에 잘 구현되었는지? ③ 그 의도는 그렇게 그릴 만한 충분한 가치가 있는지?"를 살펴야 한다고 했다. 그러니 육안으로 살펴서는 안 될 것이다. 다빈치의 눈처럼 '영혼을 향한 창', 즉 심안으로 살펴야지. 그래서 보는 것에서 보여지는 것으로 역전되어야 한다. 그럴 때 육안으로는 좀 어색했던 도상이 심안에서는 아주 자연스러운 도상임을 알게 된다. 이 그림 〈암굴의 성모〉가 그렇다. '영혼을 향한 창'으로 나타낸 구원 시스템이 괴테가 의문을 풀라는 ①, ②, ③의 의도보다 더 잘 부합되어 있음을 알게 된다. 이 그림의 존재 이유이니까.

다빈치는 더도 말고 덜도 아닌 성모를 포함한 이 4명만이, 성모가 지닌 중보자의 역할을 성스럽게 나타내기에 가장 효과적이라고 보았다. 그에게는 성모협회에서 무염시태를 보다 강조해 줄 것을 요구한 도상보다 더 심오한 내용인 구원 시스템을 이 4명으로 담아낼 수 있었기 때문이다. 인물이 그보다 적거나 많으면 구원을 시스템으로 그려낼 수 없기에. 즉, 성상학(聖像學)의 관점에서 이 4명만이 이 그림 속 구원 시스템에서 그 완결 구도를 이룰 수 있기 때문이었다. 그래서 계약서대로 그리지 않았다.

당시 계약한 내용의 성모화는 [도판 94]의 〈마에스타〉처럼 옥좌의 성모로 테오토코스로서의 성모가 성인들과 천사들에 둘러싸여 존경받는 그림이어야 했다. 그런데 그와는 반대로, 보다 휴머니즘에 입각해서 사람의 감정을 가진 땅 위의 성모로 그렸다. 이렇게 계약서대로 그리지 않아 이 그림이 소송으로까지 가게 되었다. 이것이 보기에는 똑같은 그러나 아주 다른 〈암굴의 성모(2)〉가 하나 더 그려지게 된 배경이다. 당시 일반인들은 문자를 전혀 몰랐고, 라틴어로 이루어지는 기도 내용 역시, 우리나라의 법당에서 『반야심경』의 독경처럼 알아듣지 못했다. 따라서 교회 내부의 그림들은 글을 알지 못하는 일반 예배자들에게는 기독교 교리를 해설하는 참고서였다.

르네상스 당대까지도 '돌로 된 동굴'(암굴)이 좁은 문으로서 천국으로 들어가는 영험스러운 교회를 상징한다고 생각했다. 교회를 영원한 반석인 예수로 은유화했기 때문이다. 그래서 돌로 된 서양의 모든 성당에서 정문을 보면, 마치 동굴 안으로 들어가는 듯한 움푹 파인 구조다. 그 구조의 상하좌우마다 온갖 조각으로 성경 내용을 치장한 것을 볼 수 있다[도판 86, 93 참조]. 하늘나라의 입구니까.

다빈치도 이 상징과 은유를 전제로 해서 그림을 그렸다. 그리하여 예배자들의 시선을 이 제단화 속의 암굴로 깊숙이 끌어들인 후, 반짝이듯 밝게 그린 네 성인을 거쳐 이상정토로서 찬란하게 빛나는 암굴 밖의 강촌마을을 소실점으로 만들어 끌고 나갔다. 즉, 예배자들이 촛불 켠 (산 프란체스코 그란데) 교회에서 예배드릴 때 그림 속 네 성인의 성상학적 역할이 암굴을 통과하는 구원 시스템임을 직감으로 깨닫게 하기 위해서였다. 그래서 굴속의 성인들을 눈에 띄도록 빛나게 영혼을 향한 창으로 그려 은총의 징검다리로 강조한 것이다. 이 〈암굴의 성모〉 제단화를 통해 하늘나라로 가게 되는 루트파인딩을 기쁨으로 확신케 하기 위해서다.

당대는 암굴이 천국으로 들어가는 교회를 상징했는데, 왜 그런지 화가들은 그 주제를 잘 그리지 않았다. 다빈치가 이같이 중요한 내용이면서 드문 주제를 시도할 수 있었던 것은 부활을 알려 주는(요한 20장 3-9절) 예수의 동굴 무덤에서 힌트를 얻은 데다 다행히도 그에게 특별한 동굴 체험이 있었기 때문으로 보인다. 동굴에서 공포와 더불어 느낀 욕망을 체험으로 해서다. 그가 『노트 수고』에 쓴 체험담은 이렇다.

> 음침한 바위 사이로 난 길을 따라 헤매다가 이전에 알지 못했던 커다란 동굴의 입구에 도달한 나는 놀라 몸을 구부리고 안을 들여다보려 했으나 깊디깊은 암흑 때문에 아무것도 볼 수가 없었다. 그때 마음속에 공포와 욕망이 동시에 불현듯 일어났다. 무서우리만큼 어두운 동굴에 대한 공포와 그 안에 뭔가 놀라운 것이 있지 않을까 확인하고 싶은 욕망이.

어디에 있는 동굴인지는 모르지만 커다란 동굴 입구에서 어두운 동굴 안을 들여다보았을 때의 느낌을 1480년경 서술한 내용이다. 깊디깊은 암굴 속에 공포와 동시에 욕망으로 존재했던 기억 속의 '놀라운 것'을 〈암굴의 성모〉 그림 속 동굴로 나타낸 것 같다. 즉, "무서우리만큼 어두운 동굴에 대한 공포"를 장미창으로 극복하고, "그 안에 뭔가 놀라운 것이 있지 않을까 확인하고 싶은 욕망"을 천국으로 들어가는 교회로 해서다. 공포를 느끼게 하는 동굴을 역전시켜 천국으로 들어가는 동굴로 바꾼 것이다.

〈암굴의 성모〉란 제목은 다빈치가 붙인 것이 아니라 나중에 붙여진 것이다. 15세기 피렌체의 성모 그림이라는 맥락에서 볼 때 〈암굴의 성모〉는 매우 독특했다. 성모와 아기 예수가 아기 요한은 물론 천사와 함께 있는 장면은 당시 드문 구도였으며 이를 구원 시스템으로 다룬 방법 또한 새로웠다. 영혼을 향한 심안으로 나타낸 그림이니까. 그래서 전체적으로 어두운 동굴 속에서 은총의 주인공들에게만 빛의 효과를 주었다. 이들 4명의 표정·눈짓·손짓·몸짓이 예배자들에게 구원의 징검다리 역할을 빛 속에서 생동감 있게 한다는 것을 알려 줘야 했기 때문이다. 이 자연스러운 다빈치의 명암법인 '키아로스쿠로'(chiaroscuro)를 바로크 미술이 소화하여 그림의 주제 속에다 빛을 초점화하여 심화시킨 테네브리즘(tenebrism)으로 발전시켰다고 보게 된다. 즉, 키아로스쿠로가 표준렌즈 같은 조명이라면, 테네브리즘은 볼록렌즈 같은 조명이 되겠다. 그 조명으로 발전시킨 대표적인 인물이 카라바조다[도판 87, 243 참조].

다빈치는 종교적 도그마와 모든 사회적 차별 그리고 불리한 역정(逆程)을 역정(歷程)으로 이겨 내면서 이 그림을 완성했다. 즉, 밀라노에서 외지의 외톨이 화가라는 신분 속에서 그리고 푸줏간이나 갖바치 수준이란 사회적 푸대접과 부딪치면서도 기죽지 않았다. 일방적으로 작성된 불리한 계약서를 무시하고, 당대의 강화된 보수적인 신학 분위기를 휴머니즘으로 이기고 〈암굴의 성모〉를 그려냈고, 20여 년간의 법정투쟁으로 그 휴머니즘을 끝까지 견지한 것이다.

도판 132 샤르트르 성당에서 구원 시스템을 상징하는 라비린스(labyrinth, 미로). 네이브 바닥에 원형으로 새겨져 있다. 이 미로는 심리적으로 험난한 순례를 마친 후 이상향(제단)에 도달하게 된다는 의미다. 미로의 길이가 261.5미터. 직경은 12.85미터로 중보심을 상징하는 파사드의 장미창 직경 및 그 모양과 똑같다.

그림의 구도도 성경에 없는 야생화를 넣어 교리를 생태의 경지로까지 높였고, 평범한 랜싯창을 성모의 중보심을 상징하는 장미창으로 변화시켰다. 그리고 성모상에서 처음으로 동굴 구도를 도입하였다. 천국에 대한 호기심을 동굴 속에서 장미창을 중보심으로 해 동굴 밖의 강촌마을로 유도해 낸 것이다. 이를 위해 성모상에서 처음으로 구원 과정을 '시스템'으로 창안해 냈다. 성상학적 교리를 핵심 구도로 해서 그림의 동적 흐름을 그의 '영혼을 향한 창'으로 이루어 낸 것이다. 동굴에서 체험한 공포와 욕망을 긴장과 설렘으로 엮어 동굴을 미스터리의 베일로 삼아 천국의 통로로 그린 것. 이렇게 표상 속 의상으로 '보이게 보이지 않게' 들어있는 구원 시스템은 종교화에서만 볼 수 있다.

그런데 건축에서는 이미 〈암굴의 성모〉보다 200년 전에 구원을 향한 '진입 시스템'이 공간 속에 '보이게 보이지 않게' 나타나 있었다. 그것은 파리 노트르담 성당을 넘어 전성기 고딕성당(샤르트르, 랭스, 아미앵 등)의 진입구조에서 대단원을 나타내고 있다. 즉, (성당의 종소리가 울리면 경건한 마음으로 새 옷을 갈아입고) ① 아트리움(광장) → ② 포털(정문) → ③ 나르텍스(현관) → ④ 라비린스(미로) → ⑤ 네이브(본당) → ⑥ 트란셉트(수랑) → ⑦ 앱스(제단)로 교리에 따라 신앙이 천국을 향해 업그레이드되면서 연결되는 축선상에서의 구원 시스템 구조에서다[도판 132]. 또한 [도판 93] 같은 설명에서다.

이는 재미있게도 우리나라 사찰의 진입구조에서도 볼 수 있다. 부석사에서 예를 들면, (사찰 부근의 시냇물에서 몸과 마음을 씻고) ① 일주문 → ② (사)천왕문 → ③ 회전문 → ④ 범종각 → ⑤ 안양문 → ⑥ (무량수전)법당 → ⑦ 안양루로 교리에 따라 신앙이 수미산을 향해 한 차원씩 업그레이드되는 구조와 공통된 진입구조 방식에서다(자세한 내용은 『세계문화유산1번지』 138~157쪽 참조).

단지 차이가 있다면 가톨릭에서는 그 진입구조와 교리적 연결 의미가 한 성당의 건물 안에서 통시적으로 진행되는 데에 반해, 불교에서는 목조 건축이므로 여러 건물들을 하나의 축선상으로 아우르며 연결된다는 점이다. 이 같은 건축상에서 구원 시스템으로의 연결이 각각 불교와 기독교의 도상에까지 영향을 미친 것으로 보게 된다[도판 184, 188].

다빈치 그는 당대의 모든 차별과 제약을 과학적인 사고로 녹여내 〈암굴의 성모〉라는 그림을 만들어 냈다. 성모의 중보심이란 막연한 재능기부를 과학적인 구원 시스템으로 창안해 보여주면서다. 그래서 예배자들이 '정중동·동중천'이란 힐링을 느끼게 된다. 그런데 다빈치가 구원을 그림으로 표상 속 의상으로 나타내기 전에 앞에서의 언급처럼 이미 성당 건축의 '진입 시스템' 속에 의상을 상징하는 '구원 시스템'이 진입 공간 속에 존재하고 있었다(보다 자세한 내용은 『세계문화유산1번지』 517~529쪽 참조).

그 원리에서 힌트를 얻어 다빈치가 〈암굴의 성모〉 도상에 맞게 성상학적으로 구원 시스템을 창안하여 이입시킨 것으로 보게 된다. 서구의 미술사학자들이 '앞으로 결코 해결되지 않을 것으로 여기고 있는 베일에 싸인 미스터리'란 예수가 무덤에서 새벽에 부활한 표상 속 의상처럼, 그림 속에도 표상 속 의상으로 들어있는 구원 시스템을 인식하지 못한 연유에서다. 그것은 부활 사건 당시 예수의 무덤에 들어가서 예수가 없다고 걱정만 한 것과 같다. 세마포만 보았지, 부활은 깨닫지 못했던 것이다. 그 자세한 에스페란토는 뒤에서 설명한다.

3. 두 그림과 관련된 낙수

1) 낙수 1

한때는 도쿄 유학파가 36년 어깨에 힘을, 오늘날은 미국 유학파가 목에 힘을 주고 있다. 그런데 중국 유학파가 아니면 명함도 못 내밀던 시절이 오랫동안 길게 있었다. 신라 당시 아니 근대화 이전까지는 중국 유학을 하지 않으면 행세를 못했다. 그 유학파 무리 중에서도 이 글의 주인공인 의상 대사를 무시할 수 없다. 그 후학들의 힘이 신라 불교를 쥐락펴락하면서 대세를 이루었으니.

강원도 낙산사에 가면 홍련암과 함께 의상 법사의 발자취가 그대로 전해온다. 홍련암은 1,400년 전 의상 대사가 중국 유학 후 귀국해 관음보살 그중에서도 해동의 백의관음보살의 상주처이자 우리나라 제1의 관음성지로 자리매김하게 한 모태다. 낙산 설화에 의하면 낙산사 특히 홍련암은 한 쌍의 대나무가 솟아오른 곳에다 조성한 법당이다.

그런데 그 이름은 다른 전설에서 취한 것. 즉, 의상 대사가 이곳에 참배할 때 파랑새를 만났는데, 새가 굴속으로 자취를 감추자 이상히 여겨 굴 앞에서 7일 동안 기도를 하였다. 그러자 또 다른 7일째 되는 날 바다 위로 홍련이 솟아오르더니 그 가운데에서 관음보살이 현신하더라는 것이다. 파랑새가 관음보살을 모시러 들어가 홍련 속에 모시고 나온 택이다. 그래서 굴 위에 지은 이

암자를 홍련암이라 했다는 얘기. 그러니 홍련암은 곧 건물로 꽃핀 홍련이다. 따라서 이 관음보살의 고향은 홍련암 아래에 뿌리처럼 존재하고 있는 굴이다. 그래서 그 굴을 관음굴이라고 부른다[도판 135]. 사실 과학적으로 따지면 연꽃이 바닷물에서 솟아오를 수 없다. 그리고 백의관음 이미지에서는 홍련보다는 백련이 더 잘 어울린다. 그런데 홍련으로 강조한 것은(?). 홍련은 하드웨어이고 백련은 소프트웨어인가.

어쨌든 홍련·백련 얘기가 나왔으니, 인터넷 지식백과에서 연꽃은 아시아 남부와 호주 북부가 원산지라고 한다. 그러니까 적도를 중심으로 한 지역이다. 온갖 찌꺼기가 섞인 진흙 속에 있지만 청결하고 고귀하게 자란다. 그래서 인도에서 불교의 출현으로 부처의 삶과 연결되면서 불교를 상징하는 꽃이 되었다. 꽃은 7~8월에 피는데 색은 주로 흰색과 붉은색이다. 줄기마다 1개씩 피는데 꽃의 지름은 15~20cm. 종자는 꽃받침의 구멍에 들어있는데, 수명은 길어 2천 년 묵은 종자가 발아한 예가 있다. 그 연이 연꽃 애호가들 사이에서는 세계에서 가장 오래된, 그래서 '전설의 꽃'으로 알려져 있다.

일본인 식물학자 오오가이치로(大賀一郎) 박사가 1951년 지바시(千葉市) 도쿄대학 운동장 유적지에서 2,000년 전의 연꽃 씨 3개를 발견하여 그해 5월, 1개를 발아시키는 데 성공하고, 다음 해인 1952년 7월 분홍색 꽃을 피움으로써 탄생하였다. 이 탄생이 지구상에서 가장 오랫동안 생명력을 지닌 종자임이 과학적으로 입증되어 세계적으로 큰 반향을 일으키기도 했다. 이 연꽃은 발아자의 이름을 따서 '오오가하스'(大賀蓮)라 부른다. 1973년 일본에서 우리나라에 들여와 재배하다가 2008년 5월 20일 부여군에 기증하여 지금 백제의 유적지인 궁남지에서 잘 자라고 있다. 궁남지는 국내에서 가장 오래된 인공 연못으로 일본 정원 문화의 원류가 되었다는 기록이 『일본서기』에도 나온다.

예부터 잎은 지혈제로 사용하거나 민간에서 어린아이의 야뇨증 치료에 이용되었으며, 오늘날은 방부제 역할도 있어 연밥으로도 인기 있게 사용되고 있다. 뿌리는 연근이라 하며 비타민과 미네랄 함량이 많아 생채나 요리로 많이 먹고 있다.

홍련암 법당[도판 133]에서 예불드리는 아가씨 오른편 마루에 방형으로 된 반 뼘 정도 크기의 구멍이 아니 창이 하나 나 있다[도판 134]. 옛날에는 컸었는데, 사고 날 염려가 있어서 그런지 작아졌다. 이렇게 마루에 창을 낸 것은 단순히 암굴을 보기 위한 것이 아니다. 관음보살을 귀(耳)로도 친견하라는 장치다. 『묘법연화경』에 "관세음의 묘한 해조음이 저 세간의 음보다 수승하다" 했으니, 파도 소리에 들어있는 그 묘한 해조음을 귀로도 해인(海印)하라는, 즉 깨달으라는 의미다. 그래서 이근원통(耳根圓通)이라 했다. 그러니 창에 유리가 없어야 해조음이 더 잘 들리지 않을까. 이 딱딱한 사각창을 부드러운 '연꽃창'으로 바꾸면 어떨까. 깨달음을 상징하는 연꽃 속에서 이근원통이 이루어지게 하는 것이 더 교리적이고 미적이지 않은가. 그리고 이곳만의 긍지이기도 하다. 〈암굴의 성모〉에서 [도판174, 175]의 '장미창'처럼 말이다.

사실 이곳 홍련암은 수미단에 통도사 대웅전에 불상이 없는 것처럼 보살상이 없는 것이 더 의미가 있다. 그 대신 고향이 되는 관음굴 속 파도가 생성되는 현장 속에서 파도를 다스리는 모습으로 있어야[도판134-○]. 홍련을 상징하는 바위를 좌대로 해서 말이다. 그래야 이근원통으로 깨닫게 되는 것이

도판 133 홍련암. 예불드리는 아가씨 오른쪽 마룻바닥에 굴을 내려다볼 수 있는 반 뼘 크기의 4각형의 창이 [도판 134] 모양으로 나 있다.

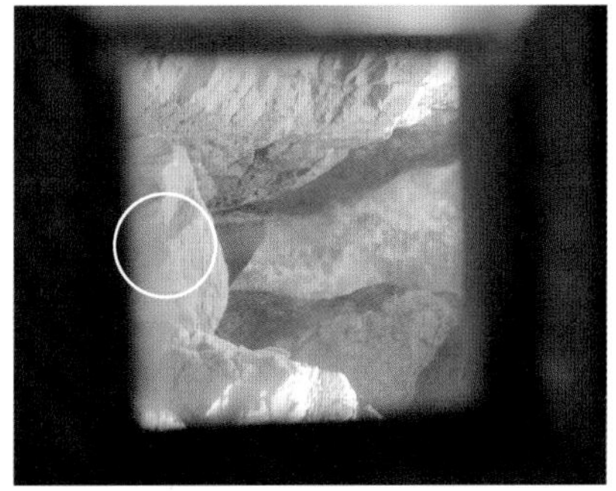

도판 134 홍련암 마루에 난 사각창. 이근원통을 향한 깨달음의 창이니 사각을 연꽃 모양으로 바꾸면 더 좋겠다. 그리고 ○ 위치에 창에서 어울리는 백의 관음이 암시적으로 보이면 좋겠다.

아닐까. 그렇게 되면 그 상은 바다의 파도는 물론 세상의 파도까지 다스리는 관음보살이 될 테니까. 그런데 그 상은 신앙의 확대에 따라 낙산사에서 홍련암의 백의관음으로[도판 133], 원통보전의 수월수상으로[도판 119], 보타락가산 정상에서 해수관음보살입상으로[도판 3] 변상하여 나타나 있다. 그러고 보니 제주도 관음사와 함께 이곳에 백의·수월·해수관음이 다 모여 있다. 그런데 2005년 화재 후 재건하면서 원통보전의 관음상(우)과 해수관음상(좌)을 협시로 삼아 그 중심이 되는 위치에 보타전을 새로 세워 '천수천안관음보살'을 모셔 놓았다. 그 역사적 백의·수월·해수관음보살을 하나로 통합한 새로운 느낌이다. 복원하게 되면서 화재 전보다 더 교리화시켰다. [도판 21]을 상기시킨다.

마루를 뚫고 유리로 덮은 이 [도판 134] 창에 눈을 대면 평소에는 지금처럼 보이지만, 바람이 강한 날에는 굴속으로 파도가 바위를 치대며 흰 포말을 일으키면서 거세게 넘쳐 들어온다. 굴 전체를 휘감는 파도다. 이 굴속으로 들이치는 격렬한 파도와 그 울리는 공명을 해난을 일으키는 모든 파도와 그 아우성의 상징으로 여긴 것이다. 그래서 〈암굴의 성모〉에서 암굴을 교회로 상징한 것처럼, 이곳에서도 암굴을 이상정토 관음굴로 여겨 파도를 삼켜 소멸시키는 의미로 본 것이다.

여기에다 낙산 설화의 내용처럼 "한 쌍의 대나무가 솟아날 테니 그곳에 불전을 지어야 한다"는 대로 불전을 지었다. 그랬더니 '건축적' 백의관음도가 된 것이다. 즉, 홍련암 건물이 정토로 안내하는 반야용선처럼 바닷가 가파른 관음굴 위에, 관음 같은 모습에서 그렇다[도판 135]. 그런데 겉으로 드러난 이 '건축적' 구도심을 홍련암 법당 마루 밑의 굴속 이근원통으로, 그래서 사각창을 통해 '도상적' 구도심으로 보여주는 것이 본 글의 주제가 되는 다이토쿠지 소장 〈수월관음도〉가 아닌가! '건축적' 구도와 '도상적' 구도가 '표상과 의상'으로 겹쳐지는 것이다. 이 같은 법당 양식은 지극한 신앙심과 치열한 구도심을 표현한 것이다.

반세기 전 대학 시절에, 나는 남들이 보니까 멋도 모르고 덩달아 창을 들여다보면서 굴을 의아해했다. 예수의 무덤에 들어가 세마포만 본 것처럼. 그런데, "관세음의 묘한 해조음이 저 세간의 음보다 수승하다"는 의미를 도상적 구도심으로 이해하게 되면서 관음굴 속 심연을 '이근원통'으로 해서 '부활'처럼 깨닫게 되는 것이다. 하얀 파도의 힘찬 해조음을 불력으로 승화시켜 도상화한 하얀 해인이 홍련속의 백의관음임을. 그러면서 눈으로 깨닫는 보살에서 귀로도 깨닫는 보살로 법계의 차원을 넓힌 것이다.

도판 135 바다에서 보이는 관음굴 위 공중에 떠 있는 듯한 홍련암이 '건축적' 수월관음도의 모습이다. 그 아래 관음굴에는 해조음이 이근원통의 도상으로 해서 (백의·수월·해수)관음으로 들어 있다.

그런데 이 그림이 현재 우리나라에 없다. 일본 교토의 다이토쿠지(大德寺)에 있다. 사실 많은 그림이 일본으로 가게 된 본격적인 시작은 (신라 시대에 대해서는 기록이 없으니)고려가 원나라의 식민지 간섭으로 국력이 약화되는 13세기 말 이후부터다. 이때부터 왜구들이 떼거리로 자주 고려의 해안에, 때로는 내륙까지 침입해 노략질을 했다. 그들은 지방 곳곳에 설치된 조정의 창고를 급습해 세금으로 거둔 양식을 약탈해갔다. 절에 난입하여서는 당시 일본에서는 만들 수 없는 청동 정병, 청자상감 등 의례용의 값진 보물과 벽에 걸어둔 불화들을 노략질해 갔다. 당시 일본은 지형적으로 문명의 동심원에서 바다 건너 변두리에 있었으니, 질투심이 오늘날 소말리아의 해적질처럼 나타난 것이다.

게다가 당시 일본은 천황 차지를 위해 1331년부터 1392년까지 60여 년 동안 막부와 다이묘들이 북조파와 남조파로 갈라져 무법천지를 이루던 내전 상태였다. 이런 혼란 상황에서 농사나 어업에서 얻어지는 감질나는 소득보다는

도판 136 김명국이 화원으로 일본 통신사로 따라갔다가 일본에서 그려준 〈달마도〉다. 국립중앙박물관

노략질이 소위 요즘 말로 대박이었기에. 그래서 일본의 막부 정부도 왜구의 분탕질에는 속수무책이었다. 한편, 이들은 가난한 어민 출신의 도적 떼가 아니라 규슈 토호 세력 쇼니요리히사(少貳賴尙)의 지휘 아래 1350년 계획적으로 침공한 조직화된 테러 집단이었다는 얘기도 있다. 천황 차지를 위한 내전에서 그 물자 조달을 위해서라는 것이다. 그러다가 1392년 조선이 새로 건국되면서 왜구가 어느 정도 소탕되었다.

그러나 조선이 숭유억불정책을 쓰게 되면서 수많은 사찰이 무시당해 이런 놀라운 불화들이 더 이상 가치를 인정받지 못하게 되었다. 정책적인 불교문화 대학살이었다. 우리는 우리 역사의 찬란한 불교문화를 왜란, 호란, 몽란 등 외적의 침입에 의해 파괴된 아픔보다는, 조선 500년 동안 우리의 양반 계급들이 반생태적인 이념으로 철저하게, 기막히게 소외시키고, 무시하고, 빼앗고, 파괴한 질적·양적 아픔이 더 컸다. 그리고 노략질과 임진왜란, 정유재란 등에서 신라, 삼국, 고려, 조선 이전의 문화재들이 강제로 일본으로 반출되었다. 그래서 일본의 사찰이나 신사 등에는 합법적인 반출보다 노략질한 왜구들로부터 장물로 싸게 또는 희사받아 안전한 곳에 깊숙이 보관하면서 깨끗하게 전해지고 있는 그림들이 많다는 것이다.

오늘날 국보급의 최고급 고려 불화가 100점 이상 보관되어 있는 것은 일제 시대와 함께 이런 연유가 크다. 17, 18세기에는 '조선 통신사'를 통해 많은 문물이 합법적으로 전해졌다. 당시 수행원들은 1회에 평균 6개월 정도의 방일 기간 중 '구름처럼', '끊임없이' 몰려드는 그림 요청 쇄도에 잠잘 틈도 없어 울려고까지 했다는 기록이 있다. 그러나 "그 기쁨 또한 금할 수 없었다"며 긍지를 삼기도 했다. 이것은 인조 14년(1636), 21년(1643) 조선 통신사로 두 번 따라가 일본에서 〈달마도〉[도판 136] 등을 그린 김명국 도화원의 고백이다. 조선 통신사들의 기록에 의하면 그들 문화의 우수한 점도 기록되어 있다. 하지만 그 당시만 해도 난학(蘭學)의 영향으로 많이 선진화되었지만, 전체적으로는 우리나라의 문화 수준이 일본보다 한 수 위였다. 총만 없었을 뿐 그것은 일본에서 한국으로 오는 일본 통신사가 없었던 것에서도 단적으로 알 수 있다. 문화도 물처럼 위에서 아래로 흐르니까.

이 〈수월관음도〉가 다이토쿠지(大德寺)에 보관하게 된 배경에 대해서 존 카터 코벨 박사는 다음과 같은 추론을 통해 임진왜란으로 보고 있다. 『일본에 남은 한국미술』 260~262쪽의 내용에서 요약해 본다.

> 이 절은 임진왜란을 일으킨 도요토미 히데요시(豊臣秀吉)가 제일 좋아하는 곳이었고, 그의 가신으로서 임진왜란에 참여한 일본의 무장도 5명이나 묻혀 있는 곳이기도 하다. 이들이 전쟁 당시 조선에서 약탈해 온 예술품들을 이 사찰에 기증했을 것이다.
> 특히 히데요시가 신임하는 전략가 구로다 요시다케가 1592년 봄 선발대로 조선에 상륙한 후, 사찰이 왜병 저항의 거점이며 승병으로 활동하는 것을 알게 되면서 사찰을 불태우고 전리품으로 예술작품들을 챙겼다. 이 불화도 그런 와중에 구로다요시다케가 일본에 가져온 전리품으로 추측한다. … 이외에도 이곳에는 가토오 기요마사(加藤淸正)가 임진왜란 당시 법주사에 있던 16나한상을 가져와 보관하고 있고, 그 외에도 석등, 이도다완 등 많이 있다.

코벨 박사의 글을 빌리면, 당시 다이토쿠지는 한국문화를 받아들인 저수지로 교토에서 이름 높은 사찰이었다. 특히 중세 일본의 한국문화센터 내지 외무부와 문화부를 합친 역할과 같은 중요한 장소였다는 것. 당시 교토 한복판을 독차지하다시피 했던 다이토쿠지는 지난 600여 년 동안 한·일간의 정치적·예술적 연대를 고스란히 담고 있는 핵심 장소다.

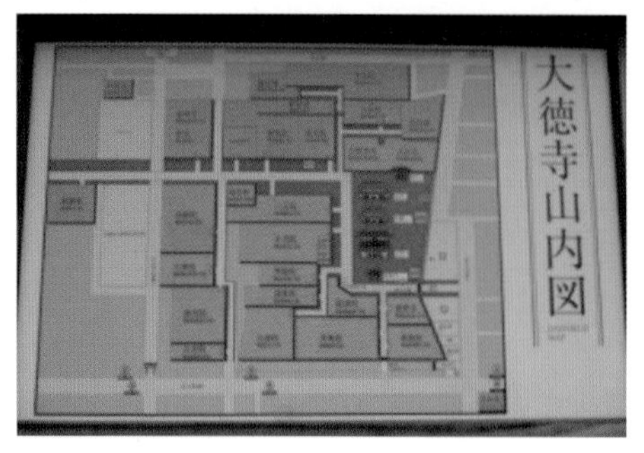

도판 137 도요토미히데요시와 그 무장들이 좋아했던 6만 평이나 되는 거대한 사찰이다. 다이토쿠지(대덕사)가 너무 방대하여 전체를 찍을 수가 없어 약도를 넣었다.

그런데 이곳의 모든 건축물 지붕에는 삼태극 소용돌이가 새겨진 기와가 덮혀 있다. 다이토쿠지의 주지(다치바나)에 의하면, 이 사찰은 조선에서 건너온 아카마쓰(赤松) 집안에서 1314년에 지었는데, 삼태극은 그 집안의 문장이었다고 한다. 아카마쓰라면 수피가 붉은색을 띤 한국이 자랑하는 소나무, 즉 적송이다. 다이토쿠지(大德寺)에서 대덕(大德)은 절이 건립되기 전의 고려 연호이며, 1459년 주지가 조선 사람이었다고 한다('대덕'이란 연호는 고려의 연호가 아니라 당시 고려를 식민화한 원나라 성종[1297~1307년]의 연호다).

유홍준 교수의 글을 빌리면, 내용이 좀 다르다. 다이토쿠지는 가마쿠라 시대 말기인 1315년 대등국사(大燈國師)가 작은 절을 지으면서 시작되었다. 10년 뒤 천황이 이곳을 기도 도량으로 삼으면서 1326년 큰 법당을 짓고 정식으로 다이토쿠지라 부르게 되었다. 이후 무로마치 막부가 들어서면서 아시카가 쇼군이 천황과 관계가 깊은 다이토쿠지를 홀대하였다. 그래서 좌선 수행에 전념하는 독자적인 길을 택했다. 그 후, 일휴 화상이 공가의 귀족, 다이묘, 상인, 문화인 등의 폭넓은 지지를 받아 다시 일으키고 명승들을 많이 배출했다. 그런 다이토쿠지가 일약 대찰로 성장한 것은 도요토미 히데요시가 오다 노부나가의 장례식을 7일에 걸쳐 성대하게 치르면서부터다.

도요토미 치하에 전국의 무장들은 다이토쿠지에 탑두 사원 하나 갖는 것을 큰 영광으로 생각했다. 아울러 돈 많은 상인들도 다이토쿠지에 탑두를 기진하여 탑두가 거대하게 형성하게 되었다. 이리하여 오늘날의 다이토쿠지는 온갖 풍파를 겪고도 별원 2곳과 탑두 사원 22곳이 건재한 6만 평의 거대 대찰로서의 명성을 유지하고 있다는 설명이다. 어떤 원전을 근거로 했는지는 모르겠으나 내용이 서로 많이 다르다. 어쨌든 다른 차이는, 코벨 박사가 주지의 설명에 따른 그리고 다이토쿠지에서 체험하며 묻어나는 한국적 분위기를 강조했다면, 유홍준 교수는 객관적인 내력을 서술했기 때문이다. 즉, 정사와 야사 정도의 차이로 생각된다.

다이토쿠지에는 400여 점에 이르는 엄청난 양의 일본 회화와 진귀한 중국 회화 그리고 고려 불화가 소장되어 있다. 이 절 한 곳에만 일본의 국보 및 보물급 문화재가 21점이나 있다는데, 일반에게 공개하지 않을 뿐만 아니라 박물관의 특별전 요청에도 잘 빌려주지 않는다. 판도라 상자 같기 때문이다. 다만 해마다 10월 둘째 일요일 또는 10월 10일 하루 동안만 소장품의 온전한 보존을 위해 펼쳐놓고 바람을 쐬게 하는 폭량전(曝凉展)을 실시한다. 그래서 세계 각국의 동양미술 및 미술사 연구자들은 이날만을 손꼽아 기다린다고 한다.

2) 낙수 2

〈암굴의 성모〉가 불러일으키는 격렬한 논쟁과 혼란은 사실상 같으면서 다른 또 하나의 그림이 존재하기 때문이다. 하나는 다빈치가 직접 중앙 패널에 그린 그림으로서, 주문자가 주문한 구도보다 더 깊은 의미가 담겨 있지만, 주문자가 주문대로 그리지 않았다고 소송함에 따라 법정 시비가 걸렸던 그림이다. 지금은 루브르박물관에 있다. 그림(1)이다. 그림에 얽힌 시비 내용은 대충 이렇다.

법적 서류를 보면, 다빈치는 1485년경에 완성하여 성모협회에 인도하였다. 계약서상의 완성일(1483. 12. 8.)보다 2년 정도 늦은 셈이다. 그 이유는 알려져 있지 않지만, 요즘으로 얘기하면 체불임금에 따른 노동쟁의 성격 때문이 아닐까. 그것은 1492년, 다빈치 측에서 성모협회에 체불임금 지급을 요청하는 청원서를 당시 밀라노를 통치하던 루도비코 스포르차 일 모로에게 제출한 데서 유추할 수 있다. 그림이 완성된 지 거의 10년이 지나도록 해결되지 않았기 때문이다. 청원서의 내용은 원래 합의된 보수를 넘어 늘어난 금액을 지급해 주거나 아니면 그림을 원하는 다른 사람을 위해 회수할 수 있게 해 달라는 것이었다. 그때나 지금이나 모든 문제의 귀결은 돈이다.

당시 밀라노 공국은 루도비코 스포르차 일 모로의 할아버지 용병대장 무지오 마텐돌로(1369~1424)가 세운 나라다. 그는 둘째 아들이자 정실 소생인 프란체스코 스포르차(1401~1466)로 하여금 자신의 대를 이어 통치하게 했다. 이어 프란치스코 스포르차의 큰아들 갈레아조 마리아는 공작 위에 올라 막강한 힘을 휘둘렀다(루도비코는 둘째). 그러면서 기록으로는 남길 수 없는 매우 부끄러운 일들을 저질렀다고 한다. 그래서 큰아들 갈레아조 마리아가 살해되었을 때 그의 후계자인 아들 지안 갈레아조는 불과 8살이었다. 당시 어린 왕자의 어머니가 섭정에 실패하자, 작은삼촌이던 루도비코 스포르차 일 모로(1451~1508)가 "나는 권력의 짐을 지고 영예는 조카에게 남긴다"라는 궤변으로 정권을 탈취해 권력자가 되었다. 그러고는 권력을 정당화하기 위해 아버지 프란체스코 스포르차를 기념하는 기마상을 다빈치에게 주문하기도 했다. 비제바노에서 태어난 그는 다빈치보다 몇 개월 손위였다. 다빈치는 8년간 루도비코를 섬겼다. 따라서 다빈치는 개인적인 친분과 함께 그의 성격과 권력의 속성을 잘 알고 청원서를 낸 것이다.

1492년 또는 1493년 다빈치의 고객이었던 루도비코가 (다빈치 측에서 제출한 체불임금 지급요청서를 받은 후) 성모협회로부터 이 그림을 사들여(?) 1493년 조카딸인 비앙카 마리아와 결혼하는 신성로마제국의 황제 막시밀리안에게 선물로 주었다는 추측과 또 다른 추측은 막시밀리안의 손녀딸 엘레오노라가 프랑수와 1세와 결혼한 1528년이나 그 후에 합스부르크 소장품에 포함되어 프랑스로, 그래서 루브르에 소장되게 되었다는 것이다[주 48]. 사실 성모협회도 자기들의 주문대로 그리지 않아 마음에 들지 않은 그림이었다. 더구나 체불 문제까지 겹쳐있으므로 루도비코에게 넘겼을 가능성이 크다. 이 작품은 이렇게 체불임금에 따른 시비뿐만 아니라 도상에서도 교리적으로 시끌벅적했다.

다른 하나인 〈암굴의 성모(2)〉[도판 138]는 계약서대로 그리지 않아 주문자가 다시 요구한 대로 그린 그림이다. 지금은 런던의 국립 미술관에 소장되어 있다. 다시 그린 그림(2)에 대해서는 다음과 같은 글이 있다. 1507년 8월에서 1508년 10월 23일 사이에 주로 암브로조가 그린 〈암굴의 성모(2)〉는 1781년까지 273년 동안 산 프란체스코 그란데 성당에 걸려 있었다. [도판 129]처럼 3단 제단화였을 텐데, 암브로조가 그렸을 좌우 패널의 그림에 대한 언급은 없다. 그 그림에 대해서는 불만이 없었던 모양이다. 그 후, 4년 뒤인 1785년 스코틀랜드 출신의 화가 개빈 해밀턴이 금화 112세퀸에 구입해 영국으로. 이후 몇 번의 다른 수집가들을 거친 후 1880년에 런던의 국립 미술관에 팔렸다.

도판 138 〈암굴의 성모(2)〉(1508년). 주문대로 그리지 않아 주문자가 요구한 대로 다시 그린 그림이다. 그런데 예배자의 신앙심과 그림 속의 '구원 시스템'이 각각 따로 놀고 있다. '구원신앙의 화살표'[도판 188]에서 ①과 ②가 없는 것이다. 그러니 예배자의 신앙심을 천국으로 안내할 수 없는 그림이 되었다. 나무판에 유채. 189.5×120cm. 런던국립미술관 소장

이 작품에서는 그림(1)에 없는 실선의 원형 광배가 아기 예수, 성모, 아기 요한의 머리 위에서 빛을 내고, 아기 요한은 십자가까지 걸치고 있다. 십자가 하면 예수를 생각하기가 쉽다. 무겁고 커다란 십자가를 등에 지고 고통스러워하는 모습이라면 그렇다. 그러나 갈대나 가벼운 나무로 만든 작은 십자가를 갖고 있는 사람은 세례 요한이다. 그것은 그리스도가 이 세상에 오실 것을 전하는 메신저로서의 소명을 상징하는 리게일리아(regalia)이기 때문이다. 그런데 우리엘 대천사가 아기 요한을 가리키기 위해 검지를 내민 그 단축법으로 그린 훌륭한 손의 표현은 사라졌다. 마음에 안 드는 이 같은 요구를 못마땅하게 여긴 다빈치는 이 작품의 완성에 많이

관여하지 않았다고 한다. 그래서 몇몇 부분만, 그중 그리기 힘든 성모의 왼손만 특별히 단축법으로 손질해 암브르조를 도와준 것이라고 한다. 그렇지만 미술사학자들은 이 의견에 동의하지 않는다. 어쨌든 소극적인 태도는 당연하다. 다빈치가 나타내고자 했던 그림에서의 생명인 구원 시스템을 주문처인 성모협회 측에서 이해하지 못하는데, 다시 그리고 싶은 마음이 생기겠는가. 더구나 옹고집쟁이였는데 말이다. 그래서 다빈치와 성모협회, 양측이 〈암굴의 성모(1)〉에 대해 갈등과 함께 진행된 법적인 소송 문제는 〈암굴의 성모(2)〉가 그려질 때까지 20년이 넘게 걸렸다. 다빈치의 과학적인 미학을 담고 신학적 진보를 나타낸 이 그림 〈암굴의 성모(1)〉은 너무 앞서가는 블루오션이어서 한 세대가 흐른 다음, 비슷한 반항아 미켈란젤로의 작품 〈최후의 심판〉과 함께 인정받았다.

오늘날 루브르박물관에는 감상자들이 세계 각처에서 온다. 얼굴색과 복장 그리고 언어에서 알 수 있다. 그러고는 다양한 뒷모습을 보이며 거품처럼 뿔뿔이 흩어져 사라져간다. 어느 미술관보다 조수간만의 차이가 큰 밀물과 썰물을 보는 듯하다. 한 해에 천만 명 정도가 온다니. 그중 80% 이상이 〈모나리자〉를 보기 위해서란다. 하루에 3만 명 꼴이다. 입장료는 9.50유로다(2011년). 우리 돈으로 약 14,000원 정도. 그런데 제대로 감상하는 사람들은 드물다. 주로 단체 관광객들이기 때문이다. 단체로 오는 대부분의 여행사 관광은 일주일을 보아도 다 못 보는 것을 2~3시간 정도 보고 어느 곳에 모이라는 식이다. 그러니 주마간산도 아니다. 따라서 소위 소문난 작품 앞에서만 사람들이 넘쳐난다. 특히 주말이나 휴일 〈모나리자〉 그림 앞에는 액자마저도 보기 힘들다고 한다. 〈모나리자〉 감상이 아니라 세계 사람들 뒤통수 감상이 되기가 십상이라는 것이다. 그중의 반은 소매치기.

서양 미술의 아이콘이라 인정하는 〈모나리자〉에서, '모나'는 이탈리아어로 유부녀에 대한 경칭인 '마돈나'의 준말이며, '리자'는 당시 비단 무역으로 돈을 번 피렌체의 부유한 상인 프란체스코 델 조콘다의 부인인 '리자 디 안토니오 마리아 게라르디니'(Lisa di Antonio Maria Gherardini)라는 이름이란다. 그러니 〈모나리자〉 그림의 모델은 조콘다의 부인이 되겠다. 그런데 웬일인지 모델에 대해 말이 많다. 그것은 바사리가 1550년에 공동 저작이나 대표 집필로 출간한 『미술가 열전』에서 〈모나리자〉에 대한 모습을 그림과 다르게 묘사했기 때문이다.

도판 139 〈모나리자〉(1503~1506). 파리 루브르박물관에서 이 그림만 접근 금지 펜스가 쳐져 있고 방탄유리가 설치되어 있다.

이 책에는 〈모나리자〉 외에도 잘못된 설명이 몇 군데 더 있다고 한다. 그리고 조콘다가 '주문했다', '돈을 지불했다'는 등의 기록도 없고, 그 외에도 의문점이 많기 때문이다. 그래서 모델에 대해서 말이 많은 것이다. 즉, 얇은 베일을 쓴 고급 매춘부다. 모델이 전혀 없었다. 다빈치 자신이다. 생모인 카테리나를 그린 것이다. 그의 애제자 사라이다. 로렌초의 막내아들이 좋아한 여인이라는 등. 근래에는 트로니라는 설도 있다. 트로니(tronie)란 어떤 불특정 인물을 말한다. 〈모나리자〉의 미소는 이 같은 추측을 베일처럼 숨기면서 다소 비웃듯 신비하게 웃고 있는 것이다. 그런데 〈모나리자〉의 모델이 나에게는 [도판 160]에서의 성모 마리아 모델과 비슷하게 보인다.

이 '알 수 없는 미소'를 각자 나름대로 살며시 지어보자. 그러면 양 볼의 근육이 이동의 중심축 역할을 미동으로 한다. 그러면서 아랫입술 밑인 턱의 근육부터 위로 당길 듯 말 듯 당기면서 위로는 눈 밑으로 해서 눈가로 안면 근육을 미세하게 이동시키는 것을 알 수 있다. 그러니 이 '알 수 없는 미소'는 그 미세한 움직임을 미소로 그려 나타낸 것이 되겠다. 이 같은 체험적인 표현 기법은 다빈치 이전에는 그 누구에게서도 찾아보기 어려운 과학적인 사고를 바탕으로 한 그만의 독창적인 표현법이다.

이처럼 〈모나리자〉의 미소는 그 미세한 근육 변화를 섬세하게 전달해 주는 미소로써 다빈치는 어떤 미소를 그려야 할지를 분명히 알고 그렸다. 또한 그리는 사람은 모를 수가 없다. 그런데 감상자들에게는 알 수 없게 만드는 묘한 미소가 되었다. 그래서 이 미소에 대해서도 모델에서처럼 말이 많다. 성스러운 미소다. 음란을 숨긴 미소다 등등 지금도 수다가 계속되고 있다. 도상학자 뵌플린은 『르네상스 미술』에서 이 미소를, "물 위를 스치는 바람결처럼 얼굴의 부드러운 표면 위를 스쳐 가는 움직임이다. 빛과 그림자가 벌리는 유희이며 귀를 기울여도 잘 들리지 않는 속삭이는 대화다"라고 묘사했다. 최순우류보다 앞서가는 이러한 은유시 같은 묘사들이 〈모나리자〉의 미소를 더 신비하게 만드는 시너지 역할까지 하고 있다.

〈모나리자〉의 그 미소 같지 않고, 의미마저 알 수 없다는 그 미소는 무슨 미소일까? 다빈치에게 물어볼 수도 없고. 어쨌든 깨달음의 미소는 아니다. 그러므로 감상자마다 '느끼는 대로', '수다 떠는 대로'의 미소가 되겠다. 그렇다면 돈을 떠나서 〈모나리자〉의 미소보다 더 가치 있는 미소는 없는가?

도판 140 〈모나리자〉(1503~1506). 세로 77×53cm. 루브르박물관

있다. 불교에서다. 불교에서 미소는 깨달음의 상징이다. 소통, 순환, 조화를 통해 상생을, 즉 화이부동을 넘어 접화군생으로서의 깨달음을 알리기 때문이다. 그래서 불상마다 "미투", "미투", "미투"하며 경쟁적으로 생태 미소를 자랑하고 있다. 그런데 불상이 아니라 예불자 중에서 가장 아름다운 미소를 짓는 사람은? 마지막 선지식인 보현보살이 언급한 "먼지 속에도 우주가 담겨 있다"는 화두를 들은 후 오도송을 동심으로 드러낸 선재동자의 생태-미소(eco-smile)가 아닐까. [도판 155]처럼.

이 그림은 다빈치가 프랑수아 1세의 초빙을 받아 프랑스로 갈 때 소지한 후 왕에게 팔았다는 얘기도 있고, 또 다른 얘기로는 다빈치가 죽으면서 자신을 끝까지 보호한 제자 멜치에게, 멜치가 이탈리아로 떠나면서 프랑수아 1세에게 선물했다는 얘기도 있다. 프랑수아 1세는 이 그림 〈모나리자〉를 퐁텐블로에서 루브르궁으로 돌아와 욕조가 설치된 방에 자신의 애장품과 함께 걸어놓았다고 한다. 그래서 루브르미술관은 프랑수아 1세의 욕실에서 시작되었다는 우스개 얘기도 있다.

요즈음 세계에서 가장 비싼 그림은? 잭슨 폴록(1912~1956)이 그린 〈No5, 1948〉이란 작품으로 2006년 11월에 1억4천만 불이었다고 한다. 몇 년 전 카카오톡으로 날라 온 금액인데, 우리 돈 1,700억 원쯤. 드리핑 기법으로 그려진 이 그림은 현대 회화의 기법을 '그리기'에서 '흘리기·뿌리기'로 확대시켰고, 그림의 메카를 유럽에서 미국으로 바뀌게 했다. 돈 뿌리기 드리핑 기법으로 느껴진다.

최근의 시세가 궁금해 인터넷에 들어가 보니 쿠닝의 〈인터체인지〉(1950)가 3,600억 원으로, 폴 세잔의 〈카드 놀이하는 사람들〉은 3,000억 원으로 폴 고갱(1848~1903)이 그린 〈나페아 파 이포이포〉(언제 결혼할 거니?, 1892년)가 2015년 2월에 3억 달러에 카타르 왕실에서 구입한 것으로 나온다. 잭슨 폴록의 그림값은 2,400억 원으로 밀려나고. 그런데 2017년 11월 15일 다빈치가 그린 것으로, 오랜 감정 후 확인된 예수의 초상화 〈살바토르 문디〉(구세주)가 뉴욕 크리스티 경매에서 롤러코스터를 타면서 4억 5천 30만 달러(약 4,978억 9천만 원)에 낙찰되었다는 뉴스가 나왔다. 가짜라는 여운도 남기면서. 정말 장난들이 아니다. 이 그림은 사우디아라비아의 실세인 모하마드 빈살만 왕세자가 매입했다고 한다.

현재 기네스북에 올라 있는 예상 최고가의 그림은 뭐니 뭐니 해도 다빈치의 〈모나리자〉다. 그 영원히 알 수 없는 신비한 미소 값이다. 그런데 그 추정가가 다양하게 나타나는데, 그중 물경 40조 원이란 설도 있다!!! 웬만한 작은 나라 예산보다 많다. 그런데 200년 전쯤, 1830년대 당시의 감정가로는 9만 프랑이었다니, 가격이 장난 같다. 그렇다면 〈암굴의 성모〉는, '다이토쿠지 소장' 그림은 얼마나 될까?

100여 년 전, 1911년 8월 20일 루브르박물관 살롱 카페에 걸렸던 〈모나리자〉가 사라졌다. 문 닫을 시간, 마지막 관객이 나가고 경비가 문을 잠그고 모든 조명이 꺼진 후, 어떤 남자가 움직이기 시작했다. 박물관 직원들이 입는 유니폼을 걸치고서다. 2년 5개월 후 체포되면서 〈모나리자〉가 1914년 1월 4일 다시 돌아왔다. 범인 빈센초 페루지아는 "프랑스가 약탈해 간 국보를 다시 가져왔을 뿐"이라고, 페인트 칠쟁이답게 립페인트를 했다. 이 주장은 이탈리아 국민에게 감정적인 호응을 폭발적으로 얻어 영웅적인 행동으로 인정받았다. 그리고 작품이 루브르박물관으로 돌아오기 전, 이탈리아에서 고별 전시회와 범인의 재판을 거치면서 〈모나리자〉는 이미 가장 유명한 그림이 되었다. 이렇게 도난 사건은 〈모나리자〉 그림을 더 유명하게, 재판은 민족주의까지 자극하고, 반환은 이벤트가 되면서 관심을 보다 더 높이는 계기가 되었다. 그러면서 〈모나리자〉의 인기는 오르고 또 올랐다. 가격의 우상이 된 것이다. 루브르박물관 방문자 천만 명 중 80%가 모나리자를 보러 온다니 800만×22.000(2020년 기준) 하면 년 수입이 1,760억이다. 그러니 200년 조금 더 지나면 40조 원이 된다. 정말 신비스러운 미소에 대한 알 수 없는 거품이다. 거품가격 생성이 과거 튤립의 거품가격보다 더하다.

〈모나리자〉에 비하면 포로처럼 이름 없이 일본 다이토쿠지에 끌려가 있는 이 〈수월관음도〉는 정말 억울하다. 다이토쿠지에서 공부했던 코벨 여사의 얘기에 의하면, 이 그림은 임진왜란 시 구로다 요시다케라는 일본군 장수가 약탈해 간 것으로 언급되어 있다. 그런데 약탈당한 사찰의 이름은 듣지 못해서인지 언급하지 않았다. 〈모나리자〉 그림에서 보듯 개인이 범한 도난은 다시 제 장소에 돌아왔는데, 국가적 차원에서 저질은 약탈 문화재는 약탈국가인 일본에서 잠자고 있다. 약탈은 도난보다 합법적인가(?) 약탈한 나라들은 자기들 박물관이나 미술관에 특별전시실을 마련할 때 소장하고 있는 제3세계 모든 문화재의 소장 근거를 설명글에 넣어야 한다. 안 넣으면 불법 반출한 것으로 해서다. 이 글의 주인공 되는 그림은 물론이다.

〈암굴의 성모〉 그림 앞은 다빈치의 작품이어서 그런지 평일의 추운 날인데도 감상자가 보기 좋게 있다. 사실 르네상스 당대에는 〈모나리자〉의 미소보다는 교리에서 진보·보수 논쟁과 함께 임금 분쟁까지 복잡하게 얽힌 〈암굴의 성모〉가 더 인기가, 아니 화제가 되었을 것이다. 당대에는 미소가 단순한 표현 기법상의 관심도였다면, 이 그림의 구도는 종교적인 이슈로, 화가의 계약금은 사회적인 이슈로 회자되었을 것이기에.

2장

두 그림의 도상과 구도 분석

1. 다이토쿠지 소장 <수월관음도>의 도상 분석

이 그림의 도상 각 부분을 살핀 후, 종교화의 목적인 제난구제의 관점에서 전체를 종합해 보자. 그러면 사찰 건축 속에 일주문에서 법당에 이르기까지 신앙을 업그레이드시켜 깨달음에 이르게 하는 진입 절차가 앞에서 부석사를 예로 들었듯이, 그림에서도 친견을 향한 절차가 구도 속에 들어 있음을 알 수 있다. 관음보살의 재능기부인 '친견 시스템'이 그림 속에 정중동(靜中動)·동중선(動中禪)으로 들어 있는 것이다. 여기서는 먼저 친견 시스템의 구성 요소가 되는 신체 각 부분에 들어있는 가피력의 의미와 그 분위기를 알아보자.

1) 얼굴 및 피부

(1) 불보살은 일반인의 모습과는 다르다

부처는 구원의 은혜와 축복을 내려 주는 신앙의 대상이기에, 그 모습은 대체로 균형 잡힌 체구에 위대성의 상징인 '32상 80종호'의 특징이 신체에 있다. 보살도 비슷하다. [도판 141]에서 보듯, 얼굴에는 옅게 홍조 띤 피부, 적당히 넓은 이마, 깨달음의 눈인 미간의 백호, 아담한 코, 굵고 붉은 입술, 큰 귀와 두툼한 귓불, 두꺼운 턱, 짧은 3도의 목, 특히 가늘고 긴 눈은 중생 구제에 대해 숭고한 빛으로 깊게 관조하는 화룡점정의 분위기다. 신체는 자비의 상징인 붉은색에 호분을 섞은 따뜻한 담홍색이다. 전체의 주조는 배채로 인한 은은한 느낌 속에 중요한 곳마다 금칠을 해 진리를 상징하는 금빛이 방출되게 하였다. 그래서 피부의 질감을 묘출하고 있다.

이 표현들은 초인적인, 신적인 그래서 깨달음을 나타내는 상징들이다. 그래야 중생이 경배하고 싶은 신심이 생길 테니까.

(2) 생김새는 남성성에, 분위기는 여성적이다

모습에서는 이성 공유다. 수염이 있어 남성이어도 분위기에서는 여성적이다[도판 141]. 즉, 화려한 머리 장식인 모자 형식의 화만, 그 화만 중앙의 아미타불 좌우에서 앞으로 돌출되어 (지장보살의 육환장에서 둥근 고리처럼) 흔들리게 한 원

도판 141 일본 다이토쿠지(大德寺) 소장 수월관음보살의 얼굴 및 화만 모습. 보살의 오른쪽 뺨과 입술이 얼룩져 있다. 보관상 어떤 심각한 문제가 있었음을 알려 준다. 화만에서는 서방정토의 아름다움이 화려하게 묻어난다.

형의 떨림 장식[도판 142], 가슴의 3단 구슬 목걸이, 팔찌, 발찌 등의 영락 구슬에서다. 그리고 머리에서부터 발끝은 물론 양손까지 보살을 A자형으로 싸고 덮은 화사한 피부 같은 투명한 흰 사라에서는 다른 그 어느 보살보다 더 여성적이다. 정제된 아름다움을 따뜻하면서도 고결하게, 유려하면서도 화사하게 보여주고 있다.

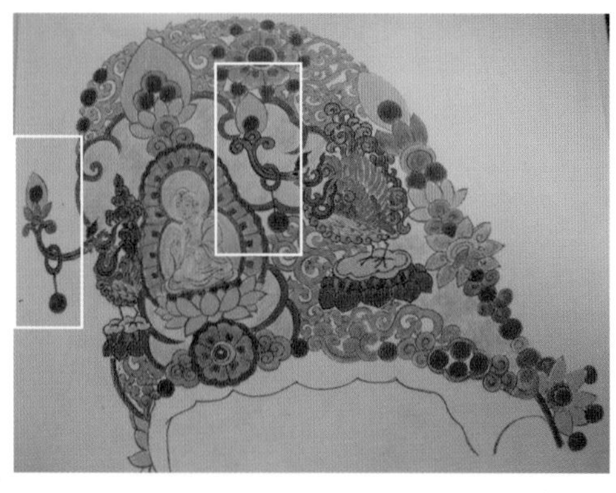

도판 142 [도판 141] 다이토쿠지 소장 〈수월관음도〉에서 어두워진 무늬를 따로 밝게 채색해 알기 쉽게 나타냈다. 좌우 원형의 떨림 장식-□.

내면적인 면에서도 느낄 수 있다. 33응신은 보살이 자신의 무한한 권능을 공양자의 낮은 수준에 맞추는 변화이므로 강한 남성성보다는 약한 여성성의 성향을 더 나타내는 요소다. 힌두교의 비슈누신은 10가지 화신과 많은 손, 눈, 지물, 장신구를 지녔다. 33응신은 비슈누신이 지닌 이 같은 다양한 종교적 능력을 불교의 보살에서 취해 확대 발전시킨 것으로 보고 있다[주 49]. 이 보살의 형상 자체가 모성의 종교적 성격과도 깊은 관계가 있다. 모신(母神)은 다산, 풍년, 행복, 장수 등을 기원하는 신으로 추앙을 받았다. 그러므로 모신에서 변화된 그 응신들은 각 나라의 여성적 토속신앙이 갖고 있는 영험 사례의 영향이라 볼 수 있다. 그래서 여성들이 그 어느 보살보다 이 관음보살의 열렬한 팬이 되는 모양이다.

그리고 남녀노소 모두가 예배드릴 수 있는 신앙이어야 하므로 모성의 내재는 분명하다. 또한 정치에 비해 종교는 여성들에게 적응하면서 발전해 왔기에 친 여성성은 당연하다. 때로는 상징을 넘어 낙산 설화에서처럼 원효 대사 앞에 백의관음이 실제로 빨래하는, 벼를 베는 여인으로 나타나기도 한다. 오늘날로 예를 들면 '미투'를 선도하는 콘텍스트로써의 여인들처럼 말이다. 그녀들이 텍스트인 존재론에서는 '상구보리'(上求菩提)로서 진리를 지향하고, 콘텍스트인 당위론에서는 '하화중생'(下化衆生)으로 불편한 진실을 외치는 노블리스 오블리주로서의 전형을 보여주는 보살로서의 역할이기에. 이 같은 여성성의 모습은 우리나라의 석불사 십일면관음보살, 중국 돈황의 45호 굴에 조각된 보살처럼 나라마다 다르다. 하지만 그 내면적인 성향은 보편적이다. 아니 나라를 넘어 기독교권의 라파엘로가 그린 〈의자의 성모〉도 마찬가지다. 청순하면서도 요염한, 화려하면서도 소박한, 종교적(존재적)이면서도 세속적(당위적)인 분위기로 여성성의 성격, 인격, 품격을 보여주고 있는 것이다. 페미니즘의 섹스, 젠더, 역사를 상징하면서다.

(3) 이 같은 남성성에 여성적 분위기는 초월성의 상징이다

남성성과 여성성을 결합한 것은 보살의 무한한 능력을 초월적으로 보여주기 위해서다. 이는 휴머니즘적 사랑의 힘을 종교적으로 승화시킨 것이다. 그래서 얼굴이 인간적인 감정과 질감을 초월해 있다. 요즈음 유럽의 교회에서는 하느님을 특히 예수를 언급할 때 젠더 중립적 용어 사용을 종용하고 있다. 신앙의 대상인 삼위일체는 성별을 넘어 존재하기 때문이다. 이러한 초월적 양식은 보편적인 종교라면 어느 시대, 어느 나라에서나 마찬가지다. 고려에서도 그 흐름을 '시사'하고 있다[주 50].

2) 채색

(1) 다섯 가지 색을 기본 색채로 한다

흰색(白色)·붉은색(朱色)·파란색(群青色)·초록색(綠青色), 그 위에 화려한 빛으로 생동감 있는 생명을 불어넣어 주면서 동시에 묵직한 느낌을 주는 황금색 금가루(金泥)를 썼다. 이 기본 색채에서 붉은색은 수은 광맥에서 캐낸 주사로 유

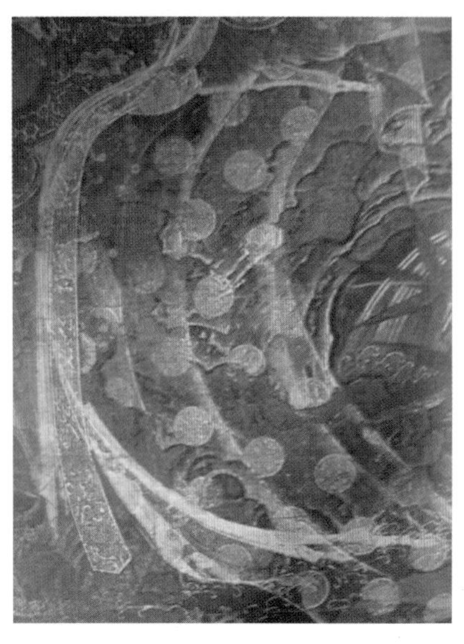

도판 143 투명한 사라에 수많은 눈(雪) 결정체 같은 무늬들이 있다. 이들이 연화당초원형 무늬인데 섬세하고 투명하고 화사해 신비한 감을 느끼게 하는 데 그 정점을 이루고 있다.

화수은(Hgs)이며, 초록색은 염기성 탄산구리 성분이며, 파란색은 천람석으로 당시 금과 같은 최고가의 수입품이었다[주 51]. 특히 파란색은 '바다 저편' 아프카니스탄에서 캐낸 광석이어서 서양에서는 그 색을 '바다 저편'의 뜻을 지닌 '울트라 마린'이라고 한다. 이 모든 천연광물 색채를 적당한 농도의 아교에 개어 묽게 여러 번 칠하고, 마지막으로 약간 진하게 칠했다. 그래서 채색이 원만하면서 깨끗하게 되었다. 특히 원색만 사용했기에 그림이 전체적으로 화사하고 밝게 빛난다. 여기에다 금가루를 복층으로, 그 위에다 백금 실로 짠 듯한 화사하게 반짝이는 투명한 흰색 사라를 걸치게 하여 귀족적인 아니 지존적인 존재로 나타냈다. 게다가 다양한 무늬들이 상징적인 색채와 결합하여 화려하면서도 호사스러운 분위기를 띄우고 있다. 그래서 모든 경의 내용이 원융사상으로 신이하게 배어 나오는 듯하다.

특히 금색은 이상세계를 장엄하는 데 효과적이며, 음양설에서 길(吉)한 양(陽)의 개념과도 통한다. 또한 화면에 색채의 단순성을 보완하면서 깊이감을 그리고 반사를 통해 회화의 한계인 평면성을 극복한다. 옷의 문양과 장신구, 광배 등에도 이 같은 장점을 이용해 어두운 화면을 밝게 이끌어 입체적으로 부각시켰다. 그래서 때로는 초월적인 느낌을 준다. 보살의 영험과 자비로움을 더욱 돋보이게 하는 것이다.

『불설관무량수경』에도 "관음의 몸은 자금색(紫金色)이며 얼굴은 염부단금색(閻浮檀金色)과 같다"고 하여 보살의 신체도 부처처럼 금빛임을 알리고 있다. 금색 중에서도 자금색은 보랏빛이 도는, 염부단금색은 적황빛이 나는 금색이다. 몸은 보랏빛이 도는 금색으로, 얼굴은 붉은빛이 풍기는 금색으로, 실제로도 그런지는 몰라도 이렇게 경전에서는 금색도 알게 모르게 구분했다. 그래서 보살의 능력을 호기심 속에서 심리적으로 더 신비하게 느끼게 했다.

(2) 배채법을 사용했다

배채법이란 그림 뒷면에 바탕 색채를 칠해 안료가 앞면으로 배어 나오게 한 후, 앞면을 채색하여 그림을 완성하는 기법이다. 그래서 색이 은은한 가운데 선명하고 변색이 지연되고, 앞뒤의 염료가 서로 인장력으로 만나 비단 천 속에 깊이 스며들어 색상이 떨어져 나가는 것을 억제했음은 물론 방충 기능까지도 했다. 그런데 [도판 141]에 보이듯이 보살의 오른쪽 뺨과 입술이 얼룩져 있다. 보관상 어떤 심각한 문제가 있었음을 알려준다.

(3) '색채 조형'으로 '만다라'를 의도했다

만다라(曼荼羅, mandala)의 어원은 본질, 중심, 진실, 참 등을 뜻하는 '만다'(manda)라는 어간에 소유 · 성취의 뜻을 가진 '라'(la)라는 접미사를 더한 말이다. 그러니 만다라란 '본질을 얻는다', '진실을 깨닫는다'는 뜻. 이는 '만다'라는 진리에 '라'라는 신앙심을 통해 깨달음을 성취한다는 의미다. 불보살에서도 진리를 상징하는 색채를 '만다'로 내포시키고, 그것을 공양자의 신앙심이란 '라'로 조화시켰다. 즉, 불보살이란 성(聖)과 공양자라는 속(俗)이 공양자의 신앙 속 직관에 의해 '색채 조형'으로 일치되게 했다. 불보살이란 진리의 에너지가 색채 조형과 합해진 만다라를 신앙심으로 추체험하도록 한 것이다. 그래서 불보살에 다양한 색채를 넣은 것은 물론 금칠까지 했다. 더구나 수월관음이 걸친 투명하고 화사한 흰색 사라 그 위에 화려, 수려, 미려한 온갖 문양까지 그

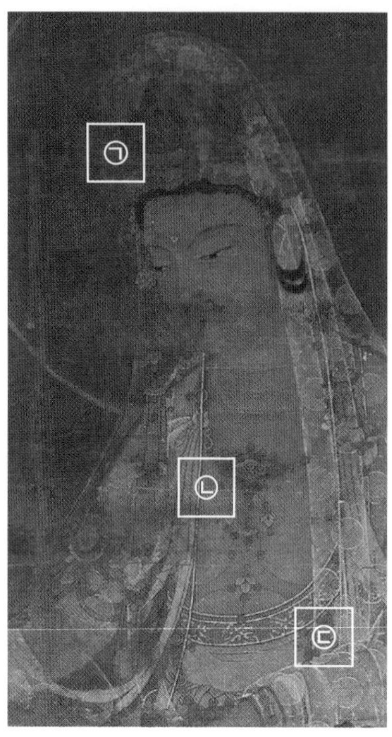

도판 144 다이토쿠지 소장 〈수월관음도〉의 상반신. 머리에 쓴 화만에는 원형 떨림 장식[㉠]이, 가슴에는 3단 구슬 목걸이[㉡]가, 사라에는 연화당초원문[㉢]이 꽃비처럼 새겨져 있다. 이 원형 무늬들은 인드라망에서 구슬을 상징한다. 여기서 3단 구슬 목걸이는 성모의 가슴에 달려 있는 만병통치를 상징하는 유니콘 브로치와 그 의미가 같다[도판 78].

려 넣어 다른 그 어느 보살보다 백화도장의 영성을 나타냈다. 이것은 반골 철학자였던 니체가 "디오니소스적 광기는 자기 망각을 통해 도취에 들어가며, 그것을 통해 자연과의 합일을 이루는 마법의 세계를 만들어 낸다"고 한 말과 연결된다. 또한 기독교에서 한 인간이 하느님의 소명을 깨달았을 때 자아의 인간적인 죽음을 선언하는 것과 같다. 성 누가처럼 신이 만들어 가는 자아로 재탄생하게 되니까.

생태로 갖춰진 삼라만상이 우주라면, 그 성역이 법당이고, 그 깨달은 마음이 보리심이다. 그러니 〈우주, 법당, 마음〉은 같은 것. 그러므로 〈만다라〉란 소우주인 각 사람 마음에 내재되어 다양한 색채로 나타난 신앙심을 진리를 상징하는 불보살이란 방편으로 조화시켜 깨달음이란 대우주가 되게 하는 원리다. 천태종의 핵심 법어라는 '일념대천'(一念大天), 즉 "소우주라는 한 생명의 머릿속에 삼천대천이라는 삼라만상의 대우주가 다 들어있다"는 깨달음이다. 곧 인내천(人乃天) 사상이며 한 톨의 쌀알 속에도 우주가 들어있다는 원리이다. 그러니 사람이나 한 톨의 쌀이나 그 구성요소는 소우주로 해서 같다. 모든 단위의 생명체들은 우주의 성분과 동등하게 갖고 있다는 원리다. 다시 말하면 동물·식물·곤충·사람 등 모든 단위의 생명체들이 화이부동(和而不同)으로 어우러져 대우주를 이루고 있음을 알 수 있다.

원위치해서 이 그림은 세속의 그 어느 그림에서도, 아니 '신비한 미소'로 40조 원이나 한다는 〈모나리자〉에서도 느낄 수 없는 진리가 〈수월관음도〉의 색채 조형 속에 들어있는 것이다. 표상(表像) 속의 의상(意像)을 넘어 부활 같은 공상(空像)으로 말이다. 예외라면 마크 로스코의 추상표현주의 그림이다. 〈수월관음도〉에서의 '색채 조형'이 마크 로스코의 그림에서 색의 떨림과 번짐을 통해 숭고의 명상 세계로 이끄는 '색면 추상' 기법과 어떤 면에서는 비슷하기에[도판 107]. 단지 차이라면, 색채 조형이 불보살이란 구상을 통해 대우주의 진리 세계를 나타낸 것이고, 색면 추상은 색의 떨림과 번짐이란 추상 속 명상으로 숭고의 드라마를 표현한 점이다. 이렇게 채색은 주제에 의미와 성격을 부여했다. 불화에서 채색은 이처럼 깨달음이란 내면을 색채 조형으로 아름답게 함의하고 있는 것이다.

3) 무늬 및 장식

(1) '무늬'는 수월관음을 돋보이게 한다

이들 다양한 무늬는 그 하나하나가 아름답고 화려할 뿐만 아니라 그림 전체에 충만감과 우아함을 결정한다. 특히 마엽문 바탕에 연화당초원문[도판 145]을 기본으로 하여 연화문, 귀갑문, 운봉문, 당초문 등과 결합시켜 무늬가 다양하게 변주되게 하였다. 즉, 무늬 자체에도 '만다라'라는 보편적인 진리 세계를 마음속에 체화하기 위해 '라'라는 같아 보이지만 다 다른 무늬로 동적 변주를 의도했다. 곧 연기화생을 통한 영기화생이 되게. 이 무늬들에는 표현되는 곳에 따라 다르기는 하지만, 대체로 기본적인 규칙과 전통이 있다.

그렇기 때문에 보살의 의상에서 대표적인 무늬에는 나름대로 다음과 같은 통일성이 있다[주 52].

가사(袈裟), 즉 옷자락에는 연꽃과 당초 무늬가 새겨진 연화당초 원문을 기본 무늬로 사용하였다. 이 둥근 원은 인드라망에서 매듭을 이루고 있는 보주를 상징한다. 따라서 보주들마다 그 속에는 역동적인 영기문들이([도판 143]를 [도판 145]에서 보듯) 서로 다르게 충만해 있다. 이 무늬는 중국은 물론 일본의 어느 시대, 어느 종류의 불화에서도 사용된 적이 없는 고려 불화만의 독보적인 무늬다. 그래서 그 형상의 변화 추이만으로도 고려 불화의 편년이 짐작할 정도로 일관되게 사용되었다.

도판 145 다이토쿠지 소장 〈수월관음도〉의 마엽문 바탕에 시문된 연화당초원문. 마엽문은 작은 마름모마다 그 안에 버들잎형 무늬를 담아 가운데를 중심으로 하여 여섯 꽃잎 모양의 엠보싱을 이어 사각형, 육각형, 원형으로 이어지게 표현하였다. 연화당초원문도 동적 변주를 위해 그 안의 무늬가 각각 다르다.

저고리(大衣)에는 거의 공통적으로 구름과 봉황이 그려진 운봉문이 표현되었다.

치마(裳)에는 타원형의 연화문과 연화당초원문 그리고 구름무늬도 사용하였다. 색상은 붉은색 계열에 대부분 6각형의 귀갑문을 호분으로 칠했고[도판 13 참고], 그 위에 다시 원형무늬를 배치했다. 그리고 옷 주름에서는 필선들이 생동하는 느낌을 자아낸다. 백금 실로 짠 듯한 면사포 같은 투명한 사라는 그 바탕이 엠보싱의 느낌을 주는 마엽문이다. 그 위에 시문된 연화당초원문은 수많은 눈(雪)의 결정체 못지않게 섬세하고 투명하고 화사하여 수월관음도에서 아름답고 신비한 감을 돋보이게 하는 데 그 정점을 이루고 있다[도판 143]. 백화도장에서의 영성을 의미한다.

그리고 무늬에서 그 배치 패턴은 상감청자에서도 비슷하게 있다. 즉, 수월관음의 투명한 흰 사라 자락에 시문된 연화당초원문과 그 배치는 청자 바탕에 학 무늬로 원문을 상감한 국보 68호 〈청자상감운학문매병〉과 유사하다. 특히 이 〈문매병〉에서 원안의 학들은 신광 같은 원안에서 하늘을 향해 치솟고,

원 밖의 학들은 흰 구름 속에서 창공을 자유자재로 날고 있다. 고려인들의 백화정토를 향한 꿈을 고고하게 그린 듯하다. 이렇게 원형 무늬는 문매병을, 수월관음도를 최고로 돋보이게 하는 정점의 역할을 꿈같이 하고 있다.

이 국보 68호 문매병은 간송 전형필 선생이 일본인 골동상 마에다사이치로(前田方一郎)에게서 2만 원을 주고 샀다고 한다. 당시(1935년) 그 금액은 괜찮은 집 20채에 해당했다고 하니 오늘날 200억 이상의 가격이다. 이 소문이 퍼지자 전부터 이 문매병을 탐내던 일본인이 전형필 선생에게 4만 원에 다시 팔라고. 앉은자리에서 배의 차액을 크게 남길 수 있는 기회였지만 단호하게 거절했다고 한다. 간송에게는 돈이 중요한 것이 아니라 유출되는 문화재 보호가 더 중요했기에. 청자 국보와 인간 국보의 자랑스러운 콤비 이야기다. 여기서 문화유산 소장에 대해 한가지 첨언하고 싶은 것은 (재산권이 아니라) 그 문화유산에 대한 가치를 (간접적으로) 공유할 감상 권한은 소장자만이 아니라 만인에게도 있도록 해야 하지 않을까.

(2) '장식'은 수월관음의 위력을 강조한다

[도판 144]에서 볼 수 있듯이, 아미타여래를 좌우에서 장엄하는 원형의 떨림 장식㉠[=도판 142] 그리고 가슴 가운데에 있는 3단 구슬 목걸이㉡가 보살을 장식하고 있다. 이 장식은 다른 그림에서는 볼 수 없는 이 그림에서만의 특징이다. 또한 면사포 같은 흰 사라에 눈 결정체같이 치밀하게 시문된 수많은 원형 무늬들㉢[=도판 143]은 무늬 차원을 넘어 장식의 역할도 하고 있다. 이들(㉠, ㉡, ㉢) 원형 장식들은 모두 우주를 연결하는 인드라망에서 그 매듭을 의미하며 연기화생을 나타내는 상징들이라고 한다. 불보살이 진리를 상징하는 우주 법계이고, 이 원형장식들이 그 몸을 치장하니 그런 해석도 가능하다. 그것은 보살의 위력을 우주 수준으로 나타낸 [주 16, 87쪽]의 『관무량수경』 내용에서 감 잡을 수 있다. 그런데 연기화생을 상징하는 이 원형장식들을 하나로 모

도판 146 통도사 〈괘불〉(1767년). 보물 1350호. 부처님의 몸을 보면, 부처의 머리 좌우에서 빛이 뿜어나오고(㉠), 영기화생을 상징하는 구름이 뭉실뭉실 피어나고(㉡), 주위엔 꽃비(㉢)가 내리고, 화만엔 5불(㉣)이 들어있고, 가슴에 영락(㉤)이 치장되어 있고, 손에는 연꽃(㉥)이 들려 있다. 그런데 수월관음도도 이와 비슷한 수준이다.

아 영기화생으로 이끄는 마지막 역할로서의 장식이 보살이 손에 쥔 수정염주다[도판 206]. 그것은 '친견 시스템'에서 밝혀진다[도판 184]. 영기화생이란 '영험스러운 기운이 성스럽게 끊임없이 드러나고 있는…' 현재진행을 의미한다. 이 같은 의미는 카가미진자 소장 그림[도판 193]에서 확인할 수 있다. 이 그림이 '영기(무늬)에서 봉황이 화생하고 화생한 봉황의 입에서 다시 영기가 발산하는 보살의 끊임없는 정토의 생성 능력'을 현재진행형으로 보여주고 있기에[주 53]. 그런데 이 같은 연기화생에서 영기화생으로의 흐름은 통도사 〈괘불〉의 장식에서도 마찬가지다[도판 146].

즉, [도판 146] 통도사 〈괘불〉에서 장식을 보면, 부처의 머리 좌우에서 빛이 3갈래로 뿜어 나오고(㉠), 목 부분의 주변으로는 영기화생을 상징하는 흰 구름이 뭉실뭉실 피어나고(㉡), 광배 밖으로는 꽃비가 내리고 있다(㉢). 영산회상에서 석가여래가 설법을 하고 있는 광경이다. 머리에 쓴 왕관 같은 화만은 화려한 12개 이상의 꽃비녀를 꽂은 듯하다. 이마 중앙에 삼세(三世)와 삼계(三界)를 대표하는 5부처가 있다(㉣). 오불존도라고 한다[도판 186참조]. 비로자나불, 노사나불, 석가모니불, 약사불, 아미타불이다. 이는 공간적으로는 소우주인 원자보다 작은 점에서 대우주인 온 세상으로 퍼지며, 시간적으로는 과거,

현재, 미래로 연결되어 나가는, 즉 모든 시공간이 불법 세계임을 상징한다. 그리고 가슴을 장식하는 큰 목걸이(ⓜ)는 수월관음도와 비슷하다. 이들(ㄱ, ㄴ, ㄷ, ㄹ, ㅁ) 연기화생을 상징하는 장식들을 종합하여 영기화생으로, 즉 중생에게 염화시중으로 나타내고 있는 것이 부처님 손의 연꽃(ㅂ)이다. 그런데 이 연꽃은 〈수월관음도〉에서 보살이 손에 쥐고 '친견'을 암시하는 수정염주[도판 206]와 같은 의미다. 이렇게 수월관음의 지위와 능력을 장식으로, 부처님과 동격으로 업그레이드시켰다.

(3) 무늬와 장식은 깨달음을 장엄한다

무늬와 장식에서 이 같은 통도사 〈괘불〉의 상반신[도판 146]을 다이토쿠지 소장 〈수월관음도〉의 상반신[도판 144]과 비교하면, 머리에 쓴 화만 중앙에는 각각 아미타불과 오불존으로서 둘 다 여래가 있고, 가슴에는 둘 다 비슷한 종류의 3단 구슬 목걸이가 있다. 그리고 천상에서 내려오는 통도사 〈괘불〉에서의 꽃비는 〈수월관음도〉에서 투명한 흰 사라에 새겨진 수많은 연화당초원문과 같은 의미다. 그렇기 때문에 여래처럼 절정의 수준으로 화려, 수려, 미려하게 시문했다. 이 모든 무늬와 장식들은 여래에서는 염화시중을 위한, 보살에서는 친견을 위한, 즉 둘 다 깨달음을 위한 장엄이다. 이는 동시에 그 불보살과 동일시하고 싶어 했던 당대 귀족들의 신앙심을 알리는 것이기도 하다.

염화시중은 꽃으로 깨달음을 알리는 하이라이트다. 『법화경』에서 염화시중의 내용은 이렇다.

> 어느 날 영취산에서 석가세존이 제자들을 모아 놓고 설법을 하고 있을 때였다. 부처의 가르침에 귀 기울이고 있는데 하늘에서 갑자기 꽃비가 내렸다. 신기한 일이었다. 사람들은 그 기이한 일을 두고 수군대기 시작하였다. 그러더니 조용하던 법회는 어느새 술렁임으로 소란스러워졌다. 그때 석가여래는 바

닥에 떨어져 쌓인 연꽃 하나를 사람들에게 들어 보였다. 다들 이 기이한 일과 스승의 행동이 무엇을 의미하는지 알지 못해 어리둥절하였다. 그러나 가섭만은 웃음으로 석가여래에게 답하였다.

선문답의 출발 문장이다. 염화시중에서 핵심은 부처님의 설법으로 세상이 개벽되었다. 우주가 그 축하를 위해 꽃비를 내렸다. 내린 꽃비 중 하나를 부처가 손에 들자[도판 146-ⓑ] 가섭만이 그 의미를 '만다'에 '라'를 통해 알고 미소 띠었다는 것이다. 가섭의 '라'가 어느 제자의 신심보다 깊다는 것을 알려 준다. 부처님의 설법으로 개벽된 깨달음의 세상이 되었음에도 불구하고 다른 사람들은 그 변화를 빨리 깨닫지 못했다는 의미다. 낙산 설화에서의 원효 법사처럼, 물에 빠진 베드로처럼, 그것은 믿음에 대한 분별심 때문이다. 그러나 그들의 분별심에 대한 분별심은 역설적인 부정의 부정으로 더 강한 믿음이 되었다.

우리도 깨달은 마음으로 이 세상을 보게 되면 현실이 바로 꽃비 내리는 정토가 된다. 동체대비, 즉 세상이 바로 나다. 당대 신라 사람들 각자가 백의관음이란 자긍심으로 그리고 신라 국토를 백화도장이란 이상정토로 생각했던 것처럼, 오늘날 히말라야 속 오지의 나라 부탄 국민이 세계에서 행복 순위 1위로 느끼는 것처럼 말이다. 사실 모든 결론은 원효 대사의 깨우침대로 "일체유심조"다. 그러나 상대적인 세상은 다른 나라와 비교하기 때문에 만족이 없다. 반면에 종교에 빠지면 절대적인 그 믿음 자체에 만족하기 때문에 가장 잘 사는 것으로 만족하며 부탄처럼 느낄 수 있는 것이다. 그러니 정신적으로 절대적인 종교세계와 물질적으로 상대적인 현실 세상에서 그 삶의 해석은 다를 수밖에 없다. 어쨌든 이 글의 주제가 되는 다이토쿠지 소장 〈수월관음도〉 그림에서도 보살이 손에 든 수정염주의 의미를 왕실 공양 인물이 깨달았다. 그래서 염화시중에서의 가섭처럼 미소로 대답하며 수월관음에게 다가가고 있는 것이다[도판 198].

'꽃비'하면, 대학 시절에 생각나는 추억이 있다. 1970년 12월 크리스마스 즈음, 오전에 추적추적 진눈깨비가 흩날리듯 내리다 갠 새꼬롬한 날 오후 3시경이었다. 문명대 교수(당시 박물관 연구원)와 함께 언양 반구대 암각화(국보 147호), 지금의 울주군 반구대 천전리 암각화를 보고[도판 218], 이튿날 간월사지를 주마간산 격으로 조사한 후 석남사의 불상을 조사하러 갔다. 날이 저물어 그날 밤은 절에서 일박을 했다. 다음 날 아침 공양을 특별식으로 대접받고 조사를 위해 법당으로 갔다. 수미단에 올라가 부처님 각 부위의 크기와 비례를 자로 측량도 하고, 사진도 찍으며 타 불상과 비교도 하였다.

마친 후 헤어질 때, 정토에서 속세로 나오듯 총무 스님이 일주문 밖에까지 나와 전송해 주었다. 너무 친절하고 고마워서 법명을 물었더니 "꽃부리 영(英)자에, 비우(雨)잡니다"하며 수줍은 미소를 띠우며 손을 흔들어 주던 해맑은 스님의 얼굴이 떠오른다. 당시는 별스럽지 않게 듣고 잊었는데, 이 글을 쓰면서 당시 그 영우(英雨) 스님의 수줍은 듯 해맑게 웃던 미소가 정토 속 또다른 꽃비(雨花)가 되어 내 마음을 적시며 그 뜻을 깨닫게 해 준다. 반세기가 지났다. 지금은 어느 절에 계시는지.

4) 대나무

(1) 대나무는 이상정토를 상징한다

이에 관음이 말한다. "좌상(座上)의 산마루에 한 쌍(雙)의 대나무가 솟아날 테니, 그곳에 불전을 지어야 한다." 법사가 그 말씀을 듣고 굴에서 나오니 과연 대나무가 땅에서 솟아나와 있다. 그래서 그곳에 금당을 짓고 관음상을 만들어 모시게 되었는데, 그 둥근 얼굴과 고운 바탕이 마치 자연 그대로의 모습과 같았다. 대나무가 다시 사라지므로 그제서야 비로소 관음의 진신이 살고 있는 곳임을 알았다.

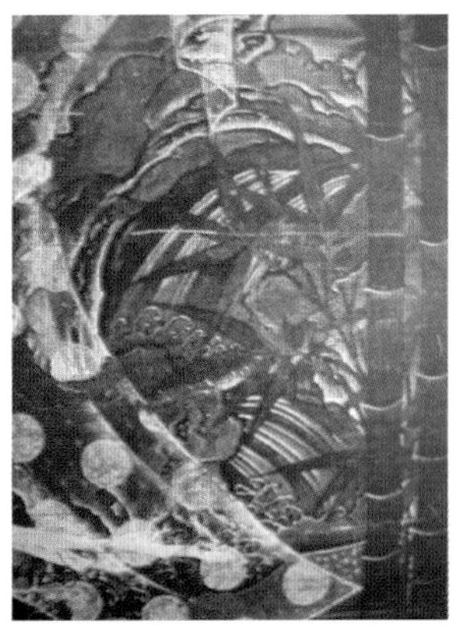

도판 147 바위·계곡·대나무. 위의 수미단은 바위가, 오른쪽 아래엔 보기 드물게 계곡물이, 그 옆 위에서 아래로는 쌍 대나무가 그려져 있다.

낙산 설화에 나오는 내용이다. 쌍 대나무가 있는 곳이 관음진신이 사는 이상정토임을 알리고 있다. 그러니 대나무가 석가모니의 본생담에도, 보타락가산에도 나오는 것은 당연하다. 설화에서처럼 이 그림([도판 124] 속의 [147])에서도 관음의 왼쪽 끝[향우], 계곡에서 동굴 위까지 두 그루의 대나무가 시원하게 쭉 뻗어 있다. 그러므로 이곳 동굴은 정토 중에서도 이상정토를 상징한다. 옛날 중국에서는 정치권 일부에서 썩은 정치를 비판하며 죽림칠현, 죽계육일 등 귀농, 귀촌하여 사는 것을 이상으로 여겼던 시대가 있었다. 그들 기개 높은 고사(高士)들은 생활의 벗으로 대나무에 대한 애착을 갖고 있었기에, 대나무를 키웠을 뿐만 아니라 그림에서도 고사들과 함께 그렸다.

역사에서 귀농, 귀촌하면 떠오르는 대표되는 인물이 도연명이다. 그가 지은 『귀거래사』에서 마지막 문장은 이렇다. "자연 조화를 타고 생명이 다하는 대로 돌아가리니, 천명을 즐길 뿐 무엇을 의심하리요" 인생의 황혼에서 생태적 삶을 선언한 것이다. 이렇게 대나무는 현실 속에서 이상세계를 염원하는 상징이 되었다. 따라서 불교와 도교는 서로 영향을 주고받았음을 알 수 있다. 그것은 수월관음이 도교 성향인 산수도를 나타내는 바위, 계곡, 대나무 속 중심에 배치된 도상이 뒷받침한다.

(2) 수월관음도에서 대나무는 인도보다 중국의 영향이다

"죽심공죽절정(竹心空竹節貞)". 백거이의 『양죽기』(養竹記)에 나오는 말로, "대나무는 속이 비어있고 줄기에 마디마디가 있어 절개가 곧다"는 뜻이다. 대나무의 생김 자체가 욕심을 비운 마음에 휘어지지 않는 곧은 기상을 나타낸다. 그러니 불보살이나 도력이 높은 고사들을 상징하기에 딱이다.

수월관음도는 불화이지만 인도의 영향이 아니다. 그보다는 중국의 영향이다. 중국에서 생겨났고, 노장사상에 따른 중국 문인들의 심미적 사상과도 연관이 있고, 중국인들의 기호에 따른 대나무와 산수를 소재로 한 주제이기 때문이다. 그리고 송대에 일반 문인에서 고관에 이르기까지 "바깥으로는 군자의 유학을 삼고, 안으로는 보살행을 수행한다"는 구호가 성행하면서 거사불교가 보편적으로 유행한 것이 뒷받침한다[주 54]. 어쨌거나 중국에서는 수월관음도의 도상이 고사도의 도상과 서로 주고받은 것이다. 도교에서 고사도는 불교에서 불화와 같은 것이기도 하니까.

(3) 다이토쿠지 소장 〈수월관음도〉에서는 그 무엇보다 대나무가 강조되어 있다

중국의 수월관음도에는 관음보살 뒤로 죽순과 함께 대나무가 3그루인데[도판 23], 일본의 백의관음도에서는 4그루다[도판 25]. 중국의 그림에서는 대나무가 형식적으로 그려졌다면, 일본의 그림에서는 대나무가 왕골처럼 왜소하게 그려졌다. 이에 비해 다이토쿠지 소장 그림에서는 대나무 중에서도 마디의 무늬가 1개인 것으로 봐서 가장 굵고 높게 자라는 왕대나무를 그렸다. 게다가 2그루의 왕대나무가 다른 그림과 달리 관음보살 뒤에 있지 않고 배경에서 가장 앞에 나와 있다. 그만큼 다른 수월관음도보다 "죽심공죽절정"을 맨 앞에서 크기, 굵기, 높이로 보타락가산 이상정토를 더 강조한 것으로, 이 그림만의 특징이다.

5) 버들가지와 정병

(1) 버들가지와 정병은 관음보살의 병 치유 '로고'다

동진의 축난지가 420년경 번역한 『청관세음보살소복독해다라니주경』(약칭, 『청관음경』)에는 바이샬리성의 월개장자가 전염병에 걸려 죽게 된 딸을 살려달라고 부처님께 청원하는 장면이 나온다. 월개장자가 부처님의 가르침에 따라 아미타불을 애타게 부르자 아미타불이 관음보살과 세지보살을 거느리고 나타나 칠보색을 갖춘 미간의 백호에서 8만 4천 광명을 조명처럼 밝게 비추어 주었다. 그러자 딸의 병은 물론 성안의 모든 병도 사라졌다는 것이다. 이 기적의 사건 이후 성안 사람들이 버들가지와 정병을 관음보살에게 [도판 148]처럼 공양품으로 바쳤다. 이에 보살은 병은 마음을 깨끗하게 하기를 진공처럼 해야 물리칠 수 있다며 『시방제불구호신주경』을 예방 차원에서 마무리로 설법하였다. 사실 만병의 근원은 스트레스다. 이후 이 공양품은 관음보살의 재능기부 중에서 병 치유의 '로고'가 되었다[도판 149].

『청관음경』과 관련이 있는지는 몰라도, 이와 비슷한 조각이 경주 단석산에 있다. 국보 199호 중의 일부분이다[도판 148]. 버선형의 높은 모자와 무릎까지 내려진 긴 상의와 부푼듯 풍성한 하의로 봐서는 상류층으로 보이고, 키로 봐서는 부부 또는 부녀로 진골 이상의 공양자로 보인다. 부처님께 바치기 위해 정병(잔)을 든 앞선 사람을 월개장자로 오버랩시켰다면, 버들가지를 들고 뒤따라가고 있는 몸집이 작은 사람은 경전상 딸의 모습이다. 아마도 오늘날 우리에게 신라 사람을 온전하게 보여주는 문화재는 이 조각이 유일할 것이다. 이를 볼 때 이 장소는 한때 김유신 장군이 도를 깨치기 위해 수련한 장소로 전해 오기도 하지만, 환자들이 병 치료를 위해 기원하던 장소였음도 알 수 있다. 이처럼 기적의 상징이 된 이 로고가 이후 버들가지를 정병에 담갔다가 뿌리면 돌림병을 쫓는다는 뜻을 갖게 되었다.

도판 148 단석산 〈공양 인물상〉. 앞사람은 정수 잔을, 뒷사람은 버들가지를 들었다. 당대 신라인을 볼 수 있는 귀한 조각으로 오늘날 공양의 성격과 복식사에 중요한 자료다. 국보 199호 중 일부분

사실 보살의 정병 속에 든 물은 물 중의 생명을 살리는 물이다. 인체의 70% 구성에서 보듯 그 같은 귀한 생명성을 상징한다. 그리고 버들가지에는 만병에

효과가 있는 아스피린의 원료가 들어있다고 한다. 그러니 생명의 근원인 정화수와 만병의 치료 원료인 버들가지가 환상의 세트를 이루고 있다. 모 제약회사의 로고가 이해된다. 그러니 이 로고는 오늘날로 말하면 만병통치약이고 종합병원의 역할이다. 수월관음보살에서의 정병과 버들가지도 이 『청관음경』의 월개장자의 기적을 도상화한 것으로 볼 수 있다.

(2) 버들가지의 본성은 물(생명)을 지향한다

〈수월관음도〉에서 정병에 꽂힌 버들가지가 물을 향해 아래로 부드럽게 처져있다[도판149]. 그러고 보니 만병통치에 효과가 있는 아스피린 성분의 버들가지가 다른 어느 나무보다 생명의 상징인 물을 더 좋아하니 참으로 신묘한 자연의 이치다. 이렇게 버드나무가 제 고향인 물을 찾듯이 수월관음이 물에서 구원의 상징인 수월적(水月的) 속성을 나타내는 것도 본성이다. 관음을 찾는 자가 목말라 하는 중생이라면, 관음의 마음은 버드나무처럼 생명수가 있는 곳으로 안내한다는 뜻이다.

도판 149 다이토쿠지 소장 그림에서 버들가지와 정병. 버들가지와 정병은 치료 도구로 수월관음의 로고다. 묘하게 뻗어나간 금칠 된 바위 벼랑 끝에 놓여 있다. 그 위치가 놀라운 치유 능력을 암시한다.

더 나아가 혜허 스님의 〈수월관음보살입상〉은 광배까지도 버들잎이다[도판152]. 그 어느 그림에도 없는 도상이다. 구도에서 가장 크게 광배로까지 확대하여 버들잎을 만병통치의 약 성분(아스피린)으로 강조했다. 만병통치를 지향하는 버들가지의 본성을 보살의 도상에서 가장 큰 광배로 해서 만병통치의 능력을 최대한으로 강조한 것이다. 게다가 다른 수월관음도는 법을 구하기 위해 찾아온 선재동자를 앉아서 맞이하는데, 이 〈수월관음도〉는 [도판 1]에서 보듯이 오기 전에 먼저 찾아가서 맞이하는 구도다. 1초라도 빨리 서원을 들어주려고. 그 어느 보살보다 자비심의 극대화와 민첩성을 이처럼 고요하고 부드러운 영험성으로 내공화하여 보여주는 그림은 없다. 역사적 인물에는 버들가지의 본성을 지닌 의성 허준 선생이, 사랑의 의술자인 장기려 박사가 이 보살과 하나가 된다.

(3) 버들가지와 정병이 손에 있으면…

음울하고 추운 겨울을 지나 따뜻한 봄이 오면 만물이 소생한다. 마찬가지로 아픈 사람에게 봄기운이 가득한 버들가지를 갖다 대면 희망의 기운으로 병이 낫는 것처럼 느꼈을 것이다. 어쨌든 맑고 깨끗한 물을 섭취하는 것은 동서고금에서 장수의 비결이다.

[도판 152]에서 보살의 자세를 보면, 버들가지를 오른손의 엄지와 검지로 맵시 있게 쥐고 있고, 왼손으로는 정병을 손바닥을 위로 해 묘하게 들고 스탠바이하고 있다. [도판 153]의 각각의 손가락 자태도 예술성을 넘어 가히 아크로바틱하다. 최고의 의술을 나타내는 것으로 보인다. 어떤 상황의 무슨 병이든 바로 고칠 수 있음을 명의(名醫) 아니 불의(佛醫) 자태로 공교하게 나타내고 있는 것이다. 손가락뿐만 아니라 신체 표현에서도 필선은 섬세하게, 채색은 뚜렷하게 농담을 주어 늘씬하고 부드러운 변화를 보여준다. 그 버들잎 광배 속의 자세와 모습이 너무도 고아하고 신비롭다. 쳐다만 봐도 병이 스스로 사라지지 않을 수가 없겠다. 돌림병을 완전하게 예방해 주는 효험있는 관음임을 특별히 강조하여 나타낸 것으로 볼 수 있다. 이는 성 누가가 그린, 무서운 돌림병이었던 페스트를 물리쳤다고 믿은 전설상의 그 성모상에 비견된다.

(4) 버들가지와 정병이 수미단 위에 있으면…

정병은 고대 인도의 수행자들이 몸에 지니던 물병이었다. 이것이 공양구로 바뀌면서 부처님에게 정수를 바치는 도구로 사용되더니 관음보살의 로고가 되었다. [도판 124]의 그림에서 보이는 [도판 149]의 정병이 전성시대 가장 전형적인 고려 정병의 형태인 〈청동은입사포류수금문정병〉[도판 150]의 모습과 같다. 이 정병에 꽂힌 버들가지가 모든 스트레스의 치유를 상징한다. 그래서 대부분의 관음보살은 [도판 152]의 〈버들잎 수월관음도〉처럼, 오른손에는 버들가지를 들고, 왼손엔 정병을 쥐고 치료적 재능기부를 능력껏 발휘하는 자세다.

그런데 이 [도판 124]에서는 정병이 보살의 손이 아니라 수미단인 바위 위에 놓여 있다. 오른쪽 뒤편, 묘하게 뻗어 나간 바위 위 가장 끝의 벼랑에다가, 그것도 제일 진하게 금칠된 곳이다[도판 149]. 정토 중의 정토 속에 소중하게 비장하고 있다는 의미다. 병의 형태와 크기도 다르다. 그러니 이 그림은 사람을 위한 병 치료용이라기보다는 국가적 차원에서 현실이 이상정토가 되기를 정치성 희망으로 염원한 것으로 보인다. 그것은 정병에 은입사로 그려 정토를 알리는 풍경화 그림에서 알 수 있다[도판 150].

도판 150 청동은입사포류수금문정병(青銅銀入絲蒲柳水禽文淨甁). 높이 37.5cm. 국보 92호. 0.5㎜ 굵기의 은입사로 상감된 이 청동정병은 개성에 있는 어느 왕의 고분에서 발견되어 1916년 박물관에 소장된 것으로 확실히 고려 왕실의 것이다[주 55]. 국립중앙박물관 소장

은을 0.5㎜로 실처럼 가늘게 잘라 정성껏 끼워 넣어 정토를 그린 정병이다. 즉, 정병 전체를 돌아가며 앞뒤로 대칭되게 치유의 상징인 버드나무가 당산나무처럼 배치되어 있고, 갈대가 자라는 수변 주위로는 평화의 상징인 오리들이 헤엄치고 있으며, 하늘에는 천신과 소통의 상징인 기러기가 날고, 강에는 배를 타거나 낚시를 하는 사람들이 있다[도판 151]. 수월관음도가 알리

는 이상정토로서의 평화로운 강촌마을을 (〈암굴의 성모〉에서처럼) 잘 보여주고 있는 것이다. 이상정토란 무지개 너머에 있는 거룩한 성이 아니라 현실 속의 강촌마을 같은 행복이 담긴 소박한 집이란 뜻이다.

도연명은 현실의 귀거래사보다 한 단계 더 높고 깊은 이상세계를 동경하면서 "도화원기"(桃花源記)를 소개했다. 그 내용은 대충 이렇다.

> 동진(東晉) 태원(376~396)시대, 무릉에 한 어부가 살았다. 어느 날 그가 물길에서 길을 잃어 정처 없이 가다 홀연히 복숭아꽃이 가득한 숲을 만나 신기하게 여겨 복숭아 숲 끝까지 갔다. 가니 작은 산이 나타나고 작은 동굴이 있는데, 그 안에서는 빛이 어른거렸다.
>
> 동굴 안으로 들어가니 넓게 트이면서 잘 정돈된 집들이 나타나는데, 닭이 울고 개 짖는 소리가 들렸다. 사람들 사는 모습이 바깥세상과 같았다. 진(秦)나라가 혼란스러울 때 피하여 세상과 단절된 이곳에 왔다는데 모두들 어울려 즐거워하고 있었다. 여러 날 극진히 대접받은 후 돌아가겠다고 하자 "바깥사람들에게 알릴 일이 못 됩니다" 부탁하는 것이다.
>
> 어부는 그곳을 나와 온 길을 표시하고, 태수에게 알렸다. 그러자 태수는 즉시 사람을 보내 표시된 길을 따라가 보게 하였다. 그러나 끝내 길을 찾지 못했다. 이후로 어부가 배를 대었던 곳을 다시 묻는 이가 없었다.

도화원기에서 이 같은 무릉도원의 분위기는 바로 [도판 150]의 정병에 그려진 마을 분위기다[도판 151]. 그리고 무릉도원을 찾아 들어가는 길은 다빈치의 〈암굴의 성모〉에서 강촌마을을 찾아가는 루트

도판 151 〈청동은입사포류수금문정병〉에 새겨진 물가 풍경 그림. [도판 150]의 반대쪽

와도 비슷하다[도판 188 참조]. 그런데 그 무릉도원이란 이상세계의 설정은, 워싱턴 어빙(1783~1859)이 지은 『립 밴 윙클』(Rip Van Winkle)에서와는 반대다. 서로 이상과 현실이 도치되어 있다. 도화원기에서는 한 어부가 현실에서 무릉도원에 갔다가 현실로 돌아온 후 다시는 찾아갈 수 없게 되었다는 이상세계다. 그런데 『립 밴 윙클』에서는 영국의 식민지였던 현실이, 산 넘어 이상한 동네에 가 술 한 잔에 잠들었다 돌아오니 20년이 흘렀고, 자유로운 독립국 미국이란 이상 국가가 되어 있더라는 것이니까.

도화원기에서는 무릉도원이란 이상세계가 신기루가 되었지만, 『립 밴 윙클』에서는 영연방 '식민지'에서 '독립 국가'라는 꿈이 U. S. A란 현실도원이 되었다는 차이이다. 평화와 행복이라는 이상세계를 지향하는 사람들의 수준은 동양이나 서양이나 소박하다는 것을 느낄 수 있다. 그런데 요즈음은 안 그렇다. 그 소박한 수준이 중상층으로 평가절상되면서 적어도 공시 시가 9억 이상의 집, 중형 이상의 자동차, 연봉 1억 원 이상은 되어야 한단다. 그것도 얼마 전의 기준이다. 어쨌든 세계사에서도 모든 나라가 세계 최초로 민주주의 아름다운 나라(美國)로 출발한 것을 부러워했다. 그런데 오늘날도 그런가?

(5) 일본 도쿄의 센소지 소장 〈수월관음도〉의 명칭에 대하여

이 [도판 152] 그림은 지금 일본 도쿄의 센소지에 있는데, 좀처럼 공개하지 않는다. 그런데 국립중앙박물관에서 2010년에 주관한 "고려불화 대전-700년 만의 해후"라는 특별 전시에 출품되었다. 전시된 그림 중 가장 인기 있었던 이 그림을 〈'물방울' 수월관음도〉로 표기하여 전시하고 있었다. 일본의 센소지(淺草寺)에서도 그렇게 부르는지 궁금하다. 또한 그렇게 부른다 해도 의문이다.

보살의 각 손에 버들가지와 정병을 든 것을 보면, 병(病) 치료와 관련된 수월관음도다. 광배는 형태를 만들어 내므로 모양은 치료 물질의 성격인 물방울이라기보다는 치료 도구의 성격인 '버들잎'이어야 하지 않을까. 또한 버들잎이

도판 152 혜허의 〈수월관음보살입상〉 61.5×142.0cm. 비단 바탕에 채색. 해동치납혜허필(海東癡納慧虛必), 즉 해동의 어리석은 중 혜허가 그렸다는 화기가 있다. 일본 도쿄 센소지(淺草寺) 소장. [도판 1](향우)의 위에 있는 보살과 비교

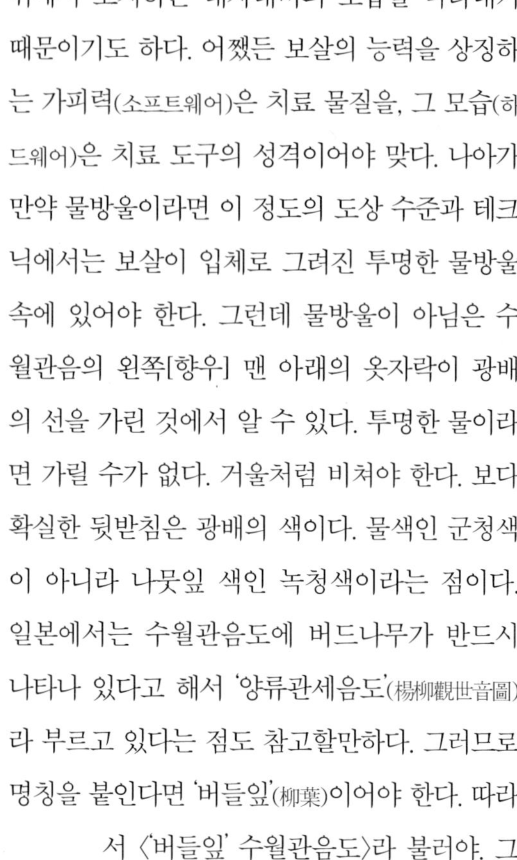

물을 좋아하는 천성대로 생명수가 있는 곳으로 뒤에서 코치하는 대자대비의 모습을 나타내기 때문이기도 하다. 어쨌든 보살의 능력을 상징하는 가피력(소프트웨어)은 치료 물질을, 그 모습(하드웨어)은 치료 도구의 성격이어야 맞다. 나아가 만약 물방울이라면 이 정도의 도상 수준과 테크닉에서는 보살이 입체로 그려진 투명한 물방울 속에 있어야 한다. 그런데 물방울이 아님은 수월관음의 왼쪽[향우] 맨 아래의 옷자락이 광배의 선을 가린 것에서 알 수 있다. 투명한 물이라면 가릴 수가 없다. 거울처럼 비쳐야 한다. 보다 확실한 뒷받침은 광배의 색이다. 물색인 군청색이 아니라 나뭇잎 색인 녹청색이라는 점이다. 일본에서는 수월관음도에 버드나무가 반드시 나타나 있다고 해서 '양류관세음도'(楊柳觀世音圖)라 부르고 있다는 점도 참고할만하다. 그러므로 명칭을 붙인다면 '버들잎'(柳葉)이어야 한다. 따라서 〈'버들잎' 수월관음도〉라 불러야. 그런데 왜 '물방울'이라 하는지(?)

버들잎 무늬로 광배를 나타낸 것은 혁신적이다. 지금까지는 이 그림밖에 없다([도판 44]처럼 연꽃잎으로 보타산을 나타낸 그림은 있지만). 그리고 광배가 비

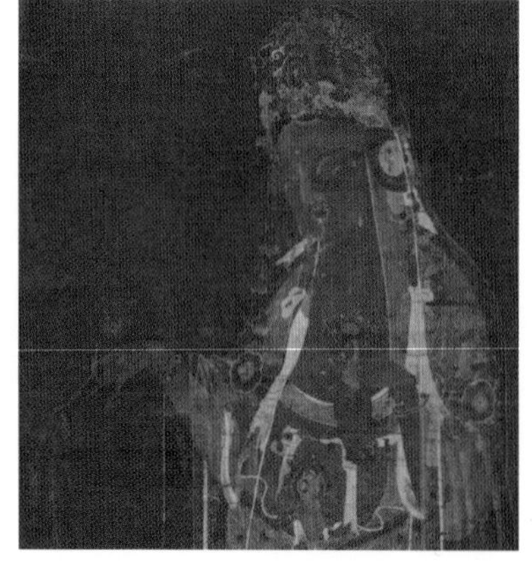

도판 153 혜허의 〈수월관음보살〉이 화려한 장식과 놀라운 치장과 최상의 성장과 묘한 손짓으로 보여주는 치유 능력

듯한 [도판 1]의 의미를 따른다면 공양자인 선재동자보다 먼저 찾아와 서 있는, 수월관음에서는 예외적인 도상이다. 어쩌면 정취보살일지도. 28번째인 관음보살에 이어 29번째로 선재동자를 맞이하기 위해 버들잎 광배를 하고 먼저 와, 위에서 선재동자가 관음보살을 친견하는 장면을 보며, 끝나기를 서서 기다리고 있는 것으로 보이기도 하기 때문이다. 이 [도판 1]은 낙산 설화에서 만나야 할 장소에 범일 조사보다 먼저 나타난 정취보살과도 연결된다.

6) 바다와 암굴

(1) 바다를 보자

다이토쿠지 소장 그림에서 둘레의 바다를 보면, 붉은 산호들이 선재동자가 타고 있는 연잎과 더불어 표현되어 있다. 호수에서 자라는 연꽃과 바다에 사는 산호가 함께([도판 155] 참조). 이렇게 짠물과 민물의 생물이 함께 있다는 것은 이곳이 이상정토임을 상징하는 것이다. 그런데 그림에서 아래의 현실과 위의 이상세계를 가르는 바다에서 파도가 무섭게 일렁이는 것은 반(反) 생태 세상을 상징하는 것이다. 현실에서 이상세계가 바로 앞에 보이지만 아득히 멀다는 의미다. 그것은 고려말 제난이 멀리 보이고, 해난이 앞을 가로막고, 원의 식민지 간섭이 현실을 억압적으로 지배하고 있기 때문이다.

(2) 암굴을 보자

관음의 머리 위, 거대한 바위로 된 동굴 천장에서 고드름처럼 기괴하게 내려온 여러 모양의 종유석들이 기이하게 보인다. 이는 현재까지 알려져 있는 수월관음도에서는, 아니 불화 전체에서도 볼 수 없는 독특한 표현이다. 종유석으로 천개를 나타냈다. 그러므로 이 암굴은 현실에서는 그 어디에도 없는

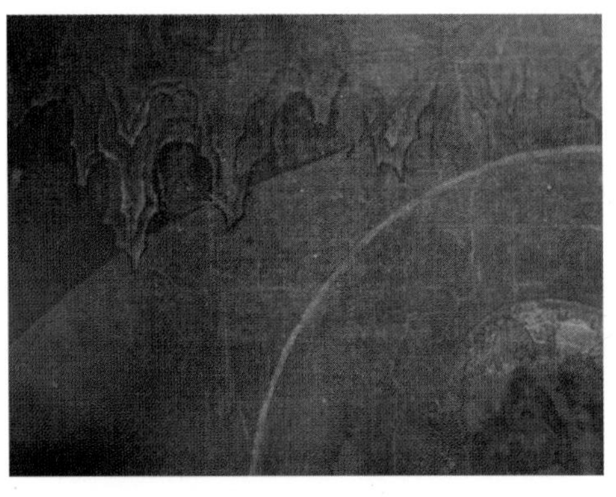

도판 154 종유석 천개. 머리 위에 기괴하게 수직으로 울퉁불퉁하게 늘어진 종유석은 천개를 상징하면서 이 동굴이 현실 어디에도 없는 이상정토를 상징한다.

신이한 장소임을 알리는 것이다[도판 154]. 천개란 닫집으로 불보살의 머리 위에서, 이곳이 정토 중의 정토임을 상징하는 일종의 캐노피다. 이는 스페인의 알람브라 궁전에 종유석처럼 또는 벌집 모양으로 화려하게 장식된 '무카르나스'를 연상시킨다.

어쨌든 이렇게 종유석으로 천개를 표현한 그림은 그 어디에도 없다. 이런 기발한 아이디어는 어떻게 나온 것일까. 영화감독이 시나리오에 나오는 알맞은 장소를 찾기 위해 곳곳을 돌아다니듯이, 당시 누구인지는 모르지만, 이 그림을 그린 화사도 석해궁에 어울리는 그림을 그리기 위해 소문난 석회석 자연 동굴들을 찾아다닌 모양이다. 보지 않고 상상해서는 그리기 힘든 종유석의 형태와 그 성질을 특징 있게 잘 잡아냈으니까. 그 자연 동굴을 세트장처럼 교리에 맞게 세팅했다. 그래서 다이토쿠지 소장 〈수월관음도〉 같은 신품 아니, 자연품이 나오게 된 것이다. 이 석회석의 자연 동굴은 다빈치가 자신의 『노트 수고』에다 쓴, 1480년경에 음침한 산길을 헤매다 보았다는 동굴 경험을 바탕으로 해서 손을 댄 〈암굴의 성모〉 동굴 분위기와 비슷하다.

(3) 낙산 설화는 원효 · 의상 간의 역할 교체를 알려 준다

『화엄경』에 나오는 관음보살의 진신주처가 인도에서는 상상의 보타락가산 '석천궁'이다. 이것이 우리나라에서는 상상의 산이 아니라 현실의 설악산 천불동 계곡의 출발점에 있는 '금강굴'이다. 즉, 인도와 중국을 넘어 신라는 신라화된 해동의 관음보살을 원효 대사가 금강굴에다 진신주처로 모신 것이다. 정말 금강굴에서 설악산 전경을 보면 [도판 5]처럼 보타락가산보다 더 가경이라 생각하게 된다. 인도의 관음보살도 금강굴을 더 부러워할 것이다.

이후, 낙산 설화에서처럼 의상 법사에 의하여 동해변 홍련암의 관음굴에서 새로운 변화 관음인 해동의 '백의'관음으로 응신하게 되자 그곳에다 그 관음의 진신주처를 마련한 것이다. 어쩌면 그렇게 설악산 마애 절벽 가운데에 관음보살의 격에 어울리는 멋진 금강굴이 있고, 가까운 절벽 해안가에 관음굴이 있는지 정말 딱이다. 이 금강굴과 관음굴의 관점이 원효 대사와 의상 대사 간의 연배적 흐름과 맞을 뿐만 아니라, 산이라는 장소는 원효라는 국내파에 바다라는 장소는 의상이란 유학파와의 성격에도 맞는다. 지형적으로도 설악산과 동해 바다가 이웃하며 불국정토의 콤비를 이루고 있다.

그런데 이 내용에서 원효 법사와 의상 대사 간에 역할 교체가 내재되어 있음을 느끼게 된다. 즉, 인도의 보타락가산 산속 석천궁처럼 나타난 설악산 금강굴 해동의 관음보살에서 신라가 통일되면서 신앙도 바다와 관련된 새로운 해양의 시대가 열리자 의상 대사가 그 시대 정신에 어울리는 새로운 해동의 '백의'관음으로 변용시켰다고 보게 된다. 즉, 의상 법사에게는 파랑새를 통해 친견하게 해 새 시대의 주인공으로 등장시키고, 원효 대사에게는 한계를 나타내는 분별심을 꾸짖게 해 백의관음보살 친견 기원도 거부하면서 퇴장시키는 교체의 역사를 냉정하게 알려주고 있다는 생각이다. 그 이후 그 흐름에 따라 고려 말, 원의 식민지 간섭 시대에 체원 같은 민족적 의식을 가진 승려들이 의상 법사의 "백화도장발원문"을 '약해'로 계승하면서 수월관음으로 업그레이드 시켜 연결시킨 스토리텔링으로 보게 되는 것이다.

7) 관음보살과 선재동자

(1) 수월관음보살의 앉는 방식과 앉는 방향을 보자

앉는 방식에서, 첫째는 한쪽 발을 다른 쪽 무릎 위에 놓는 (반)가부좌이고 [도판 193, 194], 둘째는 자유롭게 한쪽 무릎을 세운 윤왕좌이며[도판 1], 셋째는 두 다리를 모두 편하게 방치한 유희좌다[도판 51]. 따라서 첫째는 둘째와 셋째에 비해 격식을 차린 앉음 방식이다. 그중 고려의 수월관음도는 거의 격식을 차린 첫째 방식이 많고, 중국, 일본, 원은 둘째와 셋째가 많다. 이 같은 편안한 자세는 불교의 선승과 도교의 고사들 기질과 잘 어울리는 것이기도 하다.

앉는 방향은 시선이 주로 동쪽에서 서쪽을 향해 있다[도판 194]. 이것은 동쪽 지역의 나라인 고려에서 볼 때는 관음보살의 진신주처가 남인도의 보타락가산으로 서쪽에 위치해 있기 때문이다[주 56]. 동쪽에서 서방정토를 바라보게. 이는 기독교에서 성당을 건축할 때 예루살렘이 있는 서쪽을 향해 정문을 낸 것과 흡사하다. 그것은 기독교를 공인한 동로마 비잔틴의 콘스탄티누스 대제가 처음 서쪽의 예루살렘을 향해 낸 성당 건축에서 유래되었다. 그러나 밀교에서 나 스스로가 관음을 향하기보다 관음의 주처에 있다고, 또는 죽은 사람이 (죽어) 피안에 도달했다고 생각하면 관음의 앉는 방향은 정토의 방향인 서쪽에 있게 된다고 한다[도판 193]. 서방정토에서 동쪽을 바라보게. 그럴듯한 설명이다. 따라서 앉는 방향은 그림의 주문자가 산 자를 위한 발원이냐 죽은 자를 위한 발원이냐에 달렸다고 하겠다.

(2) 수월관음의 크기를 보자

그림에서 왼쪽 아래 보살의 사라 끝자락과 대나무 사이로 폭포 같은 계곡물이 빠르게 바다로 흘러들고 있다[도판 147]. 그런데 이 계곡물을 그 위쪽으로 치솟아 있는 바위와 비교하면 이 관음이 얼마나 거대한 존재인가를 느끼게 된다. 보통 관음보살의 크기는 거의 대부분 정면에서 우러러 보는, 수직을 단축법으로 나타낸 크기다. 그런데 고려 수월관음도에서는 거의 대각을 단축법으로 해서 측면으로 나타냈다. 그러므로 수직 단축법보다 훨씬 거대해 보인다. 보살의 크기는 영험과 신통력을 상징한다. 그래서 그 크기를『관무량수경』에 갠지스강의 모래 수에다 몇천억을 더 곱한 "80억나유타항하사유순"이라는 무한수로 상징해 나타냈다. 감도 잡을 수 없는 절대 능력을 시각적으로 화면 가득히 극대화하기 위한 조형적 조치다. 그리고 보살의 전체 모습에서 상체가 이상하게 커 보인다. 이것은 예불자가 위를 올려다볼 때, 상하 위치의 거리감 때문에 생기는 착시현상을 화사가 감안하여 그린 또 다른 단축법 때문이다. 거대성에 대한 또 다른 뒷받침이다.

가늘게 끝없이 뻗은 산길을 거닐고 있는 나그네의 보일 듯 말 듯한 모습, 그를 삼켜버릴 듯한 기괴하게 생긴 높은 산, 그 위에 펼쳐진 무한한 하늘, 이 같은 구도는 객관적인 '실경 산수'가 아니라 주관적인 내면의 눈을 통해 그려낸 '관조 산수'다[도판 177, 178]. 이 같은 관조된 구도는 수월관음도에서도 마찬가지다. 관음보살과 선재동자 두 주인공의 모습을 크기 관계에서 비교해 보면, 그 차이는『걸리버 여행기』를 넘어 고원 산수 속 인물을 보는 것 같은 입체감을 불러일으켜 준다. 즉, 선재동자를 나그네로, 높은 산을 관음보살로 해서. 이렇게 극단적인 대소의 크기 차이와 상하의 위치 차이를 보이고 있다. 이 같은 구도는 고려 불화 전반에서 감지되는데, 이는 신앙의 대상을 신급화하여 능력의 차이를 예배자는 작게, 그 대상자는 크게 대비해 나타낼 때 보이는 보편적인 기법이다. 그 차이를 가진 관음보살이 오른손에 수정염주를 율동적으로 살짝 쥐고 소인국 사람보다 더 작은 왕실 공양 인물에게 선물로 주려는 자세다[도판 206]. 그러니 그 선물에도 관음보살의 크기인 '8억나유타항하사유순'만큼 무한한 능력이 담긴 것을 상징한다.

(3) 선재동자의 예불 자세를 보자

도판 155 [도판 124]의 선재동자. 바다의 산호와 민물의 연꽃이 함께 있는 생태 정토세계를 나타내고 있다. 바람에 역동적으로 흩날리는 길다란 머풀러와 호기심어린 표정으로 두 손 모아 왕실 공양 인물군의 친견장면을 바라보는 선재동자의 자세, 특히 깨달은 동심의 미소는 바로 생태시 그 자체다.

대비의 보편적인 기법에 따라 선재동자의 크기와 보살의 크기는 극과 극이다. 예배자가 자기를 낮추면 낮출수록 신앙 대상자의 구원의 능력이 보다 위대하게 느껴지게 되기 때문이다. 예불 자세도 마찬가지다. 자기를 낮추는 그 모습의 근거는 『화엄경』 40권본 중 제16권에서 나온다. 선재동자가 관음보살을 찾아가 관음의 게송을 듣고 예를 표하는 "…종좌이기(從坐而起) 편단우견(偏袒右肩) 좌슬저지(左膝著地) 예보살족(禮菩薩足)…"의 자세에서다. [도판156]처럼.

즉, "앉았다가 일어나 편단우견의 모습인 보살에게 왼쪽 무릎을 땅에 꿇어 그 발에 예를 표하는" 자세에서다. 이처럼 작아진 모습에 겸손한 마음으로 마음, 뜻, 정성을 바쳐 예불을 드리게 되면 그 예불에 취해 예불자가 불화 속에 들어가 그림 속의 불보살을 시각적 환영을 통해 만나게 된다고 한다. 지성 속에 감천되면서다. 그것을 니체는 그답게 '디오니소스적 광기'라고 했다.

선재동자의 이 같은 예법 자세는 고려 수월관음도 38점의 작품에서는 크게 3가지 유형으로 나타나 있다[주 57]. 즉, 선재동자를 확인할 수 없는 다섯 작품을 뺀 33점 중에서 꾸부정하게 상체를 세운 자세가 26점[도판 155], 한쪽 무릎은 세우고 한쪽은 꿇은 자세가 6점[도판 156] 그리고 엎드린 모습이 1점이다. 그중 다이토쿠지 소장의 그림처럼 고개, 허리, 무릎, 발목마다 약간씩 꺾어 S자 모양으로 꾸부정한 듯 유연하게 서서 우러러 경배하는 모습이 가장 많은 편이다. 이 같은 천진스러운 모습, 귀여운 표정, 유연한 자세로 53선지식을 찾아다니는 선재동자의 예불 공양은 진정한 친구를 만나기 위해 여러 행성을 찾아다닌 어린왕자와 비슷하다. 선재동자는 마지막 53번째의 선지식인 보현보살과의 만남을 통해 "티끌에도 우주가 담겨 있다"는 생태적인 교훈을 깨달으며 나를 찾는 고되고 지루한 구도 순례를 기쁘게 마무리한다. 얼마나 걸렸을까. 그동안 그는 '나=생태'라는 의미를 터득하기 위해 그처럼 험난한 순례를 한 것이다. 그것은 차마고도 순례길, 야고보 신앙을 롤모델로 해서 만든 '산티아고데콤포스텔라' 순례길과도 같은 의미다.

도판 156 〈서구방 수월관음도〉[도판 194]에 그려진 한쪽 무릎은 세우고 한쪽은 꿇어 관음보살에게 예불드리는 선재동자의 포즈(아기 요한이 아기 예수에게 경배드리는 [도판 170]의 자세와 같다).

(4) 지금까지는 '순례길'이 유행하였다

순례길 중 대표적인 산티아고데콤포스텔라에서 여러 가지 코스 중 그 대표적인 코스를 프랑스에서는 '땅 위의 은하수 길'이라고도 한다. 산티아고데콤포스텔라는 이름 자체가 스페인어로는 '성 야고보를 위한 별들의 들판 길'이라는 뜻이니, 두 나라 말은 흰 구두와 백 구두처럼 같은 의미다. 800킬로가 넘는, 그래서 한 달 넘어 걸리는 머나먼 코스지만 걷고 싶은 마음을 자극하는 성서 문학적 표현이다. 그동안의 삶을 걸으며 은하수 빛에다 반추함은 물론 인생의 종착지에서 맞이할 최후의 심판에 대비도 했던 것 같다. 그러나 지구상에 그 어떤 순례길에서도 쓰촨성에서 랏싸까지 2,100킬로의 거리를 6개월 넘게 걷는 '차마고도 순례길'에 비할 수는 없을 것이다. 고도 4,000미터의 높이를 오르내리는 비포장 황량한 산길을, 그것도 아무런 편의시설도 없는, 그럼에도 불구하고 차마 마지못해 높은 고도의 길을 걷는 고행길이 아니라 자발적으로 우러나 걷는 미련할 만큼 우직한 순례길이다. 뿐만 아니라 걸으면서 세 걸음마다 '몸, 맘, 영'을 바쳐 오체투지까지 하니, 단순한 순례길이 아니다. 신앙을 모르면 비웃을 2,100킬로 '오체투지 순례길'이다. 순례길 중 거리, 고도, 환경, 시설, 예법 등에서 가장 고난도(?)일 것이다.

몇 년 전 어느 다큐 방송에서 보니, 누더기가 된 복장으로 186일 만에 목적지인 신들의 땅, 랏싸의 심장인 조캉 사원에[도판 2] 도착하여 감격하면서 마지막 눈물로 오체투지하는 장면에서는 그 신앙심이 부러웠다. 몸살 나지 않은 그 체력에서는 물론이고. 걸은 다섯 사람은 모두 "거듭난 마음으로 나를 위해서 아니라 모든 인류를 위해 생태적으로 살리라" 다짐하고 있었다. 선재동자, 야고보, 차마고도 등 순례길을 걸은 사람들의 결론은 모두 '보다 큰 생태적 삶을 살 것'이라고 고백하는 것이다. 나를 넘어선 생태적 삶이 인류의 궁극적 가치임을 알리면서다. 그것은 도연명이 지은『귀거래사』에서의 결론이기도 하다.

(5) 이제는 순례의 개념이 변하고 있다

국내에서도 실상사에서 시작한 지리산 둘레길과 산티아고데콤포스텔라에서 힌트를 얻어 제주도에서 시작한 올레길로 해서다. 지금은 더 좋아지고 있다. 남한 전체를 ㅁ형의 '코리아 둘레길', 즉 강원도 고성에서 동해안 따라 부산까지 걷는 '해파랑길', 부산 오륙도에서 남해안따라 전라남도 해남 땅끝까지 걷는 '남파랑길', 땅끝에서 서울까지 걷는 '서해랑길', 서울에서 비무장지대로 해 고성까지 걷는 '평화 누리길'을 비롯해서, 각 지역마다 전국에 걷기 좋은 길들이 많이 조성되고 있다. 제주도에서는 해안 따라 걷는 올레길과 달리, 그보다 한 단계 업시킨 한라산 중산간(해발600-800m)에 생태를 위한 80km 정도의 둘레길을 새로 조성하고 있다. 자연을 생각하며 자연이 되어 걸으면 나도 모르게 힐링되면서 나 스스로가 생태 인간이 되는 것이다. 생태(eco)란 우주에 살고 있는 모든 생명체의 인위적인 이익 관계가 아니라 자연스럽게 얽히고 설킨 소통 관계다.

도판 157 해파랑길 장사 구간. 멀리 장사상륙작전을 했던 문산호함(2,700톤 급, L.S.T)이 보인다. 인천 상륙과 함께 한 양동 작전으로 적군을 차단하며 인천상륙작전이 성공하는데 기여했다. 전사자 139명, 부상 92명 행불 수십 명이 발생했다. 그러나 지금까지 역사는 맥아더만 기억하고 있다.

과거 '종교길'들이 이제는 한 걸음, 한걸음 '신'을 찾아 올라가는 '순례'의 개념을 넘어, 한 마음 한마음 '나'를 찾아 들어가는 '명상'의 개념으로 변하고 있다. 우주와 동화되려는 슬로우 시티 개념으로. 그래서 미국의 PCT길 등 세계 각처에 순례길이라기보다는 나를 찾는 보다 힘든 명상길이 붐으로 생겨나고 있다. 신지학(神智學)을 넘어 심지학(心智學)을 향하면서다. "나는 걷는다, 고로 나는 존재한다"는 명제가 유행될 만큼 명상길이 우리나라는 물론 세계 곳곳에 퍼지고 있다. 미래의 종교적 성향을 제시하는 듯하다.

우리나라 불교도 정서 순화를 위해 차량으로 '일일삼사순례'하는 차원을 넘어 나를 찾는 '만행 순례길'을 만들면 어떨까. 자기가 사는 곳에서 출발하여 전국을 ×자인 서울-부산, 속초-목포로 해, 가는 길목마다 산사들을 거치게 하면서다. 그러면 전국의 걷기 좋은 코리아 둘레길이 ⊠ 모양이 된다. 요즘은 웬만한 사찰마다 알베르게보다 훌륭한 템플스테이를 위해 지은 숙박시설들이 있으니. 마무리로는 마지막 사찰 부근의 가까운 해변으로 가서 지금까지의 삶에 대해 반추하며 손발을 씻고 새로운 삶을 거대하고 힘 있게 해조음으로 밀려오는 흰 파도를 해인원통(海印圓通)으로 마무리하도록 말이다. 순례 기행문도 받아 정기적으로 알린다면 금상첨화이겠다. 다른 종교에서도 마찬가지다. 어쨌든 종교가 미래지향적인 새로운 문화 형태로 인성 향상을 위한 프로그램을 개발해야 한다.

나아가 '길' 차원을 넘어 '인물' 차원으로도 해 보면 어떨까. 그래서 한국을, 세계를 움직이는 존경하는 각계의 선지식 53명을, 아니 만날 수 있는 만큼 방문해 보는 것이다. 선지식의 기준은 없다. 자기가 만나 보고 싶은 각 계의 사람들이다. 만나보게 되면 이 또한 생애 최고의 힐링이 될 것이다. 새로운 인간관계도 형성하면서.

8) 그리기법의 특징

(1) 표현 기법의 특징이 경지를 넘었다

그것은 중국 곽약허가 지은 『도화견문지』 6권에서 "고려 그림은 비교가 되지 않을 만큼 정교한 그림의 묘를 지니고 있다"고 평한 것에서 알 수 있다. 뿐만 아니라 원나라의 탕후가 『고금화감』에서 "고려의 관음상은 심히 교묘, 섬세, 화려하다"고 언급한 내용에서 뒷받침된다. 즉, 〈수월관음도〉에 나타나 있는 보살의 유연한 곡선적 자태, 부드러운 동작, 투명한 옷자락, 섬세하고 정교한 옷 주름, 호화로운 장식과 떨림 기법, 화려한 채색을 가한 미려한 장엄, 균형 잡힌 구성과 안정된 색채 등의 표현 기법은 마음, 뜻, 정성의 도를 넘어 마지막 혼신까지 바쳐 그린 경지를 넘어선 수준임을 보여주는 것이다.

(2) 표현 기법의 경지를 넘어, '정중동 · 동중선'의 동적 흐름이 있다

수월관음도에서 보살은 얼굴을 감싸는 작은 달과 몸 전체를 둘러싸는 큰 달을 광배로 하고 있다. 이렇게 광배가 된 달은 보살에 은은한 광원이 되어 보살의 상징인 자비심을 성스럽고 우아하며 부드럽게 마사지해 주고 있다. 그래서 상단의 보살은 부드러운 듯 은은하다. 반면에 공양 인물들이 있는 하단인 속세는 비교적 어둡다. 따라서 자연히 예불자의 시선은 저절로 소원을 앙망하며 광배 속 관음에게 집중하게 된다. 이에 대해 관음의 시선은 앙망하는 예불자의 눈망울보다 더 넉넉한 자비심을 비원(悲願) 아니 희원(喜願)으로 보여주고 있다. 그것은 지극한 자세에서, 화려한 치장에서, 만사형통의 신이한 능력이 담긴 수정염주를 아크로바틱하게 쥔 보살의 오른쪽 손가락의 그 율동적인 손짓에서 느낄 수 있다. 그 한량없는 구원의 능력을 가지고 자비심의 동적 흐름인 정중동·동중선의 그림 속 그림으로 해서 '어여, 뭐하노~' 하고 부르고 있는 것이다[도판 184]. 그 동영상 같은 성스럽고 아름다운 자태는 막장 드라마보다 더 극적이다. 현세는 물론 내세의 영화까지 그 속에 투영하고자 한 고려인들의 간절하고도 애절한, 최후의 내공까지 쏟아낸 생애 마지막 신앙의 발로에서만이 그려질 수 있는 수준이기에.

(3) 정중동 · 동중선의 흐름 이면에는 그림의 생명이 되는 복장물까지 들어 있다

고려의 불화에는 또 한 가지 놀라운 비밀이 숨어 있다. 흔히 불상을 만들어 봉안할 때, 불상의 뱃속에 (탑 속에 사리를 넣듯이) 부처님의 생명을 상징하는 경이나 소불(小佛) 등 귀중한 복장물을 넣는다. 이는 사람으로 말하면 오장육부다. 그런데 놀랍게도 종이에 그린 불화에도 써넣었다[도판 158]. 일본 교토 쇼보지(正法寺) 소장의 〈아미타독존도〉의 뒤쪽 배접지를 제거하였더니 여래의 가

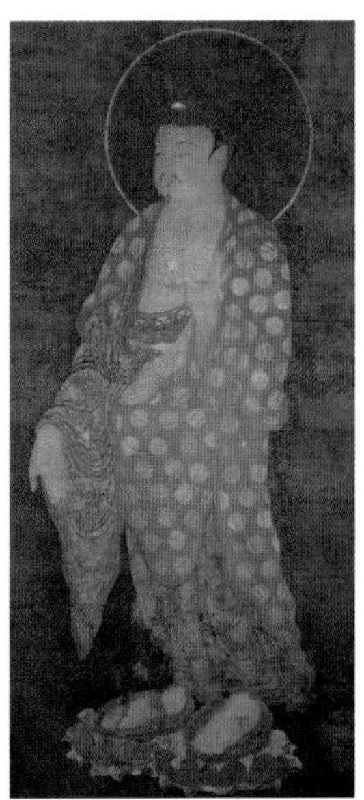

도판 158 쇼보지(正法寺) 소장 〈아미타독존도〉 여래의 가슴 부근 배접지에서 지름이 10.6cm의 사리 역할을 하는 『보협인다라니경』이 나왔다.

슴 부근에 붙어 있는 종잇조각이 발견되었는데, 거기에는 지름 10.6cm 크기의 원형을 중심으로 해서 그 외곽에 『보협인다라니경』이 범어로 적혀 있었다 [주 58]. 보이지 않는 기법들까지 그리기법을 넘어 들어 있는 것이다.

그러니 더 이상 아름답게 그릴 수 없는, 생명이 살아 숨 쉬는 그림이다. 다빈치의 〈모나리자〉 그림보다 더 훌륭한 그림이다. 그것은 2003년 미국 샌프란시스코에서 전시회를 개최했을 때, 당시 「뉴욕타임즈」가 카가미진자 소장 〈수월관음도〉를 "It is equivalent of the Mona Lisa", 즉 "이 작품은 〈모나리자〉와 동등한 가치를 지닌다"라고 극찬했다. 그런데, 이 [도판 124] 그림은 극찬한 [도판 193]보다 훨씬 더 깊이 있는 가치를 지닌 명작이니까. 공양자가 왕을 비롯한 왕실 사람들이고, 친견 시스템이 들어 있기 때문이다.

지금까지 소제목을 붙여 설명한 이 모든(①, ②, ③, ④, ⑤, ⑥, ⑦, ⑧) 가피력들은 친견 시스템에서 친견의 역할을 보이지 않게 정중동·동중선의 흐름으로 작동되게 뒷받침하는 에너지 및 시너지들이다. 또한 그 시너지들은 연기화생에 따른 영기화생으로서의 생성과 그 순환구조가 되게 하는 인드라망의 구성요소들이기도 하다. 그러니 고려의 불화 속에 심오한 구원의 효험이 "지성이면 감천"으로 들어있음을 인정하지 않을 수가 없다. 손자의 재롱 어린 응석에 할머니, 할아버지가 오냐오냐하며 들어주듯이. 그에 대해서는 순서, '2. 2). (3). ① 친견을 향한 동영상적 신앙의 흐름'(435쪽)에서 설명한다.

2. 〈암굴의 성모〉 구도 분석

르네상스 당시는 제단화의 도상도 유행에 민감했던 것 같다. 어떤 제단화는 당대의 신앙 감정과 너무 동떨어져 진부해졌다고 해서 피렌체시에서 새로운 기호가 반영된 제단화를 다시 주문한 기록이 있기도 하다. 그런데 〈암굴의 성모〉(1)과 (2)는 유행의 차원을 넘어선 혁신적인 구도다. 그것은 다빈치가 평생 7점(남아 있는 작품)의 성모상을 그렸는데, 이 그림(1), 그림(2)를 제외하면 5점 모두가 전통적인 구도인데서 알 수 있다.

그중에서도 그림(1)은 이전까지 전통적인 성모상이 나타내고 있는 정적이고도 단순한 도상을 넘어 종교에서 최종 희망 사항인 '구원'받을 것을 [도판 132]의 진입 시스템처럼 한 화면에 [도판 188] 같이 '구원 시스템'으로 교리화하여 동영상적으로 나타냈다. 그만큼 이 그림 속에는 성모의 중보심을 다른 화가나 미술사가들도 생각지 못한, 앞서가는 정중동(靜中動) · 동중천(動中天)이란 구원 시스템을 (성당 건축 구조 속에 들어있는 진입 시스템에서 힌트를 얻어) 도상에 맞게 나타냈다. 그래서 육안으로 보는 그림과 심안·영안에 의해 보여지는 그림이 줄탁동시처럼 조화를 이루고 있는 것이다.

이에 비해, 그림(2)는 이 같은 구도를 무시한 성모협회가 자신들의 의도대로 다시 그릴 것을 요구함에 따라 그 요구대로 다시 그린 그림이다. 그래서 그런지 이 그림에서는 구원 시스템이 망가져 있다. 힐링의 효험이 증발된 것이다. 그럼, 먼저 다빈치가 전통적인 구도로 그린 성모상부터 시대순 따라 간단하게 일별해 보자.

1) 전통적인 성모상 – 구도 분석

(1) 〈석류를 든 성모〉[도판 159]

다빈치의 성모상 중, 아니 화가로 입문해서 그린 첫 작품인데, 계산상으로는 17살(1469년) 때다. 그래서 현재 남아 있는 그의 모든 작품 중 가장 먼저 그린 그림으로 미술사가들은 받아들이고 있다. 첫 그림부터 성모상이니, 당시 종교화 중에서 그 어떤 주제보다 성모상이 대종을 이루고 있었음을 알 수 있다. 그것은 당시 회화의 90%가 종교화, 그중 반 이상이 성모 마리아를 주제로 한 작품이었다는 역사적 사실이 뒷받침한다. 이 작은 그림은 다른 그림에 비하면 미숙하지만 대단한 재능을 가진 베로키오 문하생으로서의 첫 솜씨를 보여준다. 성모상으로서의 전형적인 구도다.

그림 속의 예수와 성모, 두 인물은 인간적으로는 서로에게 애정을 집중해서 보이고 있다. 하지만 아직은 서로의 관계가 그리 긴밀해 보이지 않는다. 완성품 중 다빈치에게도 이런 미숙한 그림이 있구나, 하는 것을 비밀처럼 엿보는 듯한 관미증(觀美症)을 재미로 느끼게 하는 그림이다.

그런데 눈여겨보면 그렇지 않다. 석류를 매개로 한 신앙적인 측면에서 보면 다르다. 아기 예수는 눈으로는 성모를 바라보면서 손으로는 석류알을 성모에게 보이고 있다. 그러자 성모는 왼손에 석류 껍데기를 쥔 채 그 석류알을 안쓰러운 표정으로 자세히 보고 있다. 아기 예수가 33년 후 맞이해야 할 십자가 수난의 예감을 상징하기 때문이다. 그래서 둘은 각각 석류알과 껍데기라는 서로 다른 부분을 쥐고 있는 관계를 통해, 보다 아프게 십자가 수난의 의미를 나타냈다. 붉은 알은 예수의 수난을, 붉은 껍데기는 성모의 통고를. 대속적인 수난과 인간적인 통고가 밸런스를 이루고 있는 것이다. 그렇기 때문에 서로의 관계가 더 긴밀해 보인다.

그런 관계와 자세는 그녀가 아기 예수를 안고 있는 것이 아니라 파라펫,

즉 제대 위에 세워 안았기에 나올 수 있었다. 그래서 신체적 부담 없이 안정된 자세로, 경건한 표정으로 긴밀하게 아기 예수를 볼 수 있다. 그리고 아기 예수가 V자 수인을 취한 것이 아니라, 손에 석류를 쥔 그림을 그렸다. 이는 다빈치가 처음부터 성육신으로서의 아기 예수가 V자 수인을 취한, 그래서 신의 어머니로서의 '성모'가 아니라 인간의 어머니로서의 '마리아'를 그렸음을 알 수 있다. 17살의 첫 그림에서다. 그런데 성모와 아기 예수의 머리 위에 그려진 두광이 특이하다. 일반적인 실선의 원형이 아니라 흐릿한 점묘 원형이다. 공방 시절에 다빈치는 두광도 그림마다 다르게 그렸다. 성인에 따라 상황에 따라 원형, 점묘 원형, 방사성형, 방사 원형, 실선 원형, 원형 속 십자 무늬로. 이런 다양한 두광도 다른 화가에게서는 보기 드물다.

뒷배경도 그렇다. 이 그림에서는 야산을 풍경으로 보여주는 직사각형의 창문이 두 개 있다. 그 두 창문 사이의 어두운 벽을 배경으로 성모와 아기 예수가 함께 하고 있다. 이 같은 배경은 당시 성모상에서는 흔한 구도였다. 그 같은 포맷은 다빈치가 그린 전통적인 성모상의 모든 그림에서 알 수 있고, 다른 화가의 그림에서도 많이 나타나 있다. 성모상의 정통성을 범생으로 추구한, 다빈치보다 조금 먼저 그러나 거의 동시대에 살았던 조반니 벨리니(Giovnni Bellinni, 1430?~1516)가 그린, 이 글에 나오는 〈모렐리 마돈나〉도 그렇다[도판 211 참조]. 다빈치가 그린 전통적인 모든 성모상도 직사각의 창을 통해 보이는 뒷배경에서는 〈모렐리 마돈나〉처럼

도판 159 〈석류를 든 성모〉(1469년경). 그의 최초의 그림으로, 다른 그림에 비하면 미숙하지만, 의미적으로는 대단한 잠재적 재능을 보여주는 소품이다. 패널에 유채. 15.7×12.8cm. 워싱턴 D.C. 국립미술관 크레스컬렉션 소장

단순한 풍경을 보여주고 있다.

하지만 이 글의 주제가 되는 〈암굴의 성모〉에서는 단순한 풍경이 아니다. 홍련암 마룻바닥의 4각 창 속에 깨달음이 귓구멍 같은 암굴 속에 이근원통(耳根圓通)으로 숨어 있듯이, 〈암굴의 성모〉에서는 그림의 핵심이 되는 중보심이 성모 마리아를 상징하는 장미창 속에 화근원통(花根圓通)으로 숨어 있다. 그것은 '순서, ⑥ 산수풍경의 의미'에서 설명한다.

(2) 〈카네이션을 든 성모〉[도판 160]

이 〈카네이션을 든 성모〉는 〈석류를 든 성모〉를 그린 다음 해(1470년)에 그린 그림이다. 그런데 1년 사이에 믿기지 않을 정도로 아주 뛰어난 성모상이 되었다. "이 그림 화병에 꽃들이 꽂혀 있는데, 꽃 위의 이슬이 놀라울 정도로 실제 같아서 진짜 꽃보다도 더 진짜 같아 보인다"고 얘기하고 있으니까. 신품이라는 평가다. 18세의 청소년 나이에 말이다. 이 그림에서는 성모의 얼굴이 좌우로 연결된 5개(?)의 창 한가운데에 있는 커튼을 배경으로 하고 있다. 그리고 뒷배경은 그 창, 위가 아케이드형으로 보이는 4개의 우아한 랜싯창을 통해 길게 연결된 암봉을 보여준다. 이 암봉은 〈석류를 든 성모〉에서 보이는 평범한 야산 풍경과는 차원이 다르다. 산세, 바위, 능선이 설악산 울산암 같은 분위기다. 이 웅장한 암봉은 이후 〈수태고지〉[도판 180], 〈암굴의 성모〉[도판 128], 〈모나리자〉[도판 140]에서 다시 배경으로 나타난다. 그런데 그때는 이 그림처럼 울산암 같

도판 160 〈카네이션을 든 성모〉(1470년경). 62×47.5cm. 생모 카테리나를 성모로 투영시켜 성모의 앞머리 좌우에 꽃버들 무늬로 땋은 것으로 느껴진다. 패널에 유채. 독일 뮌헨 알테 피나코테크 소장

은 수평으로 긴 형태의 암봉이 아니라 북한산 인수봉이나 도봉산 선인봉처럼, 봉암사가 있는 문경의 희양산 암봉처럼 세로 형태의 수직 암봉으로 바뀌면서다.

성모의 앞머리에 좌우로 땋은 머리가 보인다. 이 표현은 다빈치가 고향에서 꽃버들을 엮던 매듭 기법에서 영향받은 것으로 보고 있다. 고향에 대해 다음과 같은 설명이 있기 때문이다.

> 고향 빈치에는 꽃버드나무가 풍부했고 이 나무는 빈치라는 이름과도 관계가 있다. 당시 버들을 엮은 공예 바구니는 이 지역의 특산물이었다. 빈치는 정확하게 꽃버들을 나타내는 옛 이탈리아어인 빈코(vinco, 라틴어 vincus)에서 비롯되었고, 빈치를 통과해 흐르는 빈치오(Vincio) 강의 뜻도 '꽃버들이 자라는 곳의 강'이다. 이들의 어원이 되는 라틴어 'vinculus'는 '결속, 매듭'의 뜻으로 꽃버들 가지가 매듭에 사용된 사실과 연관된다. 레오나르도는 빈치 지역의 버들 세공 공예를 개인적인 상징으로 삼았다. 이것이 레오나르도의 '로고'라고까지 말하는 사람도 있다[주 59].

그렇다면 울산암처럼 보이는 그림의 뒷배경이 '인용 글' 같은 고향의 주변 분위기가 아닐까? 프로이트는 다빈치가 어릴 때 어머니가 집을 떠나면서 마지막으로 긴 포옹과 뽀뽀를 남겼는데, 그 기억 때문에 이후 다빈치가 〈모나리자〉의 미소 속에 생모의 미소를 재현하기에 이르렀다고 분석했다. 그렇다면 이 그림도 떠나온 고향을 그리며 10여 년 전, 자기를 낳아준 생모의 무릎 위에서 1년 6개월 동안 마음껏 응석 부리던 그 자신을 추억하며 그렸는지도 모른다.

어릴 때 그는 엄마가 보고 싶으면 때때로 30분 정도 걸리는 집으로 찾아갔다고 했다. 그렇게 생각하니 아기 예수가 모성애의 상징인 카네이션을 받으려는 모습이 응석처럼 보인다. 자기 자신을 투영시킨 것처럼 해서다. 다빈치는 〈암굴의 성모〉에서 자신만이 (동굴 경험을 통해) 갖고 있는 고유한 감정과 추억을 종교적인 작품으로 옮기기 위해 적당히 각색했다는 얘기가 있다. 각색한 듯한 그 분위기가 이 그림에서도 풍기는 것이다. 사생아처럼 태어나 서자처럼 자란 설움에 대해 기억에도 없는 생모의 사랑을 옛 추억처럼 그리워하며 이상적인 어머니의 모습을 아주 담담한 표정으로 그려서 보여주고 있는 듯하다.

그리고 모정의 상징인 카네이션이 아기 예수의 손에 들려 있지 않다. 사실 카네이션(carnation)이 오늘날의 모정과 직접 관련된 역사는 어머니날이 시작된 1908년 5월 8일이니, 100년 남짓이다. 그런데 이 꽃의 영어 이름의 어감이 성육신으로서 아기 예수를 상징하는 인카네이션(incarnation)과 성모 대관을 알리는 코로네이션(coronation)과 비슷하다. 더구나 이 꽃은 예수가 십자가형으로 처형될 때 성모 마리아의 눈에서 흐르는 눈물이 변해서 되었다고 한다. 그러니 모정을 상징하는 최고의 꽃이기도 하다. 그래서 어머니날을 기리는 꽃으로 된 것이 아닐까. 이 꽃이 이 그림에서만 예외적으로 성모의 손에 들려 아기 예수에게 전해 주기 직전의 모습이다. 그래서 더더욱 다빈치가 생모에게 1년 6개월 동안 사랑받았을 모정을 나타내고 있는 것으로 보인다. 이렇게 이 그림에는 고향에 대한 향수와 생모에 대한 추억이 앞머리에 좌우로 땋은 꽃버들 매듭 기법과 카네이션 속에 진하게 들어있다. 더구나 산, 바위, 계곡이 보이는 듯한 이 그림의 뒷배경이 다빈치가 드로잉으로 그린 어린 시절 고향 주변을 마음에 담아둔 정신의 휴식처로 보게 되기도.

그래서 그런지 이 그림에서 성모의 모델이 내게는 〈모나리자〉의 얼굴과 유사하게 느껴진다. 그렇다면 모델에 대해 말이 많은 〈모나리자〉가 그중 생모일지도 모른다. 더구나 〈모나리자〉가 잘생긴 미모에다가 다빈치와 많이 닮은 것으로도 인정하고 있으니까. 핏줄은 속일 수 없지 않은가? 다빈치가 당나귀로 불편하게 알프스를 넘으면서도 〈모나리자〉 그림을 지닌 것은 그만큼 생모에 대한 그리움을 뒷받침하는 것이 아닐까. 다빈치는 한 번도 생모를 주인공으로 해서 그린 그림이 없다. 사정이 그랬으니 더더욱 다른 그림에 암시적으로 오버랩시켜 그렸다고 보게 되기 때문이다. 그리고 화가가 이처럼 애틋한 또는 기념비적인 그림에 자기와 관련된 사람이나 배경을 그림 속에 부여하는 것은 미술사에서는 흔히 있는 현상이다. 이는 본 글의 [도판 76]과 [도판 81]에서도 알 수 있다. 또한 이 그림은 [도판 108]과 같다고 보게 된다. 이 그림 전체에 균열들이 많이 보이는데, 이는 두텁게 칠한 유화 물감이 빨리 응고되면서 생긴 결과라고 한다. 이 그림은 일 마그니피코라 불린 로렌초 데 메디치, 그의 조카인 클레멘스 7세 교황이 소유했다가 이후 여러 곳을 거치면서 1886년 뮌헨의 알테피나코테크로 옮겨졌다.

(3) 〈브누아의 성모〉[도판 161]

이 그림은 다빈치가 1478년에 그리기 시작하여 1482년 밀라노에 가기 전에 완성한 성모상으로 알려져 있다. 1824년에 러시아의 상인인 사포츠니코프가 이 작은 그림을 구매했고, 뒤에 브누아 가문에서 매입했다. 그래서 이를 일반적으로 〈브누아의 성모〉라고 한다. 이 그림은 베로키오의 가르침에 매여 있던 피렌체 시기와 그 이후의 시기를 구분하는 과도기적인 작품이라는데, 20대 후반일 때다. 성모와 아기 예수 모두 이름 모를 작은 연보라 꽃을 응시하는 장면에 초점이 맞춰져 있다. 다이토쿠지 소장 〈수월관음도〉에서 파랑새가 물고 있는 꽃도 작지만[도판 205], 이 꽃은 아마도 지구상의 그림 중 구도의 중심에 위치해서 주제를 나타낸 꽃 중에서는 가장 쬐끄만한 꽃일 것이다. 십자형의 모양에다 쓴맛까지 지녔다니까, 그리스도의

도판 161 〈브누아의 성모〉(1478~1482). 48×31cm. 장면은 두 사람 모두가 응시하고 있는 이름 모를 꽃에 초점이 맞춰져 있다. 이 작은 꽃은 십자형의 모양에다 쓴맛으로 인해 그리스도의 수난을 상징한다. 러시아의 에르미타주박물관 소장

를 역설적으로 다정하게 결속시키는 역할까지 하고 있다. 앞으로 예수가 당할 수난과 성모의 통고를 감상자가 아린 마음으로 경건하게 느껴보라는 취지다. 아기 예수처럼 동심 같은 지상의 가장 작은 꽃 속에서 성인 예수처럼 인류의 구원이라는 가장 큰 십자가 사건의 의미를, 그 일념대천의 의미를 성모의 심정으로 느껴보라는.

작지만 이렇게 큰 의미를 지닌 꽃인데, 이름을 모른다니. 그러면 다빈치 자기만 아는 꽃인가. 그것은 어린 시절 고향의 자연을 관찰하면서 남보다 생태 의식이 앞서갔던 그의 해박한 야생화 지식과 진보적인 신앙관에서 이해할 수 있다. 어쨌든 십자형 모양에 쓴맛까지 지닌, 그래서 수난을 상징하는 이 작디작은 꽃을 이름마저 모른다니 그 의미를 신비화하는데 한몫 더 부풀리고 있다. 그림의 이름은 아기 예수가 손에 쥔 지물의 이름을 붙이는 것이 보편적인데, 〈브누아의 성모〉라 부르는 것은 이 꽃의 이름을 몰라서 일 것이다.

한편, 이 그림에서 두 인물의 얼굴 표정과 부드러운 손의 움직임 그리고 따뜻한 시선은 어느 행복한 가정의 평범한 엄마와 귀여운 아기로 느껴지게 된다. 그런데 두 사람의 머리 위에 실선의 두광이 있어서 성모상임을 알 수 있다. 중세 때 성모는 웃지 못했다. 초월적인 신의 세계를 드러내는 이콘에서는 웃음이나 울음 같은 인간적인 감정을 직접적으로 표현할 수 없었기 때문이다. 그런데 이 그림에서 성모가 미소를 짓고 있으니 파격이다. 그리고 아기 예수는 이 꽃의 아름다움을 자세하게 바라보고 있다. 신본주의에서 인본주의로 나아가려면 신이 창조한 자연을 단순한 호기심이 아니라 이 같은 과학적 호기심으로 바라봐야 한다는, 즉 다빈치가 어릴 적의 자신을 투영시켜 르네상스맨으로서의 표정을 보여주고 있는 것 같다. 조토가 성모상에 처음으로 인간의 감정을 깃들인 것처럼, 다빈치는 과학적인 태도를 부여한 것이다. 그런데 이 그림에서는 특이하게도 창문 뒤로 아무런 배경이 없다. 황사는 없었을텐데, 빈 하늘이다.

〈암굴의 성모(1)〉[도판 128]

〈브누아의 성모〉 다음으로 그린 그림이 이 글의 주제인 〈암굴의 성모(1)〉이다(1483~1485). 밀라노에서. 피렌체에서 지금까지 그렸던 전형적인 성모상과는 차원이 다른 구도다. 밀라노가 피렌체와는 뉘앙스가 다른 신앙 문화를 가진 이유도 있겠지만, 그보다는 성모의 중보심을 강조하기 위한 최고의 구도를 그림의 과학화라는 시스템으로 처음 생각해 냈기 때문이 아닐까. 미켈란젤로가 프랑스 추기경의 주문을 받아 이탈리아식보다는 프랑스에서 유행하던 양식으로 〈로마의 피에타〉를 스콜라 미학으로 가장 훌륭하게 조각한 것처럼, 다빈치도 피렌체에서 유행하던 양식과는 도상이 다른 그림을 주문받아 밀라노에서 혁신적인 다빈치 양식으로 그려낸 것이다. 34살 때다. 이 그림은 본 글의 주제이므로 뒤에서 자세히 설명한다.

(4) 〈리타의 성모〉[도판 162]

이 그림이 다빈치의 진짜 그림인지 아닌지에 대해 논란 중이다. 이 그림을 그릴 당시 그는 많은 제자를 두고 있었다. 그러므로 이 작품도 다빈치의 의도에 따라 제자들이 완성한 것으로도 추정하고 있으니까. 특히 커다란 눈에 한입 가득 젖을 물고 이제는 너무 먹어 싫증 내는 듯한 권태를 보이는 아기 예수의 표정은 다빈치의 감정이 제대로 표현된 것이 아니라는 것이다. 그래서 작품의 활력이 떨어지는 분위기다. 창밖에 풍경 또한 흰 구름 아래 펼쳐진 평범하게 드넓은 야산이어서 그저 그렇다.

도판 162 〈리타의 성모〉(1490~1491년). 이 상은 모성의 가장 본원적인 모습을 보여준다고 해서 일명 〈젖의 성모〉라고도 한다. 러시아의 에르미타주박물관 소장

그러나 성모의 얼굴, 목의 부드럽고 미묘한 선 그리고 다빈치의 또 다른 특징인 윗부분이 윤기 있게 감기며 빛나는 아기 예수의 곱슬머리를 보면 그의 붓질을 짐작할 수 있다고도 한다. 그리고 결정적으로는 습작으로 〈리타의 성모〉 얼굴처럼 그린 데생이 따로 남아 있어 관여한 것으로 확신하고 있다.

이 작품은 구도가 단순 명쾌해, 보는 사람의 시선이 자연히 젖을 먹는 아기 예수의 모습에 집중하게 된다. 이 그림은 이처럼 모성의 가장 본원적인 모습을 보여준다. 그래서 일명 〈젖의 성모〉라고도 한다. 이렇게 젖가슴을 드러낸 성모를 라틴어로 '오스텐타티오'(Ostentatio)라고 하는데, 이는 성모가 인류의 중보자일 뿐만 아니라 모든 인류를 키우는 유모임을 알리는 것이다. 그리고 모유 양육을 거부하는 여자들에게 모유 수유를 신성한 의무로 부각시키기 위해서라고도 한다. 수유 기피는 모정보다 강한가(?) 프로이트는 다빈치가 그린 〈리타의 성모〉에 대해서 이렇게 언급했다. "어머니의 젖을 빨았던 기억은 인간의 삶에서 누릴 수 있는 첫 번째 쾌락이고, 이에 대한 인상은 각인되어 잊히지 않는다"라고. 승천한 예수님은 지금도 성육신으로서 젖 먹던 그 첫 쾌락을 기억하고 계실까. 어머니의 마지막 긴 포옹과 진한 뽀뽀와 함께.

이 그림 역시 성모를 상징하는 신성의 붉은 색과 어머니라는 모성을 상징하는 인성의 푸른색의 조화 속에서 어린 아기로 오신 하느님의 아들을 안고 있다. 성모의 품에 안겨 풍만한 젖을 쥐고 너무도 인간적인 모습으로 빨고 있는 아기 예수의 오른손 아래 왼손에는 예수 수난의 상징인 '황금방울새' 또는 '오색방울새' 한 마리가 쥐어져 있다. 이 오색방울새는 원죄에 대한 대속으로 가시면류관의 상징인 엉겅퀴를 먹는다고 한다. 그러니 가시나무새다. 그래서 이 새는 앞으로 있을 예수의 수난을 상징하고, 엉겅퀴는 예수가 쓰게 될 가시면류관을 상징한다고 한다. 1784년 어느 공작이 이 그림을 사들인 것으로 알려졌고, 1813년 다시 리타 공이 구입하여 이 그림에 〈리타의 성모〉라는 이름이 붙게 되었다. 그 후 밀라노의 말르케세 가문에서 보관하다가 1865년 러시아로 옮겨져 지금은 세계 3대 박물관 중의 하나라는 페테르브르크의 에르미타주에 소장되어 있다.

(5) 〈실을 감는 성모〉[도판 163]

〈물렛가락 성모〉라고도 하는데, 전통적인 구도로 그린 마지막 성모상이다. 이 그림은 프랑스 왕 루이 12세(1462~1515)가 총애하는 신하 플로리뫵 로베르테의 주문을 받은 것이어서 다빈치는 이 그림을 완성하기 위해 다른 작업은 하지 않았다고 한다. 그런 정성을 드린 그림임에도 불구하고 그가 그린 그림인지에 대해서는 아직도 논쟁 중이다. 그것은 〈리타의 성모〉에서와 같이 그림의 분위기가 그저 그의 감정의 언저리만 돌뿐, 활력이 없고 풍경도 형식적이라는 이유 때문이다. 그러나 이 그림이 다빈치의 그림이 맞다면, 그 도상은 독창적인 구도라고 한다.

지금까지의 성모상이 실내에서의 모습인데, 이 그림은 실내를 벗어나 있다. 그러나 사실은 실내를 벗어난 것이 아니라 베란다 같은 한쪽 벽이 없는 방에서 그린 것으로 본다. 당시는 화구들이 발달되지 않아 인상파처럼 야외로 나가서 그림을 그리기가 쉽지 않았다. 그런데 배경의 산악과 계곡의 풍경은 〈모나리자〉의 분위기와 비슷하다. 〈모나리자〉 그림의 배경이 이 그림에서 발전한 것을 알려 준다. 이는 어쩌면 요단강의 배경에서 진일보한 분위기 같기도 하다. 그것은 다빈치가 공방 시절 스승인 베로키오를 도와서 그린 [도판 126]에서 보듯, 그 뒷배경이 이 배경의 오리지널처럼 느껴지기에. 그리고 사실 세례 요한이 예수에게 세례를 준 요단강은 신약시대의 시작을 상징하니, 신약시대를 연 예수와 함께 기독교의 풍경화로서는 이만큼 좋은 배경은 없을 것이다.

도판 163 〈실을 감는 성모〉(1501~1504년경). 이 그림이 그의 그림인지에 대해서는 아직도 논쟁 중에 있다. 그림의 분위기가 그의 감정의 언저리만 돌뿐, 활력이 없고 형식적이기 때문이다.

이 그림은 여러 판으로 알려져 있다. 그런데 다빈치의 손을 부분적으로 거친 작품은 그중에 두 점이란다. 두 그림은 모두 개인 소장으로, 편의상 레포드(Reford) 판과 버클루(Buccleuch) 판으로 불린다. 레포드 판은 뉴욕에 거주하는 어느 한 개인이 소장하고 있고, 버클루 판은 버클루 공작이 사는 성의 계단에 걸려 있다가 2003년 8월 관람객을 가장한 두 명의 절도단에게 도난당했다. 당시 CCTV 화면을 보면 과거 1911년 루브르박물관에서 〈모나리자〉가 도둑맞을 때의 상황과 비슷하단다. 절도단에게도 절도 매뉴얼이 있나 보다.

〈암굴의 성모(2)〉[도판 138]

도판 164 데생 〈암굴의 성모(1)〉 밑그림이다. 그림의 의도를 가장 정확하게 보여주는 도상이다. 동굴 밖에는 소실점 역할을 하는 마을이 장미창(□)속에 아련하게 그러나 정확하게 보인다. ※장폴리히터, 『레오나르도다빈치노트북』, 루비박스(2006), 447쪽, 도판 전재. ※□부분은 [도판 174] 참조

마지막으로 그린 성모상이 성모협회에서 다시 그릴 것을 요구해 1508년에 그린 〈암굴의 성모(2)〉이다. 1485년에 완성한 〈암굴의 성모(1)〉과 법적으로 다툰 20여 년간의 공방에 진저리가 나서인지 더 이상 성모상을 그리지 않았다.

이렇게 구도가 혁신적인 〈암굴의 성모〉(1)과 (2)를 제외하면, 그 외 그의 모든 성모상은 지금까지의 성모상에서 보듯 전형적인 구도다. 전형적인 이 모든 그림에는 그림마다 다 다르게 석류, 카네이션, 이름 모를 꽃, 오색방울새, 물렛가락이 그려져 있다. 아기 예수가 들고 있는 이 지물들은 앞으로 예수가 성인이 되어 당할 십자가상의 수난을 상징한

다(예외로 카네이션만 성모가 들고 있다). 창 너머의 배경도 그림마다 다 다르다. 그 다른 의미가 있을 텐데. 어쩌면 성소와 세트되게 하기 위해 지성소를 다양하게 표현해 본 것이 아닐까. 그 표현 중 성공적으로 완성한 뒷배경이 〈암굴의 성모(1)〉이라고 생각한다.

어쨌든 그가 그린 성모상에서 〈암굴의 성모〉만이 전통적인 구도를 벗어난 혁신적인 구도다. 즉, 중심 구도가 바위 동굴로 파격적이고, 아기 예수의 손은 수난을 상징하는 지물 대신 축복의 수인이고, 곳곳에는 온갖 야생화를 심어 동굴 전체를 신이한 상징으로 꾸몄으며, 등장하는 주인공들도 특이한 자세를 한 4명이다. 이 같은 모습은 이전까지는 한 화면에서는 볼 수 없었던 성인들이다. 또한 다빈치는 자신이 볼 때, 주술적이거나 장식적인 의미를 담아 종교성을 나타낸 신비나 신이한 상징은 배제했다.

그래서 첫 번째로 그린 루브르 소장의 〈암굴의 성모(1)〉에서는 당대 거의 모든 성화에서 사용하던 금박을 사용하지 않았다. 신성을 드러내 주는 전통적인 두광도 없앴다. 기독교에서 인간의 죄를 대속하는 성스러운 고난의 상징인 십자가도 묘사하지 않았다. 아니 오히려 없앴다. 신의 아들 예수가 아니라 사람의 아들 예수를 그렸기 때문이다. 그 대신 경계를 신비하게 넘나드는 스푸마토 기법을 가미한 금빛 나는 물감으로, 신이한 의미가 함축된 시니피에 은유 기법으로, 공간 분위기를 안개 낀 듯 몽롱한 대기원근법으로 그리고 이국적인 동양적 산수로 나타냈다. 모든 면에서 전통적인 그림보다 오히려 더 신이한 기법으로 분위기를 성스럽게 묘사해 낸 것이다.

이 같은 분위기 속에서 천사가 눈짓과 손짓으로 예배 분위기를 돋우고, 성모가 오른손으로는 중보심을 전형으로 예시하고, 왼손으로는 단축법으로 성령이 감돌게 나타내고 있다. 그런 가운데, 아기 요한이 아기 예수에게 경건하게 무릎 꿇고 두 손 모아 순진무구한 동심으로 경배드리자, 아기 예수가 그에게 두 손가락으로 축복을 나타내고 있는 그림이 〈암굴의 성모(1)〉이다. 교리적으로 성상학적이고 체계적이고 합리적인 구도다.

그렇기 때문에 성모협회가 일방적으로 주문하면서 구도뿐만 아니라 기복적으로 지나치게 꾸미기를 요구한 성모상과는 거리가 멀 수밖에 없다. 그러니 성서 해석이 근본주의적인 성모협회와 수도사들의 반발을 살 수밖에. 그래서 소송 시비에 휘말리게 되면서, 결국 보수적인 〈암굴의 성모(2)〉가 그려지게 되었다.

그가 베로키오 공방에서 제자로 그림 공부하던 시절에는 그의 그림 속에 두광이 그려져 있었다. 스승의 곁을 떠나면서 두광과 십자가 등을 없애버렸다고 한다. 그것은 르네상스 분위기를 남보다 빠르게 받아들인 것이다. 그래서 다빈치는 기독교 회화사에서 예수와 성모의 머리 위에 두광을 넣지 않은 선두권의 화가가 되었다. 이제부터 이 글의 주제인 〈암굴의 성모(1)〉에 대해서 자세히 살펴보자.

2) 〈암굴의 성모〉 - 구도 분석

(1) 말 없는 시

다빈치는 그림을 "말 없는 시(詩)"로 나타내야 한다고 그의 『노트 수고』에 '거울 문자'로 썼다. 거울을 통해서 읽을 수 있기에 그의 글체를 그렇게 부른다. 이 〈암굴의 성모(1)〉에서도 성서 내용을 인물들의 표정, 눈짓, 손짓, 몸짓으로 하여 구원 시스템을 "말 없는 시"로 그렸다. 드라마에서 연출자가 배우에게 시나리오 내용대로 최고의 연기를 주문하듯 그는 그림에서 각자의 연기를 그 이야기에 맞는 가장 절정의 순간을 시적 드라마로 그려낸 것이다. 그런데 그림이 "말 없는 시"라는 것은 화가들에는 비슷한 것 같다. 빈센트 반 고흐도 "하나의 붓 터치는 하나의 단어와 같다"고 했으니까. 아리스토텔레스가 『시학』에서 "시가 역사보다 더 진실하다"고 말했던 까닭은 시가 사실보다 더 '그럴듯'하기 때문이다. 그 '그럴듯함'은 객관적인 사실이 아니라 그것을 실제라고 믿는 우리의 믿음에서다. 다시 말하면 다빈치는 그림의 주제를 "말 없는 시"를

도판 165 레오나르도 다빈치의 〈최후의 만찬〉(1495~1497)

통해 실제보다 더 그럴듯하게 마사지한 것. 이 같은 연출의 대표적인 작품으로는 〈최후의 만찬〉을 들 수 있다[도판 165].

〈최후의 만찬〉에서 다빈치는 회반죽으로 밑칠하는 프레스코 그림 대신 겹쳐서 치밀하게 칠할 수 있는 연백(鉛白)으로 밑칠했다. 그래서 쉽게 그릴 수 있었지만, 대신에 완성된 후 얼마 되지 않아 부슬부슬 떨어져 나가기 시작했다. 70년 뒤 바사리는 "이제 그림 덩어리일 뿐이다"라고 말했을 정도니까. 게다가 400년 동안 홍수로, 마구간에, 전쟁의 영향으로 그리고 시대마다 보필·가필·복원하면서 영락한 몰골이 되었다. 1980년대에 20년 이상 복원과정을 거치면서 1999년 오늘날 새로운 모습으로 단장해 관광객을 맞이하고 있다.

먼저, 그 그림에서 "말 없는 시", 즉 인물들의 시적 드라마를 보자. 미술사학자 곰브리치는 그것을 다음과 같이 설명하고 있다.

> 이 〈최후의 만찬〉 그림은 밀라노의 산타마리아 델레 그라치에 수도원에서 식당으로 사용하던 긴 홀의 벽에 그려진 것이다. (생략) 이 그림에는 동일한 테마를 다룬 이전의 그림들과 닮은 데가 하나도 없다. 이 새로운 그림은 이전의 전통적인 그림들과 아주 다르다. 이 그림에는 드라마가 있고 흥분이 있다. 레오나르도

는 수사들에게 식당의 왼쪽 창을 통해 빛이 들어오게 하며 예수의 말을 전하고 있다. 마치, 예수가 "나는 분명히 말한다. 너희 가운데 한 사람이 나를 배반할 것이다"라고 가장 충격적인 소식을 알리자, 제자들 모두가 예수께 "주여, 저는 아니겠지요"(마태복음 26장 21-22절)라고 말하면서 제자들마다의 혼란, 당황, 비탄의 상황을 다양하게 나타내는 긴장된 모습을 눈앞에 그려보려고 노력했다. 이 그림의 장면에서 운동감을 불러일으킨 것은 바로 이 질문과 그 반응이었다(더 자세한 내용은 곰브리치, 『서양미술사』, 예경, 296~298쪽 참조).

예수가 팔려 가게 되는 유월절의 저녁, 모든 것을 내다본 예수는 최후의 만찬에서 특별한 의미를 부여했다. 먼저 예수는 빵에 축복하고 건네주며 말했다. "받아먹어라, 이는 내 몸이다." 포도주에 축복하고 돌리면서 "이는 나의 피다." 이에 열두 제자는 먹고 마셨다. 그리고 난 후, 잠시 침묵을 지키다가 갑자기 "나는 분명히 말한다. 너희 가운데 한사람이 나를 배반할 것이다."

그림은 이렇게 순간적으로 단호하게 천명하는 예수의 충격적인 선언에 대해 제자들이 놀라며, 최후의 만찬을 하다 말고 인간적인 감정의 동요를 불안하게 나타내고 있는 어안이 벙벙한 순간의 표정들을 하고 있는 장면이다. 베드로와 요한 앞에 당당하게 앉아 예수를 쳐다보고 있는 가롯 유다만 빼놓고 서다[도판 166]. 그러면서 각자 저들은 썰렁해진 분위기 속에서 당황하며 '주여, 저는 아니겠지요'라고 눈치 보는 표정으로, 떨리는 음성으로, 혼란스러운 감정으로 뿐만 아니라 인용문에는 없지만, 보이지 않

도판 166 [도판 165] 〈최후의 만찬〉 중의 한 부분. 오른쪽에서 검은 머리(?)에 오른 팔꿈치를 만찬상에 받치고 예수를 쳐다보고 있는 사람이 가롯 유다이다.

는 신앙적 감정의 동요까지도 나타냈을 것이다. 그러니 그곳엔 〈최후의 심판〉에서 받을 불안한 심리까지 다 들어 있다 하겠다. 이 같은 인간적, 신앙적 감정의 시적 연출을 생각하면서 〈최후의 만찬〉을 감상하면, 보다 새로운 인간적, 신앙적 자세를 갖게 되는 것처럼 〈암굴의 성모〉도 그렇다.

〈암굴의 성모〉도 동일한 테마를 다룬 이전의 그림들과 닮은 데가 하나도 없다. 이 그림은 전통적인 성모상과는 아주 다르다. 구원에 대한 고요한 속삭임이 다른 어느 그림보다 분명하게 들어 있다. 이 그림의 주제는 다음과 같은 성경(요한복음 1장 32절-34절) 내용을 "말 없는 시"로 해서 구원 시스템으로 증언한 것이다.

> 요한은 또 증언하였다. "나는 성령이 하늘에서 비둘기 모양으로 내려와 이분 위에 머무르는 것을 보았다(32절). 나는 이분이 누구신지 몰랐다. 그러나 물로 세례를 베풀라고 나를 보내신 분이 '성령이 내려와서 어떤 사람 위에 머무르는 것을 보거든 그가 바로 성령으로 세례를 베푸실 분인 줄 알라'고 말씀해 주셨다(33절). 과연 나는 그 광경을 보았다. 그래서 나는 지금 이분이 하느님의 아드님이시라고 증언하는 것이다"(34절).

그런데 예수는 (마태복음 11장 11절에서) "나는 분명히 말한다. 일찍이 여자의 몸에서 태어난 사람 중에 세례자 요한보다 더 큰 인물은 없었다. 그러나 하늘나라에서는 가장 작은 이라도 그 사람보다는 크다"고 평했다. 이상의 성경 내용을 정리하면 '세례 요한은 사람 중에 가장 훌륭한 사람이다. 하지만 예수에 비하면 그의 신발 끈조차 매고 풀 자격이 없는 사람이다. 그런데 성령이 예수의 머리 위에 비둘기 모양으로 내려와 머무는 광경을 보고, (사람 중 가장 큰 인물로서) 그분에게 경배하면서 하느님의 아들임을 대사제들과 레위 지파 사람들에게 증언하는 것이다. 그러니 예수 시대에 문제의 인물들인 대사제들과 레위 지파 및 바리사이파 유다인들, 즉 다빈치 당대에서는 종교재판 등 치리권을 지닌 주교들과 기득권을 가진 성모협회 사람들, 오늘날로 말하면 교회 세습 등 일부 문제의 성직자 및 총회 정치꾼들은 신발 끈조차도 만질 수 없는 사람들이지만 기회를 준다. 그러니 세례 요한을 롤모델로 삼아 겸손하게 경배해야 한다는 다빈치의 신앙관이 담겨 있는 것이다.

따라서 이 그림은 충격적인 선언이 한순간에 "말 없는 시"로 시니컬하게 폭발하면서 썰렁한 분위기를 만드는 〈최후의 만찬〉과는 다르다. '구원'이란 장편(掌篇) 드라마를 부드러운 '시스템'으로, "말 없는 시"로 따뜻하게 보여주고 있기 때문이다. 내용뿐만 아니라 공간 분위기에서도 "말 없는 시"를 연출하기 위해 밝고 어둠을 대비하는 키아로스쿠로 기법을 사용했다. 당시 전기가 없던 교회에서, 또한 '암굴'이란 어두움 속에서 구원 시스템의 흐름을 신자들에게 한눈에 보여주기 위해서는 명과 암으로 대비시킬 수밖에 없었다.

그리고 공간을 신비하게 몽롱화시키는 대기원근법을 도입했다. 색채는 멀리서 보면 볼수록 흐리게 보인다. 위치에 따라 색조의 명암도 달리한다. 공기나 수증기 그리고 먼지 같은 작은 입자들이 통과하는 빛은 거리에 따라 미묘하게 나타난다. 그렇게 표현하는 기법이 대기원근법이다. 즉, 멀리 있는 물체일수록 흐리고 미묘하게. 가까이 있는 물체일수록 명료하고 정확하게. 카메라에서 초점심도의 역할과 비슷한 것이다. 또한 그림을 자세히 보면 동굴의 어두운 분위기에서 쏟아지는 빛의 방향에 따라 인물들이 생동감 있게 묘사되어 있다. 성모의 모습에서는 단축법과 스푸마토 기법으로 신비감을 더 느낄 수 있다. 다빈치는 이 구원의 내용과 공간 분위기를 "말 없는 시"로 표현하기 위해, 위에 인용한(요한복음 1장 32-34) 말씀

도판 167 '손짓, 손짓·손짓·손짓' 그림의 왼쪽에서 경배를 위해 두 손을 모은 아기 요한의 손짓 그리고 반대편의 같은 위치에서 상중하로 층·층·층을 이루는 성모와 천사와 아기 예수의 손짓·손짓·손짓이 이 그림의 존재 이유다.

을 의식적이든 무의식적이든 오랜 시간 심사숙고하면서 〈암굴의 성모〉 그림에 대한 도상을 앞에서의 언급처럼 구상해 나갔을 것이다. 그래서 다빈치가 작품을 공개했을 때, 누구보다 먼저 성모협회 사람들은 주인공인 4명 성인의 각각 다른 미스테리한 '손짓, 손짓·손짓·손짓'의 연기에 당황해했을 것이다[도판 167].

즉, 왼쪽에서 낙타 옷을 걸치고 아기 예수를 향해 무릎 꿇고 공손하게 경배하는 아기 요한의 합장한 두 손과 그에 대해 맞은 편에서 축복을 내리는 아기 예수의 V자형 손가락, 아기 요한을 가리키는 천사의 검지, 단축법으로 그려진 성모의 왼손이 같은 위치의 다른 높이에서 층·층·층을 이루고 있다. 이것이 이 그림에서 가장 핵심이 되는, 가장 훌륭한, 가장 수준 높은 "말 없는 시"다. 구원 시스템에서 그 흐름의 방향을 성상학적으로 해서 다양한 손짓으로 암시하기 때문이다.

그런데 이 같은 가장 중요한 '손짓, 손짓 · 손짓 · 손짓'의 연기에 대해 성모협회 사람들은 호기심에 끌리면서 좋아했을까. 아니면 의문시하며 싫어했을까. 그것은 성모협회에서 다시 그리게 한 〈그림(2)〉가 대답을 하고 있다. 상식적인 관점에서 보게 되면, 교리를 동작으로 암시하려다 보니 그림이 좀 부자연스럽다는 분위기도 느낄 수 있다. 성모협회가 그래서 싫어했는지 모른다. 하지만 이 네 사람의 부자연스러운 듯 알쏭달쏭한 손짓들이 성경 내용을 시적 드라마를 넘어 영적 드라마로 알리는 이 그림의 존재 이유이다. 그 연출 내용은 '(4) 시니피에. 두 번째'에서 설명한다.

(2) 야생식물의 교리적 의미

성경 내용과 분위기를 "말 없는 시"로 연출했을 뿐만 아니라 그 위에 야생식물로 한 번 더 보완했다. 일반적인 교리 분위기를 생태적으로 해서 한 단계 더 높이기 위해서다. 그러면서 피난지인 거친 바위 속을 교회로 묘사하기 위해서는 교회의 구조에 맞게 꽃을 꽃말이 상징하는 의미에 맞춰 배치해 그렸을 것이다. 그것은 불교에서 후불탱, 보살탱, 감로탱, 신장탱을 법당의 구조에 맞게 배치하듯이 교회 내의 적당한 곳마다, 즉 성모상 같은 제단화는 제단 중앙의 벽면에, 성경 상의 성인화는 제단 옆이나 뒤, 기타 성화는 그 위치에 맞는 그림으로, 조각으로 장식한 것과 같은 의미다. 어느 설명글을 보자.

> 성모의 머리 오른쪽에는 성령의 비둘기를 상징하는 매발톱꽃이 있고, 그녀의 오른손 바로 위에는 영어에서 '우리 아가씨 침대의 짚'으로 알려져 있으면서 전통적으로 구유와 관련이 있는 갈퀴덩굴이 있다. 아기 예수의 발밑에는 사랑과 헌신을 상징하는 하트 모양의 잎이 난 시클라멘이 있고, 무릎 옆에는 미덕의 상징인 달맞이꽃 봉오리가 있다. 그리고 아기 요한의 무릎 밑에는 아칸서스로, 워낙 빨리 자라서 봄이면 반짝거리고 눈부신 초록 잎을 자랑하기 때문에 전통적으로 부활을 상징하는 식물을 무덤 위에 심었다. 또한 그림에서 바위 돌출부에는 고추나물이 자라는데, 그 노란 꽃잎 위의 작은 빨간 점은 순교자 세례 요한의 피를 상징한다[주 60].

도판 168 그림에서 가장 앞, 요한의 무릎 아래 바위 돌출부에 그려진 식물인데, 긴 잎과 꽃 모양이 붓꽃처럼 보인다. 그 옆에 위치한 식물이 고추나물(?)로 보인다. [도판 169] 참조

여섯 식물이 소개되고 있다. 다른 책에서는 다른 식물들이 소개되어 있다. 즉, 담쟁이는 충성과 지속을, 화면 앞 종려와 붓꽃은 말씀이 육신이 된 것과 인류에게 평화를 주는 것을, 고대에서부터 붉은 핏빛의 아네모네는 슬픔의 꽃이자 죽음을 의미한다고, 그 죽음은 특히 그리스도가 십자가에 처형될 것을 예고한다고 여겼다. 그러니 모두 10가지 식물이다. 그런데 책마다 위치에 따라 이름과 설명이 약간씩 다르다. 그래서 그 설명도 확인할 겸 해서 현장에 갔다. 그곳에서 본 오리지널 그림에

서도 어느 위치의 어느 꽃인지 모두 확인하기가 힘들었다. 〈암굴의 성모〉(1)과 (2)에 그려진 야생화들이 위치에 따라, 같기도 하고 다르기도 하기 때문이다. 따라서 참고할 수밖에 없다.

도판 169 국립수목원에서 소개한 고추나물인데, '노란 꽃잎 위의 작은 빨간 점'은 순교자 세례 요한의 피를 상징한다는데, 꽃 생김이 그렇다.

어쨌든 분위기상 가장 중요한 야생화는 아기 예수의 수난을 상징하는 '핏빛 아네모네'일 것이다. 그러나 이 그림은 제단화다. 제단화는 예배 대상자보다는 예배자를 위해서 존재한다. 그러므로 이 그림에서 가장 중심이 되는 식물은 예배자로 오버랩된 세례 요한, 그의 순교를 상징하는 고추나물이 된다. 그 꽃에는 천국으로 가는 길이 예배자에게, '세례 요한의 순교' 같은 신앙을 닮아야 한다는 암시가 노란 꽃잎 위에 작은 붉은 점으로 해서 들어있다. 그래서 고추나물을 프랑스나 이탈리아에서는 '성 요한의 풀'이라고도 부른다. 특히 독일어에서는 '성 요한의 피'(Johannisblut)라고까지 명시하고 있다. 아닌 게 아니라 이 고추나물은 하짓날 정오, 즉 태양의 기운이 가장 성할 때 수확한다. 그때가 1년 중 식물의 기운도 하지에 맞춰 양기가 정점에 달해 들어 있을 시기이므로. 이때 딴 고추나물을 한 묶음씩 묶어서 대문 앞이나 외양간 앞에 매달아 놓기도 하고, 성 요한의 축일 날 밤에는 이 묶음을 몸에 좋다고 지니기도 하였다. 마법이나 악귀까지 몰아낸다고 생각했기 때문이다.

우리나라에서 집안에 귀신이 들어오지 못하게 가시가 섬뜩하게 돋아난 엄(응개)나무를 문의 상인방 위에 매달아 놓던 관습과도 같다. 단지 우리는 겉으로 가시가 무섭게 돋아난 식물이라면, 서양은 속으로 태양의 기운을 정점으로 품고 있는 식물이라는 차이다. 동양의 귀신은 가시를 겁내고, 서양의 귀신은 드라큐라처럼 빛을 겁내서 그런가. 종교에서 동양이나 서양이나 민간신앙을 문화 코드에 맞춰서 교리 속에 받아들인 것도 같음을 알 수 있다. 야생식물이 상징하는 이러한 교리적 연관성은 러브 록의 가이아 이론보다 500년이나 앞서 주장한 다빈치 그의 자연관을 통해, 자연도 영적인 의미를 생래적으로 갖고 있다는 것을 나타낸 것이다. 이처럼 이 그림에는 주제 속에 들어있는 "말 없는 시"에다 '생태적인 시'까지 보탬으로써 그림의 내용과 품격을 한 차원 더 높였다. 당시 그의 『노트 수고』에는 그가 갖고 있던 생태 의식을 알 수 있는 다음과 같은 내용이 있다.

> 옛사람이 이르기를 인간은 작은 세계라고 하였다. 과연 이 명칭은 바람직하다. 그것은, 즉 인간이 地火風火로 구성되어 있다고 하면 이 대지의 육체도 마찬가지이기 때문이다. 인간이 자신의 속에 육체의 支柱로서 틀이 되는 뼈를 가졌다면, 세계는 대지의 지주인 암석을 소유한다. 인간이 자신의 속에 혈액의 바다-그 속이 허파로 호흡할 때마다 팽창하며 수축하는-를 가졌다면 대지의 육체는 大洋을 소유한 것이며, 이것은 또한 세계의 호흡에 의해 6시간마다 팽창하거나 수축된다[주 61].

이 글을 통해 다빈치는 생태주의자였음을 알 수 있다. 그래서 예배 분위기를 업그레이드시키는데 야생식물을 경건의 생태적 상징으로 활용했다. '시적' 분위기를 통한 말 없는 드라마에다 야생식물을 더하여 '생태' 드라마로까지 업시킨 것. 성경 내용을 더 경건하게 더 신이하게 업그레이드시켜서 마사지한 것이다.

(3) '표정, 눈짓, 손짓, 몸짓'의 의미

이 그림에서 4명 주인공들의 미스터리한 표정, 눈짓, 손짓, 몸짓은 예배자들에게 신비한 호기심을 갖게 한다. 예배드리는 사람들에게 '구원'을 성상학적 시스템으로 체계화해 업그레이드시키는 은유의 상징들이기 때문이다. 그러면 이들의 에스페란토 같은 그 은유의 행동을 살펴보자. 가브리엘 천사가 마리아에게 수태를 처음 알렸듯이, 이 그림에서는 인류를 보호해 준다는 우리엘 천사가 눈짓으로 예배드리러 온 예배자들의 신앙심을 가장 먼저 그림 속으로 이끈다. 그것은 〈암굴의 성모〉(1)과 (2)에서 서로 다르게 나오는 천사의 눈짓과 손짓을 비교해 보면 확실해진다([도판 191, 192] 참조). 즉, 천사가 아기 요한을 쳐다보는 〈암굴의 성모(2)〉에 비해 〈암굴의 성모(1)〉에서 천사의 얼굴은 측면관이지만 눈동자는 예배자를 바라보고 있다(이것의 전례는 [도판 76]에 나타나 있다). 그러면서 천사는 오른손 검지로 아기 요한의 경배 모습을 가리키고, 왼손으로는 아기 예수의 등을 받쳐 주고 있다[도판 171]. 요한이 드리는 경배의 전형을 보면서 예배드리는 당신도 요한처럼 예수님 받드는 경배의 마음을 전형으로 갖추라는 의미다. 그런데 〈그림(2)〉에서는 천사가 이 같은 예배자를 신앙으로 이끄는 눈짓도 없거니와 아기 요한의 경배 모습을 표현한 손짓도 사라졌다.

아기 요한은 그 지극히 아름다운 표정과 순수한 눈빛 그리고 더할 나위 없는 자세로 두 손을 모아, "보라! 세상 죄를 지고 가는 하느님의 어린 양이로

도판 170 아기 요한. 자세는 수월관음도에 나오는 선재동자[도판 156]처럼 한쪽 무릎을 꿇고 두 손은 합장하여 가슴 앞에 모아 '경배의 전형'을 취하고 있다. 〈암굴의 성모(2)〉에서

도판 171 아기 예수. 자신에게 경배하는 아기 요한에게 아기 예수는 오른손 검지와 중지로 그리스어에서 승리의 약자인 V 자를 보이면서 축복을 내리고 있다. 〈암굴의 성모(2)〉 그림에서

다"(요한복음 1장 29절)라고 고백하며 아기 예수에게 경배하고 있다[도판 170]. 그 자세는 [도판 156]에 나오는 선재동자와 마찬가지로 한쪽 무릎을 꿇고 두 손은 합장하여 가슴 앞에 모아 '경배의 전형'을 보여주면서다. 예배자들에게 (여자가 낳은 사람 중 나보다 나은 자가 없듯이, 예배드리는 사람 중에서도 나보다 나은 자가 없으니) 예배 시간에 딴생각하거나 졸지 말고 나의 이 경배의 전형을 배우라는 암시다. 그러므로 이 그림에서 아기 요한은 예배자를 상징한다. 요단강변과 달리 이 그림에서는 물 대신 '경배의 전형' 자세를 세례 주듯 알리는 의미다. 이렇게 자신에게 경배하는 아기 요한에 대하여 아기 예수는 오른손 검지와 중지로 희랍어에서 승리의 상징인 V(Victory)자 수인을 그리면서 축복을 내리고 있다[주 62][도판 171]. 이 V자 수인은 옥좌의 성모에서부터 나타나는 승리자로서 아기 예수 자신의 전지전능을 상징한다([도판 14] 참조). 그런데 그 축복의 손가락은 위를 향해 있다.

한편, 성모는 중보심을 담은 자비로운 눈빛과 얼굴 표정으로 그윽하게 아기 요한을 가없이 바라보고 있다[도판 172]. 그러면서 오른손으로는 요한의 등을 경배의 전형이 되는 각도만큼 살짝 누르고 있다[도판 170]. 중보심을 실천적으로 이끄는 경이로운 오른손이다. 그것은 성모의 손에 들어 있는 힘에서 느낄 수 있는데, 이는 해부학적으로 근육의 운동원리와 힘의 강도까지 상황과 분위기에 맞추어 데생한다는, 『노트 수고』에서 언급한 적성론(Decorum)을 통해 알 수 있다. 그리고 단축법으로 그려 괴이한 힘이 든 것 같은

도판 172 한없는 중보심을 경건하면서도 진실되게 나타내고 있는 성모의 눈빛과 얼굴 표정

성모의 왼손은 성경대로 성령의 빛이 비둘기 모양으로 내려오듯 나타냈다[도판 192]. 그래서 그 아래에서 성령의 빛을 받고 있는 예수의 존재를 성스럽게 만들고 있다. 이렇게 성모는 그림의 중심에서 좌우에 있는 예배자 아기 요한과 축복자 아기 예수와의 관계를 중보자로서의 경이로운 오른손과 성령이 비둘기가 내려앉듯 임하는 신이한 왼손으로 균형을 맞추고 있다[도판 167]. 그런데 단축법으로 성령의 빛을 아래로 내고 있는 성모의 신이한 왼손은 동시에 예수가 요한을 위한 축복의 V자 수인도 위에서 받고 있다. 중보심으로서 성령에 따른 축복의 피드백이다. 그러므로 이 그림에서의 주인공은 아기 예수가 아니라 아기 요한이다.

그것은 이 그림에서 요한이 가장 중요한 위치에 그려졌다는 점과 '천사, 성모, 아기 예수' 그들 모두의 표정, 눈짓, 손짓, 몸짓이 요한을 가리키거나 요한을 향한 성상학적인 배치 구도에서 알 수 있다. 보다 더 암시하는 것은 아기 요한을 구원 시스템에서의 주인공인 예배자로 오버랩시켜 나타낸 데에서다. 제단화이기 때문이다. 제단화의 존재 의미는 구원으로 이끄는 신을 위한 것이 아니라 신에 의해 구원받게 되는 예배자를 위한 것이기에. 그러나 보다 분명한 것은 이 그림의 바탕이 되는 요한복음 1장 32-34절의 성경 내용이다. 예수가 하느님의 아들임을 요한이 경배로 증언하는 것에 대해, 예수가 그에게 응답으로 축복 내리는 것을 다빈치가 구원 시스템으로 뒷받침해 그렸기 때문이다.

이는 모든 종교에서도 마찬가지다. 그것은 이 글의 주제가 되는 다이토쿠지 소장 그림에서도 뒷받침된다. 주인공이 커다란 보살이 아니라 작더라도 예불자인 왕실 인물들인 데에서다. 어른들(성모, 천사)의 경건한 예배 분위기 조성 속에서 아기 요한이 동심으로 예배드리고 아기 예수가 동심으로 축복을 주는 티 없이 맑은 소통 관계를 보여주고 있다. 눈에 보이는 경건한 예배뿐만 아니라 보이지 않는 마음과 온 영혼까지 100% 연 생태-휴머니즘에 따른 예배다. 세상에 이보다 순수한 예배와 축복은 없을 것이다. 선재동자가 순례 마지막에 미소 짓는 장면과 연결된다.

(4) 시니피에(그림 속에 암시된 의미)

한편, 이 그림의 핵심인 구원 시스템[도판 188]을 보다 신이하게 위/아래, 좌/우에서 장엄하는 분위기는 이 그림 속 시니피에가 조성하고 있다. 이 경건하고도 신이한 시니피에는 다빈치가 자연을 과학적으로 관찰하고 주체적인 신앙관으로 판단하여 독창적인 구도와 화법으로 그렸기 때문에 생긴 은유다. 그 영성적인 시니피에를 보자.

첫 번째는 〈암굴의 성모〉에서 암굴이 평범한 굴이 아니다[도판 173].

웅장하면서도 기괴하다. 그래서 두려움과 함께 신비한 분위기를 느끼게 된다. 강촌마을에서 어둑어둑한 암굴 속으로 안온한 간접조명이 성스럽게, 그리고 물안개가 바위 구멍을 타고 들어와 암굴 전체를 촉촉하게 감싸는 듯하다. 그 바위의 뼈대들은 마치 고딕 성당이 어디엔가 숨어 있는 모습처럼, 때로는 거룩하게 파괴된 유적처럼 그려져 있다. 피난의 의미와 분위기에 맞춰서 엉성한 듯 신이하게 그린 것이다. 헤롯왕의 영아 살해 계획 소식을 듣고 이집트로 피난 간 안전한 장소를 피난지답게 비현실적으로, 그러나 그 어느 성당보다 영험스러운 동굴교회로 나타냈다. 카파도키아 동굴보다 더 영험스럽다. (실제로 성가족은 시나이반도를 거치고 카이로를 둘러 나일강 따라 상류로 이동하면서 곳곳에 숨어 지냈던 장소가 20여군데가 넘는다, 지금은 그 장소마다 교회들이 세워져 있다)

도판 173 기괴한 바위로 이루어진 암굴에 생명이 숨 쉬는 들꽃까지 있어 신앙적으로 신비하면서도 신이한 분위기를 느끼게 해 준다.

두 번째는 4명의 '손짓, 손짓·손짓·손짓'이 보통의 의미가 아니다

[도판 167].

4명의 손짓은 영적 드라마를 나타내고 있다. 즉, "예수의 머리 위에 성령이 하늘에서 비둘기 모양으로 내려와" 날개를 편 것 같기도 한, 그러면서 보이지 않는 선으로 십자가 형상을 나타내고 있다. 비둘기 모양은 성경 내용이니 설명이 필요 없다. 십자가로 해석하는 확실한 뒷받침은 이 장소가 뒤에서 설명하겠지만 골고다 제단을 의미하기 때문이다. 이 영적 드라마는 여기서 한 단계 더 나아간다. 예수가 못 박혀 죽은 십자가에서 3일 만에 그것을 깨고 박차면서 힘차게 하늘로 비상할 성령의 비둘기를, 즉 예수가 부활로 승천하게 될 것이라는 암시까지 나타냈다. 이것도 성경 이야기이니 당연하다.

이처럼 이 그림 속에는 성령을 통해 성육신으로 오신 예수가 십자가의 대속으로 죽음을 이기고 부활 승리한다는 성경 내용을 믿으라 그러면 그렇게 된다는 것을 각각의 손들이 상징하는 수인의 의미를 통해 알려 주고 있다. 그리고 그래야만 제단화로서의 가치가 있다. 종교의 주인공이 십자가의 고난 속에서도 부활이란 능력을 지니고 있기에 신자들이 세상에서 당하는 고난을 십자가에서 위로받고 부활이란 희망 또한 자신 있게 갖게 되는 것이다.

그 자신감을 믿고, 사도바울은 (고린도전서 15장 55절에서) "사망아, 네 승리는 어디 갔느냐? 죽음아, 네 독침은 어디 있느냐?"라고 자신 있게 죽음을 조롱했다. 신도들에게 주님의 일이 죽음을 부활로 이기는 내공 있는 신앙임을 힘 있게 강조한 것이다. 아기 예수가 아기 요한에게, 아니 모든 예배자에게 V자로 승리의 수인을 표시할 수 있는 힘은 이렇게 십자가의 고난 속에서도 부활이란 신이한 능력을 내공으로 지녔기 때문이다. 그 능력을 4명의 손짓 연출을 통해 '순수한 동심'으로, "말 없는 시"로, '장편(章篇) 드라마'로 해서 속삭이듯 '구원 시스템'으로 담았다.

세 번째는 손 중에서 성모의 왼손만이 단축법으로 그려진 점이다[도판 191, 192].

따라서 성모의 단축된 손은 예수의 머리 위에 내려오는 성령을 암시한다.

도판 174 장미창 전경. 동굴 끝을 성모의 중보심을 상징하는 원형의 장미창으로 그리고 장미창을 통해 보이는 수변의 강촌마을을 천상의 예루살렘으로 나타냈다. [도판 164-ㅁ] 부분

도판 175 [도판 174] 데생 그림에 보이던 이상정토로서의 강촌마을이 물안개 속에 숨어 있다. 유화로는 데생처럼 자세하게 표현하기 어려워 오히려 대기원근법으로 몽롱화하여 신비화시켰다.

그 암시는 "성령이 하늘에서 내려와 이분 위에 머무르는 것을 보았다"는 성경 내용이 뒷받침한다. 그래서 성령이 하늘에서 비둘기처럼 내려와 단축법으로 그린 성모의 왼손에서 신이한 분위기로 감돈 후 전령의 역할을 하는 천사의 손과 연결되면서 아기 예수의 머리 위로 임하게 그렸다. 단축법이란 특이하게 나타낼 수밖에 없을 때 그리는 기법이다. 그러니 그 기법은 신이함을 상징하게 된다. 아기 예수의 머리 위에 있는 성모의 왼손을 단축법으로 해 성령을 상징하는 비둘기 모양으로 그린 이유가 거기에 있다.

네 번째는 뒷배경을 보여주는 장미창의 역할이다[도판 174, 175].

그 중요성에 대해서는 앞에서 예시했듯이, 동굴에서 동굴 끝을 어떻게 보면 장미 꽃송이로[도판 174], 어찌 보면 장미꽃같은 모양[도판 175]의 창으로 나타냈다. 장미꽃을 통해 보이게, 즉 장미창(rose window)이다. 이는 홍련암 마루에 난 소실점 같은 방형의 창으로 이근원통을 위해 바닷속 암굴로 들어오는 파도와 그 소리를 보고 듣게 하기 위한 것과 비슷한 의미다. 다빈치가 전통적인 성모상에서는 방형이나 변형인 랜싯창으로 해서 뒷배경이 보이게 그렸지만, 〈암굴의 성모〉에서는 둥근 장미창으로 해서 보이게 했다. 꽃송이를 영혼을 향한 장미창, 즉 성모를 상징하는 중보심으로 해서 강촌마을을 신앙의 마지막 이정표인 소실점으로 해서 이상 정토로 드러낸 것이다.

이는 성당에서 스테인드글라스 중 성모 마리아의 중보심을 상징하는 가장 아름다운 장미창을 의미한다. 즉, 파사드 정중앙에 있는 장미창(성당 밖)[도판 93-①]을 통해 석양빛을 받으면 칼라 꽃송이(성당 안)[도판 95]가 교회 내 공간을 성령으로 컬러풀하게 환상적으로 변화시키면서 예배드리는 사람들의 몸과 마음을 천상의 예루살렘에서 활짝 피어나는 장미꽃으로 '느끼게', 아니 이 그림에서는 이상정토로서의 강촌마을이 장미꽃 속 풍경으로 '보이게', 아니 성모의 중보심을 상징하는 장미창을 매개로 해서 천상의 예루살렘으로 '들어가게' 한 것이다. 성령의 만화경인 장미창을 통해 이상정토 만화경으로 '느끼게, 보이게, 들어가게' 한, 이 같은 역할은 고딕 성당의 건축 구조에서는 당시 일반화되어 있었다. 이는 성경에 천국이 "보석처럼 빛나고 벽옥처럼 맑다"는 그대로 교회가 천국이 되게 조성한 것이다. 그래서 신의 영광이 머무르는 공간으로 느끼도록 한 것. 이 그림에서는 그곳이 장미창을 통해 느끼게, 보이게, 들어가게 한 동굴 밖의 강촌마을이다.

마지막은 동굴 밖의 강촌마을을 동양적 이상향으로 나타냈다[도판 176].

도판 176 데생으로 나타낸 밑그림에서 동굴 밖의 강촌마을. 동굴 안을 교회, 즉 성소로, 동굴 밖을 지성소로, 즉 강촌마을을 소실점으로 하여 천국으로 나타냈다. 이 같은 구도는 다빈치의 〈수태고지〉에서도 나타난다[도판 181].

장미창을 통해 느끼게, 보이게, 들어가게 장치한 동굴 밖을, 당시 서양인들이 호기심으로 가졌던 동양의 산수화 풍경으로 이국화시켜서 나타냈다. 당시 서양에서 배경으로서의 산은 전통적으로 그려진 성모상 뒤의 창을 통해 보았듯이 구릉 같은 낮은 가로로 된 풍경이었다. 그동안 서양에서는 〈암굴의 성모〉에서의 배경처럼 산을 세로로 그것도 거대한 암봉으로 나타난 예는 없었다. 그러나 동양에서는 관념적인 이상향의 산수화로 널리 유행되고 있었다[도판 177, 178].

다빈치는 동양에서 유행되고 있는 이 같은

산수화를 차용해 서양에서의 이상향으로 그린 것이다([주 61], 논단 178쪽). 중세 시대에 단순한 배경으로 보여주던 가로(수평)로서의 자연풍경을 다빈치는 크기는 작게 처리했지만, 그 의미에서는 이처럼 가장 중요한 배경으로, 즉 동양의 거대한 산수인 세로(수직)의 암봉으로 이국화시키고 소실점으로 초점화하여 천상의 에덴동산으로 나타낸 것이다. 그것은 밑그림으로서 애초 그림의 의도를 잘 나타낸 데생 그림 [도판 176]에서 알 수 있다. 거기서 교회의 첨탑지붕이 거대한 암봉을 배경으로 해 신비스러운 이상향으로 존재하고 있다. 이 마을이 예배자를 안내하는 신앙의 이정표로써의 마지막 목적지다.

(5) 산수풍경의 의미

〈암굴의 성모〉에서 핵심이 되는 동굴 밖 산수풍경과 강촌마을에 대해서 좀 더 자세하게 알아보자. 이 마을의 산수풍경은 바위로 된 높은 암봉과 물이 풍부한 강변으로 전개되어 있다. 그런데 다빈치가 가상의 산인 '타울산'에 대해서 『친필 노트』에 다음과 같이 남긴 글이 있다.

> 이 산록에는 부유한 사람들이 거주하는데 그야말로 아름다운 샘터와 강이 한쪽에 흐르고 땅도 비옥하여 온갖 훌륭한 것들이 넘쳐나는데, 특히 남향 부분이 그러합니다. 구름 위로는 완전히 드러난 암석으로 순백의 바위입니다. 등산은 위험하므로 높은 산정에 오르는 것은 불가능합니다[주 63].

도판 177 송(宋) 허도령(許道寧)의 〈설계어부〉(雪溪漁父). [주 61] 논문 175쪽. 도판 전재

'타울산', 그 뜻은 모르겠으나 유럽의 지

은 풍광은 존재하지 않는다. 도연명의 '도화원기' 같은 곳이다.

그런데 에밀 자벨이 쓰고 김장호가 옮긴, 『어느 등산가의 회상』을 보면 다음과 같은 글이 나온다. 1876년 알프스의 투르 노아르(3,824m)를 초등하면서다.

도판 178 〈조춘도〉(早春圖, 11세기). 북송 시대 곽희(郭熙, 1020?~1090?) 그림. 초목에 잎이 돋고, 얼었던 시냇물이 폭포가 되고, 산에는 운무가 피어오르는 가운데, 강기슭에서는 집으로 돌아가는 아낙과 강가에서는 그물을 끌어올리는 어부와 산 중턱에서는 봇짐을 멘 나그네가 자연과 함께 생기 충만하게 삶의 기지개를 봄맞이하며 쭉 펴는 그림이다. 견본 수묵. 대북 고궁박물관

> 어쩌면 미켈란젤로가 좋아했을지도 모를 그런 자세로 몸을 비틀기도 하고, 다리 사이로 경치를 바라보기도 하고, 비길 데 없는 체조에 몸을 맡기듯이 하며 초등한 느낌은 언어를 초월한 기쁨이다. 하늘을 나는 새도 느낄 수 없을 것이다. 높은 곳에서 처음 내 앞에 나타난 저 침봉군은 상상도 못 했다. 그 알프스가 지니는 아름다움은 새로운 건축양식이었다. 몽블랑 산군 전체가 화강암으로 세로로 규칙 있게 갈라져 이 산의 구조가 아름다운 고딕 성당에 들어갔을 때를 상상케 한다. 수많은 봉우리가 고딕 성당으로 통일된 것 같다. 어떤 것은 샤론처럼 단순하고 듬직하며, 어떤 것은 끄땅스처럼 날씬하고 뾰족하고, 또 어떤 것은 꼴로뉴처럼 조각된 톱니 장식이 되어 상큼하다. 이처럼 초등이란 신천지에서는 그 어떤 신성함을 느끼게 된다. 이런 장면을 경험하며 신앙을 잃어가는 우리들의 세기를 통탄한다.

이 인용문의 내용은 알피니즘이 본격적으로 시작되던 시기로, 다빈치 당시에는 볼 수 없고 경험할 수 없는 수준이나 어떤 면에서는 타울산과 연관된다고 보게 된다. 어쨌든 다빈치가 『친필 노트』에다 쓴 타울산에 대한 내용은 세 그림, 즉

〈모나리자〉·〈수태고지〉·〈암굴의 성모〉의 배경에 나오는 암봉과 연관된 글이라 보게 된다. 동화 같은 동네, 시간을 초월한 영원한 이상향, 즉 에덴동산 같은, 몽유도원 같은, 이집트의 피난처에서 또 다른 영혼의 피난처로 묘사했기 때문이다.

그래서 당시 전해졌을 중국의 무릉도원 같은 산수풍경이 이 그림에서 성스러운 피난처의 배경으로 등장했다고 보는 사람의 글이 있다. 위 같은 논문[주61]의 175쪽에서 다나카히데미치(田中英道)는 그것을 다음과 같이 해설하고 있다.

> 이 〈모나리자〉 배경의 자연경에 가까운 예로서 宋 許道寧의 〈雪溪漁父〉[도판177]를 살펴보자. 이 그림 역시 왼쪽에 솟아오른 산들이 있고 오른쪽으로는 호수가 펼쳐져 있다. 산에는 안개가 깔려 있으며 그 아래로 다리가 그려져 있는 부분 등은 〈모나리자〉의 오른쪽 풍경에 가깝다[도판179].

〈모나리자〉에 대한 이 같은 배경 설명은 〈암굴의 성모〉에서도 마찬가지다. 같은 논문 178쪽에서는 다음과 같이 설명하고 있다.

> 서구에서는 그때까지 가로로 그린 풍경화였으며, 북방 회화의 경우에는 반 에이크를 비롯해 배경으로서의 산을 그리더라도 가로로 길게 전개되었다. 그러나 레오나르도가 〈모나리자〉와 〈암굴의 성모〉에서 배경의 산을 세로로 길게 산하를 그렸다는 것은 중국 산수화와의 관련성을 지적하지 않을 수 없다.

도판 179 〈모나리자〉의 오른쪽 배경에 나타나 있는 산수. 산수가 서양화에서는 보기 드물게 가로보다는 세로(높이)를 강조해 그렸다. [도판 140] 참조

도판 180 〈수태고지〉(1472~1475). 다빈치는 그림 가운데의 상부에다 강 건너 마을 풍경을 소실점으로 나타냈다. 이상세계를 상징하는 이 마을에서 가브리엘 대천사가 하느님의 명을 받고 마리아에게 날아와 수태고지를 알리는 것으로 한 것이다. 날개가 위로 들려 있는 것은 천사가 방금 지상에 도착했음을 암시한다.

"레오나르도가 〈모나리자〉와 〈암굴의 성모〉에서 배경의 산을 세로로 길게 그렸다는 것은 중국 산수화와의 관련성을 지적하지 않을 수 없다"는 주장은 무리가 아니라고 본다. 그래서 거대한 수직 암봉을 배경으로 물이 흐르는 평화로운 강촌마을 그림은 다빈치 이전에는 볼 수가 없었다. 같은 논문 164쪽에서도 비슷한 설명이 또 있다.

> 중국 미술전문가인 설리반은 다음과 같이 서술하였다. "르네상스기의 회화작품에 중국 산수화풍의 산용(山容)이 자주 나타난다. … 또한 레오나르도 다빈치의 〈岩窟의 성모〉의 배경에 보이는 준험하며 황량한 산봉우리는 북송화가, 특히 郭熙의 그림과 유사한 것으로 알려져 있다([도판 178] 참조). 당시 다빈치가 중국적 산수를 서양에서 최초로 차용하여 성화를 더욱 신비화시킨 것을 알 수 있다. 다만 그는 겉모습만 그리는 것이 아니라 이상향을 신비하게 나타내고 싶어 동양의 산수화까지 차용했다고 볼 수 있다.

도판 181 〈수태고지〉에서 암봉과 강이 있는 마을 풍경[=도판191] 참조. 열려진 공간 좌우에 죽음의 문턱을 상징하는 사이프러스 나무를 새벽빛의 역광을 통해 검게 나타냈고, 그 문턱너머에 있는 밝고 환한 부활의 마을 풍경을 보다 멀리·보다 깊이·보다 신비하게 보이게 했다. 그런데 이 풍경의 구도와 의미는 〈암굴의 성모〉에 나오는 동굴 밖의 풍경과 같다[도판185].

그런데 그가 그린 그림 중, 이 같은 〈암굴의 성모〉에서 이상향으로 그린 풍경과 거의 같은 구도는 〈모나리자〉보다는 오히려 〈수태고지〉에서 볼 수 있다. 〈수태고지〉[도판 180] 그림 중 가운데에서 위쪽에 보이는 호수 또는 바다 같은 해안마을 풍경[도판 181]이 〈암굴의 성모〉에서는 강촌마을 풍경과 같은 구도다. 다만 마을의 규모만 다를 뿐.

둘 다 수변부에 마을이 있고 그 뒤로 거대한 암봉이 전개되어 있다. 이 〈수태고지〉 그림은 23살 때 그린 그림인데, 우피치 미술관에 전시되어 있다. 대기원근법의 맹아적 표현이 보이고, 원근법을 충실히 지킨 배경 처리가 돋보인다. 그러나 보다 더 돋보이는 것은 새의 날개를 보고 그렸다는 천사의 날개다. 막 날아와 앉으며 실제로 새의 동작처럼 접으려는 순간의 날개이기에. 그림의 과학화를 시도했음을 알 수 있다. 그런데 과학적인 관점에서 한 가지 지적하고 싶은 것은 천사의 날개가 새의 날개에 비하면 실제로 날기에는 작다는 점이다. 날개는 실제의 새처럼 그렸지만 크기는 아니다. 더구나 머나먼 천국에서부터 내려온 새이니. 비례로 봐서 몸 크기보다 훨씬 많이 커야 한다. 그림에서 구도에 맞추기 위해 고려한 모양이다. 그리고 천사가 성모에게 순결의 상징인 백합꽃을 바치는데, 이는 다이토쿠지 소장 그림에서 같은 전령의 역할을 하는 파랑새가 보살에게 꽃 공양드리는 것과 같다[도판 205].

그러면 이 그림 〈수태고지〉에서 강촌마을은 어떤 의미를 갖고 있는지 궁금하다. 강촌마을의 산수 배경에서 구름을 안고 있는 암봉과 안개 낀 마을풍경은 아직 잠에서 채 깨어나지 않은 듯하다. 멀리 푸른빛을 띤 잿빛의 아름다운 색조 사이로는 진하게 북한산 인수봉, 도봉산 선인봉 같은, 멀리는 연하게 문경의 희양산 같은 버트레스가 우람하게 모습을 드러내고 있다. 그 이상향의 마을이 여명의 햇살을 받아 백화도장을 상징하듯 하얗게 빛나는 거대한 암벽 아래에 있고, 마을 앞에는 바다 같은 호수가 있어 배들이 평화롭게 떠 있다.

[도판 180]에서 가장 중심부, 윗부분에 위치한 그 마을[도판 181]을 세상과 열려진 그림 속의 소실점으로 하여 천국으로 나타냈다. 좌우에서 죽음의 문턱을 상징하는 대문의 기둥처럼 보이는 검정의 사이프러스 나무를 넘어 신비롭게 부활한 마을로 해서다. 그것은 서양에서 사이프러스 나무가 예부터 지모신에서 명계, 죽음과 연결되어 묘지에 심거나 관으로 사용된 데에서 알 수 있다. 그러니 잠에서 채 깨어나지 않은 듯한 이른 새벽에 죽음 너머 있는 이 부활의 마을에서 천사가 날아와 살포시 앉는 순간을 상정한 것이다. 이 부활의 마을 구도와 의미는 〈암굴의 성모〉에서 장미창 속 소실점으로 있는 동굴 밖 강촌마을의 구도 및 그 의미와 같다[도판 174].

도판 182 〈성 제롬〉(히에로니무스, 300~398). 목과 어깨의 근육을 팽팽하고 긴장되게 표현했는데, 이 표현을 서양미술사에서 최초의 해부학적인 그림으로 본다. 1480년에 그리기 시작했으나 1482년 밀라노로 떠나면서 미완성된 상태가 지금까지 남아 있다. 현재 바티칸 피나코테크 소장

다빈치는 〈암굴의 성모〉와 〈수태고지〉에서의 마을풍경을 동양의 산수로 이국화시키고 대기원근법으로 몽롱화하고 소실점으로 초점화하여 신비화시켰다고 본다. 빛의 근원이 되는 이 마을을 구원의 로드맵에서 천국을 상징하는 이상향으로 나타낸 것이다. 그리하여 신앙을 이끄는 마지막 목적지로서의 이정표 역할로 나타냈다.

이 같은 위치와 의미는 그가 손을 댄 (미완성이지만) 〈성 제롬〉의 그림에서 천국의 상징인 교회로 나타낸 데에서 확실하게 뒷받침된다[도판 182]. 즉, 이 그림 왼쪽(향우) 상단, 방형으로 뚫린 건너편 황토색 벽에 산수풍경 대신 천상의 예루살렘을 상징하는 '교회' 그림이 새겨져 있다[도판 183]. 그런데 그 위치와 의미가 〈수태고지〉에서는 열린 액자 공간 너머 보이는 산수풍경과 같고[도판 181], 〈암굴의 성모〉에서는 장미창 너머 보이는 산수풍경과 같다[도판 174]. 이와 같은 것은 이 그림〈성 제롬〉(1482)의 동굴 구조가 〈암굴의 성모〉(1485) 동굴 구조의 전조이기 때문이다. 그래서 그는 4월 25일에 쓴 계약서에다 8개월 정도라면 '무염시태' 축일인 12월 8일까지는 충분히 그릴 수 있다고 자신 있게 약속했던 것 같다. 따라서 두 곳[도판 174, 181]의 산수풍경은 이상정토로 천상의 예루살렘을, 새 에덴동산을 상징한 것이 분명해진다. 이렇게 세 그림에서 이상정토를 나타낸 방식이 모두 같은 코드 기법이다. 다빈치가 그림에서 이상향을 나타낸 기법이 오직 그만의 공통된, 그러면서도 독특한 코

도판 183 [도판 182] 동굴 오른쪽 또 다른 동굴 벽에 교회가 숨은 듯 그려져 있다. 그 건축 형태가 피렌체에 있는 산타 마리아 노벨라 성당과 비슷하다. 이 같은 구도는 〈암굴의 성모〉에서 동굴 밖을 장미창을 통해 나타낸 수변 마을 그리고 〈수태고지〉에서 열려진 액자 공간 넘어 보이는 강촌마을과 같은 기법으로서의 다빈치 코드다.

드임을 알 수 있다. 다빈치는 이상과 같은 공통된 코드로 〈암굴의 성모〉 그림의 종착지인 산수마을을 중보심을 상징하는 장미창 속에다 이국화시키고 소실점으로 해서 마무리했다.

제롬(Jerome)은 라틴어로는 히에로니무스(Hieronymus)다. 그 이름은 '거룩한' 뜻을 가진 게라르(gerar)와 '숲'을 의미하는 네무스(nemus), 또는 '율법'을 의미하는 노마(noma)에서 유래했다고 한다. 그러므로 전설 속 그의 이름의 의미는 '신성한 숲' 또는 '거룩한 법'으로 이해된다.

[도판 182]에서 성 제롬은 광야의 굴속 사자 앞에서 돌로 가슴을 치는 고행으로 번뇌를 끊으려는 성자의 모습을 보여주고 있다. 사자의 발에서 가시를 빼주듯 자신의 마음속에 들어 있는 번뇌의 가시를 빼기 위한 고행을 말이다. 보통의 삶에서 성자가 되는 것이 아님을 알 수 있다. 그래서 그에게는 5가지 아름다운 인격이 있었다고 한다[주 64]. 첫째는 영적인 아름다움이고, 둘째는 도덕적인, 셋째는 지적인, 넷째는 초실체적인, 다섯째는 천상의 아름다움이라고. 이 아름다움을 바탕으로 그는 다양한 미덕 속에서 영성을, 올바른 삶의 양식에서 도덕성을, 더없는 순수함 속에서 지성을, 뜨거운 사랑 속에서 초실체성을 그리고 영원한 자비 속에서 천상성을 보여주었다. 제롬의 이런 인간적인 절제된 아름다움은 그 누구보다 원효 대사와 비교되면서 대비되기도 한다. 다음 이야기는 『황금전설』에서 「제롬 편」의 내용 중 일부분이다. [도판 182] 그림의 이해를 위해 인용한다.

> 성인은 어느 날, 저녁이 가까워 왔을 무렵, 성경 말씀을 강독하는 것을 듣기 위해서 형제들과 앉아 있었다. 그때 갑자기 사자 한 마리가 수도원으로 절뚝거리며 들어왔다. 그 광경을 보고서 다른 수사들은 달아났으나 제롬은 마치 손님을 맞듯 인사를 건넸다.
>
> 사자가 그에게 자신의 상처 난 발을 보였다. 제롬은 형제들을 불러 짐승의 발을 씻기고 정성을 다해 상처를 싸매 주라고 분부했다. 그들이 제롬의 분부를

시행하려고 보니 사자의 발이 가시에 긁혀 찢겨져 있었다. 그들은 필요한 조치를 취해 주었고 사자는 회복되었다. 그런데 사자가 자신의 야성을 모두 잃어버리고 집 애완동물처럼 수사들과 함께 살게 되었다.

성경을 라틴어로 옮긴 히에로니무스는 이처럼 사자 발의 가시를 빼주고 친구가 되었다고 한다. 사자까지도 길들이고 순화시키는 능력자임을 전설처럼 해서 알리고 있는 것이다. 비유에서 사자는 성경이고 가시는 오역된 번역 부분이라고 한다. 그러니 라틴어에 해박한 교부였던 그는 가시를 빼지 않고는 참지 못했다. 하느님의 말씀을 잘못 전달하고 있으니까. 그래서 그는 당시 잘못 번역된 모든 성경책을 모아 바로 잡았다. 이후 그의 번역본을 표준 성경으로 삼았다. 이렇게 사자 발에서 가시와 상처는 오역된 성경을 나타내고, 치료하여 온순하게 길들여진 사자는 표준 성경을 상징한다. 그래서 히에로니무스 그림에서는 사자가 그의 상징처럼 반려로 등장한다.

이상의 구도 분석을 통해 〈암굴의 성모〉는 현실의 산 프란체스코 그란데 성당에 예배드리러 온 신자들에게 그림 속 천사의 윙크와 손짓, 아기 요한의 경배, 아기 예수의 축복, 성모의 중보심, 그 중보심을 상징하는 장미창으로 해서 신앙의 흐름을 하늘나라를 상징하는 강촌마을로 연결시켰다[도판 188]. 성상학에서 그 역할에 따른 가장 간단하면서도 확실한 4명으로 해서다.

그렇게 해서 이 그림은 다빈치가 예배자에게 현실에서 이상정토로 가는 구원 시스템의 구도임을 알려주고 있다. 그림 속의 그림인 구원 시스템의 흐름은 순서, 2) 〈암굴의 성모(1)〉-천국을 향한 동영상적 신앙의 흐름(443쪽)에서 설명한다.

3. 이상정토를 향한 신앙의 흐름

1) 다이토쿠지 소장 〈수월관음도〉 - 친견을 향한 동영상적 신앙의 흐름

이곳의 글은 두 그림에 대한 하이라이트에 해당한다. 그림에서 구도 전체의 윤곽을 알아보자.

도상 전체를 각 부분으로 나누어(①~⑧) 세밀하게 살펴보았으니, 이제는 다이토쿠지 소장 〈수월관음도〉에 내재된 도상 분위기를 비원 신앙으로 연결하여 보자. 앞에서 8부분으로 나누어 설명한 각 부분의 도상 내용들은 수월관음보살의 재능기부의 힘 곧 가피력을 나타내고 있다. 그 가피력 간에 유기적 관계인 내공 구조를 교리 시스템으로 연결하면 그림 속의 그림, 즉 표상 속에 의상으로 들어있는 '친견'을 향한 동영상적인 흐름을 발견하게 된다.

그 [도판 184]를 전체적인 구도에서 볼 때, 관음의 얼굴이 원형의 두광과 신광으로 강조되어 있다. 그래서 보는 이의 시선이 강조된 2중의 원(◎) 안에 있는 관음의 얼굴로 자연스럽게 집중되게 된다. 예불을 위한 변상도로서 매우 효과적인 구도다.

다른 구도가 있다. 그것은 수월관음의 얼굴을 정점으로 해서 공양 인물군의 행렬을 밑변으로 하여 선재동자까지 그리고 관음으로 이어보면 삼각형(△)을 이룬다.

또 다른 구도가 있다. 왼쪽 위 모서리에 있는 파랑새를 기준으로 해서, 아래로 직선으로 이으면 신광 끝의 곡선을 딛고 공양 인물의 선두에 선, 왕과 연결된다. 그 기준에서 오른쪽으로 이으면 천장의 종유석을 따라 대나무로, 그 대나무를 타고 내려오면 선재동자와 닿아 공양 인물군의 행렬과 연결되면서 저절로 꽉 찬 사각형(ㅁ)이 된다.

한편 상하이단(上下二段)의 구도에서 보면, 상단은 80% 이상의 크기로 해서 수월관음은 크게, 하단은 20% 이하로 해서 작게, 그중 선재동자와 공양 인물들은 더 작게 왜소화시켜 보살과 동자를 극과 극으로 표현했다. 그래서 신앙의 대상인 보살은 보다 위대하게, 공양자 본인은 보다 겸손하게 느끼게 된다. 이렇게 보살을 절대 크게, 공양자와 선재동자는 절대 작게 나타낸 것은 불계와 속계의 지위, 신급, 능력의 차이를 현격하게 차별화하기 위한 의도이다. 사실 신앙의 대상자와 피대상자가 주제가 되는 종교화에서는 이런 극과 극의 구도를 가질 수밖에 없다. 왜냐하면 자기를 낮추고 신앙 대상자를 높이면 높일수록 구원의 능력이 위대하게 느껴지게 되기 때문이다. 그래서 사람들은 종교에서만은 누구든 겸손해진다.

이렇게 도상 전체를 꽉 찬 사각형(□) 액자로 해서 안으로 모으고, 모든 인물을 삼각형(△)으로 연결시킨 후, 2중 원(◎)으로 해서 예불자의 신앙을 보살의 얼굴로 집중시켰다. 성과 속을 상하 이단의 구도로 해서다.

이제 친견을 향한 신앙의 동영상적 흐름을 살펴보자.

그 시작을 위에서 아래로, 즉 무색계(정토)인 수월관음의 얼굴에서 색계(중보)인 수정염주로 해 욕계(현실)인 왕실 공양 인물 중 왕의 얼굴로 연결했다. 친견을 위한 시스템을 보살의 눈에서 수정염주를 거치면서 왕의 눈과 연결되게 한 것이다. [도판 184]에서 그 친견 시스템의 흐름을 자세히 알아보자.

① 먼저, 이 그림에서 보살의 시선은 대각선으로 해서 공양 인물 중 선두에 있는 왕의 눈과 이어지고 있다[도판 184-㉠]. 중요한 것은 재능기부를 상징하는 보살의 수정염주를 매개로 했다는 것이다. 그것은 보살의 시선이 왕의 눈과 이어지는 중간의 축선 상에 보살의 오른손에 들린 수정염주가 정확하게 걸쳐진 도상에서 알 수 있다. [도판 206]을 보면 확인된다.

② 동시에 다음 단계로의 소통을 가시적인 동적 흐름으로 보여준다. 예불자인 왕의 발이 보살이 왼발로 딛고 있는 연꽃 발판과 연결되게 한 구도에서다[도판 184-㉡]. 여기서도 중요한 것은 바로 왕 앞에서 왕의 걸음 속도에 따라 그 타이밍에 맞춰 힘차게 솟아오르고 있는 친견용 예불자의 발 디딤판 징검다리 역할의 연꽃봉오리를 매개로 해서다[도판 185].

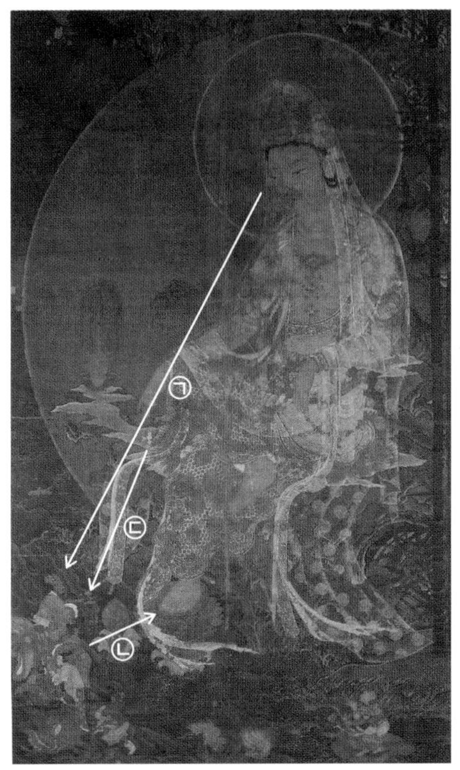

도판 184 다이토쿠지 소장 〈수월관음도〉의 '친견 시스템'. 보살의 눈(上)이 대각선으로 해서 예불자인 왕의 눈(下)과 수정염주를 매개로 연결되고 있다(㉠). 동시에 왕의 오른발이 바다 중간에서 막 솟아오르고 있는 친견용 연꽃 발판을 밟고 이상정토에 들어서게 하여 만나게 했다(㉡). 그리하여 보살이 왕의 보관 용기에 수정염주를 내려 주게(㉢). 깨달음이란 '친견 시스템'을 이 그림에서는 이 같은 정중동·동중선이란 동영상적 힐링의 흐름으로 나타냈다.

③ 그리하여 왕이 발 디딤판 연꽃봉오리를 밟고 이상정토에 들어서면, 관음이 손에 쥔 수정염주를 왕이 두 손 모아 정성으로 받들고 있는 그 연꽃형 보관 용기에 내려주는 것으로 예정되어 있는 것에서 알 수 있다[도판 184-㉢]. 그것은 [도판 198]에 나타난 왕의 흐뭇한 얼굴 표정과 연꽃형 보관 용기를 감사의 마음을 담아 두 손으로 받든 경건한 자세에서 알 수 있다.

즉, 대각선에서 수월관음의 시선이 수정염주를 매개로 해서 예불자인 왕의 눈과 소통되게, 동시에 왕의 발이 바다에서 막 솟아오르는 연꽃 발판을 매개로 해서 보살의 발 쪽으로 가게, 그리하여 수정염주 하사를 통해 친견이 성사되게 한 것이다. 이렇게 보살이 왕에게 수정염주를 통해 깨달음(心)을 주는 동시에 왕의 몸(身)을 막 솟아오르는 친견 발판용 연꽃봉오리를 매개로 하여 이끌면서 만나게(通), 그리하여 보살로부터 수정염주를 연꽃형 보관 용기에 받으면, 그 보관 용기가 연꽃에서 연꽃 열매가 되게 했다(禪). 담기면 연꽃 열매 모양으로 변하게 되니까.

보살의 발이 아니라 왕의 발이 보살 쪽으로 가게 했다는 뒷받침은, 보살이 반가부좌로 앉아 있다는 점이다. 걸어갈 자세가 아니다. 그에 반해 왕의 발은 발판으로 막 솟아오르는 연꽃봉오리와 스텝의 '방향, 보폭, 속도'에 맞게 연결되어 있고, 왕실 공양 인물이 친견을 위해 쉬지 않고 걸어가고 있는 진행 상황에서 알 수 있다. 그리고 친견 선물은 예불자가 받으러 가는 것이 순리이다.

깨달음의 눈인 보살의 백호에서 화룡점정이 발(發)하여 수정염주를 관통하는 것을 신호로(기), 친견하고 싶어 하는 왕의 몸, 마음과 허락하려는 보살의 몸, 마음이 수정염주에 충전된 깨달음이란 생명력으로 동(動)하게 한 후(승), 수정염주의 자력성으로 몸과 마음을 이끌어 흥(興)으로 만나게(전), 그리하여 그 수정염주를 전(傳)하면서 친견 시스템이 마무리가 되게 한 구도다(결).

친견의 기(氣) → 승(昇) → 전(轉) → 결(結) 단계마다 수정염주로 해서 발(發) → 동(動) → 흥(興) → 전(傳)으로 업그레이드시키고 있다. 그림 속에 구원이란 친견이 육안을 넘어 심안으로 즉 영혼을 향한 창으로 해서 〈정중동·동중선〉의 흐름이 보이도록 했다. 수월관음 불화의 대단원을 알리고 있는 것이다. 이는 도상 내용(①~⑧)에서 보았듯이 각 부분의 가피력이 수정염주에서 종합되어 시너지를 이루며 불력으로 뒷받침하기 때문이다. 그래서 친견 소통을 수정염주로 해서 연결시킨 것. 염화시중을 이루는 부처님 손의 꽃처럼 해서다. 그 지극한 가피력들은 서로 연기화생으로 연결되고 시너지로 업그레이드되면서 형성되는 친견을 향한 영기화생이다. 그러니 정중동·동중선으로 살아 숨 쉬는 그림이 그려질 수밖에. 정말 신앙의 힘은 그렇다. 그 지극한 비원은 한계가 없다는 것을 알 수 있다.

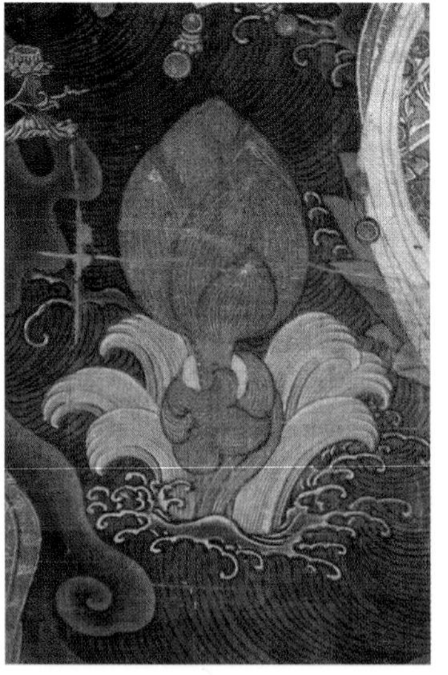

도판 185 정토와 진토를 구분 짓는 바다 가운데서 예불자의 발 앞에 파도를 헤치고 힘차게 막 솟아오르고 있는 친견용 발판 연꽃봉오리

그러니 인류의 역사적 유산에서 그 위대성의 창출은 알타미라동굴, 반구대 암각화, 스톤헨지, 산치대탑, 석불사/불국사, 보로부두르, 고딕 성당, 앙코르와트에서 보듯 절절한 염원이 비원으로 담긴 종교미로 나타날 수밖에. 고려는 이 같은 비원에서 『팔만대장경』을 판각할 수 있었고, 세계 대제국을 이룬 몽골의 7차례나 되는 침략에 나라의 힘은 꺾였어도 그 정신은 굴하지 않았다. 국가가 가진 시대의 역량을 총동원하고 민족이 가진 문화의 역량을 총결집하여 불력으로 창출해 낸 것이다. 이 그림도 나라의 힘은 꺾였지만, 왕이 앞장 선 가운데 국가의 독립을 위해 온 정성을 들여 총체적으로 염원한 도상임을 알 수 있다.

이 같은 정중동·동중선으로 흐르는 동영상적 친견 시스템이 불화 속에 존재한다는 것은 이 그림만이 아니다. 또 다른 방법으로 표현한 불화에서도 뒷받침된다. 다른 불화는 일본 효고켄(兵庫縣)의 정토종계 사찰인 주린지(十輪寺)에 소장되어 있던 〈오불존도〉다[도판 186]. 지금은 안전을 위해 오사카 시립미술관에 위탁하여 보존되고 있다. 이 그림도 오랫동안 다이토쿠지 소장 〈수월관음도〉처럼 중국의 불화로 전해 오면서, 메이지 시대에는 한때 일본의 국보로까지 지정되었던 가치가 큰 작품이다. 그것은 정교한 묘사에 도상이 함축하고 있는 의미와 그 교리적 깊이가 우주의 시공간과 함께하기 때문이고, 도상의 형식과 교리의 내용이 조화를 이루고 있음은 물론 불화를 관통하는 모든 여래를 하나의 그림에다 총체적으로 기본화하여 나타낸 작품이기 때문이다. 그래서 일본에서도 한때 국보로 인정했던 것이다.

도상 전체는 십자(+) 구도다. 가로로는 삼세(三世)의 상징인 '삼세불'(아미타불·노사나불·약사불)로, 세로로는 삼계(三界)의 상징인 '삼신불'(법신-비로자나불·보신-노사나불·화신-석가모니불)로 나타냈다. 삼신불에서 법신은 부처의 본질적인 존재를 우주의 법계로 상징하고, 보신은 부처의 편만한 존재를 사회의 관계망으로 알리며, 화신은 부처의 이상적인 존재를 휴머니즘으로 나타냈다. 이는 기독교에서 삼위일체인 '성부·성자·성령'의 의미다.

십자(+) 구도에서 시간이 다른 삼세(전세·현세·내세)를 나타내는 삼세불을 가로선으로 잡았다. 그리고 공간이 다른 삼신불을 세로선으로 해, 가로선 위(上)는 진리의 이상향인 무색계, 가로선(中)은 청정공간인 색계, 그 아래(下)는 현실로 중생교화를 위한 욕계로 삼았다. 각 계가 질적으로 다른 세상이다. 그런데 세로선상인 삼신불 중, 아래(下) 부처님이 계시는 현실의 욕계에서(①) 가운데(中) 색계의 노사나불을 거쳐(②) 위로(上) 비로자나불이 계시는 무색계(③)로 이어지는 과정에 동일한 왕과 왕비의 모습이 높이와 위치를 달리한 3곳에 걸쳐 그려져 있는 것이다([도판 186]-①, ②, ③ 참조). 즉, [도판 187]에서 보듯 왕은 머리에 해와 달이 그려진 면류관을 쓰고 두 손에는 홀을 받들었고, 왕비는 머리에 화려한 12개(?)의 꽃비녀 장신구로 치장하고, 둘이 나란히 예를 갖추어 합장하면서 욕계 사바세계에서 중간 단계인 색계를 거쳐 무색계인 법계에 도달하는 모습을 친견 시스템으로, 즉 다이토쿠지 소장 〈수월관음도〉에서는 상하 '대각선 소통 시스템'으로 나타냈는데, 이 〈오불존도〉에서는 위로 지그재그의 '위치 이동 시스템'으로 나타낸 것이다. 이렇게 친견 시스템의 흐름인 정중동·동중선이란 비원 성취를 향한 동영상도 그림에 따라 그 구도에 맞게 나타냈음을 알 수 있다.

왕조시대에는 임금의 만수무강이나 소원을 비는 발원이 그 어느 왕에게나 존재했다. 그렇다면 이 왕과 왕비는 누구이며 그리고 무슨 의도인가? 이 작품의 제작 시기를 비단의 제작 상태, 도상 구도, 채색 관계 등을 보고 대략 15세기 말에서 16세기 초로 추정한다. 당시의 역사적 상황과 생존했던 왕과 왕비들을 대상으로 그 가능성을 압축한 결과 이 불화 속의 왕과 왕비를 조선의 9대 성종(1469~1494)과 그의 첫 왕비인 공혜왕후로 보고 있다. 그리고 이 작품 주문자는 성종의 어머니인 인수대비로 보고 있고[주 65].

사실 이 그림에는 화기나 그 사실을 증명해 주는 확실한 물증이 없기에 어디까지나 추측일 뿐이다. 그림을 보면 주인공 부부의 모습이 어리고 젊다는 것이 또 하나의 간접적인 증거가 되겠다. 공혜왕후는 한명회의 넷째 딸로, 12살에 성종과 결혼하여 남편을 잘 섬겼다고 한다. 그러나 소생 없이 병으로 19

살의 나이에 저세상 사람이 되었다. 그래서 내세에서라도 성종과 백년해로하기를 기원하며 발원한 것이 아닐까. 더구나 패륜아가 된 손자 연산군에게 가장 모범적으로 살다 간 큰 엄마 같은 공혜왕후 부부를 모델로 본받게 하기 위해서 말이다. 동시에 인수대비 자신이 눈앞에서 칼춤 추는 손자의 한이 풀리기를 결자로서 빌기 위해 조성한 그림일 것이다. 성종은 폐비 윤씨의 사사에 대해 앞으로 100년간 그 누구든 거론치 말라는 엄명을 내렸다. 그러나 폐비가 되고 사사당한 것을 사실대로 쓸 수밖에 없었던 지석문을 통해 연산군은 어머니가 사사당한 비밀을 알게 되었다. 그리하여 인수대왕대비는 1504년 4월 27일 참변을 당한다. 연산군이 폐비가 되어 사사당한 어머니의 억울함을 따지면서 대왕대비를 척결해 버린 것이다.

도판 186 〈오불존도〉. 비단에 채색. 조선 전기(15세기 말~16세기 초기). 삼신불과 삼존불을 함께 표현한 불화로 섬세한 인물 묘사와 화려한 문양 등 조선 불화를 대표한다. 그림에 동일한 왕과 왕비가 친견을 향해 정중동·동중선의 흐름(①→②→③)으로 위치 이동하고 있어 왕실 발원임을 알 수 있다.

불화에서, 특히 수월관음도에서 기원하는 내용이 절절할수록 기원의 절차와 방법도 변하게 된다. 그러면서 역사와 시대에 맞게 창조적으로 새롭게 바뀌는 흐름을 보게 된다. 동방정교의 이콘 같은 의궤보다는 가톨릭의 성모상처럼 당대의 신앙관과 심미관에 따라 계속 조정되면서 시대에 맞춰 변화되어 왔기 때문이다. 즉, 교리적 인물(선재동자)에서 전설적 고승(의상 법사·원효 법사)으로, 그러다 역사적 인물(왕실)로, 사회 속 아낙네(홍씨 부인)로, 현실의 모든 중생(감로탱)으로 변하여왔다. 그러면서 그 궤(軌)에 맞추어 소의 근거도 교과서인 『화엄경』에서 민족적인 설화로, 국가의 역사로, 당대의 사회로, 오늘의 현실로 변하면서 정착화, 토착화, 현재화되는 것을 알 수 있다.

도판 187 186에서 □부분-②. 왕이 해와 달이 새겨진 면류관을 쓰고 있고, 양손은 모아 홀을 들고 있다. 옆에는 왕비가 화려한 머리 장식을 하고 있다.

수월관음도에 등장하는 그림에는 친견이 바이린지 소장처럼 직접적이든, 운흥사 〈수월관음도〉처럼 간접적이든, 〈오불존도〉처럼 가시적이든, 다이토쿠지 소장 그림처럼 은유적이든 어쨌든 성사되는 구도이다. 그중 직접적인·간접적인·가시적인 표상으로서의 친견보다 은유적인 의상으로서의 친견이 더 영험스러워 보인다. 어느 곳에도 없는 신앙의 동영상이 신이한 능력을 암시하며 들어 있기 때문이다. 그리고 성화나 불화에서 이 같은 친견 시스템이 들어있다는 것은 상식이다. 다양한 친견 시스템 중 이렇게 동영상적으로 친견이 내재된 가피력에다 신라의 해동관음까지 계승한 민족적인 성격 때문에 고려 시대에 수월관음도가 다른 어느 시대의 불화보다 성행하게 된 근본 요인일 것이다. 그리고 친견이란 가피력은 친견자에게 삶에서 업그레이드의 변화를 주체적으로 찾게 만들어 준다.

2) 〈암굴의 성모(1)〉 – 천국을 향한 동영상적 신앙의 흐름

(1) 구원 시스템의 흐름

다이토쿠지 소장 〈수월관음도〉와 마찬가지로 앞의 설명처럼 〈암굴의 성모〉에서도 모든 구도의 특징(①~⑤)은 성모의 중보심에 따른 재능기부의 능력 곧 가피력을 알리는 데 있음을 알았다. 그 가피력에 시너지를 이루고 있는 내공의 역학 구조 곧 천국을 향해 힐링으로 이끄는 신앙의 흐름인 표상 속의 의상, 그 그림 속 영혼을 향한 내공의 힘을 보자.

〈암굴의 성모〉 그림은 제단화다. 제단화인 불화에 구원의 힘인 친견 시스템이 간접적이든 직접적이든 가시적이든 은유적이든 정중동·동중선으로 내재되어 있듯이, 기독교의 제단화에도 예배자를 하늘나라로 이끄는 구원 시스템이 그렇게 들어있다. 그 시스템이 성모상에서도 정중동·동중천의 동영상적 흐름으로 들어있는 대표적인, 아니 어쩌면 오직 하나의 그림이 〈암굴의 성모(1)〉이다. 이곳에 나오는 4명 주인공의 각 인물이 짓고 있는 표정, 눈짓, 손짓, 몸짓을 성상학적 교리에 따라 해석해 보자. 그러면 구원 시스템이 동영상처럼 내재되어 있는 것을 알 수 있다[도판 188 참조].

① 먼저 천사는 예배드리러 온 예배자의 신앙심을 눈빛으로 이끈다. 이는 암굴의 성모 〈(1)〉과 〈(2)〉의 비교에서 각 천사의 눈빛과 눈길의 방향을 통해 알 수 있었다[도판 191, 192 비교]. 그 천사가 '인류를 보호해 준다'는 이름인 우리엘 천사다. 이름부터 인류를 위한 구원 시스템이 전제되어 있는 것이다.

② 동시에 천사는 예배자의 신앙심을 오른쪽 검지로 해서 아기 요한을 가리키면서 아기 요한에게로 유도한다. 아기 예수에게 거룩한 마음으로 무릎 꿇고 두 손 모아 '경배의 전형'을 취하는 아기 요한처럼 예배자도 예배를 정성을 모아 '몸, 맘, 영'으로 드리라는 암시다. 천사가 예배자의 마음을 눈빛으로 이끄는 구도는 [도판 76]에서도 보았다. 〈수태고지〉도 그렇지만 어떤 신호나 소식

을 사람들에게 알리는 역할은 교회의 전통적인 관습에서 천사가 하는 것으로 교리화된 것 같다. 그것은 천사라는 영어 단어의 어원인 앙겔로스(angelos)가 그리스어로 '전령'이라는 뜻에서 알 수 있다. 불교에서 여래는 비천이, 보살에서는 파랑새가 그 같은 역할이다.

도판 188 〈암굴의 성모(1)〉에 들어있는 구원 시스템이다. 필자가 예배자의 예배를 통해 그 마음이 하늘나라까지 전개되는 신앙의 정중동·동중천 동영상적 흐름을 ①→②→③→④→⑤로 나타냈다.

③ 아기 요한은 성모의 중보심이 인도하는 성령에 따라 아기 예수에게 무릎을 꿇고 두 손을 모아 경배드리고 있다. 성모는 이 아기 요한의 경배 자세가 모든 예배자에게 모델이 되게, 적성론(Decorum)의 원리에 따라 오른손을 등에 얹어 가만히 누르며 이끌어 주고 있다. 그러면서 흐뭇한 마음과 깊고도 그윽한 눈길로 따뜻하게 바라보고 있으며, 자비심이 충만한 모성애적인 얼굴 표정, 양팔을 양쪽으로 벌리면서 베푸는 그 한없는 포용 자세 그리고 우아하고 부드럽게 휘어 감은 옷자락으로 감싸고 있다. 아기 예수에게 인도하는 중보라는 재능기부의 역할을 손, 눈, 표정, 앉은 자세 그리고 옷자락으로 해서 온몸은 물론 온 마음까지 동원하여 보여주고 있는 것이다. 아기 요한은 이 같은 성모의 중보심에 따라 고추나물과 같은 순교적 믿음으로 경배를 드린다.

④ 이에 아기 예수는 그렇게 경배하는 아기 요한에게 은혜와 축복을 두 손가락으로 V자형 수인을 그리며 보여준다. 하늘나라로 올라갈 수 있는 자격을

부여하는 의미다. 이 신호는 〈옥좌의 성모〉에서 보듯이 아기 예수가 내리는 축복의 전통이다. 그 자격을 나타내는 손가락의 방향은 성모 마리아를 향하여 있다.

⑤ 성모는 이 축복의 흐름을 받는다. 내려온 성령에 대한 올라가는 축복으로, 즉 중보심의 피드백이다. 그리하여 성모는 아기 요한으로 투영된 예배자의 신앙심을 (동굴 끝의 장미창을 통해 이 그림의 소실점으로 있는) 이상정토로서의 하늘나라인 강촌마을로 가게 한다[도판 174]. 성모가 예배자를 하늘나라 이상정토로 안내한다는 것은 당시 교부들이 성모를 '하늘의 문'이라 일컬은 데에서 뒷받침된다([주 82/500쪽 ② '상징'] 내용 참조).

이 그림은 이렇게 구원 시스템으로 해석할 때 왜 천사가 손짓을 하는지, 왜 아기 요한이 가장 중요한 위치에 존재하는지, 그 미스터리한 의문이 풀린다. 그러므로 이 그림에서의 주인공은 앞에서 언급했듯이 아기 예수가 아니라 예배자로 투영된 아기 요한이다. 이처럼 더도 말고 덜도 아닌, 이 4명의 성인이 각각 자기 연기에 맞는 표정, 눈짓, 손짓, 몸짓으로 서로 구원 시스템에서 징검다리 역할을 하면서 그 구원신앙의 힐링을 정중동·동중천의 흐름으로 나타내고 있다. 이 같은 신앙의 소통을 통한 상생의 관계를 표현하기 위해 나오기 힘든 각자의 역할을 '구원신앙의 화살표'로 해서 그림 속의 그림으로, 표상 속 의상으로 '영혼을 향한 창'을 통해 보여주고 있는 것이다. 이렇게 역할이 다른 주인공들이 천국 안내를 위해 시스템으로 연대하는 성모상은 예전에는 없었다.

그러므로 이보다 더 성스럽게 경건하게 그러면서 적극적으로 성모의 중보심을 나타낸 그림은 없다. 교리적으로 체계 있게, 신앙적으로 순수하게, 과학적으로 정확하게 나타냈으니까. 그래서 그 어느 성모상보다 힐링이 된다. 다빈치의 성경 지식과 신학적 표현 방법과 과학적 관찰 능력이 당시는 물론 오늘의 신학자들과 성직자들보다 얼마나 앞서고 있는지를 알려주는 그림이다. 그런데 불교·기독교 두 종교가 존재 구조에서 서로 담합도 없었는데 구원 시스템이 정중동·동중(선=천)으로 비슷하게 아니 똑같이 내재되어 있는 것을 알게 되었다. 그것은 각 종교가 다른 지역에서 발생한 버전임을 고려하면, 피부는 다른데 같은 사람인 것과 같다. 따라서 인종차별이 없어야 하듯이 종교도 마찬가지다. 자기의 신앙 코드에 맞는 종교를 주체적으로 믿으면 될 뿐이다.

(2) 구원 시스템의 업그레이드, 그 대표적인 예

휴머니즘이 대두된 르네상스의 영향 아래 그림의 과학화를 시도한 다빈치에 의해 〈암굴의 성모〉에서 처음 나타나게 된 구원 시스템은 그 후 성 베드로 대성당의 닫집인 발다키노(1633년)를 거치면서 그림의 차원을 넘어서게 된다. 제단화가 건축 속에서 현시화·거대화·대중화를 이루다 하늘을 상징하는 천장에서 '천장화로' 그 완성을, 즉 그림과 건축이 천장에서 하나가 되면서 대단원으로 바로크 시대를 마무리한 것이다. 그 대표가 되는 작품 중 하나가 피에트로 베레티니 다 코르토나(1596~1669)가 그린 〈신의와 바르베리니가의 영광으로의 우의〉(1632~39)이다[도판 189].

그는 바로크 시대의 미술 전체를 대표하는 화가 중의 한 명이다. 이 그림은 그가 바르베리니 궁전의 천장에다 프레스코로 그린 것이다. 제목을 우회적으로 점잖게 표현했으나, 한마디로 바르베리니가의 승리와 영광이다. 이 천장화는 화려한 색채와 빛의 효과를 이용하여 건축과 회화의 경계를 그리고 공간적인 한계를 뛰어넘어 땅에서 하늘로, 하늘에서 땅으로 자유자재로 넘나드는 인물들을 현실 속 구원 시스템으로 나타냈다. 생동감 넘치는 다양한 움직임과 함께 색채의 현란함으로 화려하게 그려진 수많은 인물이 공중을 부유하는 듯한 착각으로 현기증을 일으키게 한다. 위를 쳐다보는 이로 하여금 공간 속 구원 시스템을 통해 영혼의 황홀경 속으로 생생하게 빨려들 듯 느끼게 했다.

반종교개혁으로써의 당대 가톨릭 제국들이 갈망하던 가상적 장면을 바로크적 이상향으로 연출해 낸 것이다. 이는 미켈란젤로가 시스틴 성당의 천장에다 그린 〈천지창조〉와는 의미가 다르다. 그 그림이 하느님의 우주 주재를 섭리로 나타낸 것이라면, 이 천장화는 인간의 의지를 신앙으로 소망한 것이다.

천장의 건축 골격은 회화와 어우러져 가상의 세계를 만들었다. 즉, 볼트 천장에는 구름을 넣어 천상의 세계를 나타냈고, 천장(천상)과 벽(지상)이 만나는 접점에는 엔태블러처의 윤곽을 직사각형으로, 그러면서 한옥에서 다포양식처럼 높이고 겹처마처럼 두텁게 해 천상의 세계를 드높이면서 그 경계를 삼았다. 네 모서리는 지상(□)과 천상(○)의 중간 지대를 상징하는 8각으로 처리해 지상에서 천상 세계를 지탱하는 버팀목으로 상징화했다. 그리고 그림은 천장을 집소점의 투시도로 처리해 집중 효과를 노렸다. 그래서 실제 물리적인 윤곽보다 공간의 깊이를 증가시켜 역동적인 긴장감을 만들어 냈다. 게다가 하

도판 189 〈신의와 바르베리니가의 영광으로서의 우의〉(1632~1639). 피에트로 다 코르토나 그림. 바르베리니 궁전의 천장에 그린 프레스코화다. 그려진 인물들이 정중동·동중천의 흐름으로 천상을 향해 마치 공중을 자유롭게 떠다니는 듯한 착각에 그리고 천상의 세계를 상징하는 색채의 화려함에 현기증까지 일으킬 정도다. 교황이 되면서 바르베리니 가문의 승리와 영광을 '구원 시스템'의 양식으로 건축과 그림이 천장에서 하나가 되는 제단화로 해 영원하게 나타냈다.

늘을 향한 희망을 강조했다. 속세보다 천상 세계의 우위를 구원의 감각으로 나타낸 것이다.

이 그림은 신이 의인화되어 구름 위에 높이 서서 번쩍이는 왕관을 높이 들어 바르베리니 가문에 씌워 주려 하고 있고, 그 옆으로는 믿음·소망·사랑을 의인화한 세 뮤즈가 월계수를 들고 노래 부르며 각각 바르베리니 가문의 상징인 꿀벌과 함께 등장하고 있다. 월계수 덤불 위로는 교황의 상징인 천국의 열쇠와 삼층관이 그려져 바르베리니 가문에서 교황이 선출되었음을 자랑한다. 교황의 모자인 삼층관은 교회가 세속적인 욕계·교회적인 색계·천상적인 무색계의 권한을 상징한다[도판 190]. 비잔틴의 황제관에서 점차 발전해 온 것이라는데, 여기에 발가벗은 통통한 아기 천사 푸토가 그 삼층관을 향해 천진난만한 장난으로 손을 뻗으면서 흥취를 더해 주고 있다. 흰 옷 입은 불멸을 의인화한 여인은 왼쪽 아래에서부터 날아와 별로 만들어진 관을 전달하고 있다. 이 별관은 마페오 바르베리니(1568~1644) 추기경이 신의 섭리로 교황 우르바노 8세(1623~1644)가 되었음을, 바르베리니 가문의 영광은 신의 섭리에 따라 앞으로 영원불멸할 것임을 암시하는 것이다. '성모 대관'처럼 '교황 대관'으로 해서다. 이 건물은 마페오 바르베리니 추기경이 교황이 되자, 그 기념으로 가문의 승리와 영광을 위해 지은 궁전이다. 그는 바로크 예술의 발전에 크게 공헌했으며, 현재의 성베드로 대성당도 착공한 지 120년 만인 1626년 11월 8일, 그에 의해 축성식이 거행되었다.

도판 190 교황의 모자인 3층관은 교회가 세속적인 욕계·교회적인 색계·천상적인 무색계의 권한을 상징한다. 비잔틴의 황제관에서 점차 발전해 왔다. 교황청박물관 소장

이 건물이 1953년, 그 유명한 영화 〈로마의 휴일〉에 나왔다. 오드리 헵번이 명시되지 않은 한 왕국의 앤 공주로, 그레고리 펙이 신문기자 조로. 앤 공주는 유럽 순방 중 엄격한 규율과 꽉 짜인 스케줄에 지쳐 자유로움을 찾아 밤

에 변장하고 로마 거리로 무작정 뛰쳐나와 자유를 마음껏 활보하다 지쳐 길거리의 벤치에서 잠든다. 신문기자인 조가 얼떨결에 자기 아파트에 데려온 후 공주임을 알게 된다. 그래서 특종을 잡을 심산으로 기삿거리를 만들기 위해 사진기자 친구를 대동하고, 로마 시내를 구경하며 즐겁게 보낸다. 서로 신분을 숨기며. 그러면서 서로 애틋함을 느끼나 즐거웠던 시간을 뒤로한 채 각자의 길로, 그래서 앤 공주는 다시 궁전으로 돌아온다.

그 후 기자 회견장에서 재회한다. 친구는 공주에게 휴일을 즐긴 사진을 주고, 어느 기자는 앤 공주에게 어떤 도시가 가장 기억에 남느냐고 묻는다. 공주는 조를 보고 웃으며 '로마'라고 대답한다. 그런 가운데 앤과 조 두 사람은 연정 가득한 눈길만 애틋하게 주고받을 뿐, 아름다운 추억을 가슴에 전설로 묻으면서 막이 내린다. 조가 멍때림 속에서 깨어나면서다. 그 회견장이 이 〈천장화〉가 그려진 접견실이다.

(3) 소견

정리하면서 소견을 하나 덧붙인다. '함께 계시는', '약속을 지키시는', '구원하시는'이란 뜻을 가진 거룩한 이름이 히브리어로 야훼·여호와, 우리말로는 하느님이다. 이 이름을 킹 제임스 버전(흠정영역성서)에서는 "I am who I am"으로 번역하였다. 즉, 하느님이란 "나는 나다." 곧 '자재자'(自在者)이다. 이는 관자재보살 그리고 자재의 뜻을 가진 브라만과 힌두교 신인 시바와 비슈누와도 연결된다.

이를 상황에 따라 (언제나, 어디서나 늘 함께) '스스로 있는 자'로, 즉 존재자의 관점에서, 또는 (구원의 약속을 위해 거기에 당연히) '스스로 있을 자'로, 즉 당위자의 관점에서 해석하기도 한다. 주로 보수신학에서는 하느님을 텍스트 속에서 진리의 표상인 존재자로, 즉 '스스로 있는 자'로 믿는 경향이고, 진보 신학에서는 콘텍스트 속에서 구원의 주체자인 당위자로, 즉 '스스로 있을 자'로 믿는 경향이다.

〈암굴의 성모〉 그림 속에 '구원 시스템'이 들어있다는 것은 구원할 장소에 그 시스템을 이끄는 당위자로서의 예수가 현장에 당연히, 즉 진보 신학으로서의 하느님을 나타낸 것이다. 이는 이 그림에서 다빈치가 주체적인 생각으로 예수를 사람의 아들로, 그림 분위기를 생태적으로, 그 내용을 말 없는 드라마로 하여 영혼 구원의 장소를 성소는 물론 지성소로까지 확장했을 뿐만 아니라 그 흐름을 과학화시켜 당위자의 역할을 유일무이한 구원 시스템 구도로 나타낸 데에서 알 수 있다.

그동안 가톨릭에서는 르네상스 이전까지의 야훼·여호와·하느님을 존재자의 관점에서만 보았다. 그러므로 성모상에 구원 시스템이 그림 속에 담길 수가 없었다. 르네상스 이후에야 다빈치의 이 〈암굴의 성모〉 그림 속에 구원 시스템이 담기게 되었다. 이를 가톨릭 쪽에서 대중화시키면서 바르베리니가의 궁전 천장화에서 보듯 구교·신교를 넘어 교계 전체로 널리 일반화시켰다고 보게 된다.

이처럼 이름난 종교 건축이나 그림에는 구원 시스템이 내재되어 있다. 건축에서는 샤르트르[도판 132], 랭스, 아미앵 성당에서 보듯 진입공간의 축선상에 교리가 진입 시스템 따라 단계적으로 업그레이드되는 것을 몸과 맘으로 추체험하며 가게 된다. 그러다 떨기나무 성격의 제단 앞에서 〈암굴의 성모〉 같은 제단화를 바라보며 지성으로 경건하게 드리는 예배를 통해 제단화 속의 정중동·동중천으로 마음이 모세처럼 되게 하였다. 이렇게 종교란 감정의 카타르시스를 통해 인간성을 회복하게 하는 것이다.

"신이란 인간의 소원이 존재로 대상화된 것"이라 비판해도, 허위의식으로 만든 "민중의 아편"이라 비난해도, "만들어진 신"이라 힐난해도 그 어디에서 이처럼 인간성을 정화시켜 주는 역할을 할 수 있는가? 불완전한 인간이기에 종교의 구원구조가 "아멘"에서 그리고 "나무 관세음보살"에서 알 수 있듯이 타동사가 될 수밖에. 그것이 종교의 존재 가치에 대한 시비의 원조다. 그러나 종교가 선사시대부터 이처럼 불완전한 인간들이 모여 감성을 바탕으로 해 이성으로 만든 '자발적인 대의제 휴머니즘'이니 시빗거리가 아니다. 단지 믿을 사람은 자기의 신앙 코드에 맞는 종교를 믿으면 그뿐이다. 완전한 사람들은 그들의 자유 의지로 자동사인 양 살아가면 될 뿐이고.

3) 두 그림에 대한 마무리

(1) 다이토쿠지 소장 〈수월관음도〉 정리

고려 시대 예술은 그 대표가 되는 상감청자와 불화에서 알 수 있듯이 우아한 형상, 유려한 묘선, 세련된 무늬, 감미로운 채색 그리고 불화에서의 염색과 배채법[주 66], 오채와 금니, 이에 따라 꿈속으로 이끌려 가는 듯한 아름답고 세련된 분위기를 느끼게 된다. 이 꿈같은 아름다움은 탐미주의의 정점에서 나온 것이다. 이 꿈같은 아름다움에 더하여 과학적인 아름다움은 독특한 비례[주 67], 이중 원, 삼각형, 사각형 그리고 상하 이단으로 된 안정된 구도 등이 서로 이루고 있는 내적 통일성에서이다. 그리고 친견 시스템은 그 속에서 서로 아우르고 있는 소통이 내재된 아름다움에서 나왔다. 뿐만 아니라 전 화면을 각종 문양으로, 다양한 장신구 등으로 가득 치장하여 화면을 구성하고 있다. 그 요소들은 그 낱개 하나하나가 다 영험과 신통력을 상징하면서 동시에 전체적으로는 우주 운동의 작동 시스템인 인드라망을 의미하고 있다.

이 꿈같은 아름다움과 과학적인 아름다움이 인드라망에서 연기화생과 영기화생이란 프라나 기법, 즉 생동감으로 조화되어 있다. 이러한 영험스러움 속에서 진리가 들숨(心)과 날숨(身)을 통해 쌍방(通)으로 오가는 가운데 친견(禪)이 이루어지게 하였다. 현실을 종교적으로는 정토로, 정치적으로는 해방구로 맞이하려는 친견 시스템에 대한 이러한 묘사는 그 어느 불화보다 다이토쿠지 소장 〈수월관음도〉에서 더 훌륭하게 구현되어 있다. 이렇게 최고로 아름다운 이유는 왕을 주인공으로 한 왕실 발원이기 때문이다.

단지 아쉬운 것은, 조선 500년 동안의 억불정책으로 불화가 바르베리니가의 궁전 천장화처럼 공간 속으로는 발전하지 못했다는 점이다. 예불자들이 직접 서방정토로 올라갔다는 전설이 역사적 사실처럼 있음에도 불구하고 서다. 즉 문무왕 때의 광덕과 엄장의 신앙이, 755(경덕왕13) 오늘날 진주에서 귀진의 집 여종 욱면의 신앙이, 747년(경덕왕 6) 금강산 건봉사에서 행한 만일회가 775년에 끝나자 그 회에 참여한 사람들이 법당에 앉아 서방정토로 들려 올라갔다는 신앙이 바르베리니 궁전의 천장화처럼 발전하지 못했다는 아쉬움이다. 아니 반대로 무속화가 시작되면서 초라하게 사라져간 아픔이다.

불화(佛畵)의 발원 종류에는 크게 궁정 양식, 사찰 양식, 민간 양식이 있는데, 남아 있는 고려 시대의 수월관음도는 대부분 궁정 양식이다. 그것은 앞에서 설명했듯이, 이 그림의 특징이 대부분 지배 계급 그들의 가족들을 위한 사적 차원에서 최고급의 맞춤형으로 해서 그려진 그림이라는 데서 뒷받침된다. 궁정 양식에는 두 가지가 있다. 한 가지는 왕실에서 직접 발원한 그림이며, 다른 한 가지는 왕실을 위해 권문세족들이나 사찰에서 제작한 진상용이다. 이 다이토쿠지 소장 〈수월관음도〉는 권문세족들이 또는 운흥사처럼 사찰에서 왕실을 위해 발원한 진상용 그림이 아니라 왕실에서 직접 발원한 그림임에는 의심의 여지가 없다[주 68]. 문제는 화기가 없다는 거다. 어떻게 생각하면 화기가 없는 것이 당연한지도 모른다. 왕 본인과 직접 관련된 기원 내용은 천기가 담긴, 그래서 특급 대외비의 성격을 지니기 때문이다. 그 그림에서처럼 오직 왕과 불보살만이 아는. 그리고 그 조성 의도와 수준은 왕의 원당에 봉안했던 [도판 209]와 비슷할 것이라 보게 된다.

(2) 〈암굴의 성모〉 (1)과 (2)의 비교

가) 캔버스와 나무 판넬

첫 번째인 그림(1) [도판 128]은 프랑스의 루브르박물관에 있고, 두 번째 그린 그림(2) [도판 138]은 영국의 런던국립미술관에 있다. 당시 천에다 그리는 캔버스가 사용되기 시작하면서 나무판보다 비용이 적게 들고, 크게 그릴 수 있고, 가벼워서 운반하기가 좋아졌다. 뿐만 아니라 그리기 좋고, 쉽게 수정할 수 있어 인기가 있었다. 나아가 나무판처럼 줄어들거나 휘거나 물감층이 화면에서 떨어져 나가는 염려도 하지 않아서 좋았다. 오히려 천이 부드럽고 흡착력과 탄력성이 있어 물감층이 일그러지거나 휘어져도 천이 그것을 흡수하고 받쳐 주는 구실을 했다. 당시 캔버스는 물의 도시 베네치아에서 배의 돛으로 쓰던 천에서 시작되었다.

그런데 〈암굴의 성모〉 그림에서는 그림(1)이 캔버스이고, 나중에 그린 그림(2)가 나무판이다. 제단화이므로 주문처인 성모협회에서 묵직한 무게감과 함께 벽에 튼튼히 붙이기 좋은 나무판을 요구한 것인지, 캔버스까지도 그림과 함께 마음에 안 들었던 모양이다. 그렇다고 해서 두 그림의 작품성에서는 크게 차이가 없다.

나) 따뜻한 분위기와 차가운 감정[주 69]

먼저, 그림(1)에 비해 그림(2)의 인물들이 더 크고, 옷들은 더 단순하며 좀 더 기념비적으로 보인다. 아기 요한과 성모는 그림(1)과 비슷한 자세이지만, 좀 더 농도가 짙은 그림자가 드리워져 있다. 그리고 그림(2)의 배경에 있는 하늘빛과 수초는 그림(1)과는 완전히 다르다. 야생식물도 위치에 따라, 같기도 하고 비슷하면서 다르기도 하다. 또한 그림 (2)는 (1)에 비해 상징적 개념이 단순하고 명암이 좀 더 뚜렷하며 인물들은 좀 더 차가운 색조로 나타나 있다.

그리고 런던 소장 (2)의 작품 분위기는 루브르 소장 (1)의 작품보다 좀 더 엄숙하고 인물은 창백한 배경에 고독한 슬픔이 아름다움으로 깃들어 있다. 그리고 루브르 소장 작품이 대기원근법으로 몽롱한 색조를 띠고 있다면, 런던 소장 작품은 좀더 선명한 색조다. 그래서 루브르 소장보다 덜 암시적이다. 그렇지만 기법적으로는 보다 예리하고, 정서적으로는 더욱 차갑게 느끼게 된다. 그 외에도 그림(2)에서는 바위가 둔하게 붓질 되었고, 천사에서는 아기 요한을 가리키는 손가락의 사라짐과 함께 긴장이 풀린 자세다. 아기 요한도 그림(1)에 비해 예배 자세에서 그 입체감과 경건성이 떨어진다. 그래서 종교화 속에 신비감을 주는 요소가 원본보다 많이 죽어 있다.

다) 구원 시스템의 있고, 없음

먼저, 루브르의 소장품인 그림(1)에는 없는 두광이 그림(2)에서는 천사를 제외한 아기 요한, 아기 예수, 성모의 머리 위에 원형의 실선 테로 가볍게 그려져 있는 점 그리고 예배자를 상징하는 아기 요한이 십자가를 오른쪽 어깨에 걸치고 있는 점이다. 그래서 언뜻 보기에는 더 은혜스럽게 보인다. 그러나 그림(2)에서는 예배자에게 경배의 전형을 이루고 있는 아기 요한의 신앙을

도판 191 그림(1)에서 천사의 눈짓은 예배자를 바라보고 손짓은 세례 요한을 가리키고 있다. 성모의 왼손은 비둘기가 내려앉는 듯한 자세로 그렸다. 바로 성령이 내려오는 모습이다.

도판 192 그림(2)에서는 천사의 눈짓은 세례 요한을 쳐다보고 손짓은 사라졌다. 성모의 단축법으로 그려진 왼손은 비둘기처럼 그려 보이지 않는 성령을 가시화시켰다.

본받으라고 가리키는 우리엘 천사의 오른손이 생략되어 있다. 그리고 천사의 눈도 예배자를 쳐다보는 것이 아니라 아기 예수에게 경배드리는 아기 요한을 쳐다보고 있다. [도판 191]과 [192]를 비교해 보라. 그러면 [도판 192]인 그림(2)에서는 교회에서 예배드리는 '예배자의 신앙심'과 그림 속의 구원 시스템이 각각 따로 놀고 있음을 알 수 있다. '구원신앙의 화살표'[도판 188]에서 예배자를 제단화와 연결해 주는 ①과 세례 요한에게로 인도하는 ②가 없는 것이다. 그러니 제단화의 성인들이 예배자의 신앙심을 천국으로 안내할 수 없게 되었다. 나아가 천사의 손짓이 사라짐으로 인해 십자가 모양은 물론 부활마저 사라진 제단화가 된 것이다. 그러면서 동영상으로서의 구원 시스템이 망가진, 그래서 제단화로서의 가치가 사라진, 다빈치가 볼 때는 [도판 63] 같은 장식성의 그림이 되어버렸다. 그러니 그가 다시 그리고 싶은 마음이 없어진 이유를 알 수 있다.

라) 보수 신학과의 갈등을 극복하고 르네상스를 견인한 진보 신학으로

〈암굴의 성모〉 그림은 알다시피 두 작품이 존재하고 있다. 다빈치가 그림 속의 그림으로 구원 시스템을 완벽하게 나타낸 그림(1)과 지금까지의 설명처럼 성모협회의 요구대로 다시 그린, 구원 시스템이 망가진 그림(2)이다. 두 그림에서 이 같은 차이가 나게 된 근본적인 배경은 기존의 텍스트 중심의 신본주의 신앙 풍토에서 르네상스를 맞이하면서다. 즉, 이전과는 신앙 코드가 다른 콘텍스트 중심의 인본주의 신앙이 새롭게 싹트기 시작했기에 하느님의 아들 예수를 내면화시키고 인간의 아들 예수를 더 부각시키려는 분위기가 배태된 때문이다. 그것은 장식적인 의미에서 신비나 거룩함을 나타내는 십자가와 두광 등을 배제한 그림(1)에서 알 수 있다. 그래서 소송으로까지 가게 되었다.

이렇게 두 작품 사이에는 다빈치의 '진보' 신학과 성모협회의 '보수' 신학 간의 갈등이 종교개혁을 예보하며 첨예하게 들어 있다. 이 같은 갈등 관계에서 신을 '당위자'로 그린 그림(1)과 '존재자'로 그린 그림(2)의 비교를 통해 비로소

그림(1)의 위대성이 발현되었다. 중세라는 한겨울 (대한大寒) 추위에서 르네상스라는 봄을 (입춘立春 으로) 알린 세기적인 작품임이 증명된 것이다. 그것도 같은 성모상이지만 라파엘로의 〈의자의 성모〉에서 보듯 새롭게 싹트는 인문학을 바탕으로 힘을 받으며 나타낸 휴머니즘이 아니라 당대 사회의 시대정신을 종교재판으로 지배하던 깡 보수 신본주의에서다. 그 깡 보수와 법정 소송까지 하며 르네상스에서 싹튼 휴머니즘을 기독교의 교리에서 창안하여 20년 동안 어렵게 끝까지 정신줄을 놓지 않고 견인해 낸 것이다.

(3) 마무리: 다이토쿠지 소장 〈수월관음도〉와 〈암굴의 성모〉 비교

수월관음과 성모 마리아가 각각 재능기부를 통해 예배자들을 친견·구원 시스템으로 이끌고 있다. 즉, 다이토쿠지 소장 그림에서는 친견의 흐름을 도구(연꽃 발판, 수정염주, 보관 용기)를 통한 순서로 연결하여 이끌고 있다면, 〈암굴의 성모〉에서는 구원의 흐름을 성인들의 성상학적 자세(표정, 눈짓, 손짓, 몸짓)로 이끌고 있다. 그리하여 종교화의 궁극적 목표인 친견과 구원을 정중동·동중선(천)의 동영상적 흐름을 통해 힐링으로 느끼게 한 것이다. 진정으로 불교와 기독교를 대표하는 그림이다.

앞으로는 이같이 위대한 그림은 나오지 않을 것이다. 인류사에서 아날로그 신앙심이 정점에 이르렀을 때의 그림들이기 때문이다. 오늘날은 물론 앞으로도 그런 신앙심은 오지 않는다. 종교에 대한 믿음의 문화 코드가 달라졌기 때문이다.

불교를 믿는다는 것은 세상이란 얽히고설킨 것처럼 보이지만 생태적으로 소통하며 순환하는 관계라는 것을 깨닫는 것이고, 기독교를 믿는다는 것은 세상을 거듭나게 업그레이드하기 위해서는 나도 예수처럼 나에게 주어진 십자가를 진다는 것이다. 따라서 본성적으로 불교는 명상적인, 기독교는 정치적인 성향을 지니고 있다. 그러므로 불교는 텍스트를 중시하는 존재론에, 기독교는 콘텍스트를 중시하는 당위론에 가깝다고 보게 된다.

오늘날은 그 밸런스를 찾고자 하는 신앙이 시대정신으로 나타나고 있다. 그 원리는 '텍스트와 콘텍스트'이고, 그 교리는 '상구보리 하화중생'이다.

3장

두 그림에서 의미와 상징

1. 다이토쿠지 소장 <수월관음도>에서 의미와 상징

관음보살 그림에서 그 주제는 선재동자가 보살을 만나기 위해 보타락가산을 찾아다니면서 방황할 때, 기다렸던 보살이 달처럼 나타나 그를 대자대비심으로 맞이하는 모습이다. 법을 받고 싶어 하는 선재동자의 간절한 마음보다 더 빨리 주고 싶어 하는 보살의 거룩한 마음이 정취보살에서 보듯 전제되어 있다.

그리고 법이 전달되는 친견 과정은 관음보살의 눈에서 선재동자의 눈으로, 이어 마음으로 전달되고 혼에 닿아, 보살의 품에 정신이 힐링으로 안기면서 깨달음의 미소가 번져 나오는 순서다. 그래서 법을 받아들이는 선재동자의 감읍하는 얼굴에는 생동감의 미소가, 법을 선물하는 관음보살의 얼굴에서는 자비심의 흐뭇한 미소가 내면으로 번지는 모습이 일반적인 관음보살에서의 도상이다. 그 도상은 같은 관음보살에서 응신했으니 수월관음도도 마찬가지다.

언제 그린 그림인지 잘 모르는 다이토쿠지 소장 〈수월관음도〉에 대해 언급하기 전에, 먼저 화기가 있어 제작 연대가 확실한 고려 〈수월관음도〉부터 알아보자.

카가미진자(鏡神社) 소장 〈수월관음도〉[도판 193]

본 글의 그림과 다른, 카가미진자 소장 〈수월관음도〉를 2009년 4월 30일~6월 7일까지 40일 정도 통도사 성보 박물관에서 전시했다. 조명도 한몫했지만, 그 높고 넓은 전시장 통 벽을 꽉 채운 그림이 은은한 달빛 속에 살아 있는 듯이 전시장 전체를 불심의 아우라로 장악하고 있었다. 불교 신자들은 보기만 해도 큰 위안을 받았을 것이다. 상설로 2층에 전시된 조선 시대의 불화와는 그 위상이 비교되질 않았다. 종교와 문화가 다른 미국의 「뉴욕타임즈」까지 극찬을 했으니 말이다.

일본에서 카가미진자는 사찰이 아니다. 『고사기』 및 『일본서기』에 5세기 신라를 침략했다고 전하는 전설의 여주인공인 진구황후(神功皇后)를 신으로 모신 신사다. 헤이안 시대(794~1185)의 장편소설인 『겐지모노가다리』(源氏物語, 겐지씨 이야기) 내용에서도 노래로 불릴 만큼 역사가 깊다. 그런데 이 그림이 그려진 큰 비단은 이어 붙인 흔적도 없는 통비단으로 짜여 있다. 이 그림은 현재 고려 수월관음도 중 가장 크다. 세로 419.5×가로 254.2cm나 된다. 아마도 세계에서 가장 큰 수월관음도일 것이다. 그래서 그리는 화사도 한 사람이 감당할 수 없었는지 내반종사 김우문 또는 김우 등 여러 명이 그렸다[주 70]. 그러니 그 규모와 공력을 알 수 있다. 그런데 19세기 메이지 이전 에도시대의 기록에서는 이보다 더 컸다고 한다. 높이 1장 8척×넓이 9척, 즉 세로 540×가로 270cm라고 기록되어 있었다니 현재의 크기는 그때보다 가로로는 15.8cm, 세로로는 120.5cm나 줄어든 셈이다.

이 〈수월관음도〉에 화기가 없다. 그런데 있었다고 한다. 그러면 왜 없어진

도판 193 일본 카가미진자(鏡神社) 소장 〈수월관음도〉(1310). 419.5×254.2cm. 수월관음도 중 가장 크다. 충선왕의 부인 왕숙비가 전 남편 충렬왕을 사랑했던 숙창원비로서의 애처로운 사연을 신앙으로 품고 있는 그림으로 보고 있다. 제작 연도와 그린 사람, 화기 등을 알 수 있어 수월관음도 해석에 기준이 된다.

걸까? 다행히 인터넷상으로 제목이 나타나 검색해 보니, 일본의 김정호라고 알려진 이노타다다카(伊能忠敬)가 남긴 기록인 『측량일기』 1812년 편에 이 그림에 얽힌 사연이 간단하게 나온다. 그가 일본 지도를 제작하기 위해 전국을 다니다 1812년 카가미진자, 즉 경신사에서 본 관음도에 관한 기록을 적어 놓은 것이다.

그 기록에 '원주왕숙비'(願主王淑妃)라고 썼다. 그러니 '발원자는 왕의 부인 숙비'다. 그리고 충선왕 2년(1310)에 제작되었다는 화기가 있었다는 것이다. 왕숙비에 대해서는 『고려사』 89권, 후비2에 기록되어 있다. 그녀는 김취려 장군(? ~1234)의 증손녀로 3남 5녀 중 7번째였고 빼어난 미모였다고 한다. 그녀는 처음 최문이라는 진사와 결혼했으나 곧 상처한 후, 충렬왕의 '숙창원비'라는 이름으로 후궁이 된다. 그러나 충렬왕이 죽자 이번에는 충렬왕의 아들이면서 최초의 혼혈왕인 충선왕과 연결되면서 '왕숙비'가 되었다. 당시 몽골의 노마드 문화인 수혼제(嫂婚制) 풍속이라고 한다.

그런데 이 그림이 1310년에 완성되었으니 1308년에 죽은, 전 남편 충렬왕의 삼년상을 위해 그린 그림이 아닌가? 화기는 사라졌으나 시기가 정확하게 일치하기 때문이다. 그 삼년상에 맞추기 위해 화사도 여러 명이 공동으로 그린 모양이다. 충선왕도 이 그림이 아버지 충렬왕을 위한 그림이니 전폭적으로 지원했을 것이다. 그렇다면 이 작품은 현 충선왕의 부인 '왕숙비'가 전 남편 충렬왕의 삼년상에서 천도 기원은 물론, 현 남편인 그 아들 충선왕에게도 환심을 사는 발원인 것이다. 충렬왕 당시 고려는 원나라의 사위국이 되면서 원 황실의 입김이 셌다. 더구나 당시 충렬왕의 부인은 세계를 호령했던 막강한 원 세조 쿠빌라이의 딸인 홀도로게리미실(제국대장) 공주였다. 그녀의 질투 속에서도 남편 충렬왕의 사랑은 받은 모양이다.

그런데 그림을 보면 머리 윗부분이 좀 답답하지 않은가. 다른 그림에 비해 머리 위의 두광과 신광이 잘려 있다. 신광이라면 몰라도 두광까지 잘렸다는 것은 있을 수 없는 그림이다. 그 부분에 고려의 그림이라는 것을 증명하는 화기가 있어, 여러 가지로 거추장스러워 없앤 것이 분명하다. 이노타다다카의 규격 크기를 뒷받침하는 것이다. 이 그림 봉안처를 문명대 교수는 예성강 하구에 있던 흥천사로 보고 있다. 충선왕 부부의 영정과 금동반자, 법화경 사경 등 왜구들이 약탈해 간 절이어서 그 가능성이 높다는 것이다. 이처럼 그들은 메이지유신 이전까지만 해도 우리 역사에 도움받은 것을 지우기 위해 왜곡, 조작, 파괴, 말살 등 엄청난 잘못을 저질렀다. 그러면서 독도처럼 야비하게 위선을 가하고 있는 것이다. 이 그림 아래쪽을 특수 형광 엑스레이로 촬영했더니 양각 선사가 명덕 2년 카가미진자에 1391년 봉안했다는 글이 나타났다고 한다. 그렇다면 왜구가 한창 노략질하던 고려 말에 일본으로 건너간 것이 된다. 그 유출의 성격은 모르겠지만. 이 그림을 그린 후 80년이 지나서다.

사실 왕비가 공력을 들인 이렇게 큰 그림에 화기가 없다는 것은 있을 수 없는 일이다. 상식적으로 어떤 기원에 대한 내용도 없이 공력을 크게 들이는 일은 없었으니까. 그 화기의 내용은 제국대장 공주의 질투 속에서도 사랑받은 애절한 사연이 담긴 삼년상과 관련된 내용일 텐데 말이다. 있었던 화기를 없앴다는 것은 판도라 상자의 뚜껑을 열지 못하게 아예 막아 버린 것이다. 일본은 언제나 자기 나라에 있는 우리의 문화재를 될 수 있는 한 인정하지 않으려는 습성이 근대부터 배어 있다. 그래서 광개토대왕의 비문과 칠지도에서처럼 없앨 수 없는 것은 장난질까지 해서 왜곡한 것이 한두 개가 아니다. 이 같은 예는 세계 그 어느 국가에서도 없을 것이다. 모이고 고여 형성된 섬나라 특유의 역사에 대한 장점을 후진성 콤플렉스로 여기며, 영향을 준 우리 역사에 대해 살모사(殺母蛇)처럼 행동하고 있으니 말이다. 사실 따지고 보면 일본의 고대 역사는 제2의 우리나라라고 해도 과언이지 않은가. 근대에 이르러서는 우리가 그들에게 식민지가 되었으니…. 시대의 흥망성쇠에 따라 "역사란 돌고 도는 것"이다. 그것을 자연스럽게 수용하면 될 텐데 말이다.

서구방의 〈수월관음도〉[도판 194]

또 다른 그림이 있다. 서구방의 〈수월관음도〉다. 화기에 지치 3년이라 했으니 원 영종, 즉 충숙왕 10년(1323)에 그린 그림이다. 앞의 카가미진자 소장 그림보다 13년 늦다. '화사'의 이름은 있는데, 그림을 그리게 된 더 중요한 이유를 알리는 화기가 없다. 특이하다. 화사, 즉 그린 사람의 이름은 "내반종사 서구방화"라고, 발원자는 "동량도인 육정"이라고 화면에 쓰여 있다[도판 195]. 내반종사는 종 9품으로 국왕 및 측근의 일을 맡아보는 높지 않은 공무원 직위였다. 서구방도 김우문 또는 김우와 마찬

도판 194 서구방(徐九方)의 〈수월관음도〉(1323). 101.5×165.5cm. 이 같은 아름다움과 매력적인 자태는 당대 왕실 부녀자들의 고귀한 자태를 묘사한 것으로 보인다.※○-선재동자의 모습은 [도판 156 참조]. □-화기의 내용은 [도판 195 참조]. 일본 센오쿠하쿠코칸(泉屋博古館) 소장

가지로 궁중에 소속된 화가였다. 앞의 [도판 193] 그림보다 크기가 작고 보살과 선재동자의 위치가 반대로 해서 대각으로 그려져 있다. 그 외 관음보살의 자세, 염주를 든 손, 착의법, 장신구 등 도상은 모두 같은 계열이다. 두 그림은 모두 화원 출신이므로 왕실 발원의 불화임을 알 수 있다. 그런데 발원자는 "동량도인육정(東梁道人六情)"이라는 스님이다. 어쨌든 높지 않은 직위의 화사가 화기에 이름이 쓰인 것을 보면, 신분의 높고 낮음을 떠나 고려 시대에는 예술가의 저작권을 인정한 모양이다. 서양보다도 빠르니까. 고려 미술의 개방성을 새삼 느끼게 된다. 두 그림 모두 다 각각 고려 말 특히 원의 식민지 간섭 시대인 1310년과 1323년에 그려진 것으로 나타나 있다. 두 그림을 참고하면서 본 글의 주제가 되는 다이토쿠지 소장 〈수월관음도〉를 생각해 보자.

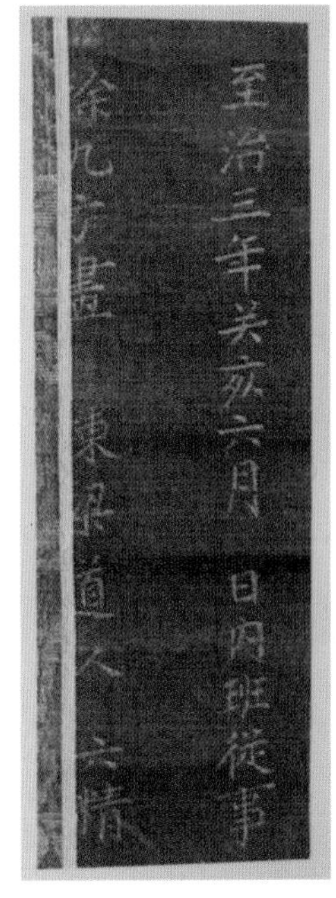

도판 195 서구방이 그렸다는 그림의 화기(1323). 금가루로 쓰인 것은 왕실이나 귀족계급에서 봉헌한 것을 증명한다. [도판 194-□]부분

다이토쿠지 소장 〈수월관음도〉[도판 124]

그런데 본 글의 주제가 되는 다이토쿠지 소장 〈수월관음도〉에서는 위의 두 그림과 도상이 좀 다르다. 공양 인물이 선재동자가 아니라 일반인이다. 그렇지만 왕을 주인공으로 한 왕실 가족들이다. 그러니 이 그림은 희대의 명작에 속할 수밖에 없다. 국보 중의 국보다. 그럼에도 불구하고 이 그림에 화기가 없다. 그래서 그림을 그린 목적과 내용, 그린 시기, 그린 사람도 알려지지 않고 있다. 이 그림은 비단에 주색, 녹청, 군청, 백색, 금분으로 채색한 궁정 양식으로, 그 크기는 세로 227.9×가로 125.8cm. 지금까지 수월관음도 중에서는 두 번째로 큰 편이다.

일본 문화재를 전공했고, 생전에 개인적으로 다이토쿠지와 친연이 있던 존 카터 코벨 여사에 의하면, 이 절에서는 그동안 이 그림을 중국의 것으로 단정하고 수백 년 동안 당나라 오도자(吳道子, 700?~760?)가 그린 것으로 여겨왔다고 한다. 다이토쿠지에서 판매하는 도록에 이 그림을 그렇게 설명했다고 했으니. 장언원은『역대명화기』에서 오도자의 그림을 "신이 도와준 그림"이라면서 "무위필부지연이연"(無爲必不知然而然)으로, 고금의 독보적인 화가라고 소개하고 있다. 그러면서 그는 회화의 등품(等品)에서 최고 등품을 신품(上)으로 나타낸 다른 미술사가와 다르게 구분했다. 즉, 한 단계 격을 더 높이 구분해 자연품(自然品)을 상(上)으로, 그 아래인 중(中)을 신품(神品)으로 해서, 묘품(妙品)을 하(下)로 구분했다. 그런데 이 그림을 소장하고 있는 다이토쿠지에서는 소개한 대로 "자신도 알지 못하는 사이에 저절로 그렇게 그려진 그림"으로, 즉 신품보다 위인 자연품으로 본 것이다.

오도자라고 설명하는 사찰 측(당시엔 수월관음도가 등장하지도 않았다)과 달리, 많은 일본 미술평론가들은 그림의 비단 바탕이 당나라 8세기로 보기에는 너무 상태가 좋아 980~1127년간의 북송 시대 작품으로 생각했다고 한다. 일본인들은 그들 나라에 있는 국보급 문화재를 한국의 문화재라고 결코 자발적으로 인정하지 않는다. 판도라 상자가 되기 때문이다. 판도라 상자는 신이 인간에게 내린 온갖 악과 질병의 종합선물 세트인데, 이는 일본이 조선에 저지른 온갖 탈법, 불법, 비리를 상징하는 것이 되기 때문이다.

그런데 용감(?)하게도 이 그림을 야마토분카칸(大和文華館)의 연구원들이 5년간의 사진 기술을 통한 연구 끝에 1200~1350년간의 고려 불화로 확정지은 것이다. 그러고는 1978년 10월 18일부터 11월 9일까지 고려 불화 70점(족자 불화 53점, 액자 불화 17점)을 전시하였다. 하면서 전시한 70점 모두를 고려 불화라고 발표하였다. 그래서 일본 문화계에 큰 충격을, 그것은 그 전시 포스터에 인쇄된 주제가 알려 준다. "高麗佛畵 特別展-わが國に請來された 隣國の 金色の 佛たち"라고 했으니까. 즉, "고려 불화 특별전-우리나라(일본)에 건너온 이

웃 나라의 금불상들"이니까. 일본에서는 수월관음도에 버드나무가 반드시 나타나 있다고 해서 양류관세음도(楊柳觀世音圖)라 부르는데, 이 그림은 그 특별전에서도 대여가 2~3일밖에 허락되지 않았다.

이미 이 글의 주제가 되는 다이토쿠지 소장 〈수월관음도〉 그림에 대해 일본의 야마토분카칸의 연구원들이 1200년~1350년간의 고려 불화라고 발표했다. 또한 이 그림에 그려진 정병이 13세기 후반기의 비교적 고식(古式)에 속한다[주 71]. 그리고 제작 기법과 수준이 제작 연도가 분명하게 적시된 김우문 등이 그린 〈수월관음도〉(1310년)와 서구방이 그린 〈수월관음도〉(1323년)와 유사하다. 이런 비슷한 양식과 수준으로 보아 그리고 야마토분카칸 연구소의 연구 결과로 보아, 이 글의 주제가 되는 그림도 고려 말(1,300년 전후)에 그려진 것이 분명하다.

그런데 이 그림에서는 공양 인물들이 그 어떤 그림에서도 볼 수 없는 왕실 사람들이다. 그러므로 이 그림은 같은 왕실 발원의 불화인 김우문 또는 김우와 서구방이 그린 그림보다 한 단계 더 격이 높음을 알 수 있다. 그 그림들은 공양 인물이 왕이 아니라 선재동자니까. 그리고 이 그림은 크기에서 세계에서 가장 큰(?) '카가미진자 소장 그림' 다음으로, 즉 지금까지는 두 번째로 큰 그림이다. 대부분 사적 차원의 맞춤 불화이어서 1~2미터 정도의 소품이 많기 때문이다. 그러므로 주로 주택의 내불당에 걸었을 것이다. 그런데 이 그림은 2미터가 넘는다. 큰 그림에 속한다. 그러니 법당용이다.

이 그림은 어느 그림보다 안정된 구도, 인물들과 대상들 간의 유기적인 관계 그리고 색채의 조화가 뛰어나 화려하면서도 온화한 그림으로 완성도에 있어서 품격이 높다. 더구나 왕을 주인공으로 한 왕실 가족이 등장하니 고려의 불화를 대표한다 해도 과언이 아니다. 그런데 이 그림에서는 다른 그림에 없는 특징이 있다. 『삼국유사』에 나오는 낙산 설화 내용을 역사적인 바탕으로 해서 그린, 즉 신라 시대 백음관음보살의 스토리텔링을 고려적 상황에 맞게 수월관음으로 각색하여 주체적으로, 민족적으로 그린 그림이라는 점이다. 그래서 이 그림에만 체계적으로 그려진 고려 왕실 공양 인물 외에 고려의 민족적 성격을 나타내는 수정염주, 여의보주, 왕대나무, 파랑새, 국기, 국화 등이 등장한다. 그러므로 다른 그 어느 수월관음도보다 도상이 돋보일 뿐 아니라 훨씬 다양하고 구성에서도 유기적인 짜임새가 있다. 그 짜임새에서 의미를 알아보자.

1) 의미

이 그림은 일반 수월관음도와 다르다. 그 다름을 통해서 이 그림만이 가진 특별한 의미를 몇 가지 이해할 수 있다.

(1) 첫 번째 특별한 의미는 공양 인물이 왕실 인물들이라는 점이다[도판 197]

이 같은 그림은 지금까지 알려진 그림 중에서 하나 더 있다[주 72의 도판 참조]. 그런데 두 그림 다 구성 인물이 비슷하게 보이는데, 이 그림에 등장하는 12명의 인물에 대해서는 고려왕, 왕비, 시종, 권속으로 구분하여 설명하고 있다[주 73]. 이들은 선재동자 쪽에서 수월관음 쪽으로 해서 바다 위로 등장하고 있는데, 'ㄴ'자 형의 대열에 화염 무늬 형태의 양탄자 같은 서기 어린 구름을 타고 있다[도판 196]. 혹시 압바스 왕조(750~1258) 당대『아라비안나이트』에 나오는 날으는 양탄자 이야기가 실크로드에서 수용되어 불교적으로 나타난 것은 아닐까? [도판 154]에서 무카르나스 같은 양식이 그리고 아랍의 역사가나 시인들이 쓴 당대 신라에 대한 이야기 등이 있기 때문이다. 즉 페르시아의 시인 페르도시(940~1019)가 33년간 집필한 그의 나라 최고의 서사시『샤나메』에서는 모든 아픔이 치유되는 서방정토 같은 아름다운 나라로, 역사적/지리적 문헌에서는 신라/바신라/고신라라고 불렀다고 한다. 그리고 이 그림의 도상이 서역적 성격을 지닌 [도판 24]와 유사하다는 문명대의 추론이다. 그러니 그렇게 연결시켜 보게 된다. 대낮에 바다에서 올라오는 물안개는 아닐 테

도판 196 전체 공양 인물들. 모두 12명인데, 선두권의 왕실 공양 인물이 6명, 중간의 문배신장이 3명 그리고 마지막의 용천팔부시종이 3명으로 구성되어 있다.

고. 따라서 발밑에 깔린 화염무늬 형태를 서기 어린 구름이나 불교적 성격으로 변한 양탄자로 여겨지는 것이다. 어쨌든 지금까지 예불자가 이런 화염류의 나는 기구를 타고 나타난 예는 없었다.

이들 공양 인물들은 세 그룹으로 구분된다.

선두 그룹은 6명으로 궁궐 인물들, 즉 보배로운 공양물을 들고 수월관음을 향해 가는 왕과 왕비, 공주, 신하와 궁녀, 등에 업힌 왕자다. 중간 그룹은 3명으로 신장들, 즉 출산과 양육의 수호여신인 애자모 귀신 그리고 궁궐문 좌우에서 궁궐을 지키는 2명의 문배신장이다. 그리고 후미 그룹은 3명의 용천팔부시종들. 이렇게 12명으로 구성되어 있다. 그런데 이들이 원래 주인공이어야 할 선재동자보다 더 중요한 자리에 위치해 있다. 이는 그 유례를 찾아보기 힘든 특이한 것이다.

선두 그룹인 왕실 공양 인물들을 좀 더 자세히 보자[도판 197].

이들 중 선두에 서서 크게 묘사된 주인공의 얼굴은 이미 친견을 확인한 미소다. 기쁨의 흥분이 내재되어 있고, 따뜻한 감정이 절제된 표정이다. 이런 표정은 웬만한 사람은 짓기 힘든 실제보다 품위 있는 연기다. 머리에는 특이하게 흰색의 상아 같은 뿔이 양쪽으로 솟은 대관(戴冠)을 썼다[도판 198]. 처음 본다. 그래서 용의 뿔로 단정하여 용왕이라 주장하는 의견도 있다. 그런데 공양 인물들의 구성과 그 역할로 보아 용왕을 상징하는 모자는 아니다. 어쨌든 우리나라 왕실에서는 보지 못한 모자 같다. 이는 메트로폴리탄 소장 수월관음도에서 쓴 모자와는 비슷하지만, 그 모자는 뿔이 없다([주 72]의 도판 참조). 어쩌면 원나라 황실에서 사용하던 모자일 수 있겠다. 당시는 고려가 원나라의 식민지, 좋게 말해서 부마국 상황이었다. 그러니 고려왕이 원에 종속된 상징으로 자기 나라 왕실의 모자를 쓰게 한 것으로 보인다. 모자 끈은 붉은색으로 턱에 단정히 매어져 있고, 품위 있게 기른 긴 수염은 정갈하다.

옷차림은 붉은색 바탕의 예복인데, 금색으로 구름형 또는 범어형 무늬를 나타냈다. 목덜미, 소매 끝, 뒤쪽 허리에 흰색이 넓게 드러나 있고, 허리에는 요대를 착용하고 있다. 색상에서 그 세 군데가 흰색으로 넓게 드러나 있는 것이 복식에서 크게 눈에 띈다. 그래서 옷차림도 몽골풍의 왕실 패션일 수 있겠다. 그것은 고려가 원의 부마국이 되자마자 충렬왕이 1259년 왕세자 시절 몽골의 수도에 볼모로 갔다가 돌아올 때는 변발에 몽골 복

도판 197 선두 그룹. 이 그림의 주인공인 왕실 공양 인물들. 왕·왕비·공주·왕세자·신하·궁녀들이다. 즉, 왕실 가족과 그 측근들

장을 하고 왔다는 기록에서 추정할 수 있다. 그런데 이 같은 관모와 복식 현상은 1900년대 이후 아직 식민지가 되기 전인데도 불구하고 이토 히로부미가 조선 왕세자를 일본으로 데려가서 일본식 서양 복식을 착용시킨 사진에서도 뒷받침된다. 속국임을 왕위에 오를 왕세자에게 체감시키고 국민에게 가시화시켜 독립하고자 하는 기를 꺾는 작전이다.

선두에 선 자의 공양 모습은 최고의 정성을 드린 치장에다 품위 있는 지극히 공손한 자세다. 손잡이를 붉은 천으로 정성껏 말아 감싼 금으로 된 연화형 수정염주 보관 용기를, 두 손으로 모아 정성 들여 앞으로 받들고 관음보살에게 다가가고 있다. 이는 관음보살이 친견 기념으로 주려는, 그래서 (의상 법사가 받은 것처럼) 수정염주를 받으려는 자세와 지물이 틀림없다. 그런데 받으면 그 보관 용기의 모양이 연꽃에서 씨방 열매처럼 되게 했다. 친견이란 연꽃이 열매로 결실을 맺는 것과 같음을 의미화한 것은 아닐까(?). 도상까지도 연꽃의 생태순환 이치를 고려하여 하나하나 친견을 위한 장엄으로 암시하고 있다. 이처럼 선두에 선 인물은 상아 같은 쌍뿔이 있는 최고급 모자를 쓰고, 붉은색에 금박으로 물들인 범어형(?) 잔무늬 옷차림에다 금으로 된 보관 용기를 든, 보통 사람은 갖추기 힘든 품위 있는 자세다. 이로 보아 50대 전후의 왕이 분명하다.

도판 198 공양 인물들 중 선두에서 이들을 이끄는, 고려 시대의 어느 왕으로 보이는 인물. 보살과 이심전심으로 친견을 확인한 미소다. 그래서 내면의 흥분을 절제한 미소를 지으며 친견 선물인 수정염주를 받을 보관 용기를 두 손 모아 정성스럽게 받들고 보살에게 다가가고 있다.

그 뒤의 여자는 왕비로 보인다[도판 199]. 그녀의 트레머리는 금빛 깃과 진주 망으로 감싼 티아라처럼 전체를 호화로운 핀과 비녀로 치장했다. 화려함에서 주방의 〈잠화사녀도〉는 비교가 안 된다. 옷차림은 왕의 수준, 무늬, 색깔인데, 몸에는 연두색의 긴 스카프를 치렁하게 뒤로 해서 두르고, 팔에는 해파리 같은 술을 치어걸처럼 치장했다. 특이하다. 왕비가 쿠빌라이칸의 딸이었으니 몽골풍의 왕비 패션인가. 그녀는 수월관음에게 바칠 공양물로 찬란한 빛이 불꽃처럼 뻗어 오르는 갖가지 보화가 가득 담긴 금쟁반을 두 손으로 공손히 붉은색에 금빛 무늬가 있는 천으로 받쳐 들었다. 그리고 얼굴만 거의 180도 가까이 보살을 향해 뒤로 제친, 그러면서 방향을 곧 틀 듯한 역동적인 자세로 관음보살을 우러러보고 걷고 있다. 친견에 대한 간절함을 읽을 수 있다.

도판 199 왕의 뒤를 이어 따르는 왕비로 보인다. 이미 얼굴은 관음보살을 대면한 표정이다.

왕비 뒤로는 초록색의 신하 복장에 복두 관모를 쓰고, 양손으로는 홀을 받쳐 든 비서실장으로 보이는 신하 한 명이 따르고 있다[도판 197-①]. 그런데 그는 후미 그룹이 뒤처지지 않고 잘 따라오는지 확인하기 위해 얼굴은 뒤로 향한 채 엉덩이는 오리처럼 살짝 뺀 자세로 뒤뚱거리듯 따르고 있다. 친견보다는 그 진행에 차질이 생길까 봐 더 걱정하는 표정과 자세다. 비서실장의 역할을 심리적으로, 외모적으로 그 특징을 잘 잡아냈다.

그 뒤로는 왕비와 같이 꽃비녀로 장식한 공주와 상궁으로 보이는 두 여인이 따르고 있다[도판 200]. 공주로 보이는 왼쪽 여인은 녹색 바탕에 금색 무늬의 원피스형 옷에다 붉은색 허리띠를 걸치고, 공양물로는 금색의 보석함을 붉은 천으로 받쳐 들었다. 상궁으로 보이는 오른쪽 여인은 희미한 노란색 저고리를, 게다가 빈손이다. 그러므로 상궁이라는 표시로 인식된다.

도판 200 왕과 왕비 뒤를 따르는 여인들. 친견에 대한 기대감을 나누면서 가고 있는 자세와 표정이다.

그것은 도상이 같은 [주 72]의 도판인 메트로폴리탄 소장 그림에서 비서실장으로 보이는 남자와 민무늬 옷을 입은 여인 모두가 왕실 인물 뒤에서 동렬로 걷는 모습이어서 격이 같은 상궁으로 보게 되는 것이다. 그러니 이곳에서 화려한 장식과 보배함을 들고 걷는 여인과 달리 민무늬 옷에 빈손으로 걷는 여인도 상궁으로 보게 된다. 공양물을 든 여인은 공주로 보게 되고. 왕실 가족인 왕, 왕비, 공주는 모두 공양물을 들었는데, 비서실장과 이 여인은 빈손으로 그렸으니까. 패션에서도 공주는 왕과 왕비와 같은 수준의 디자인과 무늬인데 이 여인은 무늬가 희미하다. 이렇게 의상과 공양물에서 왕실 가족과 차이가 나기 때문이니까. 어쨌든 공주와 궁녀 같은 각각의 두 여인은 담담한 표정 속에 긴장된 얼굴이지만, 친견에 대한 성사 여부가 궁금한 듯 서로 대화하면서 걷고 있다. 이들 두 여인의 잠화 장식 수준은 공양을 드리는 예불자의 차림이어서 그런지 우아하고 요염하게 멋 부린 주방의 〈잠화사녀도〉보다는 정숙하고 단정하다.

이들 선두권 인물들의 가는 순서가 서열대로다. 그중 왕은 준수한 얼굴에 예의를 깍듯이 갖춘 복장에 보살이 하사하려는 친견선물을 받기 위한 순간에 온 신경을 집중한 자세다. 비서실장은 공양 진행에 혹시나 차질이 생길까 불안한 마음으로 뒤돌아보면서 뒤뚱거리듯 따르고 왕비와 그 뒤를 따르는 여인들은 정성을 다한 옷차림으로 최상급의 공양물을 받들고 왕의 공양을 지원하고 있다. 이들은 풍랑이 높이 이는 물결임에도 불구하고 구름 같은 양탄자 속도에 맞춰 흐트러짐 없는 차분한 자세로 보살에게 다가가는 모습들이다.

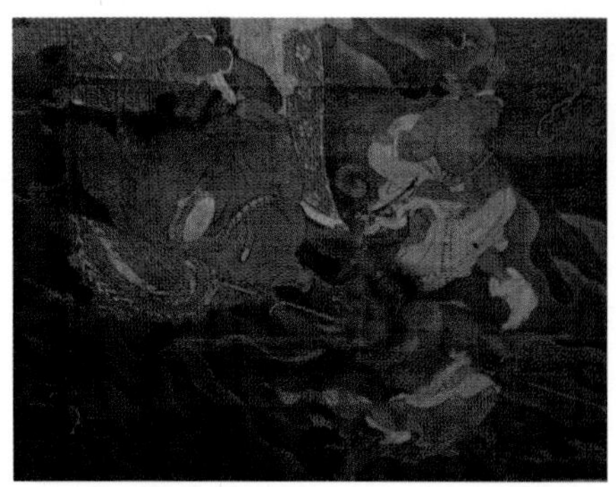

도판 201 중간 그룹. 이들 왕실 공양 인물들 뒤를 따르고 있는 3명은 귀자모·종규·갈장군이다. 왕자는 어려서 귀자모의 등에 업혀 가고 있다. 이들의 생김새와 저돌적인 행동은 자기가 맡은 역할을 완수하려는 의지에 찬 분노로 빈틈없는 자세들이다.

도판 202 귀자모의 등에 업힌 선재동자 또래의 아이 모습·역할·정황으로 보아 왕자로 보인다.

다음, 왕실 공양 인물 뒤를 따르는 중간 그룹을 보자[도판 201].

왕실 공양 인물들의 뒤를 따르는 이들 중간 그룹들은 모두 역사적으로 왕과 신하 관계를 이루고 있는 신장들이다. 이들 3명은 천하무적의 신장들인데, 모두가 사람 얼굴이 아니다. 좀비 같은 인상이다. 그중의 1명은 어린 동자를 등에 업고서 달려가고 있다.

먼저 아이를 등에 업고 앞장선 인물을 보자[도판 202]. 이 인물은 여자다. 그녀는 연노랑 옷에 하얀 버선을 신었다. 부릅뜬 눈에 송곳니 한 개가 유난히도 희게 눈에 띄는 전형적인 도깨비형 얼굴에 사람 몸을 한 귀두인신 상이다. 공포스러운 얼굴로 천하무적의 내공을 나타내고 있다. 그런데 등에 업힌 어린 동자와의 관계에서 그리고 용모, 옷차림, 행동에서 출산과 양육의 수호여신인 귀자모로 추정하고 있다[주 74]. 그런데 여기서는 귀자모라기보다는 잘못을 뉘우친 후니까 애자모 귀신으로 보아야 할 것이다.

그녀는 원래 간다라에서 재물신인 판치카(Pancika)의 아내로 출산의 여신인 하리티(Hariti)였다고 한다. 그런데 그녀는 수많은 자기 아이는 귀하게 사랑으로 키우면서도 남의 아이는 가차 없이 잡아먹는 흉악한 야차녀였다. 그래서 중국에서는 귀자모신(鬼子母神)이라 불렸다. 세상의 모든 부모가 가장 무서워했다. 그런데 부처님이 그녀의 막내아들 유괴라는 행법을 통해 남의 자식도 내 자식처럼 귀하다는 것을 깨닫게 해 주었다. 그 후 그녀는 부처님의 애제자가 되면서 과거와 반대의 삶을, 즉 모든 아이를 지극한 사랑으로 보살피는 어머니, 그러나 얼굴의 생김새는 그림에서 보듯 귀신의 모습 그대로 해서다. 이후 출산과 양육의 애자모(愛子母) 귀신으로 변하면서 송, 원, 명대에 널리 보급되었다.

귀신처럼 생긴 그녀는 등에 선재동자 또래의 아이를 업고 있다. 그 아이는 무늬가 있는 녹청색 옷에 특이한 모양의 짙은 수박색 모자를 썼다[도판 202]. 그리고 관음보살을 향해 붉은 광염이 금빛으로 뿜어져 나오는 여의보주를 오른손 손바닥에 받쳐 들고[주 75], 보살에게 재롱부리듯 자랑하면서 가고 있다. 그 모습, 역할, 옷차림, 업힌 정황으로 봐서 왕자로 보인다[주 76]. 선두권에 들지만, 아직 어려서 어린이 수호여신이면서 유모 역할을 하는 애자모 귀신의 등에 업힌 것이다. 이 애자모 귀신이 왕자의 수명과 행복을 보장받기 위한 친견을 위해 왕자를 등에 업고 왕실 공양 인물들 뒤를 경보하듯 따라가고 있다(이 의미는 [도판 62]와 연결된다).

그 왼쪽으로는 까만 복두를 쓰고 연초록 관복에 사각 무늬가 든 빨간 요대를 착용한, 신체 건장하고 수염이 장비 같은 험상궂은 귀신형의 인물이 왼쪽 옆구리에 둥근 통을 꽉 끼고 따르고 있다[도판 201]. 그는 얼굴을 보살을 향해 치켜들었고, 금팔찌를 한 얼굴 만한 크기의 오른손도 힘 있게 불끈 쥔 채 위로 들었다. 그런데 검은 얼굴과 그 자세가 꼭 쇼맨십이 강했던 전설의 복서 무하마드 알리 같다. 개명하기 전, 캐시어스 클레이 시절에 챔피언 소니 리스턴의 기를 죽이고 약 올리기 위해 흰 이빨을 드러내면서 세기적인 명언이 된 "나비같이 날아서 벌처럼 쏘겠다" 떠벌리며 큰 주먹을 내밀던 그 표정의 그 세리머니다. 그 인물의 표정, 행동, 지물로 보아 그리고 특히 수염이 짙고 풍성하게 난 아주 개성 있는 인물로 보아 종규(鍾馗 또는 鐘馗)로 본다. 그런데 그 수염의 모습이 당 현종의 명으로 오도자가 그린 종규와 닮은 데가 있다[주 77]. 종규는 북송 곽약허의 『도화견문지』에 의하면, 나쁜 귀신을 잡아 찢어서 먹어 치우는 벽사적 의미를 가진 자다. 궁궐을 잘 지킨 문배신장으로 유명한 인물이다. 나아가 선악을 감찰하여 악을 징계하는 판관의 역할까지. 그래서 그의 손에는 선과 악의 공과를 보고하는 역사적 내용의 두루마리 판결문을 들게 되는데, 그 모습이 그대로 반영되어 있다. 즉, 본 그림에서 왼쪽 옆구리의 통속에 둘둘 말은 하얀 두루마리 판결문을 넣고 판관 같은 복장에 드센 얼굴을 한 뒷모습이다[도판 203]. 식민지 간섭하는 원의 지배 세력과 그 세력에 아부하며 따르는 반민족적인 친원 귀신 너희들 어디 두고 보자 하는, 의혈단 같은 표정으로 힘차게 뒤따라 달리고 있다.

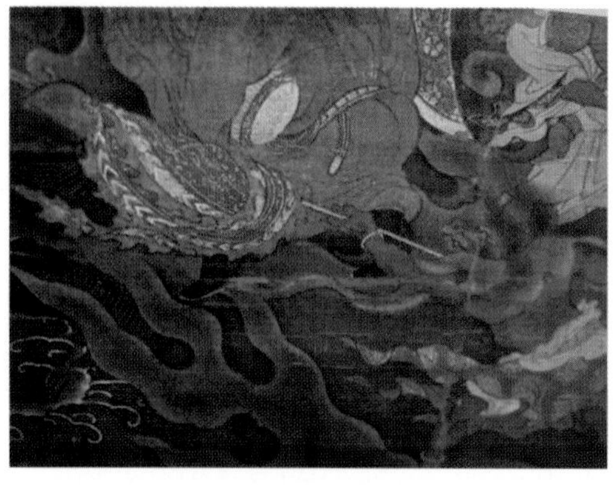

도판 203 전체 무늬는 파악할 수 없어 잘은 모르겠지만, 마두상이 고려 왕조를 상징하는 아름답고 품위 있는 깃발에 길다란 금색 삼지창 깃대봉을 '앞으로 찔러'자세로 단단히 들고 독립 쟁취를 위해 힘차게 따르고 있다.

그 아래에는 거친 수염에 머리카락이 솟구친 긴장된 얼굴 표정을 한 마두상(馬頭像) 같은 희한한 인물이 깃발을 힘차게 앞으로 받쳐 들고 따르고 있다[도판 203]. 이 인물은 상반신이 맨몸이다. 울퉁불퉁 단련된 근육질에 팔찌는 물론 발찌까지 했다. 금색 허리띠를 한 위에는 흰색, 아래는 붉은색 바탕에 금색 둥근 무늬가 있는 아름다운 치마가 펄럭인다. 깃발의 전체 무늬는 말려 있어서 잘은 모르겠지만 고려 왕조를 상징하는 깃발 같다. 화려하고 예쁜 줄무늬가 새겨진 그 깃발에 깃대로 삼은 길다란 금색 봉을 앞으로 찔러 자세로 들고 힘차게 따르는 모습이 보기 좋다. 모르기는 몰라도 이 깃발은 우리 그림에서는 처음 등장하는 것이 아닐까. 당대 왕의 신분을 높이기 위해 장엄하는 데에는 왕으로서의 의상과 함께 왕관과 홀 그리고 깃발 무늬가 대표적이었다. 특히 깃발 무늬는 최고 존엄을 상징하는 시각문화로서 유형화되고 제도화되었다고 하니 여기서도 왕의 위세와 존엄을 뒷받침하는 리게일리아가 되겠다.

앞으로 찔러 자세도 그 어떤 악을 물리치는 상징적인 의미를 나타내는 것이다. 그런데 이 인물은 『춘명퇴조록(春明退朝錄)』의 내용에 나오는 문배신장 중 깃발을 들었다는 갈장군으로 보게 된다[주 78]. 그 유명한 지략가 제갈량이라고 하니 우리가 익히 알고 있는 지적인 호남형의 노인 모습과는 반대다. 살아생전에는 위·촉·오 삼국시대에 적자국인 촉나라의 왕실을 지키다 죽어서는 신격이 되었다. 이 그림에서는 원나라로부터 고려를 보호하려는 역할로 보인다. 그래서 고려를 상징하는 깃발을 힘 있게 앞으로 찔러 자세로 들고 독립을 향해 달리는 (귀)신격의 문배신장으로 등장시켰다고 보게 된다.

애자모 귀신은 어린 왕자를 보호해서 왕위 계승을 순조롭게 돕는 역할이고, 종규와 갈장군은 문배신장으로, 궁궐 문으로 들어오려는 역신, 재앙, 외침 등 상서롭지 못한 것들을 문 입구에서 막아 나라의 독립과 궁궐의 평안을 도모하는 역할이다. 부처님이 계시는 수미산을 무서운 얼굴과 위엄 있는 자세로 사천왕이 보호하듯, 이들도 귀신 같은 섬뜩한 얼굴로 왕의 궁궐을 지키는 절대 무적의 신장들이다. 오늘날에는 무표정한 얼굴에 검은 안경을 낀 목석 같은 VIP의 경호원들에 해당되겠다. 이들은 왕의 명령에 따라 나쁜 귀신을 통괄하는 자들인데, 본 그림에서는 좀비 같은 저승사자 모습으로 토착화된 얼굴이다. 이들의 생김새와 자세의 특징은 자기가 맡은 아주 중요한 역할을 완수하려는 결기에 찬 분노에 빈틈없는 행동들이다.

마지막, 후미 그룹은 3명이다[도판 204].

이들은 낙산 설화의 내용에 따르면 의상 법사를 굴 안으로 안내하는 역할이다. 그런데 여기서는 공양 행렬 뒤에서 (공양물을 손으로 안고, 쥐고, 머리에 인) 포터의 역할이다. 이들 중 첫 번째는 사람이며, 두 번째는 귀두인신상이며 나머지는 용의 모습이다. 그중 앞의 사람은 흰색 바지에 팔찌와 발찌를, 두 번째인 귀두인신상은 흰 치마를 입고 발찌를, 마지막인 용은 비늘 피부에 손톱, 발톱 또한 그렇다. 서로를 특색 있게, 두드러지게, 다르게 나타냈다. 하지만 공통적으로는 모두가 윗도리를 입지 않은 반라에다 같은 높이의 횡대에 키 또한 엇비슷하다. 생김새는 다르지만, 계층은 같다는 의미로 보게 된다. 그래서 낙산 설화에서 이들을 팔부신중이 아니라 팔부시종으로 표현한 모양이다. 팔부란 다양한, 시종이란 백성을, 따라서 모든 백성을 의미하는 것으로 보게 된다.

도판 204 후미 그룹. 도깨비 얼굴처럼 보이는 용천팔부시종들. 맨 끝은 바로 용이다. 바로 위에서는 쓰나미 같은 물결이 이들을 삼킬 듯이 다가오고 있다.

세 인물 중, 가는 방향으로 첫 번째 사람은 갖가지 보물이 오색 빛을 찬란하게 내뿜는 커다란 보석 항아리를 두 손으로 안아 온 힘으로 힘껏 받쳐 들었다. 그런데 힘에 버거워 낑낑대는 자세다. 그것은 역도선수처럼 "으랏차차" 하면서 얼굴을 뒤로 제쳐 힘주면서 보석 항아리를 바벨처럼 들기는 들었지만 감당을 못하고 있다. 머리카락이 산발되면서 위로 솟구치는 상황과 당황해하는 표정에서 그리고 눈동자가 위로 향하면서 버거워하는 모습에서 알 수 있다. 도저히 뒤따라가기는 어려운 상황이다. 비서실장이 불안하게 뒤를 쳐다보는 모습을 이해하게 된다. 그 뒤를 따르는 두 번째 반귀반인은 침향목으로 추정되는 커다란 지물을 자랑하듯 오른쪽 어깨 위에 들고, 근육질의 가슴을 의기양양하게 보이면서 앞사람이 낑낑대며 못 따라가자 미안한 듯 눈치를 보며 서성거리고 있다. 몸에 비늘과 지느러미가 선명한 용으로 추정되는 마지막 인물은 오색 빛을 발하는 커다란 여의보주가 든 조개를 머리에 이고, 왼손에는 제법 큰 붉은 산호 가지를 들었다. 그러면서 화가 극적으로 치밀어 오른 표정을 이빨로 드러내면서 생김새답게 "미치겠다. 뭐하노! 나도 니만큼 들었다"하며 원색적인 연기를 적나라하게 보여주고 있다.

침향목은 기수지역에 묻어 혼란한 시기에 공덕을 쌓고 후손을 축원하는 소망의 결정체다. 그리고 산호는 광합성을 통해 산소를 만들어 내고 바다를 정화시키고 다양한 칼라의 아름다움을 보여주는 바닷속 숲이다. 그러니 바다의 열대우림이다. 그렇다면 이 그림에서 침향목과 산호는 해전에 약한 원 세력의 식민 분위기를 백성의 힘으로 정화하려는 『삼국유사』나 『제왕운기』 같은 민족혼의 결기를 의미하는 것은 아닐까. 바로 옆에는 원의 식민지 간섭을 상징하는 쓰나미 같은 높은 파도가 버겁게 밀려오는 위급한 상황이다. 게다가 선두권과도 뒤처져 있어 빨리 뒤따라가고 싶은데 짐이 무거워 못 따라가자, 뒤에서는 콧바람을 킁킁 일으키면서 눈알을 부라리고 있다. 걱정 없는 선두권과 달리, "친견 성사 여부가 우리에게 달렸는데, 우짜노" 하는 분위기가 비서실장의 얼굴 표정과 연결되고 있다. 그래서 비서실장이 뒤돌아보며 초조하게 눈총을 주는 가운데, 스스로 눈치 보는 사람과 어쩔 줄 몰라 하는 귀두인신과 신경질적인 눈치를 주는 용의 행동, 즉 그들끼리 오고 가는 '상반'된 눈치코치가 보이지 않게 화면에 생동감을 주고 있다.

또한 문배신장들의 얼굴도 극적으로 상기된 표정에 각자의 자세는 자기 역할에 충실한 절정의 분위기다. 걸음걸이는 힘차게 내닫는 모습에 옷자락은 바람에 말려 올라가는 등 역동적이다. 그래서 품위 있게 평상심의 모습을 보이는 선두권의 왕실공양 인물들과 극명한 '대조'가 되고 있다. 이렇게 '상반'된 눈치와 '대조'되는 행동이 이 그림에 생기의 시너지를 생성시키고 있다. 친견 드라마에서 숨은 하이라이트다.

이들 세 그룹의 공양 인물들은 그 역할이 각각 분명하게 다르다. 즉, 선두 그룹은 친견을 통한 수정염주를 하사받으려는 주인공으로서 왕실 가족이다. 중간 그룹 중에서 애자모 귀신은 왕위를 계승할 수 있게 왕자를 보호하는 역할을, 종규는 고려를 정동행성으로 팔아먹으려는 반민족적인 세력을 치리하는 역할을, 갈장군은 고려 국가의 독립 쟁취를 위한 역할을 하는 문배신장들이다. 이들은 이처럼 친견을 통해 왕이 보살로부터 하사받을 수정염주가 품고 있는 천기의 내공을 미리 암시하고 있다. 후미 그룹은 왕실의 친견과 문배신장들의 중요한 역할을 서포트하는 당시 백성들로 보게 된다. 버겁고, 부담스럽고, 힘들지만, 그러나 나라의 독립을 위해서는 민족혼을 모아 『8만대장경』 조성처럼 도와야 한다는 역할을 다양한 모습으로 상징하고 있다.

이들은 감정 표현에서도 각각 그 차이와 수준을 알려 준다. 왕은 친견을 감지한 힐링의 미소를 지으며 점잖게 걸어가고, 문배신장들은 불의에 대한 정의의 분노를 최고의 무서운 연기로 나타내면서 그 대응을 위해 힘차게 뛰어가고, 팔부시종들은 버거운 짐으로 당황하는 가운데 제자리걸음이다. 상대방에게 빨리 도와주지 못하는 것은 "너 때문이야" 큰소리치며 당황, 주저, 불만을 드러내고 있다. 이렇게 화사는 가장 높은 신분인 왕실 가족은 품위 있는 절제로 권위 있게, 중간 신분은 역할의 완수를 100%의 분노를 분출시켜서, 무지렁이 일반 백성들은 버거운 짐을 번거롭게 들고, 끼고, 이고, 어쩔 줄 몰라 하는 개성과 감정을 희화화시켜 나타냈다. 이 친견 대열을 이루고 있는 12명의 공양 인물들 속에 들어 있는 동영상적 행진 분위기가 한편의 말 없는 서사시이며, 그림으로 된 촌철의 역사드라마다.

(2) 두 번째, 선재동자의 위치와 역할이 다른 수월관음도와 다르다[도판 155]

일반적인 수월관음도에서는 선재동자가 보살과 대각선으로 상하에 위치해 친견의 주인공으로서 보살과 대면한다. 그런데 이 그림에서는 그렇지 않다. 왕이 왕실 공양 인물들과 문배신장들 그리고 시종들을 행렬로 거느리고 친견을 위해 수월관음에게로 다가가는 모습을 행렬 끝자락, 친견 장면을 가장 잘 볼 수 있는 좋은 위치를 선점하고, 물 위에 뜬 커다란 연잎 위에 서서 구경하고 있다. 주인공으로 보살과의 직접 대면 관계를 떠나, 제3자인 구경꾼으로 서다. 그 자세 또한 다른 그림에서는 거의 다 경건하게 서 있거나 엄숙하게 꿇어앉아 있거나 엎드려 있는 모습이다. 친견이란 결정적인 순간이나 친견으로 다가가는 분위기에서는 제3자라도 경건하고 엄숙해지지 않을 수 없기 때문이다. 그런데 이 그림에서는 경건한 모습이 아니다. 여유롭게 미소를 짓고 있다. 친견 여부에 대해 호기심을 머금은 생태 미소다. 53선지식 순례 후 '나는 이미 28번째로 관음 진신을 친견했지롱!' 하는 자랑 섞인 재롱스러움이 묻어나는 깨달음의 미소다. 그러니 그 미소 속에는 여유가 있다.

머리카락은 몽골풍의 변발이다. 이마 쪽과 목뒤의 좌우, 이렇게 세 곳에다 세 겹의 꽃봉오리 모양으로 둥글게 모아서 붉은색 동꽃을 꽂았다. [도판 1]에서의 선재동자 머리카락과 같은 헤어스타일이다. 패션에서 상의는 녹색 바탕에 금빛 원형의 땡땡 점무늬다. 어깨 뒤로는 붉은 바탕에 금색 범어 글씨(?) 무늬의 숄을 트레이드 마크처럼 둘렀는데, 바람결 따라 우아한 리듬으로 길게 펄럭이고 있다. 바닷바람이 무척 세차게 분다는 것을 알려준다. 하의는 붉은 바탕의 금빛 이중 원형 무늬의 치마를, 그 위에는 미니스커트 같은 노란색 덧치마를 역도선수 같은 넓고 두꺼운 벨트로 조였다. 오늘날 패션으로 봐도 튀면서도 아주 세련된 코디다. 손목에는 금팔찌가, 팔꿈치 위에는 붉은색 루비(?)를 박은 굵은 팔찌가 우아하다. 합장한 두 손은 가슴 앞으로 모으면서 곧 있을 왕실 공양 인물들의 친견에 대한 결과를 가슴 앞으로 두 손을 모아 합장하고는 호기심에 찬 미소로 천진난만하게 쳐다보며 기다리고 있다.

선재동자가 이렇게 주인공으로서 보살과의 직접적인 대면에서 벗어나 보살이 공양 인물과 곧 이루려는 친견 장면을 최고의 위치에서 역할도 없이 단순한 구경꾼이 되어 호기심 어린 미소를 지으며 그냥 쳐다보는 예는 없다. 그러니 그 미소와 위치와 자세 속에는 뭔가 분명한 역할이 있다. 즉, 그 미소가 관음보살을 먼저 친견했던 선배로서 후배가 될 공양 인물들에게 사전에 보내는 격려로서의 미소다. 그 위치가 친견 장면을 바라보기에 최고의 장소다. S자형의 묘묘한 형태로 두 손 모아 합장하며 기원하는 그 자세가 최선으로 해서 보내는 응원이다. 이렇게 왕실 공양 인물들에게 곧 있을 친견에 대해 최고의 위치에서, 최선의 자세로 해 깨달음의 미소로 위에 있는 파랑새와 함께 아래에서 "화이팅!"하며 응원하고 있는 것이다. 친견의 성사가 이루어져, 그래서 나라의 독립을, 왕권의 안정을, 백성의 평안을 위해 들뜬 기분으로, 절제된 미소로, 순수한 동심으로 기대하면서다.

(3) 세 번째 특별한 의미는 파랑새가 꽃 공양을 드리고 있다[도판 205]

보살의 위치보다 높은 동굴 맨 위의 바위에 뿌리를 내리고, 금점묘(金點描) 기법으로 잎을 나타낸 보리수의 의미를 가진 이름 모를 나무가 있다. 그 가지에 새가 수직으로 아래를 향해 재주부리듯 매달린 채, 꽃을 입에 물고 왕실의 공양 예불에 보조를 맞추며 꽃 공양을 드리고 있다. 그런데 여기서는 고려의 깃발이 나오는 것으로 보아 꽃도 고려의 나라꽃이었다는 무궁화꽃으로 보게 된다. 꽃 모양과 잎의 생김새를 보니 비슷하다(부용화라는 사람도 있다). 그렇다면 새도 국조로서의 새로 볼 수 있다. 그런데 이 그림이 낙산 설화와 관련되어 있으므로 파랑새가 된다. 왕실 공양 인물들이 지성을 다해 보살을 친견하러 가는데 파랑새가 나타나 고난도의 묘한 자세와 지성을 다한 지선으로 최고의 꽃 공양을 드리며 협조하고 있다. 파랑새의 등장과 그 태도가 친견 여부의 키를 쥔 데서 알 수 있다. 그것은 의상 법사와 원효 대사에 대한 상반된 태도에서 알 수 있었다. 이렇게 아래에서는 선재동자가 위를 향해서, 위에서는 파랑새가 아래를 향해서 친견이 이루어지기를 최고의 치성으로 받들며 파이팅하고 응원하고 있는 도상이다.

조선 숙종(1674~1720)이 『팔도승경지』를 살펴보다가 낙산사의 유래를 읽고 감동받아 지은 시가 '어제시판서'(御製詩板序)에 있었다[주 79]. 그 실물은 없어졌지만, 그 시는 다행히 만해 스님이 지은 『건봉사 본말사지』에 전해 온다. 내용은 다음과 같다.

快登南里洛伽峯(즐거운 마음으로 남쪽 낙가산에 오르니)
風捲纖雲月色濃(바람 불어 비단 구름 걷히고 달빛은 짙구나)
欲識圓通大聖理(관음보살의 깨달음과 함께 하고자 하려면)
有時靑鳥啣花逢(꽃을 입에 문 파랑새를 만나야만 하리)

조선 중기 숙종의 낙산사와 관련된 시다. 그런데 신라 시대는 물론 고려 당대까지만 해도 신보로 모셨던 수정염주와 여의보주에 대한 언급이 없고 파랑새만 강조되어 있다. 그 사이 조선 전기에는 [도판 46]에서 보듯 구슬에 대한 언급은 있으나 파랑새가 더 중시되고 있음을 알려주고 있다.(3행 참조) 그러

도판 205 동굴 천정 나뭇가지에 아래를 보고 매달려 이름 모를 꽃을 입에 물고 관음에게 공양드리는 파랑새. 그런데 꽃 모양과 잎 모양이 무궁화와 비슷하다.

니 친견에서 고려 시대까지만 해도 그 중요성이 수정염주와 여의보주에서 조선시대에 와서는 파랑새로 바뀐 것을 알 수 있다. 그런데 오늘날에 와서는 [도판 65]에서 보듯이 파랑새와 함께 새롭게 연꽃이 등장하고 있다.

이를 통해 친견의 성사에서 그 도구가 수정염주·여의보주 → 파랑새 → 연꽃으로 변해온 것을 알 수 있다. 즉 고려 이전까지만 해도 신이한 수정염주·여의보주를 바탕으로 한 국교 차원의 만백성 신앙이, 조선시대의 억불정책 속에서는 피지배층 신앙을 중심으로 한 파랑새라는 희망 기원으로, 그러다 오늘에 이르러서는 각자 개인차원에서 연꽃을 매개로 친견하는 이심전심 신앙으로 변한 것을 느끼게 되는 것이다.

어쨌든 예불 의례가 중시되던 고려 시대의 다이토쿠지 소장 〈수월관음도〉에서는 꽃을 입에 문 파랑새가 중요한 위치에서 묘묘한 자세로 그려져 있어 공양 인물이 관음과 만나는 것이 전제되어 있다. 파랑새를 만나게 되면 소원이 이루어진다는 것은 우리나라에서는 낙산 설화에서부터 전해 오는 고사다. 그런데 입에 문 꽃도 평범한 꽃이 아니니다. 나라꽃 무궁화를 드리는 꽃 공양이다. 이후 오늘날까지 '백의(관음)민족'과 함께 '파랑새'가 희망을 상징하면서 우리들에게 '무궁'한 꽃 '무궁화'와 함께 야사 속에 얼마 전까지, 아니 지금도 전해 오고 있다.

(4) 관음이 손가락 율동미를 보이며 수정염주를 쥐고 있다[도판 206]

수정염주를 묘하게 쥐고 있는 보살의 손가락이 유난히도 길다. 그 손가락은 율동미를 나타내는데, 그 분위기가 섬세함을 넘어 아크로바틱하다. 주방이 그린 〈잠화사녀도〉에 나오는 여인들의 손가락과는 수준이 다르다. 그 여인들처럼 한가하게 여가를 즐기는 손맛과는 차원이 다르기 때문이다. 이는 "…손끝에서 일체를 비추는 광명을 내뿜는다"는 『관무량수경』의 천기 내용을, 곧 나라의 독립에 필요한 무한한 빛에너지를 수정염주에 첨단의 방법으로 충전시

도판 206 친견 기념물로 주기 위해 수정염주를 아래로 쥐고 손가락 율동미를 보이며 내리고 있는 관음의 긴 손가락. 친견의 시작을 알리는 이 그림의 하이라이트다.

키는 그 기이한 파동을 손끝에서 느끼게 되는 손맛이다. 나아가 그 율동적인 손가락의 자태는 친견 공양을 위해 다가오는 왕실 일행에게 과거 의상에게 친견 기념으로 주어 신라가 백화도장 불국정토가 되게 하였듯이, '세상의 모든 문제를 해결할 수 있는' 그 전지전능한 수정염주를 하사하려는 순간의 동작이다.

그 하사를 위해 이미 엄지와 중지로 수정염주를 살며시 들어 내려뜨리기 직전의 묘한 손가락 율동미를 흥으로 모아 동으로 보이고 있는 것이다. 부드럽게 어서 오기를 기다리면서다. 왕도 기쁨으로 흥분한 마음을 절제하며 보살에게 마지막 발걸음을 떼면서 받기 직전의 자세다. 이 수정염주는 왕자가 이미 용으로부터 받아 손에 든 여의보주와 쌍으로 그래서 통일신라 시대에 문무대왕과 김유신 장군이 환상의 콤비로 이룬 만파식적과 같은 의미로 보여진다. 당시만 해도 수정염주를 여의보주와 함께 전지전능한 능력을 가장 강력하게 발휘하는 쌍무기로 여겼던 것이다. 만능무기인 제석천의 금강저처럼.

그래서 의상 법사가 받은 두 구슬을 고려에서는 국보보다 중요한 신보(神寶)로 지정해서 낙산사 성전에 봉안했다고 알려져 있지 않은가. 여기서 해인사에 보관된 16년 동안 수많은 사람이 판각한 『팔만대장경』의 주조가 이해된다. 그것은 같은 13~4세기, 이탈리아에서 가장 진보적인 시에나 시민들이 성모에 대해 가진 신앙과 같다. 자발적인 동원으로 성당 조성에 협조하고, 제단화를 들고 시가행진하고, 정치적인 희망까지 성모에게 빌었던 그 신앙처럼 말이다. 믿음의 힘은 그렇다. 그래서 불가능을 가능으로 만든다. 고려도 기독교 국가였다면 성경을 일일이 손으로『직지심경』보다 빨리 조판을, 그래서 세계 최초의 금속활자로 인쇄했을 것이다. 그러니 받기만 하면 고려가 곧 독립할 수 있다는 희망에 따라 이 수정염주를 받기 직전인 왕의 자세는 최절정의 초긴장에 손과 발이 저절로 '덜덜덜' 했을 것이다. 한 나라의 운명이 걸린 상황을 긴장된 찰나로 나타내고 있는 순간 중의 절정이니까. 그런데 그 친견의 결정체인 불심이 조선 시대에 와서는 경시되어 간 것을 수정염주와 여의보주의 생략에서 알 수 있었다.

이렇게 이 다이토쿠지 소장 〈수월관음도〉에서는 선재동자가 친견 분위기를 깨달음의 묘묘한 미소로 제3자인 우리까지 응원을 유도하고, 파랑새가 친견을 묘묘한 재주와 꽃 공양으로 보증하는 축하 분위기 속에서, 보살이 친견을 율동적인 손가락으로 수정염주를 기이하게 쥐고서 기다리고 있다. 절정의 이 같은 분위기를 타고 왕실 인물이 친견의 마지막 단계인 발 디딤판 연꽃을 밟으려고 극적으로 다가가고 있다. 이심전심으로 "어서 오이라" 부르는 보살을 향해, 지성을 다한 공양물과 곧 하사받을 수정염주 보관을 위해 특별히 제작한 연꽃형 보관 용기를 두 손 모아 앞으로 받들고, "갑니더" 웃음으로 대답하면서다. 즉, 이 그림은 생태 세상을 연기화생을 통해 영기화생으로 생성시키는 수정염주를 보살로부터 친견선물로 하사받기 위한 그 찰나에 온 내공을 집중시켜 초점화 한 것이다. 국가의 독립, 안녕, 번영이란 비원을 희원으로 달성하기 위해서였다.

이 순간은 3.1독립운동에서 독립선언문을 읽어 내려가는, 그중에서도 하이라이트인 공약 3장을 읽는 장면과 겹친다. 종교화에서 구체적으로, 현실적으로, 체계적으로 그것도 나라에 무한책임을 진 왕이 나라의 독립을 위해 직접 나서면서다. 세상에 이보다 절절한 친견 분위기를 나타낸 그림이 또 어디에 있으랴.

2) 상징

기독교의 성화와 마찬가지로 불화도 진리를 상징하는 성스러운 그림이기 때문에 그리는 데에는 매우 까다롭고 엄격한 절차와 법식이 있다. 즉, 주사(呪師)가 향을 피우고 꽃을 뿌리고 주문을 외우면서 영성적인 분위기를 조성하는 가운데, 화사는 매일 목욕 재개하고 마음을 다잡은 후 경전의 내용대로 불화를 그렸다. 그리고 그린 그림들이 '경'이나 '교리'에 합당한지를 확인하고 감독하는 검증 비구도 있었다. 뿐만 아니라 그리는 시기와 장소도 매우 엄격하게 제한하였고, 그림 그리는 바탕인 베나 비단을 짜는 데까지도 까다로운 법식을 적용하였다. 그리는 데에서 이처럼 극도의 경건한 자율과 치밀한 법식을 철저하게 유지한 불화다. 특히 고려불화가 그랬다. 이는 당시 화승들이 불화의 전통적 의궤에 얼마나 엄격하게 따랐으며 또 얼마나 경건하게 그 제작에 임했는지를 말해 주는 것이다. 이러한 정밀한 묘사기법은 오늘날 우리가 세계적인 반도체 국가로 세계에서도 높은 인지도를 얻고 있는 것과 같다. 당시 고려도 불화 양식을 수준 높게 창안하여 당대 세계에 오늘날 우리의 전자제품처럼 한 획을 그었음을 알 수 있다.

다른 그림과 도상이 유례없이 다른 이 다이토쿠지 소장 〈수월관음도〉는 보다 더 엄격한 절차와 법식에 따라 그리고 검증을 받았을 것이다. '경'과 '의궤'에 따라 교리적으로 더 경건한 자율 속에서 그렸음을 짐작할 수 있다. 그리고 나라의 독립이란 절절한 비원이 이루어지게 되리라 앙망하는 그 역사적 절정의 순간에 맞추어 마음과 뜻과 정성은 물론 영혼까지 올인해서 표현했음도 알 수 있다. 고려가 원으로부터 독립을 되찾게 된 것도 역사적 사명감을 이 같은 저력으로 보이지 않게 올인한 의지의 결과다.

마찬가지로 오늘날 우리에게 주어진 역사적 사명감은 남북통일이다. 따라서 남북은 냉전의 찌꺼기인 분단에서 평화통일이라는 세계사적 깃발을 시대정신으로 올인해서 화쟁의 모델로 온 세계에 나부끼게 해야 한다. 그런데 통일에 대한 세계사적 책임감 강조와 민족적인 호소력이 너무 약하다. 세계가 주시하면서 기대한 판문점 악수에서 조성된 호기를 세 나라 모두가 실기하는 듯해 실망감과 함께 안타깝다. 국제 정치가 아직도 색이 혈을 강제하기 때문이다. 어쨌든 그 놀라운 화쟁의 모델이 현실이 될 듯 멀어지고 될 듯 가까워지는 것만은 사실이다. 그러면서 어두웠던 이 땅이 대한의 영광으로 K-문화의 축제 속에서 밝아오고 있는 것만은 분명하다. 그 영광을 문화적 한류에서처럼 세계화 속에서 나라 간의 갈등을 푸는 정치적 방정식의 모델로서 또 다른 한류가 되도록 해야 할 것이다.

지금까지의 분석을 통해 왕실 공양 인물과 그 역할을 다음과 같이 추정해 본다.

여기서 이 다이토쿠지 소장 〈수월관음도〉의 도상은 강풍이 몰아치고 파도가 높게 일렁이는 악조건의 식민 상황을 나타내고 있다. 그런 가운데 왕실 인물들이 보살을 친견하기 위해 선재동자의 안내를 받아 날으는 양탄자 같은 氣(기)의 구름을 타고 바다 위로 문배신장을 보디가드로, 용천팔부를 시종으로 거느리며 등장하고 있다. 이렇게 예불용인 제단화 속에 보통 인간이 12명이나 등장한다는 것은 중생이 선재동자에게 위탁해 대리 만족했던 타력 신앙에서 주체적인 자력 신앙을 자신감 있게 드러낸 것이다. 그런데 이 그림에서 친견 주인공들은 보통 사람들이지만 고려의 왕과 왕비, 왕자와 공주 그리고 신하와 궁녀들이다.

왕족임을 한 번 더 강조하면, 그들의 귀티 나는 얼굴 표정과 품위 있는 자세에서, 왕만이 쓰는 대관과 왕실 사람들만이 입을 수 있는 붉은색 비단 바탕에 금색 무늬의 옷차림에서 그리고 왕의 신분을 장엄하는 리게일리아로서의 깃발과 독립 국가를 상징하는 국조인 파랑새와 무궁화인 국화를 보인 것에서다. 뿐만 아니라 궁궐을 지키는 문배신장들이 왕실 인물들을 호위하며 국가가 염원하는 화두(왕실 보호, 친원 척결, 독립 국가)를 이고, 끼고, 들고 그 해소를 위해 당차게 따르는 구도에서다. 나아가 그림의 차원을 넘어, 실제 고려 시대

왕의 무덤에서 출토된 정병과 똑같은 〈청동은입사포류수금문정병〉이 그림에 그려져 있다는 점에서다[도판 150과 주55 참조]. 그러니 다이토쿠지 소장 〈수월관음도〉에 등장하는 이들 공양 인물들은 원의 식민지 간섭 시기인 1,300년 전후에 실제로 살았던 왕과 왕실 인물이 틀림없다. 아쉽게도 이 정병은 족보가 사라진 도굴품이어서 어느 왕의 무덤인지 알지 못한다.

그런데, 나는 지금까지의 분위기를 통해서, 이 그림의 주인공은 25대 충렬왕으로 확신한다. 추정이지만, 다음과 같은 내용들이 유기적으로 잘 어울리기 때문이다.

첫 번째 추정은 나이에서 그렇다. 그림에서 나이는 50대 이상으로 보인다. 원(元)의 식민지 간섭 시대에 왕 이름에 충(忠) 자가 들어간 25대~30대까지의 왕 중 50살 이상은 두 명이다. 그중 26대 충선왕(1275~1325)은 꼭 50까지. 그런데 충선왕은 충렬왕과 원의 제국대장공주 사이에서 태어났으므로 나라의 독립에는 관심이 적었다고 볼 수 있다. 그러므로 이 그림의 주제와는 관계가 멀다. 25대 충렬왕(1236~1308, 재위: 1275~1308)은 72살까지 살았다. 그러니 나이에서는 충렬왕뿐이다.

두 번째 추정은 충렬왕 당대에 조성한 경전이 뒷받침한다. 그것은 충렬왕이 즉위한 해(1275년)에 직접 발원한『감지은니불공견삭신변진언경』권13이다[도판 207]. 법계 공간을 상징하는 짙은 청색 종이에 두루마리로 된 이 경은 현재 국보 210호로, 삼성 리움미술관에 소장되어 있는데, 밀교에 속한다. 이 경의 권 머리에는 무서운 얼굴에 역동적인 자세로 칼을 쥐고 불법을 수호하는 부동명왕(不動明王)이 [도판 207]처

도판 207 충렬왕이 즉위한 해(1275년)에 왕이 직접 발원한『감지은니불공견삭신변진언경』권13(국보 210호)

럼 표지에 금니로 그려져 있다. 부동명왕은 밀교의 주불인 대일여래인데, 그 모습은 휴머니즘을 방해하는 모든 악마를 물리치기 위하여 악마보다 더 분노한, 그래서 사천왕이나 문배신장과 비슷하다. 그 경전은 불공견삭관세음보살이 휴머니즘의 완성을 위한 비밀 수행법문을 '문두루 비법'으로 알리는 내용인데, 은으로 쓴 글씨에 필체 또한 역동적이다. 이 경의 실질적인 발원 목적은 대일여래가 분노한 부동명왕으로 정의의 화신이 되어 악마의 상징인 원의 식민지 간섭을 물리쳐 달라는 염원을 종교적 행사를 빌어 우의적으로 나타낸 것이 분명하다. 원의 간섭으로 비인간화된 세상을 독립된 온전한 생태 세상으로 만들기 위해서다. 밀교의 신인종에서 '문두루 비법'이 신통력을 통해 외적을 물리치는 능력이 있다고 믿는 것이다. 그것은 그 믿음대로 신라가 당나라 군대가 침략해 오는 것을 사천왕사에서 행하여 물리쳐 삼국통일을 완결했다는 설화성 역사가 『삼국유사』에 전해지고 있는 것에서 알 수 있다.

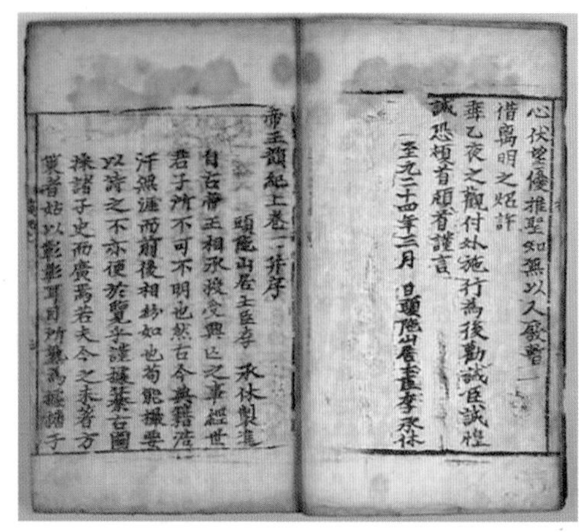

도판 208 『제왕운기』(보물 895호)는 원의 간섭기 당시의 대내외적 정치·사회적 현실에 대한 회의와 함께 새로운 사회의 희원(希願)을 시로 적은 것이다. 원의 간섭에 대한 불만이 저술에 영향을 주었다.

세 번째 추정은 역사책 『제왕운기』가 편찬되었다는 것이다[도판 208]. 충렬왕 13년(1287)이다. 이 책은 원나라 지배하에서 민족적 정통성 회복을 위해 산문이 아니라 서사시 형식으로 쓰였다. 그래서 우리나라의 시작인 고조선을 세운 단군에서부터 우리의 역사를 주체적으로 고취시키고 있다. 이 같은 주체적인 역사나 신화 또는 전설에는 국가의 정체성과 끊이지 않는 민족정기 그리고 굽히지 않는 민족정신이 담겨 있다. 그 정신이 국민의 정서에 농축되어 당대 원의 식민지 간섭으로 민족이 수난을 받을 때, 그 고통을 이길 수 있는 힘을 주기 때문이다.

네 번째 더 확실한 추정은 『삼국유사』가 뒷받침한다. 충렬왕 7년(1281)에 신화와 전설을 역사적 내용처럼 담은 책이다. 굽히지 않는 신화와 전설이 민족정기가 되어 불교 신앙으로 담긴 내용인데, 더구나 그 책 속에 이 글의 바탕이 되는 낙산 설화가 들어있기 때문이다. 전성기 통일신라 당시의 주체적이고도 이상적인 해동 백의관음신앙이 고려에 들어와 수월관음신앙으로 번안되어 계승되고 있었다. 그 계승의 흐름에 맞게 체원이 1328년 "백화도장발원문"을 '약해'로 요약해서 해설한 원본이 낙산 설화에서 의상 법사가 쓴 "백화도장발원문"이다. 그 계승의 흐름 중 시대적으로 수준 면에서 대표가 되는 그림이 이 글의 주제가 되는 다이토쿠지 소장 〈수월관음도〉다.

이렇게 충렬왕 시대에 시대와 직접 관련된 불경과 주체성을 고취시킨 역사책과 민족정기를 알린 낙산 설화가 서로 유기적으로 관련되어 있다. 같은 시대에 이 같은 기운이 유기적으로 움튼 것은 이 시대가 원의 식민지 간섭이 시작된 초기에 주체적인, 민족적인 저항 의식도 최고조로 형성되면서 서로 맞물리며 부딪치던 시기였기 때문이다. 일제강점기 초기에 3.1운동이 일어나고, 상하이임시정부가 만들어지고, 무장 독립군이 창설되고, 민족적 성격의 종교가 생겨나고, 신채호 등에 의해 민족사관이 형성된 것처럼 말이다.

다섯 번째는 충렬왕이 원당으로는 태조 4년(921년)부터 왕실에서 이어져 온 신효사(神孝寺)에 더해, 새롭게(1284년) 묘련사(妙蓮寺)를 원찰로 창건했다. 그런데 이 원찰이 중요하다. 그것은 앞에서 언급했듯이 천태종의 결사체인 백련사 분원 도량으로 한 결사 운동이기 때문이다. 그래서 원당에서는 왕 차원의 기원을, 원찰에서는 국가 차원의 비원을 염원한 것이다. 그런데 그 원당 신효사에 충렬왕 이전 1249년도에 이미 〈법화경사경보탑도〉를 봉안했었다[도판 209]. 감색 비단 바탕에 금으로 『법화경』의 69,384자 하나하나를 7층 탑을 그리면서 썼다. 유례가 없는 사경이다. 이는 보통 수준의 기원을 위한 것이 아니다. 이 특이한 7층 보탑도는 현재 일본 교토의 도지(東寺)에 소장되어 있는데, 그 발원문은 다음과 같다.

도판 209 원당 신효사의 〈법화경사경보탑도〉(1249). 250×61cm. 『법화경』 7권 전 내용(69,384자)을 금가루로 글자를 하나하나 다 적어 7층 탑으로 나타냈다. 도판은 그중 일부다. 일본 교오고코쿠지(教王護国寺) 소장

> 기유년(1249, 고종 46) 12월 신효사 전향도인(典香道人)이 전란을 없애어 나라가 태평하며 해마다 풍년이 들고 불교의 신령함이 온누리에 가득하기를 간절히 기원합니다.

이 발원문에 보다시피 당시 몽고는 고려를 계속 침입하고 있었다. 이 긴박한 상황에서 신효사의 전향 스님이 고려의 태평성세를 기원하면서 피와 땀과 꿈까지 온 정성을 부처님께 바쳐 조성한 것이다. 이 보탑도는 7층으로 구성되어 있는데, 『법화경』 7권 전권의 모든 글자(69,384)를, 1권을 1층씩(?)으로 해 7층 탑의 상륜부에서 기단 끝까지 그리고 각층 탑신의 불상과 좌우 2불과 풍경 등은 물론 하늘의 꽃비와 비천, 공양보살 등에 이르기까지 완전한 한 세트를 사경체로 써서 화려한 7층 탑으로 완성한 것이다.

원당에서 이정도이니 원찰에는 이에 상응하는, 아니 보다 더 격이 높은 그림을 봉안했음은 자명해진다. 더구나 수월관음을 신앙의 대상으로 삼던 천태종의 결사체인 백련사 결사 운동의 분원 도량이었으니 말이다. 그러므로 충렬왕은 자신의 원찰에 당대에 성행한 고려 불화 중 가장 화려, 미려, 수려하고 잘 그려진 최고품의 극진한 수월관음보살을 모범적으로 봉안하였음은 추론의 여지가 없다. 1284년이었다. 그 불화가 바로 이 다이토쿠지 소장 〈수월관

음도〉라고 생각한다.

따라서 여섯 번째로는 역사적인 타이밍 및 백련사 결사 운동과 가장 부합된다.

마지막 일곱 번째로 애자모 귀신의 등에 업힌 왕자가 충렬왕의 아들인 충선왕의 어릴 적의 모습이라는 추정에서다[도판 202]. 1284년이면 그가 1275년생이니 9살 때다. 그러니 동자로서 등에 업힌 모습과도 적격이다.

더불어 간접적인 뒷받침은 대몽 항쟁 성격의 불화가 그 앞 즈음부터 있었다. 이웃 나라 군대 철병, 나라의 평안, 국왕의 만수무강을 빌기 위해 1235년에 그린 〈오백나한도〉다[도판 210]. 그러나 무엇보다 『팔만대장경』이 있다. 원의 침략을 부처님의 힘으로 막고자 국가적 차원에서 온 국민이 16년간 절절한 비원으로 판각하여 조성한 세계사적 기념비다. 그래서 2007년 세계기록문화유산으로 등재되었다. 지금 생각하면 좀 그렇지만 동서양을 막론하고 중세에는 종교가 절대적인 백그라운드였다. 이 같은 흐름과 절대적 믿음이 고려가 원의 식민지 간섭하에 들어가게 되자 온 국민의 염원이 총합되면서 왕실 차원으로 일념(一念)이 되었다고 보게 된다.

도판 210 500개의 나한 중 6점이 국립중앙박물관에 남아 있다. 그중 도판의 인물은 145 희견존자(喜見尊者)다. 합장한 채 구름 속에서 용이 나타나 비 내려주기를 기다리는 표정이라고 설명하고 있다(보물 1883호).

앞에서 열거한 일곱 가지의 민족적 에너지가 합하여 연기화생으로 시너지를 이루면서 영기화생으로 나타난 역사 신앙의 총합적 일념(一念)이 다이토쿠지 소장 〈수월관음도〉란 독립운동으로 나타난 것으로 보게 된다. 따라서 식민지 이

전에 온 국민의 염원을 담아 판각한 것이 『팔만대장경』이라면, 식민지가 된 후 몽골의 눈치를 보며 왕실에서 혼신을 담아 그린 그림이 이 글의 주제가 되는 그림 다이토쿠지 소장 〈수월관음도〉다. 그러니 이 그림 한 장의 역사적 비중은 『팔만대장경』 못지않다. 당시는 국력보다 불력이 온 국민의 정신을 모으는 역할을 했다. 왕실마저 국력을 잃자 왕은 마지막으로 그 비원 해소를 불교에서 비나리했던 것이다.

사실 충렬왕(1274~1308)에 대해서는 부정적인 평가가 많다. 정치에 환멸을 느끼고 음주 및 가무와 사냥에 빠졌다는 비판이다. 그러나 당시의 현실정치를 보면 이해가 안 갈 수 없다. 자주성 상실에 따른 원의 지나친 내정 간섭과 종속국으로서의 비애, 친원파의 오만한 득세, 두 번에 걸친 고려 · 원 연합군의 일본정벌 실패에 따른 후유증, 원 출신 왕비의 우월 콤플렉스에 공처가가 되면서 얼마나 스트레스를 받았을까.

그런 와중에서도 그는 종교에 귀의하면서 국가를 위해 나름대로 보다 적극적인 힘을 썼다. 외적으로는 원나라에 들어가 쿠빌라이와 협상하여 총독처럼 절대 권력으로 내정 간섭을 하던 다루가치의 파견을 폐지시켰고, 몽골 주둔군을 철수시키기도 하였다. 내적으로는 앞에서 열거한 바가 뒷받침한다. 독립 국가를 위해 나름대로 민족적으로 뒷받침하는 데 힘쓴 것이다. 그래도 국가의 보위를 무한 책임진 왕이 아닌가. 어쨌든 나라가 타국에 의해 망해가게 되면 비슷하다. 조선 말기 헤이그밀사사건 등에서 고종의 역할처럼 말이다. 그리고 당시 왕실에서는 민족적 저항에 대한 역사적인 기록은 할 수가 없었다. 그러니 온통 왕에 대한 부정적인 내용뿐일 수밖에 없다.

이 그림은 원의 식민지 간섭 그리고 친원 세력에 의한 왕권 견제 및 소외감, 나아가 잘못하면 왕조마저 망할 것 같은 비정상적인 살얼음판 현실에서 왕실의 안녕과 정치적 안정과 국가의 독립을 위해 발원한 것이다. 그래서 다른 그림에서는 자랑스럽게 나타나는 '화기'가 이 그림에는 없다. 즉, 그린 사람도, 그린 목적도 없다. 단지 나라꽃과 나라 새는 구석에다 알아보기 힘들게 작게 그렸다. 가장 확실한 고려의 태극기도 말리게 하여 그 무늬를 얼버무렸다. 식민지 고려를 간섭하는 세력들이 천기를 알게 되면 골치 아프기 때문이다. 그 의심을 피하기 위해 헤어스타일, 모자, 복장 등 모든 치장을 몽골풍으로 담았다고 보게 된다. 그것은 [도판 62]에서처럼 '영친왕'에서 '왕'자를 보이지 않게 숨긴 것과 같다.

이 그림은 수월관음도 계통에서도 예외적으로 낙산 설화의 내용을 민족 주체적으로 번안하여 그린 그림이다. 국가의 독립, 왕실의 계승, 정치적 안정을 부처님의 힘을 빌려 역사적, 현실적, 구체적으로 구현해 내기 위해 나라의 무한책임을 진 충렬왕이 직접 발원한 희대의 걸작품으로 정리하게 된다. 종교적으로는 '그림 대장경'이었고, 정치적으로는 '그림 독립 선언서'였던 것이다.

이 글은 미진한 역사적 자료를 바탕으로 해서 다이토쿠지 소장 〈수월관음도〉의 도상을 합리적 추론으로 해석하여 쓴 글이다. 미진한 실증적 사실을 이리저리 헤매고 찾아 보완한다고 했지만 역사적인 사실과는 다를지 모른다. 지금까지 앞장서서 이끄는 서양 중심의 세계사에 우리 미술 문화의 우수성을 알리면서 함께 지구촌의 미술 문화사를 이끌고 싶어서 시론 수준에서 쓴 글일 뿐이다.

2. 〈암굴의 성모〉에서 의미와 상징

다빈치는 그림에서 주제와 관련된 것을 그냥 그린 것이 없다. 동작, 행위, 자세, 관계마다 그 의미를 부여하여 독특하게 혁신적으로 그렸다. 〈암굴의 성모〉도 이전에는 어느, 누구도 그린 적이 없는 전통적인 성모상을 혁신한, 다빈치만이 생각해 낸 성모상이다. 그러나 그의 그림이 아무리 독특하고 혁신적이라 할지라도 그 구도에서 의미와 상징은 기독교의 교리와 전통의 계승 속에 있을 수밖에 없다. 그러므로 구도에서 의미와 상징은 당시 유행했던 성모상의 전형이 되는 그림을 가지고 이 〈암굴의 성모〉와 비교하면 해석할 수 있다.

1) 의미

로마제국 당시 유행한 황제의 반신 초상은 현존의 의미와 함께 최고의 권위를 나타냈다. 중세 성모의 의미도 이 같은 로마 황제의 초상화 양식을 적용하였다. 그래서 옥좌의 성모처럼 성모를 하늘의 여왕으로서의 현존과 권위를 나타낸 것이다. 그러나 휴머니즘이 싹트는 르네상스 이후부터는 달라진다. 신의 아들을 낳은 옥좌나 마에스타로서의 반신 초상보다는, 사람의 아들을 낳은 땅 위의 성모가 나타나기 시작했다. 기독교가 당시 문화의 주체이고 성모가 그 아이콘이었으니 역사에서 휴머니즘을 일깨우는 데에도 가장 큰 역할을 담당한 것이다. 성모가 옥좌에 앉아 모든 성인을 신하로 거느린 하늘의 어머니로서가 아니라 33년 후 십자가에 못 박힐 어린양 같은 아기 예수를 인간적으로 가슴에 안은 성모를 강조하면서부터다.

이같이 시대에 따라 나타나는 특정 유형의 제단화는 시대정신이 신앙으로 요구하는 내적 욕구에 대한 외적 형상화다. 그러므로 중세 당시는 그림 주문자의 요구와 교리에 크게 어긋나지 않는 범위 내에서 화가들은 그들이 생각한 어떤 꿈같은 교리를 시대정신 속에다 창조적으로 형상화해 왔다. 그것은 당대 내적인 신학적 요구를 외적으로 양식화하여 새롭게 진보적인 모습으로 보이게 하는 힘이었다. 당대 르네상스라는 봄을 만나 내적 요구, 즉 휴머니즘이란 싹이 주체적으로 돋아나기 시작한 시대정신을 이처럼 앞장서서 법정 투쟁까지 해가며 견인해 낸 사람이 다빈치다. 그것은 성모상에서 그 어느 그림보다 '휴머니즘'을 기저로 해서 구원 시스템으로 담아 그린 〈암굴의 성모〉가 증명한다.

불교도 마찬가지이지만, 종교화 인물에는 대개 그 주인공이 상징하는 절대적인 의미가 지물, 색깔, 옷, 몸짓 등으로 상징되어 있다. 예를 들면 세례 요한의 상징은 낙타 가죽, 메뚜기, 석청이고 천사는 흰 옷, 날개이며 성모 마리아는 장미, 백합 그리고 성처녀를 상징하는 붉은색과 어머니를 나타내는 푸른색의 옷이다.

따라서 비록 얼굴의 모습은 다를지라도 지물이나 옷을 보고 또는 어떤 특징 있는 몸짓을 보고 그가 누구인지 알아볼 수 있다. 그것은 지금 이 〈암굴의 성모〉에서 아기로 표현되어 있을지라도 옷은 낙타 털옷을 입었음에서 그가 세례 요한임을 알 수 있는 것처럼 말이다. 그런데 그림 속에 들어있는 인물 검증을 넘어 한 걸음 더 들어가 구도를 '시스템'으로 분석하면 작품 속의 구조적인 내면세계까지 알게 된다. 〈암굴의 성모〉도 그 구도 속에 숨어 있는 구조적인 비밀이 있다. 그 비밀을 살펴보자.

이 〈암굴의 성모〉 도상에 내재된 의미를 다빈치와 거의 동시대에 베네치아에서 모범생 화가로, 그래서 베네치아화파를 형성한 조반니 벨리니의 성모상을 참고로 해서 풀어본다. 벨리니는 성화의 정통성을 이어온 비잔틴 이콘의 도상을 그대로 계승하여 그렸다. 그래서 성모상의 전통적인 구도를 전형적으로 보여준다. 그의 수많은 그림 중 〈모렐리 마돈나〉도 그렇다[도판 211]. 다빈치가 전통적으로 그린 다섯 작품의 성모상도 앞에서 보았듯이 그 구도가 이 벨리니의 그림과 같다. 그리고 도상에 혁신적인 변형을 가한 〈암굴의 성모〉도 사실 알고 보면 마찬가지다. 다빈치가 제 아무리 전통적인 도상에서 벗어난 그림을 그렸다 해도 넓게 보면 그 그림에 담긴 교리는 '손바닥 안'이기 때문이다.

조반니 벨레니의 성모상, 〈모렐리 마돈나〉에 대해서 알아보자.

이 성모상 그림에서 교리를 상징하는 가장 크고 중요한 모티브는 세 가지이다[주 80]. 첫째는 성육신(Incarnation)으로서의 아기 예수이고, 둘째는 파라펫(parapet, 제단)이며 그리고 셋째는 휘장(curtain)이다. 이 같은 모티브는 〈암굴의 성모〉에도 직유와 은유로 들어 있다. 그러면 〈모렐리 마돈나〉에서 이 세 가지 모티브를 살피면서 〈암굴의 성모〉와 비교해 보자.

첫째, 성모상에서 성육신으로서의 아기 예수는 언제나 '발가벗은' 모습이다. 이는 성육신으로서 신이 성모 마리아를 통해 사람의 아들로, 즉 인성을 태생에서부터 100% 사람들에게 확인시키기 위해 보여주는 모티브이기 때문이다. 벨리니와 다빈치의 성모상도, 그 외 모든 성모상도 마찬가지다. 그러므로 성모상에서 발가벗지 않은 아기 예수 그림은 보기 드물다. 교리를 벗어나기에 제단화는 될 수 없다. [도판 112]처럼. 그렇기 때문에 그 그림은 르네상스의 정신인 휴머니즘을 상징하는 그림일 뿐이다.

도판 211 조반니 벨리니의 〈모렐리 마돈나〉(1491년경). 84.3×65.6cm. 파라펫 위의 배는 인간에 대한 사랑으로 모든 이의 죄를 대신하여 수난당한 그리스도의 희생을 상징한다. 즉, 십자가의 의미다. 카라라아카데미갤러리 소장

둘째, 파라펫은 아기 예수가 있는 곳으로 '제단'을 의미한다. 원래 교회 건축에서 파라펫은 제단과 신자석을 분리하는 난간으로 쓰

였다. 여기에서 파라펫은 성인이 속하는 성역의 제단 공간과 예배자가 속하는 세속의 예배 공간과의 차이와 그 분리를 나타낸다. 이 파라펫이 성모가 아기 예수를 안고 있거나, 아기 예수가 앉아 있거나 혹은 말구유같이 누워 있는 장소로, 그림에서 아기 예수의 행동에 중심이 되는 곳, 즉 희생의 상징인 제단의 역할을 하는 곳이다.

그 계기는 성모가 성전에서 갓 태어난 아기 예수를 유아세례처럼 바치면서부터다. 그것은 성경이 뒷받침한다. 즉, 인류를 위한 아기 예수의 봉헌과 죽음을 알리는 누가복음 2장 22-38절의 내용에서다. 그중, "시므온은 그들을 축복하고 나서, 아기 어머니 마리아에게 이렇게 말하였다. 이 아기는 수많은 이스라엘 백성을 넘어뜨리기도 하고 일으키기도 할 분이십니다. 이 아기는 많은 사람들의 반대를 받는 표적이 되어(34절) 당신의 마음은 예리한 칼에 찔리듯 아플 것입니다. 그러나 그는 반대자들의 숨은 생각을 드러나게 할 것입니다"(35절).

[도판 211]에서는 화면 하단부의 파라펫(제단) 위에 성모에 안긴 아기 예수와 그 바로 아래 곧 나무판 제대에 놓여 있는 배가 그 역할을 의미한다. 배가 함의하고 있는 의미가 십자가상에서의 대속과 같은 '인류를 위한 예수의 희생'을 대변하기 때문이다. 다빈치가 전통적인 성모상에 그린 지물들, 즉 석류, 카네이션, 이름 모를 꽃, 오색방울새, 물렛가락도 다 제단인 십자가상에서의 대속을 의미한다.

〈암굴의 성모〉에서는 예수와 함께 '손, 손·손·손'들이 있는 위치가 파라펫, 즉 제단에 해당된다[도판 167]. 우선 아기 예수가 앉아 있는 장소라는 점 그리고 네 성인의 손들이 상징하는 십자가는 공생애를 바치는 제단을, 동시에 그 비둘기 같은 모습은 성령을 상징함은 물론, 이후 하늘로 승천할 승리의 부활을 나타내기에 곧 골고다 언덕과 무덤이다. 그리고 연못의 물은 요단강가에서의 세례 요한을 통한 예수 공생애의 출발을 상징함은 물론 예배자들에게도 세례를 통해 참된 믿음의 확신을 처음으로 고백하게 하는 상징이다. 제단을 예배자·피예배자 모두를 위해 나타냈다. 도상을 혁신하여 비둘기, 십자가, 부활, 세례 등 다양한 핵심 단어들을 통해 전통적인 성모상보다 더 풍부하고 은유적인 알레고리로 제단을 알리고 있는 것이다. 그래서 예수는 이 자리를 강조하면서 참된 믿음을 고백하는 예배자들에게 "나를 기념하라"고 말했다. 그 말씀이 성찬식을 통해 영원히 기념하는 예수의 피와 살을 의미하게 되었음은 물론이다. 따라서 성모상에 일관되게 등장하는 파라펫은 십자가 상에서의 죽음과 함께 그 승리를 상징하는 부활의 자리다. 그러면서 예배자들에게는 신앙고백을 하면서 예수처럼 살겠다는 서원과 함께 예수를 기념하는 제단이 된다. 역사적으로는 골고다 언덕 아래 예수의 묘지가 있는 예루살렘의 '성묘교회'가 되겠다.

셋째, 조반니 벨리니의 그림에서 성모 뒤의 창에 드리워진 '휘장'은 원래 옥좌와 결합되어 나타난 모티브였다. 기독교미술에서 휘장은 성소를 상징하는 옥좌와 함께 그려져 옥좌 이면의 지성소를 암시하는 기능을 했다[도판 78 참조]. 그 휘장에서 일부분이 창으로 변한 것이다. 진리란 '숨기는 동시에 드러내는 것'이라고 하면서다. 즉, 수월관음도의 '색채 조형'처럼, 마크 로스코의 '색면 추상'처럼, 예수의 '부활한 무덤'처럼 육안으로는 숨기듯 심안으로는 보이는 것

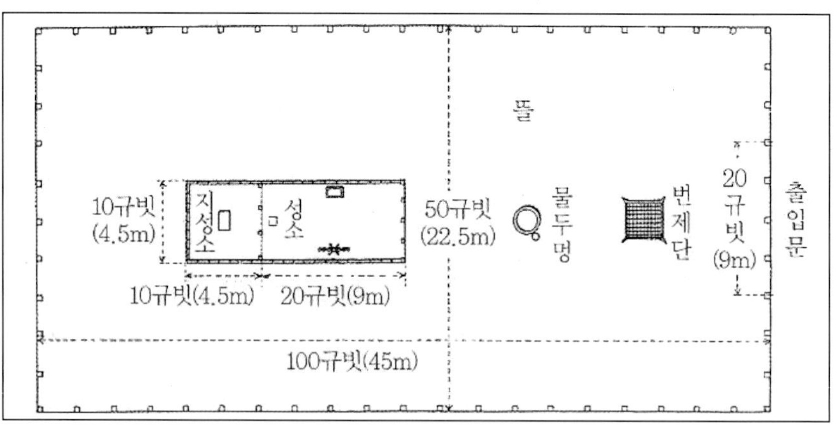

도판 212 구약, 출애굽 시대에 정해진 성소와 지성소의 구조 및 크기 포맷. 성막의 내부가 휘장에 의해 성소와 지성소로 나뉘어져 있다. 여기서 성소는 사람들이 예배를 드리는 교회이고, 지성소는 성스러운 하느님의 영역이다. ※정시춘 지음, 『교회 건축의 이해』, 발언(2000년), 91쪽에서 도판 전재

이다. 〈암굴의 성모〉에서 '구원 시스템'처럼 말이다.

두란더스(Durandus)는 휘장을 구약의 모세 시대에 성막(tabernacle)과 연결시켰다. 즉, 성막의 내부는 휘장에 의해 두 부분으로 나뉘는데, [도판 212] 처럼 성소(聖所,Sanctorum)와 지성소(至聖所, Sanctum Sanctorum)이다[주 81]. 여기서 성소는 사람들이 예배를 드리고 제물을 봉헌하며 희생 제사를 바치는 교회이며, 지성소는 하느님과의 계약사항을 적은 언약궤가 있는 성스러운 하느님의 영역이다. 따라서 불교 버전으로 법신인 언약궤는 신이 현존해 있다는 상징이다. 이곳은 특별한 날에만 제사장이 성소에서 휘장 뒤의 지성소에 들어갈 수 있었다.

그런데 이 〈암굴의 성모〉에서는 성소에서 지성소로 들어가는 그 휘장의 역할을 성모의 중보심을 상징하는 둥근 창으로 나타냈다. 즉, 장미창으로 분리해서 성소인 동굴과 지성소인 동굴 밖으로. 그러므로 동굴 끝은 휘장을 의미하는 장미창으로서 성소에서 지성소로 들어가는 천국의 문이 된다. 따라서 동굴인 성소는 사람들이 예배드리고 제물을 봉헌하는 교회가 되며, 동굴 밖의 강촌마을은 지성소로서 하느님의 영역인 천국, 새 에덴동산, 이상정토, 무릉도원, 천상의 예루살렘을 묘사한 이상향이다.

그러므로 〈암굴의 성모〉 그림에서 동굴이 시작되는 (네 사람의 손과 함께) 아기 예수가 있는 연못의 경계가 예배자가 있는 세속과 분리되는 제단이라면, 동굴 끝의 '장미창'은 동굴 밖인 지성소와 동굴 안인 성소가 분리되는 휘장에 해당된다. 동굴 밖(강촌마을)에 나타난 빛(태양)이 하느님의 현존을 상징하는 언약궤의 의미라면, 동굴 안(교회)의 빛(촛불)은 예수의 현존을 십자가 대속으로 상징하는 것이다.

다빈치가 동굴 맨 앞의 연못에서 가장 어두운 동굴 안 성소로, 성소에서 그림의 맨 끝(소실점)을 가장 밝은 동굴 밖 지성소를 상징하는 강촌마을로 해, 빛의 조도를 극에서 극으로 변화시키면서 교리의 깊이감도 극에서 극으로 이루어지게 하였다. 어두움에서 촛불을 통한 태양 빛으로, 죽음에서 부활을 통한 하늘나라로 연결되게 한 것이다. 다빈치는 우리에게 "인류를 보호해 준다"는 천사 우리엘의 가이드로 예배당에서 아기 요한처럼 동심으로 예배드리게 되면, 예수의 축복을 받아 중보자인 성모의 재능기부를 통해 동굴 밖의 마을, 새 에덴동산에 가게 된다는 구원의 루트화인딩을 뫼비우스의 띠처럼 선명하게 보여주고 있다. 즉, 네 명의 성상이 각자의 역할에 맞게 각각 다른 표정, 눈짓, 몸짓으로. 특히 '손, 손·손·손'짓으로 연대하여 힐링의 흐름을 [도판 188]처럼 표상 속 의상인 구원 시스템으로 보여주고 있는 것이다. 다빈치 자기가 말한 "영혼을 향한 창", 즉 신앙의 눈인 심안과 영안을 통해서다. 아파테이아를 향해서.

2) 상징

〈암굴의 성모〉에서 파라펫에 해당하는 연못의 가장자리, 화면의 맨 앞에 앉은 아기 예수의 위치는 구성상 밝은 부분(신성한 피예배자의 영역)과 어두운 부분(세속적인 예배자의 영역)을 경계 짓는 곳이었다. 그러나 예수의 십자가 대속 사건으로 인해 그 경계가 무너지면서 제단이 되었다. 다시 말해, 앞에서 시므온이 예언한 성전에서 아기 예수를 바친다는 성경 말씀이 33년 후 그대로 이루어진 것이다. 십자가의 대속 사건으로 성과 속이 만나 하나가 되면서다. 예수의 희생으로 말미암아 죄로 물든 인간이 구원되어 성스러운 영역인 하늘나라에 들어갈 수 있는 자격을 갖게 된 것이다.

그 자격에 대한 선언으로 히브리서 10장 19절에 "예수께서 피를 흘리심으로써 우리는 마음 놓고 지성소에 들어가게 되었습니다"라고 쓰여 있다. 예수가 십자가 대속을 통해 영구한 희생을 치렀기 때문에 모든 신도가 성소에서 지성소에 들어갈 수 있게 되었다는 것이다. 그러므로 이 그림에서 '장미창'은 성소와 지성소의 분리를 나타내는 동시에 성소에서 지성소로 들어가는 통로, 즉 천국의 문이 된다.

그래서 두 성인은 다음과 같이 고백했다[주 82]. 시토 수도원을 크게 발전시킨 성 베르나르두스(1090~1153)는 성모를 향하여, "국왕이 상을 내리는 은혜는 반드시 대궐 문을 통하여 이루어지고, 하느님께서 상을 내리시는 은혜는 반드시 당신의 손을 통해 하시니, 그러므로 당신을 '하늘의 문'이라 일컫나이다." 프란체스코 수도회 출신의 신학자이자 수도원장이었던 성 보나벤투라(1221~1274)도 마리아에 관한 교리를 으뜸으로 설파하였다. 즉, 성모를 향하여 "당신을 의탁하여 주보로 삼지 아니하고 어떻게 하늘나라에 오를 수 있겠습니까? 그러므로 당신을 일컬어 '하늘의 문'이라 하나이다."

이처럼 교회에서는 일찍부터 천국에 가기 위해 성모의 도움을 구하는 신심(信心)이 일반적이었다. 다빈치도 이 〈암굴의 성모〉 그림에서 성 베르나르두스와 성 보나벤투라처럼 성모 존재의 의미를, 모든 인간을 구원하는 데 도움을 주는 가장 으뜸 되는 중보자로 곧 [도판 188-⑤]에서 보듯 하늘 문으로 상징해서 나타낸 것이다. 그것은 그림을 주문한 성모협회도 다를 바가 없었다. 아니 당시 최초의 동양적 산수기법으로 동굴 밖의 풍경을 이국화시키고, 성상학에 맞게 인물들을 배치하여 교리를 체계화시켰다. 그래서 성모상에서는 처음으로 구원 시스템을 담아냈다. 모든 사람이 희망하는 파라다이스를 성모협회 그들의 요구보다 더 격을 높여 나타낸 것이다. 그들은 뫼비우스의 띠 같은 구원 시스템을 이해하지 못한 것이다. 종교란 그 같은 풀리지 않는, 그러면서도 끊어지지 않는 신비를 지녔기에 매력적으로 존재하는 것이다. 인간의 불안을 위무해 주면서다.

이 같이 위대하고 거대한 천재 예술가였던 다빈치의 신심과 신이한 표현방법을 당시 그들은 이해하지 못했다. 아니 무시했다. 그리고 그는 임종하기 전에 그의 신심을 북받쳐 오르는 신앙 감정으로 고백했다. "더욱 열심히 예술을 추구하지 못한 일로 하느님과 인류에게 죄를 지었다"고. 누구든 마지막 유언을 자랑으로 남기는 사람은 없다. 어쨌든 이 최상의 겸손함을 나타낸 신앙 고백보다 더 훌륭한 작품이 어디에 있으랴. 그 유언 바로 아래, 그림으로서의 최고 작품이, 구원 시스템이 뫼비우스의 띠처럼 들어 있는 〈암굴의 성모〉이다.

4장

두 그림에서 상이점과 공통점 비교

새로운 고난도의 블라인드 루트인 〈수월관음도〉와 〈암굴의 성모〉 두 그림을 비교하며 내공법으로 정상에, 그리고 각종 난이도의 코스를 나름대로 개척해 큰 바위 정상에 올라서게 되었다. 올라서서 둘러보니 멀리서 히말라야 같은 웅혼한 불교 산맥과 알프스 같은 장쾌한 기독교 산맥이 산허리에 구름을 머금고 호연지기를 보이면서 손짓한다. 여기도 오라고. 그곳은 다른 분들이 갈 거라고 에코(echo)해 본다. 마음이 상쾌하고 개운하다. 그 마음으로 두 그림의 상이점과 공통점을 마무리해 본다.

1. 상이점

첫째, 보살과 성모의 얼굴에서 풍기는 특징이 서로 다르다.

다이토쿠지 소장 〈수월관음도〉에서 보살의 얼굴은 관념적인 인물이므로 보통 사람과는 다른 특징을 지니고 있다. 수염 난 얼굴에 각종 치장은 여성적

이어서 초인적인 모습이다. 이에 비해 〈암굴의 성모〉는 예수의 어머니라는 역사적인 인물이므로 보통 사람의 얼굴이다. 그러므로 관음과 성모의 얼굴에 담긴 감정에서 본질적인 상이점이 깔려 있다.

즉, 관음의 얼굴에서는 아미타여래의 능력과 함께 대자대비를 상징하는 부드러운 미소가, 그러나 위엄이 서려 있다. 이에 비해, 성모의 얼굴은 인간으로서 나타낼 수 있는 가장 지순한 감정과 어머니로서의 따뜻한 모성애와 구원의 중보자로서의 포근한 얼굴이다. 위엄성이라고는 전혀 없다.

둘째, 예배자가 관음과 성모에 대해 동일시하는 방법이 다르다.

투영과 모방의 차이다. 불교 신자들은 관음에게 도움을 요청하는 동시에 투영(오버랩)을 통해 관음과 하나가 되기를 바란다. 그러나 기독교 신자들은 성모가 하느님의 소명에 따라 살아간 그 믿음의 방식을 그대로 모방하려는 신앙을 갖는다.

이 차이는 관음의 존재가 관념적이라면, 성모의 존재는 역사적이기 때문이다. 관음은 현실에 존재하지 않는 이상적인 존재이기 때문에 33응신처럼 자신을 언제든 어디서든 중생이 원하는 코드 신앙에 맞게 다양한 관음으로 변화할 수 있고, 중생은 그 응신된 변화 관음에 자신의 신앙 코드에 맞춰 투영할 수 있다. 이에 비해, 성모는 예수라는 아들이 있었고 가족이 있었다. 관념적인 인물이 아니라 역사적인 인물이었다. 그러므로 예배자가 역사적 인물에 자신을 투영시킬 수가 없다. 모방을 통해 주체적인 신앙으로 닮아갈 수 있을 뿐이다.

셋째, 용서하고 구원하는 능력에 차이가 있다.

관음은 사람들이 참회하고 다시 죄를 짓지 않겠다고 서원할 때 그들의 증인이 되어 주는 한편 죄를 용서해 준다. 주존불의 능력을 대변하는 협시이기 때문이다. 그에 반해 성모는 같은 인간이다. 따라서 신자들의 죄를 하느님께 단지 변호해 주는 중보자일 뿐이다. 용서는 하느님의 권한이기에.

마찬가지로 구원에 있어서도 예배자가 관음보살에게 보살의 대자대비를 믿고 앞으로 선하게 살겠다는 서원을 하여 받아들여지면 아미타여래에서는 그대로 통과하게 된다. 그러나 성모는 인간으로서 중보자의 역할만, 구원에 대한 결정권은 오직 하느님에게만 있기 때문이다(그러나 그 역할의 중요성 때문에 자연스럽게 가장 실질적인 예배의 대상자가 되었다). 어쨌든 그 차이는 보살이 여래 쪽의 협시라면, 성모는 인간 쪽의 중보자이기 때문이다.

넷째, 구원에 이르게 하는 방법이 서로 다르다.

다이토쿠지 소장 그림에서는 자비심의 각종 능력이 동시에 화려하게 나타나 있다. 즉, 보살의 온몸에다 수려한 무늬와 화려한 치장으로, 오방 색채로, 연기화생으로 한꺼번에 전모를 드러내어 자비심의 능력이 극대의 시너지가 되면서 영기화생으로 영글게 하였다. 그 영기화생 속에 친견 시스템이 은유적으로 들어있게 한 것이다.

이에 비해 〈암굴의 성모〉에서는 구원의 단계를 교리 시스템에 따라 점차 높이면서 루트화하였다. 천국을 향한 신앙심을 시온의 대로 위에서 구원 시스템의 이정표대로 달리게 한 것이다.

음식으로 비유하면, 우리 음식은 정식에서 보듯이 먹고 싶은 모든 반찬이 식탁 위에 한꺼번에 그득하게 나오지만, 서양 음식에서는 하나하나 코스에 따라 체계 있게 순서대로 나오는 차이와 비슷하다.

다섯째, 정토와 현실의 크기가 서로 반대다.

〈수월관음도〉는 바다를 경계로 하여 위를 극락정토로 크게 나타냈고, 아래로는 현실 세계를 작게 표현하였다. 불화는 현실보다 정토를 강조하기 때문이다. 그 크기의 비유는 보살의 무량한 자비심의 능력을 상징하는 '8억나유타항하사유순'으로 해서다.

이에 비해 〈암굴의 성모〉에서는 동굴과 동굴 밖으로 구분하여 동굴은 피난처인 현실 속 교회로, 동굴 밖은 지상천국으로 표현하였다. 그런데 〈수월관음도〉와는 반대로 현실 속 동굴교회는 아주 크게, 천국인 동굴 밖은 아주 작게 나타냈다. 장미창처럼 좁은 문으로 들어가는 선망의 장소로 느끼게 하기 위해서다.

여섯째, 불교에서 이상정토로, 기독교에서 하늘나라로 가는, 즉 구원받는 루트의 방향이 위와 아래로 서로 반대다.

〈수월관음도〉에서는 화면의 구도가 상하 평면감이기 때문에 하향 엘리베이터로 나타냈다[도판 184]. 즉, 공양 인물이 바다 위에 막 솟아오르는 친견용 발디딤판인 연꽃봉오리를 통해 이상정토의 권역에 들어서면, 보살이 손에 쥔 친견기념품을 공양 인물을 향해 위에서 아래로 내려 주는 것으로 예고하고 있다.

이에 반해 〈암굴의 성모〉에서는 화면의 구도가 가까운 곳에서 먼 곳으로의 상승감이기 때문에 상향 에스컬레이터로 나타냈다[도판 188]. 즉, 예배자가 제단화 속에 있는 천사의 눈짓과 손짓에 따라 요한처럼 예수에게 경배하면, 예수의 은총에 따라 '하늘 문'인 성모의 중보심을 통해 동굴 밖 천상으로, 즉 아래에서 위로 신앙이 상승되면서 마음이 시온의 대로 따라 빨려가게 암시하고 있는 것이다.

이렇게 다이토쿠지 소장 〈수월관음도〉에서는 정토로 가는 구원의 흐름이 하향 시스템이라면, 〈암굴의 성모〉에서는 하늘나라로 가는 흐름이 상향 시스템이다. 불교는 자비에 따른 보시의 개념을, 기독교에서는 사랑에 따른 승화 개념을 상징하기에.

일곱째, 불교에서 이상정토로 가는 상징은 인물의 대소 관계로, 기독교에서 하늘나라로 가는 상징은 장소의 원근 관계로 나타냈다.

불교에서 진리의 장소는 모두가 같다는 무원근법에 따라 〈수월관음도〉에서는 원근감이 없다. 그러므로 그 이동 루트는 대상을 크기의 차이로 나타내 작은 인물에서 큰 인물로 가게 표현할 수밖에 없다. 그래서 다이토쿠지 소장 〈수월관음도〉에서 구원을 바라는 비나리들은 아주 작게, 구원을 베푸는 관음보살은 무한대의 크기를 상징하는 '∞억나유타항하사유순'으로 나타냈다.

그러나 기독교에서는 구원 시스템이 땅에서 하늘로 가는 거리감이므로 그 묘사는 원근감으로 나타낼 수밖에 없다. 그러므로 〈암굴의 성모〉에서는 눈앞의 제단에서 하늘나라를 더 이상 멀게 할 수 없는 동굴 밖의 소실점으로 하여 나타냈다.

목적지로 가는 상징을 다이토쿠지 소장 그림에서는 가장 작은 공양 인물에서 무한대로 큰 보살로 가게 하여, 〈암굴의 성모〉에서는 가장 가까운 곳에서 더 이상 갈 수 없는 소실점의 장소로 가게 하여 나타낸 것이다.

여덟째, 두 그림에서 이상세계를 나타낸 표현 방법이 다르다.

다이토쿠지 소장 그림에서는 관음보살의 자비심과 이상세계를 배채법으로 바탕색을 우아하게 만들고, 복층법으로 입체화시키고, 금니법으로 화려하게 돋보이게 하고, 이들이 연기화생으로 시너지가 형성되도록 하여 영기화생으로 업그레이드시켰다. 그 바탕 위에 보살의 능력을 친견 시스템의 원리에 맞게 동영상화하고, 이상세계를 무원근법으로 눈앞에다 평면화하여 감각화시키면서 직관화하였다.

이에 비해 〈암굴의 성모〉에서는 전혀 기법이 다르다.

즉, 성모의 능력과 이상세계를 수푸마토 기법으로 신비화시키고, 시니피에 기법으로 은유화시키고, 대기원근법으로 몽롱화시키고, 동양적 산수화 기법으로 이국화시켰다. 그리고 이들을 유기적으로 업그레이드시켜 가피력화하였다. 그 바탕 위에 4명 주인공의 능력을 구원 시스템의 교리에 맞게 성상학적으로 체계화시키고 동영상화하였다. 그러면서 천상의 예루살렘을 더 이상 멀리할 수 없는 소실점으로 하여 깊이 있게 내면화시키면서 신비화시켰다. 이는 당시 동양과 서양의 화법 차이에서 기인한다.

아홉째, 동적인 역할이 다르다.

관음도에서는 그 역할이 예배자의 예불 태도에 나타나 있고, 성모상에서는 예배 대상자, 즉 성인들의 구원 자세에 나타나 있다.

다이토쿠지 소장 〈수월관음도〉에서는 공양 인물 중 왕실 일행은 돌풍 같은 바람이 불고 파도가 무섭게 일렁임에도 불구하고 태풍의 눈처럼 동중정으로 차분하고 평온하다. 정(靜)의 분위기다. 그래서 깊이가 있다. 그러나 그 뒤부터는 다르다. 중간 그룹에서 등에 업힌 어린아이는 기쁨에 찬 모습으로 보살에게 천진스러운 표정과 동작으로 말을 걸면서 즐거워하고, 문배신장들은 각자의 역할을 완수하기 위해 긴장된 표정과 동(動)의 자세로 힘 있게 내닫고 있다. 그래서 힘이 있다. 마지막의 팔부시종들은 버거운 공양물을 들고, 이고, 낀 부담스러운 가운데 제자리에서 어쩔 줄 몰라 당황해하는 모습이다. 그래서 산만한 분위기 속에서도 코믹한 소(笑)를 드러낸다. 그래서 살아있다.

이에 비해 〈암굴의 성모〉에서는 예배 대상자로서의 등장인물 모두가 구원 신앙에 따른 역할로, 즉 각각 다른 고유의 표정, 눈짓, 손짓, 몸짓을 국제어인 에스페란토로 하고 있다. 그런데 그 표현들은 서로 한 치의 오차도 없이 절도를 지키며 구원 시스템에 따른 역할을 체계 있게 완수하는 모습이다. 그렇기 때문에 겉으로는 정적으로 보이지만, 구원에 대한 그 보이지 않는 에너지는 강물처럼 내면에서 은총 따라 역동적으로 흐르고 있음을 느낄 수 있다.

다이토쿠지 소장 〈수월관음도〉 그림에서는 친견 공양 인물들의 예불 태도와 그 분위기가 정(靜)·동(動)·소(笑)로 그리고 엄숙·역동·코믹으로 구분되어 있다면, 〈암굴의 성모〉에서는 예배 대상자들의 서로 다른 역할이 정중동 속에서 하나로 융화되어 천국을 향하여 조화를 이루고 있다.

열 번째, 두 그림 속에 들어있는 종교미에 본질적인 차이가 있다.

수월관음의 이미지는 예불자의 모든 멍에를 해탈시키는 데 있다. 따라서 〈수월관음도〉에서는 이 능력을 강조하기 위한 상징으로 보살의 몸을 귀하고 특이한 '32상 80종호'의 모습과 유사하게 나타냈다. 그 위에 다른 보살에서는 없는 백금 실로 짠 듯한 화사하고 투명한 흰 사라를 온몸에 걸치고, 미려, 수려, 화려한 무늬로 시문하고 각종 진귀한 보물로 화려하게 치장하였다. 그래서 초월적인 아름다움을 보여주고 있다.

이에 비해 〈암굴의 성모〉에서 성모의 얼굴은 진리를 사랑하는 모습이다. 그러므로 그녀의 얼굴에는 (아들 예수가 진리를 위해 살다 십자가를 지었기 때문에) 인류에게 불편한 진실인 그 십자가 수난에 대한 통고가 어려 있다. 얼굴에 어린 그 통고를 성결한 모성애로 극복했을 뿐만 아니라 나아가 '쉐마의 비밀'로 담아 인류를 위한 중보심으로 승화시켜 보편화하였다.

이렇게 다이토쿠지 소장 〈수월관음도〉에서는 해탈의 능력을 각종 치장과 특이한 모습으로 암시한 초월미로 보여주고 있다면, 〈암굴의 성모〉에서는 십자가의 수난을 모성애를 넘어 중보심으로 극복한 승화미로 보여주고 있다. 두 그림 다 초월미로, 승화미로 힐링을 강조한 것이다.

2. 공통점

첫째, 관음보살은 불교에서, 성모 마리아는 가톨릭에서 신자들이 가장 부담 없이 찾아가는 대중 신앙의 상징이다.

그것은 관음보살이 처음에는 여래의 능력을 보좌하는 협시로 등장했으나 친밀감과 자비심의 공덕 확산에 따라 점차 중생에게 가장 인기 있는 독존으로 발전한 것에서 알 수 있다. 그리고 성모 마리아는 처음에는 예수가 신의 아들에서 인간의 아들이 됨을 증명하는 성육신의 도구적 차원에서 등장했으나 신도들에 의한 중보적인 믿음의 요구와 그 확산에 따라 독자적인 주인공으로 나타난 도상에서 그렇다.

둘째, 관음보살과 성모 마리아 간의 성격상 유사점은 자비심을 지닌 모성적인 존재, 가장 이상적인 어머니라는 점이다.

『천수경』에는 관음보살이 "중생을 불쌍히 여기시기를 마치 어머니가 갓 난 자식을 보듯 한다"라고 표현되어 있다. 그러므로 일반 중생이 관음보살을 어머니처럼 생각하고 찾아와 기원드리며 육체적인 고통과 정신적인 스트레스를 해소한다. 성모는 예수의 어머니로서 그 어느 어머니도 감당할 수 없는 십자가 형벌이라는 가장 아픈 아들의 고통을 함께 나누는 모습을 보여주었다. 따라서 일반 신도들, 특히 여성들은 성모로부터 일상에서 비롯되는 고통, 특히 같은 어머니의 입장에서 겪어야 하는 온갖 정신적·육체적인 고통으로부터 위로와 해방의 원천을 발견한다.

셋째, 관음도 성모도 여래나 신이 아니므로 고유한 자기의 권한으로 구원을 이끌어 주지 못한다. 단지 중보적인 도움을 줄 뿐이다.

그래서 직접적인 능력이 아니라 여래의 협시로, 하느님의 중보자로 인정받은 능력 안에서 신자들의 기원이나 요구에 친밀감으로 상담하고 격려해 준다. 그러므로 신자들은 부담 없이 관음과 성모에 자신들을 각각 투영과 모방으로 일치시킴으로써 내면의 한과 고통에서 벗어나는데 심리적으로 크게 도움을 받는다.

넷째, 두 그림 다 현실의 장소를 암굴로 해 이상정토(천국)로 신비화시켰다.

불교에서는 『화엄경』에서 선재동자가 찾아간 곳은 이상세계에 존재하는 정토로서의 보타락가산 석천궁이지만, 이 그림에서는 현실에 존재하는 동해 낙산사의 홍련암 관음굴이다.

기독교에서는 외경에 나오는 피난처이나 이 그림에서는 제단화로 주문받은 밀라노의 산 프란체스코 그란데성당을 가르킨다.

두 그림 다 그 역사적인 장소를 경전의 장소로 오버랩시켜 신비하고도 기묘한 암굴로 변화시켰다.

다섯째, 두 그림 다 명암의 대조로 인물과 배경을 차별화하였다.

다이토쿠지 소장 〈수월관음도〉에서 관음보살과 공양 인물들은 밝게, 배경은 동굴이므로 어둡게 처리하였다. 관음보살의 얼굴을 2중 광배로, 예불자와 차별화하면서 예불자의 시선을 친견의 장소로 이끌고 있다.

〈암굴의 성모〉에서도 굴은 어둡게, 그 속의 인물들은 밝게, 목적지인 동굴 밖은 가장 밝게 키아로스쿠로 명암 기법으로 해서 구원의 장소로 이끌고 있다.

이는 두 그림 다 예배자를 어두움에서 광명으로 이끄는 의미다.

여섯째, 보살과 성모 모두 다 모습, 자세, 의상에 공통점이 있다.

둘 다 비나리를 하는 예배자에게 소원을 이루어 주려는 깊고도 그윽한 눈길이, 양팔을 앞으로 내밀어 벌리면서 품어 주려는 모성애가, 자비심을 베푸는 그 한없는 자세가 서로 비슷하다. 그리고 둥근 어깨 및 가슴 위까지 크게 판 풍만함과 허리 주위에 여러 모양으로 우아하고 부드럽게 휘어 감은 옷자락으로 자비심과 모성애를 공통적으로 나타내고 있다.

일곱째, 두 그림에서 예배자가 모두 그림 안에 존재한다.

믿음의 방법에서 관음보살은 관념적 존재이므로 예배자가 기원을 하면 때와 장소 그리고 이유를 마다하지 않고 예배자의 근기에 맞는 변화 관음으로 응신하여 나타난다. 그리고 그 상대자인 예배자는 가탁된 선재동자이거나 그림을 봉헌하는 일반인으로 해서 도상 안에 반드시 존재한다.

이에 비해, 성모는 어디까지나 역사적 인물이므로 예배자들은 성모와 일치될 수가 없다. 대신에 예배자들은 자신의 삶을 최대한 노력하여 '나도 성모처럼'이란 모방을 기대했다. 따라서 일반 성모상에서 예배자는 그림 밖에 존재한다. 그런데 이 〈암굴의 성모〉에서는 예외적으로 예배자가 불화에서의 선재동자처럼 아기 요한으로 오버랩 되어있다. 예배자가 구원되는 느낌을 다른 그림에는 없는 구원 시스템으로 특별하게 추체험시켜주기 위해서다.

여덟째, 두 그림 다 예배 대상자가 예배자들에게 부담을 주지 않는 측면관이다.

거대한 정면관은 예배자들에게 왕 같은 아버지 같은 권위를 나타내어, 예배자들이 찾아뵙기에 좀 부담감을 준다. 그에 비해 측면관은 어머니나 친구 같은 그래서 편안한 모습을 보여준다. 특히 관음보살의 얼굴은 자비심의 무량함을, 성모의 얼굴은 한량없는 중보심을 모두 측면관으로 보여주고 있다. 자비심과 중보심은 불교와 기독교의 교리에서 나온 표현의 차이일 뿐이다.

아홉째, 두 그림 다 평범하지 않은 동굴이다. 도상 분위기도 특이하다.

일반적인 수월관음도에서는 선재동자가 관음을 친견하는 단순한 공양 인물이다. 그런데 이 다이토쿠지 소장 그림에서는 도상도 특이할 뿐만 아니라 친견자도 왕실 일행이다. 원래 주인공인 선재동자는 제3자인 구경꾼일 뿐이다. 그리고 낙산 설화의 내용대로 수월관음 외에 수정염주와 여의보주, 두 그루의 왕대나무가 그리고 팔부시종이 있다. 동굴에서도 천장에는 매달린 종유석의 형상, 정병이 놓인 기묘한 절벽 바위, 그 뒤로 보이는 특이한 암봉과 어두운 굴속에서 거꾸로 나뭇가지에 매달린 채 꽃을 입에 물고 공양드리는 파랑새가 그렇다. 이 같은 특이한 도상은 몽골적, 중국적, 실크로드적 성격의 수월관음도를 융합하여 고려적으로 토착화시키고 주체적으로 민족화 하는 흐름에서 묘사된 도상이다.

성모상 중에서 〈암굴의 성모〉처럼 바위 동굴, 즉 암굴을 배경으로 그린 그림은 없다. 특히 암굴이 고딕 성당 같은 궁륭 모양이거나 기둥처럼 뻗은 또는 부서져 잔해 같은 암석들의 기기묘묘한 분위기다. 그리고 해도 물도 없는 바위의 동굴 속에 자라는 고추나물, 아네모네 등 야생화가 그렇다. 또한 당대의 일반 성화에서 그려지던 십자가와 두광도 배제했다. 그리하여 신의 아들 예수가 아니라 사람의 아들 예수로 그려 자신의 주관적인 신앙과 특이한 도상으로 전환시켰다. 그리고 4명의 주인공이 각자 자신들의 고유한 역할을 연대하면서 구원 시스템을 나타내는 성모상도 예전에는 없었다. 당대의 전통적인 성모상보다 더 깊은 시적 드라마와 성상학적 교리로 마사지해 그렸기 때문이다. 이같이 비슷하게 특이한 도상 표현은 신이한 동굴 속이 두 종교가 지향하는 최상의 이상향으로 상징했기 때문이다.

열 번째, 두 그림 다 다양한 기법으로 그렸다.

즉, 다이토쿠지 소장 그림에서는 비단에 염색과 배채법, 복층 채색법, 금니 사용법 그리고 연기 및 영기화생이라는 기운생동의 푸라나 기법으로 해 진리의 생명이 되는 친견 분위기를 섬세하면서도 신비한 동적 아름다움으로 드러냈다.

〈암굴의 성모〉에서는 캔버스에 수푸마토 기법으로, 단축법으로, 대기원근법으로, 은유법으로 해서 진리의 생명인 성모의 중보심을 신이하게 나타냈고, 동양적 산수화 기법을 빌려 강촌마을을 새 에덴동산으로 이국화시켜 드러냈다.

열한 번째, 두 그림 다 구도에서 내적 통일성을 이루고 있다.

즉, 다이토쿠지 소장 그림에서는 오행 사상으로 우주를 나타냈고, 현실을 연기 및 영기화생을 통해 정토로 무한 생성시켰고, 보살의 몸에 치장된 원형 무늬와 구슬들을 인드라망의 매듭으로 상징하여 좁은 동굴 공간을 한없이 넓은 우주 정토로 넓혔다. 깨달음의 분위기를 내적 통일성을 이루는 우주적 교리로 서로 연결한 것이다.

다빈치의 〈암굴의 성모〉도 생태 자연이 보여주는 모든 외적 다양성이 실은 내적 통일성이라는 전제하에서 그린 그림이다. 그것은 우리의 풍수지리설보다는 늦지만 가이아 이론보다 5세기 이상이나 앞선 시대에 그가 주장한 지구의 생태적 원리의 내용에서, 야생식물로 생태 교리를 나타낸 그림에서 추론할 수 있다. 즉, 이상정토인 천국에 이르는 분위기를 내적 통일성을 이루는 생태적 교리로 알리고 있는 것이다.

열두 번째, 두 그림 다 시대적으로 격변기에, 전환기에 그렸다.

〈수월관음도〉는 원에 의한 식민지 간섭이라는 가장 비정상적인 고려 말에 왕실 및 지배 계층에서 호신용으로 전성기를 이룬 그림이었다. 그런데 이 〈수월관음도〉의 도상은 그들의 호신용 차원을 넘어 신라의 주체적이고도 이상적인 해동 관음보살을 낙산 설화의 스토리텔링으로 번안해 고려 국가와 민족을 보위하기 위한 도상으로 업그레이드시킨 것이다. 격변기의 시대 상황에서 모든 불행을 막아 주는 최고로 효험 있는 마하살로 앙망하며 신앙했기 때문이다.

〈암굴의 성모〉도 종교개혁(1517년)이란 태풍이 불기 전야의 시기(1485년)에 그린 그림이다. 즉, 교황의 절대적 전횡과 부패가 가장 절정기에 오른 신본주의 시대의 끝 무렵에 르네상스라는 참신한 사조가 새롭게 인본주의를 주창하면서 두 사조의 갈등이 내면에서 현실화되게 한, 즉 성모협회에서 봉숭아 씨를 톡 하고 건드린 단초의 그림이다. 진보 신학과 보수 신학 간의 갈등이 내재되었다가 법정에서 종교개혁을 예보한 최초의 그림이 된 것이다. 그 같은 격변 상황은 교리의 관점이 다른, 그러나 같은 도상의 그림이 두 개 존재하게 된 사연이 증명하고 있다.

열세 번째, 둘 다 이상세계로 가는 길을 다양한 그림 시로 연출했다.

다이토쿠지 소장 그림에서는 친견 직전의 그 진행 장면 장면이 서사적 성격의 꿈같은 '공양 시'다. 즉, 보살로부터 수정염주가 친견 선물로 왕실 공양 인물들에게 내려지기 바로 직전이고, 그 앞에서는 어서 오라고 발 디딤판 연꽃봉오리가 바다 위로 막 솟아오르고, 그 선물을 받으려고 연꽃 징검 발판을 향해 급히 그러나 경건하게 나아가는 왕의 표정과 자세 등 친견을 향한 각각의 동작 동작, 상황 상황의 흐름을 극적 드라마로 연출했다. 이렇게 이상세계로 가는 예불자들의 경건한 아름다움을 정중동으로 해서 말 없는 드라마틱한 '극시'로 나타낸 것이다. 그리고 이 친견을 바라보는 선재동자의 모습, 즉 이색적인 헤어스타일, 호기심에 가득 찬 얼굴에 꾸부정한 구경 자세, 천진난만한 장난기 깃든 미소는 깨달음을 동중선으로 알리는 순진무구한 '동시'다. 나아가 이 드라마틱한 시와 순진무구한 동시를 받아들이는 보살의 자비로운 표정과 넉넉한 자태는 바로 1: √2의 만다라 황금 선율로 동심원을 그리며 정중동·동중선으로 해서 멀리멀리 퍼지는 거룩한 '성시'다.

〈암굴의 성모〉에서는 아기 요한이 아기 예수에게 한쪽 무릎을 꿇어 합장하며 동심으로 예배의 모범을 보이는 얼굴 표정과 자세, 그에 대해 아기 예수가 동심으로 축복을 내리는 얼굴 표정과 자세가 예배 속에 들어있는 정중동으로서의 구원을 나타내는 순진무구한 '동시'다. 그리고 아기 요한의 동심이 들어있는 합장과 아기 예수의 천심이 들어있는 수인이 서로 동중천의 흐름으로 오가는 것은 바로 거룩한 '성시'다. 나아가 두 주인공의 합장이심合掌以心과 수인전심手印傳心에 들어있는 구원의 원심력과 구심력이 천사와 성모의 어시스트로 드라마틱한 '극시'가 되어 동굴 밖 이상향의 마을로 황금 선율이 되어 퍼져나가게 하였다.

두 그림 다 드라마틱한 극시로, 순진무구한 동시로, 거룩한 성시로 만들어 시적 분위기를 영성의 흐름으로 해 구원 시스템으로 나타낸 것이다.

3부

관음과 성모의 시대적 소명
— 페미니즘 미술을 중심으로

역사 이래 오늘날까지 여성은 가부장제 사회 속에서 비역사적, 비사회적, 비주체적인 존재로 살아왔다. 그래서 여성들은 남성들의 관점에서 생각하게 되었고, 남성의 언어로 말했고, 얼마 전까지 남성의 붓으로 그렸다. 그렇게 '제2의 성'으로 존재해 온 것이다. 최근 페미니즘에서 래디컬한 속성은 그런 누천년의 원(怨)과 한(恨) 때문이다. 지금까지 그 정치 문화의 주도적인 역할은 가부장제, 종교, 법이었다. 페미니즘의 안착이 래디컬한 속성을 넘어 좀 더 평화적으로, 근원적으로, 부드럽게 이루어지기 위해서는 그중에서도 천부인권을 내세우는 종교가 제 역할을 해야 한다.

그런데 오늘날 '불편한 진실'의 대표적 대명사가 된 페미니즘을 역사 이래 아직도 종교가 거부하거나 이해하지 못하고 있다. 그러니 먼저 성직자들이 천부인권 앞에서 신앙고백과 함께 석고대죄 수준의 예배나 미사나 참회 예불이 요구된다. 그리고서 천부인권을 바탕으로 기독교가 필요·충분적 교리로 페미니즘 신학을 만들어 내야 하며, 가톨릭이 성모의 최대 급선무의 중보자 역할로 페미니즘을 포용해야 하고, 불교가 만인불성의 차원에서 보살의 삶인 '상구 휴머니즘, 하화 페미니즘'을 선도해야 한다. 휴머니즘의 탁월한 보편적 가치인 페미니즘을 화두로 품는 것을 기화로 모든 루저를 아우르는 역할까지 신도들과 함께 노력해야. 그것이 오늘날 시대정신의 십자가 무게를 감당하는 종교의 소명감이자 깨달음이고, 그것이 휴머니즘 환경운동의 새로운 시작이다. 나아가 그것이 종교의 존재 의미를 새롭게 나타내는 것이 될 것이다. 앞으로의 신은 성을 초월한 모습이어야 함은 물론이고. 쓰다 보니 서두에서부터 좀 오버하는 기분이다.

페미니즘은 나에게는 능력 밖에 있다. 그러나 페미니즘을 대변하는 미술사를 살펴보니 역사적 흐름 속에서 그 시작은 미미했지만 졸졸졸 이어져 오면서 창대해지더니 오늘날에 이르러서는 대하드라마가 되어가고 있음을 알게 되었다. 그러면서 그 도도한 힘은 더 이상 무엇으로도 막을 수가 없게, 어느새 페미니즘의 정당성이 그렇게 된 것이다. 그러니 그 만인평등이란 천부인권을 만시지탄이지만 종교가 성찰하면서 품어 안아 신학화하라고 요청하는 차원에서 이 글을 쓰게 되었다.

그런데 글의 내용이 서양 미술 중심일 수밖에 없다. 인류사에서 지금까지 페미니즘을 제대로 문제시하고 있는 곳이 유럽, 미국을 제외하고는 드물기 때문이다. 세계사에서 지금까지 정치·경제·사회·문화는 물론 휴머니즘의 대단원인 페미니즘까지도 유럽과 미국이 앞·뒤에서 주도권을 갖고 이끌어 가고 있는 형편이다. 그 앞서가는 높은 수준은 오늘날 '코로나19'에 대한 백신 개발 능력에서도 깨달을 수 있고, 그 뒤에서의 낮은 수준은 유색인종을 차별하는 유치한 보복적(?) 사건들과 인류애보다 폭리를 취하는 백신과 치료제의 판매 가격에서 느낄 수 있다.

본론으로 들어가기 전에, 린다 노클린처럼 나도 먼저 문제를 제기한다.

"왜 종교는 천부인권과 만인불성을 주장하면서도 성평등에는 소극적인가?"

1장 페미니즘의 의미

모든 사람은 인종·피부색·성·언어·종교 등 어떤 이유로도 차별받지 않으며, 이 선언에 나와 있는 모든 권리와 자유를 누릴 자격이 있다(세계인권선언문 제2조).

1) 페미니즘의 개념

페미니즘(Feminism)이란 '여성의 특징을 갖추고 있는 것'이란 라틴어 페미나(femina)에서 유래된 말이다. 이 단어가 오늘날 여성들이 그들의 권리와 주체성 강화를 위한 이론으로 발전하면서 그 실현을 위한 운동을 의미하게 되었다.

페미니즘이라는 용어를 처음 사용한 사람은 샤를 푸리에라는 프랑스 남성 철학자다. 그는 사회주의 사상가였으며 유토피아적 사회주의 창시자 가운데 한 사람으로 1837년 페미니즘이란 용어를 처음 사용했다. 영어에서 페미니즘이란 단어는 1851년에 처음 등장했으며, 1895년에 비로소 '여성 권리의 지지'라는 의미를 가지기 시작했다.

이후 '남자-여자'는 선천성으로 태어난 '생물학적' 성의 구분인 섹스(Sex)를, '남성-여성'은 후천적으로 구분하는 '사회 · 문화적' 성인 젠더(Gender)를 의미하게 되었다. 그러면서 생물학적 힘의 '차이'가 사회 · 문화적 우열이란 '차별'로 연결된 것이다. 그 역사적 과정이 마치 자연적인 것으로 포장되면서다. 여성을 한 인간인 성으로 보지 않고, 젠더로 보는 시각에서 차별은 자연화된 것이다. 따라서 페미니즘은 남녀 양성이 평등할 때까지 지속적으로 규정되고 재규정되어야 하는 업그레이드 이론이며 끊임없는 실천 운동이다. 다행히 이제는 무엇이 페미니즘이고 아닌가 하는, 개념이 정리되는 수준에 이르렀다. 수천 년 걸려 다다른 고무적인 성과이다. 그래도 아직은 아직까지다.

(1) 페미니즘이란?

그럼, 무엇이 페미니즘인가? 간단하게 정리하면[주 83]

1. 여성의 위치를 변화시키려는 능동적 욕구다.
2. 모든 성의 평등성에 근거하여 여성의 권리를 주장하는 운동이며 이론이다.
3. 성차별주의와 성차별에 따른 착취와 억압을 종식시키고자 하는 운동이다.
4. 남성과 여성의 정치·사회·경제적 평등성에 근거해 여성의 권리를 지지하는 것이다.
5. 다중적 이슈를 관철시키고자 하는 운동으로 거시적인 목적은 가부장제의 종식, 모든 여성의 정치·경제·사회적 평등을 성취하고 성 차별주의, 장애 차별주의, 폭력, 환경 착취로부터 자유로운 세계를 창출하는 것이다.
6. 지역, 계층, 국적, 민족적 배경을 지닌 여성의 관심과 이익을 위한 정치적 표현이다. 다양한 여성의 각기 다른 필요와 관심에 부응하며 그 여성들에 의해 규정되는 것이기에 페미니즘에는 다양성이 있고, 있어야만 한다.
7. 여성도 인간이라는 급진적 사상이다.

그러면 무엇이 페미니즘이 아닌가?[주 84]

1. 페미니즘은 '하나'가 아니다.
2. '남성 혐오'가 아니다.
3. '여성 지배'를 추구하는 것이 아니다.
4. '여성 우월'을 주장하는 것이 아니다.
5. '불평등 주의자'들이 하는 것이 아니다.
6. 남성과 '경쟁'하는 것이 아니다.
7. 남성과 여성이 '똑같다'는 것이 아니다.
8. '복수 정치'가 아니다.
9. '반-가정'이 아니다.
10. '반-종교'가 아니다.

근래에 '미투'(#Me_Too)가 가져온 가장 큰 의의는 오랫동안 익숙해져 별 것 아닌 것 같았던 평범했던 행동들이 범죄였다는 것을 사회 전반에 알렸다는 것이다. 최근 어느 여성 강사가 20대를 상대로 '성평등'에 대해 강의를 했다. 마친 후 질의 응답시간에 한 남성이 "양성평등 강의를 들으러 왔는데 여성들의 피해망상 얘기만 들었다"라고 하더라는 것이다. 성 인지 감수성이 단순한 교육으로 설득될만한 문제가 아니구나 하는 생각이 들었다는 것이다.

이것은 우리에겐 오랫동안 남성 중심 사회에서 남성을 기본값으로 해서 살아왔기 때문에 생겨난 질문이고 셀프 답변이다. 이 같은 사회에서 '미투'가 그나마 일어날 수 있었던 것은 페미니즘 운동이 인식되면서 여성이 청취자를 넘어 발언자로서 공개적으로 말할 수 있는 힘이 실렸기 때문이다. 미투도 앞으로 더 힘이 실리는 운동으로 발전하기를 기대하면서 지금까지의 역사를 간단하게 살펴보자.

(2) 시대정신으로서 페미니즘의 부각

페미니즘 운동은 궁극적으로는 역사·철학·사회학·심리학 등 다양한 학문적 원리와 그 이데올로기적인 근본 토대를 파악해야 한다. 남성에 의해 점유된 지금까지의 왜곡된 역사적 상황이 보다 미래지향적으로 적절하고 정확한 가치를 담보하려면 역지사지의 관점에서 새로 기술되어야 한다. "왜 위대한 여성 미술가는 존재하지 않는가?"라는 린다 노클린(1931~2017)의 논문을 통한 긴급 질문에 여성 화가들이 화들짝 놀라 깨어나면서 진정한 고민을, 그러면서 본격적인 페미니즘 미술이 시작되었다. 잘못된 역사와 제도에 의해 학습되며 받들어 온 자연화된 지식에 대해 어느 날 'why'를 품고 각성하기 시작하게 된 것이다.

남성은 주체, 여성은 '객체', 남성은 하나, 여성은 '다른 하나'로 취급되는 가부장제 사회에서 여성은 호소력을 가질 수 없었다. 남성은 주인공이고 여성은 들러리가 되기 때문이다. 주인과 하인이라는 주종관계, 강자와 약자라는 의존관계가 아니라 남과 북, 양과 음같이 다름 속에 평등을 이루는 대칭관계가 되어야 한다. 그런데 그 같은 성인식과 함께 자율적 여성성을 표방하는 페미니즘이 촉발되고 그러한 자극으로 충전된 페미니즘 미술이 출현한 것은 1970년대 초다. 미술 내적으로는 앞에서 언급한 린다 노클린이 1971년 발표한 논문이 여성 미술가들의 생각을 의식화시키며 페미니즘 미술 운동의 물꼬를 트는 중요한 역할을 했다. 예술적 성취가 개인의 천재적인 역량보다 사회·문화적, 제도적 요인으로 이루어진 결과라고 피력한 린다 노클린의 논문은 '남성 본위/천재 중심/양식 위주'의 서양미술사에 던진 최초의 페미니즘으로서의 공격이었다. 그로부터 20여 년이 지난 뒤 개념 미술가이자 페미니스트인 메리 켈리(1941~)는 "페미니즘 미술이 현대 미술을 변형시켰다"라고 자긍심을 갖고 자랑했다. 페미니즘이 현대 미술의 주요한 주제 가운데 하나로 인정되었기 때문이다.

(3) 페미니즘의 약사

지금까지 서양미술사는 바탕이 되는 정치·경제·사회·문화를 간과하고 미술에서 양식만 중요시 여긴 양식주의 미술사였다. 그리고 여성적 전형을 자연스럽게 자연화한 차별로 여성 화가들을 대거 솎아낸 남성 중심의 미술사였다.

백가쟁명을 방불케 한 20세기에 다른 어느 분야보다 미술에서 페미니즘으로 기존의 미술사를 힐난한 역사도 드물다. 21세기에 이른 오늘의 시점에서는 남성들에게 공정성 위반에 대한 시정을 촉구해야 할 뿐만 아니라 보다 올바른 전망을 위해 여성들도 처절한 자기 성찰을 해야 한다. 이런 점에서 페미니즘은 인류의 정신사에서 마지막(?) 계몽사조나 다름없다고 본다.

1960년대 본격적인 페미니즘의 대두는 이후 각 가정과 사회에서 여성의 존재와 지위가 얼마나 그리고 어떻게 달라졌는지를 알려주고 있다. 특히 1970년대에 들어서면서 페미니즘은 시대적 화두가 되었다. 페미니즘은 그동안 후기 자본주의에 스며있는 특징을 다양하게 포착할 수 있는 에피스테메, 즉 인식의 고고학과 같이 시대를 지배하는 무의식적 체계 가운데 하나였다[주 85]. 그것이 경제성장과 더불어 가지게 된 정신적 여유, 그에 따른 삶에서의 시간과 공간을 통해 발견하게 되면서부터 의식적 인식체계로 부상하기 시작하였다. 어느 분야의 무의식적 인식체계 가운데 하나였던 페미니즘이란 주제가 15C에 의식적인 체계로 돋아나 18C에 부각되기 시작했고, 오늘날에는 각 분야에서 무섭게 이론화되고 있다. 앞으로는 그 이론들이 연관된 학문과의 관계 속에서 유기적인 관계를 맺으며 과학화되어 나아갈 것이다.

지금까지 가부장적 가족제도가 고착된, 그래서 남성성만 보편적 표준으로 인정되는 사회에서 여성성은 남성에 의한 차별과 억압, 지배와 배제를 전제한 불평등 개념이나 다름없었다. 그래서 여성의 의식화된 저항 이데올로기인 페미니즘이 래디컬하게 등장하게 되었다. 페미니스트들이 선천성 생물학적인 성(sex)이 아니라 후천성 사회학적인 성(gender)을 문제 삼고 나온 이유가 거기에 있다.

역사적으로 돌이켜 볼 때는 최초의 페미니스트였던 크리스틴 피장(15세기 초) 이후 계몽주의 여권운동을 시작으로 해서다. 이후 페미니즘의 문제의식을 가장 먼저 공론화한 인물은 영국의 급진주의 교육자이자 여성해방운동가였던 메리 울스톤크리프트(1759~1797)였다. 그녀가 『여성 권리 옹호』(1792)를 통해 여성도 남성과 평등하게 교육받을 권리를 주장하자 19세기에 들어서면서 여성을 위한 대학이 생겨났고, 20세기에 들어서면서는 더 큰 변화가 일어났다. 즉, 1926년에는 참정권이 부여되고, 각 가정에서는 재산권과 이혼 청구권이 허락되었다. 버지니아 울프, 시몬느 보봐르 등 인본주의 페미니스트들의 노력으로서다.

오늘날 페미니스트들은 15세기 이후 1920년대까지의 역사를 두고 페미니즘의 '제1의 물결'이라고 부른다. 그러나 젠더의 구조적 모순을 변화시킬 시각은 갖지 못하였다.

'제2의 물결'은 1960년대 이후 영국·미국·프랑스 등지에서 일어난 여성운동을 가리킨다. 거기에는 이미 "여성은 여성으로 태어난 것이 아니라 여성으로 만들어질 뿐이다"라고 주장한 시몬느 보봐르의 『제2의 성』(1949)이 미친 영향이 무엇보다 컸다. 그녀는 '자립'이야말로 주체로서의 여성에 대한 제1의 조건이 된다고 천명하였다. 그 책이 제2의 물결의 신호를 알렸다면 본격적인 출발은 미국의 작가이자 사회운동가인 베티 프리단이 쓴 『여성의 신화』(1963)에서였다. 주장은 가부장제하에서 일어나는 여성들(아내와 어머니)의 욕구불만에 대한 것으로, 그녀는 책의 서문에서 "여성은 사회의 영향을 받기도 하지만 반대로 사회를 변화시킬 수도 있다"고 밝혔다.

그것은 마치 1863년 11월 19일 링컨이 모든 흑인 노예의 자유와 평등을 선언한 게티즈버그 연설문과 같은 모든 '여성의 해방'을 위한 선언문이었다. 노예해방 선언 꼭 100년이 지난 그날, 오늘날 미국 사회에서 반드시 감행해야 할 당면 과제라고 주장했다. 이를 위해 그녀가 제기하는 첫 번째 요구사항은 여성 자신이 가지고 있는 잘못된 명에 의식에서 벗어나는 것이며, 다음은 남성이 여성에게 일방적으로 씌워놓은 여성성에 대한 신비의 베일을 벗기는 것이라 했다. 여성은 스스로 여성이라는 '죄책감이라는 덫'에 걸려 있다고 생각하고 있다. 곧 엄마나 주부가 아닌 보편적인 사람처럼 행동할 때 스스로 잘못된 신비의 베일에 씌워져 느끼게 되는 어색함에 따른 주저, 즉 '여자인 내가 해도 되나?' 같은 죄책감 아닌 죄책감에 걸려 있다고 지적했다. 뿐만 아니라 남성들에 의해 덧씌워진 '여성다움'이라는 신비스러운 이미지를 벗기기를 요구했다.

페미니즘의 '제3의 물결'이 일어나기 시작한 것은 1970년대 후반 포스트구조주의와 해체주의, 즉 '차이의 철학'과 '정신 분석학'이 페미니즘에 끼친 영향에서다. 이때부터 페미니즘은 차별과 소외, 억압과 압제로부터 여성의 해방, 나아가 남녀의 사회적 평등과 동등한 권리의 보장이라는 상동성의 원칙을 요구하는 것이 아니라 반대로 남녀는 생물학적으로 다르다는 차이를 강조하는 '상이성'에 주목하기 시작했다. 페미니즘은 오히려 남성성과는 본질적으로 다른 오직 여성만이 가진, 남성성보다 더 중요한 임신 같은 여성성의 역할과 가치의 중요성을 강조하기 시작한 것이다. 이렇듯 '차별'이 아닌 '차이'의 철학이 나오게 되면서 여성해방과 양성평등만을 주장해 온 지금까지의 저차원적 페미니즘을 넘어 보다 주체적인, 보다 가치 있는 방향으로 선회하게 되었다. 여성성의 본질적인 모성 체험을 통해 남성성과는 근원적으로 다른 여성성을 곧 전능한 태고의 어머니를 지향하는 '원초적 모성주의'를 제시한 것이다.

제3의 물결도 시대정신의 변화에 궤를 함께하며 나뉘어졌다. 즉, 70년대 1세대 페미니즘 미술이 여성성을 강조하는 대중적인 본질주의 미학에 의거했다면, 80년대 2세대 페미니즘은 본질인 젠더를 의심하는 해체주의 국면으로 전환했고, 오늘날 3세대 페미니즘은 포스트모더니즘과 함께 새로운 시너지를 만들어 내고 있다.

제3의 물결에서 1세대와 2세대 간의 근본적인 차이점은 1세대는 여성의 본질이 생래적이므로 고정된 섹스를 범주로 간주하는 데 반해, 2세대는 여성성이 젠더로서 사회적 형성체인 이상 가부장제의 조정에 의해 만들어진 것이라고 문제 삼았다. 따라서 페미니즘의 공격 대상은 자연적인 남성이 아니라 부계적 질서와 구조로 대변되는 사회적 남성이라는 것이다.

이들 2세대는 또다시 성별의 차이를 인정하느냐 아니냐, 그 2가지로 전개되었다. 인정은 긍정적인 여성성을 수립할 전망을 갖고 여성의 그 다름을 옹호하는 입장이다. 이에 반해 부정적 입장은 그 차이(이분법)를 해체하자는 해체주의 입장이다. 해체주의 페미니스트들은 자연적 성인 섹스(Sex)로부터 문화적 성인 젠더(Gender)로 시선을 돌려 젠더가 사회적으로 구축되고 역사적으로 변한다는 사실에 주목한다. 긍정적인 전자가 그 차이를 옹호하고, 부정적인 후자가 그 차이를 해체하자는 점에서는 다르나, 둘 다 평등을 추구하기보다 차이를 강조하는 점에서는 70년대 페미니즘과 구별된다.

지금까지 기독교는 여성을 가부장 체제에서 이브의 악(원죄)으로 자연화하면서 남성의 지배를 정당화하는 근거를 마련해 주었다. 하느님을 남성화하면서다. 그러면서 역사에서 무엇이든지 남성은 그리거나 보는 주체이며, 여성은 그려지거나 보여지는 대상이었다. 그 가장 대표적인 예가 그림에서 누드다. 근대에 들어와 누드 그림은 남성을 위해 남성에 의해 만들어진 분야로, 오늘날 갈 데까지 간 남성들에 의한 남성들을 위한 언어일 뿐이다.

여성은 근대 이전까지 성스러운 어머니상에서 19세기 말 팜므파탈적 모델들을 거쳐 오늘날에는 일반 여성들로까지 누드의 대상자로 확대되었다. 그 여성 누드를 신비스럽게 관음화하여 인기리에 대중화시킨 주범으로서의 예가 「플레이보이」라는 잡지였다. 이어 옐로우 주간지, 스포츠 일간지를 거쳐 오늘날은 포르노 동영상을 넘어, 인터넷상에서 성을 착취하는 'n번방'에까지 이르렀다. 다시 말하면 인류 문화사에서 오늘날이 가장 페미니즘과 반페미니즘이 격돌하는 변곡점을 향한 절정의 시대라고 보게 된다. n번방에서 보듯 수많은 선진국 지표 중 어느새 우리나라가 그 분야에서 세계 최고의 부끄러운 선진국이 되었다.

2장

선사 시대에서부터 문명의 발생까지

선사 시대에서 문명의 발생까지는 대체로 모계사회였다는 것이 여러 간접 증거나 정황으로 알려져 있고, 신화와 전설로 전해 오고 있다.

1) 선사 미술 – 알타미라 · 라스코 동굴 벽화

(1) 알타미라 동굴 벽화

도판 213 알타미라 동굴 천장에 그려진 소 떼를 중심으로 한 각종 동물. 유럽 전역에서 발달한 구석기 시대 동굴 예술의 최고 절정을 보여 준다. 인간의 창조적인 천재성이 만들어 낸 걸작이자 현재까지 인류 최초의 예술 작품이다.

1868년 스페인의 모데스토 쿠비아스라는 사냥꾼이 산티야나 델 마르 동네에서 자기 사냥개를 찾다가 처음 발견했다고 한다. 그는 이 사실을 변호사이며 아마추어 고고학자이자 골동품 수집가로서 동네 유지인 사우투올라(1831~1888)에게 말했다. 하지만 당시 그는 관심을 갖지 않았다. 그 후 1878년 파리 만국박람회를 계기로 관심을 갖고, 11년이 지난 1879년 사우투올라는 8살 난 딸 마리아와 함께 그 마을을 찾았다. 마리아는 동굴을 살피던 벽과 천장에 벽화가 그려져 있는 것을 발견했다. 마리아는 아버지에게 이 사실을 알렸고, 사우투올라는 동굴 안쪽에서 다른 벽화들을 더 발견할 수 있었다. 알타미라 동굴의 놀라운 벽화들은 이렇게 어린 소녀 마리아에 의하여 빛을 보게 되었다.

사우투올라는 벽화를 발견한 다음 해(1880년), 포르투갈 리스본에서 열린 고고학회에 참석하여 알타미라(Altamira) 동굴 벽화를 발견한 것을 발표했다. 하지만 벽화가 너무 많고, 보존 상태가 완벽에 가깝다는 이유로 사람들은 구석기 시대에 그려진 벽화라는 사실을 믿지 못했다. 많은 세월이 흐른 뒤 스페인과 가까운 프랑스 남부 지역에서 여러 동굴 벽화가 발견되고 나서야, 알타미라 동굴 벽화의 가치를 인정하게 된 것이다. 그런데 지금까지 역사적으로 이 동굴 벽화의 발견자는 딸 마리아로, 학계에 보고한 자는 아버지 사우투올라로 알려져 있다. 그러면 최초의 발견자 모데스토 쿠비아스라는 사냥꾼은 역사적 기록에서 어떻게 정리되었는지가 궁금하다.

여기에 비하면 1940년에 발견된 라스코(Lascaux) 동굴 벽화는 진위 논쟁이 별로였다. 비슷한 양식의 알타미라 동굴 벽화가 탄소동위원소 측정이라는 기술적 발전에 의해 구석기 시대인 기원전 35,000년부터 기원전 11,000년까지 현생인류의 시조로 보는 크로마뇽인들의 그림으로 이미 공인되었기 때문이다.

알타미라와 라스코 동굴의 벽화가 우리를 놀라게 한 것은 선사 시대 그 당시의 그림이 요즈음 사람이 그린 그림 못지않다는 데에 있다. 그림에서 낯섦의 놀람보다 오히려 친근함의 충격을 주면서 근대인들이 구축해 나간 회화의 업적을 비웃듯 존재하고 있기 때문이다. 인간의 위대한 창조성이 만들어 낸 걸작이자 인류 최초의 예술 작품이 깊은 동굴 안에서 외부의 영향을 받지 않고 잘 보존되어 온 것이다. 이 동굴 벽화 업적은 단지 미술 기법상의 수준뿐만 아니라 그것들이 박진감 넘치는 미적 가치를 구현하고 있다는 데에 있다. 힘이 있어 묘사가 생생하고 입체감이 뛰어날 뿐만 아니라 색이 아름답기도 하다. 알타미라 동굴 벽화는 도판에서 보듯이 진한 갈색을 기본으로 밝은 갈색, 노랑, 검정 등 여러 색을 띠고 있다. 구석기 시대 사람들이 다양한 색을 사용했고, 한 번에 그린 것이 아니라 여러 번에 걸쳐 덧칠했다는 것을 알 수 있다[주 86]. 그리는 데 사용된 재료와 도구도 모두 자연에서 얻은 나무 열매와 진흙, 색을 갖고 있는 돌 등을 사용했다. 또 날카로운 나무와 뾰족한 돌을 사용해서 그렸다는 것도 밝혀냈다.

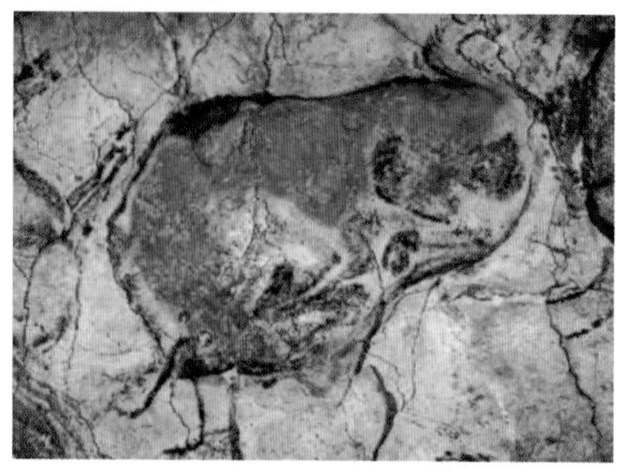

도판 214 알타미라 동굴 벽화. 상처 입은 들소. 그림 속의 소는 자신의 몸무게를 견디지 못하고 기진맥진한 상태로 땅에 쓰러져 있다. 하지만 무의식 속에서도 반사적으로 자신을 방어하기 위한 자세로 머리를 숙인 모습으로 말이다.

알타미라 벽화를 그린 구석기 시대 사람들은 오늘날 우리들과 그림에 대한 생각이 달랐다. 구석기 시대에는 지금처럼 기계로 땅을 일구어 농사를 짓거나 동물을 사육하는 것이 불가능했다. 산에서 열매를 채취하거나 물고기를 잡거나 사냥을 해서 먹을 것을 얻었다. 그래서 구석기 시대 사람들은 많은 부분을 주술에 의존했다. 잡아야 할 동물을 벽화로 그리고, 그림 앞에서 주술을 하면 최면술 같은 엑스타시 추체험으로 그 동물을 잡았다고 믿었던 것이다. 그러니 동굴 벽화는 초기 성격의 '제단화'였음을 알 수 있다.

특히 동굴에서 발견된 많은 손의 흔적들이 '여성의 것'으로 추정되면서 대부분의 '고대 미술가가 여성'이라는 주장이 제기되었다[도판 215]. 이것은 지금까지 학술적으로 논쟁거리다[주 87]. 어쨌든 인류의 미술 시작에서 여성의 역할이 남성보다 적극적이었다는 결정적인 뒷받침이다. 이것은 스페인 북부와 프랑스 남서부 지역에서 발견된 여러 동굴 벽화에 공통적으로 나타나는 현상이다. 어쨌든 한 가지 확실한 것은 그 선사인들은 우리와 같이 세상을 보았고 우리의 방법대로 정확히 그렸다는 것이다. 우리보다 도구가 불편하고 구하기도 힘들었을 텐데 말이다.

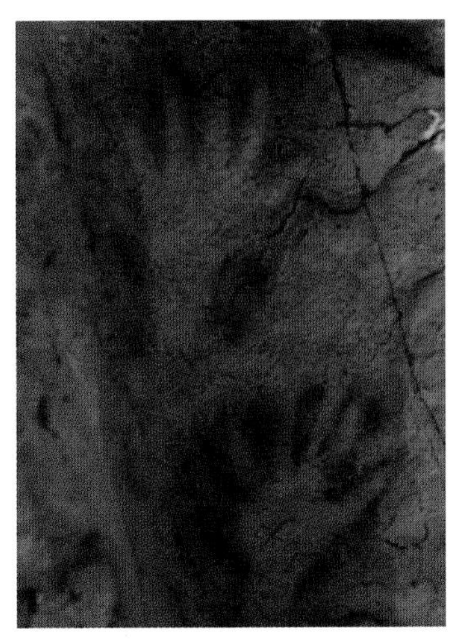

도판 215 알타미라 동굴 벽화에 그려진 당시의 손. 인류 최초의 흔적이다. 여성의 손으로 보는 주장이다.

특히 알타미라 동굴에 그려진 상처 입은 들소와 땅에 쓰러진 동물은 당시 사람들이 원하는 사냥감이 무엇인지, 어떻게 사냥했는지를 잘 보여주고 있다. 그리고 동굴 벽화는 사람의 접근이 어려운 곳에서 발견되는데, 이는 부정 타지 않게 은밀한 곳에서 주술을 그리고 잡은 동물을 외부 사람들이 모르는 곳에 보관하려는 의도가 있었다는 것을 알려주는 것이다.

알타미라 동굴을 따라 30m쯤 들어가면 약간 넓은 공간이 나온다고 한다. 본 사람의 기록을 빌리면, 그곳이 바로 알타미라 동굴의 중심 장소다. 그 넓은 공간에 걸맞게 길이 18m, 폭 9m, 높이가 1.2~2.1m에 이르는 방은 한눈에 보아도 예사롭지 않다. 그곳에 다양한 동물 벽화로 가득 차 있다. 아픔이 느껴지는 상처 입은 들소, 긴장과 역동성이 느껴지는 들소, 목적지를 향하여 이동하는 말, 어디론가 뛰어갈 것 같은 커다란 수사슴, 선과 윤곽만 남아 있어 정확히 무엇인지 알 수 없는 벽화에 이르기까지 다양한 동물의 여러 동작 그림이 수십 점 있다. 크기도 다양하다. 작은 그림은 50~60cm 정도이나, 커다란 그림은 길이가 2.2m에 폭이 2m나 되는 것도 있다. 하지만 동굴 벽과 천장에 그려진 작품은 길이와 폭이 1~1.5m인 것이 대부분이다[도판 213].

수많은 그림 중 최고의 걸작품은 학자들이 '상처 입은 들소'라는 이름을 붙여준 벽화다[도판 214]. 그림에 대한 설명을 보면, 이 들소는 약간 볼록한 바위 위에 선으로 형태를 그리고 그 위에 색을 칠한 그림으로, 죽기 직전의 모습을 묘사해 놓았다. 구석기 시대 사람들이 그린 그림이라고는 믿기지 않을 정도로 작품성이 뛰어나다. 그림 속의 소는 자신의 몸무게를 견디지 못하고 기진맥진한 웅크린 상태로 땅에 쓰러져 있다. 하지만 무의식 속에서도 적에게 최후로 방어하기 위해 머리를 반사적 본능으로 내받을 수 있게 해 숙이고 있다. 이는 소의 기질을 잘 알고 그 습성을 예리하게 그렸다는 것을 알 수 있다. 웅크리고 죽어가는 들소는 거친 숨소리를 내며 마지막 숨을 쉬고 있는 듯 느껴질 정도다. 또한 소의 형태와 윤곽이 분명할 뿐만 아니라 어둡고 밝음을 잘 드러낸 대비, 거리감이 느껴지는 자연스러운 원근감, 작은 털까지 사실적으로 표현한 기법이 정말 놀라울 정도라고 한다. 벽화를 그린 사람들은 자신들이 작품을 만든다고 조금도 의식하지 않았을 텐데 말이다. 오늘날 웬만한 작품들보다 수준이 높다.

이는 종교적인 마음으로 그렸기 때문이다. 이렇게 그린 것을 보면 구석기인들의 기법과 심미적 가치가 어느 시대의 예술과 비교해도 손색없다. 이 같은 수준은 우리의 국보 285호인 반구대의 대곡리 암각화에서 탁월한 보편성을 인정받는 다양한 고래 그림과 비슷하다[도판 217 (하)좌].

(2) 라스코 동굴 벽화

스페인 북부에서 발견된 라스코 동굴 벽화는 신석기 시대로 본다. 이 시대의 회화에서 그 특징은 구석기 회화에 풍부하게 존재했던 빛과 곡선과 입체감이 소멸되어 [도판 216]처럼 기하학적으로 변해 있다는 사실을 알 수 있다. 그들은 정착 생활을 이루게 되면서 공동체 유지를 위한 관습과 규율과 규정적인 삶에 구속되기 시작했다. 그래서 그들 세계의 꿈과 희망과 지식의 표현 양식이 그림 속에 그 관습과 규율로 규정된 삶이 반영된 것으로 보게 된다. 몇

도판 216 라스코 동굴 벽화. 신석기인들은 그들 세계의 꿈과 희망과 지식의 표현 양식으로 몇 개의 원과 선과 사각형을 기하학으로 해서 그림을 그렸다.

개의 원과 선과 사각형으로 기하학처럼 선택한 것에서다. 반면, 먹을 것을 찾아 이리저리 떠돌던 무정부적이고 자유로웠던 구석기 시대 사람들은 알타미라 동굴 벽화에서 보듯 그들의 삶이 마치 활기 넘치고 즐거웠던 것처럼 재기발랄하고 생명이 가득 들어찬 자연주의적이고 사실주의적이고 환각주의적인 양식으로 조화시켜 그렸다[주 88].

미술에서 양식은 세계관의 반영이다. 그것은 또한 생활 양식을 반영한다. 이 같은 양식에 따른 방식이 생존을 결정짓는 가장 중요한 요소가 된다. 구석기와 신석기도 떠돌이와 정착된 삶이라는 양식의 차이다. 그런 만큼 그들의 세계관도 서로 달랐으니 그 표현 또한 당연히 달라질 수밖에.

구석기인들과 달리 사육과 재배 방식의 터득으로 먹을 것이 그런대로 해결되자 마을이 형성되면서 신석기인들에게는 이승을 넘어서면 육체와는 분리된 영혼의 세계가 있다는 확신을 가지게 되었다. 세계가 자신들의 지성적 역량으로 해명되는 바가 아니고, 세계의 작동이 자신들의 의지와는 아무런 관련 없이 진행된다는 세계관이 형성된 것이다. 그래서 신석기인들은 미지의 주인이 따로 존재하고 세계의 운행은 그 미지의 주인에 의한 것이라는 믿음을 갖게 되었다. 바야흐로 종교라는 신의 세계로 다가가기 시작한 것이다. 그러면서 자연스럽게 종교적 지도자가 통치자가 되었다. 생과 사, 행과 불행은 저 너머의 신들에게 달려 있기 때문에 그 신과 가장 가깝게 지내는 사람이 지배권을 갖게 된 것이다. 그러면서 모든 권력은 함무라비 법전에서 보듯 신으로부터 온 것으로 받아들이게 되었다. 심지어 그들은 스스로 신을 참칭하기도 했다. 이렇게 종교적인 힘을 바탕으로 한 권력은 더 권위적이어서 신석기 시대의 통치자는 매우 엄격했다. 그래서 예술가의 심미적 자율성에 대해 호의적이지 않았다. 신과 사제 계급에 대한 묘사는 실제보다 준엄하고 초월적이고 권위적이어야 했다. 그런 유산의 대표적인 예가 영국의 스톤헨지라고 생각한다. 그들은 특정한 시간과 공간에 매여 있지 않았다. 그러면서 모든 인간적 제약을 벗어난 영원한 존재로 자임했다. 신석기 예술은 시간이 지남에 따라 점점 추상적으로 되어가다 마침내는 완전한 추상에 이른다. 이 같은 상황은 우리의 국보 147호인 반구대 천전리암각화의 양상과 유사하다[도판 220]. 그러다 이집트 시대에 들어와 점차로 자연주의를 회복해 나갔다.

라스코 동굴 벽화는 1940년에 발견되었지만, 2차 세계대전 후에야 명소가 되었다. 그런데 구경하러 온 많은 미술 애호가들의 체온, 습기, 이산화탄소, 미생물에 의해 바위에 이끼와 결정체가 자라게 되면서 벽화가 빠르게 훼손되어 갔다. 그래서 1963년부터 라스코 측은 일반인의 입장을 막았다. 이후부터는 복제본을 구경하고 있다. 이 동굴 벽화를 보호하기 위해 전문 연구자들도 우주인 같은 보호복을 입어야만 출입할 수 있다.

2) 선사 미술: 반구대 — 대곡리 및 천전리 암각화

(1) 대곡리 암각화

알타미라와 라스코가 육지 생활과 관계가 있다면, 반구대의 대곡리 암각화는 물가 따라 육지 생활은 물론 수렵 생활과도 깊이 관련되어 있다. 이곳 한 바위에 그려진 그림들은 인물상, 도구상, 고래사냥 장면, 고래류, 사슴류, 호랑이, 표범, 여우, 늑대, 너구리, 산토끼, 멧돼지, 기각류, 거북류 등 300여 개가 넘는다. 아주 정확하고 섬세하게 생전의 생기 넘치던 모습으로 그려져 있다. 뿐만 아니라 이들 동물을 잡는 사람들의 활 쏘는 모습까지 새겨져 있다. (사)활쏘기문화보존회에서는 이곳 대곡리 암각화와 천전리 암각화에 새겨진 활은 단궁이라고 한다. 고구려 시대를 넘어 7,000년 전 우리 민족의 활쏘기 실력이 오늘날 올림픽에서 발군의 실력을 보이는 DNA의 저력으로 이어졌다고 생

■ 유형 I ■ 유형 II ■ 유형 III ■ 유형 IV
그림 1. 대곡리 암각화 중심암면의 유형별 그림(울산암각화박물관 2013)

도판 217 반구대 암각화. 300개가 넘는 그림들의 기법이 시기별로 각기 다른 4가지 유형으로 나타나 있다. (향)좌는 해양 동물이, 그중 고래 그림이 집중된 곳. 현재 확인된 353개의 그림 중 52점으로 가장 많다. 특히 고래사냥에서 '탐색→사냥→인양→해체'라는 모든 단계가 다 표현되어 있어 가치가 높다. (발견 50돌 기념, 『대곡천 암각화군(상)』종합조사연구보고서, 문화재청 국립문화재연구소 159쪽 도판 전재)

각해 보게도 된다.

이렇게 소나 호랑이, 표범, 사슴 등 육지 생물들의 모습도 보이지만 가장 많이 부각시켜 보여주는 것은 해양 생물, 그중에서도 특히 고래다. 원시적 벽화임에도 고래에 대한 묘사가 매우 세밀한 편인데, 종류별로 특징도 잘 나타내 새끼를 등에 올려놓은 귀신고래, 앞뒤의 색이 다른 범고래, 수많은 세로줄 무늬가 있는 유별나게 큰 긴수염고래 등 여덟 종류를 파악하고 분별할 정도로 잘 그려져 있다. 또 고래 사냥에 대한 내용으로 미끼, 그물, 작살을 맞은 고래 그리고 고래를 잡기 위해 해양으로 나가는 배 등이 그려져 있는 것은 물론, 10명 이상이 긴 나무배에 타고 고래에게 작살을 던지고 잡는 그리고 고래를 끌고 와 살을 발라내는 내용이 자세히 묘사되었다. 이렇게 수렵시대에 나타나는 모든 육지 동물과 고래잡이의 모습을 총체적으로 보여주고 있는 인류 문화유산으로서 귀한 암각화이다.

그래서 학계에서는 이 암각화가 문자가 없었던 구석기 후기부터 신석기 시대에 수렵 교육을 목적으로 그려진 것으로 추정하고 있다. 교육을 위해서라는 그 추정도 일리가 있지만, 그보다는 종교적 기원을 바란 제단화일 가능성이 더 크다. 그 뒷받침은 그려진 바위의 위치, 장소, 구조 등이 뒷받침한다(『세계문화유산1번지』'모두' 부분 20쪽 참조). 그런데 그 위치가 알타미라나 라스코 동굴 벽화처럼 숨어서 하는 곳이 아니라 반대로 태양에 가장 드러나는 공개된 위치라는 점이다. 은밀히 진행자 몇 명만이 행해야 했던 먹거리를 위한 동굴 속 주술의식에 더하여 내세를 위한 종교의식으로 모든 주민이 다 모인 가운데서 행하는 원시종교가 발생한 장소로 볼 수 있다.

어쨌든 한국은 삼면이 바다로 둘러싸여 있고 특히 울산 앞바다는 고래들이 지나다니는 길목에 위치한다는 점에서 선사 시대의 문화와 포경 역사를 모두 담고 있다. 더구나 이곳은 포경 생활사의 시초로 평가받는다. 그래서 세계사적으로도 포경의 초기 모습을 체계 있고 알기 쉽게 그린 대표적인 암각화로 인정받고 있다. 따라서 이 암각화는 세계에서 학술적으로도 탁월한 보편적 가치를 인정받아 인터넷 검색창에서도 맨 처음에 검색된다. 세계유산으로 등재하기 위해 신청을 준비 중이다.

알타미라 동굴 벽화의 그림이 뾰족한 돌을 사용해 그린 것처럼 이곳에 그려진 그림들도 그렇다. 그러면 무엇으로 그렸을까. 당시는 금속이 없었으니 경도가 높은 돌로 그렸을 것이다. 그런데 이곳이 자수정 산지로 유명한 곳이다. 그래서 자수정 관광지로 유명했음은 물론 계곡에서도 자수정을 찾을 수가 있어서 몇 년 전까지 계곡을 뒤지는 주민들이 있었다. 그러니 자수정으로 그렸을 공산이 크다. 이곳 바위는 이암이다. 진흙 성분이 마그마의 열에 의해 굳어진 것이어서 화강암처럼 강한 바위가 아니니다. 그러니 예리하게 각진 자수정으로 그림들을 단순하고 깨끗하고 정확하게 조각할 수 있었다. 그것은 같은 바위 성분인 [도판 222]에서 알 수 있다. 그래서 암각화가 남아 있는 귀중한 이유가 되겠다.

이곳의 그림 기법은 시대에 따라 4가지로 나타나 있다. 가장 먼저 그려진 양식을 순서로 보면, 1유형은 쪼기(윤각선), 2유형은 쪼기 긋기(면각), 3유형은 쪼기 갈기(선각), 4유형도 쪼기 갈기(선각)으로 나타났다[도판 217][주 89].

(2) 천전리 암각화

이 암각화는 신석기 후기에 시작한 것으로 보고 있다[도판 218]. 당시 처음 새겨진 그림은 머리는 사람인데, 몸은 짐승인 인두수신의 동물류로 본다[도판 219]. 다음의 기하학적 추상무늬는 청동기 시대로[도판 220], 그다음의 명문과 낙서 그림 같은 선 조각은 신라 초·중기로[도판 221, 222] 본다. 이렇게 신석기 후기(1유형), 청동기(2유형), 6세기 초(3유형)에 걸친 암각화로 보고 있다.

그런데 조각이 시작된 신석기 후기는 기원전 6,000~3,500년대에 걸쳐 생활한 창녕 비봉리 패총과 거의 시대가 같다. 이곳에서는 실제의 배 조각들이 나왔고, 시대에 따라 무늬가 다른 다양한 토기류가 나왔다. 토기에 새겨진 무

그림 2. 천전리 암각화의 유형별 그림(울산박물관 세계유산 등재 학술팀 제1회 학술자문회의 자료집 2019)

도판 218 천전리 암각화 전경에 나타난 실측도면. 1유형은 암수 동물들, 2유형은 추상무늬들, 3유형은 명문과 낙서 같은 풍속 그림들이 새겨져 있다. 이 그림들은 각종 먹거리로 새겨진 대곡리 암각화와 다르게 모두 종교적인 그림들이다(발견 50돌 기념, 『대곡천 암각화군(상)』 종합조사연구보고서, 문화재청 국립문화재연구소, 160쪽. 도판 전재).

늬들은 평행융기대문토기, 주칠토기, 평행융기선문토기, 단선문토기 같은 대부분 다양한 기하학에 해당하는 무늬들이다.

이 비봉리 패총의 토기에 새겨진 기하학무늬는 천전리 바위에 새겨진 기하학무늬와 비교할 수 있다고 본다. 신석기 후기에서 청동기로 넘어가는 시대로 보면서다. 그 기하학무늬는 라스코동굴 벽화에 나타난 [도판 216] 벽화와는 다르다. 이곳에서는 [도판 220]처럼 완전히 추상 기하학무늬로 변했다. 그래서 라스코 동굴 벽화를 신석기 초·중기로 보고 있다. 그리고 자세하고 섬세하면서 또 세련된 조각을 할 수 있었던 것은 이곳에 흔했던 자수정 때문이다. 이 암각화는 경주, 포항 등 이웃 지역으로 퍼져나가다가 불교 같은 고급 종교가 들어오면서 사라져가게 되었다. 그러므로 암각화 문화는 원시종교와 관련된 제단화 성격이었음을 알 수 있다.

다음, 역사 시대로 넘어와 신라 초·중기의 것으로 나타난 '명문'[도판 221]은 원명(原銘)과 추명(追銘), 이렇게 두 가지로 되어 있다. 추명이란 동일 집단이 원명의 내용을 시차를 두고 보완한 것이다. 원명은 법흥왕 12년(525) 을사년 6월 18일에 새긴 것이다. 그 주인공은 법흥왕의 아우이며 진흥왕의 아버지인 사탁부(沙啄部) 또는 사부지(徙夫知) 입종(立宗) 갈문왕이다. 추명은 법흥왕

도판 219 하이브리드인 인두수신으로 나타낸 샤먼의 모습

도판 220 천전리 암각화 상부 중앙에 새겨진 기하무늬들

26년(539) 기미년 7월 3일에 새긴 것으로 밝혀졌다.

바위에 새겨진 원명과 추명의 인적 구성과 직위가 유사한 것으로 보아 두 명문은 동일한 목적으로 천전리 암각화가 있는 이곳 서석곡, 즉 서기 어린 바위들이 있는 계곡을 다시 찾은 것을 알 수 있다. 특히 원명에 희생물을 바치는 제의인 '식다살'(食多煞)이란 문구가 나오는데, 이는 이곳 천전리 서석곡을 찾아오게 된 목적으로 생각된다. 식다살에서의 살(煞)은 영일 냉수리 신라비(지증왕 4년[503년])와 울진 봉평 신라비(법흥왕 11년[524년])에 보이는 살우의식(殺牛儀式)과 유사한 것으로 보고 있다[주 90].

두 비는 모두 일종의 법령으로서, 살우(煞牛)에 따른 서약대로 의식을 치르되 이 법령을 어기는 자는 중죄로 다스릴 것을 천명하는 내용이다. 따라서 천전리 암각화의 원명에서 '식다살'도 신에게 음식을 바치며 제사 지낸 것을 알려주는 내용이다. 이는 전통 종교인 샤머니즘 내지 토템이즘으로 볼 수 있다.

그런데 추명에서는 '식다살'이 없다. 대신 그 구성원 중 새롭게 '예신'(禮臣)이란 명칭이 나온다. 이 예신의 이름은 정을이지(丁乙尒知)로, 관등은 나마(奈麻)다. 나마는 신라 17관등에서 11관등에 속한다. 의식을 주관한 것으로 보아 승려라는 명칭이 생겨나기 전에 불교라는 새로운 종교를 주관하던 지위의 명칭으로 보게 된다. 당시는 불교가 갓 합법화된 시대이며, 이곳을 찾은 사람들이 불교 수용을 적극적으로 힘쓴 법흥왕 계열의 왕가이기 때문이다. 관등에서 중간층 아래(오늘날 5, 6, 7급 정도)에 소속된 신분임을 알 수 있다. 이렇게 전통 종교에서 희생례(犧牲禮)인 식다살(食多煞)에서의 주관자 무당을 대신하여 '예신'이 등장한 것(539년)은 을사년 이후 법흥왕 14년(527)에 불교를 공인한 때문으로 볼 수 있다.

이처럼 추명에 예신이 나타난 것은 종래의 무속적 종교를 대신해서 불교 의식이 처음 시행된 것으로 보인다. 그렇다면 이 '원명'과 '추명'의 내용에서 그 변화를 통해 원명까지는 자연신으로서 무속 종교의 제단화였던 천전리 암각화가, 불교가 들어오면서 추명 내용을 통해 인격신인 부처님에게 불교 의식으로 기원한 첫 장소로 추정하게 된다. 기독교에서 교회가 생기기 전에 예배드렸던 카타콤 또는 집에서 예배드리던 가정교회에서처럼 말이다. 그렇다면 사부지 갈문왕이 천전리 암각화로의 행차는 단순한 산수 유람이 아니다. 모종의 염원, 즉 김씨 왕통의 지속과 안녕을 바라면서 몸과 마음을 정화하던 발계의식(跋禊儀式)과 같은 것을 행하기 위한 것으로 보게 된다. 그러니 아들 심맥부지를 진흥왕으로 옹립, 기원 등 때때로 중요한 의식 거리가 생기면 이곳을 찾았을

도판 221 아랫부분에서 깨진 (향)우가 원명이고, (향)좌가 추명이다. 원명에서의 식다살이 추명에서는 예신으로 바뀌어 나온다. 원명 아래의 바위가 깨진 원인은 이곳을 20세기 전기까지만 해도 화장터로 사용했다는 옛 동네 어른들의 얘기에서 알 수 있다.

도판 222 천전리 암각화에 새겨진 신라 시대 풍속도 중의 하나인 기마행렬도다. 사부지갈문왕 일행들이 타고 온 모습을 기념으로 그린 풍속도로 추정된다.

것이다. 그렇다면 진흥왕(534~576)은 첫 불교 의식으로 왕위에 오른 것이 된다.

왕실이 이곳까지 찾아와 제사를 지냈다는 것은 이곳이 제사 장소로서의 위상이 '전불 7처 가람지허'처럼 서라벌 근교에서 그 어느 공개된 소문난 전통적인 제사 장소보다 더 효험이 있다고 내밀히 알려진 것으로 볼 수 있다. 그러다가 불교에 습합된 것으로 보인다. 그러니 이곳은 사탁부에 속한 지배층들이 토템적인 고유의 종교의식을 행하던 장소였다가 불교가 합법화되면서 거리상·지형상 사찰 조성 조건과 맞지 않아, 그 후 멀어져간 성지가 되었다고 보게 된다. 즉 법흥왕과 진흥왕대, 신라에서 첫 시작된 의미 있는, 그러나 어설픈 예불 장소였다고. 이후 흥륜사 등으로 옮겨가게 되자 이곳은 곧 진흥왕이 만든 화랑제도를 이어받아 그들의 심신 수련장으로 변했음을. 그것은 화랑들의 이름이 무수히 새겨진 것에서 알 수 있겠다.

어쨌든 이곳 천전리 암각화에는 애니미즘, 샤머니즘 그리고 토테미즘을 넘어 초기 불교 신앙의 단초까지, 아니 수련 장소를 넘어 화장의식까지 나타나 있음을 추론이지만 하게 된다. 그러니 이곳은 인류사 이래 나타난 각 원시 종교의 예식 단계를 불교가 합법화되기까지 시대에 따라 끊임없이 행하며 이어져 온 성스러운 장소가 되겠다. 이렇게 천전리 암각화처럼 우리나라에서 원시종교의 단계단계가 한곳에 모두 나타난 예는 그 어디에도 없다. 원시 종교의 성지임을 알 수 있다.

[도판 222]는 사부지갈문왕 일행이 이곳으로 행차하던 모습을 그려놓은 것은 아닐까. 말을 탄 모습과 높고 긴 모자에 산개까지 쓴 인물을 보면 보통 신분이 아닌 것으로 보인다. 그림은 치졸하지만, 낙서처럼 보이지는 않는다. 더군다나 이곳은 성스러운 제단화 바위가 아닌가? 그렇다면 사부지갈문왕의 아들, 후에 진흥왕이 되는 심맥부지가 따라왔을 때 자수정으로 그린 그림으로도 보게 된다. 아버지는 명문을 기념으로, 어린 아들은 그림을 기념으로 남겼다고 말이다. 만일 그렇다면 이 그림은 진흥왕이 어릴 때 그린 기념화가 되겠다. 믿거나 말거나지만…. 어쨌든 성스러운 제단터였음은 분명하다.

이상을 정리하면 동굴 벽화가 구석기, 신석기의 선사적 제단터 유적이라면, 암각화는 구석기, 신석기, 청동기, 고대 국가 예술이 남아 있는 선사·역사적인 제단터다. 따라서 이 그림들은 당대 역사 탐구의 결정적인 자료다. 결론은 이 같은 인류 최초의 흔적인 알타미라, 라스코의 동굴 벽화 및 대곡리, 천전리의 강변 암각화를 누가 그렸느냐다. 여성이냐, 남성이냐인데 여성이 그렸을 가능성이 높다고 본다. 그 가능성은 먼저 선사 시대가 모계사회였다는 데에 있다. 그러니 사제가 무녀였을 가능성이 높다. 그렇다면 그 제단화 그림도 의식을 관장하는 무녀의 신앙 코드에 맞아야 그 효험이 나타날 수 있다. 그리고 동굴 벽화에서 발견되는 손의 흔적이 대부분 여성의 것으로 추정된다는 주장이 아닌가.

지금까지 이 천전리 암각화는 학계에 문명대 교수가 발견한 것으로만 거의 대부분 알려졌다. 정확히 얘기하면, 그곳 현지인 최경환 씨의 제보에 당시 문명대 연구원, 김희욱 사학과 학생 그리고 한국일보 우병익 기자가 알게 되었다. 그날은 1970년 12월 22일로 기억된다. 이 사실은 그 후 71년 1월 1일 자 한국일보 1면에 특종 기사로 보도되었고, 문명대 교수에 의해 학계에 알려졌다. 그러니 사실을 바탕으로 역사적으로 정리하면, 제보자는 현지인 최경환 씨가, 가치 확인자는 문명대 연구원, 참여자는 김희욱 학부생, 보도자는 우병익 기자, 그 후 학계에 논문으로 최초로 보고한 사람은 문명대 교수로 정리되어야 한다. 그런데 반구대 암각화 제보자도 알타미라 동굴 벽화를 발견한 제보자도 역사적 평가에서는 좀 무시되는 것 같다. 사실은 그들 때문에 세상에, 학계에, 세계에 알려진 것이나 진배없는데도 말이다.

3) 가부장제

(1) 가부장제의 등장

'죽음의 언덕'이라는 의미의 모헨조다로 유적[도판 223]은 하라파 유적과 함께 BC 2,500년 무렵에 건설된 것으로 보고 있다. 모헨조다로 유적을 중심으로 발전했으리라 추측되는 인더스 문명은 그 후 기원전 1700~1500년 사이에 몰락했다. 오늘날 폐허의 모습은 몰락한 당시 그대로의 상황이라고 한다. 그 몰락 원인에 대해서는 몇 가지 추측이 있는데, 그중 큰 이유는 외부의 침입에 의한 것으로 보고 있다[주 91]. 당시 그곳엔 거대한 계획 도시가 있었다고 한다. 벽돌을 번듯하게 지은 성채에, 반듯한 도로, 하수 시설까지 되어 있었다니까. 대형 건물이 없는 것으로 보아 권력자가 없는 평등했던 모계사회로 추정하기도 한다. 그 도시는 비옥한 들판으로 펼쳐져 있었고, 추수한 곡물을 저장하는 창고는 여

도판 223 모헨조다로 유적지 모습. 곡식을 저장하는 창고는 여신을 숭배하는 신전이었다고 한다. 모계사회였다는 증거다.

신을 숭배하는 신전이었다고 하기도. 더구나 모헨조다로와 그 자매 도시인 하라파에서도 발견된 고고 유물에서 여신 숭배 모습을 찾아볼 수 있다고 하니까. 모계사회에서는 여성이 재물을 소유하고 자치권을 갖고 있던 사회였다. 그런데 북쪽에서 온 침략자들이 아메리카를 침략한 콜럼버스, 코르테즈, 피사로처럼 모헨조다로에 아무 저항 없이 무혈입성해 약탈, 살육, 방화로 도시 전체를 폐허로 만들었다고 한다. 그러면서 부계사회가 되었다는 것이다.

고대 호주와 멜라네시아의 종교도 실제로 여성들이 모든 종교의식을 주관했다는 것을 신화를 통해 알려 주고 있다. 이후 본격적인 정주 생활과 함께 새로운 노동집약적 농법을 필요로 하게 되었고, 이에 더 많은 노동력이 요구되면서 모든 여성이 점점 더 많은 출산 책임을 지게 되었다. 그러면서 다산과 수유 그리고 가사와 양육에 얽매이게 되면서 점차 남성 중심의 지배 이데올로기가 뿌리내리게 되었다는 것이다. 그 결과 종교도 여신에서 남신으로, 그러면서 여성들은 사회적으로, 경제적으로 완전히 남성에 의존하게 되었다는 것이다. 기원전 ±10세기 무렵부터는 가부장 제도가 확고해지면서 이전의 가모장제 사회는 기억에서 지워진 세월이 되었다.

(2) 가부장제 고착화 과정

도시 문명이 시작하면서부터는 남성 중심의 지도자들에 의해 이집트 문명, 그리스·로마 문명, 함무라비 문명, 단군조선에서 보듯이 가부장제 사회가 나타났다.

함무라비 법전을 1901년 말 프랑스 탐험대가 페르시아의 옛도시 수사에서 발견하였다. BC 1776년 기둥 상부에 왕이 샤마슈신(神)에게서 법전을 받는 그림으로 여겨지는 돋을새김이 있다. 법 신수사상(法 神授思想), 즉 신으로부터 법을 선물 받았다는 사상을 엿볼 수 있다. 높이 2.25m 되는 돌기둥의 게시법인데, 전문·후문으로 모두 282조의 규정이 쐐기문자로 새겨져 있다. 법문의 배열은 엄밀하지 못하나 그런대로 체계적이다. 원형은 현재 프랑스의 루브르박물관에 소장되어 있으며, 이스탄불 고고학 박물관에는 그 모사본이 전시되어 있다.

함무라비 법전에 사람을 세 가지 계급, 즉 귀족, 평면, 노예로 나누었고, 생명 가치를 여성 노예는 은화 20세켈, 여성 평민은 30세켈, 남성 평민의 눈은 60세켈이라고 했다. 그러니 당시 남성의 눈 하나가 여성 노예 목숨의 3배였음을 알 수 있다. 그즈음부터 남성에 의해 지배가 제도화된 가부장제였음을 알 수 있다. 아버지는 모든 소유권과 지배력 그리고 결정권을 지니게 되었으며, 이러한 권한과 힘은 정치 · 경제 · 사회 · 종교 등 모든 차원으로 확장되었다.

가부장제는 사회와 문화에 따라 지구상에 다양한 양태로 나타났다. 하지만 공통적인 특징은 여성이 가정에서 종속적 위치에 있다는 것이다. 그래서 그 양상은 첫째, 가계가 아버지를 중심으로 한 남성으로 이어진다. 둘째, 남아 선호사상이 생겨났다. 셋째, 폭력적 행사가 자연적인 것으로 간주된다. 넷째는 여성의 성, 출산 능력도 남편에게 속한 것으로 간주된다. 다섯째, 여성들은 육아나 가사와 같은 집안일에 제한된다. 여섯째는 부인과 딸의 상속권이 남편과 아들에 비해 지극히 제한된다는 것이다[주 92].

기독교에서 가부장제 가족 개념은 종교가 시작되는 창세기에서부터 등장한다.

남성인 아담이 여성인 이브를 보자마자 “이제야 나타났구나, 이 사람! 뼈도 나의 뼈, 살도 나의 살”(창세기 2장 23절)이라고 하며, 곧이어 “남자는 아버지와 어머니를 떠나 아내와 결합하여 한 몸을 이루는 것이다”(창세기 2장 24절)라는 가족 형성에 대한 선언이 나온다. “뼈도 나의 뼈, 살도 나의 살”이라는 선언에서 가부장제의 공고성을 알려준다. 그러면서 핵가족이 사회의 가장 기본적인 가족 단위로 규정되게 되었다. 특히 구약성서의 가장 핵심적 부분인 창세기에서 열왕기상 · 하에 걸친 이야기는 가부장적 위계주의 가족에 관한 내용으로 채워져 있다.

이같은 남성 중심주의로서의 학문적 토대는 플라톤과 아리스토텔레스의 철학에서부터 그 연원을 찾는다. 아리스토텔레스의 주장 중 "여성과 남성의 관계에 있어서 불평등은 영원한 것"이며, "남자의 용기는 명령하는 것에서 그리고 여자의 용기는 순종하는 것에서 나타난다"고 한 그의 말에서 여성의 열등성에 대한 이해의 근원을 나타낸다[주 93]. 남녀의 위상이 섹스(Sex)에서 젠다(Gender) 중심으로 바뀐 것이다. 그러면서 어거스틴이나 토마스아퀴나스 등에 의하여 형성된 기독교 교리에서 더 구체적으로 강화되었다. 여성과 남성의 생물학적 '차이'를 '차별'로 왜곡시키면서다. 그러면서 가부장 제도는 종교, 법, 문화를 통해 정착되고 강화되고 뿌리내리면서 자연화되어 갔다. 서구 문명을 이루는 커다란 두 가지 메타포, 그리스철학인 헬레니즘과 기독교 사상인 헤브라이즘으로부터 표면화되기 시작한 이러한 여성에 대한 부정적 이해는 깊게 뿌리내리며 서구 문명을 지배하여 왔다. 이러한 여성에 대한 부정적 이해는 그러면서 '마녀 화형' 사건에서 극단적인 절정으로 표면화되었다. 이 사건은 13세기에 시작하여 약 500여 년 동안 지속되었는데, 1500~1700년 사이에 가장 극심한 양태를 이루었다.

불교에서도 비슷했다. 싯다르타가 깨달음을 성취한 후 따르는 추종자가 생겨났다. 그러면서 남성 수행자 집단인 비구 승단에 이어 몇 년 지나 그를 길러준 양모 마하파자파티와 궁녀들도 머리를 삭발하고 승복을 입고 승단에 들어갈 수 있도록 부처님에게 3번이나 간청했다. 이에 결국 허락하면서 여성 수행자 집단인 비구니 승가가 설립되었다.

그런데 그렇게 허락하면서 8가지 전제 조건(8경법)을 받아들이도록 했다[주 94]. ① 보름마다 비구의 지도를 받아야 한다. ② 비구의 지도에 따라 안거해야 한다. ③ 안거 후 비구를 초청해 자신의 허물을 고백하고 훈계를 받아야 한다. ④ 식차마나(式叉摩那) 구족계를 받아야 한다(식차마나란 사미니에서 비구니가 되기 전 2년간 4근본계와 6법을 지키며 수행하는 정학녀(正學女)를 의미한다). ⑤ 비구를 꾸짖어서는 안 된다 ⑥ 비구의 허물을 말해서는 안 된다. ⑦ 무거운 죄를 저질렀을 때는 비구에게 참회해야 한다. ⑧ 경륜이 있는 비구니라도 방금 수계한 비구에게 공손해야 한다.

결과적으로 이 조건이 오늘에 이르기까지 비구니가 비구에게 절대 복종하도록 만든 계기가 되었다. 이는 남자의 갈빗대에서 여자를 만들었다는 것과 같은 굴레 씌우기가 되었다. 불교 문학이나 기록에서 부처는 여자나 동물의 암컷으로 태어난 적이 한 번도 없다. 이 같은 남성 우월성은 오히려 불교 문학의 시작인 자타카 문학에도 나온다. 이렇게 하여 시간이 흐르면서 '비구'와 '비구니'는 영원히 평등하지 않게 되었다.

그럼에도 승가가 성립된 초기부터 뛰어난 비구니들이 깨달음을 성취한 후 지었다는 시가 『테리가타』(Therigatha)라는 제목으로 전해 오고 있다. 이 시집은 비구에 종속된 비구니 여성 출가자들이 남성 출가자들인 비구와 동등한 수준의 영적 능력이 있다는 것을 당시부터 알리고 있는 것이다.

어쨌든 그러면서 두 종교 모두 여성들에게는 열등의식을 조장하였고, 남성들은 우월의식을 갖게 하였다. 남성에게는 특권과 지배권을, 여성에게는 불이익과 종속적 구조가 자연적인 것인 양 느끼게. 그 대단원의 완성이 오늘날 신자본주의에 따른 가부장제 가족 단위이다. 즉, 선천적인 성(Sex)은 단순한 남녀의 구분을 의미하는데, 후천적인 젠다(Gender)에 의해 남성·여성으로 차별되면서 남성 중심 문화로 이론화되고 제도화되어 강고하게 자리 잡게 된 것이다. 그래서 여성은 태어나는 것이 아니라 길들여지게 되었다. 이 같은 성차별은 가정, 학교, 사원, 문화, 법 등 다른 제도적 기구들을 통한 사회화 과정에서 끊임없이 확대 재생산되면서 재확산되었다.

그동안 페미니즘이라는 젠다는 이 같은 성적 차이를 불평등으로 자연화하려는 정치에 도전하면서 이론화시킨 개념이다. 앞으로는 종교에 대해서도 문제제기하면서 촉구해야 한다. 종교 문화가 그 기저에서 탁월한 보편적 가치인 페미니즘을 신의 이름으로 잠재우며 자연화시켜왔기 때문이다. 종교도 석고대죄를 한 후 천부인권, 만인불성을 보편적 가치로 만들어 나가야 할 것이다.

3장

르네상스 이후, 페미니즘 회화의 등장

14세기 이탈리아 시인 보카치오는 로마 역사가 플리니의 자료를 활용해 『고대의 여류명사들』(1370)이란 영감이 넘치는 책을 썼다. 그런데 그는 주석을 통해 이 여성들이 예외적 존재였고, 남성적 직업을 추구하기 위해 여성의 본분을 버렸다고 했다. 보카치오의 초기 르네상스 시대의 이 글은 여성의 직업을 경직되고 반역사적인 범주로 분류한 예이다. 여성에 대한 편견을 알 수 있다.

도판 224 이집트의 헬렌이라는 여성이 BC 3C에 그린 것으로 추정하는 〈이수스 전투에서 다리우스 3세에 맞서는 알렉산더대왕〉. 그리스 벽화에 그려진 것이다.

미술가란 학식 있는 사람이고 미술작품이란 천부적인 재능을 가진 개인의 독특한 표현이라는 새로운 관념은 1435년 레온 바티스타 알베르티가 출판한 『회화론』에 처음 등장한다. 그러니 이 시기부터 본격적으로 미술사라는 학문이 시작되었다고 볼 수 있다. 그러나 미술사의 기원은 앞에서 보았다시피 선사 시대에 특히 구석기 시대부터 시작된 동굴 벽화와 암각화에서부터라고 해야 한다. 어쨌든 기록상으로는 알베르티 때부터 여성이 만든 작품을 남성이 만든 작품보다 열등한 것으로, 2등급으로 취급했다. 그래서 여성 미술가가 제작한 작품 중 우수한 작품은 남성 미술가의 작품으로 간주된 사례가 적지 않다.

종교가 나타난 문명의 발생 이후 르네상스까지는 여성들이 그림을 그린 구체적인 내용이 별로 없다. 있다손 치더라도 언뜻 지나치는 그림이나 글들이어서 소개할 정도가 못 된다. 그림 중에는 그리스의 도자기에 여성이 그린 듯한 작은 그림이 하나가 있을 정도다.

그런데 소개할 수 있는 그림이 하나가 있다. 현재 많은 학자들은 BC 3세기경 그리스 벽화 〈이수스 전투에서 다리우스 3세에 맞서는 알렉산더대왕〉[도판 224]을 헬렌이라는 이집트 여성이 그린 것으로 본다. 모르고 보면 여성이 그린 것으로 생각할 수 있을까. 힘이 넘치고 감정이 가득 찬 박진감 있는 그림이다. 기록상으로는 지금까지 알려진 최초의 여성 그림이다. 그리고 최초로 사인된 채색화는 10세기 엔데(Ende)의 것으로 기록되어 있는데, 스페인 로마네스크 사본인 '비아투스 계시록'(970)에 "신의 종이요 여성 화가인 엔데가 그리다"라고 적혀 있다. 12세기 웨스트팔리아의 수녀 구다는 자화상과 함께 "죄인 구다가 이 책을 쓰고 그렸노라"라고 적힌 사본을 남기고 있다.

15세기 무렵이면 수녀원 사본보다 길드에서 여성 채색가들에 의해서 제작되는 세속적 사본이 성행하게 된다. 북유럽 보뤼헤의 어느 페인팅 길드의 기록을 보면 1454년에는 여성 화가의 숫자가 총인원의 12%였으나 1480년까지 25%로 증가하였다. 이렇게 재능 있는 여성들이 등장하면 당시 남자들은 이 같은 여성을 정상적인 여자로 생각하지 않았다. 남성적이라거나 돌연변이로 봤다. 그래서 그런지 당시 여성 화가들에 대한 최고의 인정은 '남자 화가의 실력과 비슷하다'라는 평이었다. 아니 20세기 초까지 그랬다.

서양 중세의 삶에서 지배적 힘이었던 기독교는 정치·경제·사회뿐만 아니라 문화까지 모든 것을 주도했다. 그러면서 교회의 계급 체계는 사회의 계급을 보다 강화시켰다. 바로 이 시대(11세기와 12세기)에 여성의 지적·예술적 활동의 중심이었던 수녀원에는 귀족 가문들만 접근할 수 있었다. 많은 재산을 증여받은 수녀원의 출현은 수많은 여성을 종교 생활에 귀의하도록 부추겼고, 여성 성인에 대한 숭배는 성모 숭배로 귀결되었다. 그러면서 12~14세기에는 성모 숭배가 정점에 이르면서 신성한 여성상의 이데올로기를 강조하게 되었다.

한편, 십자군 운동의 결과로 또 다른 사회적인 변화가 일어났다. 이 과정에서 도시의 성장은 새로운 여성 계층을 탄생시켰다. 이렇게 중세 말기에 여성들의 사회적 지위가 크게 변하자, 경제 구조에도 참여할 수 있게 되었다. 사르트르 대성당의 북쪽 문 입구에 있는 〈활발한 삶〉이라 불리는 조각 연작에는 여러 종류의 직업에 종사하는 여성이 등장하며, 13세기에는 남자든 여자든 독점적으로 점유했던 직종은 거의 없었다. 여성에게 전문직이 사회에 등장하게 된 배경도 이즈음부터로 보고 있

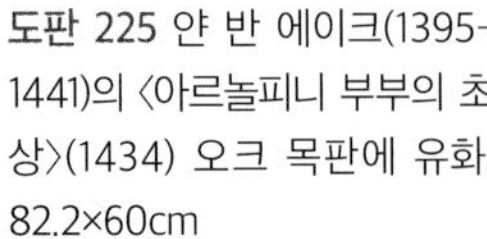

도판 225 얀 반 에이크(1395-1441)의 〈아르놀피니 부부의 초상〉(1434) 오크 목판에 유화. 82.2×60cm

다. 미술도 그중의 하나로 끼였다.

14세기에 들어 피렌체 화가들의 사회적 지위가 점점 향상되자 그들은 의사와 약제사 길드에서 탈퇴하여 1349년에는 화가 조합으로 알려진 성 루가 조합을 조직했다. 화가들의 조합 이름을 '성 루가'의 이름을 딴 것은 앞에서 언급했듯이 누가가 성모의 그림을 최초로 그린 것으로 전해 오기 때문이다. 이들의 그림은 14세기 말에 이르면서부터 사회 속에서 점점 부르주아적이고 세속적인 성향을 띠게 된다. 크리스틴 드 피장(Christine de Pisan)은 이탈리아에서 태어난 프랑스 작가이며, 서양 역사상 최초의 전문적인 페미니스트 작가였다. 피장은 『여성들의 도시』(1405)에서 훌륭하고 독립적인 여성들이 남성들의 비방에서 해방되어 안전한 삶을 사는 우의적인 도시를 서술해 냄으로써 보카치오에게 응수했다. 여성의 선천적인 열등성을 주장한 보카치오에 대항하기 위해서였다. 피장은 여성의 위대한 업적을 밝히고 자신의 논지를 입증하기 위해 사례를 제시했다. 그래서 『여성들의 도시』는 수세기에 걸친 여성 혐오론자들의 글에 맞서 여성이 용기 있게 방어한 프랑스 책 중 최초의 '페미니즘' 텍스트로 불린다.

1) 르네상스 시대, 가부장제에서의 젠다 문화

이즈음(1434년)에 그림이 하나 그려졌다. 〈아르놀피니 부부의 초상〉이다[도판 225]. 이 그림은 템페라 대신 유화로 그린 그림 중 가장 오래된 그림이다. 미술사뿐 아니라 문화사에서도 큰 의미를 갖고 있다. 당시 중세 신분제 사회에서는 사제가 제1계급, 귀족이 제2계급, 농업, 공업, 상업 등 실물 경제를 담당하던 사람들은 제3계급에 속했다. 이 제3계급은 프랑스의 1848년 혁명을 계기로 부르주아와 프롤레타리아로 두 계급이 명확하게 분화되기 전까지 아르놀피니 같은 대상인에서부터 노숙자에 이르기까지 모두를 통칭하는 넓은 개념의 용어였다.

그런데 이 그림은 상인 계급에서는 첫 초상화로 알려져 있다. 초상화란 개인 혹은 특정 집단이 자신의 존재를 과시하고자 하는 욕망에서 나타난 장르

도판 226 부부의 머리 위에 있는 샹들리에가 대낮인데도 초가 하나 켜져 있다. 초는 예수의 축복을 상징하고, 그 아래 벽에 쓰인 글씨는 "얀 반 에이크는 1434년에 여기에 있었다"라는 라틴어 문장이다. 그 옆 침대 머리 받침 모서리 위에는 임신을 축복하는 성인인 성 마르가리타가 조각되어 있고, 그 아래에는 빗자루가 걸려 있다.

다. 이전까지 초상화의 주인공은 신이나 성인 또는 신화적 영웅이나 왕들이었다. 그러니 이 그림은 지금까지는 그려지지 않았던 상인이 그림의 주인공이 된 것만으로도 미술사적 가치가 큰 그림이다. 특히 아탈리가 "하나의 사건"이라고 지목할 만큼 〈아르놀피니 부부의 초상〉은 근대적 개인과 남녀 사생활의 탄생이라는 새로운 순간을 담아낸 그림이다.

그림 속 주인공은 지오반니 아르놀피니와 부인 지오반나 체나미라고 알려졌다. 두 집안은 다 이탈리아의 루카 출신으로 아르놀피니는 지금 벨기에의 브뤼헤와 겐트를 중심으로 활동한 거상이었다. 이는 두 사람이 입고 있는 고급 밍크 옷에서도 알 수 있다. 둘은 1426년에 결혼했는데, 아내는 1433년 출산 중 사망하게 된다. 그림 속 부인이 임신한 상태를 알리고 있다. 그림 중에서 임신한 여성을 나타낸 것도 처음이 아닐까. 요즘은 결혼도, 출산도 선택이 되고 있지만 당시는 물론 얼마 전까지만 해도 건강한 아들 출산이 결혼의 가장 중요한 목표 중 하나였다. (옷을 배 앞으로 걷어 올려서 그렇지 임신이 아니라는 주장도 있다.) 그러나 힘을 빼고 손을 편 모양에서나, 배경에 뒷받침되어 나오는 장식에서나, 이 그림이 그려진 의미나 타이밍에서나 젠다적 관점에서는 모두 임신을 상징하는 것이 맞다고 생각된다.

두 사람 위에 있는 샹들리에에 촛불이 신랑 쪽에만 하나가 켜져 있다[도판 226]. 그 이유는 이 그림이 부인이 사망한 뒤에 그려진 초상화이기 때문이다. 그러니까 이 그림은 아르놀피니가 결혼을 회상하는 추억화인 셈이다. 그런데

도판 227 개는 신의와 성실을 상징한다.

이 그림은 제3이란 시민 계급의 가정에서 오랫동안 지배적이었던 남녀의 성역할 분담과 초기 근대적 개인의 사생활을 알려 주는 귀한 그림이다. 그래서 페미니즘에서 생각하는 남녀의 역할 차이를 설명하기에 제격이다.

이 그림에서 먼저 눈에 띄는 것은 신랑 신부의 발밑에 있는 강아지다[도판 227]. 부부 사이에 등장하는 개들은 두 사람 간의 신의와 성실을 의미한다. 결혼 후에는 두 사람 다 배우자 이외에는 다른 사람에게 눈길을 돌리지 않겠다는 일부일처제를 위한 신의와 성실의 서약이다. 신랑 발 옆에 벗겨진 나막 신발도, 신부 발 뒤에 벗어놓은 빨간 신발에서도 그렇다. 이는 성경 출애굽기에서 모세가 하느님의 부르심에 따라 거룩한 새 땅에 들어갈 때 신발을 벗은 이야기에서 비롯된다. 결혼은 거룩한 새 땅에 들어가는 것이니 이전의 삶과는 달라야 한다는 의미다. 그리고 [도판 228]에서 보다시피 벽에 걸린 거울의 요철 같은 테두리 10곳에 조각된 신랑 쪽인 예수의 삶과 신부 쪽인 죽음 이야기 그리고 그 옆 묵주는 행복한 결혼생활을 위해서는 많은 기도가 필요하다는 의미를 담고 있다.

또 그림에서 신랑은 집 바깥쪽으로, 신부는 집 안쪽으로 서 있다. 이는 남자는 바깥일과 여자는 집안일이라는 역할 분담을 가름하는 표현이다. 신부 쪽에 있는 침대 머리 모서리에 걸려 있는 [도판 226]의 빗자루도 여자의 집안일을 상징한다. 신랑은 냉정하고 계산적인 표정인데, 신부는 순진하면서도 따뜻한 미소를 짓고 있다. 그 감정에서도 엄격한 아버지와 자애로운 어머니로 이루어진 가정이 이상적이라는 암시다. 열린 창문으로 신랑 신부가 입고 있는 두꺼운 털옷과는 계절상 맞지 않는 열매가 풍성하게 열린 체리 나무가 보이는데, 체리 열매는 자손의 번성을 의미한다. 빗자루 위 침대 머리에 출산을 도와주는 성마르가리타가 조각되어 있는 것도 이와 관련된다. 그래서 이들이 부인의 임신을 뒷받침하고 있는 것이다. 그리고 이 그림에서 가장 중요한 것은 부부가 서 있는 장소다. 이곳은 사적인 그것도 부부의 은밀한 생활이 행해지는 공간이다. 개인의 독립된 공간은 개인을 탄생시키고 완성하는 기본 장소다.

도판 228 그림에서 거울 속에 두 사람이 보이는데, 그중 한 명은 얀 반 에이크로 본다. 거울 위 벽면에 글이 증명한다. (도판 226 참조)

한마디로 이 그림의 결론은 신의와 성실 속에서 아이를 많이 낳고 남자는 바깥일을, 여자는 집안일을 잘해야 한다는 얘기다. 이처럼 〈아르놀피니 부부의 초상〉 그림에서부터 오늘날 페미니즘을 주장하는 자의식을 가진 개인 여성이 탄생하는 데까지는 무려 500년이 넘게 걸린 셈이다.

2) 르네상스 시대의 여성 화가들

(1) 프로페르치아 데 로시(1490~1530)

볼로냐는 이탈리아 도시 중 중세 이래로 여성을 위한 대학이 있었고 여성이 그림을 자유롭게 그릴 수 있었던 유일한 도시였다. 볼로냐에서 교회 다음으로 중요한 곳이 11세기에 설립된 대학이었다. 13세기에 여성의 입학을 허용하기 시작했을 무렵부터 대학은 이탈리아에서 가장 유명한 인문학의 중심지로

도판 229 데 로시의 〈그라시 가문의 문장〉 (1510~1530). 치비코중세박물관. 볼로냐

널리 알려져 있었다. 15~16세기, 이탈리아를 비롯한 유럽지역에서 여성들은 예술가로서 지위를 거의 인정받지 못했다. 남자보다 지성과 인격이 열등하다고 보았기 때문이다. 그래서 여성들은 요리, 청소, 육아 등 가정생활의 의무를 다하는 것이 최선이라고 생각했다. 이러한 척박한 환경에서 몇몇 특출한 여성 미술가들이 나타났다. 그중의 한 명이 프로페르치아 데 로시(1490~1530)였다. 바사리의 기록에 따르면 그녀는 미모에 노래는 물론 연주 솜씨까지 뛰어나 모두가 부러워했다고 한다.

그녀가 볼로냐에서 유명해진 것은 귀족 그라시 가문의 문장으로, 11개의 복숭아 씨앗을 섬세하게 조각해 만든 미니어처로서의 은 세공품에서였다[도판 229]. 11개의 씨앗 중 하나는 '자비의 마돈나'인데, 그 마돈나의 망토 안에 100여 개의 아주 작은 얼굴들이 조각되어 있어 미니어처 중 미니어처이다. 그래서 조르조 바사리는 그녀의 이 씨앗 조각을 세심한 여성이 아니면 할 수 없는 놀라운 인내심으로 작업한 경이로운 작품이라고 극찬했다. 그녀는 르네상스 시대 최초의 여성 조각가였다.

그녀는 부유한 공증인 집안에서 태어나 볼로냐 대학에서 미술을 공부했다. 당시 여성이 할 수 있는 예술작업은 공예, 태피스트리, 자수, 수채화 정도였다. 그래서 이 분야는 남자에게만 허락된 회화, 조각, 건축에 비해 하찮고 열등한 영역으로 취급당했다. 당대에 존경받는 여성이란 성당에 다니며 겸손과 순종, 여자로서의 교양을 보여주는 참하고 조용한, 개성을 드러내지 않는 우아한 여성들이었다. 아무리 볼로냐가 개방적이고 진보적인 도시라고 할지라도 여성들은 전통적 여성상에서 벗어나기 힘들었다. 그러나 로시는 그러한 전통적인 르네상스 여성이 아니었다. 그녀의 욕망은 당시 여성에게 금기시된 조각가가 되는 것이었다. 30살 무렵, 마침내 볼로냐 산 페트로니오 성당의 파사드 조각 공모전에 입상하면서 대리석 조각가로서 명성을 얻게 되었다. 〈요셉과 보디발의 아내〉[도판 230]이 그 대표작이다. 그런데 이 부조는 출세작이지만 그녀의 사생활과 관련되면서 그녀를 죽음으로 몰고 간 문제작이 되고 말았다.

도판 230 프로페르치아 데 로시의 〈요셉과 보디발의 아내〉(1520). 대리석 위의 조각으로 그녀의 출세작이다. 산페트로니오성당박물관, 볼로냐

볼로냐 법원의 옛 전과자 기록 문서에 그녀의 이름이 2번 발견된다. 첫 번째는 이웃집 정원을 훼손시켰기 때문이고, 두 번째는 화가 아미코 아스페르티니의 집에 무단 침입해 그의 얼굴에 물감을 던지고 눈을 할퀸 폭행죄였다. 법정 기록에도 '성질이 매우 난폭한 여자'라고 적혀 있다. 그가 그녀의 험담을 늘어놓고 다녔기 때문이었다. 즉, 당시 여성이 인체 해부학에 능통하면 방탕한 증거라고, 남자의 인체 조각을 잘하는 것은 난잡하고 행실이 나쁘기 때문이라고 명성을 시기한 근거 없는 험담을 한 것이다. 이 때문에 평판이 나빠져 그녀의 작품이 인기가 없게 되었다고 한다.

따라서 당시 그녀의 폭행죄는 여성에게 불공평한 사회에서 발생한 억울한 사건이 분명하다. 그녀는 평생을 고군분투했으나 결국은 남성 경쟁자들과의 불화, 부당한 대우로 인해 1530년 무렵에는 명예 실추로 모든 공공작업에서 손을 떼야 했다. 그 후 무일푼에 흑사병까지 걸려 친구도 친척도 없이 마흔 살에 세상을 떠났다. 당시 전 이탈리아에 명성을 날린 출중한 첫 여성 조각가였지만 말이다. 여성이었기 때문에 그녀의 말로는 그렇게 비참했다.

(2) 소포니스바 앙기솔라(1535~1625)

이런 시대에서 그나마 르네상스 전성기에 들면서 나타난 유명한 여성 화가가 있다. 이전까지는 피렌체에서 여성 화가들의 이름이 알려지지 않았다. 화가 파올로 우첼로의 딸 안토니아가 있었는데, 그녀의 작품은 전해지지 않는다. 그리고 16세기 이전까지 볼로냐 외에 피렌체의 여성 미술가 중에서 우리에게 이름이라도 전해지는 경우는 수녀들뿐이다. 소포니스바 앙기솔라의 그림은 여성이 그린 자화상과 이탈리아 풍속화의 전통을 새롭게 세웠을 뿐 아니라, 여성에게도 화가라는 직업이 사회적으로 허용될 수 있음을 보여 준 최초의 화가였다. 그나마 그것도 그녀가 크레모나 지방의 귀족 아밀카레 앙기솔라 집안 덕이었다. 당시 남자는 귀족적이 되기 위해서 그림을 그렸고, 여성은 집안이 귀족이기 때문에 그림을 그릴 수 있었다. 그녀의 아버지가 딸에게 가진 관심은 1557년에 미켈란젤로에게 감사와 함께 지지 요청을 위해 보낸 편지에 잘 나타나 있다.

도판 231 앙기솔라의 〈이젤 앞의 자화상〉(1556). 캔버스의 유채. 성모자를 그리고 있다. 당시 미술에서 최상위 주제인 종교화나 역사화는 남성의 영역이었다. 그 한계를 깨는 모습을, 붓을 든 자긍심으로 당당하게 관람자를 쳐다보며 그리고 있다. 여성 화가로서 화구를 들고 있는 최초의 그림이다.

우리는 당신이 소포니스바에게 보여 준 존경스럽고 따뜻한 호의에 매우 감사합니다. 제 딸에 관해서 말씀드리면 제가 그 아이에게 가장 고귀한 회화의 덕목을 연습시켰습니다. … 제발 부탁이오니 … 딸아이가 유화로 채색할 만한 선생님의 드로잉 한 점을 보내 주시기 바랍니다.

이에 대해 미켈란젤로가 밑그림을 그려 보내주어 딸의 성공을 도왔다고 알려져 있다. 이후 앙기솔라는 〈알파벳을 익히는 늙은 여인과 웃는 소녀〉와 〈가재에게 물린 소년〉(1557년경)이라는 동생을 그린 드로잉을 미켈란젤로에게 보내 재능을 인정받았다. 로마에 가서는 미켈란젤로에게 딸의 그림을 보여주며 가르침을 청하기도 했다. 그녀의 재능에 감탄한 미켈란젤로에게서 2년간 비공식적으로 그림을 배우기도 했다고 한다. 그녀가 그린 몇 개의 자화상 중 〈이젤 앞의 자화상〉이 있다[도판 231]. 이 그림은 이젤 앞에 붓을 들고 서서 자신이 화가임을 보여주는 최초의 '여성 화가 자화상'이다. 관람자를 보는 그림 속 앙기솔라는 성모자를 그리는 중이다. 그녀의 눈빛은 차분하지만 매우 당당하며 강한 자의식을 드러내고 있다. 이 그림은 르네상스의 이상을 보여주는 분위기에 따라 자신의 초상화를, 세련되고 교양 있는 그러면서도 그리고 있는 화면의 성모상 수준의 온화한 젊은 부인으로, 그러면서 동시에 화가라는 것을 자랑스럽게 나타냈다. 그녀는 최초의 직업여성 화가였다. 사실 1433년 얀 반 에이크가 〈붉은 터번을 두른 자화상〉을 그리기 전까지는 화가

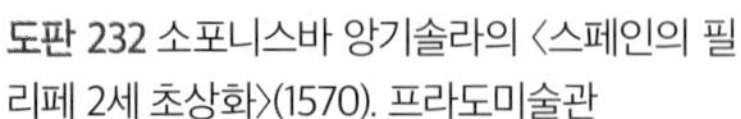

도판 232 소포니스바 앙기솔라의 〈스페인의 필리페 2세 초상화〉(1570). 프라도미술관

는 왕족이나 귀족, 고위 성직자 등 타인의 초상화를 그렸지, 자신의 자화상을 그린 예가 없었다.

스페인 왕궁에서 앙기솔라의 작품에 관심을 기울인 사람은 알바공작이었다. 1559년에 앙기솔라는 그의 소개로 스페인의 궁정화가로 가게 되었다. 처음엔 당시 공식 궁정화가였던 알론소 산체스 코에요를 도와 왕실 초상화의 규범에 맞춰 그리는 일이 많았다. 그래서 이런 그림은 이후 세월이 흐르면서 코에요의 작품으로 둔갑되기 십상이었다. 아직도 유수의 미술관에서 작가가 불분명한 작품 중에는 여성 화가의 그림이 많을 것이다.

앙기솔라가 스페인에 머무는 동안에 그린 것으로 기록된 몇 점의 그림 중 대표적인 그림 하나가 〈펠리페 2세의 초상화〉다[도판 232]. 르네상스 시대에 검은 천은 까다롭고 복잡한 염색 공정을 거쳐 생산되었기 때문에 값이 매우 비쌌다. 따라서 검정 옷은 고급스러움의 상징이었다. 그래서 왕실에서 주로 입었다. 초상화에서 펠리페 2세가 걸친 옷이 검정색이다.

당대 유럽에서 왕족이나 귀족들은 배필감을 고를 때 먼저 초상화를 통해 상대를 확인한 후 선을 봤다. 그래서 미혼 왕가 인물들의 초상화는 권위감보다는 혼사를 성공시키기 위해 최대한 주인공을 매력적으로 꾸미고 최고로 치장한 인물로 그렸다. 그래서 왕실 초상화를 그릴 때는 자신의 특기인 생생한 표정 묘사보다 값비싼 옷의 질감이나 화려한 보석의 반짝임을 묘사하느라 시간의 대부분을 소비했다고 한다.

이후 1573년까지 발루아의 이사벨 여왕과 오스트리아 앤 왕비의 궁녀이자 궁정화가로도 일했다. 앙기솔라는 궁정화가라는 신분에 매여 자신의 작품을 매매할 수는 없었지만 대신 그녀의 그림은 귀족층 사이에서는 선물로 유포되었다. 앙기솔라는 명성과 존경을 받았던 최초의 여성 화가였다. 〈체스 게임하는 세 자매〉[도판 233]에서 묘사된 인물의 개성과 성격은 바로 르네상스 정신, 즉 인본주의 표현이다. 르네상스는 중세의 신 중심적 사고에서 벗어나 인간의 개성과 창조성에 가치를 두는 사상을 발전시켰다. 이 그림은 인간적인 따뜻함과 친밀함을 독특한 스타일로 나타냄으로써 르네상스의 시대정신을 구현하고 있다. 미켈란젤로도 앙기솔라의 생기 있고 개성 넘치는 그림을 보고 칭찬을 아끼지 않았다고 한다.

도판 233 소포니스바 앙기솔라의 〈체스 게임하는 세 자매〉(1555). 인물의 다양한 시선과 자유로운 분위기가 상당히 재밌게 느껴진다. 과거 르네상스 시대, 체스는 남성의 전유물로 여겨졌는데 앙기솔라는 체스를 두는 여성의 모습을 그림으로써 그러한 고정관념을 깨는 진취성을 드러냈다.

1573년에 펠리페 2세가 중매한 시칠리아 귀족과 결혼한 뒤 시칠리아에 정착해 살다 5년 만에 사별하였다. 그 후 고향 크레모나로 가던 중 승선한 배의 선장 오리치오 로멜리니와 사랑에 빠져 그와 결혼했다. 이후 로멜리니 가문이 자리 잡은 제노바에 정착한 뒤 스페인 왕가와 연락하며 계속 초상화와 종교화를 그렸다. 이후 소포니스바 부부는 함께 시칠리아로 돌아갔다.

1624년 5월 플랑드르 출신 청년 화가 안토니 반다이크가 초상화 주문을 받고 시칠리아의 팔레르모에 왔다. 온 김에 그해 7월 앙기솔라를 찾아갔다. 그가 90이 된 노 화가를 스케치하고 남긴 기록에 보면, "소포니스바는 여전히 총명했고 그림 기법과 표현을 조언해 주었다"라고 썼다. 치매를 모르고 건강하게 지내다 그다음 해(1625) 세상을 떠났다.

그녀는 남성 화가들과 작품 주문을 경쟁했던 최초의 여성 화가였다. 그러면서 "미술가로서 국제적인 명사가 된 최초의 여성이었다. 그런 의미에서 미술사에서는 역사적으로 상당히 중요한 인물"이라며 영웅적인 개척자로 평가하고 있다. 본격적인 여성 미술가의 창시자 역할을 했다는 평이다. 그녀의 작품은 16세기 후반과 17세기에 볼로냐시에서 배출한 중요한 여성 미술가 중 한 명인 라비니아 폰타나에 직접 영향을 미쳤다.

(3) 라비니아 폰타나(1552-1614)

그는 전 생애를 걸쳐 135점을 그렸고, 11명의 자녀를 낳아 다산과 다작을 기록했다. 앞에 언급한 로시 그리고 뒤에 설명할 시라니와 함께 볼로냐 3대 여류화가 중 한 사람이다. 1570년경에 아버지 겸 스승이었던 프로스페로 폰타나의 양식으로 그림을 그리기 시작했다. 그녀는 초상화로 유명했지만, 종교화와 역사화도 많이 그렸다. 그중 다수가 대형 제단화였다. 특히 〈성모 출산〉(1580)은 바깥 배경과 불빛에도 불구하고 성경 내용이라기보다는 볼로냐 지방의 가정생활을 풍속화같이 그렸다. 그래서 앙기솔라의 영향을 보여준다. 그녀의 작품을 존경했으니 그녀를 (미술적) 스승으로 삼은 것이 분명하다. 폰타나는 1577년에 결혼하면서 아버지의 저택에서 같이 살기로 했고, 남편 조반니 파울로차피는 이에 대해 신사임당의 남편처럼 그를 도와 대가족을 보살폈다. 보기 드문 1등 남편이었다. 동시대인들은 폰타나가 대사, 왕자, 추기경들의 초상화뿐만 아니라 교황 바오로 5세의 초상화를 제작하기도 했다고 기록하고 있다.

도판 234 라비니아 폰타나가 그린 〈유디트와 홀로페르네스〉

도판 235 라비니아 폰타나가 그린 〈자화상〉(1577년경). 자화상도 앙기솔라의 영향을 보여주고 있다.

폰타나는 유럽에서 직업적으로 돈을 받고 그림을 그린 최초의 여성 화가라고 말한다. 앞선 시대 앙기솔라는 국제적 명성은 얻었으나 궁정화가였으므로 작품을 돈을 받고 파는 직업 화가는 아니었다. 앙기솔라가 궁정화가였기에 주로 왕가의 초상화를 그렸다면, 폰타나는 신화를 주제로 인체 누드가 등장하는 종교화를 그린 최초의 여성 화가였다.

(4) 마리에타 로부스티(1560~1590)

르네상스 시대 베네치아 화가 자코포 로부스티는 틴토레토로 더 알려져 있다. 그녀는 그 틴토레토의 큰딸이다[도판 236]. 별칭인 틴토레토가 '염색공의 아들'이란 뜻이기 때문에, 그녀도 '작은 염색공 소녀'라는 뜻의 '라 틴토레타'로 불렸다. 물론 아버지의 공방에서 조수로 15년 동안 일하는 동안 아버지 틴토레토와 함께 제단화 작업을 하기도 했다. 그런 이유가 커서 그녀가 그린 그림은 대부분 아버지의 이름으로 묻히게 되었다.

그녀의 초상화는 신성로마제국의 막시밀리안 2세와 스페인 왕실에까지 퍼져 펠리페 2세의 관심을 끌었다. 그래서 두 사람 모두 그녀를 궁정화가로 채용하고 싶어 초청했다. 그러나 틴토레토는 딸과 계속 공동 작업하기를 원해서 마리에타 로부스티가 이 제안을 거절하도록 종용까지 했다. 게다가 그녀의 결혼조차 허락하지 않았다. 틴토레토는 나중에 자신이 죽을 때까지 한집에서 함께 살아야 한다는

도판 236 마리에타 로부스티의 〈초상화〉

조건으로, 딸을 부유한 베네치아의 은 세공사 조합장인 야코프 다우구스타와 결혼시켰다. 그 때문에 그녀의 재능은 아버지의 가부장적 통제 아래에 머물면서, 좀 더 넓은 세계로 나갈 좋은 기회를 잃게 되었다. 그리고 아이를 낳다가 서른 살의 나이로 요절했다. 4년 후 틴토레토도 세상을 떠났는데, 많은 미술사학자는 그가 딸의 죽음에 너무 상심한 것이 사망의 원인이 되었다고 말하기도 한다. 틴토레토가 딸에게 얼마나 집착하고 의지했는가를 알 수 있다. 이런 상태를 뭐라고 해야 하나. 전형적인 가부장 체제 아래에서의 희생이었다.

그녀의 그림으로 전해지는 것은 소수이고 스스로 서명한 작품은 고작 한 개에 불과해 대부분 아버지 틴토레토나 다른 남성 화가의 작품으로 전해져 왔다. 그녀의 재능은 아버지에 견줄 만큼 출중해서 전문가들조차 둘의 작품을 분간하기가 쉽지 않았을 정도였다. 거장 틴토레토의 작품이라고 해야 높은 가격에 판매할 수 있었기 때문에 마리에타의 많은 작품이 아버지 틴토레토의 이름으로 시장에서 팔렸던 것이다. 이런 식으로 재능있는 여성 화가들은 능력을 제대로 펼치지도 못하고, 인정받지도 못한 채 미술사의 뒤안길로 사라졌다. 그녀도 오래 살았으면 소포니스바 앙기솔라나 라비니아 폰타나가 누린 것과 비슷한 명예와 지위를 얻었을 것이다. 당시 여인들은 새장 속의 새 같은 처지로 지냈다. 오늘날 틴토레토의 작품으로 알려졌던 그림들이 속속 딸인 마리에타 로부스티 그림으로 밝혀지고 있기도 하다.

(5) 신사임당(1504~1551)

후기 르네상스 시대에 한국에서는 신사임당이 살았다. 유럽이 르네상스 당시, 조선은 양반집단이 강제하던 폐쇄된 가부장제 사회였다. 조선 시대는 유교가 지닌 가족, 친족, 학연, 지연 등 폐쇄적 집단주의적 의식이 지배하여 온 사회였다. 그래서 이른바 줄서기, 편짜기, 패거리 같은 '줄, 편, 패' 문화는 가능했지만, 다양한 개인들이 공동체적 사회를 이룩하는 것은 참으로 어려운 사회였다. 따라서 조선 사회가 그러한 집단주의적 의식을 벗어나지 못하는 한, 여성의 개체적 존재로서의 인식인 페미니즘은 꿈에도 생각할 수 없었다. 아니 당대엔 꿈에서라도 그 단어가 없었다. 특히 유교에서 가장 핵심적인 요소였던 조상에 대한 제사에서 여성들은 그 제의를 준비하는 밑바닥의 과정에서는 모든 궂은일은 다 하면서도 정작 그 메인 행사인 제의에서는 배제되었다는 사실이다. 그런 사회에서 신사임당 같은 여인이 존재했다는 것은 예외적이다.

신라 시대만 해도 여왕으로서 선덕, 진덕, 진성여왕이 있었다. 비록 그녀들이 성골계급이었다고 해도 그런대로 개방적인 사회였음을 알려주는 징표다. 그러나 반만년 역사상 가장 폐쇄적인 조선 시대에는 언감생심이었다. 따라서 신사임당은 조선에서 여성의 능력을 마음껏 역사에 드러낸 사람으로는 처음이다. 그녀의 본명은 확인되지 않는다. 인선(仁善)이라는 설도 있으나 이를 뒷받침하는 역사적인 자료는 없다. 잘 알려진 사임당(師任堂)은 이름이 아니라 당호다. 그 뜻은 중국 고대 주나라 문왕의 어머니인 태임(太任)을 스승으로 삼아 본받겠다는 것, 즉 스승 사(師), 태임 임(任), 부인이 사는 집 당(堂)자로 해서다. 태임 그녀는 임신했을 때는 부정한 것은 보지도, 듣지도, 말하지도 않는다는 삼불(三不) 원칙을 태교로 삼아 아들을 제왕의 그릇으로 만들었다. 그러니

도판 237 율곡기념관에 전시되어 있는 신사임당의 병풍 그림. 신사임당은 산수, 영모, 초충, 포도 등 다양한 소재의 그림뿐만 아니라 초서 전서의 글씨도 잘 쓰고 시문에도 능했다. 그 시도 남아 있다.

태임을 여성 최고의 롤모델로 삼았음을 알 수 있다. 그녀의 삶은 아들인 율곡 이이가 어머니를 추모하며 쓴 "선비행장"(先妣行狀)이라는 글에 비교적 자세히 전해진다. 그 기록에 따르면 신사임당은 1504년(연산 10) 음력 10월 29일에 외가가 있는 강원도 강릉에서 태어났다. 외조부 이사온은 결혼한 뒤에 처가로부터 오죽헌(烏竹軒)을 물려받아 강릉 북평촌에 살았다.

그녀는 어려서부터 총명해서 외조부의 총애를 받아 그에게서 학문과 시(詩)/서(書)/화(畵)를 배웠다. 특히 그녀가 그림에 재능을 보이자 외조부는 안견의 그림까지 구해주기도 했다고 한다. "선비행장"에는 신사임당이 7세 때에 안견의 그림을 모방해 산수도를 그렸는데, 그때 이미 매우 절묘한 솜씨를 보였다고 기록되어 있다. 그리고 어렸을 때부터 경전에 능통하고 글도 잘 짓고 글씨도 잘 썼으며, 바느질과 자수까지 정교하지 않음이 없었다고 전해지고 있다. 외할아버지 이사온이 어머니를 아들잡이로 여겨 출가 후에도 계속 친정에 머물러 살도록 하였다. 이에 신사임당도 외가에서 생활하면서 어머니에게 여자로서의 예의범절과 더불어 학문을 배우고 교양을 갖춘 현부로 자라 19세 되던 해에 이원수(李元秀)와 결혼하였다.

신사임당도 어머니와 마찬가지로 아들 없는 친정의 아들잡이였으므로 남편의 동의를 얻어 시댁에 가지 않고 친정에 머물렀다. 당시만 해도 그럴 수 있었다. 일반적으로 조선 사회는 그 어느 시대보다 강고한 가부장제 사회였지만, 그 문화가 완전히 뿌리내린 것은 17세기 이후였다. 그러니 고려 시대를 거쳐 조선 중기까지 결혼을 바탕으로 한 가족문화는 여성의 거주지 중심으로 움직였다는 것이 일반적인 견해이다. 신사임당과 그의 어머니인 이씨 부인이 친정 쪽에서 거주하는 것이 특별한 일이 아니었다. 1541년(중종 36) 38세에 시집 살림을 주관하기 위해 서울로 가서 살았다. 그러다가 1551년(명종 6) 여름에 남편이 수운판관(水運判官)이 되어 아들과 함께 평안도에 부임하러 갔을 때 병이 난 신사임당은 음력 5월 17일 새벽에 갑자기 세상을 떠났다. 간혹 아팠다는 기록이 있는 것으로 보아 평소에 건강하지는 못했던 것 같다.

신사임당을 평한 사람 중에는 온아한 천품과 예술적 자질조차도 모두 최고의 여성상인 태임의 덕을 배우고 본뜬 데서 이루어진 것이라고 하였다. 그것은 아들을 대정치가요 대학자로 길러낸 훌륭한 어머니를 강조해 평가했기 때문이다. 이렇게 신사임당은 예술인의 삶 속에서 어머니와 아내의 역할을 잘 감당했다. 그런 면에서 볼 때 조선왕조가 요구하는 유교적 여성상에 만족하지 않고 보다 독립된 개인으로의 생활을 스스로 개척한 여성이라 할 수 있다. 아울러 교양과 학문을 갖춘 예술인으로서 성장할 수 있었던 배경에는 천부적인 재능과 더불어 그 재능을 발휘할 수 있도록 북돋아 준 좋은 환경이 있었다. 신사임당의 재능은 이미 7세에 안견의 그림을 스스로 사숙했고, 또 통찰력과 판단력은 물론 예민한 감수성을 지녀 예술가로서 대성할 재능을 지니고 있었다. 거문고 타는 소리를 듣고 감회가 일어 눈물을 지었다든지 또는 강릉의 친정어머니를 생각하며 눈물로 밤을 지새웠다는 것 등은 예술가로서의 감정이 남달랐다는 것을 보여준다.

도판 238 초충도인 〈가지와 방아개비〉. 사임당은 주로 풀벌레, 화초를 즐겨 그렸다. 8폭 병풍 부분 중 그림. 32.8×28cm. 종이에 담채. 국립중앙박물관

성격만큼이나 시, 서, 화도 매우 섬세하고 아름다운데, 특히 그림은 풀벌레, 포도, 화조, 어죽(魚竹), 매화, 난초, 산수 등 식물과 곤충, 즉 초충도(草蟲圖)가 주된 그림의 주제였다[도판 238]. 생명체의 생명력과 그 색채에 대한 조선화적 표현을 나타낸 그녀의 초충도는 미학 본연의 모습에 충실하면서 그 안에서 여성성을 자연스럽게 우러내어 표출한 것이다. 남성과 다른 여성성을 차별의 미

가 아니라 '차이의 미'를 주체적으로 나타낸 것이다. 그녀의 그림은 풀벌레가 생동하는 듯한 섬세한 사실화여서 그림을 마당에 내놓아 볕에 말리려 하자, 닭이 와서 산(生) 풀벌레인 줄 알고 쪼아 종이가 뚫어질 뻔했다는 일화가 전해지기도 한다. 그림으로는 채색화, 수묵화 등 약 40점 정도가 전해지고 있는데, 아직 세상에 공개되지 않은 그림도 수십 점 있는 것으로 알려져 있다. 그러나 막상 그녀가 직접 그린 그림으로 확인되는 작품들은 매우 드물다. 어쨌든 그녀의 영향으로 조선 후기에 풀벌레를 그린 초충도(草蟲圖)가 크게 유행했다.

초충도의 특징은 구도에서 중앙부를 구도의 중심으로 잡고, 각종 풀벌레를 중심부의 상하좌우에 배치하고 있어 정태감을 강조하고 있다. 곱고 품위 있는 색채, 여성스러운 섬약한 묘선과 조화감으로 화면이 짜여 있다. 자연과 일치하는, 즉 사물의 이치를 파고들면 그 우주의 본질을 깨닫게 된다는 격물치지(格物致知)의 마음과 자세로 그리면서도 음양오행설을 잘 활용하여 내용에 음양을 상징하는 숫자를 감안해 나타냈다. 여성성을 상징하는 초충도를 음양에 맞춰 생태적으로 그린 것이다. 그래서 신사임당의 그림은 그림으로 쓴 한 권의 동양철학이라고 율곡기념관 해설사는 설명하고 있다. 그러나 문제는 뭐가 그녀의 그림이고 실제 역량이 어느 정도였는지 확인이 어렵다는 것이다. 그녀가 그렸다고 낙관을 찍은 그림이 남아 있는 게 아니라 그렸다고 전해지는 그림들만 있기 때문이다. 또한 거의 500년 전에 50세도 채우지 못하고 사

도판 239 율곡기념관에 전시품인 신사임당의 초서 병풍

망한 사람치고는 전해지는 작품이 너무 많고, 더구나 한 사람이 그렸다 하기에는 화풍이 너무 상이하기도 하기 때문이다.

글씨로는 여섯 폭으로 된 〈신사임당초서병풍〉(申師任堂草書屛風)[도판 239] 한 폭이 남아 있을 뿐이다. 동양권에서는 글씨도 또 다른 그림으로 볼 수 있다. '글그림'인 것이다. 이 글씨에서 그녀의 정신과 기백을 볼 수 있다. 1868년 강릉 부사로 간 윤종의(尹宗儀)는 신사임당의 글씨를 영구히 후세에 남기고자 그 글씨를 판각하여 오죽헌에 보관하면서 발문을 적었다. 거기서 평하기를 "정성 들여 그은 획이 그윽하고 고상할 뿐만 아니라 정결하고 고요하여 부인께서 더욱더 태임의 덕을 본뜬 것임을 알 수 있다"라고 격찬하였을 뿐만 아니라 그 체법이 '말발굽과 누에머리'[馬蹄蠶頭]에 의한 본격적인 글씨라고 칭송하였다. 이 초서 병풍은 강릉시에 인계되어 율곡기념관에 보관되어 있는데, 1973년 강원도 유형문화재 제41호로 지정되었다.

어쨌든 이 같은 신사임당의 예술 세계가 경지에 이르게 된 배경은 환경의 뒷받침이 컸다. 즉, 좋은 친정과 좋은 시댁이었다. 그래서 일반 여성들이 겪는 정신적·육체적 스트레스 없이 천부적 재능을 마음껏 발휘할 수 있었다. 순수한 인간 본연의 정과 사랑 속에서 거짓 없는 본연성을 정직하면서도 순수하게 추구할 수 있었던 것이다. 그래서 온실의 화초처럼 여성의 본연적 성정으로 미학의 본연성인 생태 철학적 페미니즘 성격의 그림을 보여줄 수 있었다. 동서양에서 이같이 행복한 삶을 산 여인도 드물다.

3) 서양미술사에서 페미니즘의 대표 화가 - 아르테미시아 젠틸레스키

(1) 예고편, 〈수산나〉 그림

아르테미시아 젠틸레스키(1593~1653)는 1593년 7월 8일 로마에서 아버지 오라치오 젠틸레스키(1563~1639)와 어머니 푸루덴지아 몬토니스 사이에서 큰 딸로 태어났다. 화가였던 아버지는 딸을 그림을 즐길 줄 아는 아이로 키우고 싶어 했다. 그래서 아이가 걷기 시작할 때부터 카라바조의 그림이 있는 산타 마리아 델 포폴로 성당뿐만 아니라 위대한 예술이 있는 곳마다 아이가 그림에 익숙해질 수 있도록 틈만 나면 데리고 다녔다. 불멸의 대작들을 충분한 시간을 두고 보면서 배우고 익히도록 한 것이다. 그는 딸에게 먼저 자신만의 지식과 자신이 나름대로 발견한 색의 비밀을 전수했다. 그녀는 그 덕에 카라바조에게서 심미적인 충격을 받았고, 혁신적인 시각을 배웠음은 물론 더 나아가 자신만의 고유한 색을 창조해 내는 데 필사의 노력을 기울였다. 이렇게 그녀가 불멸의 페미니즘 화가가 될 수 있었던 자질은 재능 이외에 그 같은 화가 아버지를 둔 덕분이었다.

그녀의 화가로서의 일생은 남성 위주의 젠더 구조에 대한 도전이었다. 당시 아버지 오라치오 젠틸레스키는 카라바조 양식의 계승자로 알려져 있었다. 그래서 당시 젠틸레스키 가족은 생활이나 성격에서 신앙심과 고상함을 중요시 여겼던 소위 교양 있는 볼로냐의 화가들과는 상당히 달랐다. 특히 억제되지 않은 정념(情念)을 뒤섞어 놓은 그녀의 혁신적 양식은 어릴 때부터 계승받은 카라바조의 영향에서 시작되었다. 그래서 후에는 카라바조보다 더 카라바조적 스타일의 전파자 역할을 하였다는 평을 받았다.

도판 240 아르테미시아 젠틸레스키의 〈수산나와 장로들〉(1610)

다양하고 폭넓게 설명할 수 있는 남성에 대한 아르테미시아 젠틸레스키의 반항적인 삶과 작품 활동은 지금까지 그 어떤 여성도 따를

도판 241 아르테미시아 젠틸레스키의 〈홀로페르네스의 목을 베는 유디트〉(1612~3). 서양미술사에서 페미니즘을 대표하는 그림이다. 카포디몬테 미술관, 나폴리

수 없다. 강간 사건 이전 아르테미시아 인생의 첫 작품인 〈수산나와 장로들〉 [도판 240]에서부터 그렇다. 이 그림은 17세 때 그렸다. 그래서 많은 미술사가들은 아버지와 공동작업한 것으로 보기도 한다. 어쨌든 그녀는 열일곱 살에 미술계에 입문한 셈이다. 이 그림은 두 노인이 요아힘의 부인 수산나를 농락하려 했다는 구약성서의 이야기인데, 16세기 후반에 이탈리아에서 크게 유행했다. 이교도 및 적대자를 표상하는 노인들은 교회를 상징하는 수산나를 망신 주려고 음모를 꾸민 인물들이다. 망신당한 수산나는 자신과 남편에게 불명예스럽게 하느니 차라리 죽음을 선택하는 여성의 순결을 의미하기도 했다. 그래서 〈수산나〉 그림은 폭력적이고 관음적인 두 가지 성향이 모두 나타나는 극적인 순간에 초점을 맞춰 그리는 대표적인 그림이다.

도판 241-② 아르테미시아 젠틸레스키의 〈홀로페르네스의 목을 베는 유디트〉(1620). 코시모 2세 드 메디치의 주문으로 또다시 그린 그림이다. 이 그림에는 유디트의 팔뚝에 의미 있는 팔찌가 그려진 것이 눈에 띈다. 첫 그림과는 색깔만 다르다. 우피치미술관

(2) 〈수산나〉 그림의 함의

도판 242 아르테미시아의 〈홀로페르네스의 목을 담은 유디트와 하녀〉(1625)

이 그림도 에로틱한 누드에다 성경적인 근거를 제공하고 있다. 이 드라마는 남성의 공격과 여성의 저항이라는 관점에서 펼쳐진다. 남성이 여성의 육체를 소유하는 것은 경계심 없이 무방비 상태로 목욕 중인 여성을 쳐다보는 행위에서부터 시작된다. 도상적으로 뒷받침되고 포르노적으로도 효과가 있는 음탕한 분위기는 장로라는 직분을 가진 노인이 2명 그려져 있기에 누드의 선정적인 효과는 배가 되었다. 지금도 그렇지만 장로란 교회에서 삶의 모범을 보여 교인들로부터 존경받아 부여받는 직분의 명칭이다. 당시 수산나에서 이와 같이 숨어 노골적으로 즐기는 관음증은 남성의 지배와 여성의 종속이라는 사회적 이데올로기를 표상하는 것이기도 했다. 당시 보통 남성 화가들은 목욕하고 있는 수산나를 성적 매력에 초점을 맞춰 그리고, 위선적인 장로들을 그 매력에 취해 성희롱을 적극적으로 감행하게 그렸을 뿐 아니라, 보이지 않는 감상자까지 행간 아니 색간(色間)에서 은근히 즐기는, 그러면서 '미투'를 모르는 순진한 수산나를 놀잇감으로, 그같이 꼴리는 대로 그렸다.

이에 반해, 젠틸레스키는 다른 시각으로 이 주제를 다루었다. 즉, 남자들이 수산나를 관음적 시선으로 훑고 희롱하는 놀이에 고통을 느껴 미투 미투하며 몸부림치는 여자로서의 수잔나를 보여준 것이다. 그러므로 이 그림은 지금까지 있었던 전통 방식에서 벗어나 있다. 아르테미시아는 그래서 전통적인 여성성의 은유인 넓게 펼쳐진 아름다운 자연의 풍요로운 정원을 배경으로 수산나를 그리지 않았다. 반대로, 제한된 공간 속에 인물을 감옥같이 갇히게 만드는

도판 243 카라바조의 〈홀로페르네스의 목을 치는 유디트〉(1598~99). 유디트가 목을 베는 절정의 순간을 유디트의 무딘 행동보다 오히려 홀로페르네스의 얼굴 표정, 근육 묘사, 명암의 효과를 보다 극적으로 나타냈다. 주인공을 유디트가 아니라 홀로페르네스로 했기 때문이다. 이탈리아 바르베르니국립고전회화관

답답한 건축적 프리즈를 배경으로 삼아 수산나를 고립시켰다. 또한 팔을 휘두르며 몸을 어색하게 뒤트는 수산나를 그려 저항할 수 있는 한 최대한 저항하는 의미를, 그래서 불편하다는 항의성을 신체성으로 나타냈다. 이것은 지금까지 우아하게 자신의 몸을 보여주는 자세로, 여성의 몸을 미끈하게 마사지하던 기존 남성 화가들의 수산나와는 완전히 다르다.

[도판 240]에서 예를 들면 두 장로끼리 서로 성희롱 밀담이 만들어 내는 머리 구도와 얼굴표정 그리고 팔의 자세는 수산나를 강간의 대상으로 강조할 뿐만 아니라 제3의 목격자, 즉 관람자까지 밀담의 공범으로 이끌면서 회화 속 공간으로 끌어들이고 있다. 그녀의 〈수산나와 장로들〉은 궁극적으로 경건한 수산나란 이미지에 위선적 장로라는 두 남자의 간음적 시선은 물론 보이지 않는 감상자의 관음증까지 끌어들이는, 그러면서도 이 삼중의 시선에 불편하다는 여성의 몸부림을 어색한 듯한 적극적인 방어 자세로 보여주면서다. 그렇게 17세기 회화에서 남성적인 관습을 변형시켰다. 17세 나이에 그 같은 관음적인 심리를 산전수전을 겪은 사람도 표현하기 힘든 수준을…. 그래서 아버지의 자문을 받은 작품으로 보고 있다. 어쨌든 이는 화가로 입문하며 그린 첫 그림에서부터 그림의 능력을 입증하는 증거다. 그녀는 60을 넘보는 말년에 마지막 그림을 그리면

서 "'나'라는 여자의 영혼 속에 시저의 정신이 깃들어 있음을 알게 될 겁니다"라고 했는데, 그 말은 오늘날 페미니즘이란 볼록렌즈 속에서 크게 확대되면서 그대로 빛나고 있다.

도판 244 안드레아 만테냐(1431~1506)의 〈홀로페르네스의 머리를 들고 있는 유디트〉(15세기경). 유디트가 "남성처럼 행동했다"는 성경대로 그려낸 초기 작품 중 하나다. 루브르박물관. 소묘

(3) 강간 사건에서 촉발된 젠더 문화에 대한 도전

아르테미시아 젠틸레스키라는 이름은 화가로서보다 세상에 떠들썩하게 알린 불미스러운 사건에서 유명해졌다. 아버지의 가장 가까운 동료 화가 아그스티노 타시(1580~1644)에 의한 불행한 섹스의 농락에서였다. 원근법에 능했던 타시가 딸의 선생이 되어 주겠다는 제안으로 페미니즘 역사에서 세기의 소송으로 불리는 1611년 5월 9일 일어난 강간 사건이 그것이다.

도판 245 산드로 보티첼리의 〈베툴리아로 돌아가는 유디트〉(1472~3). 유디트가 들고 있는 칼은 정의를, 올리브 가지는 승리를 상징한다. 목판에 템페라. 우피치미술관

강간해 놓고는 칼을 들고 저항하는 그녀를 진정시키기 위해 결혼해 주겠다는 감언이설로 속였다. 그래서 원치 않는 사랑의 감정으로까지 발전했다. 그러다가 그 말이 사기임이 들통나자 소송으로 귀결되면서 당시 매우 복잡 미묘하고 흥미 소란한 법정 드라마를 기록하게 되었다. 아그스티노 타시 그는 아르테미시아 젠틸레스키가 연정을 품고 있던 다른 화실의 견습생, 기로라모 모데네제와의 데이

트를 방해했을 뿐만 아니라 나중에는 그녀까지 강간한 것이다. 그런데 그는 아내도 강간해서 결혼했고, 아내의 여동생도 강간해 임신시켰다고 한다. 그는 상습범이었다. 그런 그가 무죄 비슷하게 석방되었으니. 그것이 당시의 젠더 문화였다. 젠틸레스키의 마음을 이해할 수 있다.

도판 246 조르조네의 〈유디트〉(1504). 핏기 빠진 고통의 모습을 한 홀로페르네스의 얼굴을 발로 밟고 있는 모습은 죄를 상징하는 뱀의 머리를 밟고 있는 성모의 도상에서 차용한 것. 괴물을 처치한 그리스 신 같은 분위기다. 캔버스에 유채. 에르미타주미술관

법원은 이 사건을 일반 강간이 아닌 처녀 강간으로 분류했다. 그래서 재판의 쟁점은 타시가 강간했느냐가 아니라 젠틸레스키가 정말 순결했느냐에 맞춰졌다. 핀트가 달라진 것이다. 꽃뱀의 유혹에 넘어갔다는 타시의 주장에 무고가 아님을 증명하기 위해 처녀성을 잃었음을 증명까지 해야 했기에 2차 피해인 공증인의 입회하에 수치심을 안겨주는 부인과 검사까지 받아야만 했다. 법정에서 증언할 때는 시벨레라는 손가락 마디가 으스러지는 듯이 조이는 고문까지 당했다. 증언의 진실성을 확인하기 위해서였다. 그녀는 시벨레의 고통을 이를 악물고 "아닙니다, 아닙니다"라고 진실을 뜨겁게 울부짖는 대답으로 이겨냈다. 17세기 당시 수사법이 그랬다니 여성에겐 모든 것이 불리했다. 1612년 3월 소송에서 이기기는 했지만, 상처뿐인 승리였다. 더구나 타시는 후원자들의 도움으로 8개월 만에 무죄 비슷하게 출소했다. 법도 남자에게는 한없이 너그러웠다. 그녀는 이 사건에서 트라우마를, 그 재판 결과에 대해 성 불평등을 뼈저리게

체험하고 이에 대한 분노의 결기를 다지게 되었다. 이후 이 경험은 그녀의 삶에서 작품의 바탕이 된 것이다.

그 후 그녀는 한 번도 듣지도 보지도 못한 피렌체의 무명 이류 화가 피에트로 안토니오 스티아테시와 빚을 청산해 주는 조건으로 증인도 없는 도둑 결혼을 해야 했다. 그러나 이 사건 이후 그녀는 전보다 더 독해지고 강해졌다. 신랑의 팔을 끼고 로마에서 메디치 가문의 도시 피렌체로 향하는 길에 데생한 점이 동행했다. 그리곤 자타가 인정하는 대표적인 역사적 작품인 〈홀로페르네스의 목을 베는 유디트〉[도판 241]를 완성했다. 그 그림을 바로 강간자 타시의 본거지 피렌체 심장부에서 1612년 19살 때 완성한 것이다. 그녀 자신이 유디트의 얼굴이 되고 적장 홀로페르네스의 얼굴을 타시로 해서 그 이전 또는 그 이후에도 미술사에 없는 복수극을 그림으로 펼쳐 보인 것이었다.

사실 카라바조파가 가장 많이 그린 주제가 유디트다. 특히 아르테미시아 젠틸레스키는 자신을 투사시켜 그 어느 화가보다 유디트의 결단력 있는 용감성, 실천력 있는 애국심, 주도면밀한 복수의 화신으로 묘사했다. 성경 상의 유디트는 아름다운 용모를 지닌 경건한 과부였다. 남편이 세상을 떠난 후 3년 4개월 동안 우리식으로 말하면 베옷을 입고 절식하며 탈상을 한 후였다. 당시 앗시리아는 보병 10만, 기병 1만 2천의 대군으로 중근동을 휩쓸었다. 그런데 유대가 항복을 거부하자 앗시리아의 총사령관인 홀로페르네스가 대군을 이끌고 유대의 도시 이스라엘의 관문격인 베툴리아에 쳐들어왔다. 항복은 시간문제였다. 바로 이때 유디트가 하느님께 간절히 기도한 후 하녀와 함께 앗시리아 진중에 들어갔다. 아

도판 247 미켈란젤로의 〈유디트〉(1508~12). 머리를 베어 쟁반에 홀로페르네스의 머리를 담고 적진을 탈출하는 유디트의 뒷모습을 그렸다. 그 머리가 미켈란젤로 자신의 머리다. 시스티나 천정화 중에서 부분 장면

름답게 꾸미고 화려한 옷으로 치장하고서다. 그녀는 총사령관을 홀려 연회가 열린 마지막 3일째 되는 날 만취시켰다. 곧 잠에 곯아떨어졌을 때 총사령관의 목을 잘라버렸다. 그 그림이 그녀의 대표작이다.

(4) 미술사에서 페미니즘을 대표하는 그림

〈홀로페르네스의 목을 베는 유디트〉(1612). 이 작품은 기념비적인 구성, 자연주의적인 표현, 명암의 강한 대조, 당대 실제의 모델, 즉 자신이 유디트, 강간자 타시를 홀로페르네스로 해서다. 그래서 이 그림에는 아르테미시아가 젊은 시절에 따르던 카라바조 화풍을 한 단계 넘어선 거침없는 분노가 폭발하는 도상을 보여준다. 그녀는 극에 달한 절망, 고통, 분노를 유디트를 통해 망설임 없이 팔뚝에 들어간 근육, 솟구치는 동맥혈과 처절하게 죽어가는 것을 상징시키는 침대에 스며드는 핏물로 아픈 복수의 서사를 남김없이 보여주고 있다. 하인도 다른 화가들의 그림에서처럼 주종관계가 아니라 동지적 관계로 나타내 함께 누르고 자르는 역할 분담에 맞춰 열정적으로 누르고 결기 있게 베고 있다. 그리고 이전에 그린 〈수산나와 장로들〉처럼, 이 그림에서도 아르테미시아는 두 인물을 같은 공간에 밀어 넣고, 그들의 신체를 거울에 비춘 것처럼 두 여성의 시선 방향

도판 248 루카스 크라나흐의 〈홀로페르네스의 목을 벤 유디트〉(1530년경). 그런데 칼에 피도 없다. 마르틴 루터의 친구로 종교개혁 지지자였다. 슈트트가르트미술관

도판 249 파올로 베로네세의 〈유디트〉(1580). 암살보다 화려한 장식과 금발을 더 강조했다. 빈미술사박물관

을 상대화시킴으로써 두 인물의 정신적·육체적 공모를 함께 강조했다. 여기서 유디트의 행동은 칼자루를 꽉 쥔 손에 의해 더욱 긴장감을 자아낸다. 그래서 리얼리즘이 살아 있다. 진정 여성 영웅의 풍모다. 남강가에서 왜장을 힘있게 끌어안으며 함께 강 속으로 뛰어든 논개의 결기처럼.

[도판 242]는 살해 직후 탈출을 위한 긴장된 순간을 낌새로 살피는 그림이다. 대담하고 위험하기 짝이 없는 계획을 끝낸 후의 두 여성에게 초점을 맞추었다. 적의 진영에서 무사히 도망쳐 이 계획이 성공하느냐 마느냐 하는 기로의 순간에, 그것도 살해 후의 초조감과 긴장감 속에서도 불안하지만 침착하게 어떤 보이지 않는 상황을 두 여인이 함께 눈치와 감각으로 살피는 순간순간을 카라바조파의 극적인 테네브리즘 기법으로 나타내면서다. 그림 전체에 빛과 그림자로 강한 색조를 주었다. 그래서 구성이 통일되고 음울한 밤의 정막, 그 속에 든 암살의 긴장감이 전달되는 한편, 나아가 살해사건이 벌어진 적장 텐트를 무겁게 감싸면서 관객까지 그 공간 속으로 끌어들이고 있는 것이다. 비슷한 분위기를 그린 미켈란젤로의 [도판 247]보다 더 긴장감과 스릴을 느낄 수 있다.

도판 250 페데 갈리치아(1578~1630)의 〈홀로페르네스의 머리를 들고 있는 유디트〉(1596). 삶에서 어떤 경험이 있었는지는 몰라도 평생 독신으로 산 그녀는 이 그림에서 유디트를 자화상으로 해서 그렸다. 그러면서 자신을 자랑스러운 패션과 함께 자랑스러운 얼굴로 나타냈다.

그리곤 그 수급을 들고 무사히 베툴리아에 돌아왔다. 그러자 유대인은 사기가 충천하게 되었고 앗시리아군은 무력해져 유대인은 앗시리아군을 격퇴하게 되었다는 성경 이야기를 담은 그림이다. 이같이 [도판 241]과 [도판 242]를 연결시키는 유디트 그림은 다른 화가들에게서는 볼 수 없다. 이후 코시모 2세 드 메디치는 아르테미시아에게 〈홀로페르네스의 목을 베는 유디트〉를 좋아서(?) 그랬는지 주문했다. 메디치가의 후원을 받기도 했던 그녀는 주문에 따라 또 다른 그림을 그렸다. 그래서 같은 그림이 하나 더 있다. [도판 241-②]이다. 이 그림은 전자와 달리 팔에 자신의 이름과 같은 그리스의 처녀성을 강조한 사냥의 여신 아르테미시아의 얼굴이 새겨진 팔찌가 의미심장하게 추가로 장식되어 있다. 그리고 [도판 241]과는 색깔만 다를 뿐이다.

아르테미시아는 강간 소송을 일단락 짓고 로마를 떠나는 시점에서부터 창작의 정점에 있던 피렌체 시절은 물론, 이후 나폴리 시절에 이르기까지 끊임없이 줄기차게 유디트를 그렸다. 그런 의미에서 아르테미시아의 〈유디트〉는 서양미술사에서 단연 독보적으로 빛난다. 그러니 다각적으로 평가될 수밖에 없다.

그녀의 〈유디트〉 그림은 오늘날 페미니스트들을 열광시키고 있다. 남성의 시각으로 쓰인 성서를 여성의 관점에서 그림이란 매력으로 뒤집어 재해석했기 때문이다. 그리고 그녀의 작업이 위대하고 또 영원한 것은 그녀가 페미니즘도 모르던 시대에 그것도 젠더 문화가 여성에게 가장 불리할 때, 자신이 처한 왜곡된 현실을

도판 251 지오반니 발리오네의 〈유디트〉(1608). 극적인 사건의 주인공 유디트를 차분한 표정으로 나타냈다. 로마 보르게세미술관

솔직한 증오의 감정으로 분출시켜 표현했기 때문이다. 그녀는 더 나아가 끊임없는 열정과 야망으로 의분의 욕망을 가감 없이 표출하면서 불완전한 세계를 딛고, 성평등 세상을 향한 삶을 그림으로 살았기 때문이다. 그 같은 삶이 다른 화가들의 유디트 그림과 결정적인 차이가 나는 이유다.

서양미술사에서 세기의 대가들이 모두 유디트를 즐겨 그렸다. 유디트는 어떤 여인인가. 유디트란 유다인의 여인이란 뜻이다. 그러니 유다인 여자로서의 대표성을 상징하고 있다. 성경에서 외경의 '유디트서'를 보면 유디트는 미모의 유대인 과부로 민족의 위급함을 구하기 위하여 미모를 이용하여 베툴리아를 완전히 포위하고 있는 아시리아군의 적진에 들어가 적장 홀로페르네스를 술로 유혹하여 칼로 목을 베어옴으로써 이스라엘을 구하는 여걸로 묘사되어 있다. 화가들이 화폭에 즐겨 담는 문제의 장면을 외경은 이렇게 전하고 있다.

이어서 유디트는 홀로페르네스의 머리 밑에 있는 침대 기둥으로 가서 그의 칼을 집어냈다. 그리고 침상으로 다가가 그의 머리털을 잡고, "주 이스라엘의 하느님, 오늘 저에게 힘을 주십시오" 하고 말한 다음, 힘을 다하여 그의 목덜미를 두 번 내리쳐서 머리를 잘라냈다. 그러고 나서 그의 몸뚱이를 침대에서 굴려 버리고, 캐노피를 기둥으로 찢어버렸다. 잠시 뒤에 유디트는 밖으로 나가 홀로페르네스의 머리를 자기 시녀에게 넘겼다. 여종은 그것을 자기의 음식 자루에 집어넣었다(구약성서, 유디트서 제13장, "유디트, 홀로페르네스의 목을 베다").

이 같은 하나의 이야기를 놓고 역대 화가들의 표현이 얼마나 다양하게 펼쳐졌는가를 보는 일은 성서 이야기를 그림으로 읽을 때 누릴 수 있는 재미다.

4) 역대 화가들의 다양한 유디트 표현 [도판 241~263]

(1) 카라바조와 아르테미시아의 유디트 그림 비교

도판 252 오라치오 젠틸레스키(1562~1647)의 〈유디트〉(1621년). 아르테미시아의 아버지로 토스카나지방의 매너리즘 양식과 카라바조의 영향을 적절히 수용해 자신만의 절제되고 장식적인 화풍을 만들었다. 미국 클리블랜드미술관

먼저, 카라바조의 〈유디트〉와 아르테미시아의 그림을 비교해 보자. 그러면 아르테미시아의 위대성이 드러난다. 카라바조가 그린 유디트[도판 243]은 10대 소녀 같은, 유약하고 청순한 이미지다. 반면 홀로페르네스는 강인하고 냉철한 이미지로 그려져 있다. 그리고 그림의 충격에서 볼 때도 주인공은 유디트가 아니고 홀로페르네스다. 목이 잘리면서도 눈을 부릅뜨고 누가 내 목을 자르나 쳐다보며, 입을 크게 벌려 "네년이구나"하며 소리치는, 그러면서 오른손 손바닥을 펼쳐 침대를 짚으며 일어서려 마지막 안간힘을 쓰려다 힘이 꺾이면서 '아! 내가 왜 이런 일을 당하고 있지' 하는 얼굴 표정이다. 그래서 칼로 목을 베면서도 어쩔 줄 몰라 하는 유디트가 과연 그를 죽일 수 있을까 하는 의문을 불러일으킬 정도다.

카라바조는 남성적 전통인 가부장제 철학을 지니고 있었다. 따라서 그의 관점에서 볼 때 유디트라는 인물 자체가 그에게는 맞지 않는 주제다. 그러니 유디트를 주인공으로 제대로 그릴 수 없었다. 그래서 유디트에게서 성적 매력과 살

도판 253 크리스토파노 알로리의 〈홀로페르네스의 머리를 들고 있는 유디트〉(1613). 강렬한 색채로 유디트는 애인의 얼굴을, 하녀는 그녀의 어머니를, 홀로페르네스의 얼굴은 화가 자신으로 그렸다. 영국 왕실 컬렉션

인적 이미지를 없앴다. 대신 유디트 뒤에 서 있는 하녀에게 그 역할을 상징적으로 추악한 노파로 설정해 넘겼다. 카라바조는 선택된 민족이란 자만심으로 자기 민족을 살리기 위해 살인을 저지르는 유디트보다는 무고하게 여성의 유혹에 넘어가 죽임을 당하는 비련의 영웅 홀로페르네스에게 도덕적인 연민을 느꼈기 때문이다. 그는 악동답게 유디트보다는 삼손을 유혹한 데릴라를 더 좋아했는지 모른다. 카라바조는 유디트를 오직 자신의 목적을 달성하기 위해 성적 유혹과 살인이라는 윤리 절차상 비도덕적인 행위를 실행하는 것으로 묘사했다. 침탈당한 자신의 나라를 되찾으려는 여성 유디트보다 다른 나라를 침략한 홀로페르네스의 남성적 무적 행위를 더 높게 평가한 것이다.

반면에, 아르테미시아의 유디트는 자기를 닮은 갓 20대의 성숙한 여인이다. 여기서 유디트는 처음부터 끝까지 이 사건의 계획자이며 행위의 적극적인 주체자다. 그녀가 홀로페르네스를 누르며 오른손으로 목을 베는 순간을 자신감 넘치게 긴장하지 않는 듯이 당당하고 생생하게 묘사했다. 이 그림에서 홀로페르네스는 유디트에게 팜므파탈적 유혹에 취하고, 술에 거나하게 취한 채 게슴츠레한 눈으로 맥없이 죽임을 당하고 있다. 그런 홀로페르네스에게 카라바조의 그림에서처럼 장군다운 모습은 없다. 이 그림의 구도와 그 중심은 하녀의 두 손을 보조받으며 목을 베는 유디트의 두 손에 있다. 어쨌든 이 그림은 앞에서 인용한 성경 내용이 수많은 화가의 신앙관점에 따라 [도판 241]에서 [도판 263]까지 보듯, 당대의 시대정신 속에서 엎치락뒤치락하면서 서양미술사에 이어져 왔다.

이전이나 이후 화가들의 유디트는 모두 남성의 시각에서 아름답게 그려져, 아르테미시아 젠틸레스키처럼 홀로페르네스의 목을 결기 있게 베는 장면은 별로 없다. 다 벤 후, 또는 벤 머리를 손으로 든, 바구니에 담은, 발로 밟는, 즉 그런 암살행위가 끝난 후의 그림이 대부분이다. 그것도 일반 짐승머리 다루듯 담담한 표정들로 소극적인 자세를 취하고 있다. 잔인성을 세속적으로, 현실적으로 잘 그려 악동이라 불리는 카라바조의 그림에서는 조금은 다르지만 말이다. 그는 악동으로 39년 사는 동안 경찰 수배 17번, 감옥에 7번, 탈옥을 6번이나 했다. 그동안의 죄명도 살인, 폭행, 기물파손, 불법무기 소지 등이었다.

도판 254 페테르 파울 루벤스(1577~1640)의 〈홀로페르네스의 머리를 들고 있는 유디트〉(17세기경). 루브르박물관. 판화

그런 이력으로 기타 화가들의 유디트 그림보다는 드라마틱한 내용을 개성 있게 담았지만 아르테미시아보다는 미약하다. 그래도 카라바조의 그림은 홀로페르네스에서 느끼는 몸의 뒤틀림과 고통의 얼굴 그리고 하녀 노파의 살기 띤 얼굴이 압권이다. 반면에 주인공 유디트만은 앳된 티를 벗지 못한 소녀로 묘사했다. 그녀는 거리를 두고 홀로페르네스의 목을 베는 순간 얼굴을 찡그리며 주저한다. 오히려 그녀의 늙은 하녀가 더 결기에 찬 모습이다. 당시 처녀성 상실은 당사자의 아픔보다 결혼 시의 조건 때문인지 딸을 아버지에 소속된 재산권의 손상에 더 비중을 두었다. 가문의 수치로 보는 중세 가부장적 논리가 지배한 것이다. 여성은 존중받는 인격체가 아니라 가문의 소유물일 뿐이었다. 그래서 카라바조의 그림도 가부장제의 범위를 벗어나지 못해 겁에 질린 소녀

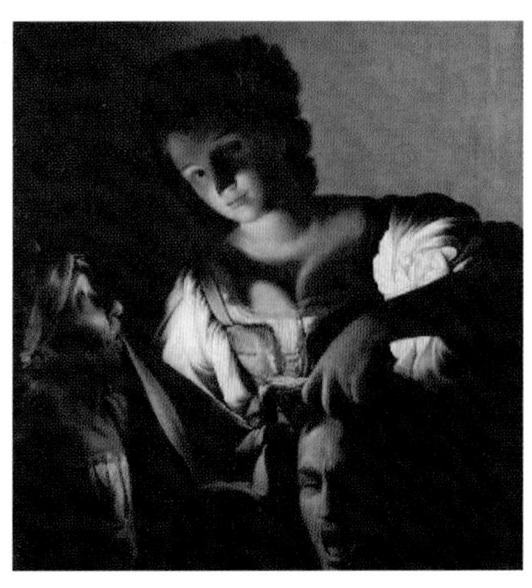

도판 255 카를로 사라체니의 〈유디트〉(1610~15). 촛불 아래 스푸마토 기법으로 세 얼굴을 몽환적 분위기에서 대조적으로 나타냈다. 빈미술사박물관

가 할 수 없이 죽이는 시대적 여성성을 표현했기 때문이라는 평도 있다.

어쨌든 서양미술사에서 조명을 받지 못했던 〈홀로페르네스의 목을 베는 유디트〉 그림은 카라바조에 의해 처음으로 새롭게 해석되었다. 그는 한 번도 본 적이 없는 피가 튀는 처절한 살해 장면을 관객에게 데리고 간다. 그리고 살해 자체와 유디트의 인격을 분리했다. 유디트의 몸은 살짝 뒤로 뺀 채 마지못해 참수를 하는 듯이 보이는 데다 여리고 예쁘다. 적장의 목을 베는 행동도 어떻게 저런 결기로 목을 벨 수 있을까 하는 의문이 드는 데다 침대 시트에 튀는 핏줄기에 대해서도 역겨움을 느끼는 표정까지 짓고 있으니, 카라바조의 유디트는 복수하면서도 복수보다는 오히려 피를 내뿜는 선혈에 대해 혐오감을 나타내고 있다. 카타르시스를 나타내야 하는데 말이다. 주제를 표현하면서도 주제의 색다른 의미를 부여했다. [도판 87]에서도 성모의 성스러움을 표현하면서도 보통 여자 같은 행동, 표정, 특히 맨발에서 보여주듯이 말이다. 그러니 파격이다. 그의 그림은 대개 다 그렇다. 파격미로 보여주는 매력이 있다. 기독교에 대한 애증(愛憎)에서, 특히 증(憎)에서 그렇게 보여주는 것이다.

우선 이 그림에서는 유디트를 모델로 한 여자부터 그렇다. 그녀는 필리데 멜란드로니라는 로마에서 가장 유명한 창녀 중의 하나였다고 한다. 경찰에 여러 차례 다양한 이유로 체포된 경력이 있다. 그녀가 죽었을 때 교회에서 기독교식의 장례식을 거부할 정도였다. 그러나 그녀는 속세에서는 인기가 있어 유력한 가문의 건달자제와 애인으로 살기도 했다. 그러다 카라바조와 알게 된 것이다. 그런 창녀를 성인의 모델로 등장시켰으니 로마의 미술계와 종교계에서의 파문은 당연했다. 그 외에도 그녀는 카라바조의 여러 유명한 작품의 모델을 했다. 즉, 성인 카타리나로, 막달라 마리아로 오늘날이라면 포르노로 이름난 모델을 성스러운 여성의 모델로 그린 것이나 다름없다.

도판 256 요한 리스의 〈유디트〉(1624~5).근육질의 몸, 옷감의 묘사, 극적인 세부묘사, 조명 등은 카라바조의 영향으로 본다. 부다페스트미술관

카라바조에서 유디트는 피를 튕기며 잘리는 목에서는 섬뜩한 공포감을 보여주고, 꼿꼿한 듯한 자세에서는 살인을 혐오하는 무서움의 표정을 짓고 있다. 오히려 임무를 재촉하는 늙은 하녀가 암살에 대한 감정적 지지자의 역할을 한다. 그만큼 유디트는 순진한 감정을, 나이 든 하녀는 세파에 닳고 닳은 냉혹한 삶을 대변한다. 간단하게 말하면 카라바조는 역할을 둘로 나누었다. 하느님의 소명대로 따른 영웅성은 죽었을 때 장례식까지 교회에서 거부한 당대 최고의 창녀를 통해, 반대로 적장 홀로페르네스의 암살이란 애국적 행위는 나이든 추악한 포주로 해서다. 당대 악동의 극치를 역설적으로 서슴없이 보여주었다.

도판 257 발랭탱 드 블로냐의 〈유디트〉(1626). 핏물이 튀기는데도 표정 하나 변함없는 모습과 겁에 질린 늙은 하녀의 모습이 대조되는데. 이는 또한 카라바조의 그림과도 대조된다. 몰타미술관

도판 258 렘브란트의 연회에 참석한 〈유디트〉(1634). 어느 유디트보다 힘센 여자로 나타냈다. 어두운 곳에서 적장의 머리를 싸갈 보자기를 들고 서 있는 노파를 통해 유디트의 행위가 사전에 준비된 계획이었음을 드러낸다. 프라도미술관

반면에, 아르테미시아 젠틸레스키의 유디트는 차원이 다른 사실감이 넘쳐있다. 먼저 그려진 카라바조의 [도판 243] 그림을 참조해 그린 그림인데, 그녀의 유디트는 홀로페르네스의 목을 베는 것을 조금도 주저하지 않는다. 탄탄한 팔로 홀로페르네스의 머리를 짓누르고 미간을 찌푸린 채, 온 힘을 모아 목을 베는 순간에 올인하는 얼굴은 자신이 무엇을 하고 있고, 해야만 하는지를 정확히 아는 표정이다. 가장 리얼한 암살자인 것이다. 그녀는 자발적으로, 주체적으로 자신의 온 힘을 사용해 홀로페르네스를 죽이고 있다. 하녀의 조력도 있기는 하지만 스스로 복수적 살인을 두려워하지 않고 단호한 표정으로 해서다. 남자의 얼굴은 당연히 자신을 능욕한 타시의 얼굴이고, 단호한 표정의 유디트는 복수극을 벌이는 아르테미시아 자신이기 때문이다.

아르테미시아의 유디트 그림은 카라바조 그리고 아버지 오라치오에 회화에 원천을 두고 있지만 그들과는 차원이 달랐다. 그녀의 그림은 하녀와 함께 서로 대각선으로 맞물리면서 내뻗은 4개의 팔을 홀로페르네스에 집중시켰다. 하녀의 두 팔은 홀로페르네스의 두 팔을 붙잡고, 아르테미시아의 왼팔은 머리칼을 잡아 머리를 짓누르면서 오른팔로는 목을 결기 있게 베는 힘을 얼굴 표정으로 뒷받침해 보여주는 것이다. 이렇게 홀로페르네스를 제압하는 시녀의 팔 그리고 칼날과 흐르는 피가 일직선상에 놓여 그림의 중앙을 가로지르고, 그 정중앙에는 자신의 이름과 같은 아르테미시아 여신으로 오버랩된 유디

도판 259 트로핌 비고의 〈유디트〉(1640). 촛불에 비친 얼굴과 주변의 어둠을 극적으로 대비시킨 분위기에서 극적인 사건을 자행하고있다. 월터스미술관. 볼티모어

트의 손이 위치해 있어 감상자는 유디트의 행위에 압도당하기까지 한다. 그리고 그 집중 속에 소용돌이 같은 구도를 사용하면서 그 안에다 내공이 담긴 여성의 한맺힌 서릿발의 힘을 집중시켜 표현했다. 팔찌에서 보듯 숫처녀 사냥의 여신 아르테미시아가 되어 동물을 사냥하듯 홀로페르네스를, 아니 자신을 강간한 타시를. 이는 서양 회화사에서는 전례가 없는 사례다. 여기서는 타 그림에 등장하는 여성 인물들의 수줍은 눈짓이나 옆으로 돌린 시선을 찾아볼 수 없다. 그 결과 이 작품은 이전까지 '능동적인' 남성 관람자와 '수동적인' 여성 수용자라는 전통적 관계를 완전히 무시하고 있다. 아르테미시아가 여성의 능동적인 에너지를 그림 속에 직접적으로 표출하며 힘 있게 찬양한 것은 당시에 예술적 분위기에서는 파격 그 자체이다.

이 그림은 후기 르네상스 미술 이론을 통해 철저하게 분석되었는데, 아르테미시아 젠틸레스키는 이 작품을 통해 어떤 남성 미술가도 할 수 없었던 이미지를 보여주었다. 즉, 알레고리적인 의미를 지닌 동시에 자신의 이미지를 반영한 인물들을 창조해 미술의 남성성 전통에 대담하게 도전했다. 그녀는 이 그림 속에다 오늘날의 페미니즘 정신을 올곧게 새겨넣은 것이다.

당시 그녀는 유디트, 루크레치아, 야엘, 에스더, 수산나 등 주로 구약성경

도판 260 고야의 〈유디트〉(1819~23). 말년의 연작 〈검은 그림들〉 중 하나. 그래서 그런지 다른 작품과 달리 극적이라기보다는 어둡고 우울하다. 집 벽에 그린 벽화를 1873~4년 프라도미술관 큐레이터의 감독하에 프라도미술관으로 옮기면서 손상되기도 했다.

에 등장하는 범상치 않은 여자 주인공들을 그렸다. 사랑과 죽음의 관계, 신적 사랑과 인간적 사랑의 유추를 암시하는 여성들의 극적인 삶이 들어있는 이런 주제들은 당시 많은 화가를 매혹시킨 가장 인기 있는 주제였다. 성경 상의 그녀들은 상대방 남자를 용서없이 죽이거나 자신의 최후를 스스로 결정한 여인들이다. 아버지 오라치오의 작품 [도판 252]에서도 두 여성의 자세는 안정감 있는 피라미드 구도를 이루고 있다. 그런데 인물들은 수동화되었고, 서로 다른 방향으로 바라보는 그녀들의 시선은 적장의 암살이라는 목표 수행의 긴장감을 외부로 분산케 하여 약화시켰다.

아르테미시아 젠틸레스키는 카라바조 계열의 대표 화가로 꼽힌다. 『카라바조파』라는 화집의 표제화를 그녀의 〈홀로페르네스의 목을 베는 유디트〉로 장식할 정도다. 이 그림은 오늘날 페미니스트 미술사가들에 의해 재조명되면서 본격적인 페미니스트 그림 1호로 인정되어 더욱 더 가치를 발하고 있다. 1997년에는 영화로까지 만들어져 그녀의 이름을 세계적으로 알리는 계기가 되었다. 서양미술사에서 그중에서도 '페미니즘'에서 차지하는 위상을 알려준다.

다른 미술가들도 유디트와 홀로페르네스의 주제를 다루었지만, 그들의 작품에서는 아르테미시아의 작품만큼 유디트의 장단점과 그 특징을 잘 보여주지 못하고 있다. 그녀의 유디트 그림은 같은 유디트를 주제로 다룬 폰타나[도판 234], 카라바조[도판 243], 만테냐[도판 244], 보티첼리[도판 245], 조르조네[도판 246], 미켈란젤로[도판 247], 크라나흐[도판 248], 베로네세[도판 249], 갈리치아[도판 250], 발리오네[도판 251], 오라치오[도판 252], 알로리[도판 253], 루벤스[도판 254], 사라체니[도판 255], 리스[도판 256], 블로냐[도판 257], 렘브란트[도판 258], 비고[도판 259], 고야[도판 260], 리델[도판 261], 크림트[도판 262], 슈트크[도판 263], 시라니[도판 265] 등의 그림과는 완전히 다르다. 어쨌든 이 유디트 그림은 시대적 상황, 작가의 개성 그리고 강조점에 따라 수많은 그림이 나타났다. 아마도 서양미술사에서 성모상을 제외하면 가장 많이, 가장 다양하게 그려진 주제 중의 하나일 것이다.

도판 261 아우구스트 리델의 〈유디트〉(1840). 유디트 자신을 승리자의 화신으로, 홀로페르네스의 얼굴(우)과 칼(좌)은 장식품으로 나타냈다. 노이어 피나코테크 뮌헨

(2) 18세기부터 성모의 파격적인 도상과 궤를 함께하는 도상으로

그런데 아르테미시아의 그림에서 유디트의 행동은 절대선이라는 신앙을 바탕으로 했기 때문에 당대엔 의문의 여지가 없었다. 즉, 홀로페르네스와 아무 일 없었다고 인정했으나, 종교에 대한 회의가 시작된 근대로 내려오면서는 의심을 품기 시작했다. 즉 죽은 남편 므나세가 성 불구자였기 때문에 유디트가 건장한 적장 홀로페르네스에게서 성적 매력을 느꼈다는 것이다. 그래서 이후 이 비밀에 대한 해석은 시대에 따라 달라졌다. 그중 호사가들은 유디트가

유혹한 후 그에게 강제로 능욕당한 듯 꾸미고는 나라를 구한다는 미명으로 목을 베었다는 해석이다. 좀 지나친 해석인데, 정신분석학자 프로이트는 여기서 한 발 더 나간 해석을 했다. 즉 처녀성을 앗아간 남자에게 복수해 목을 벤 머리는 거세의 의미를 지닌다는 것이다. 이 같은 달라짐은 프랑스 혁명이란 시대정신에 따라 앞에서 언급한 성모의 도상이 파격적으로 변한 그 궤와 함께하는 것이라고 볼 수 있다.

그 파격적인 도상은 음악에서도 나타났다. 17세기의 오페라에서 유디트는 홀로페르네스를 절망적으로 사랑하는 남자로, 18세기가 되면 요염한 유디트로, 19세기에서는 악동 카라바조처럼 유디트의 행위를 비열하다고 규탄까지 하거나 더 나아가 함께 죽는 유디트로 노래했다. 20세기에 들어서서는 홀로페르네스를 사랑하기에 그를 잃는 것이 두려워서 죽이는 것으로까지 변했다.

도판 262 클림트의 〈유디트〉(1901년). 나라를 구하는 결기 있는 행동은 사라지고 뇌쇄적 눈빛, 갈망하는 입술, 드러난 가슴, 몽롱한 백치미로 크림트의 핵심 요소인 팜므파탈의 전형을 보여주고 있다. 목이 잘린 얼굴은 남근의 상징으로 거세한 만족을 드러내고 있다.

그 흐름을 탄 대표적인 그림이 우리에게 잘 알려진 클림트의 유디트다. 클림트의 그림은 아예 이 모티프를 팜므파탈의 에로티시즘으로 변형시켜버렸다[도판 262]. 찰나의 쾌락을 영원한 순간으로 만들기 위해, 작품 속에다 그 감정을 영원히 느끼게 하기 위해 황금색까지 사용하면서다. 가슴을 열어젖힌 채 눈을 몽롱하게 뜨고 입을 살짝 벌린 모습은 성적 암시를 보여주며, 한쪽 구석에 숨긴 듯 보이는 남자의 잘린 머리는 그녀가 전형적인 팜므파탈의 여인임을 드러낸다. 배경, 옷 그리고 목걸이가 신비롭게 반짝이는 화려한 금빛 장식은 이 위험해 보이는 여성이 가져올 파멸 속에 숨은 어떤 짜릿한 쾌락을 상징하는 듯하다. 크림트가 목숨을 걸고 위험한 사명을 완수한 여성을 성적 관점에서 보려 한 의도는 무엇일까.

그런데 시대정신은 여기서 한 단계 더 나아간다. 이제는 성서와 관계없는 얘기로, 이윽고 누드로 검을 든 미녀가 방금 벤 목을 옆에 두고 혼자 미소 짓는 도상까지 나타난다. 그런데 그 검은 정의로운 법 집행을 상징하고, 검을 든 여인은 정의의 화신으로 해서다[도판 263].

도판 263 프란츠 폰 슈트크의 〈유디트 II〉 (1927년경). 사후 잊힌 화가로 히틀러가 좋아했다. 신앙심 깊은 구국의 영웅을 당시 유행하던 팜므파탈로 표현했다. 클림트의 영향(?). 개인소장

이렇게 20세기에 들어오면 유디트의 성격이 완전히 바뀐다. 칼 대신 몽롱한 백치적 승리감을, 홀로페르네스의 얼굴은 거세한 성기처럼, 유디트의 얼굴은 살인의 두려움보다 유혹의 승리를, 반짝이는 황금색 배경과 유티트의 목에 걸린 화려한 장신구는 성적인 황홀함으로 그려진다. 기독교 정신인 거룩하게 부여받은 소명에 따른 살인 대신 세속의 쾌락을 도구로 해 승리의 쟁취를 절정으로 해서다. 이전의 경건한 애국심을 나타낸 유디트 그림과는 그 성격을 180도 달리한다. 성경상에서 가장 숭고한 여인들을 세속에서 가장 팜므파탈적 여인으로 말이다.

어쨌든 드라마틱한 박진감을 좋아했던 바로크 시대에는 칼과 수급 외에 추가로 하녀가 바구니나 주머니를 펼쳐 들고 대기하는 장면, 벤 머리를 들고 귀환하는 장면까지 확대되면서 유행되었다. 그런 뒤 한동안 가라앉았다가 카르멘과 같은 팜므파탈로 19세기 말에 부활했다. 여기서 참수는 남근 절단이란 프로이트의 설명과 함께 요염한 여자라는, 남자로서는 저항하기 어려운 매력을 지닌 존재로, 그래서 20세기 초 작품 속 유디트는 필요 이상으로 에로틱해져 나체로 등장하는 경우도 적지 않게 그려졌다.

서양미술사에 등장하는 성모의 이미지는 거룩한 성처녀였지만, 시민혁명 이후부터는 반대로 뇌쇄적인 팜므파탈의 대상이 된 것처럼 유디트의 모습 또한 그렇게 변해 간 것이다. 이것은 기독교적 바탕 위에 서술되었던 서양미술사의 흐름이 시민혁명의 영향을 받으면서 세속적인 화가들에게 의심받고, 퇴색되고, 세속화되어가는 과정을, 즉 격변기의 성모에서 언급한 절충적, 팜므적, 혁신적 흐름을 같은 궤 속에서 오늘날 잘 보여주고 있다. 그것은 또한 20세기 전후 제국주의 당시 퇴폐적 누드 그림으로 해 절정으로 유행한 시기와도 겹친다[도판 292-294 참조]. 이같이 대상이 '성모 → 유디트 → 올랭피아'로, 성격으로는 '성처녀 → 성녀 → 팜므파탈'로 확산되어 가는 현상은 시대마다의 시대정신을 잘 표상해 주고 있다. 즉, 지금까지 이 세계가 어떻게 존재해 왔는가를 말해 주면서 앞으로는 어떻게 존재해야 할 것인가를 오늘날 우리에게 숙제로 암시해 주고 있다.

(3) "저 여자가 그 여자래"

우리에게 "그때 그 사람"이란 말처럼, "저 여자가 그 여자래" 하는 말은 아르테미시아 젠틸레스키를 평생 따라다녔다. 동정적이건 악의적이건 간에. 그녀의 모든 행동과 그림은 젊은 시절 그녀가 당했던 성폭행 사건의 프레임 안에서 해석되었다. 그녀는 17세기 종교개혁과 반종교개혁 간의 대결 속에서 격랑

치던 시대의 정신을 대형 역사화와 종교화 작품으로 훌륭하게 구현해 냈다. 그 후 여성 화가들에게는 초상화나 정물화 정도만 허용되던 시대로 후퇴하면서 잊혔다가 1970년대 페미니즘 미술사가들의 연구로 새롭게 재발견된 것이다. 특히 2019년 전 세계적으로 미투운동이 벌어지면서 또다시 부각되었다.

소위 '피해자다움'이라는 2차 피해의 보이지 않는 강요는 피해자를 더욱 궁지로 몰고 간다. 그런 점에서 아르테미시아 젠틸레스키가 전쟁 때 적군에 의해 유린당한 후 자결해서 칭송받은 루크레치아를 여러 번 그렸던 것이다. 사실 정조를 잃었다는 표현 자체가 남성 위주의 시각이다. 여성에게만 강요된 정조는 그 여성이 특정한 남자의 소유물이라는 전제를 담고 있다. 이런 상황에서 피해 여자는 남은 삶 동안 겪어야 하는 수모를 생각할 때 죽음을 선택할 수밖에 없었을 테니, 루크레치아는 자살한 것이 아니라 사회적 편견에 의해서 살해당했다고 하는 것이 마땅하다. 그러나 젠틸레스키는 그림도, 삶도 포기하지 않았다. 그녀는 오히려 더 분투했고, 마침내 인정받았고, 다시 로마로 돌아와 활동했다. 1638년에는 찰스 1세의 초청으로 영국을 방문하기까지도 했다.

그리고 그녀는 〈회화의 알레고리로서의 자화상〉(1638~1639)을 그렸다[도판 264]. 한 손에 팔레트를 끼고 몸을 크게 튼 채 그리는 일에 집중하는 자신을 알레고리, 즉 그녀 자체를 의미화한 것이다. 여기서 그녀는 앙기솔라의 자화상과는 달리 자신을 귀부인이 아니라 화가로서, 그림 그리는 모습 그 자체로 표현했다. 이 그림은 "나는 그린다"라는 단호한 자기 선언을 보여주는 것이

도판 264 아르테미시아 젠틸레스키의 〈회화의 알레고리로서의 자화상〉(1630년경)

다. 그것은 그림에서 디테일한 장식이 알려준다. 즉, 목에 걸린 금줄은 화가의 영광을, 그 끝에 달린 가면 모양의 펜던트는 당시 예술의 중요한 목표로 여기던 자연모방을, 헝클어진 머리는 '예술적 창조의 신성한 열정'을 의미한다. 그리고 적갈색과 올리브색의 조화는 그림 전체에 정열적이면서도 지적인 느낌을 부여하고 있다. 이 색들은 그녀가 들고 있는 팔레트에 묻어 있는 물감 색과 일치해서 몇 가지의 색만으로도 조화에 도달할 수 있는 화가의 원숙한 솜씨를 자랑하고 있다.

그러니 그녀의 삶에서 유일한 상수는 "나는 그림을 그린다. 고로 나는 존재한다"였다. 그림을 그리다가 몹쓸 일을 당했고, 그림으로 넘어섰고, 그림으로 살았고, 마지막에는 자화상에다 그녀의 온 삶을 투사했다. 모든 미투 폭로자들처럼 아르테미시아 젠틸레스키는 사회적 편견과 싸웠고 동시에 자기 안의 비굴함과도 싸웠다. 이것은 17세기나 21세기나 다르지 않다. 그녀는 타시라는 치졸하고 더러운 강간범이나 그 패거리와 싸웠을 뿐만 아니라 2차 가해자와도 싸워 이겼다. 인생의 황혼에 접어들면서 그린 이 그림은 무엇을 그리고 있는지는 알 수 없다. 소재도 모델도 대상도 그 어떤 힌트도 없다. 그러므로 무엇에 의해서도 더럽혀지지 않는 한 여성의 숭고함, 더 나아가 한 인간의 위대함을 '나는 그림이다'로 보여주는 자화상 중에서 단연 최고의 명화라 할 수 있다. 진실을 위한 한 인간의 위대한 투쟁이 진정 아름답다는 것을 우리에게 일깨워 주고 있는 것이다. 이 그림은 [도판 84]와 또 다르게 비견된다.

그녀는 1653년(60세) 나폴리로 돌아와 초상화와 몇 점의 그림을 더 그린다. 그녀는 어느 날 자신에게 그림을 의뢰하는 고객에게 마지막 편지를 썼다. "나는 여자가 무엇을 할 수 있는지 보여줄 것입니다. 당신은 카이사르의 용기를 가진 여자의 영혼을 볼 수 있을 것입니다." 그림을 통해 현실을 견뎠던 그녀는 마지막까지 자신이 누구인지 스스로 말하기를 주저하지 않았다. 자신을 강간했던 타시는 '잊힌' 작가가 됐지만, 아르테미시아 젠틸레스키 그녀의 그림은 오늘날 페미니즘에 의해 존재감이 더 '부각'되면서 많은 이들의 마음을 흔들고 있다.

(4) 엘리자베타 시라니(1638~1665)의 그림

엘리자베타 시라니도 아르테미시아 젠틸레스키처럼 화가의 딸이었다. 유명한 종교화가 귀도 레니의 제자였던 아버지 지오반니 안드레아 시라니로부터 그림을 배웠다. 귀도 레니는 화려하고 복잡한 바로크 양식의 특징을 고전적이고 절제된 표현으로 순화시킨 화가다. 그 화풍은 시라니에게도 이어졌다. 그래서 귀도 레니가 여자로 부활했다는 평을 듣기도 했다. 귀도 레니 특유의 부드러운 색채, 차분한 분위기 때문에 간혹 그녀 작품이 귀도 레니의 작품으로 잘못 알려지기도 한 것이다. 하지만 그녀는 독창적이고 대담한 자신만의 스타일을 개발한 화가다.

도판 265 엘리사베타 시라니의 〈홀로페르네스의 목을 들고 있는 유디트〉(1665). 여자 라파엘답게 매우 여성스럽고 우아하고 이상적인 고전주의로 그렸다. 월터스미술관. 볼티모어

시라니의 작품은 역사, 신화, 성서, 알레고리, 초상화 등 다양한 영역에 걸쳐 있다. 그중에서도 그녀는 특히 역사화를 전문적으로 그린 여성 화가였다. 이것이 정물화나 초상화 위주로 작업하던 당시 다른 여성 화가들과 다른 점이었다. 아르테미시아 젠틸레스키와 마찬가지로 시라니 역시 유디트와 참회하는 막달라 마리아 그리고 브루투스의 아내 포르티아 등 역사 속 여성 영웅들을 소재로 작품을 제작했다. 그런데 왜 그런지 시라니의 유디트는 젠틸레스키의 유디트와는 많이 다르다[도판 265]. 그녀의 유디트는 사실적이기보다는 귀도 레니의 영향을 받아서인지 고전주의 양식으로 그려졌다. 그래서 여성스

럽고 우아하고 아름답기까지 하다. 부분적으로 보더라도 강인하고 튼튼한 팔뚝, 냉혹하고 단호한 얼굴로 표현된 아르테미시아 젠틸레스키의 유디트와 대조된다.

시라니의 작품은 젠틸레스키보다 더 차가운 색, 더 틀에 박힌 구성이란 점에서 비교된다. 그리고 더 중요한 차이점은 인물을 다루는 방식이다. 아르테미시아 젠틸레스키의 유디트는 결단력 있게 그 일에 몰입해있지만, 시라니의 유디트는 담담하고 덤덤하다. 그래서 아르테미시아의 그림에서는 암살의 행동에 긴장된 감정이 들어있는데, 시라니의 그림에서는 [도판 241]은 물론 [도판 242]와 비교하더라도 유디트의 암살행위에 대한 이유가 약하다. 간단히 말하면 긴장감과 릴렉스의 차이이다. 이 같은 주제는 같은 여성 미술가일지라도 그 시대의 상이한 상황과 경험 그리고 개인의 관점에 따라 표현하는 양식이 이질적이었음을 뒷받침하는 것이다.

포르티아는 줄리어스 시저를 암살한 브루투스의 아내다. 그녀는 남편 못지않은 강한 여자라는 것을 증명하기 위해 자기 허벅지를 칼로 찔러 피를 내는 단호한 결기를 보여주었다고 한다. 그것을 그린 그림이 [도판 266]다. 그런데 그 능력을 증명하기 위해 자해까지 했다는 것은 결기의 오버가 아닐까. 특

도판 266 엘리사베타 시라니의 〈허벅지에 상처를 내는 포르티아〉 (1664). 시저의 암살 음모를 괴로워하는 남편 브루투스에게 자기도 음모의 비밀을 지킬 수 있다는 맹세를 칼로 자신의 허벅지를 찌름으로 나타낸 작품이다. 그런데 용맹보다는 요염한 여인으로 더 묘사했다는 평을 듣는다.

히 노출된 허벅지, 흐트러진 드레스, 덤덤한 표정으로 애매하게 공중에 든 칼, 메두사처럼 감긴 두건 등으로 도착적인 자극을 강하게 암시하는 것처럼 보이기도 한다. 그럼에도 불구하고 페미니스트 미술사가들은 그녀의 작품에서 〈홀로페르네스의 목을 들고 있는 유디트〉보다는 오히려 〈허벅지에 상처를 내는 포르티아〉 그림이 더 주체적인 여성의 이미지를 강하게 표현하고 있다고 평한다.

아버지는 지금까지의 다른 화가 아버지와 다르게 딸의 그림값이 비싸지자 자신의 그림에 딸의 사인을 날조하여 판매한 죄로 고발당하기도 했다. 그 후 통풍으로 누운 후 시라이가 생계를 책임지는 소녀 가장이 되었다. 그런데 그녀는 원인 모를 갑작스러운 복통으로 26세에 요절하였다. 짧은 생에 190점에 달하는 다작을 남긴 볼로냐의 천재 소녀 화가였다.

이상에서 본 것처럼 수많은 화가가 '유디트와 홀로페르네스'를 주제로 한 작품을 남겼지만, 앞에서 미술사적으로 평가했다시피 아르테미시아 젠틸레스키의 유디트만이 놀라운 야성으로 자신을 그림에 투사시켜 성경에 따라 충실하게 드러냈다. 유디트와 관련된 그림에서는 서양미술사에서 그 누구의 그림보다 아르테미시아 젠틸레스키의 그림이 가장 날(生) 것을 가장 신선한(新) 복수심으로 해, 다빈치의 〈암굴의 성모〉처럼 성경의 내용보다 더 잘 설명해 보여주고 있다. 이렇게 삶 전체를 페미니즘을 위해 전력 투쟁해 승리한 것이다. 그녀는 삶이 끝나는 날까지 "나는 그린다"로, 그래서 마지막의 자신을 "나는 그림이다"로 역사에 남겼다. 그녀의 삶은 화가로서의 승리이면서 더 나아가 '인간 승리'를 한 것이다. 삶 그 자체를 페미니즘의 전형으로 산 것이다.

(5) 허난설헌(許蘭雪軒, 1563~1589)

허난설헌은 시(詩)·서(書)·화(畵)에 빼어난 난초 같은 여인이었다. 그래서 그녀의 당호가 난설헌(蘭雪軒)인지도 모르겠다. [도판 267]에서 보듯이 화가로서의 재능도 있었지만, 더 이상 남아 있는 그림은 없다. 그녀의 삶은 앞서 산 신사임당에 비하면 모든 것이 정반대였다. 비교가 안 될 정도로 불행했다. 나혜석처럼 시대의 감옥 속에서 천방지축으로 처절하게 싸우다 불행해진 것이 아니라 종교에서의 순교자처럼 페미니즘의 주적인 성리학 이데올로기에 조용히 항의하며 순절한 것이다.

조선은 탈레반 못지않게 여성에 대해 창살 없는 감옥이라고 해도 과언이 아니었다. 고려 시대 비교적 자유분방하던 여성들의 삶은 가부장 중심의 가족 관계를 중시하는 성리학적 이념체계 안에서 정치·경제·사회적으로 점차 위축되어 갔다. 성리학 자체가 양반들에게는 천국이었지만, 여성들에게는 폐쇄적 답답함을 넘어 사람의 재능을 전족처럼 옥죄는 창살 없는 독방이었다. 여성들은 안채에서 집안을 지키고 후세를 낳아 기르는 역할만 하며 살아야 했다. 밖을 나갈 때도 장옷을 입어 히잡, 아니 브르카를 쓰는 나라와 비슷했다. 그러한 사회 속에서 여성이 자기 이름으로 시를 쓰고 이를 세상에 알린다는 것은 극히 드물고 힘든 일이었다. 그러기에 남성 중심의 가치체계가 최절정기를 향해 확고해지던 조선 중기, 허난설헌이라는 여성의 등장과 그 삶의 궤적은 그녀의 천재성과 함께 당시 여성들의 고통을 극명하게 드러내 준다.

허난설헌은 조선 중기 문신으로 사림들이 동과 서로 나뉜 후, 동인의 영수가 된 허엽의 딸로 태어났다. 어렸을 때 이름은 초희였다. 당시 여인들이 제대로 된 이름 하나 가지지 못하던 때에 어엿한 이름을 가진 것으로 볼 때 그녀의 집안은 다른 사대부 가문에 비해 개방적이었다. 아버지 허엽은 그 사상적 기저가 성리학에만 고착되지 않고 여러 분야에 열린 세계관을 가지고 있었다. 허엽은 딸 허난설헌에게 남자와 똑같은 교육 기회를 주었으며, 아들들에게는 자유

도판 267 허난설헌(1563~1589)의 〈한견고인〉(閒見古人) 글씨와 〈앙간비금도〉 (仰看飛禽圖) 그림. 10대 후손 허경 소장. (문화재 등록 제40호) 규격 22.5×22.5cm

로운 사상을 허락했다. 그래서 당대 뛰어난 문인 집안으로 평가받았다. 허성, 허봉이 허난설헌의 오빠이며 『홍길동전』(1618)으로 유명한 허균이 허난설헌의 남동생이다.

조선 시대 여성에게는 이름이 없었다. 물론 교육도 시키지 않았다. 하늘을 나는 새와 꽃도 이름이 있건만 여자의 존재 가치는 새나 꽃보다도 못했다. 아니 이름을 가질 필요가 없었다. 여성은 누구의 '딸'이요, 누구의 '아내'요, 누구의 '어머니'였을 뿐이었다. '나'라는 존재는 있어도 나라는 '주체'는 없었다. 그런 시대에 그녀가 그린 것으로 추정하는 한 점의 그림이 있다. 〈앙간비금도〉(仰看飛禽圖)다[도판 267]. 〈앙간비금도〉란 "날아가는 짐승을 부러워하며 쳐다본다"는 뜻이다. 이 그림은 우리나라 역사상 여성적 자아가 주체적으로 투영된 최초의 그림으로 평가받는다.

어린 소녀가 날아가는 새를 우러러보는 그림인데, 전체 구도가 단정하고 안정된 느낌을 준다. 느티나무 같은 높은 가지에서 수많은 새들이 떠나 그림 밖의 창공을 향해 마음껏 날아가는 모습과 정갈한 초가 정자와 가지런한 산을 배경으로 할아버지의 손을 잡고 있는 모습이어서 다정다감한 교감이 따뜻하고 편안하게 느껴지는 그림이다. 특히 새들의 자유분방한 날갯짓은 어린 소녀를 희롱하듯 비상하며 생동감을 넘치게 보여준다. 그림 옆에는 한견고인서(閒見古人書, 옛사람의 책을 여유 속에서 보라)라 쓰여 있는데, 그 아래에 '蘭雪軒'이란 그녀의 이름이 있다. 이는 그림과 글을 본인이 직접 그리고 썼다는 서명이다. 이 그림은 시(詩)·서(書)·화(畵) 삼절에 두루 걸친 천재성을 간단하게 보여주는 희귀한 그림이다. 뜰에서 할아버지처럼 보이는 사람과 손을 잡고 날아가는 새를 고개를 들고 부러운 듯 손가락으로 가리키며 바라보던 자신의 어린 시절의 행복했던 모습을 그린 것 같다. 그림에 당시 여자가 등장한다는 것 자체부터가 흥미롭다. 주변에 실경이 등장해 조선 후기에 나타나는 진경산수화나 풍속화보다 더 선구적인 것으로 평가한다.

앞에서 본 이중섭을 통해서도 알 수 있었지만 격동의 시기나 폐쇄 사회에서 천재와 여성은 불행한 것이다. 가족 중에서 허난설헌에게 가장 영향을 크게 미친 사람은 둘째 오빠 허봉이었다. 그는 여동생의 문재를 일찍이 알아보고, 친구이자 당대의 가장 뛰어난 시인인 이달에게 여동생의 교육을 부탁하였다. 이달은 뛰어난 문학성을 가졌으나 양반가의 서자로 태어나 벼슬길이 막힌 불운한 시인이었다. 그는 당시풍(唐詩風)의 시를 잘 지어 선조 때의 삼당파 시인으로 이름을 떨쳤는데 허난설헌과 허균 남매를 가르쳐 그들에게 많은 영향을 주었다.

어렸을 때부터 천재성을 드러낸 허난설헌은 나이 8세 때 〈광한전 백옥루 상량문〉이라는 한시를 지어 주변의 어른들을 놀라게 하였다. 내용은 신선 세계에 있는 상상의 궁궐인 광한전 백옥루의 상량식에 자신이 초대받아 그곳에서 그 상량문을 지었다는 글이다. 이 시에서 어린 허난설헌은 현실의 어린이의 한계와 여성의 굴레를 모두 벗어버리고 가상의 신선 세계에서 주인공이 되는 자신을 과감히 표현하여 신동이라는 칭송을 들었다. 여성으로서 〈앙간비금도〉의 염원과 연결되는 내용을 이미 어릴 때부터 지니고 있었음을 보여준다.

허난설헌은 15세에 김성립과 결혼했다. 신랑은 안동 김씨로 그녀보다 한 살이 많았다. 신랑의 집안은 5대가 계속 문과에 급제한 명문가의 자제였다. 당시 김성립은 남인계에 속한 인물이었다. 남편의 집안은 그녀의 집안보다 사상적으로 성리학에 더 고착되어 보수적이었다. 자유로운 가풍을 가진 친정에서 보수적인 집안으로 시집온 허난설헌은 시집살이에 잘 적응하지 못했다. 양반가의 여성에게조차 글을 가르치지 않았던 당시의 분위기 속에서 시까지 쓰는 며느리는 시어머니에게는 달갑지 않은 존재였다. 남편도 그런 그녀를 보듬어 주기보다는 과거 공부를 핑계 삼아 바깥으로 돌며 가정을 등한시하였다. 그래서 허난설헌은 결혼 초기에 바깥으로 도는 남편을 그리는 연문도 시로 썼다.

빗긴 처마 끝에 쌍쌍이 나는 제비
우수수 꽃잎은 옷깃을 덮고 덮고
빈방 안 타는 가슴엔 안 오는 님뿐일세(《독서강사》[讀書江舍]).

당시 한밤의 "업고 놀자" 같은 사랑 장면은 묘사하지 못했다. 아마 했다면 마녀사냥을 당했을 것이다. 그녀는 시제의 영역에 구분 없이 그런대로 자유롭게 구사한 선구자였다. 그러나 허난설헌의 많은 작품은 그녀의 유언에 따라 모두 불태워졌다. 따라서 그녀가 어떤 인물이었는지, 어떻게 세상을 살았는지는 몇 편 남은 시로 추정할 뿐이다. 그녀는 한국 문학사에 최초의, 최고의 여성 시인으로 인정받고 있지만, 아직까지 정식적인 평가는 제자리를 찾지 못하고 있다.

때로는 〈앙간비금도〉처럼 이 세상이 아닌 다른 세계를 동경하며 현실의 불행을 잊으려고도 하였다. 그러는 사이, 허난설헌의 친정은 아버지 허엽과 따르던 오빠 허봉의 잇따른 객사로 몰락의 길을 걷게 되었다. 거기에다 허난설헌은 두 명의 아이를 돌림병으로 잇달아 잃고 배 속의 아이까지 유산해야 하는 불행을 당한다. 신사임당의 환경과는 정반대로 여성의 재능을 인정하지 않는 시어머니의 학대와 노류장화(路柳墻花)의 풍류나 즐기는 무능하고 통이 좁은 남편, 몰락하는 친정에 대한 안타까움, 잃어버린 아이에 대한 슬픔 등으로 허난설헌은 건강을 잃고 점차 쇠약해져 갔다. 그러던 어느 날 그녀는 시로서 자신의 죽음을 예언했다. 그때의 슬픔을 그녀는 〈곡자〉(哭子)라는 시로 남겨놓았다.

벽해침요해(碧海浸瑤海) 푸른 바닷물이 구슬 바다에 스며들고
청란의채란(青鸞倚彩鸞) 푸른 난새는 채색 난새에게 기대었구나.
부용삼구타(芙蓉三九朶) 부용꽃 스물일곱 송이
홍타월상한(紅墮月霜寒) 붉게 떨어지니 달빛 서리 차갑기만 해라.

도판 268 윤덕희(1685~1776)의 〈책 읽는 여인〉. 단정한 여인이 손가락으로 글자를 짚으며 읽고 있다. 사대부 여인이 주인공으로 나타난 그림도 드물다. 허난설헌을 생각나게 한다.

그 예언은 적중해 허난설헌은 부용꽃 스물일곱 송이가 지듯이 27세 된 어느 날 아무런 병도 없었는데, 갑자기 몸을 씻고 옷을 갈아입고서 집안사람들에게 "금년내삼구수 금일연상추홍"(今年乃三九數 今日蓮霜墜紅, 금년 3·9수에 오늘 연꽃 서리맞아 붉게 되었네)이라는 시를 남기고 갔다. 달과 별과 꽃과 바람, 어느 것 하나 그냥 지나치는 것이 없을 만큼 다정하고 소탈하였던 난설헌에게 결혼생활은 너무나 많은 속박과 장애의 연속이었다. 그럴수록 그녀는 더욱 시문과 독서에 열중하기도 했다. 남존여비 사

상이 뿌리박힌 당시 양반집에서 허난설헌이 그처럼 꿋꿋이 도도하게 자신의 뜻을 시로 폈던 것만 보아도 한때 그녀의 의지가 얼마나 강했는지 짐작할 만하다. 스스로의 빼어난 재능과 더불어 자신의 할 일과 나아갈 길을 알았기에 가능한 일이었다.

출가외인이란 집콕 시절 당시 사대부 여인들의 유일한 위안은 책 읽기밖에 없었다. 책을 통해 답답한 현실을 이겨내고, 희망을 상상해 보고, 지혜로운 사람의 덕담을 읽고 머나먼 여행 꿈도 꾸었다. [도판 268]은 조선 시대 여인들을 정신적, 육체적, 물질적으로 극심하게 통제하던 18세기 초에 그려진 그림이다. 그래서 이 그림을 현모양처의 전형으로 보는 평도 있다. 그러나 그 평은 당시 사회를 지배했던 양반층이 바라는 그리고 그 문화를 역사적으로 기쁘게 이어받은 금수저들의 주장이 아닐까.

왜냐하면 이 그림을 그린 윤덕희는 그의 아버지 윤두서를 계승했기 때문이다. 윤두서는 당시 이름 없던 소외계층 여인들을 주인공으로 이미 〈나물캐기〉에 그렸다. 역시 윤덕희처럼 당시 사대부 여인을 주인공으로 나타낸 그림도 없었다. 배경에 죽은 사람의 영혼을 불러내 살려낸다는 신비스러운 능력을 가졌다는 파초를 큼지막하게 그린 의도 또한 무시할 수 없다. 그래서 〈앙간비금도〉의 도상과 연결된다고 생각된다. 그러니 윤덕희 그림의 주인공은 그 쓸쓸한 도상 분위기가 페미니즘을 꿈 꾼 허난설헌 같은 여인으로 여겨진다.

실학자 이덕무(1741~1793)는 『사소절』(士小節, 1775)에서 "여자들이 집안일과 길쌈을 게을리하며 소설을 돈 주고 빌려다 읽는다. 여기에 빠지고 혹하기를 마지않아 한 집안의 재산을 탕진하는 사람까지 있다"고 비난했다. 당시 실학사상을 지녔다는 진보적 지식인들까지 그런 수준이었으니, 어쨌든 과장이겠지만 소설의 종류가 천 가지가 넘었다고 한다. 소설의 열풍을, 여인들의 한숨을 압축한 비유임을 짐작할 수 있다. 그중에서도 인기 있던 책이 허난설헌의 동생 허균이 조선 사회의 모순을 에둘러 비판한 『홍길동전』, 사대부의 처첩 갈등을 빗대어 당쟁을 비판한 김만중의 『사씨남정기』, 유교, 불교, 도교 사상을 섞어 인생무상을 담은 『구운몽』 등등 많았다. 180권짜리 대하소설도 있었다고 한다. 이런 내용들은 현실의 일상을 규제하는 교훈적인 책들하고는 차원이 다르기에 당시 여인들에게 카타르시스를 안겨 주었을 것이다. 페미니즘에는 이르지 못한, 아니 어쩌면 반대로 아편 같은 역할이었는지도 모르지만. 어쨌든 이 같은 소설 중독은 그만큼 억압된 사회체제에서 벗어나고 싶었던 당시 여인들의 절절함에서 비롯된 것이다.

허난설헌이 태어난 곳과 자란 곳이 신사임당과 같은 강릉이다. 현재 강릉에는 다행히 허난설헌을 기억할 만한 당시의 흔적을 허균.허난설헌 기념관 및 기념공원이 보여주고 있다. 그곳엔 다음과 같은 시가 전시되어 있다. "妾有黃金釵 嫁時爲首飾 今日贈君行 千里長相憶"(제게 금비녀 하나 있어요. 시집올 때 꽂고 온 거죠. 오늘 길 떠나시는 님께 드리니 천리길 멀리서도 날 생각하세요.) 당시 님은 잊었는지 모르지만 오늘날 팬들은 잊을 수가 없다.

동향(同鄕)이었던 신사임당은 온실 속에서 마음껏 아름답게 꽃핀 생애였으나 허난설헌의 삶은 거친 광야에서 외롭게 바위틈의 야생화처럼 피었다가 일찍 서리를 맞았다. 두 여인의 고향은 각각 차편으로 10분 정도이니 ±7킬로 정도 떨어진 거리다.

5) 유럽의 여성 화가들 – 장르 확대

(1) 레비나 테를린크(1520~1576)

16세기의 북유럽 여성 미술가 중 가장 유명한 화가는 헨리 8세의 영국 왕실 소속이었던 레비나 테를린크다. 그녀는 브뤼셀의 길드 출신 미니어처 작가로 국제적인 명성을 떨쳤다. 북유럽 특유의 정밀 묘사와 극사실주의로 초상화를 그렸다. 미니어처란 16세기에 창안된 크기가 1인치에서 15인치에 이르는 작은 그림을 말한다. 작고 정교해서 장신구로 크게 유행했다. 그는 헨리 8세의 초청으로 영국에 갔고, 세 명의 왕, 즉 에드워드 6세, 메리 1세를 거쳐 엘리자베스 1세가 재임하는 동안까지 궁정화가로 지냈다. 그녀는 아마도 여왕을 그린 첫 번째 화가였을 것이다[도판 269].

도판 269 헨리 8세의 영국 왕실 소속이었던 레비나 테를린크가 그린 〈엘리자베스 1세 초상화〉

16세기 말에 이르러 북유럽 미술에서는 상업과 프로테스탄트 교회의 성장을 반영하는 새로운 중산층이 주류를 이루었다. 그래서 중세 중반에 [도판 15]에서 보듯 성화를 우상으로 여기면서 우상 파괴의 열풍이 분 후에는 종교화보다는 가정에 어울리는 새로운 그림 제작으로 바뀌어 갔다. 귀족세력과 종교 세력이 몰락하고 공화국으로 거듭남으로써 새롭게 등장한 시민사회에 어울리는 장르가 나타나게 된 것. 당시 나타난 네덜란드 회화의 특징적인 주제들은 정물화, 풍속화, 풍경화였다. 그중 특히 여성화가들의 꽃 그림은 중산층 가정을 꾸밀 수 있는 가장 확실한 투자로 각광을 받았다. 역사화와 종교화같이 주제와 형식이 거창한 그림보다 그같이 소박하고 서민적인 그림이 취향에 맞았기에. 또한 이때부터는 주문생산이 아니라 불특정 다수 고객의 기호를 고려해 제작하게 되면서 미술 시장도 싹트기 시작했다.

그녀가 활동하던 16세기 후반에 네덜란드에서 발명된 현미경은 식물과 동물의 연구 및 식물 분류체계의 발전에 응용되었다. 부자들의 여가 활동으로 원예가 부상하면서 꽃에 대한 저술이 나타나기 시작했다. 이는 꽃 그림의 등장을 부추겼다. 1560년 이전에는 정원에 심는 식물 대부분의 원산지가 유럽이었다. 그러나 17세기에는 식민지 점령과 해외 탐험으로 수많은 새로운 종류의 식물들이 들어왔다. 그래서 엘리자베스 1세 재위 시에 처음으로 터키에서 영국으로 들어온 튤립은 1630년대에 엄청난 투기 대상이 되기도 하였다. 그러면서 당시 발달한 미술은 강소국으로 네덜란드에서 풍요롭게 살아가는 신교도 가족들의 도시 생활을 반영했다. 이전까지는 역사 그림이 가장 높은 등급을 받았지만, 실리적으로는 꽃 그림을 그리는 화가들의 수입이 더 짭짤했다. 당시 꽃은 이렇게 종종 '바니타스(공허)'를 의미하는 정물화나 삶의 무상함을 상징하는 또 다른 교훈적 그림으로 그려지기도 했다. 꽃이란 태생적으로 아름다움과 덧없음의 속성을 타고났기에 그 '화려한 슬픔'은 바니타스를 일깨우는데 최고의 상징이었다. 그 우의적이고 상징적인 연관성이 정물화와 꽃 그림으로 발전한 것이다. 그리고 칼뱅주의가 여성들에게 중세 같은 정숙과 복종을 강조했지만, 네덜란드에서는 여성에게도 다양한 활동을 장려함에 따라 많은 여성이 전문 화가가 될 수 있었다. 풍속화로써 독서와 집안일을 주제로 한 얀 베르메르의 작품처럼, 일상생활에서 여성의 직업을 자세하게 묘사하게 된 것도 이때부터다.

(2) 클라라 페테르스(1594~1657)

도판 270 클라라 페테르스의 〈바니타스 초상화〉(1618). 정물화 창시자의 한 사람으로 보기도 한다. 나무에 유채. 소장 미상

클라라 페테르스는 17세기 플랑드르에서 가장 유명한 여성 화가이자 정물화의 개척자였다. 그의 그림은 정밀한 세부 묘사와 식기의 반사 빛 속에 비친 자화상이 유명하다. 이는 거울 속에 비친 [도판 228]을 상기시키기도 하고, 여성 화가라는 자기 선전을 함축하고 있기도 하다. 특히 꽃 그림은 16~17세기에 유럽 전역으

로 퍼지면서 네덜란드에서 중요 장르로 정착했고, 18세기 이후에는 여성 미술가의 일반적인 장르가 되었다. 그런데 20세기 초까지 그녀에 대해서는 알려진 것이 없었다. 출생과 사망한 연도, 결혼, 가족관계, 사회적 배경 등 모든 것이 미스터리였다. 그녀의 존재가 세상에 알려진 것은 2016년이니 사후 350여 년 만이다. 그해 10월부터 이듬해 2월까지 앤트워프왕립미술관과 로코스하우스미술관, 프라도미술관이 공동으로 그녀의 그림을 대대적으로 알리는 전시회를 열면서이다.

전시회를 주관한 프라도미술관의 수석 큐레이터는 클라라 페테르스를 전시하게 된 에피소드를 웃으면서 얘기했다. 어느 날 아내와 함께 미술관을 둘러보던 중 아내가 의아해하면서 그에게 물었다고 한다. "여성 미술가들의 그림은 어디에 있나요?" 아내의 뜻밖의 질문에 여성 미술가의 작품을 찾았지만 실제로 전시관 내에는 어디에서도 볼 수 없었단다. 그래서 곧장 수장고로 가서 찾아본 결과 여성 화가 중 페테르스의 작품이 있음을 확인했다. 얼마 뒤 미술관 관장이 여성 미술가의 전시 기획에 대해 그에게 자문을 구하자 그는 다행스럽게 클라라 페테르스를 추천하게 되었다고 한다. 400년이 지난 21세기에야 우리 앞에 다시 등장하게 된 것이다.

이 전시를 통해 사람들은 먹음직스러운 식탁을 구경하면서 감탄사를 연발했다. 페테르스는 포도주잔, 접시, 동전, 식기 등에 반사된 빛에 특히 매료되었다. 얀 반 에이크가 〈아르놀피니 부부의 초상〉에서 거울에 비친 자신의 초상을 그린 것처럼 16~17세기 플랑드르 화가들은 거울에 반사된 자화상을 그림 속에 가끔 그려 넣었다. 그러나 이후 오랫동안 아무도 이런 시도를 하지 않았다. 특히 정물화에서 식기에 비친 자신의 초상을 그려 넣은 화가는 그녀가 최초였다. 르네상스 시대 이후 남성 화가들은 작품의 창조자로서 자신의 이름을 당당히 서명했지만, 여성 화가들에게는 남성이 씌워 놓은 신비한 "죄책감의 덫"에 걸려 이마저도 쉽지 않았던 것이다. 그러니 페테르스는 그 속에 자화상으로 숨겨 자신의 존재를 알리고 싶었음이 분명하다. 당시는 그렇게 그림 곳곳에 숨겨놓은 서명과 자화상으로 자신을 드러낼 듯 숨길 수밖에 없었던 삶을 산 여성들이었다. 그래서 존재성을 그 같은 몸부림으로 알린 것 같다.

17세기 당시 네덜란드의 정물화는 앞에서 언급했듯이 바니타스 회화였다. 바니타스(vanitas)란 '인생의 허무를 뜻하는 라틴어'이므로 바니타스 회화란 삶의 유한성, 인생의 공허함, 죽음의 필연성을 주제로 한 그림을 말한다. 그러나 그녀의 작품을 보고 있으면, 인생의 허무함보다는 식욕을 먼저 느끼게 된다. 맛있는 생선, 치즈, 가금류 등 5성호텔의 부페보다 더 호화로운 만찬 음식과 식재료, 꽃, 고급스러운 그릇, 고블릿, 금화로 장식된 식탁의 묘사는 그녀의 트레이드마크다. 이 같은 풍요로운 식탁 그림은 부유한 신흥 수집가를 위해 그려졌다는 것을 보여준다. 당시 이 같은 호사스러운 메뉴와 고급스러운 그릇들은 네덜란드 공화국의 풍요와 막강한 해상 패권, 선진적인 경제체제 덕이었다. 바니타스 정물화는 16~17세기에 싹을 틔운 근대 자본주의 정신과 중세 금욕적 전통과의 갈등과 그 조화를 보여주는 것이다. 근대 물질주의 사회로 나아가는 과도기적 상황을 드러낸 미술 장르였던 셈이다. 그리기 까다로운 고급 물건들을 테이블 위에 배치해 당시 사람들의 욕망에 파고들었고, 동시에 새로운 기법을 시험하며 정물화의 위상을 끌어 올렸다.

정치적으로는 절대 군주 시대요 사상적으로는 이성과 지성의 시대, 문화적으로는 바로크라 불렀던 17세기는 그 어느 때보다 여성 화가들에게 불리한 시대였다. 사상·종교·문화 등 인간의 여러 활동이 힘과 권위의 상징인 절대 왕권의 요청에 부응하여 강력한 남성 중심 체제를 확립하였기 때문이다. 네덜란드 회화는 이탈리아 르네상스 미술을 모델로 삼았다. 당시 종교갈등에서 네덜란드에서는 성화를 우상으로 여기는 프로테스탄트를 선택하게 되면서 미술가들은 종교화 대신 일상 속의 주제를 선택하게 되었다. 그 결과 이웃 나라와 많은 차이를 낳았다. 일상사를 그리는 일이 남자들만의 활동을 넘어 자연스럽게 여자들도 그리게 된 것이다. 특히 가정이라는 공간에서 보게 되는 다양한 장면을 인기 속에 많이 그리게 되었다.

(3) 유디트 레이스테르(1609~1660)

도판 271 유디트 레이스테르의 〈즐거운 커플〉(1630). 할스의 그림으로 알려졌다가 1893년 레이스테르의 사인을 해독하여 정정된 그림이다. 루브르박물관, 파리

17세기 네덜란드는 스페인과 포르투갈에 이어 해양 강국이 되었고 경제·예술·과학 등 사회 전반이 비약적으로 발전한 황금시대였다. 더구나 스페인 절대왕정에서 독립해 자유로운 공화국을 건설했고, 해상무역으로 경제적 활황을 누리는 등 정치적·경제적·종교적으로 매우 융성했다. 사람들은 풍요롭고 활기찬 사회에서 삶의 기쁨을 마음껏 누렸다.

유디트 레이스테르는 바로 이 황금시대, 정물 또는 풍경보다는 서민들이 먹고 마시고 노래하거나 집안일 하는 일상 활동을 캔버스에 담은 풍속 화가였다. 화가들은 교회나 귀족들의 후원 대신 새로 등장한 부유한 상인 계급의 지원을 받았다. 이는 서민의 생활이 그림의 주요 소재가 되는 계기가 되었다. 부유한 상층 계급뿐만 아니라 평범한 농부들도 자신의 집을 꾸미기 위해 그림을 살 정도로 네덜란드에서는 미술 시장이 번창했다. 그러면서 화가는 매우 존경받는 직업이 되었다.

그녀는 네덜란드 서부 도시인 하를렘에서 맥주 양조업자의 팔삭둥이 딸로 태어났다. 레이스테르라는 가족의 성은 부친이 운영한 맥주 양조장 이름 레이스테르(북극성이란 뜻)에서 따온 것이다. 그녀가 언제, 어떻게 그림을 배웠는지는 알려져 있진 않으나 미술 신동으로 그 재능이 알려졌고, 프란츠 할스의 회

도판 272 유디트 레이스테르의 〈유쾌한 술고래〉 (1629). 프란스할스미술관

화 양식을 본받았다. 그녀는 스물네 살에 17세기 전체를 통틀어 여성은 단 두 명만 가입할 수 있는 하를렘의 권위 있는 화가 조합에 들어갔다. 당시 여성으로는 매우 드문 일이었다. 이는 견습생을 보유한 자신의 작업장을 가질 수 있는 자격을 상징하므로 전문 화가로서 활동하는데 기반이 되었다. 당시 대부분의 여성 화가들은 아는 사람의 작업장에서 보조로 미술 작업을 했고 자신의 이름을 걸고 그림을 팔 수 있는 권리를 갖지 못해 무명으로 남는 일이 비일비재했다. 그리고 화가로 인정받았다 해도 대부분 과일과 꽃을 그리는 정물화가들이었다. 그런데 그녀는 초상화 정물화뿐만 아니라 시대적 장르화를 통해 일상의 사람들도 그렸다는 점에서 이름난 화가였다. 그만큼 그녀는 화가로서 큰 명성을 누렸다.

잠시 우트레흐트 카라바지스티(카라바조의 영향을 받은 네덜란드 화가 그룹)의 명암법을 전수받고 1629년 프란스 할스의 스튜디오에서 작업했다. 1636년 같은 풍속화가 몰레나르와 결혼하여 5남매를 두었다. 할스적 자유분방한 붓질을 구사하다 보니 한동안 할스의 그림으로, 때로는 남편의 그림으로 오인받았다. 그래서 그림이 남편 얀 민세 몰레나르나 프란스 할스의 작품으로 팔려나갔다. 여성의 작품이 남성보다 예술성이 떨어진다고 인식하던 시대였기에 금전적 이익을 위해 여성의 작품이 남성의 작품으로 둔갑하는 일이 다반사였다. 더구나 결혼 후 그녀의 이름이 가정에 묻히면서, 사망 후에는 미술사에서 완전히 사라져갔다. 그래서 1892년까지 레이스테르의 작품과 그의 이름이 기록되지 않았다. 그러나 호프스테데 데 흐르트가 루브르박물관의 [도판 271] 〈즐거운 커플〉(1630년)이 레이스테르의 작품이라는 사실을 발견해 낸 일을 시작으로 그녀는 다시 인정받게 되었다.

1875년에 베를린에 있는 카이저-프리드리히박물관은 레이스테르의 [도판 272] 〈유쾌한 술고래〉(1629년)를 처음엔 할스의 작품으로 알고 구입했다. 그런데 이 작품에서 레이스테르 이름의 머리글자가 할스의 사인과 서로 겹친 것처럼 읽을 수 있게 조악하게 수정되어 있었다. 한 화상이 비싼 값으로 그림을 팔기 위해 서명을 조작한 것인데, 박물관에서 수집을 담당하는 전문 감정가들도 몰랐던 것이다. 어쨌든 레이스테르는 자신의 능력으로 화가가 되었지만, 할스의 그림과 밀접한 관계로 인해 그녀의 많은 작품이 할스의 작품으로 알려지는 무시를 당했던 것이다. 나아가 이 같은 위작과 모작이 당대로부터 해서 이후에 많이 나타나게 된다. 감식안이 없는 신흥 졸부들에게 작품을 거품 가격으로 팔아먹기 위해서였다.

(4) 요아나 쿠르턴(1650~1715)

당시 엄청난 인기를 누리며 렘브란트의 〈야경〉보다 비싼 가격에 팔린 미술 공예품이 있다. 바로 종이를 정교하게 오려 만든 공예품이다. 이는 민속공예로, 즉 새로운 장르로 재창조해 낸 것이다. 이 분야에 대가는 요아나 쿠르턴이다. 그녀는 당시 최고 인기 화가였던 렘브란트에 비겨 '종이 오리기 예술의 렘브란트'라고 불리었다. 그녀의 작업장은 당대 유

도판 273 요아나 쿠르턴의 〈성 요한과 함께 있는 성모자〉(1703). 종이와 수정. 높이 7cm. 빅토리아앤드앨버트박물관. 런던

럽에서 내로라하는 명사라면 빼놓지 않고 찾는 암스테르담의 관광지가 됐다. 그녀의 종이 오리기 작품은 특이하면서도 희귀했기 때문에 러시아의 표트르 대제, 프로이센의 프레데릭 3세, 영국의 윌리엄 3세 등 유럽 왕실과 귀족들이 경쟁하며 앞다투어 사들일 정도로 인기 만점이었다. 이 종이 오리기는 16세기 중국 무역상을 통해 유럽으로 전파돼 17세기 네덜란드에서 전통 공예로 자리 잡게 된 것이다.

(5) 마리아 지빌라 메리안(1647~1717)

도판 274 마리아 지빌라 메리안(1647~1717)은 3년에 걸친 작업 끝에 수리남 곤충의 신비를 담은 동판화집 『수리남 곤충의 변태』(1705년)를 펴냈다.

곤충학자 하면 파브르를 얘기한다. 허나 그보다 앞선 최초의 곤충학자이자 용감한 탐험가, 정교하고 아름다운 동식물 수채화, 동판화를 남긴 불세출의 여성 미술가이면서 보다 더 곤충 연구에 획기적 업적을 남긴 과학자가 있다. 독일에서 태어나 네덜란드에서 삶을 보낸 마리아 지빌라 메리안이다.

여자의 할 일은 집에서 아이 기르기라는 고정 관념이 뿌리 깊던 당시, 평범한 소녀에서 곤충학자로 변신을 이룬 이가 마리아 지빌라 메리안이다. 그녀는 곤충을 관찰하는 즐거움에 빠져 자신의 길을 그 분야로 개척하게 된다. 그녀의 자연 관찰에 대한 호기심은 어린 시절부터 시작되었다. 누에를 기르는 양잠소에 가서 종일 고치를 관찰했다. 누에를 기르면서 애벌레가 실을 뽑은 후 누에나방으로 변하는 것을 보게 되었다. 이를 계기로 집 근처에서 발견할 수 있는 모든 애벌레를 채집해 그 성장의 변화를 관찰하게 되었고, 이후 그들이 알에서 애벌레, 번데기를 거쳐 성충으로의 변태 과정을 최초로 연구하고 스케치했다[도판 274]. 주변에 있는 많은 곤충을 대상으로 뛰어난 세밀화를 완성하고 18세에 결혼한 후에는 자신의 아이들을 위해 직접 곤충 그림책까지 펴내기도 했다. 1679년의 화집은 최초의 곤충 도감이자 곤충이 유기물에서 자연 발생한다는 기존의 자연발생설을 일거에 뒤집은 혁명적인 과학책이었다. 당시만 해도 사람들은 '벌레는 썩은 진흙에서 자연 발생한 악마의 생물'로 규정했다.

1683년에는 1, 2부를 그리고 후원자 하나 없이 1699년 52세라는 늦은 나이에 두 딸을 데리고 네덜란드 식민지인 남아메리카 수리남으로 곤충 탐험을 떠났다. 모든 조건이 불편한 가운데 3개월이나 걸리는 배편을 감수하면서다. 그곳에서 메리안 모녀는 식민지의 마을인 라 프로비덩스에서 더위와 말라리아 등과 싸우면서 2년간 곤충 연구를 계속했다. 그러다 1701년 말라리아에 감염되어 수백 점의 표본과 스케치를 들고 암스테르담으로 되돌아와야 했다.

"유충은 탐욕스러울 만큼의 식욕을 자랑하지만 조금만 건드려도 몸을 민첩하게 뒤집는다", "번데기는 약 15분간 잠시도 가만히 있지 않고 이리저리 몸을 비틀어 댔다", "번데기에서 여섯 개의 진노랑 점이 박힌, 검고 독특한 무늬의 나방이 탄생했다." 그 같은 관찰로 6년여 만에 3부로 세상에 내놓은 결과물이 『수리남 곤충의 변태』라는 책이었다. 그리고 메리안은 유럽의 곤충에 관한 책 3권 중에서 첫 권에 자신이 인그레이빙 판화로 제작한 삽화를 실어 출간했다. 그 책이 바로 『유충의 신비한 변태와 꽃의 신기한 개화』로 과학계의 대단한 환영을 받았다. 곤충의 삽화를 직접 현장에 가 관찰하면서 그렸다는 사실은 동물학과 식물학의 연구에 혁명을 가져왔다. 이는 18세기 후반, 카를 본 린네가 확립한 식물과 동물의 종 분류의 기초가 되었다.

그래서 그녀의 초상화가 유로화가 생기기 전 독일의 화폐 500마르크 권에 들어갔다. 시·서·화, 특히 초충도를 잘 그린 신사임당이 우리나라 돈 5만 원권에 들어가 있는 것처럼 말이다. 어쩌면 그녀는 음악의 아버지 바흐, 근대 과학의 아버지 갈릴레오, 과학의 어머니 마리 퀴리처럼 생물학의 어머니로 호명되어야 할 것이다. 동시에 그녀는 역사상 최고의 삽화가이기도 했다. 당시 미술계에서는 동판화나 수채화를 유화나 역사화보다 수준 낮은, 하위의 예술 영역으로 인식했다. 그러나 그녀의 책 출간으로 인식이 달라지게 된 것이다.

(6) 로잘바 카리에라(1675~1757)

베네치아의 하위 관리이자 레이스 직공의 딸로 태어난 로잘바 카리에라[도판 275]는 1700년대 초에 한 친구가 로마에서 그녀에게 백묵을 보낸 것이 계기가 되어 파스텔에 관심을 갖게 되었다. 18세기 초기 마담 메르네렝 등이 발명한 것으로 추정하는데, 그 후 다양한 색상의 백묵이 개발되고 부드러운 질감의 백묵을 프랑스에 퍼트리면서 파스텔 화가로 첫 번째 등장한 이가 카리에라였다. 미묘한 배색과 화려한 빛깔을 특징으로 하며, 자유로우면서도 색채를 강조하는 카리에라의 기법은 파스텔이라는 새로운 그림을 장르로 만들어 냈다. 특히 파스텔을 초상화 매체로 개발함으로써 파스텔 초상화라는 새로운 양식을 창안하였다. 빠르게 그릴 수 있고, 다양한 효과를 내면서 로코코 초상화의 이상적인 매체로 인식되면서 로코코의 대표적인 화풍으로 보급되었다. 그녀는 납작한 면으로 색 위를 덧칠하는 '드라이 브러시 테크닉'을 개발해 많은 추종자를 두었다. 파스텔은 15세기 말

도판 275 로잘바 카리에라의 〈자화상〉 (1715). 우피치미술관

프랑스에서 발명된 일종의 압축 분필로서 처음에는 유화의 모사 용도로 쓰였으나 점차 그 자체의 매체적 가능성을 인정받게 된 것이다.

18세기 중반엔 기교적인 파스텔 초상화가로 인기를 얻어 프랑스 로코코 화가들에게 영향을 끼쳤다. 그러면서 그녀의 기교와 감정, 쾌락이 넘친 궁정풍의 우아한 양식이 귀족들의 관심을 사로잡으며 그들의 주문에 따라 파스텔 초상화를 그리면서 널리 보급되었다. 파스텔이라는 신경지를 개척한 카리에라는 그래서 파스텔 초상화로서의 명성 덕택에 로마의 산루카 아카데미 명예회원(1705), 볼로냐의 산타클로멘티 아카데미(1720), 파리 왕립아카데미 회원(1720)이 되었다.

젠더 불평등을 사상적으로 정립시킨 18세기 계몽주의 시대에서 여성 미술은 재앙의 시대였다. 미술의 아카데미화에 따라 교육이 불평등해지고 남자는 사회, 여자는 집안이란 유형의 개념을 만들어내면서 과거보다 더 제약적 멍에가 커졌기 때문이다. 그럼에도 불구하고 파리 왕립아카데미는 로잘바 카라에라를 정회원으로 맞아들이는 예외를 준 것이다. 그리하여 1720년에는 후원자인 피에르 크로자의 초대로 파리로 가서 당시 소년이던 루이 15세의 초상까지 그렸다. 카리에라 그녀는 독신으로 살았으나 조수 겸 반려자였던 동생이 죽자 충격을 받고 실명하여 죽을 때까지 장님으로 고생하였다.

18세기 저술가들은 카리에라가 미인이 아닌데도 불구하고 성공한 것을 기이하게 생각했고, 19세기 저술가들은 그녀가 미인이 아니기 때문에 논의에서 제외시켰고, 20세기 사가들은 그녀가 여자이기 때문에 제외시켰다. 근대에서 현대로 오면서 오히려 젠더 문화의 문턱이 더 높아진 것이다. 그러면서 남성이 활동하는 공적인 영역과 여성이 활동하는 사적·가정적 영역을 대조시키는 근대적인 자본주의 성격에 부합되는 젠더 개념이 형성되면서 보다 더 답답하게 고착되었다.

(7) 안나 마리아 가스웨이트(1688~1763)

안나 마리아 가스웨이트는 손으로 짠 직물 위에 생생한 꽃무늬 디자인을 만든 것으로 유명한 영국의 직물 디자이너였다. 뛰어난 실크 직물 디자이너로서, 직물에 그림의 원리를 도입해 직물 디자인을 예술적으로 한 차원 더 끌어올렸다[도판 276]. 당시 그녀의 실크 디자인 드레스는 미국과 영국의 상류층 부인들에게 매우 인기가 많았다. 예술적 능력이 자수나 바느질 같은 공예 그리고 수채화로 제한되었던 시기에 가스웨이트는 이 직물 공예라는 새로운 분야에서 창의력을 절정으로 꽃피운 여성 예술가였다.

독일 출신의 영국 화가 요한 조파니(1733~1810)가 있다. 그가 그린 [도판 277] 〈왕립 아카데미 회원들〉(1772)에는 36명의 남자가 누드모델을 앞에 두고 한창 수업을 받고 있는 광경이다. 아카데미 교과 과정 중 인체 수업은 특권이었다. 특히 누드는 위대한 미술가로서 최상의 작품을 얻기 위한 기초로 여겼다. 이 조파니의 그림은 학구적인 미술가의 이상을 전달할 목적을 담고 있다. 신사복을 차려입은 아카데미 회원들은 편하고 자신감 넘치는 자세로 격의 없이 누드에 대한 미술에서의 의미와 가치에 대해 논하고 있다. 미술가로서, 학자로서 자신들의 그림과 학문을 이상화시키며 여유 있게 논하고 있는 것이다. 이 작품[도판 277]은 미술가의 사명과 미술이 추구하고 실천해야 하는 방식에 대해 진지한 분위기를 담고 있다. 그

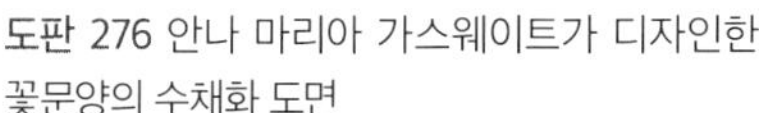

도판 276 안나 마리아 가스웨이트가 디자인한 꽃문양의 수채화 도면

런데 두 여자는 아카데미 회원임에도 불구하고 그런 대우를 받지 못하고 있다. 벽에 그림으로 걸린 채다. 자세히 보면 (향)오른쪽 위의 벽에 두 여성의 초상화가 걸려 있다.

벽에 그림으로 걸린 채 수업에 참석한 두 여성 화가는 안젤리카 카우프만과 메리 모서다. 당시 두 여성은 아카데미 창립회원이었다. 1768년 조슈아 레이놀즈경에 의해 창립될 당시 영국 왕립아카데미는 좀 개방적이어서 창립 당시 두 명의 여성 화가를 영입하였다. 이는 1720년 파리 아카데미에서 여성화가 로잘바 카리에라를 회원으로 받아들인 데에서 영향을 받은 듯하다. 그런데 세 번째 여성회원은 200년이 흐른 1922년에야 허가되었다. 그 사이에 여성에 대한 반대가 있었음을 알 수 있다. 얼마나 여성에 대해 보수적이었는지를 말해준다. 우리의 용어로 '깡' 자가 붙는 보수임을 알 수 있다.

이 그림은 1768년 성립된 영국 왕립 미술 아카데미의 누드 실기 수업에 참

도판 277 요한 조파니의 〈왕립 아카데미 회원들〉(1772) 집단 초상화. 모든 회원이 오른쪽의 남자 누드를 향한 한가운데 초대 학장 레이놀즈가 보이고 그 양옆으로 회원들이 누드모델에 대해 토론에 열을 올리고 있는 장면이다. 벽에 걸린 두 여성 회원 초상화가 그림으로 출석해 있다.

석한 회원들의 집단 초상화이다. 회원이었지만 여자들은 남자 누드 데생 수업에는 참여할 수 없었다. 그래서 아카데미 누드 데생 수업을 묘사한 이 그림에 벽에 걸린 초상화의 모습으로 참석한 것이다. 참석하고 싶어도 못 하게 한 성차별의 상징이다. 의과생에게 인체를 해부하며 의학을 연구할 기회를 박탈한 것과 무엇이 다른가. 이는 과거 학교 졸업 앨범에서 빠진 학생을 따로 변두리에 끼워 배치한 것과 같다. 어쨌든 로열 아카데미가 두 여성화가 이후 무려 2세기 동안 여성에게 '금녀의 철옹성'이었을 당시 그녀들이 회원이었다는 사실은 기적에 가까운 것이었다. 그런데 회원이면서도 이 그림 집단 초상화에서는 열외 취급당했다. 어쨌든 이 같은 애매한 존재였지만 여성 미술가로서의 정체성은 역사적으로 새로운 국면에 들어섰음을 알리는 신호이기도 하다.

(8) 안젤리카 카우프만(1741~1807)

그녀는 신동이었고, 부모의 열성적인 교육열로 동시대 여성 화가들이 경험할 수 없는 미술, 음악, 어학 등 여러 가지를 배웠다. 특히 그림에서는 11살 때 코모 주교의 초상화를 그릴 정도였다. 스위스 태생의 오스트리아 고전주의 화가인 그녀는 아버지와 함께 이탈리아 등 유럽 전역을 그랜드 투어를 하며 고대 조각가와 르네상스 거장들의 작품을 관찰하고 모사하는 기회도 가졌다. 그녀는 1766년 영국을 방문하게 된다. 영국에서 그녀는 반다이크의 계승자로 대환영을 받으며 곧 왕립아카데미를 창립하려 하는 영국의 명사 레이놀즈 경과 친분을 맺으며 그를 통해 1768년 27살의 나이에 로열 아카데미의 창립회원이 되었다.

도판 278 안젤리카 카우프만(1741~1807)의 〈크라치가의 어머니, 코르넬리아〉(1785). 아들을 소개하고 있는 코르넬리아

그러나 [도판 277]에서 보듯이 누드 데생 수업에 참여할 수 없었던 카우프만은 역사화를 그리기 위해 스스로 한계를 넘어서야 했다. 그래서 독학으로 해부학을 익혔다. 역사화가 남성에 의해 독점되고 여성은 아마추어였던 상황에 대항했던 최초의 여성 화가였다. 카우프만은 투명한 붓질과 풍부한 색채, 고전적인 소재에 대한 색다른 재해석 그리고 고대뿐만 아니라 중세 영국 역사를 연구하여 이끌어낸 나름의 주제들을 혁신적으로 사용하여 작품의 독창성을 확립했다. 그녀는 기존 남성 역사 화가들이 영웅의 희생담을 격렬한 전투 장면으로 담는 것과 달리, 애틋한 이별 장면 등 친밀한 가정사를 새로운 도상으로 풀어냈다. 그 대표적인 그림이 〈크라치가의 어머니, 코르넬리아〉다[도판 278]. 남자의 몸을 상세히 표현해야 하는 전투 장면 대신 감상적이고 애틋한 휴머니즘 가정사로 대신한 것이다. 또한 영국의 유명한 도기 회사 웨지우드를 위해 디자인도 하는 등 비순수 예술에도 관심을 보였다.

(9) 메리 모서(1744~1819)

또 다른 액자 회원인 메리 모서는 꽃 정물화로 유명했다[도판 279]. 칠보 세공사인 조지 모서(1706~1783, 스위스)의 딸로 태어나 1726년 아버지가 영국으로 정착해 왕실을 위해 일했다. 어릴 때부터 그림에 천재적인 소질을 지녀서 아버지에게서 배웠다. 그래서 당시 조지 3세와 샬롯 여왕의 딸에게 그림을 가르쳤고 영국 왕실과 관련되어 꽃 그림을 많이 남겼다. 그녀는 아버지의 찬스로 왕립아카데미의 창립회원이 된 것이다. 24세에 아카데미 회원이

도판 279 메리 모서(1744~1819)의 〈튤립과 황제 왕관 라일락, 장미, 백합, 수선화가 있는 항아리〉(1765)

된 최연소였다. 그 후 그녀는 58세인 1802년까지 왕립아카데미 회원으로 활동하면서 많은 꽃 그림을 남기고 75세에 사망해 켄싱턴 묘지에 묻혔다.

(10) 로즈 베르탱(1747~1813)

도판 280 로즈 베르탱(1747~1813)의 초상화

자수, 뜨개질, 바느질, 파스텔화, 수채화 같은 작업과 소규모의 매우 섬세한 작업을 하는 여성 아마추어의 수가 점점 늘어났다. 이에 따라, 이들의 미술 활동은 지성이 남성보다 열등하며 추상적인 추론이나 창조적인 사고를 하는 능력도 결여되어 있는 것으로 봤다. 그러면서 여성은 하잘것없는 작업을 하는 데나 적합하다는 계몽주의적 사고관을 더욱 강화시켰다.

그런 시대에 한 가난한 시골 소녀가 어느 날 우연히 마을의 점쟁이를 만났다. 그녀는 손금을 보는 점쟁이에게서 미래에 궁정에서 일하게 되며 큰돈을 벌 운명이라는 예언을 듣고는 희망에 부풀어 파리로 갔다. 그녀의 이름이 로즈 베르탱이다[도판 280]. 그녀는 실제로 마리 앙트와네트 왕비의 옷을 만드는 프랑스 제일의 의상 제작자가 되었다. 또한 샤넬, 디올, 지방시, 고티에 등 유명한 프랑스 패션 디자이너들의 선발 주자이자 고급 맞춤 여성복 또는 고도의 재단 기술과 봉제 기술을 사용하여 고급 옷을 만드는 의상점인 오트쿠튀르의 창시자이기도 하다. 오트쿠튀르란 '고급의'라는 뜻의 '오트'와 '맞춤복'을 뜻하는 '쿠튀르'를 합친 말로 '고급 맞춤복', 영어에서의 '하이 패션'(high fashion)과 동의어다.

그러면서 베르탱은 단순한 재봉사에서 창조적인 예술가로 변했다. 전에는 옷을 만드는 데 들어간 노동의 가치가 옷값의 일정 부분을 차지했지만 베르탱 이후부터는 노동 가치가 매우 높은 수준으로 책정되어 고급 옷값으로 청구되었다. 이는 놀랍게도 베르탱이 패션을 '노동적 작업'에서 '예술적 작품'으로, 디자이너를 단순한 '장인'에서 창조하는 '예술가'로 끌어올리고 스스로 가치를 높였음을 뜻한다. 소위 오늘날 '명품'이란 물건이 만들어지게 된 것이다.

4장

시민혁명과 산업혁명, 페미니즘 확산의 촉발제

1) 프랑스혁명과 신고전주의

신분제 사회에서 칭했던 시민이란 제3계급은 상층 부르주아부터 부랑자 프롤레타리아까지 포괄하는 폭넓은 용어였다. 이들은 혁명 과정에서는 함께 했지만, 혁명의 성과물을 나누는 데서는 갈라졌다. 1794년에 있었던 '최고 존엄을 위한 축제'에서 권력을 잡은 이들 상층 부르주아는 혁명을 완수했다고 여겼다. 그래서 더 이상의 혁명을 원하지 않았다. 그러나 농민과 노동자들에게는 1830년 혁명 후에도 여전히 투표권이 없었다. 이것은 또다시 혁명이 일어나는 원인이 되었다. 1848년 혁명 이후에야 이들은 비로소 투표권을 갖게 되었다. 그러나 이때도 배제된 사람들이 있었다. 선구적인 페미니스트인 플로라 트리스탕(1803~1844)이 "프롤레타리아 중의 프롤레타리아"라고 표현했던 여성들이었다. 프랑스에서 여성들이 선거권을 갖게 된 것은 그로부터 100년 뒤인 제2차 세계대전 이후에서다. 21세기인 지금도 여성들에게는 자유·평등

·박애가 충분하다고 말할 수 없다.

18세기 계몽사상가들은 가부장제를 사회적 요구와 개인적 행복을 가장 잘 만족시켜주고 조정시켜주는 문명화된 자연 상태의 제도로 간주했다. 그래서 가족을 친밀하고 조화로운 사회적 기본단위로 간주하는 계몽주의 사상은 가부장제를 당시 문학과 예술 속에서 건전한 가족의 이상 체제로 극대화시키면서 전파되었다.

1762년에 출판된 소설 『에밀』(Emile)에서 루소은 여성성이라고 여기는 특성에 대한 설명을 제시했는데, 그 내용은 서구 근대 소설의 효시자 새뮤얼 리차드슨이 1741년 딸에게 보낸 편지의 내용과 비슷하다. 즉, "사랑하는 딸아, 나는 네가 이런 것을 기억했으면 한다. 용맹스럽고 자유로우며 신중하면서도 담대함은 확실히 남성적인 특성이다. 따라서 부드럽고 온화하며 겸손한 것들은 무엇이라도 너를 사랑스럽게 만든다. 한 예로 우리 남성들은 여성이 우리를 닮는 것을 좋아하지 않는다. 네가 우리를 닮지 않으면 않을수록 너는 확실히 더 매력적인 여성이 될 것이다."

이런 식으로 너는 여자이니까 인형을 갖고 놀아라 그리고 얌전해야 한다. 너는 남자니까 장난감은 무기를, 남자는 우는 게 아니다 등등, 동등한 남녀(Sex)를 여성다움·남성다움(Gender)으로, 즉 '~다움'이라고 구분하면서 '차별'을 당연시했다. 이것은 오늘날도 마찬가지다. 그런데 변하는 분위기가 나타나고 있다. 얼마 전 세계 유수의 모 장난감 회사가 앞으로 장난감을 성 중립을 기준으로 해서 제조하겠다는 뉴스가 나오는 것을 보니….

프랑스 혁명 후 화단을 지배했던 가장 지배적인 사조는 자크 루이 다비드(1748~1825)가 이끄는 신고전주의였다. 신고전주의란 그리스 로마의 미술을 모델로 하는 고전주의보다 더 엄격하고 더 냉철하게 형식을 압축한 구성적 의미를 추구했다. 이 같은 추구는 프랑스 혁명과 맞물려 시민 계급의 미술 양식으로 활착하였다. 이 양식을 이끈 대표적인 그림이 살롱에 전시된 자크 루이 다비드의 〈호라티우스 형제의 맹세〉(1785)였다[도판 281]. 이 그림은 플르타크 영웅전에 나오는 이야기다. BC 7~6세기경 로마는 도시국가였다. 당시 로마는 이웃나라인 알바롱가와 전쟁 중, 양 국가에서 희생을 최소화하기 위해 3형제를 대표로 결투해 이긴 가문 쪽에 무조건 승복하자는 합의를 보았다. 이 그림은 출정 나가기 전, 아버지의 축원 속에서 3형제가 승리를 다짐하는 모습이다. 결국 결투에서 호라티우스 형제가 극적으로 이긴다. 이 그림이 갖는 엄숙함 및 이성적인 면모, 애국적 미덕 및 남성 영웅주의라는 주제는 이후 프랑스 혁명이란 10년 기간의 정치적·사회적 대변동에서 남성 중심을 강화시킨 중요한 전조였다.

도판 281 다비드의 〈호라티우스 형제의 맹세〉(1785). 이 그림은 호라티우스 가문의 3형제가 가족인 여인들과 아들이 있는 가운데 검을 들고 있는 아버지 앞에서 로마에 충성한다는 애국적인 맹세를 독특한 형식으로 나타낸 장면이다.

그러나 페미니즘의 관점에서 보면 반대다. 성역할에서 [도판 225]가 부부 차원에서 확립된 도상이라면, 이 [도판 281]그림은 치밀하고도 완벽한 사회문화적 차원에서 이루어진 그림이다. 이 그림은 자세가 곧고 탄탄한 근육으로 창을 치켜들고 충성을 맹세하는 남성 인물들과 실신하거나 울고 있는 여성 인물들에서 남녀의 명백한 성차별을 이끌어 내고 있다. 이 결투 속에 여인들에게는 오직 희생과 불행과 한탄만이 담겨있는 것이다. 그 담긴 이야기는 플루타크 영웅전에 자세하게 있다.

이렇게 남성과 여성의 강함과 약함의 대조라는 성차별을 창, 검과 눈물로, 기개와 맥 풀림으로 그리고 전체 구도를 남성은 중심에, 여성은 변두리에 배치해 영역의 분리를 가시적으로 확실하게 나타냈다. 이렇게 남녀를 분리하고 대조하고 차별하여 불평등하게 다루는 방식이 암시적이었지만 프랑스 혁명 이후에는 절대적이 되면서 공개적으로 정책적으로 제도화까지 되었다. 이는 앞에서의 언급처럼 루소 같은 계몽주의자들의 영향이 컸다.

루소의 논의가 중요한 이유는 그가 근대 자본주의 발전의 기초가 된 직장과 가정의 분리를 주장했으며, 또한 가부장제 문화에서 여성의 차별과 억압을 합리화하는 유럽의 오랜 전통을 보다 강하게 지지했기 때문이다. 그는 여성은 본래 열등하고 순종적인 존재라고 믿었을 뿐만 아니라 특히 성은 구별되어야 한다는 관념을 매우 강조했다. 이 같은 루소의 영향은 18세기 후반에 점차 여성성을 연약한 열성(劣性)으로 자연화되게 하는 풍조의 기초가 되었다.

그 후, 프랑스 혁명의 연대기 작가이자 황제 나폴레옹의 화가가 된 자크-루이 다비드는 1780년대부터 망명한 해인 1816년까지 36년간 프랑스 최고의 화가로 명성을 떨쳤다. 프랑스 혁명의 영향으로 여성도 제약받지 않고 참가할 수 있도록 살롱이 개방되었을 때 인기 교사였던 그는 19세기 초에 신고전주의의 보급과 함께 제자 양성에 힘을 기울였으며, 특히 여제자들을 다수 거느려 다비드 여성사단을 이룰 정도였다. 그러면서 여성 화가들의 재능 계발에 상당한 기여를 하였다. 그렇지만 동시에 문제도 훗날 야기되었다.

도판 282 콩스탕스 마리 샤르팡티에(추정)의 〈샤를도트 뒤 발 도녜의 초상〉. 1917년 메트로폴리탄미술관에서는 다비드의 작품으로 알고 구입했다.

다비드의 작품으로 알려졌던 그림 중에서 세계적인 감정가와 학자들이 두고두고 칭찬했던 〈샤를도트 뒤 발 도녜의 초상〉(1801년)[도판 282]가 1951년에 콩스탕스 마리 샤르팡티에(1767~1849)의 작품으로 드러났고, 1962년에는 〈안토니오 브르니의 초상〉(1804)은 세자린 다뱅-미르보의 작품으로 판명되었으며, 1971년에

〈뒤블랭-토르넬의 초상〉(1799년)은 아델라이드 라비유-귀아르(1749~1803)의 작품으로 밝혀졌다. 이 3명의 여성은 당시 모두 다비드의 제자였기에 그림이 스승의 이름으로 알려지게 된 것이다.

메트로폴리탄미술관에 1917년 20만 불에 사들여 소장된 〈샤를도트 뒤 발도네의 초상〉에 대해, 1951년에 찰스 스털링은 『메트로폴리탄미술관 공보』의 한 논문에서 "피부와 천의 처리가 부드러우며, 관절 마디의 묘사에서 정확성이 부족하다"고 주장하면서 이 작품이 다비드의 것이 아니라고 단언하였다. 그러면서 그는 이 작품이 "조형적이라기보다는 문학적이며, 두드러진 매력, 교묘히 감춰진 연약함, 여러 번의 섬세한 손길로 가다듬은 전체의 효과들로 미루어 볼 때, 이 작품은 여성적 기질을 드러낸다"고 평가했다. 그러면서 콩스탕스 마리 샤르팡티에의 작품일지 모른다는 가설을 발표했다. 대단한 감식력이다. 찰스 스털링의 이 글은 26년이 지난 1977년이 되어서야 비로소 메트로폴리탄미술관은 이름표에서 다비드의 이름을 뺐다. 페미니스트 미술사가들은 콩스탕스 마리 샤르팡티에의 예를 들면서 이제까지 미술사에서 사용하는 용어들의 성적 편견을 계속 밝혀냈다. 여성의 작품이라는 말을 하지 않는 한, 그 작품의 화가는 남성을 의미하기 때문이다.

1789년 폭발한 프랑스 혁명은 여성들에게 여성으로서의 자유와 평등 그리고 권리에 대하여 각성케 하는 촉발제가 되었다. 그리고 영국의 산업혁명은 여성들에게 경제적 독립의 가능성과 성역할에서도 그 분담의 자신감을 시사해 주었다. 이렇게 시민혁명과 산업혁명의 응원 속에 에피스테메였던 페미니즘의 거대한 모습이 드러나기 시작했다.

페미니즘은 프랑스 혁명 이후 1920년까지의 여성운동을 '제1기 페미니즘'으로 그리고 1960년대 이후에 다시 표면화되기 시작하여 '제2기 페미니즘'으로 그리고 70년대 후반 이후 지금까지는 '제3기 페미니즘'이 되면서 다양하게 이론을 체계화시키며 나아가고 있다. 이러한 페미니즘은 직간접적으로 기독교 안에도 변화를 일으켰다. 그 변화는 여성운동의 충격을 외부에서 받은 효과이기도 하고, 교회 여성들에 의하여 내부에서 자생적으로 생기기도 했다. 어거스틴과 아퀴나스를 정점으로 하는 교부 시대의 중세적 신학 패러다임에 변화가, 즉 종교개혁이란 하드웨어의 틀을 거치고 계몽주의란 소프트웨어의 충격을 받고, 산업혁명에서 자신감을 얻으면서 본격적으로 일어나기 시작한 것이다. 그 와중에서 '신-인간-세계'에 대한 이해가 전적으로 달라지게 된 것이 가장 큰 원인이다. 무조건적 순종으로 받들었던 교회의 권위가 지진같은 도전을 받아 갈라지기 시작했고, 개인적 신앙이 강조되기 시작하였으며, 신과 인간의 관계가 내적으로 새롭게 조정되면서다. 더불어 『종의 기원』과 같은 내부 쇼크와 〈세상의 기원〉과 같은 외부의 충격이 컸다고 본다.

2) 19세기 유럽, 초기 페미니즘

19세기 유럽은 정치혁명과 산업혁명의 여파로 그리고 자유사상과 과학기술의 보급으로, 근대화 물결의 역사적 파고가 크게 일렁이었다. 정치·사회적으로는 내셔널리즘과 개혁주의가, 예술 사상적으로는 관념주의와 낭만주의가 팽배하는 가운데 19세기 미술은 과거에 볼 수 없었던 양식의 다원화와 이즘의 홍수로 근대적 특성을 갖추었다. 반면에, 루소의 자연법에 의거해서 남자와 여자의 본성을 구별하고 그 영역을 안과 밖, 가정과 사회로 이분화하여 여성을 '집콕'과 동일시하는 부르주아 이데올로기가 보다 강하게 지배하게 되었다. 더구나 프랑스 혁명은 자유·평등·박애 사상을 전파했음에도 불구하고 오히려 부르주아 중심의 보수 세력을 키웠다.

진보적인 역사 철학자이자 최초의 페미니즘 계몽사상가 콩도르세 후작(1743~1794)은 여성 해방 없이는 진정한 민주주의가 불가능함을 깨닫고 여성의 참정권과 평등한 교육 기회를 주장하였다. 콩도르세의 노력에 힘입어 혁명기 페미니스트 올랭프드 구즈는 1791년 "모든 여성은 자유롭게 태어나고 남자와 같은 권리를 갖는다"는 여성 권리선언을 주창하고 정치클럽을 조직하여 정부에 대표를 파견하였다. 그러나 구즈의 여성클럽은 비적법이라는 구실로 1793년 강제로 해체되었다. 그런 가운데서도 권리선언에 대한 변화는 시작되었다.

영국 빅토리아시대에 여성의 지위는 상당히 변했다. 1837년만 해도 결혼한 여성은 법적인 권리를 갖지 못했다. 그러나 1857년에는 이혼법에서 여성의 이혼을 허락했으며, 1869년에 출판된 테일러의 『여성의 복종』은 성의 법적인 종속이 도덕적으로는 잘못된 것임을 밝혔다. 이어 1870년에는 결혼한 여성의 재산법에도 여성들이 자신의 수입이나 임대료를 소유하는 것을 허용했고, 1884년의 결혼 소송법에서는 가정 밖까지도 여성들을 법적으로 보호하는 장치가 담기게 되었다. 이렇게 현대 페미니즘 캠페인은 19세기 서유럽과 미국의 개혁운동에서 유래되었다. 프랑스의 생 시몽, 영국의 존 스튜어트 밀, 로버트 오웬, 미국의 푸리에주의자와 선험주의자들에 의해서다. 미국에서 노예해방, 금주 운동, 참정권 운동은 예술에서 전문적인 직업을 얻고자 열망했던 상류층 여성들의 삶에 심대한 영향을 미쳤다.

개신교는 "오직 성서로만"(sola scriptura)의 종교개혁원리로 출발하였다. 즉, 모든 신학적이며 실천적 윤리의 형성은 권위의 유일하고 최종적 전거인 『성서』에 근거한다는 것이다. 이런 맥락에서 볼 때 미국의 지배계급 중 특권계급을 지칭하는 이른바 WASP(White[백인]·Anglo-Saxon[앵글로색슨]·Protestant[신교])들이 성서를 인용하면서 아리스토텔레스, 토마스 아퀴나스의 전통을 진리로 여기며 여성운동을 제한시키고자 했음을 짐작할 수 있다.

오리엔탈리즘이라는 용어도 유럽을 중심으로 한 WECP(White[백인]·Europe[유럽]·Cadolic-Protestant[기독교])들에 의해 형성된 이론으로 볼 수 있다. 이들의 이론은 권력에 관한 두 가지 이데올로기적 가설을 담고 있다. 하나는 여성에 대한 남성의 가부장제적 권력, 다른 하나는 열등한 유색인종에 대한 백인종의 우위와 지배의 정당함을 강조하는 가설이었다. 제국주의 국가가 식민지화된 나라를 여성적인 분위기로 만드는 전략은 식민 정책에서는 기본이었다. 또한 그 전략의 영향은 절정의 제국주의 시대에 여성 누드 그림을 횡행하게 만드는 배경이 되었다. 성모와 유디트에 대한 폄훼도 물론이다.

영국에서는 『여성 권리의 옹호』라는 책이 1792년 메리 울스톤크래프트(1759~1797)에 의해 출판되면서 여성운동이 시작되었다. 그래서 그녀를 자유주의 페미니즘의 시조라고 보고 있다. 미국에서 여성운동은 독자적인 여성운동이 아닌 노예제도 폐지 운동으로부터 시작되었다. 노예들의 차별구조가 폐지되면 여성에 대한 차별도 자연히 폐지될 것이라는 희망을 가지고 이 운동에 참여했던 것이다. 그랬던 여성들은 1840년의 사건, 즉 런던에서 열린 세계노예제도 폐지대회에서 여성 대표들은 남성과 같은 자리에 앉거나 회의 과정에 참여하지 못하도록 결정하여 여성들은 발코니에 앉아서 지켜보기만 해야 했다.

여기서 여성들은 뒤늦게 깨달은 것이다. 남성들에게 여성 문제는 여성의 문제이고, 노예 문제는 노예의 문제라는 것을. 그간의 역사를 보면, 여권 문제는 프랑스 혁명에서 보았듯이 프롤레타리아 중의 프롤레타리아로, 노예제도 폐지에서 알 수 있듯이 노예 중의 노예로 취급당한 흐름이었다는 것을 알 수 있다.

(1) 에밀리 메리 오스본(1828~1925)

에밀리 메리 오스본은 빅토리아 시대 영국의 풍속 화가였다. 잉글랜드 동부의 에식스에서 가난한 목사의 9자녀 중 장녀로 태어났다. 17살 때 남장을 한 채 왕실 아카데미에 데뷔했다. 주로 아이들과 고통에 처한 여성들을 주제로 한 그림을 많이 그렸다. 그래서 영국 초기 페미니스트 예술가로 분류한다. 보불전쟁 때 참전해 부상병 간호에 전념하기도 했다. 그녀는 당대 가장 인정받는 여류작가였지만, 남성들의 사회 속에서는 낯설고 겉도는 여성이었다. 그러나 영국의 척박했던 페미니즘 미술사에 전환점 역할을 한 여류화가였다. [도판 283], 〈이름도 친구도 없는〉(1857)이란 이 그림은 그녀가 메리 브룬튼의 남성 고발성 소설 『자제』(Self-Control, 1811)에서 영감을 얻어 그린 장면이다.

작품 상황은 어느 여린 처녀 화가가 작품을 팔려고 먼 길을 걸어와 화랑에 들러 자신의 작품을 구입할 수 있는지 문의하는 그림이다. 팔러 온 처녀 화가는 상복을 입고 있다. 처녀와 어린 남동생은 부모를 잃고 가장이 되어 가족들 생계까지도 책임져야 하는 절박한 신세를 나타내고 있다. 갤러리 주인은 검지를 턱에 대고 사뭇 진지한 표정으로 그림을 보면서 구입 여부에 대한 얼굴 표정과 몸의 액션은 곤란하다는 듯한 분위기다. 처녀 화가는 앞으로의 생활에 온갖 근심이 든 표정으로 초조하지만, 애처 태연한 척 그 초조함을 달래려 두 손가락으로 명주실 가닥만 연신 잡아 당기고 있다. 이런 누나의 태도에 남동생은 그림을 포장해 온 상자를 들고 당당해 보이려고 다른 사람의 그림에 의해 부자가 된 주인을 불만스러운 듯 뚫어지게 바라보고 있다.

화면 뒤 의자에 앉아 있는 신사의 손에는 인상주의 화가인 드가의 발레리나 그림이 펼쳐져 있고, 그림을 펼쳐 든 그 신사와 그 옆의 신사는 음흉한 눈초리로 처녀 화가를 바라보고 있다. 유리창 너머는 스산한 듯 칙칙하고 어두운 바깥공기와 하늘을 뚫을 듯한 기세로 드높게 치솟은 돈으로 치장한 빌딩과 그 사이로 비까지 내리는 음산한 런던의 도심 풍경이 보인다. 이는 어쩔 수 없이 그림을 팔러 온 처녀 화가의 처지와는 반대로, 음흉한 유혹의 시선과(복지란 용어는 물론 휴머니즘이란 단어마저 모른 채) 무섭게 발전하는 런던 풍경 그리고 화랑 주인의 냉정한 거리감이 그녀의 절절한 외로움과 대비되어 그림 속에 담겨 있다. 조용히 자신의 처지를 풍속화라는 언어로 페미니즘을 녹여내 표현한 것이다.

도판 283 에밀리 메리 오스본의 〈이름도 친구도 없는〉(1857). 그녀가 메리 브룬튼의 남성 고발성 소설 『자제』(Self-Control)(1811)에서 영감을 얻어 실제 줄거리를 따라 그린 장면이다.

산업혁명으로 한창 근대화하는 사회 속에서 여성 화

가이기 때문에 겪는 운명을 대변하고 있다. 화가 오스본은 라파엘 전파에서조차 분리당할 정도로 무명 화가였지만, 훗날 이 그림을 통해 유명해지게 되었다. 흠뻑 젖은 검정 우산과 앉을 겨를도 생각지 못하는 빈 의자에는 메리 브룬튼의 소설 내용이 하염없이 투영된다. 맨 하단에는 세상에서 가장 긴 그림 제목인 '잠언 10장 15절'이 쓰여 있다. 냉혹한 세상사를 대변하며 "부자의 재물은 그의 견고한 성이요 가난한 자의 궁핍은 그의 멸망이니라"라고.

(2) 로자 보뇌르(1822~1899)

신고전주의와 낭만주의 이후 보수의 전통성을 지닌 아카데미즘을 반대함으로써 근대 미술 또는 아방가르드 미술이 등장하게 되었다. 이렇게 여성들은 기나긴 투쟁 끝에 누드모델을 사용하고 해부학을 공부할 수 있었다. 아카데미즘이 퇴조하면서 역사화와 종교화가 그 빛을 잃던 19세기 중반에야 비로서 여성 화가들은 그런대로의 작가적 기질을 획득하게 된 것이다. 이 같은 대전환 속에서 19세기 중반의 여성 화가들은 남성의 전위그룹에 합류하거나 시대사조인 양식과 무관하게 독자적인 길을 걸을 수 있게 되는데, 그중의 한 사람이 로자 보뇌르다.

19세기 중반은 귀족들이 몰락하고 부르주아들이 증가함에 따라 전통적인 종교화, 역사화보다 덜 형식적이고 보다 자유분방한 풍속화, 풍경화, 동물화, 정물화로 인기가 변해가고 있었다. 신앙의 이성화·과학화와 함께 종교화는 시들해지고, 역사화는 중산층의 거실에 어울리지 않았기 때문이다. 그런 가운데 동물 그림은 매우 인기 있는 분야였다. 로자 보뇌르는 그 분야에서 독보적인 화가였다. 19세기 당시에 어떤 여성 화가이든 간에 들을 수 있었던 최고의 칭찬은 "남성의 작품으로 쉽게 오해할 만하다"라는 평이었다. 그녀는 "왜 내가 여성인 것에 대해 자부심을 느껴서는 안 되는가?" 그녀는 독보적인 화가로서 인터뷰 기자에게 남성의 작품으로 쉽게 오해할 만하다는 평에 대해 외쳤다고

도판 284 로자 보뇌르의 〈니베르네의 밭갈이〉(1849). 여남은 황소가 육중한 몸만큼 무거운 쟁기를 끌며 농부의 몰이에 맞춰 밭 가는 중이다. 쟁기가 지나간 자리엔 흙이 부슬부슬 일어나 기름진 흙의 질감이 선명하고, 황소의 살집이 생생하며, 야트막한 산과 소박한 들판이 하나가 되면서 사진 같은 그림을 보여주고 있다.

한다. 아버지는 내게 "여성의 소명은 인류를 발전시키는 것이며, 여성은 미래의 메시아"라고 거듭 말씀해 주셨다고 말했다.

로자 보뇌르는 19세기에 가장 유명한 화가였고, 역사상 가장 존경받는 동물화가 중 한 사람이다. 1822년 프랑스 보르도의 화가 집안에서 출생한 그녀는 당시 여성 화가 중에 예외적인 인물이었다. 그녀는 아버지의 직업뿐만 아니라 정치사상도 이어받았다. 그녀의 아버지는 생 시몽주의의 유토피아적 사회주의자였다. 이 학파의 교의는 여성에 대한 동등한 권리를 주장함은 물론 미술가에게 사회를 새로운 세계로 이끄는 엘리트로서의 특별한 사회적 책임을 부여했다.

남녀의 사회적 역할이 명확히 구분되고 여성에게 현모양처의 미덕을 강요하던 19세기 당시 프랑스에 남자같이 짧게 머리를 자르고 거친 작업복을 입은 채 파리 도살장과 가축 시장을 활보한 매우 독특한 여성이었다. 그녀는 공개적인 레즈비언이었고, 페미니스트였으며, 동물을 사랑해 동물만 전문적으로 그린 화가였다.

어머니가 열한 살 때 세상을 떠나자 어린 보뇌르는 학교생활에 어려움을 겪었다. 아이들과 잘 어울리지 못했고, 난폭하고 다루기 힘든 아이로 찍혀 여러 번 중징계 및 퇴학을 당하기도 했다. 그러자 아버지는 살아 있는 동물을 데려와 보뇌르가 동물 그리기에 흥미를 갖도록 했다. 그녀의 동물사랑은 여기서부터 출발한다. 동물들은 보뇌르에게 정서적 안정과 치료 효과를 제공했다.

그녀는 집에서 토끼와 양들 속에서 지냈고, 파리 근교 목초지의 말, 양, 소, 염소 등의 가축 그리고 블로뉴 숲의 동물들을 가까이에서 관찰하며 많은 시간을 보냈다. 1840년대에 보뇌르의 명성은 느리지만 지속적으로 높아졌다. 보뇌르는 쿠르베와 밀레의 전통 속에서 시골 노동을 찬양하며, 밝고 맑은 넓은 하늘을 배경으로 활동하고 있는 동물의 고귀함을 강조했다.

드디어 [도판 284] 〈니베르네의 밭갈이〉(1849) 그림으로 1853년에 평론계에서 인정받았고 경제적으로도 성공했다. 그리고 1855년 파리 살롱에서 〈말 시장〉[도판 285]으로 유명해졌다. 이 그림에서 몸부림치는 말들의 근육은 길들여지지 않은 생명력, 아름다움, 야성을 나타낸다. 이 같은 보뇌르의 탁월한 묘사력은 관람자를 역동적인 힘을 묘사한 파르테논 신전의 프리즈를 연상시킨다고 평한다. 지금 메트로폴리탄미술관 벽면 하나를 전부 차지하는 폭 5미터의 거대한 이 그림에는 백마, 흑마, 갈색마 등 각종 종마가 생동감 넘치는 다양한 포즈로 그려져 있다. 백마의 등에 떨어지는 햇빛의 어른거림과 말굽이 일으키는 흙먼지의 정교한 묘사가 감탄을 자아내게 한다. 백마들 뒤를 따르는 흑마 한 마리는 앞발을 들어 격렬하게 몸부림치고 있고, 기수는 이를 통제하려 진땀을 빼고 있다. 기수 옆 푸른 작업복을 입은 사람이 바로 남장한 보뇌

도판 285 로자 보뇌르(1822~1899)의 〈말 시장〉(1853~1855). 동물 그림 중 2.4×5m로 최대 규모다. 동물의 사실적 묘사를 위해 동물 해부 실습을 했고, 도살장에 들러 사체와 뼈를 그리는 연습을 했다.

르다. 말들의 눈은 대체로 인간처럼 감정적 표현을 보여주는데, 이는 보뇌르의 동물에 대한 깊은 애정과 교감에서 나온 것이라 볼 수 있다. 그녀는 모두가 부러워하는 레지옹 도뇌르 훈장을 받았다. 보뇌르는 77세로 생을 마칠 때까지 들라크루아에 상응하는 찬사를 받을 정도로 성공적인 삶을 즐겼고, 작품들은 사회의 모든 계층에게 인기가 있었다.

이 그림은 그다음 해(1856년)에 영국을 방문해 19세기 회화 중에서 가장 많이 알려지고 사랑받는 그림 중 하나가 되었다. 그녀와 함께 영국으로 건너간 이 그림은 그곳에서 석판화로 출판되면서 큰 명성을 얻었다. 첫 영국 방문 때 버킹엄궁에서 〈말 시장〉을 전시하도록 주선해 준 빅토리아 여왕을 비롯한 많은 명사를 만났다. 보뇌르의 작품에 대해 평론가들은 생동감과 자연에 대한 충실함을 언급했고, 이 섬세하고 친근한 양식은 영국 중류층의 호감을 샀다. 그의 명성이 영국에서 생체 해부를 둘러싼 동물 학대와 동물 권리에 대한 논쟁이 열띠게 진행되던 때와 시기적으로 일치하면서다.

이 논쟁의 중요성은 동물뿐만 아니라 여성의 삶도 언급했다는 데에 있다. 여성과 동물의 몸을 통제하는 방법은 자연, 섹슈얼리티, 제도, 문화에 의해 이루어졌음을, 즉 "태어나는 것이 아니라 길들여진다는 것"을 밝혀낸 것이다. 그러니 지금까지 여성들은 애완동물처럼 길들여져 살아온 것과 같다는 의미가 되겠다. 동물의 나약함을 드러낸 이미지는 그대로 남성들의 권력과 특권 속에서 여성들의 복종과 나약한 위치를 대변하는 데 쓰였다. 그런데 보뇌르는 동물들의 길들여지지 않은 본성, 충성, 용기 그리고 우아함을 야생 그대로 강조한 화가였다.

3) 프랑스에서 시작된 근대적인 페미니즘 운동

프랑스에서 근대적인 페미니즘 운동은 1866년에 마리아 드레즈메와 레옹 리셰에 의해서 시작되었고, 그 결성은 1878년에 여성 권리에 관한 첫 국제 집회에서부터다. 이때는 인상주의가 절정에 달했을 시기였지만 인상주의 회화는 당대의 이런 시대정신에 대한 어떤 흔적도 그림으로 남기지 않았다. 〈올랭피아〉 그림도 페미니즘 의식 없이 그린 것이다. 1870년에 제2제정이 붕괴되고 1875년에 제3공화정이 세워지면서 점차 민주적인 중산층 문화가 형성되었다.

산업화에 따라 1880년대 파리 인구는 급속히 늘어 1886년 무렵에 230만 명을 넘어섰다. 50년 전보다 세 배나 증가했다. 산업화는 여성을 아름답게 장식해야 할 새로운 시장으로, 상품으로 만들었다. 그러면서 새로운 계층으로 등장한 파리장들은 그들의 유행과 소비 행태를 카페와 공연장에서 찾았고, 휴일에는 교외의 유원지를 찾아 나섰다. 이에 따라 유흥장과 공원들은 더 이상 신분 계층의 구분이 사라져 여러 신분과 계층이 자유롭게 뒤섞이는 공간이 되었다. 인상파들은 이들의 삶을 중요한 주제로 남성중심적 관점에서 표현했다.

이 같은 시기에 로자 보뇌르가 자신의 양식과 화법으로 독보적인 위치를 정지 작업할 때 메리 카사트와 베르트 모리조는 최대 전위운동이었던 인상주의 운동에 가담하여 최초의 모더니즘 여류 화가로 자리매김하였다. 이들은 여성 특유의 사회적 심리적 경험에 기초하여 인상주의를 확장하면서 여성 공간을 확보해 나갔다.

(1) 메리 카사트(1844~1926)

성차별적인 그림의 구성은 메리 카사트의 [도판 286]인 〈관람석에서〉(1880) 그런대로 잘 표현되어 있다. 당시 무도회, 콘서트, 오페라는 인상주의 화가들 사이에서 인기 있던 주제였다.

특히 금박 장식과 그림들, 모자이크, 멋진 계단과 발코니를 갖춘 호화로운 오페라 하우스에는 무대뿐 아니라 공연 전후와 중간 휴식 시간 동안 관객들 간에는 서로 스치는 사교가 많았다. 즉, 이런 장소에서 사람들은 분주하게 오고 가는 다른 이들을 관찰하며 서로를 훑고, 최신 유행 스타일을 평가하고 비판하고 비난하기도 하면서 경쟁했다. [도판 286]은 바로 이런 상황을 그

도판 286 메리 카사트의 〈관람석에서〉(1878). 검은 드레스로 아름답게 치장한 여인이 오페라 안경을 들고 구경하고 있다. 멀리서 오페라는 관심 없고 잿밥에만 관심 가득한 남자가 그녀를 훔쳐보며 시선으로 지배하고 있다. 보스톤 파인아트뮤지엄. 미국 보스톤미술관

림에 담았다. 화면의 반 이상을 차지하고 있는 패셔너블한 상류층 여성은 메리 카사트 화가의 여동생인 리디아다. 특별석에 앉아 공연 중에 머리와 몸을 앞으로 내밀고 오페라 안경으로 몰입해 공연을 구경하고 있는데, 동시에 그녀 자신도 모르는 순간 볼거리의 대상자가 되고 있다. 다른 발코니에서 한 남자가 역시 팔꿈치를 괴고 그녀를 쌍안경으로 보고 있는 것이다. 이렇게 각기 다른 시선 속에서 야릇한 열정과 긴장감이 느껴지는 작품이다.

당시 오페라 공연 구경보다는 이 같은 딴 재미로 찾아오는 소위 파리쟝 부르주아 남성들의 작태는 흔한 모습이었다. 이처럼 이들 대중 공연장은 남성 고객의 시선이 여성의 신체를 대상화하는 관계가 이루어지는 대표적인 그래서 젠더적 교환이 이루어지는 장소였다. 이런 곳에서 이 같은 쌍안경으로 훔쳐보는 장면은 다른 그림이나 삽화에서도 종종 나타났다. 페미니즘 이론에서는 시각의 영역이 남성 주체를 위하여 구성되었다고 전제하고 있다. 남성은 쳐다보기를 통해서 권력을 행사할 수 있는데, 이런 방법으로 남성은 욕망의 대상물을 시각적으로 지배한다는 것이다. 카사트의 〈관람석에서〉도 그 같은 분위기를 대변하는 것이다. 언뜻 보기에는 여자 주인공이 쌍안경으로 무대의 시선을 지배하는 것처럼 보이지만, 그 이면에는 공연장 전체가 남성에 의해 지배당하고 있다는 페미니즘적 지적이다.

한편 메리 카사트는 프랑스 인상파 작품들을 미국에 알리는 데에도 노력했다. 그녀는 미국 피츠버그에서 부유한 사업가였던 아버지, 높은 지성을 지

닌 어머니 사이의 유복한 가정에서 태어나 펜실베니아 아카데미를 졸업한 후 유럽을 향해 떠났다. 파리 유학 시절 드가를 통해 인상주의 화가들을 알게 되고, 1879년 인상주의 전시회에 출품함으로써 인상주의에 합류한다. 그랬기에 오늘날 미국에 있는 인상파 그림들은 그녀의 노력이 컸다. 그녀는 프랑스에 기거하면서도 미국에서 정기적인 전시회를 갖는 등 모국과의 관계를 게을리 하지 않았다. 그러면서 판매의 귀재 파리의 화상 뒤랑 뤼엘과 별도로 미국 부유층들에게 인상주의 작품을 소개했던 것이다. 1904년 외국인으로서는 받기 어려운 레지옹 도뇌르 훈장을 받았다. 부르주아 가정에서 태어나 독신으로 지낸 그녀는 당연히 자신이 속한 계급의 여성을 작품의 주제로 삼았다. 1911년 당뇨, 류머티즘, 신경통, 백내장을 진단받으며 작품 활동하다 1914년 장님 판정을 받고 붓을 놓았다. 그 와중에서도 여성 평등을 위한 참정권 운동에 참여하다가 1926년에 죽었다.

(2) 베르트 모리조(1841~1895)

파리의 토박이 베르트 모리조는 유명한 풍속화가 프리고나르의 손녀딸이며 조카는 폴 발레리에게 출가한 명문가 출신의 유복한 화가였다. 그녀는 프랑스 상류층의 교양 있는 부모 덕분에 전문 화가에게서 미술교육을 받을 수 있었다. 그녀는 주로 가정의 일상생활, 곧 여성의 공간을 담아냈다. 그 대표적인 그림이 〈요람〉이다[도판 287]. 이 그림의 주인공은 모리조의 언니 에드마 모리조와 그의 딸이다. 엄마가 요람 속에서 평온하게 잠든 천사 같은 아기를 행복한 모습으로 자장가를 부르듯이 내려다보고 있다. 그래서 제목이 〈자장가〉라고도 불린다. 그래서 그런지 이 그림을 보면 나에겐 어릴 때의 추억과 함께 브람스의 자장가가 들려오는 듯하다.

인상주의 남성 화가들이 대체로 카페, 댄스홀, 극장, 대로변 같은 공공장소 풍경을 그린 것과는 사뭇 대조적이다. 메리 카사트는 드가의 소개로, 마네의 제수였던 베르트 모리조는 마네의 소개로 1874년 시작된 인상파 전에 남성 인상파들과 함께 작품을 전시하고 참여할 수 있었다. 그녀는 인상파 전시 총 8회 중 7번을 참가했다. 단 1번의 불참 사연은 아이 출산 때문이었다.

도판 287 베르트 모리조의 〈요람〉(1872). 여성이 맡게 되는 육아의 역할은 노동이 아니라 여성의 타고난 모성애로 간주되었다. 오르세미술관, 파리

1895년 모리조는 폐렴에 걸린 딸을 간호하다가 사망했다. 그녀의 딸도 요람의 아이처럼 키웠을 것이다. 출생에서 양육시키고 성장한 후에도 병을 간호하는, 처음부터 끝까지 모성애를 본으로 보여주는 전통적인 현모양처로 여자의 일생을 산 것이다. 이는 다음에 설명할 수잔 발라동과 대비된다.

860점의 작품을 제작한 화가였지만 그녀의 사망 서류에는 어이없게도 '무직'이라고 기입되었다. 사후에도 화가가 아니라 마네의 동료이자 연인, 모델로 더 알려졌다. 그녀의 가치가 인정받기 시작한 것은 2013년 미술 경매 시장에서 여성 화가의 작품으로는 사상 최고가인 1,090만 달러에 작품이 팔리면서부터다. 21세기에 들어서야 비로소 여성에 대한 관심을 갖게 되었음을 느낄 수 있다. 그녀의 그림에서는 생태적 휴머니즘이 온전히 녹아 있는 것이다.

5장

근대, 제국주의와 모더니즘

오래된 원형들과 전통들이 새로운 요구와 자극들에 의해 변형되던 19세기에 성적 신비도 예술가들 차원에서 에로틱한 이미지로 부각되기 시작했다. 그런데 제국주의가 절정에 오르면서 나타난 첫 번째 현상이 오리엔탈리즘, 즉 유색인종에 대한 백인 우월성의 합리화와 그 지배의 정당성이었고, 두 번째는 여성에 대한 남성의 지배 정당성은 물론 그 정당성이 식민지의 여성화 차원에서 누드화를 절정으로까지 끌고 갔다는 점이다. 그것도 퇴폐 형태로 변질시키면서 남성들을 모든 에로틱한 대상체의 생산자이자 소비자로 추동하면서 말이다. 그 이론의 정당성 부여에는 프로이트의 역할이 컸다. 그러면서 그 생산과 소비를 위해 남성적인 환상이 섹스와 예술, 두 가지를 조절하면서 에로틱한 상상력의 범위와 수준을 결정짓는다고 주장하면서다.

18세기 후반까지 누드화는 [도판 277]에서 보듯이 남성들도 모델을 했지만, 그 이후부터는 거의 점차 여성 누드로 변했다. 19세기를 지나면서 여성 누드는 노골적으로 표현되기 시작했다. 살롱전 참가 작품들을 보면 여성 누드는 숲속의 작은 공터에서 자고 있는 님프, 파도 사이에서 태어나는 비너스, 난파

당했다가 실신 상태에서 구조되어 거의 옷도 걸치지 않은 왕비, 흐트러진 옷에 자신의 죄를 뉘우치는 막달라 마리아, 바람을 타는 플로라, 야한 차림의 고급 매춘부, 스튜디오의 모델 등 갖가지로 등장했다. 비록 이들 작품이 여러 겹 위장하고 고전, 역사, 문화와 연계된 제목을 갖다 붙여 고상한 변태 자세로 신비를 표방하면서 여성의 육체는 적나라하게 선정적으로 그려졌다. 그러면서 누드는 눈을 감거나 감상자와 달리하는 시선으로 해서다. 그래야 감상자가 양심의 가책 없이 누드 자태를 거리낌 없이 마음껏 훑을 수 있는 즐거움을 가져다주기 때문이다. 이들 그림은 양식적으로, 장면적으로, 자태적으로 다양했다. 그런데 공통점이 있다. 그것은 모든 누드 여성들이 그림 밖의 남성 소비자, 즉 관음증을 위한 대상이라는 점이다. 그러나 여성 화가들이 그린 누드는 이와는 차원이 달랐다. 먼저 여성화가들이 그린 누드화부터 보자.

1) 여성 화가들이 그린 누드

파울라 모더존 베커와 수잔 발라동, 이 두 여성은 여성의 누드를 새로운 관점으로 끌어올린 최초의 여성 미술가다. 특히 파울라 모더존 베커는 여성의 성(性)을 '성'(聖)을 향한 누드로, 수잔 발라동은 남성의 관음증을 무시한 생긴 그대로의 누드를 그렸다.

(1) 파울라 모더존 베커(1876~1907)

독일 드레스덴에서 태어난 파울라 모더존 베커는 평범한 중산층 출신이었다. 그녀는 1906년 파리에서 열린 고갱의 회고전에 갔다가 영향을 받아 자연의 이미지를 통해 원시적인 힘을 추구하는 방향으로 나아가게 되었다[도판 293 참조]. 모더존 베커의 〈호박 목걸이를 한 누드 자화상〉[도판 288]은 여성 화가가 최초로 자신을 그린 누드 작품이다. 그녀는 고갱의 낭만적인 노스탤지어를 배제하면서, 서양미술사에서 그동안 여성의 육체에 부여해 온 관음성을 없애기 위해 최대한 형태를 단순화했다.

고갱의 누드는 서구의 문화적 규범 속에서 '원시성'을 꿈꾸는 듯한 몽상의 상태로 누워 있거나 타자성으로서의 이국적인 이미지로 나타나 있다. 고갱의 누드가 비너스로서 원시적이면서 풍요롭고 성적이었던 반면에 모더존 베커의 누드는 자화상 누드로 기존의 관능성을 깨뜨리면서 여성성과 창조성이라는 관계를 융화시켰다. 고갱의 그림 속 원시 여인들의 누드가 불안한 눈빛, 수동적인 표정, 남자의 시선에 갇힌 인형 같은 모습이라면, 파울라 모더존 베커의 누드 자화상은 타인의 시선을 갈구하지도 의식하지도 않는 자신의 있는 그대로의 모습을 건강하고 순수하게, 깨끗하고 온전하게 드러냈다. "이게 바로 나야"라고 하면서다.

파울라 모더존 베커는 사실상 최초의 모더니즘 누드 그림을 그린 여성 화가다. 그림의 주제며 색채, 형태, 붓질 등이 대담하고, 그 새로운 실험들은 그녀가 20세기 초 모더니즘을 창조한 피카소와 마티스 같은 혁신적인 화가들과 어깨를 나란히 했음을 증명해 준다. 그러나 그녀는 미술사에 이름을 남기지 못했다. 반 고흐가 그랬듯이 그녀 역시 작품이 팔리지 않아 돈을 벌 수 없는 처지였고, 가난과 냉대 속에서 그림을 그리다가 첫 아이를 낳은 몇 주 뒤 혈전 색전증

도판 288 파울라 모더존 베커의 〈호박 목걸이를 한 누드 자화상〉(1906). 마분지에 오일 템페라. 우람한 덩치와 소박한 형식은 고갱의 〈망고 꽃을 든 두 타히티 여인〉(1899년) 작품을 모방한 것으로 보인다.

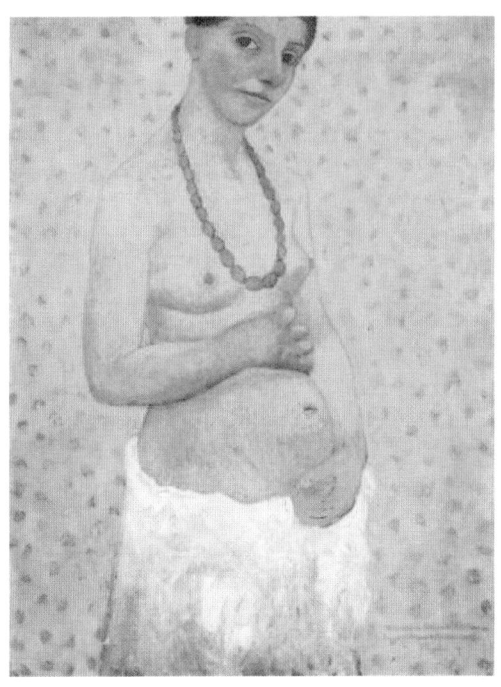

도판 289 〈여섯 번째 결혼기념일의 자화상〉(1906). 판지에 유화. 파울라모더존베커미술관. 브레멘

으로 죽고 만 것이다.

그녀는 종종 미술의 메카인 파리를 방문하고 체류하면서 세잔, 고갱, 고흐의 작품들을 보았고 로댕을 직접 만났다. 그리고 루브르박물관에서 고전, 고딕, 이집트 미술을 보며 연구했다. 특히 세잔과 고갱의 작품에 깊은 인상을 받았는데, 모더존 베커의 평면적이고 단순한 형태는 그들의 영향을 받은 것이라 한다. 또한 프랑스 인상파의 표현적인 붓질과 밝은 색상, 빛의 변화에도 관심을 기울였다. 그 결과, 그녀는 마침내 자신만의 표현주의적 화풍을 정립했다. 편편하고 단순한 색면, 거친 붓질, 정확한 형태보다는 내면의 감정을 묘사한 점 등, 마치 어린이가 그린 그림 같은 투박한 양식의 사실주의 화풍은 독일 미술계에 새로운 바람을 일으켰다. 전통적 미술에 정체되어 있던 독일 미술을 모더니즘으로 이끌며 20세기 독일 표현주의 미술의 개척자가 된 것이다. 물론 그 과정이 순탄치만은 않았다. 살아생전에는 미술계에서 인정받지 못했고, 그녀의 작품은 죽은 후 나치에 의해 퇴폐미술로 낙인찍히기도 했다.

미술의 역사에서 여성의 몸은 오랫동안 남성의 시각적 쾌락을 만족시키는 대상으로 그려져 왔다. 남성 화가들의 모델이 된 여성들은 아름답게 보여야 하는 대상물이었을 뿐, 그 자신이 주체적 인격을 가진 존재로 대우받지 못했다. 모더존 베커가 자신의 누드를 그리며 최대한 형태를 단순화하자고 했던 것은 여성의 몸이 표현하는 이러한 관능성을 제거하기 위해서였다. 그러니 모더존 베커의 누드는 기존 누드화와 근본적으로 다를 수밖에 없었다. 남성의 성적 대상에서 벗어나 여성 자신이 어떻게 자기의 몸을 보는가를 그렸으니까.

특히 1906년 모더존 베커가 그린 〈여섯 번째 결혼기념일의 자화상〉[도판 289]는 〈호박 목걸이를 한 누드 자화상〉[도판 288]과 함께 여성 화가가 같은 해 자신의 누드를 직접 그린 서양미술사상 최초의 누드 자화상이다. 튼튼한 몸매, 투박한 포즈의 여성 인물은 전혀 이상화되지 않았다. 하늘과 꽃나무를 배경으로 그 꽃잎 같은 붉은 젖꼭지를 드러낸 채 목에는 커다란 호박 목걸이를 걸고 오른쪽을 응시하며 잔잔히 웃음 띤 표정을 나타내고 있다. 이 작품은 대담한 형태와 실험적인 색채로 인해 현대미술사에 한 획을 그은 그림으로, 화가의 개성이 확립되었다는 점에서도 의미가 깊다. 언뜻 보기에는 고갱이 그린 타히티 여인들의 모습이 연상되나, 고갱의 누드가 백인 남성의 시각으로 본 원주민 여인의 모습이라면, 모더존 베커의 누드는 타인의 시선에서 자유로운, 남성 시각적 도구로서의 누드가 아니라 여성성 그 자체를 자존감으로 자연스럽게 드러낸 것이다.

특히 〈여섯 번째 결혼기념일의 자화상〉에는 임신한 자기의 모습을 당당하게 묘사했다. 옅은 녹색 배경 앞에 호박 목걸이를 한 알몸의 상반신을 드러냈고, 엉덩이 부분은 흰 천을 두르고 있다. 하복부를 보호하기 위해 왼손은 배를 받치고 오른손은 배 위에 두고 안정적이고 고요한 눈빛으로 관람자를 바라보는 모더존 베커, 여기서 그녀의 몸은 성(性)적 대상이 아니라 아이를 잉태하고 품은 여성성과 생명성이 연기화생으로 융화되면서 영기화생이 된 위대한 어머니로서의 성(聖)스러운 몸이다. 남성성은 감히 가질 수 없는, 여성성만의 성스러운 역할과 귀한 가치의 몸을 보여 주고 있는 것이다.

하반신을 감싼 흰 천은 [도판 80]에서 보듯이 십자가에 못 박힌 그리스도의 허리를 덮은 흰색 천을 연상시킨다. 화가는 임신이 여성에게 예수처럼 일종의 영적 희생이라는 것을 알리고 싶었던 것은 아니었을까? 임신을 통해 대지의 어머니가 가진 존엄성을 정체성으로 표현해서 말이다. 그녀의 몸은 더 이상 남자의 시선을 의식하는 성적 매력을 가진 몸이 아니라 자연스럽고 편안한, 있는 그대로의 여성의 몸, 아이를 생산한 존엄한 어머니로서의 성스러운 몸을 알리고 있는 것이다. '페미니즘은 이런 것이야' 하면서 말이다. 모더존 베커는 실제로 60여 개 이상의 자화상을 남겼다.

그녀는 불행하게도 출산 후유증으로 인해 31년의 짧은 삶을 마감했지만 1,800여 점이 넘는 작품을 남겼다. 생전에 판매된 그림은 몇 점 되지 않아 경제적 어려움을 겪었고, 대중과 비평가 모두에게 이해받지 못한 채, 고독 속에서 눈을 감았다. 페미니즘의 모델을 보여주었는데도 말이다.

다행히 사후, 현대 미술에 남긴 족적이 다시 부각되면서 1920년에 그녀의 일기와 편지가 출판되었고, 1927년에는 '파울라 모더존 하우스'라는 미술관도 건립되었다. 여성 미술가에게 헌정된 최초의 미술관이었다. 이후 프리다 칼로, 앨리스 닐, 신디 셔먼, 키키 스미스 등 많은 페미니스트 여성 예술가들이 자신들의 방식대로 해서 그녀의 뒤를 이었다. 이들은 전통적인 여성 누드의 규범을 뒤엎는 방식으로 여성의 몸을 그렸다. 남성 성욕의 대상, 타자화되고 상품화된 몸이 아니라 여성의 몸에 대한 여성 자신의 관찰과 정체성을 그린 화가들이었다.

(2) 수잔 발라동(1865~1938)

수잔 발라동은 프랑스에서 하류 계층에서 미혼모의 사생아로 태어나 세탁부, 서커스 단원, 식당 웨이트리스, 그림 모델 등을 전전하며 밑바닥 인생으로 일했다. 그러다 우연히 당대 상징주의 미술가 피에르 퓌비 드 샤반의 눈에 띄어 1880년대 초에 그의 모델이 되었다. 그러다 르누아르의 모델이, 다시 로트렉의 모델로 전전하며 다양한 모델 경험을 통해 다채롭게 변화하는 내면과 이미지를 표현할 줄 알게 되면서 최고의 모델이 된 발라동은 어느 날 스스로 그림의 재능을 발견하게 되었다. 그 후 드가 밑에서 미술 수업을 받았는데 그 때를 그녀는 "내가 날개를 단 날"이라고 회고했다.

드가는 그녀를 끌어주고 화가의 길을 안내해 주었다. 그러면서 당대 유명한 인상주의 화가들과 자연스럽게 인연을 맺게 되면서 화가의 길로 들어서게 되었다. 그녀는 정규 교육과정을 거치지 않고 미술가의 성 상대가 되기도 했던 모델의 역할을 하다 거의 독학으로 미술계에 입문한 셈이다. 그래서 당시 내외하던 메리 카사트나 베르트 모리조 같은 중산층 여성 미술가들에게서는 찾아볼 수 없을 정도로 다른 남성 미술가들과 더 편하게 내외 없이 자유로이 교류할 수 있었다.

수잔 발라동에서 '수잔'이란 이름은 이런 복잡한 그녀의 삶을 압축해 보여준다. 사실 그녀의 원래 이름은 마리 클레멘틴 발라동이었다. 그런데 나이 많은 화가들 사이에서 정부 노릇을 하는 그녀의 처지가 성서 속에서 장로들에게 성희롱당하는 [도판 240]의 수산나와 비슷하다고 하여 화가 툴루즈 로트랙이 지어 준 이름이었다.

20세기 초 모델이라는 이름으로 미술을 지배하는 매춘 여성의 이미지는 중산층 남성중심적이고 가부장적인 이데올로기와 밀접한 관계를 맺는다. 이 시기에 매춘을 지배하는 논리는 프로이트 이후 사회적으로 공인화된(?) 남성들의 성 충동 해소의 필요성에서 해석되기도 하였다. 그리고 중산 계층의 평화적인 가정에서는 그 유지를 위해 필요악으로 용인되었다. 이를 근거로 성적 욕구를 사회적으로 정당화시키면서 대도시에 매춘 여성과 공창제도가 생겨난 것이다.

도판 290 수잔 발라동의 자화상 〈누워있는 누드〉(1920)

수잔 발라동은 값싼 집세 때문에 빈민층, 노동 계급, 포주, 매춘부, 가난한 예술가들이 모여든 몽마르트 언덕에서 야생화처럼 거칠게 성장했다. 그러니 자연히 발라동의 그림 소재는 베르트 모리조나 메리 카사트가 그린 중상류층의 안락한 모습과는 대조적일 수밖에 없었다. 그녀들이 부르주아 여성들의 가정생활에 한정된 소재에 [도판 287]처럼 안주할 때, 수잔 발라동은 파리의 거리와 카페, 클럽에서 남성 미술가들과 어울렸고, 거침없이 자신의 누드를 그렸다[도판 290]. 발라동은 누드를 그릴 때, 마치 자신의 삶을 반영하듯 투박한 노동 계급의 여성을 소재로 불완전한 몸매를 과장하지도 이상화하지도 않고, 보이는 그대로 정확하게 묘사했다. 그녀는 한 걸음 더 나아가 여성 누드모델을 남성 화가들이 그리던 시대에 남성을 거침없이 누드모델로 세웠다. 〈아담과 이브〉가 그렇다[도판 291].

남성을 누드로 그린 이 그림에서 아담에 대해 선악과 앞에서 이브를 부추기는 동시에 억누르며 나중을 위한 변명을 준비하는 치사하고 비겁한 오른손과 그 표정이란 평이 있다. 내가 먹고 싶어서 먹은 것이 아니라 당신이 주신 여자 때문이란 창세기의 변명을 위해서 말이다. 두려움 없는 여자와 두려움으로 비겁해진 남자, 자기 손을 더럽혀서는 얻지 않으려는 야비한 남자. 수잔 발라동은 이 같은 비겁하고 야비한 남자들을 거치며 성숙한 여인으로 익어갔다. 그러고 보니까 이브는

도판 291 수잔 발라동의 〈아담과 이브〉(1909). 이 그림은 그동안 그린 그림들과 다르다. 이브는 당당한 표정으로 사과를 따고 있고, 그 옆의 아담은 이브의 손목을 붙잡으며 말리는 듯 말리지 않는, 오히려 이를 통해 원죄의 굴레를 공동 책임으로 해 그동안 이브에게 전가한 성경 내용을 꼬집었다. 퐁피두센터

당당하게 발가벗고 있는데, 아담의 가리고 있는 모습도 그렇다. 결론적으로 아담과 이브의 두려움과 당당함의 대조적인 얼굴 표정과 몸짓이 지금까지 가부장제에서의 죄와 벌을 알려 주는 듯하다.

그녀는 아들의 친구 앙드레 위테르와 사랑하면서 그의 누드와 함께 자기 누드를 〈아담과 이브〉로 해 그린 최초의 여성 화가였다. 남들의 입방아에 "모든 사랑은 남는 장사다"라고 하면서다. 그녀의 숱한 자화상 어디에도 이처럼 생기 넘치고 사랑스러운 표정을 지은 때가 없었다. 사람들이야 자신의 출신 배경과 삶에 대해 뭐라고 왈가왈부하든, 다른 사람이 아닌 자기 자신으로 살았고, 예술적으로도 의미 있는 업적을 남겼다.

페미니즘 미술은 자의식이 뚜렷한 수잔 발라동의 작품을 그냥 보아 넘기지 않았다. 당연히 페미니스트 미술사학자의 큰 관심을 끌었다. 특히 그녀의 누드화는 전형적인 여성 누드의 형태를 뒤엎는 파격 때문에 새로 쓰는 페미니즘 미술사에 좋은 사례로 기록되었다. 발라동의 누드 자화상은 남성의 시선에서 본 섹스어필의 여성 누드가 아닌 '진정한 여성성'을 드러낸 독일 표현주의 화가 파울라 모더 존 베커를 또 다르게 잇는 해방된 여성 누드이다.

비록 수잔 발라동은 스스로를 페미니스트로 의식하거나 언급한 적이 없지만, 그럼에도 불구하고 그녀의 작품은 다분히 페미니즘 요소를 가진 것으로 해석되었다. 남성의 시선으로 드러낸 여성성 그림에 반하기 때문이다. 메리 카사트와 베르트 모리조가 생각에 머문 페미니스트였다면, 파울라 모더존 베커와 수잔 발라동은 자기도 모르게 자연스럽게 무위로 실천한 페미니스트였다.

발라동의 여성 누드는 모델로서 자신이 경험했던 것에 기반을 두고 서구에서 누드 미술을 지배해 온 정적이고 초시간적인 표현을 거부했다. 여성의 신체를 남성의 명령에 의해 통제당하는 관음적 표현이 아니라 생긴 그대로의 건강한 표현이다. 고갱과 전위적인 야수파 작가들의 작품에서 흔히 보이는 전형적인 관능적 늘씬미의 형상과는 대조되는 것이다.

고갱의 많은 회화는 남성 미술가와 여성 모델이라는 불평등한 관계를, 즉 백인 남성 미술가와 식민지 원주민 여성 모델 간의 불평등 속에서 재현되어 있다. 그래서 웅크린 자세의 여성을 내려다보는 남성 미술가의 시선에 복종케 한다. 더 나아가 색채와 패턴을 통해서도 영성을 속박하고 있다. 그러므로 이 여성들의 시선은 불쌍하게도 그들의 삶에 들어 있는 자긍심을 지각할 수 없게 한다. 그것이 백인 문화 속에서 백인들이 자기도 모르게 몸에 밴 오리엔탈리즘적 지배 요소로서 비판의 주요 대상이다. 그런데 이 같은 오리엔탈리즘적 관점을 자신도 모르게 반대로 누르고서 등장한 이가 수잔 발라동이었다. 타인의 시선으로 프레임 안에 갇혀 살던 여자가 프레임 밖으로 걸어 나와 자신의 시선으로 자신을 그리며 당당하게 말하고 있는 것이다.

(3) 로메인 부룩스(1874~1970)

로메인 부룩스는 1874년 로마에서 미국인 부모에게서 세 자녀 중 막내로 태어났다. 어머니와 정신 이상자인 오빠 세인트마르에게서 당했던 육체적, 정신적 학대를 피해서 1893년부터 생애 대부분을 파리에서 보냈다. 그러면서 그림 공부를 하였다. 부룩스가 1910년에 그린 〈흰색 진달래〉가 있다. 이 그림은 누드 여성이 커다란 흰색 진달래 화분을 아래로 해 넓고 큼직한 벤치 위에 빈약하고 작은 가슴을 가진 왜소한 여성이 누워 있는 누드 그림인데, 그 첫 번째 작품이다. 이것은 레즈비언 관점에서 여성의 신체를 에로틱하게 표현했다는 점에서, 관능적인 여성 누드라는 남성의 관점에서 그리고 지금까지 그려진 서양 미술의 전통을 거부했다는 점에서 마네의 [도판 100] 〈올랭피아〉(1863~1865)만큼이나 대담한 작품이라고 평가하고 있다. 당시 여성 화가에게까지 금기시된 누드에 새로운 관점으로 도전하면서 1910년 데뷔전에서 눈길을 끈 것이다. 이탈리아 정치인이며 상징주의 시인 가브리엘레 단눈치오(1863~1938)는 부룩스를 보고, "현대 미술가 중 가장 심오하고 현명한 편곡자"라고 극찬했다. 그녀는 20세기 초 유행한 야수파와 기하학인 큐비즘의 사이에서 자기만의 스타일을 고집한 예술가였다.

2) 제국주의 화가들이 그린 누드

제국주의시대 남성화가들이 그린 누드화를 보자.

누드 그림은 20세기에 들어와 서양미술사에서 그 절정에 이른다.

[도판 101, 102, 103] 같이 이전에 있었던 이국적이고 신화적이고 종교적 성격의 관음적인 누드 그림은 꼰대 그림으로 취급당해 사라지고, 여성 화가들이 그렸던 [도판 288, 289, 290, 291] 같은 생긴 그대로의 모습을 자연스럽게 나타낸 페미니즘적인 누드는 퇴폐적(?)이라며 폐기되면서다. 새로운 누드 그림이 식민지 여성으로 마사지되어 패륜아적인 제국주의 성격으로 나타난 것이다. 제국주의가 가장 망나니짓을 하던 제1차 세계대전을 전후한 때였다.

그 배경은 제국주의 열강 간에 이전투구를 뒷받침하면서다. 제2차 세계대전에서는 더 나아간다. 누드 그림을 넘어 역사에서 위안부라는 라이브(生)로 말이다. 살아 있는 현실 여성 집단 누드를 군대라는 집단으로 소비하는 인류 역사에서 국가의 이름으로 저지른 반휴머니즘의 최고 부끄러운 시대정신을 만들면서이다. 그림을 넘어 그런 짓까지. 그런데 지금까지 부인한다. 더 나쁘다.

포비즘, 큐비즘, 독일 표현주의의 시기에 대표적인 누드작가의 작품들을 보면, 케스반 동겐의 〈누워있는 누드〉(1905~6), E.뭉크의 〈누워있는 누드〉 (1905), 키르히너의 〈일본 양산을 가진 소녀〉(1909)[도판 292], E.헥켈의 〈소파에 누워있는 누드〉(1909) 등의 그림들이 그 전조였다. 이들 그림은 여성을 동물적 육체로 환원시켰다. 그래서 몽유병자처럼 얼굴이 없는 듯 몸의 사지는 축 늘어져 있고, 손과 발의 끝은 불명료하다. 이렇게 화가도 제국주의화되어 극도의 남성적인 렌즈로 보면서 성 충동에 도움이 안 되는 것들은 모두 제거하고 뭉개버렸다. 붓 사용은 격하고 색채는 강렬하게, 그래서 관능적 체험을 추체험하듯 나타냈다. 몸의 자세는 화가의 성적 의지가 꼴리는 대로 비틀어져 있다. 문화적으로 후퇴를 넘어 퇴폐를, 역사적으로는 반예술과 비미학을 나타내고 있는 것이다.

도판 292 키르히너(1880~1938)의 〈일본 양산을 가진 소녀〉(1909). 독일 표현주의 화가로 다리파를 만들어 여성을 통한 자유와 해방 그리고 원시적 생명감을 충일하게 표현했다는 남성적 관점에서의 평이나, 페미니즘의 관점에서 볼 때는 퇴폐를 절정으로 표현했다. 노르트라인베스트팔렌미술관. 독일

이 같은 누드는 이전의 누드에 비해 여성이 육체적인 물체로 강제적으로 환원당하고 있다는 점 그리고 화가가 여성들의 인간성을 부정하고 있다는 점에서 누드에서 최악의 전성기를 나타내는 것으로 반휴머니즘의 전형이다. 따라서 이는 제국주의 탐욕의 최고 절정을 누드로 표현하고 있는 것이기도 하다[주 95]. 즉, 제국주의 국가들은 제3국을 식민지 쟁탈지로 보았듯이 제국주의 화가들은 제3국 여성들의 누드를 남성의 성적 식민지로 본 것이다. 이 같은 시대정신은 당대에 절정에 오른 오리엔탈리즘이 뒷받침한다.

예술과 남성의 성을 결합한 내용은 새롭게 대두된 프로이트의 리비도 이론과 맞물려 회화에 나타나기 시작했다. 프로이트가 모든 창조의 원천이 남성의 성적인 힘에 있음을 과학적인 것인 양 정당화함으로써 전통적인 성 패륜주의에다 새로운 리비도를 윤리적 성격인 양 합리화시켜 준 것이다. 이 같은 시대정신은 감정적·감각적으로 고삐 풀린 아나키즘적 인간을 추구하게 했다. 그런 시대 분위기에 따라 D. H. 로렌스의 성 소설이 나오고, 약자를 지배하는 니체의 초인정신이 나오면서 제국주의는 식민지를 여자의 누드처럼 탐하고, 침입하고, 빼앗고 강탈해 간 것이다. 아이러니한 것은 이 같은 시대에 페미니즘도 새롭게 참정권을 요구하며 고양되었다는 점이다.

이들 제국주의는 성을 탐하듯 세계를 파악하고 비틀어 움켜잡은 것이다. 그리고 이들 제국주의 예술가들의 그림은 성의 노골적이며 개인적인 체험을 마치 식민지를 움켜잡은 듯 그린 것으로, 모델들을 성적으로 마음대로 하고자 하는 자신들의 욕구를 드러낸 것이다.

그래서 제국주의 근대국가에서 미술은 극도로 '젠더화된다'는 주장을 "근대 일본회화에 드러난 누드의 정치성"이란 논문 속에다 와카쿠와 미도리(若桑みとり)가 적시했다. 여기서 '젠더화된다'(Gendering)는 것은 회화의 주제가 여성에, 특히 누드로 집중된다는 의미다. 정치에서 명치유신을 통해 탈아입구(脫亞入歐)를 이룬 것처럼 누드야말로 회화를 통해 탈아입구, 즉 뒤떨어진 창피한 아시아를 벗어나 서양의 근대미학(예술을 위한 예술)을 공유(동등한 위치)하는 것이라고 주장한 것이다.

19세기 후반에서 20세기 중반 기간, 즉 1차~2차 세계대전은 이렇게 누드의 광풍 시대였다. 이는 제국주의의 속성에 따른 마약과 같은 탐욕이기도 했다. 좀 더 근원적으로 표현하면 남성성의 비정상적인 병적 증거로서 변태적 총체를 나타내는 시대정신이기도 하다. 제국주의는 남성중심주의 사회에서 여성(제3세계)을 폭력으로 지배하는 행위를 통해 학습되고 강화시키면서 정당화했다.

19세기~20세기 프랑스 살롱 출품작 중에서 여성 나체의 출품작을 보면 1836년-22.9%, 1848년-41.4%, 1870년-45%, 1879년-45.85%로 나타났다. 이는 19세기 제국주의 전성 시대 프랑스 회화의 주요 테마가 남성의 지배를 받는 여성의 누드를 의미한다. 그 이유는 회화의 생산과 소비의 주체는 부르주아 남성들인데, 그들은 여성의 나체를 기호하기 때문이다. 이를 당대 시대정신인 제국주의 탐욕과 연관시키면 여성의 나체는 식민지를, 남성의 양기는 군사적 메타포를 상징하는 것이다. 이 같은 역사적 맥락은 18세기 산업혁명에서 생산력의 급성장에 따라 판로의 개척이 필요하게 되면서 급격한 식민지 획득을 필요로 한 흐름에서다. 그런데 그 대상이 아시아가 되

도판 293 고갱의 〈망고 꽃을 든 두 타히티 여인〉(1899)

면서 오리엔탈리즘이 형성되었고, 그것은 오리엔탈리즘 회화로 나타났다.

그 대표적인 화가가 프랑스 식민지 타이티에 가서 누드 여성을 자기 자신도 모르게 오리엔탈리즘에 젖어 그림을 그린 고갱이다[도판 293]. 예술을 위한 예술을 그린다고 하면서다. 이는 정치적 성격을 자기도 모르게 이면에 숨기는 것이다. 당시 유럽의 화가들이 고갱처럼 그들의 식민지에 가서 그림을 그렸다면 다들 마찬가지가 되었을 것이다.

일본에서 누드 그림의 시작은 나체화의 대가인 구로다 세이키(黑田淸輝, 도쿄미술학교 서양화과 최초 교수)에 의해 화단(畵壇)에서 정통성을 획득했다(1886년). 저 푸른 초원에서 겁탈당하기를 기다리는 대만, 조선, 중국과 같은 나체여성을 그리면서다[도판 294]. 그는 누드 그림이란 알몸 그대로의 신체를 연구해서 그리는 기본적인 테마이며, 신체 그 자체가 아닌 표상이므로 외설이 아닌 고도의 미적 수준을 지닌 작품이라고 변명했다.

당시 청일 전쟁에서 승리한 욱일승천을 통해 일본 제국주의가 절정에 오른 시기에 맞춰 1896년(메이지 29) 하쿠바회(白馬會)가 만들어졌다. 이 단체는 그리스 이래 서구 문화를 계승하는 것을 목표로 삼았다. 루이 14세 절대왕정 시의 문화정책을 배우고, 남성-전사, 여성-식민지라는 코드를 만들고, 파시즘 국가가 전시국가로 변하자 하쿠바회를 중심으로 한 누드화가들은 종군 화가로 열렬하게 참여하면서 여성의 누드와 식민지 쟁탈 전쟁과의 협력을 보여주었다. 민본주의라며 성리학이란 고상한 이름으로 통치하던 조선 시대에도 "기생은 군사 요새지 병영과 수영에 가장 많이 배치했다"고 기록하고 있다. 민본주의란 고상한 위선의 정치를 하든, 정복 전쟁을 일삼는 제

도판 294 구로다 세이키의 〈花野〉(1907~1915). 야생화, 즉 당대 누가 먼저 꺾으면 주인으로 생각했던 제국주의 절정의 시대를 반영한다.

국주의를 하든 군대라는 곳에서는 무엇이 다른가?

어쨌든 여성의 신체는 남성의 공동 관심사이며, 그로부터 생기는 남성들 사이의 친밀감은 정신적인 남성 동맹을 결성케 한다(남자들은 처음 만나게 되면 누구나 할 것 없이 군대 이야기가 저절로 나오게 되면서 마음이 하나로 되는 것처럼). 그런데 군사 체제는 바로 그 남성 동맹 위에 구축되는 것이므로 여성의 신체를 강간하는 것과 같은 방식으로 국외의 약한 나라를 침략하며 강탈했다. 그러므로 그 와중에서 위안부는 그 합리적 이용물인 것을 알 수 있다. 또한 한민족의 씨를 말리려 한 본질적인 의도가 숨어 있었음은 물론이고.

그들은 타이티에서 고갱이 전통 옷을 입은 타이티 여인을 그린 것처럼 중국 민족의상을 입은 중국 여성과 치마저고리를 입은 조선 여성을 즐겨 그렸다. 따라서 남성 일본군이 침략한 식민지는 그들에게는 벌거벗겨 강간한 여성의 신체를 상징한다. 그것은 89,498점+α를 강간질 해 호적도 찢어 버리고 노예처럼 해외로 끌고 간 우리의 민족정신이 담긴 문화재의 피해 상황이 이를 말해 준다. 그러니 위안부 제도도 제국주의를 공고히 하기 위한 필요·충분적 차원에서 한 짓이었음을 알 수 있다(유구한 역사에서 선진국이었던 우리나라가 한때 그들에게 그런 처지가 되었다). 따라서 당시 일본에서 누드는 또 다른 탈아입구의 메타포였다[주 96]. 정치적 시대정신과 문화적 시대양식은 그 궤를 함께 한다는 것을 역사에서 알 수 있다.

3) 모더니즘 시대 미국에서의 페미니즘

노예는 미국 지식층 남성들이 거의 다 회피하던 주제였다. 그러니 노예폐지운동에 관심을 기울인 것은 여성들이었다. 해리엇 비처 스토의 『톰 아저씨의 오두막』(1852)은 노예 폐지 운동을 가장 중요한 것으로 알렸고, 영국의 해리엇 마티노 같은 여성은 "여성의 처지와 노예의 처지가 다를 게 없다"고 주장했다. 그림케는 "노예의 처지와 여성의 처지는 무지개 색깔처럼 서로 연결되어 있다"라고 기록했다.

이 같은 외침의 효과는 1848년에 뉴욕주의 세니카 폴스에서 열린 제1회 미국여권협의회를 전후로 해서 본격적으로 나타나기 시작했다. 그리고 1876년에 있었던 미국 독립 100주년 기념 필라델피아 박람회는 미국 문화생활에서 공적인 투명성을 이룩하려는 여성의 투쟁에서 획기적인 사건이었다. 여성의 노동은 새로운 국가, 미국이라는 나라를 건설하는 데 필수요소였다. 그러면서 미국 여성은 유럽에서는 가질 수 없었던 권리와 특권을 누렸다. 미국의 수많은 중산층 여성들은 노예제도 폐지와 금주운동 그리고 참정권을 고무했던 기독교의 개혁운동에 적극적으로 가담했다. 현대 페미니즘 사학자들은 가정을 최적의 교화와 계몽 장소로 간주하면서 이를 사회개혁운동과 동일시하려 했는데, 그 운동을 '가정적 페미니즘'으로 규정했다.

1893년에 시카고에서 콜럼버스 만국박람회가 열릴 즈음에 미국 여성들은 정체성과 목적에서 새로운 감각을 갖게 되었다. "콜럼버스 만국박람회는 남성과 동등한 지위를 요구하는 여성의 주장이 정당하다는 것을 세상에 알리는, 전에 없던 기회로 의식하게 된 것이다." 나아가 1900년에 이르면서 페미니스트들은 단지 여성에게 투표권을 달라고만 요구한 것만이 아니라 고등교육을 받을 권리와 돈 벌 권리까지 요구했다.

또한 19세기의 마지막 25년 동안 이루어진 여성의 의상에서 이루어진 개혁은 페미니즘의 다양한 관심거리 중 하나가 되었다. 진보적인 사람들은 1880년대에 매우 유행했던 버슬(bustle, 여성의 긴 스커트 뒤를 불룩하게 하기 위해서 허리에 댄 것), 고래수염으로 만든 코르셋 등 몸에 꽉 죄는 의상은 여성의 활동을 방해하는 범죄적인 것이라고 공격했다. 마침내 이 담론은 이상적인 여성의 모습을 위해 근본적으로 다시 디자인하는 방향으로 나아가게 되었다. 그 외에도 하이힐, 패치코트, 팬티스타킹 등 여성들이 사용하는 의류들은 고릿적부터 늘 여성들로 하여금 이러저러한 태도를 취하도록 강요해 왔다. 이는 옷차림이 어떻게 육체와 더불어 정신까지도 관리 혹은 통제하는지를 보여준 사례다. 이런 관점에서 볼 때, 여성들은 의복을 골라 입는 행위자가 아니라 입혀 주는 대로 입는 피해자였다. 1914년 미국에서 개최되었던 최초의 페미니스트 대중 집회에서는 여러 가지 사회적 · 정치적인 권리를 요구했는데, 그중 가장 주목받은 슬로건은 "패션을 무시할 수 있는 권리"였다.

페미니즘의 개입으로 의복과 인체 혁명이 촉발되면서 여성은 우리 몸이란 본디 타고난 그대로 사랑받고 추앙받을 만하다는 사실을 깨닫게 되었다. 이러한 의식으로 여성들은 언제, 어느 때나 편안한 옷을 입게 되었다. 일 때문에 몸을 굽히거나 쭈그려 앉아야만 했던 많은 여성은 작업복으로 바지를 입게 된 것만으로도 열광했다. 원피스나 치마가 항상 불편했던 유한 여성들도 이러한 변화를 환영했다. 그리고 활동에 불편한 하이힐을 벗어던졌다. 이런 변화에 제화업계도 굽 낮고 착화감 좋은 여성용 구두를 디자인하게 되었음은 물론이다. 화장을 강요하는 성차별주의적인 전통이 사라지면서 여성들은 거울을 바라보며 생긴 그대로의 자신과 마주하는 법을 배웠다. 그동안 몸을 있는 그대로 사랑하는 법을 배우지 못했던 것이다.

4) 모더니즘 그리고 K · 신여성

19세기, 한국에 기독교가 들어왔을 때, 기독교는 한국 사회를 개혁하고 변화시키는 동력을 신신우신(新新又新)으로 지니고 있었다. 신분 위계적 가부장제인 유교적 가치관에 철저한 제약을 받으며 살아가던 사람들에게 기독교는 모든 인간은 하느님에 의하여 동등하게 지음 받았고, 하느님 나라에 동등하게 갈 수 있다는 평등사상을 소개함으로써 그들에게 새로운 삶의 희망을 제시하여 주었다. 그러나 이후 안착하며 '교회' 형태로 발전하자 기독교는 초기에 지녔던 '해방적 · 평등적 · 예언자적' 특성들을 슬며시 버리기 시작했다. 오히려 유교 역사에서 적서 차별 · 남녀 차별 · 직업 차별 · 장유 차별을 다시 회복시켜 차별과 복종의 문화를 강화시키고 평등과 대화의 문화를 차단시켰다. 유교의 위계적·보수적·차별적·폐쇄적 속성에 길들여졌던 문화풍토가 한국 기독교에 다시 돌아와 부정적인 영향을 주었던 것이다.

서구 여권운동의 핵심적 역할을 한 미국의 여권운동은 앞에서의 언급처럼 1848년 뉴욕주 세네카 폴즈에서 처음으로 결성되었다. 미국독립선언서를 기초로 하여 작성된 여성독립선언서는 "모든 여성과 남성은 평등하게 창조되었으며, 창조주로부터 생명, 자유, 행복의 추구 등과 같은 인간의 절대적 권리를 부여받았다"라고 밝힘으로써 여성의 인간으로의 권리를 공식적으로 선언한 것이다.

여권운동을 하는 이들은 성직자가 하느님이 준 위대한 사명을 완수하기 위하여 '기름 부음을 받고' 거룩하게 된 것처럼, 성평등 추구도 이 세상에 하느님의 질서를 복원하기 위한 것임을 강조하였다. 또한 이들은 성서가 여성이 설교하고 가르치는 것을 지지함으로써 여성의 평등을 실현하는 데에 중요한 근거를 지닌 것임을 강조하였다. 예를 들어 1853년 미국 회중 교회에서 여성으로서는 처음으로 목사안수를 받은 안토이네트 불랙웰은 페미니스트 관점으로 성서를 재해석하여 창세기 1장 26-27절과 같은 성서의 평등주의적 구절을 뽑아서 자신을 비판하는 이들을 반박하는 데 인용하였다.

몇 년 전, 한국인들에게 종교가 무엇이냐고 물을 때, 유교라고 답하는 사람은 2%이지만, 그 유교적인 생활 문화는 90%가 넘는다는 결과가 나왔다. 신앙으로는 2%이지만 몸에 밴 문화는 90% 이상인 것이다. 아직까지도 유교는 집안에서 지배적인 가부장제 역할을 하고 있다는 증거다.

가족은 인간의 모든 제도의 뿌리다. 그래서 도덕적이고 정치적인 행위에서 가장 바탕이 된다. 이른바 한국적 여성상은 이러한 유교적 가족 이해에 근거해 있다. '수신제가치국평천하'에서 알 수 있듯이 유교는 가족 중심의 윤리에 기초한 철학이며 종교다. 그런데 이 윤리에는 몇 가지 문제점이 있다[주 97]. 첫째, 철저한 폐쇄성이다. 이는 가족이기주의, 지역이기주의, 집단이기주의 같은 님비(Nimby)성으로 한국 사회를 여전히 지배하고 있다. 둘째, 가족 간에도 위계 질서를 근거로 형성되었다. 가족 간의 상호적 역할이 아닌 일방적 의무가 강조됨으로써 가부장을 정점으로 하여 피라미드식 위계적 관계를 형성한다. 셋째, 유교적 가족 윤리는 여성의 철저한 순종과 의존성을 필연적으로 만들었다.

그러므로 이러한 유교적 가족 윤리는 모든 인간의 평등성이나 그에 기초한 정의에 따른 요구를 쉽게 받아들이기 어렵다. 그래서 조선은 건국 이래 폐쇄 국가가 되었고, 쇄국정책을 쓰게 되면서 뒤떨어지게 되었다. 근대에 이르러 그러면서 과거에 우리의 후진국이었던 일본에 식민지가 된 이유가 크다. 물론 '태프트 · 가쯔라'회담 같은 밀담도 있었지만.

한국에서 여성 권리에 대한 변화의 신호는 이양선의 뱃고동 소리에서부터 시작되었다. 1790년에 천주교 전래와 그에 자극을 받고 1860년대에 창시된 동학 그리고 이후 독립협회 등은 유교 통치에 도전하면서 신분에 평등이란 새로운 가치관을 일깨웠다. 이후 기독교를 통한 남녀평등과 인권 주창은 여성운동의 효시적 발전을 가져왔다. 그러면서 1898년 9월 1일 발표된 "여권통문"(女權通文)은 우리나라 최초의 '여성인권선언'으로 여성의 근대적 권리인 교육권, 직업권, 참정권을 주장했다. 같은 해 '찬양회'가 효시적으로 결성되었다. 이러한 여성 개화 물결 속에서 여성 전문인들도 여러 분야에서 배출되기 시작했다. 그중에 첫 여성 화가가 나혜석이다. 나혜석은 모더니즘 시대, 동서문화가 충돌하던 때에 성평등을 주장하며 좌충우돌했던, 그래서 페미니즘의 의미를 여러 면에서 재조명하게 하는 중요한 인물이다.

(1) 나혜석의 삶

가) 의식화, 일본 유학과 유럽 여행을 통해

K · 신여성으로 시대의 모순에 성평등이란 페미니즘을 위해 항거하다 모순 속에서 자멸한 인물이 나혜석(羅蕙錫, 1896~1948)이다. 어쩌면 반만년 역사에서 가장 강압적인 가부장 시대에 가장 치열하게 삶을 산 여성이리라. 유교적 가족 윤리라는 거대한 암초와 성평등을 추구한 페미니즘이란 물결 사이에서 격

렬하게 몸부림친 한때는 백의관음 같은 하얀 포말이기도 하였다. 신여성으로 모순된 시대정신과 투쟁으로 일관하다 기진하고 맥진한 삶을 산 여인이었다[도판 295].

도판 295 〈나혜석 자화상〉(1928년대). 자화상은 사진에서 보는 모습과 달리 커다란 눈에 높고 긴 코를 가진 전형적인 서구적 용모의 여인으로 그려져 있다. 정면을 직시하는 강한 시선과 당당한 자태에서 그녀의 강인한 성격이 감지된다. 62×50cm. 수원시립미술관

나혜석의 생애는 1910년대, 20년대, 30년대, 이렇게 3기로 나누어 살필 수 있다. 유학기였던 1기(1913~1919)를 준비기, 결혼 안정기이던 제2기(1920~1930년)를 전성기, 이혼 후인 제3기(1931~1938)를 퇴조기로. 누구보다 서양화를 흡수하던 일본 유학 생활 중, 나혜석의 정신을 송두리째 흔든 것은 신여성운동이었다. 20세기 초, 서구에서 뜨겁게 불던 여성주의는 나혜석에게도 충격을 주었다. 특히 스웨덴의 여성 사상가 에렌 케이(1849~1926)의 연애 도덕론과 자유 이혼론은 지식인들 사이에 빠르게 퍼져나갔다. 그리고 그 주장은 일본에서도 활발히 일어났다.

그 대표적 인물이 히라쓰카 라이초(平塚雷鳥, 1886~1971)였다. 그녀는 일본 최초로 여성의, 여성에 의한, 여성을 위한 동인지 「세이토」(青鞜, 1911)를 창간했다. 이 이름은 18C 영국 메리 울스턴크래프트(1759~1797)의 살롱에서 열린 여성 참정권 운동의 모임인 블루스타킹 소사이어티에서 따온 것으로, 당시 이 모임에 드나들던 여성들이 푸른 스타킹을 신은 것에서 유래되었다. 발간사는 "원시 여성은 태양이었다"고 시작하면서다. 그림자인 달에서 발광체인 태양이

되자는 것이다. 이 말은 이후 일본 페미니즘의 상징이 되었다.

창간된 「세이토」를 통해 남성 중심의 가부장제를 비판함과 동시에 여성 스스로의 각성을 촉구하고, 여성에게만 강제되는 순결주의와 현모양처주의를 거부하고, 주체적인 존재로서 정치·사회·경제생활에 참여해야 한다는 생각을 글쓰기를 통해 세상에 퍼뜨렸다. 당시 그녀의 이런 사상과 글쓰기는 나혜석과 김일엽에게 커다란 지적 자극을 주었다. 1913년부터 1918년까지 약 5년간의 유학 생활을 하면서 접하게 된 이 사상 속에서 나혜석은 조선 사회에 '무엇이 잘못되어 있는지'를 명확히 알게 되었다. 그리고 자신이 갈 길 역시 분명히 정하게 되었다[주 98].

99.99%의 사람들이 전근대적인 사고방식을 가지고 살아가던 그때, 나혜석은 신여성으로 살아가겠다는 다짐을 한다. 나혜석이 선택한 아이템은 붓과 펜이었다. 붓은 최초의 여성 서양화가로서 자신의 화업을 만들어가는, 신여성의 길을 가는 지팡이였고, 펜은 여성운동가로서 자신의 사상과 글을 표현해 세상에 알리는 확성기였다. 단순한 글을 넘어 시, 소설, 희곡, 수필 등 글로 표현할 수 있는 모든 방식을 자유자재로 구사했다. 그 대표적인 글이 22살 때 최초의 페미니즘 소설에 손색이 없는 단편소설 『경희』다. 동시대의 세대 차이가 아니다. 질이 다른 문화 차이다. 그 대표적인 내용을 일부 보면 여성 해방, 양성 평등에 대한 생각을 소설의 형식으로 유쾌하면서도 생생하게 풀어내고 있기에….

> 먹고 입고만 하는 것이 사람이 아니라 배우고 알아야 사람이에요. 당신댁처럼 영감 아들 간에 첩이 넷이나 있는 것도 배우지 못한 까닭이고, 그것으로 속을 썩이는 당신도 알지 못한 죄이에요. 그러니까 여편네가 시집가서 씨앗(첩)을 보지 않도록 하는 것도 가르쳐야 하고, 여편네 두고 첩을 얻지 못하게 하는 것도 가르쳐야만 합니다(『경희』, 「여자계」, 1918. 3.).

주인공 경희의 말을 빌려 축첩제도를 비판하고 있다. 나혜석은 그러면서 경희의 삶의 미래를 위해 다음과 같은 기도를 하며 소설을 맺는다.

> 하느님! 하느님의 딸이 여기 있습니다. 아버지 내 생명은 많은 축복을 가졌습니다. 보십시오! 내 눈과 내 귀는 이렇게 활동하지 않습니까? 하느님 내게 무한한 영광과 힘을 내려주십시오. 있는 힘을 다하여 일하겠습니다. 상을 주시든지 벌을 주시든지 뜻대로 하시옵소서.

나혜석은 소설의 주인공 경희의 마지막 기도대로 살았다. 어쨌든 이후 다른 글을 통해 조혼이 가진 문제를 비판하고, 자유연애 후 사랑을 바탕으로 결혼할 것을 주장했다. 나아가 결혼 후 서로 맞지 않으면 이혼하는 것이 옳다는 시험결혼까지 당시에 주장했다.

그녀는 근대화 당시 젠더문화를 명쾌한 이미지로 담은 목판화 [도판 296] 〈저것이 무엇인고〉(1920)를 1920년 4월 「신여자」에 실었다. 신여성에 대한 남성들의 두 가지 반응을 날카롭게 지적한 것이다. 삽화에서 한복 차림의 두 노인은 뒤에서 (퍼머머리에 양장을 하고 높은 구두를 신고 바이올린을 들고 가는) 신여성을 손가락질하면서, "져거시 무어신고, 시속양금이라든가 앗다 그 기집애 건방지다 져거를 누가 데려가나 - 두 양반의 평"(이)라고 내뱉으며 불만스럽게 쳐다보고 있다. 이에 반해 지팡이에 서양식 패션을 한, 앞에 있는 좀 젊은 남자는 (음흉한 마음으로) "고것 참 입부다. 장가나 안드럿더면……맵시가 동동 떳구나 쳐다나 보아야 인사나 좀 해보지 - 어느 청년의 큰 걱정"이라고 썼다.

당시 신여성을 정숙하지 못하다고 평하는 봉건적인 남성들과 연애의 대상으로 바라보는 신세대 남성으로, 이렇게 상반된 반응을 나타낸 삽화다. 신여성에 대해 당대의 세태를 잘 표현한 시사만평이다. 당시 유교적 전근대 사회에서 근대사회로 이행해 가는 과도기적 면모를 극단적인 보수와 진보로 명쾌하게 보여주고 있는 것이다.

도판 296 나혜석이 당시의 세태를 풍자한 삽화 그림. 〈적거시 무엇인고〉(『신여자』 제2호, 1920.4.) 목판화.(향)우 아래의 사인이 나혜석의 것이다.

1년 후 1921년, 꿈꾸던 개인전을 경성 한복판 내청각에서 열게 된다. 무려 70여 점을 전시했다. 수묵화 시대에 서울에서 최초의 유화 개인전을 연 주인공으로 기록을 남겼다. 당시 나혜석은 문화계에서 신여성의 아이콘으로 유명세를 떨치기 시작했다.

또한 1927년 6월 19일 그녀에게 세계 일주의 기회도 찾아왔다. 남편 김우영이 만주 안동현에서 부영사 임무를 마친 것에 대해 일본 외무성에서 포상을 준 것이다. 파리에 머무르는 동안 야수파와 입체파 경향의 화가 비시에르(Roger Bissière, 1888~1964)의 아카데미 랑송에 다니며, 3개월간 하루 몇 시간씩 그림을 연구하였다. 서구 미술을 한국에 직접 접목하는 계기가 된 것이다. 당시 비시에르는 마티스로 대표되는 야수주의와 피카소로 대표되는 입체주의를 오가며 그림이 점점 추상화되어 가고 있었는데, 그녀의 집에 하숙하면서 그 영향을 받았다. 그러면서 [도판 295]처럼 자신의 주관대로 채색하면서 형태까지 유럽형으로 변형시키는 화풍으로 변화했다. 이어 유럽 각국의 미술관 순례를 통해서 그림의 시야를 넓히고, 미국을 거쳐 1929년 3월 12일에 부산으로 귀국하였다.

자식까지 두고 세계 일주를 한 것은 "사람은 어떻게 살아야 하나(?), 남녀는 어떻게 평화스럽게 공존할 수 있을까(?), 여자의 지위는 과연 어떤 것인가(?), 나의 그림의 요점은 무엇인가(?)"라는 철학적·예술적 고민을 해결하기 위해서였다고 한다. 세계여행은 성공적이었다. 유럽 여행은 그녀에게 새로운 영감을 주었고, 서구 여성의 지위 등을 알게 해 준 기회가 되었다. 답답한 조선의 유폐 사회와 달리 서구사회는 그녀에게 유토피아였고 해방구였다. 여성으로서 한국의 봉건적 문화가 서구의 근대적 문화에 편입되는 역사적인 역할을 제시하게 하였다.

나) 나혜석의 시련

한편 세계여행은 그녀에게 행복과 함께 불행도 동시에 안겨다 주었다. 파리에서 만난 천도교 지도자 최린과의 만남은 그녀의 인생을 뿌리부터 뒤흔들었고 꽃까지 시들게 했다. 그런데 MZ세대들은 그 관계를 남사친(남자 사람 친구) 정도로 이해하고 있을 뿐이다.

미국발 세계 대공황의 여파는 아무런 안전판이 없던 식민지 조선을 덮쳤다. 그간 모은 돈은 세계여행으로 모두 써버렸고, 남편도 변호 수입이 별로 없던 상황, 끼니 걱정을 해야 되는 처지에 놓이게 되었다. 그래서 최린에게 경제적 도움을 구할 요량으로 "다시 사귀기를 바란다"는 편지를 보냈다. 그런데 그 내용이 평생을 당신에게 맡기겠다는 소문으로 퍼져 파국으로 치달았다. 남편은 나혜석에게 이혼을 요구했다. 안 하면 간통죄로 고소하겠다는 협박에 결국 나혜석은 자녀 양육권과 분할 재산도 없이 거리로 쫓겨나는 신세가 되었다. 전근대 사회는 그녀를 받아줄 준비가 안 되어 있었다. 아니 배척하는 계기가 되었다.

서른여섯, 입술을 꽉 깨물고 과거와 단절하고 당당한 독신 여성으로서 사회적, 경제적으로 자립하기로 마음을 먹고, 금강산에 가서 그림을 그렸다. 그 그림을 1932년 11월 제11회 조선미술전람회에 〈금강산 만물상〉, 〈창에서〉, 〈소녀〉를 출품했다. 그러나 무감사 입선이 되었다. 조선미전 특선, 제전 입선의 경력을 가진 그녀에게 영광스러운 일이 아니었다. 더구나 모욕적인 평까지 들으면서다. 이에 질세라 나혜석은 조선의 미술가는 불쌍하다는 표현과 함께 선전의 심사 수준이 떨어진다고 비판하는 글을 기고했다. 이후 그녀는 미술계와도 단절하게 되었다. 다시 금강산에 가서 그림을 그렸으나 이번에는 숙소에 불이 나 30여 점의 작품이 다 탔다. 삼전사기! 그는 마지막 꿈으로 남은 재산을 털어 '여자미술학사'를 열었다. 그러나 서양화 자체가 생소하던 시절, 비싼 재료비에다 외도로 이혼당한 여자라는 사회적 낙인으로 인해 찾아오는 사람이 없어 1년도 안 되어 폐업하게 되었다. 최상류층에서 하류층으로 순식간에 추락해 버렸다.

이렇게 자유부인처럼 행동하다 비난받고 빼앗긴 빈 몸이 되자 최후의 선택으로 시대의 모순과 마지막 대결로 자신의 연애·결혼·이혼에 이르기까지의 과정과 심리를 솔직하게 털어놓았다. 식민지 조선 사회의 가부장제가 가지는 모순을 가차 없이 비판한 『이혼고백서』(1934)와 『신생활에 들면서』(1935)를 소신껏 발표하였다. 여성에게 정조를 요구하려면 남성 자신부터 정조를 지키라고 했을 뿐만 아니라 한 걸음 더 나아가 정조라는 것은 남이 강요할 수 있는 것이 아닌, 주체의 자유 의지에 속하는 '취미'의 문제라고까지 했다. 이는 뭇사람들에게 동정받지 못한 채 커다란 파문만 던졌다. 사실 이런 주장은 당시 사람들에겐 이해할 수 없는 상식을 뛰어넘는 것이었다.

어쨌든 이 글을 통해 나혜석은 자신이 이혼에 이르게 된 경위와 그 과정에서 남성 이기주의를 상세하게 묘사했다. 현모양처를 최고로 치는 그 당시에 그녀의 고백은 오늘에 와서는 문화가 되어가고 있지만, 당시 그 파문은 조선 사회에 냉소적인 결과를 가져왔다. 공개된 『이혼 고백서』 내용의 핵심은 이랬다.

> 나는 좀 더 사회인으로, 주부로 사람답게 잘 살고 싶었습니다. 그러함에는 경제도 필요하고 시간도 필요하고 노력도 필요하고 근면도 필요하였습니다. 불민한 점이 불소하였으나 동기는 사람답게 잘 살자는 건방진 이상의 뿌리가 빠지지 않는 까닭이었습니다(1934년, 8~9월호 「삼천리」에 실린 『이혼고백서』 중에서).

결혼에서 이혼에 이르게 된 경위와 남성과 같은 동등한 사람으로 살고 싶다고 전제하고, 정조를 지키라는 사회적 관념은 남성 중심에서 만들어진 것이므로 해체되어야 한다며 다음과 같은 비판도 하였다.

> 조선 남성 심사는 이상하외다. 자기는 정조 관념이 없으면서 처에게나 일반 여성에게 정조를 요구하고 또 남의 정조를 빼앗으려고 합니다. (중략) 조선 남성들 보시오. 조선의 남성이란 인간들은 참으로 이상하고, 잘나건 못나건 간에 그네들은 적실, 후실에 몇 집 살림을 하면서도 여성에게는 정조를 요구하고 있구려. 하지만, 여자도 사람이외다! (중략) 내 몸이 불꽃으로 타올라 한 줌 재가 될지언정 언젠가 먼 훗날 나의 피와 외침이 이 땅에 뿌려져 우리 후손 여성들은 좀 더 인간다운 삶을 살면서 내 이름을 기억할 것이라.

이렇게 사적, 공적인 모든 부분에서의 가감 없는 공개폭로를 담은 『이혼 고백서』는 당시에 큰 파장을 불러일으켰다. 최린과의 관계에 대한 나혜석의 주관적인 생각은 당시 사회가 동의하기는 어려운 것이었다. 『이혼 고백서』에서 대중에게 공개된 최린은 합의금을 나혜석에게 주고 사건은 종결된다. 『이혼 고백서』에 따른 소송전은 끝났지만, 이 사건을 통해 그녀는 사회에서 완전히 소외되고, 가족과 지인들은 망신스럽다며 그녀와 연을 끊었다. 이후 단절된 상황에서 200여 점의 소품으로 14년 만에 연 개인전은 세인들의 외면과 무관심 속에 끝나고 그녀의 존재는 사회에서 자취를 감추게 된다.

도판 297 〈해인사 삼층탑〉(1938년경) 합판에 유채. 32×33cm

그녀는 이혼 사건 이후 고통스러웠

다며 털어놓았다. 사회적으로 배척을 받을 뿐만 아니라 유명세 때문에 그림을 팔기도 힘들고, 그렇다고 취직하기도 어려워 생활이 안정되지 못하고, 형제와 친척이 나 보기를 싫어하고 불쌍히 여기며 애처롭게 생각하고, 친우와 지인들이 내 행동을 역겹게 보고 있다고. 그런데 이보다 더 내 살과 뼈를 긁어내는 고통은 우편배달부가 전해 준 딸 아들의 "어머니 보고 싶어요"라는 말이라고 했다.

그녀는 꿈속에서도 유럽을 왔다 갔다 하다가 깬다며 "아 아, 자유·평등·박애의 세상, 파리가 그리워"(「삼천리」, 1932) 하며 독백하는 글을 쓰기도 했다.

> 가자! 파리로, 살러 가지 말고 죽으로 가자. 나를 죽인 곳은 파리다. 나를 정말 여성으로 만들어 준 곳도 파리다. 나는 파리 가 죽으련다. 찾을 것도 만날 것도 얻을 것도 없다. 돌아올 것도 없다. 영구히 가자. 과거와 현재가 공(空)인 나는 미래로 나가자. "아이들아 에미를 원망하지 말고 사회제도와 도덕과 법률과 인습을 원망하라. 네 에미는 과도기의 선각자로, 그 운명의 줄에 희생된 자이었느니라"(『신생활에 들면서』, 「삼천리」 1935. 2.).

그러나 파리 대신 유학 시절 나혜석과 의기투합해 여성 잡지 「신여성」을 함께 만든 김일엽을 만나러 수덕사로 갔다. 이미 심신이 망가진 나혜석, 그 원인 중의 하나가 아이들에 대한 미칠 듯한 그리움 때문이었다. 젊은 시절 첫아이를 임신했을 때 자신을 힘들고 아프게 한다며 "자식이란 모체의 살점을 떼어가는 악마"라고 표현했던 그녀가, 20여 년이 흐른 후 낳은 정과 기른 정이 거대한 모성애가 되어 한없이 아이들을 그리워하는 어머니가 되어버린 것이다.

그녀의 그림 [도판 297] 〈해인사의 삼층탑〉에서는 아이를 위해 불공을 드리며 탑을 하나둘 쌓아 올리는 떨리는 손이 느껴진다. 그래서 아이를 만나보고 싶은 그리움으로 이 시기부터 그녀의 심신은 걷잡을 수 없이 무너져내린다. 그러면서 정신 분열로 말도 제대로 하지 못하게 되었고, 떨리는 손 때문에 그림도 그리지 못하게 되었다. 이후 1944년 올케의 도움으로 청운 양로원으로 들어가나, 오래 견디지 못하고 어디론지 사라져버리게 된다.

도판 298 첫 여성 서양화가이자 문필가로서 근대 신여성의 효시라 할 수 있는 나혜석은 1896년 4월 28일 경기도 수원시 장안구 신풍동(현재 주소)에서 5남매 중 4째로 태어났다. 오늘날 그의 생가는 없고 생가터만 남아 있다.

다) 나혜석의 역정

부친은 용인 군수를 지낸 나기정(羅基貞), 모친은 최시의(崔是議)였다. 상류층 고위 관료였던 아버지는 성별을 가리지 않고 자녀들에게 신교육을 받게 해주는 등 상당히 진보적인 엘리트였지만, 가정적으로는 여러 첩들을 두었다. 당시 어린 첩은 총애을 받는 자신의 유리한 이점을 이용하여 본부인(나혜석의 친모)에게 온갖 갑질을 부렸고, 을이 된 나혜석의 어머니는 남편에게 하소연도 못 할 정도로 많은 고생을 했다고 한다. 이런 어머니를 가까이서 보았던 나혜석은 당시의 남성 중심 가부장적인 사회구조에 반감을 갖게 되었다. 여자는 이름 없이 삶에 따라 어려서는 아지, 크면 아가씨, 시집가면 새아씨, 좀 있으면 아씨, 며느리 보면 마님이라 불리던 시절이었다.

나혜석은 진명여자고등보통학교를 입학하기 전에 이름은 아지(兒只), 입학 후에는 명순(明順)이었으나, 졸업(3회)할 무렵에는 혜석으로 바꾸었다. 천재적 예술가의 자질과 외모를 겸비한 나혜석은 1913년 진명학교를 수석으로 졸업하였다. 젊은 시절 그녀에게 가장 큰 영향을 끼친 이는 둘째 오빠 나경석(羅景錫)이다. 오빠의 권유로 17세에 동경 유학길에 올라 동경사립여자미술학교 서양화과에 입학하였다. 부유하고 개명한 집안 출신의 엘리트 여성으로서 한국 최초의 여류 서양화가의 삶을 시작한 나혜석의 인생은 존재 그 자체가 조선 미술의 역사이기도 했다. 그녀의 삶은 모든 것이 일등 인생이었다. 진명여고 수석 졸업을 시작으로 한국 여성 최초의 동경사립여자미술학교 입학, 최초의 여류화가, 최초의 개인전 등 성공 신화를 써나가기에 바빴다. 그러나 성공한 여성으로 살기에는 시대가 그녀를 뒷받침해 주질 않았다. 똑똑하고 자의식 강한 나혜석이 결혼하지 않고 홀로 살았다면 신화 인생으로 계속해서 살아있는 전설이 되었을지 모른다. 하지만 불꽃 같은 예술가적 혼을 가진 그녀의 영혼은 너무나 자유분방했고, 전통적인 결혼생활은 그녀와 조화를 이룰 수가 없었다.

이른 나이에 그녀의 인생에서 첫사랑은 동경 유학 시절에 만난 최승구였다. 그러나 행복도 잠시, 1916년 소월(素月) 최승구가 폐병으로 사망하자 정월(晶月) 나혜석은 절망하며 모든 희망을 예술에 걸었다. 유학 시절 여자 유학생 학우회 기관지인 「여자계」 발행에 주도적으로 참여했다. 아버지가 조혼을 강요했다. 그 강요를 거부하자 아버지는 학비를 중단해 버렸다. 그녀는 이에 맞서면서 귀국해 1년간 여주보통학교에서 미술 강사를 하고, 그 수입으로 다시 유학길에 올랐다. 대학생 아르바이트도 우리나라에서 첫 번째에 해당하는 셈이다. 여성도 남성과 동등한 인간임을 주장하는 단편소설 『경희』(1918)를 발표했다. 1918년 학교를 졸업한 나혜석은 귀국하여 함흥의 영생중학교와 서울 정신여고에서 미술 교사를 했다. 표면적으로는 후학 양성이었지만, 실질적인 이유는 결혼시키려는 아버지로부터 도피하기 위해서였다. 어릴 적부터 애정 없는 결혼생활을 지켜본 그녀는 어머니와 다른 인생을 살고자 했다. 1919년 3.1운동에 적극 가담하여 3월 25일 이화학당 학생 만세 사건에 깊이 관여함으로써 5개월간 옥고를 치르기도 하였다.

김우영은 교토제국대학 법학부를 졸업한 뒤 3.1운동 관련자로 나혜석이 김마리아와 함께 투옥되자 그녀를 변호하기 위해 1919년 여름, 변호사 자격을 갖고 서울에 달려왔을 정도로 그녀를 사랑했던 남자였다. 김우영은 나혜석보다 10년 연상으로 한 번 결혼했다가 상처한 상태였다. 나혜석은 김우영의 오랜 구애를 받아들여 1920년 4월 10일 서울 정동교회에서 성대한 결혼식을 올렸다. 김우영은 나혜석의 개성을 이해하는 훌륭한 외조자였고, 이 결혼은 모든 사람의 부러움의 대상이었다.

당시 나혜석은 결혼 조건으로 4가지의 약속을 받아냈다. 일생을 두고 지금과 같이 나를 사랑해 줄 것, 그림 그리는 것을 방해하지 말 것, 시어머니와 전실 딸과는 함께 살지 않을 것 그리고 첫사랑 최승구의 묘지에 비석을 세워줄 것을 요구했다. 오늘날에도 파격적이라 할 수 있는 이 요구를 당시 김우영은 아무런 조건 없이 받아들였다. 그녀의 희망대로 그것도 신혼 여행길에 병사한 최승구의 묘가 있는 경남 고성에까지 가서 비석을 세워 주었던 것이다. 1921년 3월에는 경성일보사 내청각(來靑閣)에서 조선 여성으로서는 처음으로 유화 개인전을 열었는데 20여 점이 고가에 팔리는 대성공을 거두었다.

라) 마무리

나혜석은 가정뿐만 아니라 연애와 섹슈얼리티에서도 남녀의 불평등이 강요되는 사회, 여성에게만 정조를 강요하는 이중성에 항의했다. 불륜을 저질러도 남성은 사회적으로 매장당하지 않는데, 온갖 비난이 여성에게만 집중되는 불합리에 강한 불만을 가졌다. 그러한 세풍을 남편 김우영이나 연인 최린과의 관계, 이혼에 이르는 구체적인 과정에서 실질적으로 경험했던 것이다. 남편과 세상을 향한『이혼 고백서』를 발표함과 동시에 나혜석은 이혼의 아픔을 극복하려고 그림 그리기에 전념했다. 그러면서 신문, 잡지에도 여성 인권신장을 위한 칼럼을 기고하던 나혜석으로서는 도무지 이해할 수 없는 일을 저지르고 만다.

자신에게 성(性)을 가르쳐준 최린을 상대로 "유부녀의 정조를 유린했으니 위자료를 지급하라"고 지방법원에 소를 제기한 것이다. 조건 없는 열정적인 사랑을 주장하던 나혜석으로서는 앞뒤가 맞지 않는 행동이었다. 같이 행동했고 같이 책임져야 할 일에 왜 돈을 요구해야 하나. 좀 더 당당했어야…. 이것이 순수한 페미니즘 지향에 지울 수 없는, 역사적으로 치명적인 흉터가 되었다. 이후 주홍글씨가 찍힌 그녀에게 사회는 가혹했다. 그런데 한때 연인이었던 최린은 친일로 호의호식했다. 일본은 그녀에게도 재기의 발판을 약속하며 창씨개명과 친일 강의나 글을 제의했다. 그럴 때마다 "내가 참여해야 할 이유가 없다"며 일언지하에 거절했다. 1935년 10월 서울 진고개(충무로) 조선관에서 마지막으로 개최된 "근작 소품전"의 실패와 아들 선이 폐렴으로 죽은 후 나혜석은 불교에 심취하고자 했다.

최초의 직업 여류화가이자 논객이라는 명성과 재능에서는 인정받고, 자유연애와 이혼이라는 금기 타파적 행각은 선진적이었으나 위자료 소송 행각으로 말미암아 몰락하고 말았다. 나혜석의 여성 의식은 부르주아 계층에 기반한 것으로 서구 수준의 남녀평등만 강조한 한계를 갖는다. 또한 나혜석은 "정조는 취미다"라는 신 정조관을 비롯, 남녀공창제, 실험 결혼 등을 역설했는데 이러한 파격적인 에로티시즘이 그녀를 몰락시키는 단초가 되었다. 나혜석의 페미니즘은 독립적이면서도 의존적이고, 가부장제를 공격하면서도 남성 우월 사상과 가족 이데올로기에 굴복하는 모순의 페미니스트였다.

이러한 모순은 최린과의 사건을 상대에게 돌린다거나 김우영에게 애걸복걸하는 이혼 과정에서, 또한 모정을 존귀하게 여기면서도 "에미를 원망하지 말고 사회제도와 도덕과 법률과 인습을 원망하라" 외치고 출가한 점에서 드러난다. 이러한 모순은 그녀의 페미니즘의 뿌리인 부르주아 자유주의 사상에 기인한다고 평하고 있다[주 99].

예술에서도 그녀의 자유주의는 형식주의 모더니즘, 유미주의 미술의 사상적 모체로 작용했다. 그녀는 1920년대 삽화 몇 점을 제외하면, 매체와 양식의 실험 없이 일관된 주제의 유화를 그리고 페미니스트로서의 메시지 전달보다는 조형 탐구에 치중하였다. 어쨌거나 나혜석은 페미니스트로서의 자유분방한 삶을 때로는 모순적으로 살았지만, 최초의 여성 화가 그리고 작가로서의 삶은 과소평가할 수 없다.

세파에 휩쓸려 지친 몸을 이끌고 수덕사를 찾았다.

나혜석이 이혼의 아픔을 안고 충남 예산에 있는 덕숭산 자락을 찾아든 이유는 거기에 잡지「폐허」와「삼천리」에서 동인으로 활동하던 동갑내기 친구 김일엽(1896~1971)이 파란만장한 32년 속세의 삶을 접고 여승으로 수도 생활을 하는 수덕사가 있었기 때문이었다. 몸과 마음이 지칠 대로 지쳐 있던 나혜석은 수덕사로 직행하지 않고 일주문 바로 옆에 있는 수덕여관에 여장을 풀었다. 나혜석이 수덕여관에 와 있다는 전갈을 받은 김일엽이 견성암에서 내려와 두 사람은 반갑게 회포를 풀었다.

몇 년 전 경성에서 만났을 때, 속세를 접고 여승이 되겠다고 속내를 털어놓는 김일엽에게 "현실 도피의 방법으로 종교를 선택해서는 안 된다"라고 면박을 주던 나혜석이, 이제는 처지가 바뀌어 머리 깎고 중이 되겠다고 한 것은 역설적이지만 그만큼 이 땅에서 신여성으로 살아가기 힘들었다는 것을 반증한다. 그런데 모든 것을 받아들여야 할 불교에서도 "임자는 중노릇할 사람이 아니야" 하며 만공 선사는 받아주지 않았다. 아마 받아들였다면 수덕사는 우리나라 페미니즘의 본산이 되었을지도 모른다.

이후 마곡사 해인사를 거쳐 다솔사로 수도 생활을 하고, 서울로 올라와 1944년 오빠 나경석의 처(올케) 주선으로 한때 서울 인왕산 청운양로원에 의탁하기도 했다. 심영덕이란 이름으로 들어갔다가 나고근으로 고쳤다고 한다. 이후 수년간 정체성과 주체성은 물론 존재 가치도 사라진, 그래서 결국 행로병자가 되었다가 1948년 12월 어느 날 시립 자제원(慈濟院)에 나타났다. 그러다가 10일 하오 8시 30분, 52세로 파란만장했던 삶을 거두었다. 아무도 없이 홀로, 그래서 무덤마저 알 길이 없다.

시립 자제원은 지금 용산경찰서 자리라고 한다. 세속의 삶은 모순된 소용돌이에 휘말렸지만 자기 시대를 가장 주체적으로 자기답게 살려고 몸부림친 페미니스트였다. 어쨌든 신사임당에서 허난설헌을 거쳐 나혜석의 삶을 통해 페미니즘의 발전적 흐름을 비극적인 역사로 느끼게 된다. 드라마틱한 절정의 미완으로. 미래의 숙제로 남기면서다.

도판 299 나혜석의 〈무희〉(1927~1928). 인물화라기보다는 인상주의 전통의 풍물화에 가깝다. 무대 위에서 정적인 모습을 그리고 있어 어색한 느낌을 준다.

화가로서 그녀의 작품 경향은 크게 2기로 나누고 있다. 초기에는 일본식 관학파 인상주의로 민족주의 정서가 깃든 농가 풍경을 그렸다. 그러다가 점차 부르주아 자유주의에 입각한 유미주의 풍경화에 경도되는데, 특히 파리 체류 이후부터는 현지에서 습득한 야수파적 인상주의의 화풍으로, 서구적 풍경화와 인물을 그리게 되었다고 평한다. 프랑스 파리에 가기 이전에는 주로 사실적인 수법으로 전통적인 인물과 풍경을 그렸다. 그 뒤로는 야수파와 입체파 등의 영향을 받아들여 한결 대상을 단순하게 골격화하고 색채를 강렬하게 구사하였다.

대표작으로 파리에서 그린 [도판 299]〈무희〉와 [도판 295]〈자화상〉이 있다. 〈자화상〉은 서구적 신여성의 우아한 자태를 묘사한 수작으로 평가한다. 그녀의 〈자화상〉에 대해 미술평론가 이구열은 "1930년 당시 이처럼 창조성이 내포된 자화상은 단 한 점도 없다고 생각합니다. 구도, 표현, 색상 모두 놀라울 정도로 뛰어납니다. 천재 화가를 포용하지 못한 점이 못내 아쉬울 뿐이죠"라고 평했다. 조선 말기, 아직도 수묵화 시대에 일본에 가서 유화를 배우고 본고장 프랑스로 가서 야수파 그림을 익혔던 혁신적인 미술도 꽃을 피우지 못했다.

특히 아쉬운 것은 글로는 성평등을 당차게 요구하는 것이 많이 있으나 '그림'에서는 페미니즘을 나타내는 작품이 없다는 점이다. 페미니즘적 관점에서의 이혼 고백서를, 그래서 '니 에미는 선각자였느니라'를 그림으로 남겼더라면 하는 아쉬움이 있다. 그랬더라면 페미니즘 역사에서 이보다 더 의미 있는 그림은 없을 테니까. 그 이유를 김홍희는 "서양화가 도입되는 초기 단계에서 유화라는 생소한 매체로 풍경이나 인물 외에 새로운 주제나 이념을 조형화시키기에는 역부족이었으리라 여겨진다. 그리고 서구에서도 페미니즘 미술이 알려지지 않았던 그 당시에 페미니즘의 회화적 표출이 현실적으로 불가능했을 것이라는 생각이다"[주 100]라고 평하고 있지만 말이다.

그녀가 일본 유학 시절, 앞에서 언급한 백마회 계열의 대표 화가 고희동에게도 영향을 준 구로다 세이키(黑田淸輝)로부터 아카데미즘과 인상주의를 절충한 화풍을 습득한 것으로 알려지고 있다. 나혜석 자신도 "미전 출품 제작 중에"라는 글에서 예술성이 박약하다고 자기 비판했지만 사실은 당시 성행한 인상주의 화풍을 새롭게 나타내지 못하고 그대로 답습한 것이다. 그녀는 일본 유학 당시 제국주의의 대표화가였던 구로다 세이키로부터 화법, 양식뿐만 아니라 주제의 선택까지도 일본식 취향으로 전수받았다. 이것이 페미니스트인 나혜석이 회화로 페미니즘과 무관한 풍경화나 인물화를 그릴 수밖에 없었던 빼놓을 수 없는 한 가지 동인이었을 것으로 덧붙이고 있기도 하다.

당시 함께 활동했던 남성 문학가들은 여성으로서 갖는 좌절과 고난 그리고 외도 사실을 상세하게 고백하며 세상에 드러냈던 나혜석을 탕녀로 낙인찍어 문학사에서 매장하는 일을 주도했다. 그런데 그녀보다 더 탕남으로 살았던 그들은 지금까지 어떠한 평가나 굴곡도 없이 근대소설의 모범 작가로 문학사에 기록되어 있다. 2016년 문화계 성 추문 폭로 사건이란 큰일을 겪은 현재 한국의 예술계가 앞으로 과거의 이러한 과오들도 청산할 수 있을지 두고 볼 일이다.

6장

현대, 페미니즘화(畵)의 다각적 변화

1) 현대 페미니즘 화가들

(1) 조지아 오키프

> 평범하게 자랐다고 생각했는데, 어느 날 나는 여자라는 이유로 내가 원하는 곳에 살 수도 없고 갈 수도 없으며 하고 싶은 것을 할 수도 없음을 알게 되었다. 말하고 싶다고 모두 말할 수 없다는 것도 알았다. 하지만 그런 생각이 들 때마다 나는 남이 아니라 나 자신에게 진짜 중요한 것, 내가 할 수 있는 유일한 것, 바로 그림을 그려야 한다고 생각했다(조지아 오키프).

미국 페미니즘 미술의 어머니로 칭송받는다. 미술사에서 본격적인 페미니즘 미술은 그 어느 곳보다 신대륙 미국에서 전개되었다. 그 페미니즘 미술은 조지아 오키프(1887~1986)에서부터 출발한다. 그녀는 미국 미술계 역사상 가장 독보적인 존재다. 여성 화가가 혼자서 독립적인 영역을 만들기 어렵던 20세기 초부터 그녀는 세상의 편견을 묵묵히 넘어서며 결국에는 여성성에 바탕을 둔, 그러나 결코 여성성에 한정되지 않는 자신만의 화풍을 만들었고 이를 굳건히 견지했다. 그녀의 화풍은 20세기를 통과하는 가운데 미국이 세계 중심 국가로 성장하면서 세계적인 각광을 받게 되었다.

65세가 될 때까지 해외에 나가지 않았던 그녀였기에 예술사조의 유행에 휘둘리지 않고 자신이 보고 느낀 신대륙 미국의 모습을 내면화하여 추상과 구상이 교차하는 자신만의 추상 환상주의적 이미지를 개발해 20세기 가장 독창적인 화가가 되었다. 자신을 강건하게 지켜낸 조지아 오키프는 신비스럽고 상징적인 자신의 그림을 자신의 얼굴이라고 여겼던 고독하고도 강인한 예술가였다.

가) 조지아 오키프, 그녀의 일생

조지아 오키프는 1887년 위스콘신주 선 프레리 농장에서 태어났다. 그녀의 아버지는 아일랜드계였고 어머니는 헝가리 귀족 가문의 후예였다. 그녀의 이름 조지아는 헝가리의 귀족이었던 외할아버지가 지어준 것이다. 아버지는 농장을 경영하는 부농이었다. 덕택에 그녀는 어린 시절 한 달에 한 번 선생을 모셔 와 미술 과외 수업을 받을 수 있었다. 그런 가운데 그녀는 자신이 그림에 재능이 있음을 알게 되면

도판 300 미국 근대 사진의 아버지이자 남편이기도 했던 스티글리츠가 찍은 조지아 오키프(1918)

서 고등학교 무렵 화가가 될 것을 결심했다. 그래서 시카고 예술대학을 졸업하고 화가의 길을 걸으려 했지만, 20세기 초 미국의 현실은 여성에게 그리 녹록지 않았다. 그 무렵 가세도 기울어 그녀는 생계를 보장해 줄 직업을 찾아야 했다. 그녀는 미술 교사를 목표로 해 뉴욕에서 교사 자격 과정을 이수하고, 이후 1912년부터 몇 년간 미국 텍사스주 애머릴로에서 미술을 가르치면서 자신의 그림을 그려 나가기 시작했다.

서부의 외진 곳에서 아이들을 가르치며 틈틈이 그림을 그리던 조지아 오키프가 교편을 잡았던 서부 지역의 광활한 자연환경은 그녀에게 많은 영감을 연기화생으로 일으켜 주었다. 그래서 자신이 보고 느낀 것을 내면화해 자기 방식의 그림으로 발현시켰다. 그 그림은 당시 유행하던 그 어떤 그림과도 다른 도발적이고 독창적인 개인적 느낌과 감정에 근거하여 반추상으로 그린 드로잉 그림이었다. 그리고 그렇게 그린 그림을 1915년 새해 들어 당시 안면이 조금 있는 미국 현대 미술의 중심에 있던 스티글리츠에게 친구 편을 통해 한 묶음 선보였다. 〈연작1, 2번〉(1915)이었다.

스티글리츠는 당시에 이미 미국 근대 사진의 아버지로 불리고 있던 유명한 사진가였을 뿐만 아니라 뉴욕 중심가에 미국 미술계에 주요한 영향력을 행사하고 있던 '291화랑'을 경영하던 화상이기도 했다. 스티글리츠는 조지아 오키프의 그림을 보자마자 "이제야 제대로 된 여류화가가 나타났군" 감탄하며 말했다 한다. 그리고 그녀의 허락을 받지도 않은 채 그림을 자신의 화랑에 전시했다. 조지아 오키프는 항의하기 위해 서부에서 뉴욕으로 와 스티글리츠를 만났다. 이 만남은 조지아 오키프에게는 성공 가도인 동시에 희노애락을 보다 진하게 겪게 한 운명의 계기였다.

스티글리츠는 조지아 오키프를 촌뜨기 미술 여교사에서 미국 미술계의 중심으로 단번에 뛰어오르도록 만들었다. 하지만 많은 것을 희생하게도 만들었다. 두 사람은 만난 지 얼마 되지 않아 연인이 되었고 곧이어 동거에 들어갔다. 스티글리츠는 그녀보다 23년 연상의 유부남이었다. 그래서 사람들은 그녀의 불륜을 뒤에서 손가락질했고, 그녀의 커다란 꽃 그림에서 관능과 색정을 찾으려 했다. 당시 그녀는 화가라기보다는 스티글리츠의 사진 모델이자 정부로 더 많이 알려졌기 때문이다. 자존심 강하고 독립적이던 조지아 오키프에게 이런 상황은 참을 수 없는 모욕이었다.

스티글리츠는 조지아 오키프를 6년간 정부로 두었다가 마침내 본부인과 이혼하고 그녀와 1924년 12월 11일 치안판사 클리프사이드 파크의 뉴저지 사무실에서 결혼했다. 아무런 의식 없는 그저 법적인 신고만 한 결혼이었다. 남편의 성도 받아들이지 않았다. 그 이유에 대해 이렇게 설명했다. "왜 내가 다른 누구의 잘나 빠진 이름을 떠맡아야 하지요? 그래서 사람들이 나더러 '스티글리츠 부인'이라고 할 때마다 나는 '오키프 양'이라고 정정하곤 했다"라고.

그 후 3년 뒤 조지아 오키프가 화가로서 자신의 정체성을 되찾기 위해 그림에 몰두하는 동안 스티글리츠는 조지아 오키프보다 18살 어린 또 다른 정부 도로시 노먼과 바람을 피기 시작했다. 노먼은 스티글리츠에 대한 비망록에서 다음과 같이 묘사했다. "민감하고 정열적인 이 남자의 사랑은 완전한 충일감을 느낄 수 있도록 나를 일깨운다. 완벽하게 에로틱한 경험을 하고 또 한다는 것은 숨 막히고, 그 강렬함에 거의 겁날 정도다." 그리고 그녀는 그와의 정사에 대해 밝혔다. "그는 경험이 많은 남자였다. 대부분의 내 친구들은 수준 있는 섹스의 본질을 체험하지 못했다. 나는 그보다 더 섬세한 사람을 알지 못하며, 그처럼 여자가 느끼는 것을 배려할 줄 아는 사람도 못 만났다. 스티글리츠를 애인으로 삼는 것은 젊은 여자라면 누구에게나 행운이었을 것이다." 그러니 어떤 여자이든 그를 만나면 정부가 될 수밖에, 그 희열은 오키프의 그림에도 영향을 끼쳤을 것이다. [도판 301]이 그렇게 생각된다.

어쨌든 사랑의 배신이 조지아 오키프에게 준 상처는 컸다. 그러나 그녀는 내공이 깊은 신대륙 같은 여성이었다. 그녀는 지옥 같은 상황을 그림으로 극복했다. 그즈음 그녀는 교사 시절 기차여행 때 우연히 발견한 뉴멕시코 지역의 자연을 떠올렸다. 복잡한 뉴욕을 벗어나 그녀는 광활한 뉴멕시코의 사막

한가운데 산타페에서 일 년에 반을 그림을 그렸고, 나머지 반은 뉴욕에서 스티글리츠 옆에 머물렀다. 그러면서 두 사람은 연인이나 부부와는 또 다른 동지적 관계로 변해갔다. 스티글리츠는 끝까지 조지아 오키프의 법적 남편으로, 후원자로, 지지자로 남았으며 그녀 또한 스티글리츠의 지지를 뿌리치지 않았다. 그리고 그림도 뉴멕시코의 사막을 내면화하여 표현하면서 점차 영역을 넓혀 가게 되었다. 즉, 페더널산이 있는 붉은 사막에서 죽은 짐승의 두개골, 식물의 기관과 꽃, 조개껍데기, 산 등의 자연을 내면화한 뒤 이를 확대해서 캔버스에 옮겼다. 그녀의 그림은 자연에 대한 탐미를 담고 있었다. 율동적인 윤곽에 색은 선명하되 엷은 톤의 물감으로 원근법과는 다른 방법으로 대상에 강약을 부여했다. 그리고 그녀의 그림은 생물의 형상에 추상적인 아름다움을 부여하여 신비스럽고 때로는 상징적이기도 했다.

자신에 대한 얼룩진 평판에 그 어떤 대꾸도 하지 않고 묵묵히 그림만을 그리자 세간의 평도 점차 달라지기 시작했다. 그녀가 가진 독특한 세계를 알아보는 눈들이 생기면서 그녀를 스티글리츠의 여자가 아니라 화가 오키프로 보아주는 사람들이 하나둘 생겨나기 시작한 것이다. 평단과 예술 애호가들은 자신들이 미처 보지 못했던 그녀의 예술가적 깊이를 재발견했고 그녀에게 지지를 보냈다. 그즈음 세계의 맹주로 떠오른 미국의 국가적 자신감이 서구 유럽을 따르지 않고 미국이란 독창성을 추구한 그녀의 그림에 관심을 가지게 된 것도 한 원인이 되었다. 조지아 오키프는 마침내 자신의 이름 앞에 붙은 스티글리츠의 그늘에서 벗어났다. 외부의 충격에 휘둘렸지만. 결코 자신의 이름과 작품을 잃어버리지 않은 그녀의 강인한 예술성이 마침내 조지아 오키프 그 자신의 정체성을 되찾아 준 것이다.

1946년 스티글리츠가 죽은 뒤 조지아 오키프는 뉴욕 생활을 청산하고 뉴멕시코의 산타페로 이주하였다. 그러고는 그녀가 1915년에서 1945년까지 그린 거대한 꽃 그림들, 뉴욕의 도시 풍경과 뉴멕시코의 풍경화 그리고 사막 위에 펼쳐진 산 그림과 공중에 떠 있는 뼈들을 그린 쉰일곱 점의 작품을 되돌아

보면서 자신이 후퇴했던 시절들이 있었음을 새삼 깨달았다. 그녀는 그동안 자신을 위해서라기보다는 스티글리츠의 만족을 위해 그림을 그려왔던 것이다. 스티글리츠와 살기 전에 그린 초기 반추상화만이 진실로 그녀의 것이었다.

조지아 오키프는 스티글리츠가 죽은 뒤에야 다시 더 자기 정체성을 향한 그림을 그리게 되었다. 어쨌든 그녀는 자신을 스티글리츠가 "물을 주고 잡초를 뽑아 주고 주변을 파내 주며 키운 작은 화초"로 묘사하면서 그에게 고마워했다. 결과적으로 남편이었던 스티글리츠는 그녀의 여성성이란 정체성을 의식화하고 주체화시켜 불멸의 페미니스트 미술가로 거듭나게 만드는 연출가 역할을 한 것은 무시할 수 없다고 보게 된다.

그녀는 뉴멕시코의 산타페에서 광활한 사막을 벗 삼아 단출한 삶을 꾸려 나갔다. 스티글리츠와 그의 화려한 친구들 틈에서 보낸 뉴욕의 호사스러운 생활과는 다른 매우 청교도적인 삶이었다. 그녀는 아침에 일어나 꽃을 가꾸고 오후에는 쉼 없이 그림을 그렸다. 그리고 고독을 즐겼고 그 속에서 자신의 세계를 그림으로 구현했다. 말년에 눈이 어두워져 그림을 더 이상 그릴 수 없게 된 1976년까지 거의 30년간 조지아 오키프는 이런 생활을 반복하면서 많은 그림을 그렸다. 그녀는 그림을 위해서는 사람들과의 번잡한 관계도 멀리했다. 사생활을 지켰다. 이러한 노력으로 그녀는 살아 있는 당대에 많은 지지자를 얻었다. 그리고 어느 틈에 그녀는 세계적인 화가로 성장해 있었다. 그녀는 나중에 그 지역 신문 기자에게 자신의 삶은 스티글리츠를 만나기 전, 만났던, 만난 후, 이렇게 세 단계로 나뉜다고 말했다.

조지아 오키프는 98세까지 장수하였다. 말년의 10여 년은 눈이 나빠져 그림 작업은 거의 할 수 없었다. 그래서 대신 도자기 작업을 하면서 창작열을 계속 이어 나갔다. 그녀의 마지막 10여 년은 존 해밀턴이란 20대 청년의 보살핌 속에서 유지되었다. 그녀는 죽으면서 거의 전 재산을 존 해밀턴에게 남겼다. 그녀는 죽은 뒤 유언대로 장례식도 그 어떤 추모식도 없이 그토록 사랑했던 땅 뉴멕시코에 한 줌의 흙으로 뿌려졌다. 이후 한산한 광산촌이었던 산타페는 예술의 도시로 변화하기 시작했다. 산타페는 지금도 조지아 오키프의 삶에서 영감을 얻고자 하는 많은 예술가가 모여들어 창작의 땅으로 자리매김하고 있다.

나) 작품에 대한 고백과 주위 사람들의 평들

오늘날 그녀의 삶은 극적이고도 혁신적인 여정 속에서 자신의 정체성과 주체성을 견지하며 예술성을 창조해 낸 페미니스트의 롤모델이 되었다. 상반되는 사막과 꽃은 조지아 오키프 그림의 주요 주제였다. 사막에서 곡선의 흐름은 죽음의 생태적 상징을, 꽃 그림에서 꽃잎과 꽃술의 구조는 생명을 품는 여성의 생식기를 상징한다. 그래서 꽃 한 송이를 캔버스 가득 확대해 아주 크게 그리면서 이러한 상징성을 최대화했다[도판 301]. 이는 남성들의 관음적 미의식(?)에 도전장을 던진 것으로 해석된다.

도판 301 〈검은 붓꽃〉(1926). 털이 보송보송한 채 어둑하니 벌린 입과 늘어진 안쪽 꽃잎, 둥글게 휜 꽃잎들이 오키프의 모든 꽃 그림 중에서 가장 성적인 작품이라고 평가받는다. "한바탕 길고 소란한 성행위의 쾌감, 청년기의 성, 사춘기의 성, 성인의 성… 부풀어 오르는 성, 발기한 성이라고" 꽃으로 성을 표현하면서다.

스티글리츠는 오키프가 보내온 작품을 보고 다음과 같은 답장을 보냈다. "당신의 작품을 보고, 말로 표현한다는 것은 불가능합니다. … 정말로 놀라웠소. 무엇보다도 당신 자신을 진정으로 표현하고 있다고 생각했소."

1917년 4월 3일 오키프의 첫 개인전이 '291화랑'에서 열렸다. 브랑쿠시는 오키프의 작품에 대해 "그녀의 작품이 휘두르는 매력은 힘, 해방, 자유다"라고 논평했다. 정말 그녀는 그의 명언대로 "신처럼 창작하고, 왕처럼 명령하고, 노예처럼 작업"을 했다.

1925년 조지아 오키프가 셔우드 앤더슨에게 보낸 편지에서, "진정한 삶의 형태란 미지의 세계를 향한 영혼의 모험으로부터 살아 있는 것을 창조하려는 노력의 자연스러운 결과라고 느낍니다. 그 미지의 세계에서 영혼은 뭔가를 경험하고 느끼지만, 그것을 이해하지는 못해요. 그 경험에서 알려지지 않은 (영혼의) 세계를 알려진 세계로 만들고자 하는 욕망이 생겨나는 거죠"라고 썼다. 이는 다빈치의 〈암굴의 성모〉로 말하면 구원 시스템 속으로 여행하는 영혼의 느낌을 그림으로 나타낸다는 의미라 보게 된다.

맥브라이드는 그녀의 작품에 깃든 성적인 암시에 대해서 이렇게 썼다. "영혼의 목소리를 솔직하게 고백함으로써 스스로를 해방시켰을 뿐만 아니라 그녀 자신의 세계 안에서 예술을 해야 한다는 명분을 진전시켰다."

사진작가 폴 스트랜드는 오키프의 작품에 대해 통찰력 있는 분석을 했다. "그녀의 미술은 여자로 존재하는 것의 불가피한 생산물이며, 그녀의 성적 관심의 산물이 아니다"라고 썼다. 그리고 "그와 같은 선이나 형태나 색채는 남자의 의식 세계나 남자가 겪는 삶의 경험으로서는 이끌어 낼 수 없는 것이다"라고. 뿐만 아니라 "추상과 구상 사이를 오가는 그녀의 행동을 피카소와 견주었고, 마티스조차도 그녀가 사용하는 색채에 도달하지 못했다"라고 과감하게 평가했다. 그리고 그는 "오키프를 19세기 인상파 화가인 메리 카사트, 베르트 모리조와 연결시키는 것을 반대했다. 그녀들의 작품은 당시 남성 동료들의 양식에 지배당했다고 생각하기 때문이다. 하지만 오키프의 양식은 그녀만의 것이었다. 오키프의 작품은 어느 누구의 작품을 연상하거나 모방하면서 나온 부수적 파생물이 아니다. 이곳 미국에서 다른 어떤 여자도 이토록 깊이 개인적인 언어를 창조하지 못했다."

오키프는 '예쁘다'라는 말이 여성성을 연상시킨다는 점 때문에 비웃음당하는 것을 알고 있었다. 이에 대한 그녀의 대응은 '예쁜 것'을 버리는 것이 아니라 '예쁘다'라는 말을 열등한 것으로 치부하는 남자들의 억측을 뒤엎는 것이었다. 그녀는 여성이 그들의 예술을 동등하게 만들 수 있는 유일한 참된 방식은 여성 자신의 감각과 경험, 배경에 따라 그리는 것임을 분명히 했다. 그래서 일부 비평가들이 천진난만하기 짝이 없다거나 소녀 취향이라고 치부해 버리는 오키프의 꽃 그림들은 오늘날 장르를 서열화하는 진부한 사고를 깨부수는 역할을 하고 있다. 그녀의 꽃들이 여성성의 화신 역할을 하고 있는 것이다.

조개 연작에 나타난 구성 중에 가장 뛰어난 것은 가장자리가 관람자를 향한 채 수직으로 서 있는 대합조개를 그린 작품들이다. 〈살짝 벌어진 대합조개〉(1926년)는 그 형태가 여성의 음문 같기는 하지만 차분하게 억제되어 있다. 오키프의 그림이 그녀의 자화상이라면 벌어진 대합조개는 그 형태 면에서 볼 때 불임의 자궁을 상징한다. 오키프는 나중에 자서전에서 대합조개에 대해 이렇게 말했다. "내가 나도 모르게 내 삶을, 내 인생에서 일어난 일들을 그려 왔다는 것을 깨닫고 있다"라고.

1927년 1월에 열린 그녀의 전시회에 전시된 〈검은 붓꽃〉[도판 301]은 오키프의 모든 꽃 그림 중에서 가장 성적이라고 평가받는 것 중의 하나다. 이 작품이 전시장에서 장미로 둘러싸인 흰 칼라 그림과 흰 나팔꽃이 노란색 중심으로 활짝 벌리고 있는 그림 옆에 걸렸을 때, 건축 및 문명 비평가인 멈포드는 이렇게 묘사했다. "한바탕 길고 소란한 성행위의 쾌감, 청년기의 성, 사춘기의 성, 성인의 성 … 부풀어 오르는 성, 발기한 성, 수축된 성"이라고. 그러니 전시장에서 전시 그림의 배치야말로 마지막으로 작품을 만드는 것이 된다. 그 그림의 이면에는 스티글리츠의 역할도 보이는 듯하다. 그리고 「뉴리퍼블릭」에는 그녀의 상징주의가 "원초적으로 사랑과 정열의 경험을 건드린다. 그녀는 너무나 친밀하고 아늑해서 다른 식으로는 공유할 수 없는 경험에 대한 언어를 발견했다"라고 썼다.

1925년 D. H. 로렌스가 발표한 단편소설 『세인트 모어』 속 여주인공이 자기 안정과 구원을 자연 세계에서 찾으며 "나에게는 이곳이 성스러운 곳이에요. 축복받은 거죠"라고 써놓았다. 또한 로렌스는 그곳에서 자라는 거대한 소나무를 여주인공의 입을 빌려 다음과 같이 묘사했다. "그 소나무는 그곳의 수호자였다. 세상의 아득한, 가공되지 않은 시대로부터 온 성난 정령 같은 수호자였다." 오키프는 이 성스러운 곳에서 자라는 그 나무에 대해 유사하게 느꼈던 감정을 〈D. H. 로렌스 소나무〉(1929)로 그려냈다.

1930년 3월, 「뉴매스」의 편집자인 마이클 골드와의 논쟁에 참여했다. 그곳에서 오키프는 모든 여성이 억압받고 있으며 자신의 성공은 모든 여성의 상징적인 승리라는 것을 그에게 차분하게 주지시켰다. 그녀는 자기의 작품이 개인적인 투쟁을 통해 얻은 신념임을 강조해서 알리고 있었다. "그림의 주제를 결코 형식과 색깔로 애매모호하게 나타내서는 안 됩니다. 그것들이 그림의 진정한 주제의 내용입니다. 그래서 나는 꽃 한 송이를 그린 내 그림이 여성이나 노동자 계급 또는 그밖에 다른 계급의 존재 가치를 반영하는 작품이 될 수 있다는 사실에 아무런 모순을 느끼지 못합니다." 그녀는 이렇게 자신의 개인적인 투쟁을 여성성을 위한 것이라 변호했다.

"그리고 나는 남자들이 이렇게 말하는 것을 듣곤 하죠. '그녀는 여자로서는 상당히 좋은데, 그림을 꼭 남자처럼 그리더군.' 이런 말에서 나는 정말 화가 납니다. 나는 화폭에 붓을 대기 전에 이런 질문을 던집니다. '이게 나의 것일까? 이 모든 것이 내 고유의 것인가? 누군가의 영향을 받았거나 어떤 사진작가로부터 얻어들은 것은 아닐까?' 나는 나의 모든 것뿐만 아니라 한 여자로서의 모든 것을 그리기 위해 내 모든 기교를 동원하려고 노력합니다." 르네상스 이전부터 "남자처럼 그린다"는 칭찬이 아닌 존평을 지우고자 하는, 즉 남자의 영향

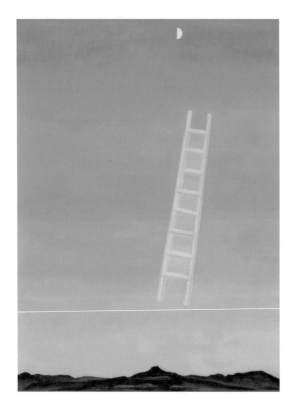

도판 302 〈달을 향한 사다리〉(1958) 벽에 기대놓은 사다리 위에서 청록색 밤하늘을 배경으로 밝은 달과 검은 능선을 바라보던 기억을 떠올리고 그렸다. 메트로폴리탄미술관

과 수준과는 관계가 없다는 것을 강조하기 위해서다.

그리고 오키프는 여성의 평등권을 옹호했다. 1944년 2월 10일 「뉴욕타임지」에서 앨리너 루즈벨트 영부인이 평등권 개정안에 반대하고 나섰다는 기사를 읽고 나서 바로 같은 날 앨리너에게 비난하는 편지를 보냈다. "나는 평등권 사상을 연구하고 여성 평등을 위해 일해 왔던 여성들이 있었기에 바로 오늘 당신을 만들었노라 얘기하는 겁니다. 당신이 우리나라의 권력자가 되고, 지금처럼 당신이 일하고, 지금 당신이 누리는 공적인 삶을 살도록 말입니다. … 평등권은 여자 아이가 세상에서 자신의 위치에 대한 생각을 크게 바꿀 수 있습니다." 그리고 얼마 후 오키프는 한 기자에게 이렇게 말했다. "여성이 남성과 동등한 권리의 지위를 가질 때 세상도 자연스럽게 좋아질 것입니다."

스티글리츠가 죽은 다음 오키프는 감각이 영적인 것의 현시(顯示)라고 믿게 되었다. 결코 공공연히 특정 종교를 인정하는 것은 아니지만 이런 식의 변화는 1950년대부터 1970년대까지 오키프가 창조한 예술에 영향을 미쳤다. 그 같은 계열에 영향을 끼친 그림 하나가 〈검은 십자가, 뉴멕시코〉(1929)다. 이 그림은 애리조나주 카메론의 모래언덕을 배경으로 석양에 보았던 어느 십자가에 대한 기억에서 영감을 얻었다고 한다.

1958년에는 〈달을 향한 사다리〉[도판 302]라는 매혹적인 작품을 그렸다. 그녀는 애비큐 집 마당에서 사다리에 몸을 기대고서 청록색 밤하늘을 배경으로 밝은 달과 검은 능선을 바라보던 것을 떠올렸다. 그런데 그때 보았던 광경을 스케치하다 뭔가가 빠져있는 것 같았다. 그래서 페더널산의 검은 능선과 초승달 사이에 있는 황혼의 하늘 공간에 사다리를 그려 넣었다. "그림 속 사다리는 오랫동안 내 마음속에 있었다. … 다음 날 나는 그 사다리를 그림 속에 내려놓을 준비가 되어 있었다." 이렇게 그녀의 그림 세계는 영성에 대한 남다르게 뛰어난 환상의 강렬함이 있다. 그런 세상은 이전엔 없었다. 아울러 지금도 그와 비슷한 세상은 그 어디에도 없다. 메트로폴리탄미술관은 이 그림을 '14명의 미국 거장들' 속에 최종적으로 포함시켰다. 오키프는 거기에 유일하게 선정된 여성 화가였고 그녀의 작품만을 위한 방 하나가 통째로 제공되었다. 이후 그녀는 무한대의 세상을 향해 〈달을 향한 사다리〉를 타고 무한을 향해 오르듯 구름을 그리고 하늘을, 우주를 그려나갔다.

그녀는 젊었을 때는 꽃을, 나이 든 후에는 사막을, 나아가 하늘을, 더 나아가 우주를, 이렇게 삼천대천의 순수함을 내면화하여 울림이 담긴 작품을 종교적, 내공적, 신비적인 분위기를 담아 추상 환상이라는 새로운 양식을 창출하였다. 지금까지 그림을 통해 보았듯이 여성성을 상징하는 조개로, 꽃으로, 극한의 자연에서 생태성을 의미하는 사막과 동물들의 뼈로 그리고 산으로, 자연으로 그렸다. 더 나아가 하늘이, 우주가 조화롭게 순환을 이루는 접화군생이라는 것을 정령을 통해, 종교를 통해, 하늘사다리를 통해 여성성을 영성적으로 확대하는 과정으로 그린 것이다. 그것은 또한 결혼 후에도 자신의 이름을 끝까지 견지한 의지에서, 여성의 고유성을, 영성성을 주체적으로 자각한 그림에서 그리고 제3자들의 비평들이 뒷받침한다.

그의 이 같은 삶은 이후 그를 따르는 미국의 페미니스트 미술가들에게 크게 영향을 끼쳤다. 그것은 무엇보다 주디 시카고가 그녀의 영향을 받아 꽃으로 여성성을 상징한 〈디너파티〉[도판 306]에서, 메리 베스 에델슨이 〈미국의 생존 여성 화가들(80명)/최후의 만찬〉에서 그녀를 예수의 위치에다 주인공으로 그린 그림에서 알 수 있다. 한 문장으로 마무리하면, 조지아 오키프 그녀의 일생은 코뿔소처럼 주저 없이 자기의 길을 우직하게 달리면서도 부드러운 주체성으로 그물에 걸리지 않는 바람처럼 살다 간 페미니스트였다.

(2)프리다 칼로(1907~1954)

프리다 칼로는 멕시코시티 교외 코요아칸에서 독일 출신 사진사 아버지와 멕시코 출신 어머니 사이의 4남매 중 셋째 딸로 태어났다. 6세 때 오른쪽 다리에 소아마비 증세가 있었고, 멕시코 명문 국립예비학교에 입학, 1925년 하교 중 자기가 탄 버스가 전차와 충돌하는 교통사고가 났다. 이 사고로 몸은 산산조각이 났다. 그 같은 장애인 몸에다 남편인 디에고의 여성 편력에 의해 난도질당한 마음이 되어 정신적·육체적으로 평생 한 번도 평화롭지 못했다.

도판 303 프리다 칼로의 〈가시 목걸이와 벌새가 있는 자화상〉(1943)

디에고의 권유로 1928년에 공산당에 입당하고 29년 21살의 연상에다 2번이나 이혼한 유부남 디에고 리베라와 결혼하여 세 번째 부인이 되었다. 그러나 남편의 끊임없는 바람기에 복수하고 싶어 그녀도 여러 명의 남자를 만났다. 35년에는 일본계 미국인 조각가 이사무 노구치와 연애를 하고, 37년에는 멕시코에 망명 온 혁명가 레온 트로츠키, 사진작가 니콜라스 머레이 등과 염문을 뿌렸지만, 그녀의 일기장 속에는 남편 디에고에 대한 사랑이 절절했다. 애증의 관계로 계속 소통하면서 1935년 앙드레 브레통의 제의로 전시회를 개최하게 되고 파리 루브르에 진출한 중남미권 출신의 첫 여성 화가가 되었다. 그녀의 작품은 페미니스트들의 관심으로 국제적인 명성을 얻었다.

프리다 칼로의 대부분의 그림은 [도판 303]처럼 환상과 혼합시킨 자화상을 많이 그렸다. 그녀에게 애완동물 특히 원숭이는 결코 가질 수 없는 아이를 상징하고 아픔을 치유하는 통로의 역할을 했다. 그리고 여성성을 상징하는 가시 목걸이와 벌새, 벌과 나비 그리고 꽃들은 존재에 대한 심리적 보상 역할을 상징했다. 그래서 애완동물 및 식물과 함께 있는 자화상 그림을 그리면서 위로를 받았다. 진통제 없이는 한순간도 견딜 수 없었던 그녀는 첫 개인전이자 마지막 개인전인 "칼로 회고전"을 침대에 실려서 참석했다. 그리고 몇 달 후 그녀는 눈을 감았다. 그녀의 작품은 그 후 많은 예술가에게 영향을 끼쳤다. 인간, 특히 여성 승리의 상징으로 해서다.

(3) 천경자(1924~2015)

천경자는 전라남도 고흥이 고향이다. 1951년 전쟁 중 피난 시절 꽃뱀, 독뱀 등이 뒤엉킨 시리즈를 발표했다. 불행을 끌어들이는 액과 살에 저항하기 위해 징그러운 뱀이라도 그려야 살아남을 것 같은 절박한 시절의 작품이라고 했다. 정신없이 헤매면서 살아남기 위해 그린 구원의 돌파구로 그렸다는 것이다. 그러므로 천경자에게 뱀은 액과 살을 풀어주는 무당 역할이었다. 페미니즘 운동이 일면서 그녀의 그림이 표현한 솔직담백한 여성성과 섹슈얼리티를 후세 페미니스트들이 높게 인정한 것이다.

도판 304 천경자의 〈내 슬픈 전설 22쪽〉 (1977) 종이에 채색. 42×34cm

그녀는 6·25전쟁의 전전과 전후 여성 화단의 맥을 잇는 대표적인 여성 화가다. 부계적 통념을 깨고 여성적 특징으로 작품세계를 인정받은 최초의 여성 화가로서 여성 미술을 주변부에서 중심부으로 이동시켰다. 이는 페미니즘과 부합된다. 그러므로 천경자의 작품은 페미니즘 비평의 대상이 된다. 꽃, 동물, 여인 같은 여성적 모티브를 그간 일반 작가들은 일개의 소재로 여겼지만, 천경자는 그런 소재를 프리다 칼로처럼 주제로 전환시키면서 여성성의 내용으로 확보했다. 소재를 주제로 재현함에 있어 그녀는 상징주의적 상상과 환상에 의존했다. 요컨대 프리다 칼로가 원숭이, 벌새, 가시나무, 꽃의 도움을 받아 환상적으로 치환해 존재의 의미를 확보했듯이 천경자도 꽃, 뱀, 동물의 도움을 받아 존재의 의미를 승화시켰다. 그러므로 이들 동식물은 자화상에서 환상이 의인화된 메타포인 동시에 작가 자신의 알레고리적 자화상이다. 그들은 삶에서 보통 여인들보다 필수 영양제로서의 메타포가 필요했던 것이다.

〈내 슬픈 전설 22쪽〉[도판 304] 등 70년대 초부터 80년대까지 고고한 자세와 강렬한 눈초리로 정면을 직시하는 그녀의 자화상은 이콘의 신비와 초월을 유추시킨다고 평한다. 그래서 프리다 칼로 등 여성 초현실주의 작가들의 자화상은 외면적 자아와 내면적 자아의 갈등과 조화를 반영하는 이중성이란 심리적 거울로 읽을 수 있다. 천경자의 경우도 예외가 아니다. 〈내 슬픈 전설 22쪽〉도 천경자 특유의 도상적 이중성을 요약적으로 가시화했다. 구불대는 뱀을 머리에 두르고 있는 자화상은 이브의 유혹과 위험을 심리적 거울로 보여주었다.

천경자나 프리다 칼로 같이 한이 많고 시련이 많은 여성은 특히 자화상을 많이 그렸다. 그녀들은 자신의 내면 심리와 실존을 확인하는 거울로서 화업을 받아들일 수밖에 없었던 운명적인 화가들이었다. 그렇기 때문에 이들의 자화상에는 소프트적인 공통점이 있다. 단지 매체, 양식 그리고 시대와 지역에 따른 하드적 차이가 있을 뿐이다. 즉, 천경자의 자화상이 여성의 보편적인 이미지를 우화화한 자화상이라면, 프리다 칼로는 자신의 이미지를 비현실적인 배경 속에다 극화시킨 것이다. 천경자가 상징주의에 속한다면 프리다 칼로는 초현실주의에 속한다고 볼 수 있다.

도상에서 두 사람의 공통점은[주 101] 첫째, 극도로 화려한 외양에서 찾을 수 있다. 무엇보다 화려한 색채가 지배적이다. 그런데 그 화려함을 돋보이게 하는 것은 우수에 찬 표정이다. 둘째는 초상을 장식하는 주변적 물체의 유사성이다. 이들은 자신의 수호신으로 상징적인 동물을 등장시키는데, 천경자에게는 뱀이고, 프리다 칼로에게는 원숭이다. 이들은 자화상 자체로는 존재의 의미를 느끼지 못하기 때문이다. 뱀이나 원숭이는 모두 인간의 기원과 관계가 있다. 뱀은 여성적 '유혹'을 강조하고, 인류의 기원으로서의 원숭이는 칼로의 '불임'을 위로하고자 함이다. 보다 본질적인 공통점은 자화상을 자신을 비추어 보는 심리적 거울로 간주한다는 점이다. 자화상을 통해 외면적인 자아와 내면적인 자아, 즉 보이는 자아와 보여지는 자아의 양면성과 그 갈등을 표출한 것이다. 이러한 자화상은 미모나 재능을 자랑하기 위한 일반 여성 화가들의 나르시즘적 자화상과는 차원이 다르다.

천경자도 프리다 칼로처럼 여성문제를 인식한 여성해방론자도, 페미니스트 화가도 아니었다. 그저 여성의 본질을 예술화하고 여성의 심리를 주체화한 최초의 본질주의적 여성 화가였다. 그런데 페미니즘 내용을 담고 있다. 이점은 나혜석과 대조된다. 나혜석은 화가이기 이전에 자타가 공인하는 페미니스트로서, 축첩제도를 비판한 단편소설『경희』를 통해 그리고 무엇보다『이혼 고백서』에서 보듯 자유연애를 표방한 모험적인 사생활을 통해 페미니즘을 실천하였다. 그러나 그녀는 미술작품으로는 동시대의 남성들 작업과 다를 바 없는 아카데미풍의 인상주의 풍경화와 인물화만을 남겼을 뿐이다. 이에 반해 천경자는 페미니스트가 아닌 일개의 여성 작가로서 여성 특유의 감성이나 여성적 경험을 조형화하였다. 여성적 미술에 기반을 다진 것이다. 명실상부한 페미니즘 미술가는 아니었지만 말이다.

(4) 루이즈 부르주아(1911~2002)

루이즈 부르주아의 초기 회화에서는 신체, 가정, 미술 간의 유대관계가 중심을 이루었다. 〈여성의 집〉 연작은 1947년에 전시되었다. 부르주아는 가정이 여성 미술가들에게 갈등의 장소라고 지적했지만, 비평가들은 이 연작을 여성과 가정의 동일시를 '자연스럽게' 확인하는 것으로 해석했다. 부르주아는 초현실주의의 영향을 받아 〈여성의 집〉을 시리즈로 발전시켰는데, 이 그림들을 보면 여성 신체의 맨 위에는 머리 대신 집이 얹혀 있다. 집안일이 가장 중요하면서도 버겁다는 의미다. 마음을 산란시키는 이런 그림들에서 아무 장식도 없는 건물 정면과 작은 창문들 가운데에 눈, 코, 입으로 형상화된 가정생활은 여성을 규정하고 있으나 그들의 목소리는 특히 눈에서 나타냈듯이 묵살당하고 있다. 어떤 비평가는 다음과 같은 글을 쓰고 있다. "여기 여성의 세계가 있다. 자신의 머리가 있을 자리에 집을 얹음으로써 가정이란 여성들에게 자신들보다 중심이 되는 삶이라는 것을 가장 부담스러워하면서 알리고 있다"라고.

(5) 니키 드 생 팔(1930~)

페미니스트, 조각가, 영화연출가, 모델 등으로 활동하는 니키 드 생 팔은 어릴 때 아버지로부터 성추행을, 보수적인 어머니로부터는 엄한 통제와 억압을 받으면서 성장했다. 그 영향으로 남성 혐오와 반항심을 예술로 표출하면서 형식주의 미학에 반대하는 여성 이미지에 몰입했다. 1960년대에 활동하던 유럽의 네오 다다 작가의 그룹인 누보 레알리스트의 회원이었던 생 팔의 작품은 1970년대 페미니즘 미술의 관심을 받은 선구적 존재였다.

1966년에 생 팔은 〈그 여성〉을 제작했다[도판 305]. 이 작품은 그의 남편 장 탱겔리와 그 외 몇 명이 함께 작업했는데, 지금은 스톡홀롬의 현대미술관에 반영구적으로 세워져 있어 기념비적인 작품이 되었다. 82피트(약 25미터) 길이에 6m 높이인 〈그 여성〉은 바닥에 등을 대고 누워 무릎을 세우고 뒤꿈치를 땅에 대고 있다. 관람자는 여성의 성기 속으로 들어가 이 거대한 여성의 신체로 된 구조물 안을 돌아보게 된다. 들어가면서 자신이 여성의 몸속에서 운동장, 놀이동산, 쉼터가 그리고 유방의 한쪽에는 밀크 바가 있고, 다른 쪽에는 초기 스웨덴 출신 영화배우 그레타 가르보의 영화를 상영하는 12인석의 즐거운 궁전이 있음을 알게 된다. 이는 사람들에게 힐링의 여러 요소를 내면에 배치해 모성애의 상징으로 나타낸 듯하다.

그래서 이 작품은 엿보기 관점인 관음증 차원을 아예 우습게 넘어서게 만든다. 그러면서 여성의 몸에 대해서 재미있게 느끼면서 경의를 표하게 하고 있음은 물론 어두운 대륙 또는 알 수 없는 신비한 존재라는 여성의 신체에 대한 남성의 호기심적 관음성을 낭만적 모성애로 치환시킨다. 페미니즘의 의미를 사실적인 구조 속에서 유머 있고 자연스럽게 그러면서 차원 높게 알리고 있는

도판 305 니키 드 생 팔의 〈그 여성〉(1966). 여성의 몸을 거대하게 확대한 설치 작품. 스톡홀롬현대미술관. 스웨덴

것이다. 이렇게 여성의 신체를 조각품으로 그 어느 남성보다 크고 강하게 만들고, 생명의 보금자리인 여자의 몸속에서 색다른 힐링을 경험하게 한 것은 대지모신(大地母神)을 상징한 것으로도 볼 수 있다.

2) 새로운 관점의 페미니즘 화가들

미술에서 페미니즘 운동도 베티 프리단이 지은『여성의 신화』출간 이후 표면화되기 시작했다. 그러나 본격적인 운동은 린다 노클린이 "위대한 여성 미술가는 왜 없는가?"라는 반성의 화두를 던진 이후부터다. 1966년 미국 동부 지역 존스 홉킨스 대학교에서 열린 '해체주의' 데리다의 초청 강연은 예일학파의 형성에 크게 영향을 미쳤다.

서부 지역에서는 1975년 이래 버클리와 스탠포드대학교에서 푸코 강연이 자주 열리면서 포스트모더니즘과 페미니즘 운동을 부채질하며 여러 분야로 빠르게 확산되었다. 동부지역의 급진적인 행동주의와 달리 여성의 본질과 여성 미술의 특징을 강조하며 남성 미술과 차별화하려는 운동으로 전개되어 나간 것이다. 70년대에 들어서면서 페미니스트들의 미술작품뿐만 아니라 여러 잡지도 등장했다. 70년대의 풍요가 소외나 억압에 대한 명상의 여유를 갖게 한 것이다. 미국의 지식인 여성들이 해체주의의 수용과 더불어 스스로 페미니즘을 제기하기 시작한 시기도 그때였다.

페미니즘 미술의 과제는 해묵은 남성 우월주의로부터의 대탈주였다. 남성의 종속에서 벗어나기 위한 각성과 결속, 투쟁적인 저항과 독자적인 정체성의 확립이 우선 과제였다. 그것은 남성의 언어와 문법이 아닌 여성의 언어와 문법으로 성이 무엇인지를 규정하는 것이었다. 이를 위해 페미니스트들은 무엇보다도 먼저, 남성에 종속된 육체에서 대탈주, 즉 '탈식민화'와 남성에 종속된 관음에서 대탈주, 즉 '탈외설화'를 강조했다.

이미 오래전부터 남성 미술가들은 관음증 때문에, 즉 '격변기의 성모'에서

[도판 101, 102, 103]을 예로, 제국주의 시대에서 [도판 292, 293, 294]를 예로 언급했듯이 발가벗은 여인을 바라보는 것을 즐기기 위해 누드를 그려왔다. 그것은 한편으로는 남성이 여성을 공개적인 구경거리로 대상화하는 한편 여성을 공범자로 끌어 들이기 위한 의도였다. 즉, 남성은 여성을 주시하고 여성은 주시당하는 자신을 본다. 관찰하는 자와 관찰당하는 자의 관계로서다. 이렇게 페미니즘 미술의 역사는 여성들의 이른바 '빼앗긴 역사'에서 돌려받기 위한 자성의 몸부림으로서의 '권리장전', 아니 권리화전(權利畵典)이었다.

1970년경이다. 현대사에서 처음으로 (여성을 배제한 채) 남성을 위주로 한 전시와 제도에 정치적으로 항의하기 위해 뉴욕의 여성 미술가와 비평가들이 다 모였다. 현대미술관을 비롯해 제도적으로 성차별을 하는 여러 미술 기관에 항의하기 위해서였다. 여성 작품에 대한 계속적인 무관심적 전시에 대해서다. 그리고 더 많은 여성 미술가의 개인전, 기획전, 여성미술가자문위원회의 설립, 나아가 모든 미술관 전시에서 50%를 여성에게 할애할 것을 요구했다.

1970년 가을에 로스앤젤레스 여성미술가자문위원회는 LA시립미술관에서 전시한 "미술과 테크놀로지"에서 여성 미술가를 제외한 것에 항의하는 모임을 가졌다. 그들은 이 미술관에 전시된 작품 중 단지 1%만이 여성의 작품이라는 것을 지적하면서 '여성 미술을 연구하는 교육프로그램'을 요구했다. 지금까지 남성 중심 사회에서 만들어져 온 여성 개념을 재검토하여 여성 스스로의 의식변혁을 통해 남성들의 의식변혁을 요구한 것이다. 이 항의에서 비로소 오늘날 '페미니즘 운동'으로 불리게 되었다.

이에 부합하여 LA시립미술관은 중요한 두 전시회, 즉 1972년의 "4명의 로스앤절레스 미술가 전시회"와 1976년의 "기념비적인 여성 미술가들: 1550~1950 전시회"를 열었다. 1971년 마거릿 해리슨의 드로잉 전시회는 런던에서 열린 첫 여성 개인전이 되었는데, 이곳에서 「플레이보이」 창립자이며 편집자였던 휴 헤프너를 '버니 페니스'로 묘사한 드로잉 때문에 경찰에 의해서 즉각 폐쇄되기도 하였다. 이후 미국과 영국의 크고 작은 또는 사적·공적인 단체에서 미술에 종사하는 여성들은 여성으로서 어디에서 전시할 것인가에서 정치적, 이론적, 미학적 문제에 이르기까지 여러 문제를 제기했다. 이에 따라 많은 나라의 미술가들이 페미니즘에 관심을 공유하게 되었고, 페미니즘은 지역의 사회적, 경제적, 이데올로기적 요소를 우회적으로 표현하면서 국제적인 운동으로 발전하게 되었다. 그러면서 많은 여성은 여성의 경험을 가치 있게 전시할 수 있는 예술 형태를 찾았다.

그리고 이런 작업의 대부분은 페미니즘 전문 간행물을 통해서 퍼져나갔다. 여성단체는 1972년에 영국 페미니즘 잡지 「스페어 립」(Spare Rib)을 창간했고, 같은 해에 뉴욕에서는 「페미니스트 아트 저널」 창간호가 나왔다. 이듬해 여성 미술가와 비평가들은 페미니즘 미술 간행물을 기획했는데, 1977년에는 페미니즘 시각에서 미술과 정치를 검토하는 「헤러시스」(Heresies)가 발간되기 시작했다.

(1) 주디 시카고의 〈디너파티〉

1970년 주디 시카고(1939~)는 프레즈노 주립대학교에서 최초로 페미니즘 미술 과목을 가르쳤다. 이듬해에는 캘리포니아 미술학교에서 마련한 페미니즘 미술 프로그램을 창설하였다. 1972년에는 캘리포니아 미술대학에서 여성 프로그램을 유치, "여성의 집"이라는 역사적 전시회를 열었다. 페미니즘 시각으로 여성의 삶과 예술을 조명한 이 전시회는 페미니즘의 실체를 가시화한 최초의 페미니즘 미술전이었다. 학생들이 여성만이 작업할 수 있는 작업장에서 경험을 공유하기 시작하면서다.

"자궁과 유방은 여성 정체성이 가장 뚜렷이 기입되는 장소다. 금기를 깨고 자궁과 유방을 드러내자." 당시 여성 미술가들의 화두였다. 시카고와 샤피로는 그래서 열린 형상, 중심을 형성하는 모양, 층을 이루는 꽃잎 같은 이미지가 지배하는 형태를 즐겨 사용했다. 그런데 이런 이미지는 시카고가 "중심핵(central core), 나를 여성으로 만드는 질(vagina)"이라고 한 내용과 관련이 있다. 신체의 이미지를 통한 여성 주체성의 자의식적 연구는 여성의 경험과 지식을 칭송하려는 욕망의 한 양상이었다. 이 욕망이 대단원으로 결실을 맺은 것이 [도판 306]인 〈디너파티〉다. 과거 여성들의 잃어버린 역사를 회복하고자 재해석한 〈디너파티〉는 오로지 여성의 경험으로만이 표현해 낼 수 있는 새로운 장르를 미술사에서 개척한 것이다. 그녀는 여성 신체를 보다 은유적으로 탐구해 온 대표적인 페미니스트다.

〈디너파티〉는 여성의 역사적·문화적 공헌을 입증하는 기념비적 작품으로 조각, 도자기류, 도자기 그림, 자수를 작품에서 혼합했다. 산업 디자이너 켄 길리엄의 도움으로 1974년에 시작된 이 작품에는 1979년까지 400명 이상의 여성이 참여했다. 이 작품이 5년 걸려 1979년 4월에 샌프란시스코 현대미술관에서 전시되었을 때, 미술관 전시로서는 그렇게 대성황을 이루었던 적이 없었을 만큼 많은 관객의 주목을 이끌었다.

〈디너파티〉를 시작할 무렵 주디 시카고는 『꽃을 통하여: 여성 미술가로서의 나의 투쟁』(1975)에서 이미 1923년 쿠데타에 실패하여 감옥에 갇힌 히틀러가 사회주의를 극도로 혐오하며 『나의 투쟁』(1925~1927)을 쓰던 심정과 같은 비장함으로 다음과 같이 토로했다.

> 〈디너파티〉 그림에서 그린 꽃으로 상징한 여성 성기(vulva), 나는 그 형태를 열었고, 그것들이 내면화된 나의 부끄러움 대신, 나의 육체 경험을 나타내도록 했다. 그 닫힌 형태들은 도넛으로, 별로, 회전하는 언덕으로 변했는데, 이 모든 여성 성기(vulva)-나는 일부러 이 단어를 사용한다-는 여성에 대한 사회의 경멸을 가장 잘 나타내는 단어이기 때문이다. 내가 그 형태를 택한 것은 중심핵, 즉 나를 여성이게 하는 나의 질(virgina) 주변에 구성된 모습이 어떠한지를 표현하고 싶었기 때문이다. 나는 오르가즘 중에 일어나는 용해의 느낌에 관심이 있었다. 나는 오르가즘의 이런 느낌을 이미지로 만듦으로써 내가 여성이라는 사실을 내세우고 따라서 남성 우위에 암묵적으로 도전하려 했던 것

이다. 나는 가운데 구멍이 수축되었다가 확장되는 형태를, 즉 원의 주변으로는 짤깍거리며 뒤틀리고 뒤집어지고, 늘어지고 앞으로 나왔다가 연속적으로 그리고 동시에 부드러워지는 형태를 만들었다. 감각의 연속체를 만들기 위해 나는 그 형태들을 반복해서 그렸다. 나는 예술가로서 나의 영역을 구축하는 것이 중요하다는 판단을 내렸다. 나는 여성으로서 내 존재가 작품 속에 드러나 보이도록 하고 싶었으므로 내 이름을 주디 게로비츠(Judy Gerowitz)에서 주디 시카고로 바꾸기로 했다. 이것은 나 자신을 독립적 여성으로 규정한다는 의미를 담은 행위였다. 나는 전시회 입구의 바로 맞은편 벽에 "이로써 주디 게

도판 306 주디 시카고의 대표작 〈디너파티〉(1974~1979). 서양 예술사의 위대한 39명의 여성을 위해 마련한 상상의 만찬으로 실제의 디너파티를 연상하게 하는 설치 작품이다. 삼각형의 식탁에는 39벌의 식기 세트가, 독특한 디자인의 접시와 받침 달린 잔, 식탁보로 꾸몄다. 이 작품이 히트한 것은 접시의 모양을 여성의 성기로 묘사했기 때문이다. 그녀는 가부장적인 미술 제도 때문에 미술로 취급하지 않았던 여성들의 바느질, 자수, 공예를 끌어들였다. 이 대형 프로젝트는 "가부장적 제도 아래에서 경멸당한 여성의 몸, 남성 예술가들이 독점한 여성의 몸, 그 몸의 권리를 주인에게 돌려주겠다는 의지의 표현"이었다.

로비츠는 남성의 사회적 지배를 통해 그녀에게 지워졌던 모든 이름을 버리고 자유로이 주디 시카고라는 이름을 선택한다"고 적어놓았다.

그녀는 아버지와 남편의 가부장적인 성을 떼어내고 고향인 시카고로 성을 바꾸었다. 그러고는 여성 성기를 본떠 설치 미술인 〈디너파티〉를 발표하여 미술계에 커다란 충격을 준 것이다. 디너파티 식탁 위의 접시 모양이 그렇다. 특히 38번 버지니아 울프의 접시 모양이 대표적인데, 이는 조지아 오키프의 〈검은 붓꽃〉에서 영향을 받은 것으로 보인다. 이 자궁 이미지는 여성적 에로티시즘의 원초적 상징으로서 제1세대 페미니즘 미술의 대표적인 도상이었다. 1972년 "여성의 집" 전시회에서 발표한 주디 시카고의 퍼포먼스 작품 〈남녀 성기들의 연극〉(cock and cunt play)을 효시로 자궁 주제의 여성 미술이 성행, 컨트 예술(cunt art) 또는 센트럴 코어 이미지(centural core image)가 페미니즘 미술의 대명사가 되었다. 여성 작가들은 자궁을 강조함으로 페미니즘 메시지를 정치성으로 널리 전달하고자 한 것이다. 이 같은 발전은 조지아 오키프가 꽃으로 암시한 [도판 301]에서부터 시작되는 것으로 보게 된다.

자궁이야말로 주디 시카고가 목적으로 하는 '여성적이면서도 동시에 정치적' 표현으로서의 여성적 모티브였다. 그러므로 이와 함께 "블랙이 아름답다"(Black is beautiful)이듯이 "컨트가 아름답다"(Cunt is beautiful)라는 70년대 특유의 페미니즘 구호가 샌프란시스코를 중심으로 한 서부 지역에서는 각광을 받았다. 하지만 정치적 이미지보다는 생물학적 이미지로 보일 가능성이 더 높다고 본 뉴욕을 중심으로 한 동부 지역에서는 배척되었다.

나의 오랜 친구도 "주디, 난 이 그림들을 20년 동안 쳐다볼 수는 있어도 이것들이 여성의 성기라는 건 절대 모를 것 같아"라고 고백했다. 나는 미술계가 내 작품을 새로운 방식으로 보기를, 그래서 정서적 수준에서 그에 반응하기를 기대했는데, 대부분의 사람들은 형식을 읽는 방법을 알지 못한다는 것을 깨달았다. 여성 미술가로서의 나의 투쟁과 그것의 실현으로의 〈디너파티〉는 거기에 내재된 역설의 논리를 빌려 관람자들에게 페미니즘의 의미를 반문하려 했다.

찬반으로 엇갈리는 반응과 함께 그 작품이 당시의 화젯거리가 되었던 까닭도 거기에 있었다. 식탁 위 접시 특히 38번의 모양에서 실제로 실명과 더불어 여성의 음부에 대한 직접적이고도 도발적 표현들은 관람자들로 하여금 저마다 다른 해석을 노출시켰다.

긍정적인 평가를 한 루시 리파드의 설명은 이랬다. 주디 시카고가 위대한 여인들을 꽃과 음부의 이미지로 변형시켜 여권에 대한 계보학적 여행을 시작했기 때문이다. 특히 〈디너파티〉에서의 절정은 그 작업이 고대→중세→근·현대로 이어지면서 준비해 온 역사적 식사를 여성의 관점으로 재해석한 〈최후의 만찬〉 격이기에, 마치 푸코가 『광기의 역사』를 축으로 한 신체의 정치학이자 페미니즘 역사서인 『성의 역사』(1976)로 '욕망의 계보학'을 구체화했듯이 그녀는 〈디너파티〉를 통해 '여성 성기의 계보학'을 만든 것이다. 조지아 오키프의 꽃 그림을 한 차원 높이어 발전시키면서다.

작품에서 한 면이 48피트(14.63미터)인 식탁에 역사적이고 전설적인 여인 39석의 초대 자리가 마련된, 정삼각형 파티 자리를 이루는 세 개의 긴 식탁에는 각기 역사적이고 전설적인 여성들이 13명씩 다양한 형태의 외음부로 묘사되어 있다. 39명 중 백인 여성이 아닌 사람은 2명이다. 원주민 여성으로 유럽인들의 침략을 평화적으로 이끌어 낸 사카자웨이, 19세기 노예 출신으로 흑인 여성인권운동가이자 페미니스트였던 서저너 트르스(1797~1883)다. 또 그 식탁 위에는 초대된 레전드 여성과 관련된 양식과 이미지에 기초하여 그리거나 조각한 도자기와 장식적인 수예의 식탁보들이 놓여 있고, 그 위에는 꼼꼼하게 채색된 접시, 잔, 은제 식기, 냅킨이 정돈되어 있다. 이는 자랑스러운 여성사에 경의를 표하는 것이다.

전체적으로 정삼각형을 이루고 있는 식탁은 역사 시대를 연대기적 순서에 따라 삼등분한 '문화유산의 마루' 위에 설치되어 있다. 테이블 하단인, 바닥에는 999명의 여성 이름이 새겨진 2,300개 이상의 도자기 타일로 되어 있다. 첫 번째 13명의 식탁은 선사 시대인 모계사회에서 여성의 삶을 찬양하고, 두 번째 식탁은 기독교의 태동기에서 종교개혁까지 여성을 찬송하고 세 번째 식탁은 영국 최초의 여의사였던 엘리자베스 블랙웰, 비운의 영국 소설가 버지니아 울프, 미국 '최초의 위대한 여성 미술가'로 존경받는 화가 조지아 오키프[도판 300] 등 17세기부터 20세기까지의 여성들을 찬미하고 있다. 이 식탁에는 인류사의 페미니즘 역사에서 잃어버린 인물들을 복원시키려는 노력이 배어 있다.

푸코가 『광기의 역사』에서 광기에 대한 인식소에 따라 서구 문명의 역사를 나름대로 세 시기로 구분하여 새롭게 해석했듯이, 그녀는 인간의 욕망과 여성성이라는 새로운 에피스테메를 통해 자신만의 새로운 역사 해석을 시도한 것이다. 이렇듯 정치적이면서도 미학적인 전략을 편 〈디너파티〉는 당시 페미니즘 미술의 정체성에 대한 논쟁을 불러일으켰을뿐더러 그 논쟁의 중심에 서기도 했다. 이것이 미국 페미니즘 미술의 제1세대(70년대)를 마감하는, 즉 제2세대(80년대)의 출현을 예고하는 작품으로 평가하는 까닭이다.

1970년대의 제1세대 페미니즘이 푸코 철학적이었던 〈디너파티〉라면 그 이후의 제2세대 페미니즘은 데리다 철학의 수용에 적극적이었다. 페미니즘도 포스트모더니즘의 이념적 공급원인 해체주의의 '차이의 철학'으로부터 적지 않은 영향을 받고 있기 때문이다. 한마디로 말해 제2세대 페미니즘의 과제는 남녀의 성적 차이를 축소하거나 배제하는 것이 아니라 반대로 그 차이(상이성)의 중요성을 주체적으로 부각시키거나 강조하며 나아가고 있다.

(2) 바버라 크루거(1945~)

바버라 크루거는 미국의 제2세대 페미니즘 미술가 가운데 가장 극렬하게 저항하는 인물이다. 그녀의 페미니즘 미술 작품은 〈무제: 너의 육체는 싸움터다〉(1989)를 보게 되면 알 수 있듯이 나/너, 남성/여성의 성 대립적 개념 미술로 일관한다. 통시적 편견에 침묵을 깨고 운명론과 결정론에 대한 투쟁을 선언한다. 여자의 몸이 바로 그 싸움터가 되고 전쟁 무기가 되어야 한다는 것이다. 심지어 한나 윌크는 편견을 재코드화하기 위해 벌거벗은 맨몸으로 래디컬하게 저항하기도 했다. 그들은 통시적 질곡에서 벗어나기 위해 공시적인 저항과 싸움을 감행한다. 그들이 저항하고 싸우려는 욕망과 의지는 통시적 편견에서 비롯된 것이지만 투쟁하려는 대상은 '공시적' 구조, 즉 여성 몸에 대한 오늘의 역사인 것이다.

여성의 특수성을 역사적으로 분석한 시카고의 문제작 〈디너파티〉가 다양한 여성들의 성기를 나열하며 여성성을 동질적 기호만으로 구축한 것에 대해 비판받듯이 지금까지 남성성에 의해 구축된 여성성에 대한 비판을 촉구하고 있는 것이다. 그들은 여성의 신체가 더 이상 푸코가 적시했던 '순종하는 신체'도 아니고, 시몬 보봐르가 말하는 '만들어진 신체'도 아님을 나타내고 있다.

이렇듯 페미니즘 미술은 애초부터 현재에, 나아가 미래에 이르기까지 미술의 역사에 대해 '통시적' 인식과 반성으로 일관해 왔다. 이를테면 "왜 위대한 여성 미술가는 없는가?"와 같은 린다 노클린의 탄식이 그 대표적인 사례였다. 뿐만 아니라 주디 시카고가 저명한 여성들의 여성성을 통시적으로 표현한 〈디너파티〉도 마찬가지였다. 심지어 자신들의 음부를 공시적으로 퍼포먼스의 시니피앙으로해서 보다 래디컬하게 변태시켜 대상화하기까지 했다.

실제로 페미니즘은 남성 결정론에 의해 여성성이 결정된 피해의식에서 역사를 재해석하려는 시도였다. 재해석은 100년 전(1911)에 "페미니즘은 새로운 세계를 욕망한다"고 선언한 테레사 빌링턴 그리그의 예지를 실천하는 데 있었다. 그리하여 젠더에 대한 새로운 패러다임의 보편화를 고대하는 이들의 꿈이 새로운 세계를 욕망하는 패러다임으로서 '글로벌 페미니즘'의 실현으로 나아가게 되었다.

이종(異種) 공유(共有)가 문화적 인식소가 될 미래 사회에서는 존재론적으로, 또는 인식론적으로 저수지 역할 격인 'interface'로의 패러다임의 변화가 불가피할 것이다. 전방위적인 이종 공유 문화가 지배하게 될 미래 사회에서는 인간 존재의 잠재된 의식망을 소리 없이 연결하는 공유의 리좀(rhizome)에 의해 공시적 구조가 형성될 것이기 때문이다. 문화 인류학적으로 보면, 이종 공유는 인류가 미처 경험해 보지 못한 새로운 삶의 방식이다. 미래의 신인류는 글로벌 페미니즘에서 양성성에 대한 새로운 정체성을 접화군생(接化群生)의 관점에서 새롭게 또 새롭게 조명하도록 요구받게 될 것이다.

(3) 실비아 슬레이(1916~2010)

실비아 슬레이는 [도판 307] 〈터키탕〉 그림에서 남성이 여성의 나체를 응시하는 기존 역사를 반대로 뒤집고 있다. 남자 6명이 누드로 터키탕에 있는 모습을 그렸다. 그림 뒤에 보이는 카펫 무늬를 아랍풍으로 해 터키탕을 묘사했다. 가운데는 의자에 앉아 두 손을 무릎 위에 얹고 정면을 바라보고 있는 남자, 벽에 기대고 서서 비스듬한 시선으로 화면 밖을 쳐다보는 남자, 쿠션에 기대어 비스듬히 있는 대머리 남자, 뒷면을 보이며 기타 치는 남자, 모두가 생긴 대로 현실감 가득한 털털한 남자들이 가슴에 털, 피부색, 성기 모양, 체모의 패턴이라는 세부 묘사까지도 특색있게 구사되어져 어느 모로 보나 완전한 나체 초상화들이다. 성기에도 적나라하게 털이 있는 누드화인데 전혀 에로틱하지가 않다. 그리고 낯설게 느껴진다. 제목을 통해 앵그르의 〈터키탕〉[도판 308]을 패러디한 것을 알 수 있다.

앵그르의 〈터키탕〉을 보자. 맨 앞에서 뒷모습을 보여주며 악기를 연주하는 여인은 아랍풍 무늬의 터번을 둘러 터키탕의 분위기를 나타내고 있다. 그 악기를 연주하는 여인의 오른쪽 여인은 벌거벗고 휴식을 취하고 있으나 가슴을 두드러지게 강조되게 두 팔을 머리 위에 겹치게 올려 그 자세가 선정적이다. 그 옆의 두 여인은 서로 가슴, 어깨를 껴안고 있는 에로틱한 자세다. 뒤의 좀 떨어진 여자는 발레하듯 서서 몸을 움직이며 S라인을 드러내고 있다. 게다가 그림 자체를 둥근 프레임으로 해 그림을 열쇠 구멍을 통해 탕 안을 훔쳐보듯 관음증을 갖도록 해 은밀감을 한층 더 신비화시켰다. 실비아의 〈터키탕〉 남자들은 자세가 바르고 안정되어 있는 데에 반해, 앵그르의 그림에서는 파르스름한 까만 눈을 지닌 매력적인 젊은 여인들이, 그것도 자태가 나른하게 서로 몸을 맞대고 모여 성감대의 분위기를 한껏 고조시키고 있는 것이다. 이들의 나체는 자신들의 섹슈얼리티를 나타내기보다는 그림을 감상하는 소비자들을 위한 섹슈얼리티로서 기능한다.

도판 307 실비아 슬레이(1916~2010)의 〈터키탕〉(1973). 남성들의 누드를 작품의 주제로 삼은 것만으로도 남성들의 오랜 전통에 새롭게 도전장을 던진 셈이다. 종래의 관계를 역전시키기 위해

실비아 슬레이의 이 〈터키탕〉 그림도 정치적 의도에서 그린 것은 아니지만, 성이 중요한 정치적 대결장이 되어버린 현대 사회에서는 강력한 정치성을 발휘한다. 이 그림에 대해 드로잉이 어색하다, 필체가 약하다, 원근법이 부자연스럽다, 구성이 독창적이지 않다는 등 표면적인 형식성을 지적한 많은 비평은 실제로는 그녀의 작품에 내재된 정치적 의미에 대해 평가절하시키려는 반응들이다.

린다 노클린은 〈터키탕〉을 전통적 여성 집단 누드화의 장면을 남성 집단 누드화로 재해석함으로써 남성이 지닌 독특한 외형적, 심리적, 인격적인 매력에 대한 남성들의 반응을 들을 수 있게 되었다고 평하고 있다. 〈올랭피아〉에서 마네가 교묘하게 반전된 가치들을 재치 있고 아이러니컬하게 일깨우려 했던 의도처럼 실비아 슬레이의 이 〈터키탕〉 남자 누드화도 그렇다.

도판 308 앵그르의 〈터키탕〉(1836). 처음에는 사각형 캔버스에 그렸다가 이후 원형 캔버스로 바꾸었다. 성적 판타지를 강하게 느끼게 하기 위해서다. 그에 따라 여인들도 목욕 자세라기보다는 관음증을 유발하기 위해 기이한 형태로 몸을 꼬고 비트는 누드 자태의 경연장을 느끼게 한다.

같은 터키탕에서 남녀 모두 같은 누드인데, 두 그림은 왜 이렇게 다를까. 앵그루의 〈터키탕〉에서 여인들은 팔등신에 균형 잡힌 몸매를 갖춘 고대 그리스 시대 성적 판타지가 풍부한 여인들이다. 반면에 실비아 슬레이의 남자 〈터키탕〉에서는 오랜 세월 여자의 누드에서처럼 성적 판타지를 요구했던 관음적 시선을 없앴다. 그랬기에 "나는 남성과 여성을 동등한 품위와 휴머니즘을 갖춘 지적이고 사려 깊은 모습으로 그리고 싶었다. 아직도 미술에서는 남녀가 평등하게 다루어지지 않고 있다"며 '벗은 여자와 그리는 남자'라는 미술계에 오랜 선입견을 깨려고 남자 〈터키탕〉 작품을 그리게 된 배경을 설명했다.

(4) 엘리스 닐(1900~1984)

엘리스 닐은 자신을 초상화 화가라고 한다. 초상화를 많이 그렸기 때문이다. 피상적인 농담을 거부하는 닐의 초상화는 활기차고 직접적이다. "앨리스 닐은 누군가의 초상화를 그린다는 것은 단순히 겉모습인 얼굴만을 탐색하는 것처럼 보이지만 육체와 영혼을 함께 탐색하는 것(body-and-soul search)"이라고 말했다.

1984년 10월 14일 자 「뉴욕 타임즈」는 미국의 여성 화가로서 진보적이며 페미니즘을 추구했던 앨리스 닐의 부고 기사에서 예술비평가인 존 러셀의 말을 인용했다. 1960년대 중반 화가는 임신한 누드를 많이 그렸다. 그녀에게 왜 임신한 누드를 그리느냐는 질문에 그녀는 "삶의 숭고함을 상징하고 신체적 변화와 정신적 불안감이 나타나는데, 화가들은 이를 잘 그리려 하지 않는다. 그 이유는 누드를 성적으로만 그리려 하기 때문이라고 말했다." 그러므로 그녀가 임산부를 그린 일련의 그림들은 임신한 여성을 풍요의 형상과 대지의 어머니라는 관점에서 봐야 한다. 이는 그림의 제목 〈임신한 마리아〉(1964)에서 알 수 있다. 모더존 베커는 자신의 몸을 통해, 앨리스 닐은 마리아의 이름을 빌려서.

(5) 모니카 스주(1942~)

모니카 스주는 영국의 브리스톨에서 출간된 여성해방 잡지인 「이너프」(Enough)의 창간호에 "여성의 힘"을 기고했다. 독학했던 스주는 고대 여인들의 달 의식과 여신 숭배 종교를 여러 해 동안 연구했고, 1971년에는 '여성해방미술단체'의 첫 전시회를 기획하는 데 도움을 주었다. 2년 후 스주는 〈출산하는 신〉(1969)을 "여성의 힘" 전에 출품했다. 이 그림은 모계사회 당시 여신상 숭배를 토대로 한 고대의 여성 중심적 종교에서 영감을 받아 출산 이미지를 그린 작품이다. 그런데 강한 논쟁을 불러일으키게 되면서 이 화가는 신성 모독과 음란 혐의로 기소 위협까지 당했다.

흔히 여성주의 미술은 엽기적이다, 추하다, 혐오스럽다고 말한다.「이너프」에서 다룬 작품들도 전반적으로 외설적이고 추하며 역겨운 감정을 불러일으키기도 한다. 한나 윌키로 대표되는 이 부정적 감정은 긍정적인 감정보다 더 강력한 도발적 성격의 효과를 발산하기 때문이다. 그것은 사고의 전환을 가져오게 하고 새로운 사유로 이어질 수 있게 한다.

여성주의 미술은 다르게 읽고 거슬러 읽으면서 기존의 바르게 읽는다고 주장하는 남성중심적 미학을 부정하고, 반미학을 추구하여 미학과 반미학의 경계를 넘어서려 한 것이다. 그러므로 근본적으로 여성주의 미술은 반미학을, 남성화된 미적인 것을 추구하기보다 그것에 역행하기 위해서다. 그리고 미적 경험보다는 사회, 윤리, 정치적 효과에 훨씬 더 비중을 두기 때문이다. 어쨌든 이 같은 방법은 약자의 투정으로 느끼게 된다.

누드에서도 마찬가지다. 남성 예술가들이 그린 수많은 여성의 누드에서 여성의 출산 모습을 그린 작품은 없다. 오직 남성들의 누드화는 외설적으로 '섹스화된 몸'을 그리거나, 남성의 관점에서 '젠더화된 여성'만을 마사지해 이쁘게 그려왔다. 그렇지만 여성 미술가들은 자신을 직접 누드화의 소재로 삼을뿐더러, 임신한 자신의 모습을 파울라 모더존 베커처럼 상상하거나, 여성의 출산의 순간을 〈출산하는 신〉처럼 역동적으로 나타냈다. 다시 말해 여성은 관음증에 대한 반(反) 관음화, 나아가 성(聖) 누드화를 그린다. 남성 미술가들은 여성의 몸을 타자화하고 식민화하지만, 여성 미술가들은 주체화하고 자연화한다. 이 점이 젠더화한 여성의 몸을 바라보는 남녀의 근본적인 차이이다.

3) 그림을 넘어선 페미니즘 화가들

(1) 애나 멘디에타(1948~1985)

애나 멘디에타는 어린 시절인 1960년대 말 쿠바에서 여동생과 단둘이서 미국으로 망명한 뒤 예술에 혼을 불태워 나갔다. 그녀는 필름과 비디오 작업, 드로잉, 판화, 조각 그리고 지역 특징적 설치 작업에 이르기까지 폭넓고 다양한 장르의 작품을 완성하였다. 성숙한 자아로 거듭나기까지 그녀에게 영향을 끼쳤던 것은 민감하고 여린 시각으로 바라본 조국의 상처와 수난, 방랑자와 같은 이국 생활 그리고 중남아메리카인이라는 소수 민족 여성으로서 겪었던 정체성의 혼란 등이었다.

도판 309 애나 멘디에타의 행위예술 〈실루에타 시리즈〉(1973~1978). 온 우주에 생명을 소통시키는 우주 에너지를 믿는다. 그러므로 "나의 예술은 그 우주적인 유체가 흐르는 혈관이다"라고 외친다.

그녀의 작업은 대우주인 자연과 소우주인 신체를 연결하기에 페미니즘으로 읽히기도 하고, 쿠바라는 제3세계 국가의 유색인종으로서 이산을 경험했기에 정체성 측면에서 다뤄지기도 한다. 그녀의 작업은 비물질적인 퍼포먼스를 중심으로 한다. 그 대표적인 작품 중 하나가 [도판 309]이다. 1973년부터 1978년까지 5년 이상에 걸쳐서 완성한 이 〈실루에타 시리즈〉 작업은 인간 형체를 바위와 풀잎, 흙 등 자연 속의 일부로 융화시키는 작업이었다. 즉, 〈실루에타 시리즈〉를 추구한 이념은 여성과 자연과의 동일시였다.

미국에 살고 있는 쿠바 난민의 관점에서 작업해 온 애나 멘디에타는 강간에 항의하는 1973년의 한 퍼포먼스에서는 처음으로 피를 사용했다. 멘티에타의 미술은 페미니즘 그리고 1970년대의 대지미술, 퍼포먼스, 그로세스 아트에서 보듯이 반상업적인 경향에 뿌리를 두고 있다. 멘티에타의 작품은 서양 미술의 전통이 뿌리를 박고 있는 양식, 기법, 장식 같은 겉치레를 제거하는 방식을 통해, 즉 알맹이와 알맹이끼리인 여성의 신체와 대지 간의 강력한 일체화를 이루어 냈다. 그 결과 대지와 신체 사이에 매개된 상호 작용의 흔적만이 [도판 309]의 (향)오른쪽처럼 남게 의미화했다. 대지와 여성은 하나, 즉 같다. 곧 대지모신(大地母神)으로서 위대하다는 뜻이다.

(2) 수잔 레이시(1945~)

LA에서 1977년 수잔 레이시 작품은 미술가이자 이론가인 레슬리 라보위츠(1946~)와 공동 작업해 시위형식으로 발전시켰다. 그 첫 번째 합작인 〈애도와 분노 속에서〉[도판 310]가 LA시청 밖에서 공연되었다. LA에서 발생한 일련의 여성 강간 살인 사건에 대한 대중 매체들의 선정적인 보도 태도에 분노를 나타낸 이벤트이기 때문에 국영 방송의 시선을 모았다. 〈애도와 분노 속에서〉는 대도시 미국 사회에서 여성이 당하는 높은 범죄율을 상기시켰을 뿐만 아니라 그러한 비극들을 단지 흥미 본위의 충격 기사로만 다루는 매스컴에 문

도판 310 〈애도와 분노 속에서〉(1977). LA에서 발생한 여성 강간 살인 사건에 대해 분노하고 이에 대한 매스컴의 선정적인 보도를 LA시청을 향해 규탄한 수잔 레이시와 레슬리 라보위츠의 퍼포먼스 장면

제를 제기한 것이다. 이후 꾸준히 지역사회 조직의 능력을 퍼포먼스로 보여주며 사회에서 발생하는 가치문제를 드러내는 작업을 수잔 레이시는 '새로운 장르 공공미술'(New Genre Public Art)이라는 개념으로 제시하였다.

새로운 장르 공공미술에서 '새로운 장르'는 이전에 '공공미술'이라는 용어로 지칭해 왔던 공공장소에 놓인 설치나 조각들과 구별하기 위해 붙인 용어다. 이는 이후 (사회참여에 기초하여) 관객들의 삶과 직접 관계가 있는 사회적 쟁점에 관하여 대화하고 소통하기 위해 매체를 사용하는 모든 전통적, 비전통적인 시각예술을 지칭하는 것으로 정의한다.

수잔 레이시는 자신의 새로운 장르 공공미술 작업에서 '사회분석과 미술가의 역할, 지속성, 관객과의 관계에 책임을 지는 윤리적 태도' 등을 강조한다. 이것을 성공적으로 수행한 최초의 작업이 〈애도와 분노 속에서〉라고 할 수 있다. 수잔 레이시는 프로젝트를 마친 후 가진 인터뷰에서 다음과 같은 말로 그녀가 생각하는 미술의 의미를 알렸다.

"나의 스승인 앨런 캐프로는 '예술이란 아름다움을 만드는 것이 아니고, 의미를 만드는 것'이며, 다른 선생님 주디 시카고는 '여성에 의한, 여성을 위한 예술을 만드는 것'이라고 얘기했다. 그 둘을 합치면 '여성을 위한, 여성에 의한 의미 만들기'가 된다." 기존의 남성 위주 미술사에 따끔한 충고를 한 것이다. 이와 같이 페미니즘의 영향을 받은 공공미술 작품은 이후 성평등 문제를 적극적으로 결정하고 해결하도록 조치하는 데 큰 역할을 하였다. 이처럼 1970

년대 말부터 지금까지 페미니즘의 이론과 실천에서 커다란 변화가 나타났다. 즉, 페미니즘 미술의 개념을 그림이라는 형태로 강조하던 입장에서 벗어나 대중매체와 대중문화의 산물에서 파생된 것으로 알리고 있다. 이는 앞으로는 더 다른 방향으로 파생되어 나아가게 될 것이다.

(3) 게릴라 걸스

1985년 뉴욕에서 결성된 익명의 여성 예술가 모임인 게릴라 걸스가 고릴라 마스크를 뒤집어쓴 채 공공장소에 나타났다. 성차별과 인종차별에 반대하는 각종 퍼포먼스를 선보이며 세계적으로 주목받았다. '새로운 장르 공공미술'보다 더 신선하고 역동적인 시위로 해서다. 퍼포먼스 중 특히 앵그르의 〈오달리스크〉를 패러디한 포스터와 "여성이 메트로폴리탄미술관에 들어가려면 발가벗어야만 하나?"라는 문구가 유명하다[도판 311]. 그러면서 그 아래 "미국 최대의 미술관이라 불리는 메트로폴리탄미술관의 근대 미술 부문에 여성 미술가들의 작품이 4%도 되지 않는 반면, 이 미술관에 걸린 누드화는 76%가 여성을 소재로 한 것"이라고 적혀 있다. 그러므로 그 포스터는 남성 중심의 주류 미술사

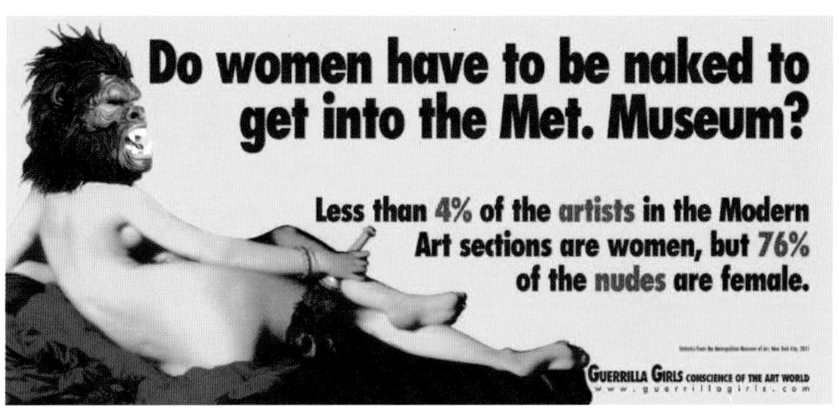

도판 311 게릴라 걸스의 포스터 〈여자들은 벌거벗어야만 미술관에 들어갈 수 있는가?〉 [도판 103] 참조

에서 여성은 그저 소유 개념과 소비의 이미지로 전락한 것에 저항하는 의미다. 이렇게 기성 미술을 조롱하면서 익살과 반어법으로 예술계의 주목을 끌었다.

1987년부터 활동한 '게릴라 걸스' 그룹은 미술계의 인종주의와 성차별주의를 공격 목표로 삼았다. 그래서 그 통계수치와 포스터의 전시, 강연/퍼포먼스를 적극적으로 펼치고 알리면서 오늘에 이르고 있다. 이 운동에서 돋보이는 특징은 일반인들까지도 이 페미니즘 속 활동으로 유도하는 지혜로운 적극성이다. 게릴라 걸스는 에필로그에서 "'이즘'의 시대는 끝났다. 주류가 있다는 생각, 미술은 예술가 A에서 예술가 B를 잇는 직선을 따라 발전해 왔다는 생각을 고집하는 미술사가는 거의 사라졌다"라고 말한다. 그렇듯 그들의 활동은 단지 페미니즘 미술사에 국한하지 않는다. 그것이 인종이든 젠더이든 사회 문제이든 고착화된 뒤떨어진 이데올로기에 저항하며 다양성에 눈뜨자는 것이 핵심 메시지다. 기존 미술사에 대한 그들의 색다른 시각은 탈권위, 탈중심적인 관점을 제시하는 의미 있는 프레임이다. 심리적 감정에서 볼 때 노골적인 조롱과 분노, 정치적 메시지로 성차별적 미술계의 관행을 폭로하면서 동시대 많은 여성주의자는 통쾌함과 해방감을 느끼며 연대감을 확산시켰다.

앞에서 언급해 알게 되었지만, 우리는 그동안 르네상스의 거장 틴토레토는 잘 알지만, 그의 딸 마리에타 로부스티는 잘 몰랐다. 마리에타 로부스티의 그림이 아버지의 그림과 혼동을 일으킬 만큼 훌륭했는데도 말이다. 또한 잭슨 폴록에 대해서는 누구나 잘 알고 있지만 그의 아내이자 추상표현주의 화가 리 크래스너는 잘 알지 못한다. 역사는 이 여성들에게 어떤 의미나 지위도 허락하지 않았다. 게릴라 걸스들은 그동안 미술사의 흐름에서 여성은 생산자라기보다는 재현의 대상에 지나지 않았다고 주장한다. '대가들'과 '걸작'으로 규명되는 '천재성'은 오직 남성의 영역이라는 생각이 지배적이었기 때문이라는 것이다. 여성, 유색인, 제3세계에서 활동하는 예술가들은 뛰어난 재능이 있더라도 폄하되었던 게 사실이다. 그 폄하에 대해 게릴라 걸스는 벌거벗은 성난 고릴라가 되어 외치고 있는 것이다.

(4) 소냐 보이스(1962~)

백인 문화의 우월성을 입증하기 위해 비서구 문화의 유산을 끌어와 이용했던 지난날의 지배와 종속의 관계는 대체해야 한다. 이를 위해서는 문화적 평등성 문제가 문화 상호 간의 대화 속에서 자리 잡아야 한다는 주장이 나오기 시작했다. 이에 따라 소냐 보이스(Sonia Boyce 1962~)는 〈조용히 뒤로 물러서서 그토록 위대한 영국이 한 일을 되새겨 보아라〉라는 그림을 그렸다. 경건하게 가슴에 손을 모아 기도드리는 WECP 또는 WASP의 상징인 백인 남성 선교사에게 흑인 여성이 경건한 분위기를 무시한 자세로 "조용히 뒤로 물러서서 그토록 위대한 영국이 한 일을 되새겨 보아라" 일러주고 있는 패널화 그림이다. 세계사가 변곡점으로 가고 있다는 것을 상징하는 것이기도 하다.

이 그림은 1985년 영국이 과거 대영제국 당시 하느님의 이름으로 침략의 성공을 위해 기도해 주고, 타 종교를 기독교로 강제하면서 일방통행한 불행의 역사를 지적하며 그린 것이다. 즉, 기독교에 대한 반감이 커지고 있음을 보여주는 것이다. 기도하는 모습은 기독교가 백인 문화를 수구적으로 지키려 하는 의미이고, 아프리카식으로 변한 기독교와 연결된 빨간 터번을 맨 여인은 보수적인 기독교에 대한 대안적 입장을 제시하는 의미다. 소냐 보이스는 영국의 흑인 여성 아티스트로서, 이렇게 사회의 큰 질문 중 하나인 "우리가 어떻게 차이의 문화 속에서 함께 이종공유하며 살아야 하는가" 하는 변곡의 주제를 일관되게 알아보며 그려왔다.

이 그림의 '제목'은 또한 과거 제국주의자들이 침략, 파괴, 수탈한 것은 물론 각 나라의 박물관, 미술관에 불법으로 반출하여 해당 제3세계 국가의 이름으로 특별 전시실에 전시된 작품이나 유물에 대한 객관적 설명과 그 책임을 묻는 것이기도 하다. 사실 그에 대한 줄기찬 반환 요구에 묵묵부답, 또는 자기네들이 보호해야 더 잘 보존된다고 억지 변명을 하더니, 요즈음은 그 궁색한 제의로 '영구 대여'의 방법을 제시하고 있다. 과거의 불법 반출을 합리화하면서 소유권은 끝까지 자기네 것이라는 것이다. 저작권도 그렇다. 재산권은 작가나 소유권자에게 있어도 인류 문화유산으로서 그 정신적 공유가치는 만인에게 있어야 하지 않은가. 이 글을 쓰면서도 저작권에 걸려 마음대로 도판을 활용하지 못했다. 저작권료가 많이 부담되기 때문이다.

앞으로 지구촌은 세계화 속에서 이종공유를 통해 세계 합중국이 되면서 자연스럽게 역지사지의 역사로 나아가게 될 것이다. 그것은 얼마 전 흑인 조지 플로이드 사망 사건에서 시작되어 일파만파 세계로 번진 사례가 그 조짐을 예시해 주었다. 미래의 역사는 백인을 위한 진실이 아니라 인류애를 위한 재평가의 대상이기에.

ps: 그녀는 코로나19 때문에 3년 만에 열린 2022년 4월 23일 제59회 베네치아 비엔날레에서 황금사자상 국가관상을 받았다. 특히 올해에는 58개국 213명의 본선 참가자 중 90%인 188명이 여성이었다. 이는 미술 올림픽이라 불리는 비엔날레 127년 역사상 처음으로 여성 작가가 남성 작가 수를 앞지른 것이다. 그러면서 수준에서도 흑인 여성작가들이 각 분야의 최고 상을 휩쓸었다.

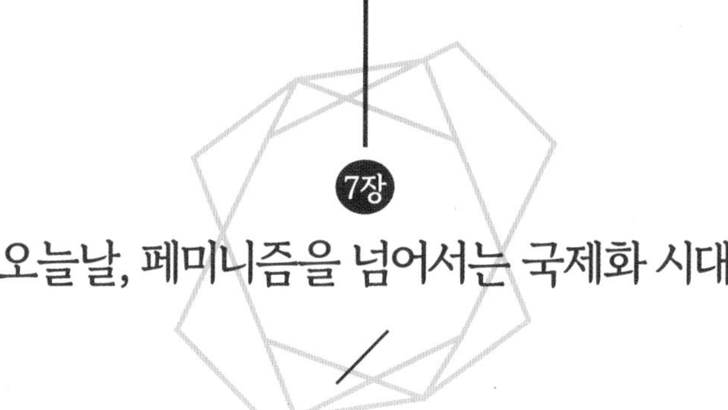

7장 오늘날, 페미니즘을 넘어서는 국제화 시대

1) 페미니즘을 넘어서는 비엔날레 · 세계화날레 시대

1989년 5월 파리에서는 "지구의 마술사들"이라는 야심 찬 국제전이 열렸다. 그 계기는 에이즈, 인종차별, 성차별, 사회 부패 등 세계적인 문제를 알리고 치유하는 국제적인 연대를 미술로 해보자는 의도가 컸다. 이 전시에는 유럽과 북미 출신의 유명한 현대 작가 50명 외에도 민속적, 종교적, 장인적 전통을 이어받아 작업해 온 작가 50명이 새롭게 소개되었다. 그중 스타덤에 오른 한 명이 쉐리 삼바다. 그는 아프리카의 정체성을 알리는 그림을 주로 그리면서도 국제 난개발에 대한 비판적인 메시지를 지구의 마술사처럼 알리고 있다[도판 312]. 이 전시는 이후에 열린 수많은 국제적 미술 행사의 모델이 되었다.

이후 이 국제전은 타이완, 요하네스버그, 광주, 상하이, 다카르, 후쿠오카, 브리즈번, 이스탄불 같은 지역에서 국제전이 열리게 되는 기반을 마련하였다. 그럼에도 불구하고 "지구의 마술사들" 전시회는 상당한 비판을 받았다. 파리

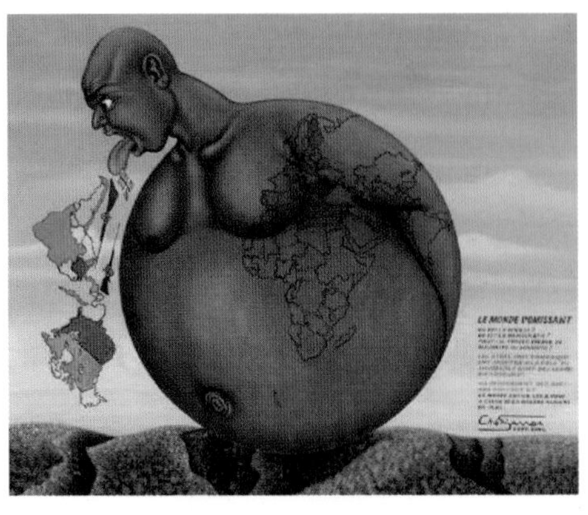

도판 312 쉐리 삼바(1956~)의 〈구토〉. 파리 비엔날레에서 스타가 된 그는 말했다. "나는 그림을 그릴 때 첫째 현실과 진실, 둘째 의식 있는 메시지, 셋째 유머를 고려한다오. 특히 유머는 메시지를 효과적으로 전달할 수 있다오. 유머는 사람을 결집시키고 호기심을 자극하기 때문이라오. 유머 덕분에 사람들이 내 작품을 좋아하는 것 아니겠소." 할 말도 유머처럼 말하고 있다. 그는 콩고민주공화국 출신이다. 코니카갤러리 제공

의 이 전시의 좋은 의도를 '신제국주의'라고까지는 말할 수는 없어도 생색내기에 불과하다는 비판이었다. 특히 아무런 설명도 없이 문화적 차이를 진열한 점, 가부장주의와 유럽 문화에 토대를 둔 전시 기획 관행 그리고 민속적, 제의적, 민중적 미술을 인류학적 맥락에서 예술적 맥락으로 옮겨오는 작업이 서구적 가치와 그 체계화라는 관점에서다. 그리고 젠더 문제를 보더라도 대단히 보수적인 성향이 입증되었다. 참가 작가 중 여성 작가는 10%도 채 안 되었다. 표면상으로는 이 전시가 1970년대 이후로 페미니즘 논의의 중심을 차지했던 모든 이슈를 제고하기 위해 기획은 되었지만 젠더 문제는 거의 논의하지도 않았던 것이다.

오늘날 세계화는 아직까지도 이렇게 백인 문화 중심 속에서 오리엔탈리즘적 성격을 다분히 가지고 있다. 그림으로 비유하자면 지금까지 선정적으로 이끈 누드화와 같다. 따라서 앞으로의 세계화는 고갱의 누드화를 쉐리 삼바의 [도판 312]처럼 '구토'해 내고, 강경덕의 [도판 314] 같은 범죄를 반성한 후 모더존 베커의 [도판 289] 같은 누드화를 지향해야 한다.

가장 오래된 베니스 비엔날레가 처음 열린 1895년은 제국주의 유럽의 팽창주의적 식민지 시대가 최고조에 이른 때와 일치했다. 100년이 지난 1993년 6월에 열린 제45회 베니스 비엔날레는 미술뿐만 아니라 영화·건축·음악·연극, 이렇게 5개 부분으로 나누어 실시하면서 그간의 세계사적 변화를 유럽 문

화를 중심으로 해 알려주는 전시였다. 유럽 각 나라의 지역적 정체성, 국제주의, 다문화주의에 대한 강한 지향성을 헬레니즘을 문화 주권으로 하고, 헤브라이즘을 정체성으로 해 보여주었기 때문이다.

나이지리아 출신의 큐레이터인 오쿠이 엔위저가 "항로: 역사와 지리학"이라는 주제로 기획했던 1997년 제2회 요하네스버그 비엔날레는 현대 미술에서 정체성의 중요성을 재확인시킴으로써 국경을 허물었다. 이 비엔날레는 아프리카, 카리브, 남미 그리고 아시아의 현대 작가들을 동등하게 소개한 최초의 주류 전시로 알려지면서 몇몇 비평가들에게서 1989년 "지구의 마술사들"전시회 이후 가장 중요한 전시라는 평을 받았다. 그러면서 이 전시는 이야기와 역사, 종교, 의미에 관해 제기되어 왔던 복잡하고 어쩌면 해결 불가능할지도 모르는 노예선 같은 문제들을 제시해 주었다.

최근 국제전을 젠더 입장에서 보면, 다양한 공간을 만들어 낸 그들의 공로를 알 수 있다. 오늘날은 이 공간을 통해 여성의 목소리를 더 크게 듣게 되는 것이다. 앞으로 여성 미술사의 많은 부분이 이론적·정치적 논쟁을 일으키면서 세계 시각문화 국제전에서 여성들의 목소리는 미래 세계에 지대한 공헌을 할 것이다. (그것은 앞의 ps에서처럼 현실화되고 있다.)

국제적인 비엔날레가 세계 시장을 주도하면서 지금까지는 미술계의 주류적 위치를 유명 작가들을 중심에 둔 것은 사실이다. 하지만 동시에 이 전시들이 여성 작가들의 다양한 미술적 실천을 위해 중요한 토론장과 작품 전시를 제공해 온 것도 사실이다. 앞으로 열릴 비엔날레, 아니 지구촌 축제로 진행될 세계화날레 같은 국경을 초월하는 국제전은 페미니즘을 넘어 휴머니즘, 아니 생태 휴머니즘에까지 기여할 수 있는 전시의 틀을 제공하기 바란다.

2) 글로컬리즘(Glocalism)을 향해

그동안 페미니스트 미술계에서 활동하면서 유명해진 사람들은 주디 시카고, 바바라 쿠르거, 신디 셔먼, 윌리암 샤피로, 실비아 슬레이 등 백인 여성들이다. 그러나 그녀들 못지않게 활동한 페이스 링골드, 주디스 바카, 토미에 아라이를 아는 사람은 드물다. 그것은 이들이 아프리카계 미국인, 남미계 미국인, 아시아계 미국인, 미국 원주민으로 모두 유색인 여성들이라는 데 있다. 이렇게 그녀들의 활동 결과가 남성에 의해, 다시 백인 여성에 의해 이중으로 소외당하여 왔다.

이 같은 현상은 1970년대 페미니스트 미술운동의 목표와 투쟁 대상과 전략들이 백인 여성들 경험에 근거하여 그 중요성이 결정되었기 때문이다. 결국 백인 페미니스트들은 유색인 여성들로부터 인종차별적이란 비난과 페미니즘이 백인 중산층 여성 중심이라는 비판을 면치 못하게 되었다.

1971년에는 "우리 흑인 여성 미술가들은 어디에 있는가?"라는 제목으로 뉴욕에서 12명의 흑인 여성들이 참가한 전시회가 열렸다. 이는 미국 역사상 최초로 흑인 여성 단체전이란 의도로 기획되었다. 특히 페이스 링골드는 여성 대의원 대회가 설립된 1972년 이곳에 참석하여 얘기했다.

"나는 페미니즘이 백인 중산층 계급적이라고 느낀 적이 없다. 불행하게도 그것은 유색인 여성들이 만들어 낸 서글픈 생각이다. 내가 페미니스트운동 그 자체다. 이 나라에는 언제나 여성해방과 관계한 유색인 여성들이 있었다. 여권을 쟁취하기 위해서 내가 백인이 될 필요는 없다. 그것을 위해 백인 여성들과 더불어 일할 수 있지만, 나는 흑인 여성으로서 해야만 되는 나 자신만의 쟁점을 분명히 갖고 있다"라고.

한편 아시아·아프리카계 미술가들은 1970년대 초부터 집단을 이루기 시작하여 1980년대 초에 사회적으로 드러나기 시작했다. 그러면서 디아스포라로서 자신들의 역사와 정체성을 찾으려는 절박한 노력을 하고 있다. 앞으로 인종의 차이를 넘기보다는 차이를 상이성으로 존중하면서 미래로 나가야 한다. 그럴 때 유색인 여성들은 페미니즘 내의 타자 곧 식민화된 존재가 아니라 '+1'이 된 또 하나의 협력자로서 백인 여성들과 대등한 위치에 올라설 수 있을 것이다.

식민지 경험과 근대화 경험을 공유하고 있는 아시아 작가들은 이제 국제주의와 민족주의 사이에서 정체성 없는 세계주의를 표방하기도 하고 토착적 정체성을 강조하기도 할 것이다. 즉, 글로벌리즘과 로컬리즘을 동화시켜 글로컬리즘(Glocalism)으로 말이다. 앞으로 이들에 의해 글로벌한 거대 담론과 로컬한 고향 이야기가 자유롭게 뒤섞이는 혼성의 미학이 하모니를 이루며 개발될 것이다. 멀티화되어 가는 혈통과 다민족화되어 가는 합중국들의 국가에서부터 말이다.

(1) 날리니 말라니(1946~)

인도의 구상 화가이자 에코페미니스트인 날리니 말라니는 파키스탄의 카라치에서 태어나 현재는 뭄바이에 살면서 작품활동을 하고 있다(에코페미니스트란 생태여성주의라고 번역하는데, 1970년대 후반에 등장했다. 남성 중심, 서구 중심, 이성 중심의 사회가 자연과 여성을 억압해 왔다고 보고 남성과 여성, 자연과 인간의 조화를 추구하는 여성들이다).

그녀는 에코페미니스트로서 지난 10년간 퍼포먼스, 설치미술, 회화 등을 포괄하는 작품을 만들어 인도, 오스트레일리아, 영국 등지에서 전시했다. 말라니가 여성적 주체성이라는 문제에 보인 관심은 탈식민지를 위한 인도의 모더니즘에 기초하고 있다. 말라니는 독일과 멕시코계 인디언의 혈통을 가진 프리다 칼로처럼 헝가리인과 인도인이란 혼혈 문화를 피로 이어받았다. 그래서 그 같은 문화유산을 이어받은 과거의 여성 작가들을 자신과 연대하며 동일시하고 있다.

날리니 말라니는 인도에서 주목받는 여성 작가로 비디오 아트 분야를 개척한 선구자다. 그녀는 드로잉, 회화, 애니메이션, 비디오, 영화를 넘나들며 작업한다. 그녀는 특히 혼합매체로 이루어진 뉴미디어 작품들을 소리가 나오는 그림자극(shadow play) 형태의 설치미술로 해서 국제적인 명성을 얻어 왔다. 이는 불교에서 기도 도구인 마니차에서 영감을 받은 것이라고 한다.

사회운동가로서 작품을 만드는 작가는 성경 /신화/ 역사에서 무시되어 왔거나 잊힌 사람들에 대한 동적인 이야기의 이미지들을 만드는 데 집중하고 있다. 그녀는 자기가 경험한 다양한 인종들의 언어와 종교가 뒤섞여 발생하는 끊임없는 분쟁들과 그로 인해 나타나는 트라우마에 주목한다. 이러한 끊임없는 혼돈과 분열의 역사는 그녀의 작업에 공고한 토대를 이루고 있다. 작가의 작품에서 나타나는 개인적 성향과 경험들은 역사적 요인들과 혼합되면서 서사적인 이야기를 만들어 내는 한편, 인도만이 아닌 범국제적이고 보편적인 개념들과 연결된다.

날리니 말라니는 1946년 파키스탄의 카라치에서 출생해 그녀의 나이 1살에 가족 난민으로 인도로 이주해 성장했다. 정치와 종교의 소용돌이 속에서 난민으로 살면서 국제적 문제인 난민의 역사를 직접 경험한 그녀는 자신이 경험한 세상에서 한 발자국 더 나가 전 세계로 확장해 인류가 안고 있는 현실적 문제들을 표현했다. 퐁피두센터에서의 회고전은 그녀가 세계의 보편적 문제와 특히 여성으로 겪는 고통을 '여성, 인도, 유토피아, 디스토피아' 등으로 표현하여 인류가 안고 있는 문제들을 바라보는 데 초점을 맞추었다. 인도의 역사와 종교 그리고 주변국과의 민족주의적 갈등을 세계 각국의 이야기로, 인류의 보편적 문제로 제기하여 세계적인 문제로 받아들이게 하는 힘이 그녀의 작품에 담겨 있다.

말라니는 여성의 눈으로 인도와 유럽 문화 사이에서의 성 불평등, 종교 분쟁, 다민족 간의 언어 차이 그리고 혼돈과 분열을 매체의 다양성을 활용해 강렬하고도 자유로운 이미지로 확대시키고 개념화시키며 자신만의 예술 세계를 구축했다. 그녀의 놀라운 상상력은 세상의 고정 관념을 가볍게 뛰어넘으며 민중이 착취 받는 현실을 고발하고 있다. 특히 존재의 불안과 불확실성이 더 큰 여성의 주체성과 그리고 여성에게 가해지는 폭력을 그녀만의 이미지로 표현하고 있는 것이다. 기억, 우화, 진실, 신화, 트라우마, 저항 사이에서 동적인 결합으로 꿈틀거리는 작품들은 그녀만의 인류애적 상상력으로 애쓴 결과다.

(2) 민영순(1953~)

거의 미국 거주자들이지만, 한국계 여성 외국인 작가들은 자신이 속한 그러나 절대 속할 수 없는 미국에서 '인종적, 국가적, 젠더적' 타자의 입장에 처하는 한편, 모국으로 회귀가 불가능하다는 인식에서 이중의 소외를 겪는다. 그러니 이들 여성 작가들의 작업은 생래적으로 정치적일 수밖에 없다. 이들은 동화/차별화, 의식/무의식, 한국인/미국인으로 양분된 이민자의 심리를 인종 문제와 결부시켜 자아 정체성, 성 정체성, 민족 정체성의 문제를 겪는다. 이처럼 양분된 역할에서 이민자 작가들은 문화 정체성을 다중으로 겪으며 자연스럽게 고국의 전통 모티브에 주목하게 되기 마련이다. 그러면서 미국에 대한 선망과 잃어버린 고국에 대한 기억 사이에서 갈등하는 이율배반적인 자아를 통해 미국과 한국과의 관계에 대해 다시 한번 숙고한다.

작가들은 인종, 식민, 젠더, 이산을 둘러싼 중층적 문화와 정치학적 이슈들을 부각시킨다. 이들은 대개 망명자, 이민자, 난민자로 외국 문화의 가장자리, 또는 최전선에서 사는 디아스포라적인 소외된 사람들이다. 그 흩어진 인간들의 외로운 삶의 흐름을 가리켜 '외로운 인간의 계보학'이라고도 부른다. 이들은 외로운 인간의 계보학의 DNA인 난민, 이산, 망명을 글로벌리즘과 로컬리즘을 융합한 글로컬리즘의 웃거름과 밑거름으로 활용해 자신들의 작품세계를 풍요롭게 하고 있다. 이 같은 작품은 모든 제3세계 외로운 인간의 계보학에서는 그 '학'의 성격이 비슷하다.

한국계 외국인 중에서 그 대표적인 작품 중 하나가 민영순의 대표작 〈결정적 순간들 시리즈〉이다. 이 작품은 사진 이미지와 글자의 콜라주적 병치로 구성된다. 여섯 개의 시리즈로 구성된 이 작품에서는 자신의 상반신 누드 이미지를 밑그림으로 사용함으로써 젠더 문제를 바탕으로 해 식민과 망명 문제를 교차시키고 있다.

자신의 벗은 상체를 문자와 사진 이미지로 가득 채운 [도판 313] 작품에서는 가슴에 마음의 뜨거운 고향 HEARTLAND와 함께 이마에 그 반대 개념인 비무장지대 DMZ을 새겨 넣었다. '약소국으로서, 이산의 약소민으로 고향을 빼앗긴 민영순의 몸'은 비무장지대처럼 정체성의 위험이 집중되어 있다. 작가는 여기서 국가와 민족 정체성, 지리·정치학적 장소에 대한 위기의식을 나타내는 동시에 여성의 역사적 중심점을 강조하고 있다. 한국계 이산 여성으로서의 자신의 벗은 몸에 침해당한 국가의 기호와 피해 입은 여성의 무게를 부과시켰다. 그럼으로써 한국과 한국 여성에 부과된 무자비한 제국적인 힘과 그에 따른 여성의 상처를 각인시키는 한편, 가부장제 역사에서 숨겨져 온 여성의 슬픈 이미지를 보여주는 것이다. 자신의 젠더화한 신체를 한국계 또는 아시아계 여성의 힘으로 발산하는 것이다. 나아가 탈식민주의, 반제국주의 정치학의 사이트로 간주하는 이 작업을 통해 작가는 '여성의 신체가 정체성의 현장'이

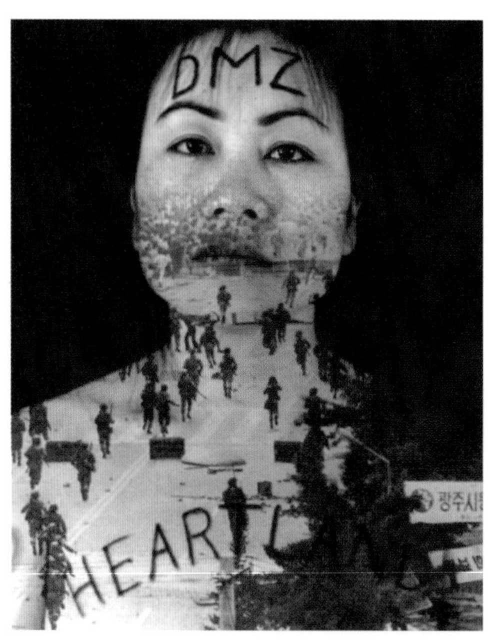

도판 313 민영순의 〈결정적 순간들#4, 1992〉. 젤라틴 실버프린트. 유리판에 에칭. 50.8×40.6cm

라는 현대 신체 담론의 구호를 페미니즘의 힘으로 확인시키고 있다.

민영순의 정치·예술에 가장 빈번히 등장하는 주제 가운데 하나인 DMZ은 그것이 비무장지대가 아니라 군사적으로, 정치적으로 나아가 젠더적으로도 가장 위태로운 중무장 지대라는 점을 경각시키고 있는 것이다. 조국이었던 한국이 근대 이래 결정적인 순간마다 황후가 살해되고, 식민지가 되고, 분단이 되고, 전쟁이 터지고, 5·16쿠데타, 5·18광주학살이 야기되면서 민주주의와 휴머니즘이 망가지는 것을 한국계 미국인이 되어 표현했다. 특히 여성 수난사를 시리즈로 해서 보이지 않는 강대국의 태프트·가쓰라 밀담/분단/쿠데타 묵인 등의 책임을 간접적으로 깨닫게도 해 주고 있다. 그리고 이율배반적인 그 강대국에서 정체성의 혼란을 겪는 자신의 아이러니의 아픔을 호소하고 있는 것이다. 외로운 인간의 계보학에 소속되어 그 '학'의 DNA로 말이다.

(3) 강덕경(1929~1997)

일본군 위안부였던 강덕경의 〈빼앗긴 순정〉[도판 314] 그림은 제국주의의 거대한 부정적인 힘에 피지 못하고 희생된 처녀의 음울한 삶을 명징하게 보여주는 그림이다. 역대 그 어느 그림보다 여성의 정체성을 확인할 수 있다. 앞에서 언급한 제국주의에 본능적으로 따르는 탐욕의 체계적 작동에 의해 1944년 위안부로 끌려갔던 이 여인은 정식 미술교육을 받거나 공인된 직업 화가는 아니다. 하지만 제국주의적 체제에서 침탈당한 자신의 경험을 그림으로 표현해 그 어느 이

도판 314 강덕경의 〈빼앗긴 순정〉(1995). 꽃잎이 바람에 날리는 벚나무 아래에서 위안부로서 능욕당한 모습을 나타냈다.

름난 여성의 화가보다 더 여성의 관점에서 진실되게 고백하고 있다. 보상도 없이 짓이겨져 그림처럼 해골로 변한 원통함을 말이다. 이 그림은 그들에게 여성 작가들과 미술 치료 프로젝트를 진행하면서 여성으로 겪었던 그 모든 상처를 비판적으로 재의미화하는 과정에서 얻어진 결과다. 나아가 이 그림을 공적 공간에 드러냄으로써 일본 제국주의 시대에 식민지 여성들을 위안부로 끌고 간 데에 대해 사회적 공분을 역사적으로 불러일으키게 하고 있다.

400년 전 아르테미시아 젠틸레스키가 타시라는 남자에게 당한 강간을 유디트로 오버랩시켜 복수를 표현했다면, 이 그림은 80년 전 일본이란 제국주의 국가가 젊은 군인들에게 마음껏 조선 처녀들을 집단 강간하도록 부여했던 역사적 증거를 그녀가 대표하여 유화(遺畵)로 그린 그림 중의 하나이다. 이 같은 농락의 피해자는 조선 처녀만이 아니다. 국제적으로 자행되었다. 그래서 이 그림의 표현은 예술적으로는 미약하지만, 그 의미는 과거 비참한 아시아권의 역사적 슬픔을, 특히 여성들의 슬픔을 대표해서 절제하고 자제해 표현한 것인데, 그 받은 탄력은 온 누리 만천하를 향해 튀고 있다.

(4) 쉬린 네샤트(1957~)

쉬린 네샤트는 이란 태생의 여성 예술가다. 그녀는 이슬람권 여성들의 삶을 주요 테마로 삼아 영상과 사진 작업을 해 왔다. 부유하고 진보적인 가정에서 태어난 그녀는 미국 유학길에 올라 UC버클리에서 미술을 전공한 뒤 지금은 뉴욕을 기반으로 활동하고 있다. 유학을 마치고 고국에 돌아왔을 때는 종교 지도자 호메이니가 1979년 이란 혁명을 통해 정권을 잡은 뒤였다. 이란 사회는 반미, 반서구라는 기치 아래 이슬람 절대주의의 길로 들어서 있었다. 그녀가 기억하는 유년기의 개방적인 사회 분위기는 온데간데없고, 히잡 착용이 의무화되는 등 특히 여성 인권이 급격히 퇴보하고 있었다[주 102]. 고국의 현실에 절망한 네샤트는 미국 망명을 택하여 지금까지도 망명 상태에서 이란의 정치 상황과 이란 여성들의 현실을 환기시키는 작업을 이어가고 있다.

그녀를 세계적인 작가로 자리매김하게 만든 작품으로는 비디오 3부작 〈격동〉(1998), 〈황홀〉, 〈열정〉(2000)과 장편영화 〈여자들만의 세상〉(2009) 등이 있다. 그녀의 비디오 3부작 중 가장 인상 깊은 작품으로 평가받은 것은 〈황홀〉이다. 황홀은 두 개의 스크린이 서로 마주 보는 구조로 전시되고 관객들은 양 화면을 번갈아 보며 감상하게 된다. 한 스크린에는 남성들이, 또 다른 화면에는 여성들이 등장한다. 이들의 행동은 여러 면에서 서로 배치되는데 장소부터 대조된다. 그런데 네샤트는 〈황홀〉 속 남성들을 가해자나 억압의 주체자가 아니라 또 다른 피해자로 본다. 그들 역시 이슬람 교리에 따라 자신도 모르게 가해자의 위치에 오르게 된 절대 질서나 규율의 희생자이기에. 그것은 아파르트헤이트 당시 가해자들도 가해 행동 속에서 인간성이 파괴되는 피해자로 본 우분투 정신과 같다. 쉬린 네샤트는 모두 피해자가 될 수밖에 없는 개인 너머의 '구조'를 말하고 있는 셈이다.

2011년 TED 강연자로 나선 쉬린 네샤트는 "내가 이란 예술가, 이란 여성이라는 것이 영광스럽습니다"라고 불편한 진실을 향한 삶을 고독하게 토로했다. 그녀의 등 뒤에 설치된 화면에는 반정부 시위를 하다 연행되거나 피를 흘리며 쓰러져 있는 젊은이들의 모습이 비친다. 결국 그녀에게 가장 중요한 일은 모든 이란인과 세계인들이 오롯이 한 개인으로 살아가는 것이라고 한다.

(5) 에리카 디만(1977~)

에리카 디만은 고백한다.

"저는 동성애를 반대하지 않아요. 뭐 그럴 수도 있죠. 근데 제 아이가 동성애 부모가 입양한 아이와 한 교실에서 공부한다고 생각하면 소름이 끼쳐요. 그들의 권리는 존중해 주되 따로 거주 구역을 만들어 사는 것도 한 가지 방법 같아요."

일종의 '게토'를 만들자는 것 아닌가? 권리를 존중해 주되 게토화하자는 건 앞뒤가 안 맞는 얘기다. 그럼·양성애자는? 인간을 이해하는 방식이 어쩌면 저렇게 단순하고 쉬울 수 있는지 부러울 지경이라고 마무리했지만, 집에 돌아오는 내내 그가 한 위의 '인용 글'이 귀에 맴돌았다. 내가 불편했던 진짜 이유는 실은 그와 내가 별반 다르지 않기 때문이다. 즉각 분노함으로써 그와 나 사이에 선을 긋고자 했지만 그럴 수 없다는 건 내가 더 잘 안다. 직업에 따라, 사회의 위치에 따라, 국가나 언어에 따라 나는 얼마나 많은 사람을 차별하고 서열을 매겨왔는가.

에리카 디만은 영국에서 태어나 샌프란시스코에서 사진을 공부한 뒤 지금은 그곳을 기반으로 활동하는 사진작가다. 자메이카 출신 어머니와 잉글랜드인 아버지 사이에서 태어난 에리카 디만에게 서구사회에서 살아가는 유색인들의 삶은 작업의 주요한 주제이자 동기가 되어 왔다. 그녀의 〈브라운 시리즈〉는 아프리카 혈통의 남성들을 찍은 초상 사진으로 에리카 디만은 2015년부터 이를 제작해 2017년에는 샌프란시스코의 안토니 마이어 갤러리에서 단독 전시회를 열었다. 이 전시명이 바로 "브라운 시리즈"이다[도판 315]. 브라운 시리즈의 인물들은 모두 상의를 벗은 채 가슴까지만 클로즈업되어 있다. 이런 흉부 초상은 르네상스 이후 비약적으로 발전한, 주로 귀족이나 부르주아 같은 권력자들의 초상화에 쓰인 대표적인 구도이지만 부끄럽게도 내가 가장 먼저 떠올린 건 현상범 체포를 위해 거리에 배포하는, 즉 범인을 식별하기 위한 '머그샷'(Mugshot)이었다. 만약 사진 속 인물들이 모두 백인이었다면 어땠을까? 그래도 내가 그들을 잠재적 범죄자로 인식했을까? 〈브라운 시리즈〉를 구성하는 각각의 인물 사진에는 모두 다른 그들의 이름이 붙어 있다. 자와디, 모하메드, 자봉, 우마르… 곧 사진의 주인공, 즉 각각의 피사체 이름이 곧 작품명이다. 이 프로젝트의 진정한 가시성은 사진에 있지 않고 사진에 찍힌 '사람'에 있다는 것이다. 그녀는 관객에게 사진이 아닌 한 사람 한 사람의 존재를 보여주고자 한

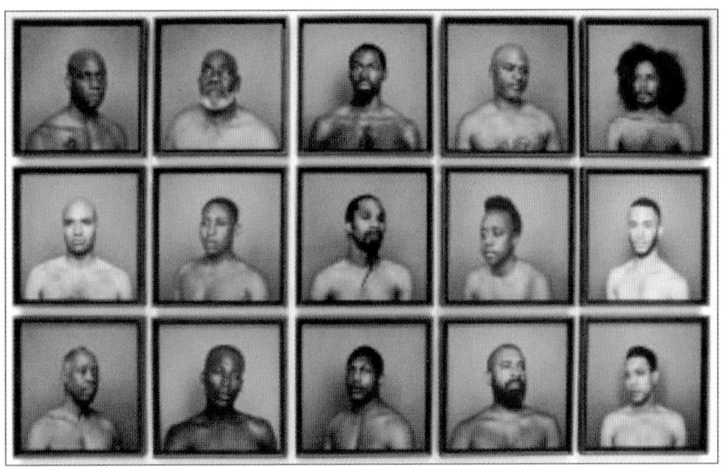

도판 315 에리카 디만의 〈브라운 시리즈〉 사진 작품

것이다. 즉, 내가 사진을 보는 얼굴이 아니라 사진이 내게 내보여주는 얼굴을 말이다. 마크 로스코의 현실에 없는 형태를 색면(色面) 추상으로 나타낸 그림보다 진보된 작품이다. 실제 인물을, 그것도 마크 로스코가 부담스러워했던 윤리적 훼손이 없는 '색점(色点) 사진'으로 본인들의 동의하에 나타냈으니 말이다.

〈브라운 시리즈〉를 통해 발견한 건 일종의 존엄이었다. 더 없이 진지한 눈빛으로 어딘가를 응시하고 있는 인물들을 바라보고 있노라면 그들에게는 모두 고유의 이름과 역사가 있다는 사실을 깨닫게 된다. 누가 누구보다 더 잘나거나 못나지 않았다는 것, 그럴 수가 없는 것이 인생이라는 걸 에리카 디만의 사진은 증명해 보인다. 모하메드는 모하메드의 삶을, 요네는 요네의 삶을, 자와디는 자와디의 삶을 살 뿐이다. 작가 에리카 디만에게 중요한 것은 주류로 인정받는 것이 아니라 내게 있는 인간적인 권리가 타인에게도 똑같이 있다는 당연한 사실을 잊지 않는 것이다.

〈브라운 시리즈〉는 에리카 디만의 전작 〈실루엣〉(Silhouettes)과 긴밀하게 연결된다. 〈실루엣〉이 흑인 여성들의 초상 연작이기에, 즉 〈브라운 시리즈〉의 여성 버전이기 때문이다. 에리카는 여기서 모델이 되어준 여성들과 나눈

대화를 통해 〈브라운 시리즈〉에 등장한 남성 인물들을 소개받았다. 실루엣 시리즈에 등장하는 여성들은 에리카 디만이 샌프란시스코 거리나 자주 가는 동네 바 등에서 우연히 만난 이들이다. 에리카는 그들에게 모델이 되어 주길 부탁하고 자신의 스튜디오로 초청했다. 사진을 찍는 동안 에리카는 그들과 사담과 인터뷰를 통해 많은 대화를 나누고, 몇몇은 속내를 터놓는 친구가 되기도 했다. 에리카 디만의 작업에서 근본은 다름 아닌 페미니즘까지 포함한 휴머니티의 보편화다.

에리카 디만은 〈브라운 시리즈〉에서 본인의 피부색과도 흡사한 갈색 벽을 사진 배경으로 설치했다. 동시에 각 인물의 눈동자에는 맞은 편에서 그를 촬영하는 작가 자신의 모습이 비치게 했다. 렌즈에 찍히는 사람도 찍는 사람을 눈으로 찍게끔 말이다. 그녀는 이런 식으로 해서 스스로 작품에 개입했다. 이는 그들이 단순히 모델과 작가, 즉 일방적으로 찍히는 사람과 찍는 사람이라는 수동과 능동의 권력 구조를 기반으로 한 관계가 아님을 의미한다. 그들은 물리적으로도, 심리적으로도 휴머니즘 차원에서 보이지 않게 서로 이어져 있는 것이다. 이제 그들은 타인이되, 서로에게 무심할 수 없는 타인이 되었다. 그녀의 작업은 오직 흑인만을 위한 것은 아니다. 그녀의 작업은 모든 이방인, 디아스포라의 존재를 위로한다. 에리카 디만이 꿈꾸는 건 그 누구도 함부로 타인을 소외시키지 않는 세상이다. 동성애를 혐오한다고 한 그녀는 '나라고 뭐가 다른가?'라는 질문을 자신에게 스스로 했다. 그녀는 "내 안의 전체주의와 나치적 욕망에 매 순간 저항하며 사는 것만이 그와 나를 소통케 할 것이다"라며 말을 맺는다.

이렇게 주류에서 벗어난 친구이자 친구일 수 없는 이민자, 망명자, 혼혈 혼종의 미술가들은 글로컬리즘(Glocalism)과 노마디즘(Nomadism)으로 모든 것을 포용하고 해소하는 흐름으로 페미니즘을 넘고 백인 문화를 건너 하나의 지구를 향해 나아가는 데 정열을 쏟고 있다. 나아가 생태 휴머니즘으로 해 LGBTQ까지 아우르면서….

8장 페미니즘의 현실과 전망

1) 페미니즘의 현주소

우리나라에서 60년대 이전까지는 가부장제 안에서 겨울잠 자면서 당연한 것으로 자연화되었기에 페미니즘이란 존재하지 않았다. 1970년대에 접어들면서 60년대부터 진행되어 오던 산업화가 본격적으로 이루어졌다. 이 시기는 주로 노동집약적인 섬유, 전자 조립 부문의 경공업을 중심으로 한 수출지향적 산업화 시기였다. 이때 농촌에서 도시로 유입된 어린 여성 노동력의 비중은 절대적이었다. 따라서 이 시기의 여성운동 중 생산직 여성 노동자 중심의 노동운동은 중요한 비중을 차지하고 있었다. 1970년 청계피복노조 결성에서 시작해 박정희 유신체제 붕괴의 계기가 되었던 YH무역의 신민당사 점거 농성(1979)에 이르기까지 여성 노동자들의 투쟁이 끊이지 않았던 것이 그 구체적인 실천들이다. YH 농성 사건은 여성 노동자들의 노동운동이 정치운동으로 확산되는 계기가 되었다.

이후 1979년 부마 민주항쟁을 거치고, 1980년 광주 민중항쟁에 이르러 여성운동은 전체 사회 변혁운동과 궤를 같이하는 민주화운동에 동참하게 된다. 이때부터 여성운동은 전체 사회운동의 한 부문 운동으로서의 성격을 갖게 되었다. 그러면서 90년대 초에 걸쳐 성폭력 문제가 사회적으로 의제화되면서 여성에게 있어서의 '성적 권리'라는 인식의 실마리가 마련되었다. 이는 동시에 바버라 쿠루거의 〈너의 육체가 싸움터다〉 작품처럼 여성 자신의 육체가 권력 투쟁의 장이 된다는 인식의 전환도 가져왔다.

남성의 여성 지배 욕구는 보편적이며, 자본주의는 가부장제를 더욱 강화하고 재생산한다. 여성은 자본주의 사회에서 다양한 방식으로 가부장제를 경험한다. 직장에서는 임금으로 차별받고, 성희롱과 성폭력을 경험하며, 가정에서는 무임금 노동을 도맡는다. 개인적 이익의 극대화가 최고의 덕목인 자본주의이기 때문에 공공의 선이 우선적 덕목인 사회주의의 장점을 알맞게 끌어들일 필요가 있다. 이제는 정치이데올로기에도 퓨전이 요구되고 있다. 지금까지 발생한 여성 억압은 자본주의 가부장제 체제에서는 제거될 수 없는 이브의 사과보다 더 뿌리 깊은 아담의 갈비뼈다.

남자와 여자는 생물학적 차이(Sex)라면서 그 차이를 문화적 차별(Gender)로까지 연결시키는 일부 남성들의 주장은 비겁하다고 생각한다. 그 이유는 그것이 여성들의 사회적 활동을 반대하고 억압을 자연화시킨 책임에서 면죄부를 요구하는 것이기 때문이다. 그러면서 성 편견을 생물학적 특성으로 보도록 생각을 조작하기 때문이다. 그럼으로써 여성은 제2의 성으로, 2등 인간으로, 영원한 미성년으로 취급당하고 있는 것이다. 이런 인식과 함께 자연스럽게 90년대에 접어들면서 계급논의에 치우친 기존 여성운동론에 대한 반성과 비판이 제기되기 시작하였다. 이를 기점으로 하여 90년대 중후반 이래로 한국 페미니즘 이론과 실천 내부에서도 서구처럼 급진적 분리주의 성향의 페미니스트들이 래디컬한 목소리를 높이기 시작했다.

1997년부터 열려 2021년 현재 23회째를 맞이한 서울 국제여성영화제

(SIWFF)는 "여성의 눈으로 세계를 보자"라는 슬로건 하에 1997년에 시작되었다. 해마다 변하는 여성의 문화를 새로운 관점에서 다각적으로 추구하고 진전시켜 보자는 취지에서 시행하고 있다. 그리고 여성 미술계, 여성의 욕망을 알리는 잡지, 「IF 이프」의 창간(1997년) 등과 더불어 여성 동성애자 운동의 출현, 섹슈얼리티와 관련된 성폭력, 성희롱 문제 등의 의제화, 법제화 등은 페미니즘의 진전을 위해 '여성의 눈'으로 제기하고 있는 구체적인 사례들이다.

가부장적이고 획일적인 문화가 팽배한 한국 사회이기에 여성에 대한 남성의 지배는 지금까지 아주 은폐되고 다양한 방식으로 작동되어왔다. 특히 가부장제 자본주의 사회에서 남성의 이데올로기는 집단적 조직화를 자연화하면서 이루어진다. 그런 분위기를 업고 가정에서 남편의 지배도 가시적으로 물리력의 형태를 취해 왔다. 여성 주체들은 이것을 지배 이데올로기로 오인해 자연스러운 것으로 받아들여 내면화하여 왔다. 스스로 자신이 그런 존재로 태어나는 것이라고 '착각', 아니 '은폐', 아니 '자연화'되어 있어 성 억압, 성차별을 확실히 인지할 수 없었다. 이 착각, 은폐, 자연화라는 난점들을 극복하기 위해 페미니즘에 있어 이데올로기 연구는 이 같은 에피스테메적 여성 억압의 구조를 부각시켜 과학적 논리로 규명해 내는 데 힘써야 한다.

"역사는 승자의 기록이다"라는 말은 진리의 중심과 권력의 중심은 일치한다는 얘기다. 권력을 지닌 이들이 규정하는 것이 객관적이고 보편적인 진리가 되며, 그 지식은 현상 유지 및 강화의 기능을 하게 된다. 이 논의를 기독교에 적용하자면, 기독교 역사에서 목회적/신학적 힘을 가진 남성들이, 즉 오늘날까지 주로 유럽에서는 WECP, 미국에서는 WASP들이 성서를 해석해 왔다. 그러니 그 성서 해석이 백인, 남성, 기독교 중심적 가치를 가지고, 사회구조를 유지하고 강화시켜온 역할은 당연했다. 그에 따라 잘못된 노예제도나 성차별주의가 성서적 타당성을 지닌 것인 양 '엉클톰'들을 길러왔다. 이런 맥락에서 볼 때 성서 해석은 해석자가 의도하든 안 하든 정치적·사회적 행위일 수밖에 없다. 그런데 우리나라에서는 그 해석이 재굴절되면서 강화되어 있다. 현재 사회 각각의 현장에서 활동하는 여성 각 주체들의 사회적 삶이 바로 페미니즘의 현주소다. 그 뒤에서 착각, 은폐, 자연화로 포장된 논리를 뜯어내야 한다.

1978년 출판되어 현대적 탈식민담론을 조직적으로 전개한 미국의 에드워드 사이드가 저술한『오리엔탈리즘』에서 권력과 문화의 관계에 대한 인식을 분명하게 분석하였다. 그 분석을 통해 식민지 시대를 통하여 형성된 서구 중심적 지적 체계가 어떻게 전 세계의 지식체계로 해 오늘날까지 지배하고 있는가에 대해 포괄적으로 조명함으로써 탈식민담론을 자극하여 본격적으로 전개하게 만들었다.

현대의 신식민주의는 과거 정치적 땅따먹기 같은 구태를 넘고 경제적 착취를 건너 오늘날은 문화적 지식체계를 통해 좀 더 은폐화, 고급화시켜 확산시키고 있다. 과거 제국주의 시대에 강탈하고 불법으로 반출시킨 제3세계 문화재들을 움켜쥐고서는 그들의 관점에서 재조명하고 있는 것이다. 지식의 세계화를 통한 문화식민지를 지구촌에서 자연화하겠다는 흐름인 것이다.

사실 오리엔탈리즘의 반대 개념은 헬레니즘이다. 서양은 게르만이라는 떠돌이 민족이 유럽을 차지하게 되었다. 그래서 그들에게는 문화의 뿌리가 없다. 신분으로 비유하면 천민 격이다. 이에 그들은 신분을 세탁하기 위해 유럽 문화의 고향이라 할 수 있는 그리스 유물들을 각 나라들이 불법 반출해 그들의 족보에서 뿌리처럼 장식하고 있다. 그 유물들이 과거 자신들의 문화인 양 대리만족하면서다. 그것은 대영박물관의 엘진마블이나 독일 페르가몬박물관의 행태가 뒷받침한다. 거슬러서 르네상스 시대 밀라노를 이탈리아의 아테네로 만들기 위해 노력했던 루도비코와 로마를 부러워한 프랑스의 왕 프랑수와 1세의 노력, 그리스 문화를 칭송하고 과장해서 자랑하던 바이런 등 그간의 근대 문학에서 알 수 있다.

반면에 같은 반출의 형태로 공개하고 있는 제3국들의 유물들은 노획물인 양 전시하고 있다. 특히 동양 문화에 대해서는 그들의 지배 시에 오리엔탈리즘으로 식민사관화하여 평가절하시켰다. 그들 문화의 하위 개념으로 위치 지워놓은 것이다. 그러고는 그 관점을 계속 유지시키려 하고 있다. 그들 문화를 중심으로 한 세계화를 통해 지구촌 문화를 대단원화하여 문화 패권을 마무리하겠다는 흐름이다. 그런데 이 같은 경향을 그대로, 아니 더 업시켜 따른 나라가 있다. 과거 단어의 뜻 그대로 탈아입구를 주장하며 우리 문화를 저들의 하위 개념으로 끊임없이 식민사관으로 조작했던 이웃 나라다.

남성의 여성 지배에 대한 (가칭)우먼탈리즘(womantalism)도 마찬가지다. 아니 더 자연화되어 있다. 페미니즘에서도 오리엔탈리즘처럼 평가절하 아니 식민사관화된 우먼탈리즘을 분석해 밝혀내야 한다.

오늘날 현대 사회에서 나타나는 기독교의 위기는 성과 속의 경계가 무너지는 세속화에 있는 것이 아니라 다양한 종류의 비인간화에 대한 무관심에 있다. 한국 불교 역시 성차별이 고착되어 있다. 조계종단은 비구 중심으로 제도화하면서 출가자 중심의 위계를 종법으로 고착화시켰다. 그 결과 성차별, 성희롱, 성폭력 등 성범죄도 발생하고 있으며, 한국 사회의 성평등 흐름에 따라가지 못하고 교리 지체 현상을 보이고 있는 것이다. 현재 한국 불교 최대 종단이라고 할 수 있는 조계종단에서 비구가 지켜야 할 계율은 250계인데 비해, 비구니가 지켜야 할 계율은 348계라고 한다. 지킬 것이 많다는 것은 그만큼 하위 신분이란 의미다.

2) 페미니즘의 전망

손자희는 『한국 페미니즘의 문화 지형과 여성 주체』 194쪽에서 광고 내용을 주제로 여성의 의식변화를 재미있게 그러면서 체계적으로 다음과 같이 설명하고 있다.

연극배우 윤석화가 감각적인 육성으로 커피 광고 카피를 내보냈다. "여자와 커피는 부드러울수록 좋은 거 아니에요?"라고, 그러면서 부드러운 몸짓으로 "알고 보면 저도 부드러운 여자예요"를 덧붙인다. 이 광고 이데올로기는 부드러운 여성 주체인 순응하는 현모양처들을 안심시킨다.

이 광고는 후속편에서 다음과 같이 변한다. "여자는 늘 변화를 원하잖아요. ○○○○ 커피처럼…. 커피와 여자는 새로워질수록 끌리잖아요." 이제 커피 광고는 '부드러운 여자'에만 머무는 것을 거부해야 함을 가르친다. 사람들이 매력적이라고 생각하는 여자는 과감하게 변화를 추구하는 새로운 여자이기 때문이다.

이렇게 형성된 주체는 새로운 내용의 이데올로기에 의해 또 다른 주체를 만들어 낸다. 윤석화는 또다시 이야기한다. "저요? 제멋대로죠. 뭐, 떠나고 싶으면 떠나고 쉬고 싶으면 쉬지요. 자유로운 거, 그게 바로 나예요." 화장품 광고에서다.

나의 존재는 첫 번째 광고인 현모양처 이데올로기를 거쳐, 두 번째 광고에서는 변화를 추구하는 여성이 최고라는 가치를 경유해, 이제는 일상의 모든 구속을 벗어난 자유로운 여성이 최상의 가치로 추구되고 있다. 간단한 세 편의 광고언어의 시사성을 통해 주체가 어떻게 형성되는지, 여러 이데올로기가 여러 형태의 주체를 생산해 내는 것을 본 셈이다. 이렇게 광고에서도 의식화의 효과로 '만들어지는 젠더'가 될 수 있다는 것을 알려 주는 것이다. 그러나 이는 광고로서의 메아리일 뿐이다.

젠더문화 실천 기제로서의 평화적 실현 방법은 종교가 최선이다. 더구나 진리를 상징하는 신의 뜻에 따르게 하는 것이니, 래디컬한 성격을 순화시키는 기제로서는 최고의 방편이다. 오늘날 지구의 환경 위기를 맞아 사회·경제적 시대정신이 '탄소 중립'으로 되어가고 있다. 그동안 "먹느냐 굶느냐"에 매몰되어 온 경제 문제에서 이제는 "죽느냐 사느냐"라는 인류의 생존 문제가 시급해진 것을, 환경파괴를 통해 긴박하게 깨달았기 때문이다.

마찬가지로 성평등 인간화 세상을 위해 종교도 휴머니즘의 완성인 남녀평등을 인류의 마지막 남은 신의 뜻이라는 각오로 주제가 아닌 긴급 현안으로 삼아야 한다. '위대한 보편적 가치'인, 그럼에도 불구하고 불편한 진실로 남아 있는 '페미니즘'이야말로 종교를 종교답게 그러면서 지속 가능하게 만들어 줄 수 있기 때문이다. 근본주의 가부장제 종교는 예나 지금이나 페미니즘적 사고와 실천의 확산을 막는 장벽이다. 그래서 처음에 페미니즘이 기독교를 비판하자 수많은 여성이 운동에서 멀어졌다. 자신들의 자존성보다는 종교가 더 중요하다는 의식이다. 그동안 종교가 신의 이름으로 얼마나 반페미니즘, 반휴머니즘이었는가를 방증하는 것이다. 앞으로 우리나라도 그럴지 모른다. 그러나 그것은 일시적 현상이다. 이제는 시대가 뒷받침하는 상황이 되었기 때문이다. 페미니스트도 태어나는 것이 아니라 만들어진다. 그것을 깨달음을, 십자가를 내세우는 종교가 해야 한다.

현대 사회에 들어서서 전통적인 가정의 구조가 MZ족, X족, 욜로족, 딩크족 등의 등장으로 변형되고 미혼모, 비혼모 등으로 붕괴되면서 가정의 위기가 심각한 사회 문제로 대두되고 있다. 이제 단순 논리로는 통전적인 대안을 제시하기 어렵다. 사실상 현대 사회에서 가정의 위기는 산업사회가 창출한 가치구조들의 총체적 위기의 결과다. 후기 산업화시대, 정보화시대, 우주시대, 전자시대, 초산업시대, 어쨌든 포스트 초산업 사회로 표현될 미래 사회는 지금까지의 산업사회와는 전혀 다른 새로운 생활 양태를 요구하게 되며, 이러한 새로운 문명으로의 전이는 새로운 가치체계를 요구하게 된다. 아니 벌써 현대 사회의 다양한 내적, 외적 변화가 전통적 가정의 구조와 가치에 대해 혁신적인 변화를 요구하고 있다. 부모와 아이들이 있는 핵가족의 형태만이 규범적 가족이라는 주장은 이미 설득력을 잃었다.

딩크(DINK-Double Income No Kids)족이란 맞벌이 부부이면서 자녀를 두지 않는 가족을 말한다. 이 딩크족의 출현을 시작으로 전통적인 가족이 해체되기 시작하면서, 이후 자녀의 양육과 보호의 의무로부터 자유롭고자 하는 현대인의 성향이 커져 가고 있다. 통계청 자료에 의하면 부부만 둘이 사는 가족은 물론 1인 가족의 비율이 해마다 감당 못할 정도로 급격히 증가하고 있다. 젊은 세대들은 새로운 가족 형태를 선호하고 있음을 알 수 있다. 더구나 그 내부에서 가족이란 전통적인 제도의 균열을 소리 없이 일으키면서 급성장하고 있는 것이 모텔이다. 전통적 가정의 변화는 이러한 다양한 갈등과 충돌이 전이 과정에서 시대정신에 따라 여과되면서 자연스럽게 나타난 흐름일 뿐이다.

새로운 진보적 여성들은 돌아갈 옛 다리를 부수고 새로운 길과 다리를 앞으로 내고 있다. 2020년 1월 22일 사유리의 비혼모 선택처럼 말이다. 이는 페미니즘의 새로운 혁명적 행동이다. 앞으로 가정의 형태가 급격하고 다양하게 변화될 것이라는 신호를 예보하는 것이다. 그것은 과거 젠더의 래디컬한 아날로그적 성격을 디지털적 문화가 우습게 넘는 것이기도 하다. 관음증을 넘어서는 [도판 305]를 보는 것처럼 말이다. 아니 가부장제를 우습게 넘어서는 것이다. 메리 베스 에델슨의 〈가부장제의 죽음〉(1972)까지도 조롱하면서다.

페미니즘이 제시하는 가족에 대한 미래의 비전은 후천적 영역에서 탈 성별화가 이루어져야 하고, 형태에서는 다원화되어야 한다. 인류가 해보고자 하는 모든 형태의 가족제도는 그래봤자 '신의 손바닥 안'일 뿐이다. 그런데 지금과 같은 인구 절벽 시대를 다양한 지원정책으로도 해결될 기미가 없다면 가족이란 구성조차 사라질까 우려된다. 그렇다면 세계화 코드에 발맞추어 우리도 이민정책이 아니라 call民정책으로 나가야 한다. 코리아 합중국으로, 그러면서 지구촌 시대에 맞는 새로운 가족 개념을 만들어 내고, 민족문화를 바탕으로 세계 문화의 결을 온전히 새롭게 형성해 내는, 그래서 그 결이 세계화 시대를 촉진하게 만드는 누이 좋고 매부 좋은 콜민정책이 되도록 말이다.

종합해 보면, 페미니즘 운동에 참여하는 이들은 여성과 남성 사이에 존재하는 가정적, 사회적, 정치적, 경제적 그리고 종교적 불평등을 불의로 보고, 신의 형상대로 지음 받은 인간으로의 존엄성과 평등성을 삶의 보금자리인 가정에서 다양한 차원인 사회에서, 국가에서, 세계에서 구체적으로 회복하고자 노력하는 모든 사람이다.

성경에서 예수는 제자들에게 "누구든지 하나님의 뜻을 행하는 사람이 곧 내 형제요 자매요 어머니이다"(마가복음 3장 35절, 마태복음 12장 50절, 누가복음 8장 21절)라고 함으로써 공동체적인 새로운 가족의 의미를 제시했다. 이것은 당시 기독교 가정에 대한 분명한 신학적 재규정이며, 사회학적 실체로서 가족의 전통적 의미를 상대화시킨 것이다. 즉, 기독교 공동체는 생물학적, 사회학적, 감정적 관계를 넘어서는 연대이며 예수 그리스도를 통한 하느님 중심적 공동체의 의미를 지닌다는 것이다. 이렇게 포괄성과 다양성을 지닌 새로운 가족 개념을 보임으로써 예수는 사실상 전통적 가정이 지니는 강압적인 의무와 결속으로부터 여성을 해방시키고, 여성의 개체적 존엄성과 종교적 자율성을 긍정적으로 수용하는 가족의 의미를 예시한 것이다. 앞으로 가족의 의미도 기독교인들은 시대정신을 곧게 이끌 수 있는 시스템 모색에서 그 해답을 찾아내야 한다.

불교도 만인불성과 가부장적인 역사 사이의 모순을 탐색하면서 그 모순을 역사적으로 설명하고, 미래에 불교가 나아갈 올바른 방향을 찾고자 노력해야 할 것이다. 불교에서 해방(깨달음)이란 '존재의 매듭을 푸는 방법을 터득'하는 것이니, 자아실현인 동시에 자아 해방이다. 이 같은 불교의 메시지를 온전히 담아 평화와 해방의 깨달음을 터득한 여성들이 보여주는 시집이 『테리가타』다. 이 시집의 존재가 모든 비구니는 더 이상 비구들보다 열등하지 않다는 증명이다. 미래의 비구니 승단은 과거 마하파자파티를 넘어서는 생태 페미니즘의 불교를 만들어 나가야 한다.

1) 페미니즘의 교리화

역사에서 기독교의 이름으로 행해진 수많은 부끄러운 일들, 즉 십자군 전쟁 주도, 종교재판, 마녀사냥, 제국주의의 식민화 정책 축복, 노예제도 합리화, 원주민 학살 지지, 나치의 유태인 학살에 침묵, 아파르트헤이트의 교리화 등 기독교와 연관된 수치스러운 역사적 사건들을 보면서 많은 이들은 기독교의 도덕적 자만감에 대하여 의문을 갖기 시작하였다. 사실 유럽의 역사에서 십자군 전쟁이 근대적 제국주의의 본격적인 출발점이라 해도 과언이 아니다. 거기에 더하여 인종차별과 타종교를 무시하였다. 이 같은 부끄러운 역사에서 "진리가 너희를 자유케 하리라"는 성경 말씀이 어떻게 그 실천력을 담보할 수 있을까?

오늘날 페미니즘이 종교에 가하는 비판은 그 종교가 지닌 억압 구조에 대한 비판이며, 새로운 개혁과 재구성을 위한 제언이다. 또한 가부장주의적 가족제도가 성평등으로서의 평화로운 가정을 이루지 못한다면, 그 구조의 비판과 해체를 요구하게 되는데, 이는 가정의 파괴를 위한 것이 아니다. 오히려 더욱 바람직하고 아름다운 가족관계로의 변화, 즉 그에 따른 가정의 재구성을 위한 사랑의 절규이다. 그러므로 페미니즘은 가정을 파괴하는 것이 아니라 오히려 가정을 보호하고 강화시키고자 하는 것이다. 그래야 인간의 가장 근원적 사회 단위인 가족 구조에서부터 올바르고 아름다운 인간관계가 가능하게 될 것이며, 인간의 삶에 요구되는 육체적 · 정신적 영양제가 삶의 바탕인 가정에서 공급되게 될 것이다.

기독교의 핵심인 복음이 성차별주의적이라면 어떻게 여성들에게 좋은 소식이 될 수 있는가. 그 복음이 인종차별주의적이라면 어떻게 유색인들에게 좋은 소식이라 할 수 있겠는가. 그 복음이 계층 차별적이라면 어떻게 여성 및 외국인 노동자 같은 사회 · 경제적 약자들에게 좋은 소식이 될 수 있겠는가. 오늘날은 우리도 과거와 달리 역지사지를 고려해야 하는 노블리스 오블리주로서의 선진국이 되었다.

성서가 쓰인 시대가 강력한 가부장제 사회였으므로 기독교 교리도 가부장제를 위한 변명이 될 수밖에 없었다. 그러므로 성서의 문자적 해석은 여성을 대상화하고 소유화하는 처사다. 그것은 오늘날 일본이 역사를 국수적 해석으로 위안부를 억지로 합리화하는 "하늘을 가리고 아웅"하는 처사와 비슷하다. 좀 더 보편적인 평등과 존엄에 관심을 갖는 이들의 성서 해석에서 키워드는 "눌린 자에게 자유"(누가복음 4장 18절)가 되는 복음이다. 해석의 주체가 아닌 대상으로만 존재해 왔던 여성들이 오랫동안의 침묵을 깨고 이제 성경을 스스로 읽으며 주체적으로 해석하기 시작했다. '해석 받는 것'과 '해석하는 것'의 차이는 '주체로서의 삶'과 '객체로서의 삶'의 차이다.

예수를 페미니스트라고, 그것도 급진적인 페미니스트라고 말한 스위들러는 당시 천한 인간으로 취급받았던 막달라 마리아 같은 여성을 온전한 인간으로 본 예수의 시선과 행동에 초점을 둔다. 여성을 온전한 인간으로 보고 평등한 존재로 여긴 페미니스트였다. 역사에서 배제된 여성들이 자신, 사회, 세계, 신에 대하여 더 이상 역사의 문맹자로 남아 있지 않게 하겠다는 여성들을 지지하는 목소리다. 그 보이지 않는 힘에 따라 역사의 한 부분으로 등장한 페미니스트 미술가들의 출현은 인간의 역사에서 일어난 가장 거대하고 위대한 변화 중의 하나이다. 지금까지 이 글에 나타난 그들 그림의 의미를 기독교가 '페미니즘 신학'으로 받아들여야 한다.

불교와 페미니즘은 휴머니즘의 완성이라는 공동의 목적을 갖고 있다. 그런데 페미니즘 이데올로기를 발전시킨 역사는 동양이 아니라 서양이다. 즉, 서구 문명의 바탕인 기독교에 대한 비판과 한계에 따른 성찰이 풍선효과처럼 불교에 대한 관심으로 나타났고, 불교 교리를 페미니즘적 이론으로 참고하면서 불교에도 페미니즘이 튄 것이다. 아쉬운 것은 비주체적이라는 것이다. 그래서 불교 페미니즘이란 페미니즘을 불교의 관점에서 보는 것이 아니라 페미니즘적 관점에서 불교를 차용한 것이었다. 이를 주체적으로 역전시켜야 한다.

어쨌든 만인불성이란 전제는 페미니즘에서 지향하는 바와 일치한다. 불교의 '공성, 무아, 연기사상' 등은 남녀의 차이 허물기에 좋은 성 중립적인 단어이며 페미니즘에 이론적 토대가 되는 용어다. 그러므로 그 실천적 중보자로서의 젠다 성격의 관음보살이 새롭게 제기되는 것이다. 남자다움, 여자다움의 차이에서 인간다움의 공통적 성격으로.

미래의 변화에 대비해서 불교는 출가자 중심, 사원 중심이 아니라 재가자와 가정에도 비중을 두는 대안을 마련해야 한다. 21세기에는 승가가 출가자를 넘어 함께 수행하며 선한 영향을 시너지로 교류하는, 모든 사람에게 열려있는 결사 같은 모임으로 변해야 한다. 사원에서만 수행하는 것이 아니라 일상의 삶 속에서 끊임없이 알아차림의 끈을 놓치지 않는 선적인 삶, 즉 수행과 생활이 따로가 아니라 하나로 연결되어 휴머니즘이 매일의 명상을 통해 체질화, 자연화가 되어야 한다.

미국 여성사에서 가장 중요한 사람 중의 한 사람으로 평가되는 엘리자베스 캐디 스탠턴(Elizabeth Cady Stanton)이 최초로 여성 신학적 문제를 제기하였다. 그래서 1895년(1부)과 1898년(2부) 두 번에 걸쳐 20명의 미국 여성과 5명의 유럽 여성으로 구성된 위원회에서 쓰고 그가 대표로 편집한 『여성의 성서』(The Woman's Bible)를 최초의 여성 신학적인 책으로 인정한다. 이 책은 여성에 관하여 언급된 성서 구절을 여성의 시각으로 재해석하고 있다.

그 근거는 첫째로 성서는 중립적인 책이 아니라 여성 평등을 반대하는 정치적인 도구로 쓰여 왔기에, 둘째로는 이 같은 성서로는 여성은 남성의 보조자일 뿐 동등한 존재가 될 수 없기에, 그리고 여성운동은 문화의 뿌리를 지닌 종교의 도움 없이는 실질적인 평등을 가져다주지 못하기 때문이다. 따라서 법적 차원의 평등은 변화의 필요조건일 뿐이다. 충분조건의 역할을 기독교가 감당해야 결자해지적 차원에서 페미니즘이 올바른 종교문화로 자연화되면서 마무리된다. 사실 따지면 수태고지 설화에서 예수의 동정녀 탄생은 가부장제와 전혀 관계없다. 그것은 우리에게 새로운 질서를 부여한 것이다. '누가' 내 어머니이며 내 형제냐고? 우리는 그 '누가'를 화두로 해서 깨달아야 한다.

그러나 여전히 여성 문제를 진지하게 받아들이지 않으려는 기독교인들이 아니 신학자들이 대다수다. 사회에서 여성운동을 힘차게 하다가도 교회에 들어오면 그 구호와 열정이 맥을 못 춘다. 종교가 가부장적이고 성차별적으로 깊은 늪의 역할을 하고 있기 때문이다. 그것은 1986년 다수 남성들이 포진해 있는 기독교학회에 여성신학회가 가입하려 하자 "아줌마들이 뭔 신학회냐"고 무시하며 가입을 일축한 부결 사태에서 알 수 있다. 나아가 여성 문제를 제기하면 사소하게 만들고, 난처하면 "기도합시다" 같은 유도로 신의 판단인 양 영적인 문제처럼 변화시켜 버리는 것이다. 즉, 여성과 남성은 그리스도 안에서 하나이며, 영적으로는 평등하다는 주장이다. 그러니 현실에서 벌어지는 성차별은 별것 아니니 눈감으라는 얘기다. 이러한 방식은 문제를 오히려 무비판적으로 수용하게 하거나 반박할 수 있는 여지를 구차스럽게 만들어 해결하기 어렵게 만든다. 사회적 불평등 구조가 영적으로는 평등하다는 주장에 의하여 감추어지거나 간과되기 때문이다. 그러면서 스마트 교회가 아니라 천민 교회가 되는 것이다.

그리고 같은 교실에서 신학을 공부했는데 남자라고 해서 성직자가 되어 영세를 주고, 여자라고 해서 그로부터 영세를 받는 것부터가 문제가 있다. 이것이 오늘날 기독교에서 남녀 차별의 대표적인 상징이다. 불교에서는 각 종단의 차원에서 페미니즘을 '만인불성'을 바탕으로 하고, 『테리가타』를 교리로 해 받아들이고, 기독교에서는 각 교파 차원에서 천부인권을 바탕으로 하고 '페미니즘 신학'으로 교리화하여 받아들여야 한다. 종교적인 관점에서 신도들은 "성모의 품에 안긴 페미니즘을, 젠더 관음보살을 친견하는 페미니스트를 가시적으로 보게 될 때 두 종교에서 성 평등은 시작되었다고 믿고 적극적으로 동참하게 되기 때문이다.

2) 새 하늘과 새 땅을 향해

역사에서 『성서』는 때로는 인간을 억압하는 기제로, 때로는 인간에게 희망과 자유와 해방의 전거로의 역할을 해 왔다. 모든 여성 신학자들이 동의하고 있는 것은 전통적 신학은 가부장주의라는 것이다. 그래서 여성의 역할을 배제했을 뿐만 아니라 여성의 삶을 소외시켰다. 그러므로 페미니스트 신학자들은 예수와 예언자들이 당시의 정치적·경제적·종교적 권력을 비판한 것과 같이 이제 기독교인들은 가부장제의 구조를 비판해야 한다고 한다. 여성의 경험이 현대 기독교 신학의 근거와 규범의 범주에 포함되어야 한다는 것이다[주 103]. 그러므로 페미니즘 신학은 남성들이 아닌 여성들이 만들어 내야 한다고 주장한다.

"평등하지만 다르다"는 전제는 남녀의 차이를 차별로 만들어 모든 이념과 사회구조를 보지 못하게 하는 궤변이다. 따라서 차별보다 더 위험하다. 기독교 페미니즘은 "모든 인간은 하느님의 형상대로 지음받았으며, 같은 존엄을 지닌다"는 전제로부터 출발한다. 따라서 기독교 페미니즘은 여성과 남성 모두가 온전한 삶을 추구하는 것이어야 한다.

불교와 기독교의 상호 변혁은 '페미니즘'과 같은 공동 관심사를 줄탁동시(啐啄同時)로 상호 작용할 때 이루어진다. 종교의 구조는 다르지만 기본 시스템은 같은 원리이기에. 즉 각 종교는 단지 문화적 코드가 다를 뿐이다. 그러므로 역사적으로 나타난 오늘의 페미니즘을 종교적 관점에서 얘기하면 '관음'과 '성모'라는 버전에 따른 세속적인 변용이다. 성모·관음이 신앙적이라면 페미니즘은 인권적이다. 신앙이 맘(心)이라면 인권은 삶(生)이다. 신앙이 이상이라면 인권은 현실이다. '맘'과 '삶'이 상호 조화 속에서 소통해야 완전한 생명체가 된다. 오늘의 시대정신은 페미니즘을 『테리가타』 간화선 '결사'로, 또 다른 '해방' 신학으로 해서 LGBTQ까지 포용해야 한다. 그래야 '새 하늘과 새 땅'을 이루는 세상이 된다.

이 글을 시작하면서 "왜 종교는 천부인권과 만인 불성을 주장하면서도 성평등에는 소극적인가?" 하는 문제를 제기했다. 그런데 그 이유가 드러났다. 인류의 삶을 통제하고 관리하는 것으로는 크게 두 가지가 있다. 하나는 '삶'을 통제하고 관리하는 정치 영역이고, 다른 하나는 '맘'을 통제하고 관리하는 종교 영역이다. 인류는 이 두 개를 양 바퀴로 해서 역사를 지역과 문화권에 따라 다르게 이끌어 왔다. 이를 페미니즘의 관점에서 표현하면 그것은 가부장제를 바탕으로 한 정치였고, 가부장제를 기저로 한 종교였다. 그러니 말로는 천부인권·만인불성이라 립서비스하면서 젠더에 대해서는 불편한 진실이 된 것이다. 페미니즘이 점차 크게 부각되기 시작하고 있는 오늘의 관점에서 기성 종교를 보면 임계점에 이르렀다는 것은 자명해졌다. 대안으로 또 다른 종교개혁이 필요·충분적으로 필요해졌다.

성모 마리아가 중보자로 발돋움하여 가톨릭 신앙에 역동성을 일으키면서 전 유럽화하여 고딕 전성기를 일으킨 것은 1112년 베르나르두스가 시토교단의 수호성인으로 삼은 계기에서부터다. 21세기 오늘날 가톨릭이 다시 종교로서의 새로운 역동성을 일으키려면 교황청은 휴머니즘의 완성을 위한 견인 차원에서 페미니즘을 베르나르두스가 성모를 수호성인으로 삼은 것처럼 새로운 교리로 품어야 한다. 기독교에서도 WCC 차원에서 페미니즘 신학을 만들어 내야 하는 것은 물론이다.

'새 하늘과 새 땅' 역할에 불교와 기독교가 앞장서야 한다. '만인불성'이란 말과 '신의 형상대로'라는 말은 사람이 곧 그렇다는 얘기다. 그래서 천부인권과 인내천이지 않은가. 지금까지 인류는 휴머니즘의 완성으로서의 그 목표를 민주주의라는 제도에서 찾았고, 지금도 더 발전된 민주주의를 향해 나아가고 있다.

민주주의와 양축으로 인류를 이끌어 온 종교도 그 궤에 맞춰야 한다. 그 화두가 페미니즘의 신학화이다. 특히 두 종교는 페미니즘이 온 불력으로 충전된 수정염주에, 그리고 천국의 문을 상징하는 장미창에 중보심을 내공화해야 한다. 그래서 다이토쿠지 소장 〈수월관음도〉에서처럼 〈암굴의 성모〉에서처럼 가시화시키고, 그것을 생활 속에서 자연화시켜야 한다. 신학적으로 얘기하면 위대할 뿐 아니라 거대하고 탁월한 보편적 가치인 '페미니즘'을 '관음'과 '성모'로 감싸 안는 것이 지속 가능한 종교로 업그레이드시키는 소명에 따른 시대정신이라고 생각한다. 역사적으로 얘기하면 그것이 오늘날의 관음과 성모의 시대적 사명이다.

갑자기 [도판 104]가 떠오른다. 어느 한 부부가 아담처럼 밭 갈고, 이브처럼 씨뿌린 후, 저녁 무렵 은은히 들려오는 예배당 종소리에 함께 들판에 서서 경건하게 기도드리는 평화스러운 모습이 페미니즘의 참모습으로 보인다. 그 두 인물이 각각의 남녀가 아니라 남녀 각각의 대명사가 되는 세상이 오기를….

주해

참고문헌

찾아보기

주해(註解)

[주 1] 『관세음보살 33응신의 종합적 탐구』, 대한불교 천태종 황해사(2011)-유경희, 「관음응신도의 불교 미술적 가치」, 181~182쪽.

[주 2] 黃金順, 「고려 수월관음도의 도상과 신앙연구」, 홍익대대학원 석사학위(2000)의 49쪽 (주 116) 재인용.

[주 3] 강희정, 『관음과 미륵의 도상학』, 학연문화사(2006)의 67쪽에서 재인용.

[주 4] 위 같은 책의 68쪽 주11의 내용.

[주 5] 위 같은 책의 108~109쪽. "고려본 수월관음 도상은 『文殊指南圖讚』(본문 [도판 1])이 만들어질 당시인 1100년경 이전의 도상과는 일치하지 않는 것으로 미루어 대략 1100년경을 하한으로 하여 이 무렵에서 크게 벗어나지 않는 시기에 현전하는 고려본과 같은 형식으로 규정된 것…"이라는 내용에서 유추할 수 있다.

[주 6] 이종섭, 「觀世音菩薩 信行 硏究」-大乘經論을 중심으로」, 동국대학교 대학원 불교학과 박사학위 논문(2009), 18쪽.

[주 7] 앙드레 그라바 지음/박성은 옮김, 『기독교 도상학의 이해』, 이대출판부(2007), 136~137쪽.

[주 8] 스캇 맥나이트 지음/김창동 옮김, 『예수신경』, 새물결플러스(2015), 133~134쪽.

[주 9] 손자희 지음, 『한국 페미니즘의 문화지형과 여성주체』, 문화과학사(2009), 162쪽.

[주 10] 黃金順, 「고려 수월관음도의 도상과 신앙연구」, 홍익대대학원 석사학위(2000)의 11쪽.

[주 11] 강우방, 『어느 미술사가의 편지』, 솔(2007), 226~229쪽 참고./에모토 마사루 지음/양억관 옮김, 『물은 답을 알고 있다』, 나무심는사람(2003) 내용 참고.

[주 12] 신준형 지음, 『루터와 미켈란젤로』, 사회평론(2014), 51~52쪽.

[주 13] 제레미 테일러 지음/이정규 옮김/고혜경 감수, 『살아있는 미로』, 동연(2020), 23쪽.

[주 14] 강요배, 『풍경의 깊이』, 돌베개(2020), 300쪽.

[주 15] [주 6]의 논문, 27쪽.

[주 16] 황보 지영, 「圖像과 象徵을 通한 高麗 水月觀音圖의 造形性 硏究」, 漢陽大學校 大學院(博士學位論文.2001)의 117~118쪽.

[주 17] (사)한국미술사연구소, 『강좌 미술사(47호. 2016.12)』-이현주, 「송원대 수묵수월관음도연구」, 218쪽.

[주 18] 제 10회 신라학 국제학술대회, 『동아시아 고대 복식』-이맹(李甍)·화문(华雯), 「당대(唐代) 적의(翟衣)제도의 연원과 변화」,161쪽.

[주 19] (사)한국미술사연구소, 『강좌 미술사(47호. 2016.12)』-이현주, 「송원대 수묵수월관음도연구」, 216~217쪽.

[주 20] 위 같은 논문, 215쪽.

[주 21] 위 같은 논문, 225쪽.

[주 22] 박재금, 『한국선시연구』, 국학자료원(1998).

[주 23] 박은경, 『조선 전기 불화 연구』, 시공사(2008), 263쪽.

[주 24] 위 같은 책, 263~265쪽.

[주 25] 위 같은 책, 253~257쪽.

[주 26] 장충식, 무위사 벽화 백의관음고(『정토학연구』 제4집, 2001) 참조.

[주 27] 윤정태, 「유럽기독교와 도상(ICON)의 상관성에 관한 연구」 - 카타콤에서 고딕까지의 도상 변천사를 중심으로 - , 기독신학대학원(2000년)의 61쪽.

[주 28] 김성철, 「마리아 찬가와 그리스도 찬가의 비교연구」 - 누가복음 1장 46절~55절과 빌립보서 2장 5절~11절을 중심으로-, 장로회신학대학 석사학위 논문(2000년), 117쪽.

[주 29] 야코부스 데 보라기네 지음/윤기향 옮김, 『황금전설』, 크리스찬다이제스트(2007), 327~328쪽.

[주 30] 찰스 니콜 지음/안기순 옮김, 『레오나르도 다빈치 평전』, 고즈윈(2007), 116쪽.

[주 31] 위 같은 책, 116쪽.

[주 32] 黃金順, 「고려 수월관음도의 도상과 신앙연구」, 홍익대대학원 석사학위(2000), 106쪽.

[주 33] 김영재 지음, 『고려불화-실크로드를 품다』, 운주사(2004), 223쪽.

[주 34] 黃金順, 「고려 수월관음도의 도상과 신앙연구」, 홍익대대학원 석사학위(2000)의 26쪽.

[주 35] 金廷禧, 「高麗王室의 佛畵製作과 王室發願佛畵의 硏究」, 원광대(2000)의 138과 141쪽.

[주 36] 산스크리스트어로 Potalaka는 음역으로는 보타락가산(寶陀洛伽山), 뜻으로는 광명(光明)을 의미한다. 참고로 상주처(常住處)를 언급한 경전과 명칭은 각각 다음과 같다./黃金順의 위 논문 26쪽 주66) 인용/『화엄경』 60권본 광명산(光明山), 40권본 및 80권본 보달락가산(補怛洛迦山), 『대당서역기(大唐西域記)』 포달락가산(布呾洛迦山), 『불공견색신변진언경(佛空羂索神變眞言經)』 칠보보타락산(七寶補陀洛山), 불공견색주경(佛空羂索呪經) 보다라산(補多羅山), 『천광안관자재보살비밀법경(千光眼觀自在菩薩秘密法經)』 백화산(白樺山), 『천수경(千手經)』 보타락가산(補陀洛迦山) 등이다. 이 중에서 우리에게 가장 친숙한 이름은 『천수경(千手經)』에 나오는 보타락가산(補陀洛迦山)이다.

[주 37] 불법을 수호하는 팔부신중으로서 그 이름은 천(天)·용(龍)·야차(夜叉)·건달바(乾達婆)·아수라(阿修羅)·가루라(伽樓羅)·긴나라(緊那羅)·마후라가(摩睺羅迦) 이렇게 생김생김이 각각 다 다른 8명이다. 그중 가장 선험이 높은 용(龍) 또는 천(天)을 우두머리로 한다는 의미로 용천팔부라고 한다.

[주 38] 『관세음보살 33응신의 종합적 탐구』, 대한불교 천태종 황해사(2011)-이봉춘, 「한국 관음신앙의 역사적 고찰」, 155~157쪽.

[주 39] 위 같은 책, 158쪽.

[주 40] 黃金順, 「고려 수월관음도의 도상과 신앙연구」, 홍익대대학원 석사학위(2000)의 91쪽.

[주 41] 최광식 총괄, 『고려불화 대전』, 국립중앙박물관(2010)-박혜원, 「고려불화, 제작에서 사용까지」, 254쪽(주23-화기에는 國土大平. 聖壽天長. 令壽萬年. 隣兵速滅 등을 기원하고 있다.)

[주 42] 『관세음보살 33응신의 종합적 탐구』, 대한불교 천태종 황해사(2011)-이봉춘, 「한국 관음신앙의 역사적 고찰」, 160쪽.

[주 43] 쟈크 라파넬 강연/길신현 옮김, 「4명의 대표적인 인물들-레오나르도 다빈치, 로텔담의 에라스무스, 니콜라우스 코페르니쿠스, 미셸 에퀴엠 드 몽테뉴-을 통해 설명된 '르네상스 정신'에 대한 한 관점」, 1991년 11월 29일 한국외국어 대학에서 '르네상스 사회'라는 주제를

가지고 강연한 내용의 230쪽.

[주 44] 세르주 브람리 지음/염명순 옮김,『레오나르도 다 빈치』, 한길아트(1998)의 355~356쪽.

[주 45] 루치 아퀴노 외 지음/김영선 옮김,『레오나르도 다빈치』, 예경(2008), 39와 114쪽.

[주 46] 위 같은 책 17쪽.

[주 47] 찰스 니콜 지음/안기순 옮김,『레오나르도 다빈치 평전』, 고즈윈(2007.3), 198쪽.

[주 48] 위와 같은 책 199~200쪽 참조(필자 요약).

[주 49] [주 6]의 논문 28~29쪽.

[주 50] 金廷禧,「高麗王室의 佛畵製作과 王室發願佛畵의 硏究」,원광대(2000)의 138쪽 주48 및 문명대,「고려불화의 양식변천에 대한 고찰」, 고고미술(184), pp5~6 참조.

[주 51] 최광식 총괄,『고려불화 대전』, 국립중앙박물관(2010)-박혜원,「고려불화, 제작에서 사용까지」, 240~251쪽.

[주 52] 金敬和,「高麗佛畵의 樣式的 特性에 대한 考察」,홍익대학원 석사학위 논문(1998)의 48~49쪽.

[주 53] 강우방,『한국미술의 탄생』, 솔출판사(2009), 281쪽.

[주 54] (사)한국미술사연구소,『강좌 미술사(47호. 2016.12)』-이현주,「송원대 수묵수월관음도연구」, 216쪽.

[주 55] 에카르트 지음/권영필 옮김,『조선미술사』(1929년), 열화당(2003), 340쪽.

[주 56] 김영재 지음,『고려불화-실크로드를 품다』, 운주사(2004), 152쪽.

[주 57] 黃金順,「고려 수월관음도의 도상과 신앙연구」, 홍익대대학원 석사학위(2000)의 82쪽. 주)200.

[주 58] 조선일보. 학술란. 제27940호. 2010. 10. 27(수).

[주 59] 찰스 니콜 지음/안기순 옮김,『레오나르도 다빈치 평전』, 고즈윈(2007.3), 50쪽.

[주 60] 위 같은 책, 202쪽에서 발췌.

[주 61] 다나카 히데미치(田中英道, 東北大學 敎授),「레오나르도 다 빈치」와 中國의 影響-〈모나리자〉의 풍경과 산수화에 대하여,『美術史論壇』(제11호, 2000 하반기), 한국미술연구소의 181쪽.

[주 62] 정은진,「조반니 벨리니(Giovanni Bellini)의 〈성모자〉 도상에 관한 연구」, 이화여대대학원 석사학위 논문(1999)의 18쪽.

[주 63] [주 61]의 논문 175쪽.

[주 64] 야코부스 데 보라기네 지음/윤기향 옮김,『황금전설』, 크리스찬다이제스트(2007), 927쪽.

[주 65] 강소연 지음,『잃어버린 문화유산을 찾아서』, 부엔리브로(2011), 21~29쪽.

[주 66] 윤용이·유홍준·이태호,『한국미술사의 새로운 재평을 찾아서』, 학고재(97)-이태호,「고려불화의 제작기법과 재료」-염색과 배채법을 중심으로-, 290쪽

"이번에 여러 가지 과학기재를 동원하여 재확인할 수 있었던 고려불화의 제작 기법상의 형식적인 특징은 염색 바탕에 시도한 배채법이다. 이 화법 역시 정치한 선묘방식과 함께 고려 사람들이 불심으로 지성을 다한 솜씨가 깃들여 있는데, 채색화로서 손색없는 고려불화의 독창성이기도 하다. 마무리의 금·은 선묘가 화려하면서도 전체적으로 차분히 가라

앉은 중후한 색감이나 맑은 중간 색조의 투명성, 부처의 부드러운 피부감 그리고 오랜 세월을 견디게 한 보존 상태의 양호함 등은 바로 그 비법에서 나온 것으로 어렵지 않게 짐작해 볼 수 있다."

[주 67] 황보 지영, 「圖像과 象徵을 通한 高麗 水月觀音圖의 造形性 硏究」, 漢陽大學校 大學院(博士學位論文(2001)의 논문 요지(5쪽)의 내용/ "33본(本)의 수월관음도를 분석해보면, 대부분 1~2미터 내외의 소품들로서 가로 대 세로에 대한 비례의 평균은 1: 1.924로서 황금분할비인 1: 1.618보다 긴 직사각형으로 그려지는 경향이다."

[주 68] 金廷禧, 「高麗王室의 佛畵製作과 王室發願佛畵의 硏究」, 원광대(2000)의 137~138쪽/ "궁정 양식의 불화는 명문(화기)을 화면 좌우측에 기입하는 점과 금니의 근엄한 서체가 공통적이며, 묘선의 탄력과 강인함, 색채의 풍요로움과 높은 명도, 색감에 있어서 뛰어난 농담(濃淡)구사에 의한 입체감 및 부드러운 질감 표현, 세밀하며 치밀한 문양묘사 등의 특징을 갖고 있다"고 설명하고 있다. ※서구방의 화기 참조[도판 195].

다이토쿠지 소장 〈수월관음도〉에서는 화기는 비록 없지만 그림의 수준과 기법은 모두 위의 기준이상이다. 그러므로 화기(畵記)가 없다는 것은 이 그림에 어떤 내밀한 사연이 있다고 추론하게 된다. 만약에 권문세족이 왕실을 위해 발원한 불화라면 그린 사람인 화사(畵師)나 발원의 목적인 화기(畵記)가 없을 수 없다. 진상(進上)의 예(禮)가 아니기 때문이다.

[주 69] 루차 아퀴노 외 지음 / 김영선 옮김, 『레오나르도 다빈치』, 예경(2008), 137쪽 [도판에 대한 136쪽의 설명글을 중심 내용으로 해서 필자가 덧붙임.

[주 70] 金廷禧, 「高麗王室의 佛畵製作과 王室發願佛畵의 硏究」, 원광대(2000)의 148쪽/ "1310년 수월관음보살도에는 '畵師內班從事金祐文翰畵直待詔李桂同林順同宋連色員外中郎崔昇等四人'이라고 畵師들의 이름이 적혀져 있어 여러 화가가 공동으로 제작한 작품임을 알 수 있다. 그런데 이 그림을 그린 화가에 대해서는 학자마다 해석이 각각이어서 아직까지 통일된 의견이 없는데, 文明大와 菊竹淳一은 畵師 內班從事 金祐文, 翰畵直待詔 李桂, 林順, 宋連, 色員外 中郎 崔昇 등 5인이 그린 것으로 보았으며, 平田 寬은 金祐文, 李桂, 林順, 宋連色과 崔昇을 비롯한 4인 등 모두 8인의 궁정화원에 의해 제작되었다고 보았다.

이에 반하여 강희정(姜熺靜)은 이제까지 이 그림의 대표화가를 內班從事 金祐文이라고 본 기존의 견해에 대하여 內班從事 金祐文의 이름은 金祐이며 그를 비롯하여 畵直을 맡은 文翰待詔 李桂同, 林順同과 (임시관청인) 宋連色의 員外郎 兼 中郎長인 崔昇 등 4인에 의해 제작되었다고 하는 새로운 견해를 밝히고 있다." 이와 같이 1310년 수월관음도의 화가에 대해서는 5인, 8인, 4인 등 일정치 않다.

[주 71] 이지현, 「고려후기 수월관음도의 조형적 요소에 관한 연구」, 동아대학원 석사학위(2001년)의 27쪽.

[주 72] 미국 뉴욕의 메트로폴리탄미술관에 소장된 고려 시대의 수월관음도(113.7×55.3cm)에도 같은 왕실의 공양 인물들이 있다. 그런데 이곳에서는 그 인물들이 10명이다. 다이토쿠지 소장 그림에 비해 2명이 적은데, 문배신장인 종규로 추정하는 인물과 후미 그룹인 팔부시종 중의 1명인 반인반귀의 인물이 없고, 그 외에는 대나무와 파랑새가 없다. 비슷한 위치에 파랑새 대신에 달 속의 계수나무와 방아 찧는 옥토끼가 그려져 있다. 그런데 이 공양

인물군의 구성과 그 배치가 다이토쿠지 소장 그림의 축소판이다. 단지 그림의 수준이 떨어진다.

[주 73] 이 인물들에 대해, 안휘준, 『미술사의 정립과 확산』(2)의 206쪽에서 황금순은 다음과 같이 설명하고 있다. "선두 인물이 대관(戴冠)에 용포(龍袍)를 착용한 점을 들어 용왕(龍王)이면서 고려왕(高麗王)으로, 그 옆의 보주 쟁반을 든 용녀는 동시에 고려 왕비로, 그 뒤를 따르는 속인 인물은 왕과 왕비의 시종으로, 나머지 귀형 인물은 용왕의 권속"으로.

[주 74] 박은경, 「일본 다이토쿠지(大德寺) 소장 〈수월관음도〉에 표현된 공양 인물군상(供養人物群像)의 신해석」, 『미술사 정립과 확산』(2권), 안휘준 정년퇴임기념논문집간행위원회, (주)사회평론(2006)의 214쪽.

[주 75] 위 같은 논문 215쪽, 주20)에서 '마니보주'로 설명하고 있지만, 오히려 '낙산 설화'에 나오는 '여의보주(如意寶珠) 한 알(一顆)'이라고 보게 된다. 이 그림이 '낙산 설화'의 내용을 배경으로 하기 때문이다.

[주 76] 수월관음도가 가족 단위로 한 사적인 기원을 위해 그려졌음은 바이린지(梅林寺) 수월관음도[도판 42]의 화기를 통해서 알 수 있다. "족주(族主)"라는 단어에서다. 그렇다면 왕실가족인 이 수월관음도에서 출산과 양육의 수호여신인 귀자모의 등에 업힌 어린아이는 왕의 아들이 된다. 특히 업힌 동자의 손에 든 여의보주(如意寶珠) 한알(一顆)은 왕이 관음보살로부터 받게 될 수정염주(水晶念珠) 한 꾸러미(一貫)와 쌍을 이루는 보주관계를 상징한다. '낙산 설화'에서처럼. 따라서 왕과 쌍을 이룰 수 있는 자격자는 왕의 아들인 왕자로밖에 볼 수 없기 때문이다.

[주 77] 박은경, 『조선 전기 불화 연구』, 시공사(2008)의 241쪽 및 안동하회마을 소재 가면박물관에서 종규 설명글과 조각 작품 참조.

[주 78] 허균, 『허균의 우리 민화 읽기』, 북폴리오(2006), 195~196쪽,
문신(門神)인 두 장군에 대해서 『동국세시기』의 저자 홍석모(洪錫謨)는 송나라 학자 송민구(宋敏求)가 쓴 『춘명퇴조록(春明退朝錄)』의 내용에서, "도가에 상소하여 황금빛 갑옷을 입은 두 사람의 천문(天門) 수위(守衛)를 그렸는데, 갈(葛) 장군은 깃발을 들고, 주(周) 장군은 절월(節鉞)을 들었다"는 기사에서 갈 장군, 주 장군이 『삼국지』의 주인공인 촉한(蜀漢)의 모사(謀士) 제갈량(諸葛亮)과 오(吳)의 지략가(智略家) 주유(周瑜)를 가리킨다는 것이다. … 이들에게 신격을 부여한 것은 실제나 소설 속에서 보여준 지략과 용맹성을 통해 악귀를 물리치려는 의도가 담겨있다."

여기 그림에서의 도깨비 신장상은 고려의 태극기(?)를 상징하는 '깃발'을 들고 있으므로 모습은 달라도 제갈량을 의미한다고 생각된다. 삼국시대 촉나라를 지략(智略)으로 지킨 제갈량처럼 고려를 지켜주기를 고려의 어느 왕은 원했던 것으로 해서.

[주 79] 신대현 지음, 『한국의 사찰 현판』(2), 혜안(2005), 337~338쪽.

[주 80] 정은진, 「조반니 벨리니의 〈성모자〉 도상에 관한 연구」, 이화여대대학원 석사학위 논문(1999)의 34쪽.

[주 81] 위 같은 논문 62~63쪽 및 주)82.

[주 82] 위 같은 논문 69쪽.

[주 83] 강남순, 『페미니즘 앞에 선 그대에게』, 60쪽.

[주 84] 강남순, 위 같은 책, 58쪽.

[주 85] 이광래 지음, 『미술철학사(3)』, 미메시스(2016), 517쪽.

[주 86] 조중걸 지음, 『고대 미술』, 지혜정원(2016), 9쪽.

[주 87] 마틴 게이퍼드 지음/김유진 옮김, 『예술과 풍경』, 을유(2021).

[주 88] 조중걸, 위 같은 책, 88쪽.

[주 89] 국립문화재연구소, 『대곡천 암각화군(상)』 종합조사연구보고서(2019), 158쪽.

[주 90] 박남수, 『신라화백제도와 화랑도』, 주류성(2013), 147쪽.

[주 91] 제레미 테일러 지음/이정규 옮김/고혜경 감수, 『살아있는 미로』, 동연(2020), 242쪽.

[주 92] 강남순 지음, 『기독교와 페미니즘』, 기독교서회(1998), 14쪽.

[주 93] 벨훅스 지음/이경아 옮김/권김현영 해제, 『모두를 위한 페미니즘』, 문학동네(2017), 32쪽.

[주 94] 리타 그로스 지음/옥복연 옮김, 『불교 페미니즘』 - 가부장제 이후의 불교, 동연(2020), 33쪽.

[주 95] 노르마 브루드 · 메어리D. 개러드 편저/호승희 옮김, 『미술과 페미니즘』 - 캐롤 던컨/남자다움과 남성우위-, 동문선(1994), 181쪽.

[주 96] 이대박물관 엮음, 『미술속의 여성』, 이대출판부(2003)-「근대 일본회화에 드러난 누드의 정치성」, 와카쿠와 미도리(若桑みとり, 가와무라 가쿠엔여대 교수), 68쪽.

[주 97] 강남순 지음, 『기독교와 페미니즘』, 기독교서회(1998), 203-204쪽.

[주 98] 조원재 지음, 『방구석 미술관(2)』, 블랙피쉬(2020), 57쪽.

[주 99] 김홍희, 『여성과 미술』, 눈빛(2003), 305쪽.

[주 100] 위 같은 책 313쪽.

[주 101] 위 같은 책 388쪽.

[주 102] 세계경제포럼이 각국의 남녀평등을 측정하기 위해 고안한 〈젠더 갭 리포트(Global Gender Gap Report)〉에 의하면 2018년 기준 이란의 성평등 지수는 전체 149개국 중 142위다. 젠더 갭 리포트는 2006년부터 해마다 발표되며, 최근 5년 동안의 통계를 보면 한국은 115위 안팎이다. '인티샤르'의 나라 예멘은 부동의 꼴찌 자리를 지키고 있다. 강고한 폐쇄적 교리에 따른 영향으로 이슬람권은 거의 다 뒷자리에 있을 것이다. 폐쇄적 사상이었던 유교도 오십보백보다.

[주 103] 강남순 지음, 『기독교와 페미니즘』, 기독교서회(1998), 72쪽.

참고문헌

강희정 지음, 『관음과 미륵의 도상학』, 학연문화사(2006)

김선현 지음, 『그림의 힘』(1), 에이트포인트(2015)

보라지네야코부스 지음/윤기향 옮김, 『황금전설』, 크리스챤다이제스트(2007)

스캇 맥나이트 지음/김창동 옮김, 『예수신경』, 새물결플러스(2015)

장 프랑수아 지음/김희경 옮김, 『명작스캔들』, 이숲(2011)

장영훈 지음, 『왕릉풍수와 조선의 역사』, 대원미디어(2000)99

자크브로스 지음/양영란 옮김, 『식물의 역사와 신화』, 갈라고파스

강소연 지음, 『잃어버린 문화유산을 찾아서』, 부엔리브로(2011)

랄프 윈터, 임윤택 편저 『기독교문명운동사』, 예수전도단(2013)

엔리카 크리스피노 지음/정숙현 옮김, 『미켈란젤로』, 마로니에북스(2007)

신준형 지음, 『뒤러와 미켈란젤로』, 사회평론(2013)

찰스 니콜 지음/안기순 옮김, 『레오나르도다빈치 평전』, 고즈윈(2007)

김광우 지음, 『레오나르도다빈치의 과학과 미켈란젤로의 영혼』(1)(2), 미술문화(2004)

도널드 톰슨 지음/김민주·송희령 옮김, 『은밀한 갤러리』, 리더스북(2010)

천빈 지음/정유희 옮김, 『자화상展』, 어바웃어북(2008)

이지성 지음, 『생각하는 인문학』, 문학동네(2015)

아서 단토 지음/김한영 옮김, 『무엇이 예술인가』, (주)은행나무(2015)

유홍준 지음, 『유홍준의 국보순례』, 눌와(2011)

유홍준 지음, 『일본문화유산 답사기-교토편』, 창비(2014)

야코프 부르크하르트 지음/이기숙 옮김, 『이탈리아 르네상스의 문화』, 한길사(2014)

김정희 지음, 『불화, 찬란한 불교미술의 세계』, 돌베개(2011)

강희정 지음, 『동아시아불교미술 연구의 새로운 모색』, 학연문화사(2011)

오종우 지음, 『예술 수업』, 어크로스(2015)

박홍순 지음, 『미술관 옆 인문학』, 서해문집(2011)

강우방 지음, 『수월관음의 탄생』, 글항아리(2013)

신대현 지음, 『한국 사찰의 현판』(1)(2)(3), 혜안(2005)

장긍선 신부 편저자, 『이콘-신비의 미』, 기쁜 소식(1993)

알랭드 보통·존 암스트롱 지음/김한영 옮김, 『영혼의 미술관』, 문학동네(2014)

카를로 페드레티 지음/강주헌, 이경아 옮김, 『위대한 예술과 과학』, 마로니에북스(2008)
김상근 지음, 『카라바조, 이중성의 살인미학』, 평단(2005)
김영재 지음, 『고려불화-실크로드를 품다』, 운주사(2004)
이유리·임승수 지음, 『세상을 바꾼 예술 작품들』, 시대의 창(2009)
국립중앙박물관, 『고려불화대전-700년 만의 해후』, 국립중앙박물관(2010)
김호동 지음, 『동방 기독교와 동서 문명』, 까치(2002)
공동 번역, 『성서-외경 포함』, 대한성서공회(1977)
이동연 지음, 『명작에게 사랑을 묻다』, 평단(2015)
지상현 지음, 『한중일의 미의식』, 아트북스(2015)
허균 지음, 『옛그림에서 정치를 걷다』, 깊은나무(2015)
황해사, 『수월관음 및 관음신행의 종합적 연구』-수월관음 봉안 및 천태조사 법어비 제막대법회 기념 논집, 대한불교 천태종 황해사
천태종총본산 구인사, 『천태종약전』, 불교사상사(1979)
조진덕 편, 『관세음보살33응신의 종합적 탐구』, 대한불교 천태종 황해사(2011)
이하준 지음, 『철학이 말하는-예술의 모든 것』, 북코리아(2014)
황진명·김유항 지음, 『과학과 인문학의 탱고』, 사과나무(2014)
미술사학연구회 편, 『미술사학』(2), 민음사(1990)
잔프랑코 라바시 지음/강선남 옮김, 『성경의 인물들』, 성바오로(2014)
권오문 지음, 『종교의 미래를 말한다』, 생각하는 백성(2015)
헤르베르트 폰 아이넴 지음/최승규 옮김, 『미켈란젤로』, 한명(2004)
이광래 지음, 『미술철학사(1)』, 미메시스(2016)
홍선표 지음, 『조선회화』, 한국미술연구소CAS(2014)
김범수 외, 『철학자가 사랑한 그림』, 알렙(2013)
조윤민 지음, 『두 얼굴의 조선사』, 글항아리(2016)
현장 지음/김규현 역주, 『대당서역기』, 글로벌콘텐츠(2013)
플로리안 하이네 지음/최기득 옮김, 『거꾸로 그린 그림』, 예경(2010)
조은호 지음, 『사도』, 휴먼큐브(2015)
심영옥 지음, 『한국 미술사를 보다』, (주)리베르스쿨(2015)
임석재 지음, 『인간과 인간』(4), 북하우스(2007)
줄리언 벨 지음/신혜연 옮김, 『세상을 비추는 거울, 미술』, 예담(2009)

박영대 지음, 『우리 그림 백가지』, 현암사(2003, 3쇄)
이성현 지음, 『추사코드』, 들녘(2016)
사이먼 샤마 지음/김진실 옮김, 『파워 아트』, 아트북스(2008)
황위평 책임편집/서은숙 옮김, 『시는 붉고 그림은 푸르네』(1), 학고재(2003)
명법 지음, 『미술관에 간 붓다』, 나무를 심는 사람들(2014)
이광표 지음, 『명품의 탄생』, 산처럼(2011)
김광우 지음, 『레오나르도 다빈치와 미켈란젤로』, 미술문화(2016)
전원경 지음, 『예술, 역사를 만들다』, 시공사(2016)
김치호 지음, 『오래된 아름다움』, 아트북스(2016)
크리스틴 카욜 · 우홍먀오 지음/전혜영 옮김, 『동양인은 〈모나리자〉를 보며 무슨 생각을 할까』-동양의 눈, 서양의 시선-, (주)글항아리(2016)
류승희 지음, 『빈센트와 함께 걷다』, 아트북스(2016)
조정육 지음, 『옛 그림, 스님에 빠지다』, 아트북스(2016)
김태진/백승휴 지음, 『아트 인문학 여행』, 카시오페아(2016)
허진모 지음, 『휴식을 위한 지식』, 이상미디어(2016)
권행가 지음, 『이미지와 권력』, 돌베개(2015)
최열 지음, 『이중섭 평전』, 돌베개(2014)
심산 지음, 『마운틴 오디세이』, 바다출판사(2014)
오카베 마사유키 지음/박유미 옮김, 『렘브란트와 페르메이르』, 인서트(2016)
김영나 지음, 『20세기의 한국미술2』, 예경(2010)
로라 커밍 지음/김진실 옮김, 『화가의 얼굴, 자화상』, (주)아트북스(2012)
조선미 지음, 『한국의 초상화』, 돌베개(2009)
이케가미 히데히로 지음/이연식 옮김, 『쉽게 읽는 서양미술사』, 재승출판(2016)
이주헌 지음, 『50일간의 유럽미술관 체험』(1)(2), 학고재(2015)
이림찬 지음/장인용 옮김, 『중국미술사』, 다빈치(2017)
유홍준 지음, 『한국미술사 강의(2)-통일신라 · 고려』, 눌와(2014)
유홍준 지음, 『안목』, 눌와(2017)
알퐁스 도데 지음/박하연 옮김, 『별』, 맑은소리(2003)
유경희 지음, 『가만히 가까이』, 아트북스(2016)
휘트니 채드윅 지음/김이순 옮김, 『여성, 미술, 사회』, 시공사(2006)

최경철 지음,『유럽의 시간을 걷다』, (주)웨일북(2017)
설흔 지음,『책, 조선사람의 내면을 읽다』, 위즈덤하우스(2016)
이규원 지음,『조선왕릉실록』, 글로세움(2017)
조병활 지음,『다르마 로드』(1)(2), 작은박물관(2005)
플로리안 하이네 지음/최기득 옮김,『거꾸로 그린 그림』, 예경(2010)
전창림 지음,『미술관에 간 화학자』, 랜덤하우스(2007)
박재금 외 지음,『진각국사의 생애와 사상』, (사)진각국사선양회(2016)
농촌과목회 편집위원회,『농촌과 목회』, 흙과 쟁기(통권75: 2017년 가을호)/(통권76: 2017년 겨울호)
송영목 지음,『요한계시록』, SFC출판부(2015)
(사)한국미술사연구소,『울산 반구대 천전리 암각화』 - 천전리 암각화 발견 40주년 기념학술대회 논문집(2010)
(사)한국미술사연구소,『강좌 미술사』(47호. 2016.12)
이진숙 지음,『시대를 훔친 미술』, 민음사(2017)
이광래 지음,『미술철학사』, 미메시스(2016)
양정무 지음,『난생처음 한번 공부하는 미술이야기』(3)(4), 사회평론(2017)
장준석 지음,『한국현대미술의 여명』, 학연문화사(2017)
안소니 블런트 지음/조향순 옮김,『이탈리아 르네상스 미술론』, 미진사(1993)
필리프 코스타마냐 지음/김세은 옮김,『가치를 알아보는 눈-안목에 대하여』, 글담(2017)
왕용 지음/이재연 옮김,『인도 미술사』, 다른생각(2014)
고연희 지음,『그림, 문학에 취하다』, 아트북스(2011)
노승림 지음,『예술의 사생활: 비참과 우아』, 마티(2017)
최순우 지음,『무량수전 배흘림기둥에 기대서서』, 학고재(2002)
강소연 지음,『사찰불화 명작 강의』, 불광출판사(2016)
히라마쓰 히로시 지음/이연식 옮김,『어트리뷰트와 심볼로 명화의 수수께끼를 풀다』, (주)재승출판(2017)
양정윤 지음,『내밀한 예술사』, 한울(2017)
자현 지음,『불화의 비밀』, 조계종출판사(2017)
서경식 지음/최재혁 옮김,『나의 이탈리아 인문 기행』, 반비(2018)
이소 지음,『화가가 사랑한 파리 미술관』, 다독다독(2017)
벨훅스 지음/이경아 옮김/권김현영 해제,『모두를 위한 페미니즘』, 문학동네(2017)

강남순 지음, 『기독교와 페미니즘』, 기독교서회(1998)
리타 그로스 지음/옥복연 옮김, 『불교 페미니즘』, -가부장제 이후의 불교-, 동연(2020)
제레미 테일러 지음/이정규 옮김/고혜경 감수, 『살아있는 미로』, 동연(2020)
손자희 지음, 『한국 페미니즘의 문화지형과 여성주체』, 문화과학사(2009)
휘트니 채드윅 지음/김이순 옮김, 『여성, 미술, 사회-중세부터 현대까지 여성미술의 역사』, 시공사(2006)
강요배 글·그림, 『환경의 깊이-강요배 예술 산문』, 돌베개(2020)
나혜석 지음/장영근 엮음, 『나혜석, 글쓰는 여자의 탄생』, 민음사(2018)
메밀다 게이츠 지음/강혜정 옮김, 『누구도 멈출 수 없다』, 부키(2019)
강남순 지음, 『페미니즘 앞에 선 그대에게』, 한길사(2020)
장긍선 신부 편저, 『이콘-신비의 미』, 기쁜 소식(1993)
이진숙 지음, 『인간다움의 순간들』, 돌베개(2020)
게릴라걸스 지음/우효경 옮김, 『게릴라걸스의 서양미술사』, 마음산책(2010)
엄미정 지음, 『후회없이 그림 여행』, 모요사(2020)
김성남 지음, 『허난설헌』, 동문선(2003)
정민·김동준 외, 『한국학 그림과 만나다』, 태학사(2011)
헬레나 레킷 엮음/오숙은 옮김, 『미술과 페미니즘』, 미메시스(2007)
김기선 지음, 『전태일』, 민주화운동사업회(2002)
김진숙 지음, 『소금꽃 나무』, 후마니타스(2007)
알렉산드라 라피에르 지음, 『불멸의 화가 아르테미시아』, 민음사(2001)
조중걸 지음, 『고대 미술』, 지혜정원(2016)
국립중앙박물관, 『미국, 한국미술을 만나다』, (주)지앤에이 커뮤니케이션(2012)
이세라 지음, 『미술관에서는 언제나 맨얼굴이 된다』, 나무의철학(2020)
조원재 지음, 『방구석미술관(2)』, 불랙피쉬(2020)
전원경 지음, 『예술, 역사를 만나다』, (주)시공사(2016)
김선지 지음, 『싸우는 여성들의 미술사』, (주)은행나무(2020)
이광래 지음, 『미술철학사(3)』, 미메시스 (2016).
서동욱 엮음, 『미술은 철학의 눈이다』, 문학과 지성사(2015)
프리다 칼로 지음/안진옥 엮음, 『프리다 칼로, 내영혼의 일기』, 도서출판 BMK(2016).
마틴 게이퍼드 지음/김유진 옮김, 『예술과 풍경』, 을유문화사(2021)

자현 지음, 『불화의 비밀』, 조계종출판사(2017)
나카노 교코 지음/이연식 옮김, 『명화의 거짓말-성서편』, 북폴리오(2014)
문하연 지음, 『다락방 미술관』, 평단(2019)
김윤순 엮음, 『여성, 그 다름과 힘-그리고 10년』, 집문당(2004)
김주현 지음, 『여성주의 미학과 예술작품의 존재론』, 아트북스(2008)
현대미술사학회 엮음, 『미술 속의 페미니즘』, 눈빛(2000)
로지카 파커·그리젤다 폴록 지음/이영철·목천균 옮김, 『여성, 미술, 이데올로기』, 시각과언어(1995)
나혜석기념사업회 간행/서정자 엮음, 『원본 정월라혜석전집』, 국학자료원(2012)
이진숙 지음, 『러시아 미술사』, 황금가지(2013)
강임산 외 7명, 『국외우리문화재이야기』, 국외소재우리문화재재단(2020)
노르마 부루드·메어리D. 개러드 편저/호승희 옮김, 『미술과 페미니즘』, 동문선(1994)
구마 피터슨 지음/이수경 옮김, 『페미니즘 미술의 이해』, 시각과언어(1994)
김홍희 편저, 『여성, 그 다름과 힘』, 삼신각(1994)
이화여대박물관 엮음, 『미술속의 여성』, 이화여대출판부(2003)
린다 노클린 지음/오진경 옮김, 『페미니즘 미술사』, 예경(1997)
김홍희 지음, 『여성과 미술』, 눈빛(2003)
김용원 지음, 『구름의 마음, 돌의 얼굴』, 삶과 꿈(2020)
문명대 지음, 『한국 불교 회화사』, 다할미디어(2021)
헌터 드로호조스카필프 지음/이화경 옮김, 『조지아 오키프 그리고 스티글리츠』, 민음사(2008)
제임스 빌링턴 지음/류한수 옮김, 『이콘과 도끼』, 한국문화사(2015).
석영중 지음, 『러시아 정교』, 고려대학교출판부(2005)
이일수 지음, 『옛그림에도 사람이 살고 있네』, 시공사(2014)
박순경·서광선·권형택·김애영 외 지음, 『하나님 혁명의 열망자 원초 박순경』, 동연(2021)
심광섭 지음, 『기독교 미학의 향연』, 동연(2018)
오대우·이지현·이정우 지음, 『널 위한 – 문화예술』, ㈜웨일북(2021)
김동국 지음, 『예술, 진리를 훔치다』, 파라북스(2022)
로라 커밍 지음/김진실 옮김, 『화가의 얼굴, 자화상』, (주)아트북스(2012)
나시오카 후미히코 지음/서수지 옮김, 『부의 미술관』, 사람과 나무사이(2022)
이주헌 지음, 『서양화 자신있게 보기』, 학고재(2015)
인터넷, 네이버 검색창

찾아보기(작품)

세계문화유산 1번지
관음과 성모 그리고 페미니즘

2022년 8월 17일 초판 1쇄 인쇄
2022년 8월 22일 초판 1쇄 발행

지은이 | 김희욱
펴낸이 | 김영호
펴낸곳 | 도서출판 동연
등 록 | 제1-1383호(1992. 6. 12)
주 소 | 서울시 마포구 월드컵로 163-3
전 화 | (02)335-2630
전 송 | (02)335-2640
이메일 | yh4321@gmail.com

ISBN
978-89-6447-823-3 04200
978-89-6447-822-6 (세트)